新能源汽车标准汇编

燃气汽车、电动汽车电池及充电系统

中国标准出版社　编

中国标准出版社

北　京

图书在版编目(CIP)数据

新能源汽车标准汇编.燃气汽车、电动汽车电池及充电系统/中国标准出版社编.—北京:中国标准出版社,2019.1

ISBN 978-7-5066-9162-8

Ⅰ.①新… Ⅱ.①中… Ⅲ.①新能源—汽车—标准—汇编—中国②天然气—燃料—汽车—标准—汇编—中国③电动汽车—蓄电池—标准—汇编—中国④电动汽车—充电电源—标准—汇编—中国 Ⅳ.①U469.7-65

中国版本图书馆 CIP 数据核字(2018)第 258047 号

中国标准出版社出版发行
北京市朝阳区和平里西街甲 2 号(100029)
北京市西城区三里河北街 16 号(100045)
网址 www.spc.net.cn
总编室:(010)68533533 发行中心:(010)51780238
读者服务部:(010)68523946
中国标准出版社秦皇岛印刷厂印刷
各地新华书店经销

*

开本 880×1230 1/16 印张 43.5 字数 1 301 千字
2019 年 1 月第一版 2019 年 1 月第一次印刷

*

定价 220.00 元

出 版 说 明

在全球汽车产业电动化发展的新浪潮下，我国新能源汽车发展规模和速度已超过预期并处于全球引领地位。新能源汽车的发展有效缓解了我国能源和环境压力，加快了汽车产业转型升级，培育了新的经济增长点，提升了国际竞争优势，是我国迈向汽车强国的必经之路。

2018 年 3 月 27 日，工信部装备工业司发布的《2018 年新能源汽车标准化工作要点》提出，要着力优化新能源汽车标准体系建设，加强国际标准法规的参与和协调，支撑汽车产业供给侧结构性改革，推动新能源汽车高质量健康可持续发展。当前，我国已建立较为完善的新能源汽车标准体系，有力地支撑了新能源汽车产业的健康发展。伴随我国新能源汽车产业的不断发展，标准制修订工作也不断加快。为使读者及时了解和掌握标准内容，我们对新能源汽车标准进行了整理，拟出版《新能源汽车标准汇编》。

本汇编收集了截至 2018 年 2 月底前发布的新能源汽车国家标准、行业标准及计量检定规程共 96 项，内容涉及电动汽车、混合动力电动汽车、燃料电池电动汽车、压缩天然气汽车、液化石油气汽车、电动汽车用电池及充电系统等方面，分为两卷出版。本卷内容包括燃气汽车、电动汽车电池及充电系统，共收录 46 项标准。

希望本汇编的出版能对我国新能源汽车标准化工作的发展有所裨益。

编　者

2018 年 10 月

目　录

燃气汽车

电动汽车电池

电动汽车充电系统

燃气汽车

前　　言

天然气和液化石油气作为汽车燃料，具有低污染、低成本等优越性，是很有前途的汽车用清洁燃料。

为便于天然气和液化石油气汽车的安全运行和管理，特规定天然气和液化石油气汽车识别标志。

天然气汽车识别标志的图形和尺寸采用了ECE67号法规《关于其动力装置使用液化石油气的机动车辆专用装置批准的统一规定》附件16中对标志的有关规定；液化石油气汽车识别标志的图形、尺寸和颜色，非等效采用了ECE67号法规附件16中对标志的有关规定。

本标准由国家机械工业局提出。

本标准由全国汽车标准化技术委员会归口。

本标准由中国汽车技术研究中心、南充石油机械厂、新疆石油管理局运输公司负责起草。

本标准主要起草人：何艮、林启寿、李迎春、汪凯、李虎、姜璧琪。

本标准由全国汽车标准化技术委员会负责解释。

中华人民共和国国家标准

天然气汽车和液化石油气汽车　标志

GB/T 17676—1999

Natural gas vehicle and liquefied petroleum gas vehicle Identification marks

1　范围

本标准规定了压缩天然气汽车、液化天然气汽车、吸附天然气汽车和液化石油气汽车的识别标志。

本标准适用于可燃用压缩天然气、液化天然气、吸附天然气和液化石油气的各种类型的汽车。

2　引用标准

GB/T 3181—1995　漆膜颜色标准

3　识别标志

识别标志应清晰、醒目、防水、防腐。

3.1　图形

3.1.1　天然气汽车

天然气汽车标志图形为有边框的菱形，在如图所示的 $d \times e$ 方框中分别居中匀称地布置有大写印刷体英文字母“CNG”、“LNG”、“ANG”。

压缩天然气汽车标志图形如图 1 所示。

液化天然气汽车标志图形如图 2 所示。

吸附天然气汽车标志图形如图 3 所示。

3.1.2　液化石油气汽车标志图形

液化石油气汽车标志图形为有边框的菱形，在如图所示的 $d \times e$ 方框中居中匀称地布置有大写印刷体英文字母“LPG”，如图 4 所示。

3.2　尺寸

标志图形中几何尺寸见表 1，字母高度尺寸 d 为 25 mm。允许图形和字母尺寸按比例放大。

表 1　标志图形几何尺寸

mm

a	b	c	d	e
110	80	4	25	60

国家质量技术监督局 1999-02-14 发布　　2000-01-01 实施

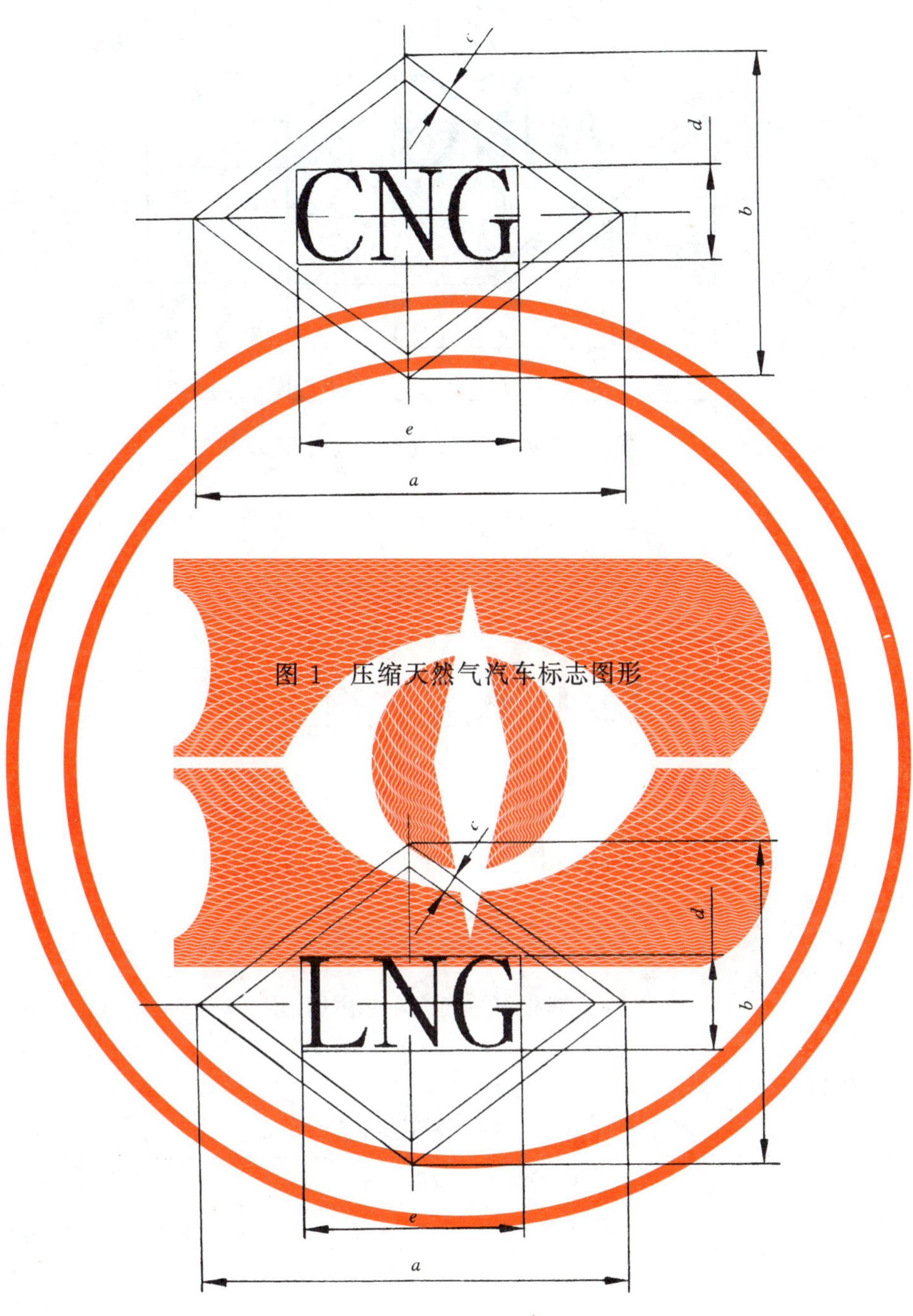

图 1 压缩天然气汽车标志图形

图 2 液化天然气汽车标志图形

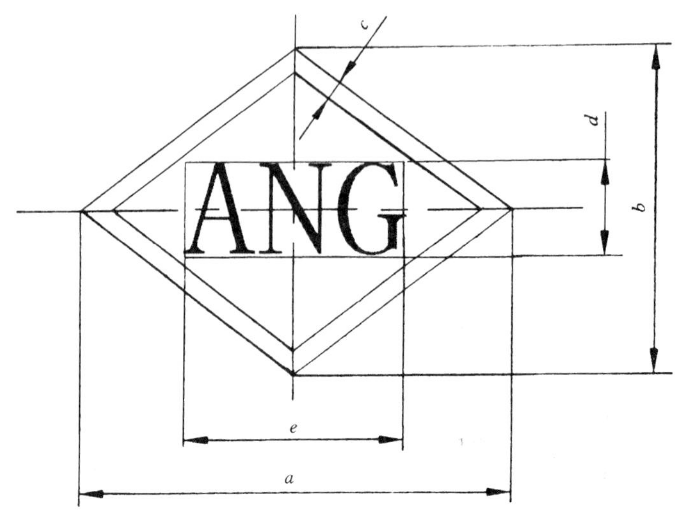

图 3　吸附天然气汽车标志图形

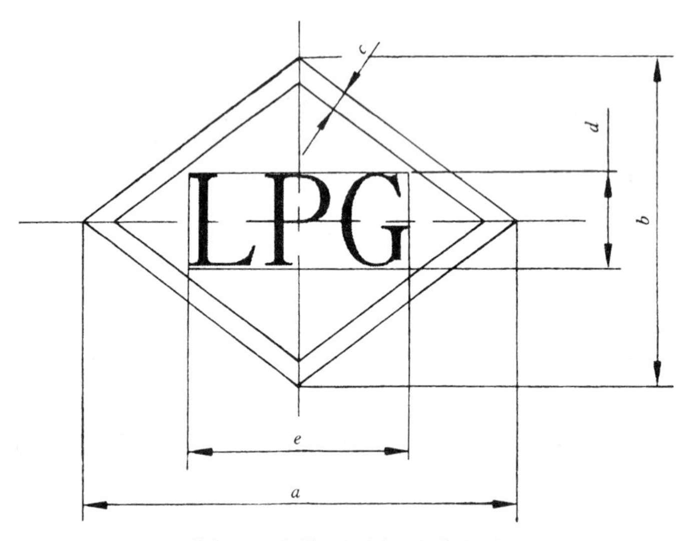

图 4　液化石油气汽车标志图形

3.3　颜色

标志图形颜色如表 2 所示。

表 2　标志图形颜色

标志图形	CNG、LNG、ANG 汽车	LPG 汽车
字母背景	乳白(Y11 GB/T 3181—1995)	淡绿(G02 GB/T 3181—1995)
字　　母	淡绿(G02 GB/T 3181—1995)	乳白(Y11 GB/T 3181—1995)
边　　框	淡绿(G02 GB/T 3181—1995)	乳白(Y11 GB/T 3181—1995)

3.4　位置

该标志应在车辆前端醒目位置和车辆后端醒目位置放置。

前　　言

本标准参考了ECE 67号法规《关于动力系统使用液化石油气的机动车辆的特殊装置批准的统一规定》、美国联邦机动车辆安全标准FMVSS 571.303《压缩天然气车辆燃料系统的完整性》、美国联邦机动车辆安全标准FMVSS 571.304《压缩天然气气瓶》等国外标准的部分定义。

本标准的附录A、附录B都是提示的附录。

本标准由国家机械工业局提出。

本标准由全国汽车标准化技术委员会归口。

本标准由中国汽车技术研究中心、中国石油天然气集团公司、吉林工业大学、广州汽车技术中心、长春汽车研究所、四川省汽车办、四川工业学院负责起草。

本标准主要起草人：姜璧琪、王协琴、汪凯、彭美春、袁兆成、李海林、崔文兵、吴志新、褚韶华、史宇峰、王一光、刘德发、龙其彬、康庄。

本标准首次发布。

本标准由全国汽车标准化技术委员会负责解释。

中华人民共和国国家标准

天然气汽车和液化石油气汽车　词汇

GB/T 17895—1999

Natural gas vehicle and liquefied petroleum gas vehicle—Vocabulary

1　范围

本标准规定了天然气汽车和液化石油气汽车有关的词汇和定义。

本标准适用于可燃用天然气的汽车和可燃用液化石油气的汽车。

2　定义

本标准采用下列定义。

2.1　汽车用天然气和液化石油气

2.1.1　汽车用天然气　natural gas for vehicles

组份和技术要求符合汽车用燃料要求的天然气。

2.1.1.1　汽车用压缩天然气　compressed natural gas for vehicles

以压缩状态储存的汽车用天然气。

2.1.1.2　汽车用液化天然气　liquefied natural gas for vehicles

以液化状态储存的汽车用天然气。

2.1.1.3　汽车用吸附天然气　absorbed natural gas for vehicles

在吸附材料上以吸附状态储存的汽车用天然气。

2.1.2　汽车用液化石油气　liquefied petroleum gas for vehicles

组份和技术条件符合汽车用燃料要求的液化石油气。

2.2　汽车

2.2.1　按燃料种类分类：

2.2.1.1　天然气汽车　natural gas vehicle (NGV)

可以使用天然气燃料的汽车。

2.2.1.2　液化石油气汽车　liquefied petroleum gas vehicle (LPGV)

可以使用液化石油气燃料的汽车。

2.2.2　按燃料状态分类：

2.2.2.1　压缩天然气汽车　compressed natural gas vehicle (CNGV)

可以使用压缩天然气燃料的汽车。

2.2.2.2　液化天然气汽车　liquefied natural gas vehicle (LNGV)

可以使用液化天然气燃料的汽车。

2.2.2.3　吸附天然气汽车　absorbed natural gas vehicle (ANGV)

可以使用吸附天然气燃料的汽车。

2.2.3　按燃料供给系统特征分类：

2.2.3.1　单燃料汽车　mono-fuel vehicle

国家质量技术监督局 1999-11-01 批准　　　2000-08-01 实施

只有一套燃料供给系统、只能燃用一种燃料的汽车。

2.2.3.2 两用燃料汽车 bi-fuel vehicle

具有两套相互独立的燃料供给系统，一套供给天然气或液化石油气，另一套供给天然气或液化石油气之外的燃料，两套燃料供给系统可分别但不可共同向气缸供给燃料的汽车，如汽油/压缩天然气两用燃料汽车，汽油/液化石油气两用燃料汽车等。

2.2.3.3 双燃料汽车 dual-fuel vehicle

具有两套燃料供给系统，一套供给天然气或液化石油气，另一套供给天然气或液化石油气之外的燃料，两套燃料供给系统按预定的配比向气缸供给燃料，在缸内混和燃烧的汽车，如柴油-压缩天然气双燃料汽车、柴油-液化石油气双燃料汽车等。

2.3 专用装置 special equipment

为了汽车上燃用天然气或液化石油气，在汽车上专门安装的、由储气部件、供气部件、控制部件和燃料转换部件组成的一整套燃料供给系统。

2.3.1 加气口 filling receptacle

装在车辆上的、与加气机加气枪连接后给车用气瓶充装天然气或液化石油气的连接部件。

2.3.2 车用气瓶 cylinder for vehicles

安装在车辆上用于储存供给车辆自身使用的天然气或液化石油气、可反复充装的气瓶，按其材质分为金属气瓶和复合材料气瓶；按其充装的介质不同目前有车用液化石油气气瓶和车用压缩天然气气瓶。

2.3.2.1 金属气瓶 metallic cylinder

完全由金属材料制成的气瓶，如钢瓶、铝瓶等。

2.3.2.2 复合材料气瓶 composite cylinder

由两种或两种以上材料制造、各种材料共同作用以达到车用气瓶设计要求的气瓶。

2.3.2.3 车用液化石油气气瓶 cylinder for LPGV

安装在车辆上用于储存供给车辆自身使用的液化石油气、可反复充装的气瓶。

2.3.2.4 车用压缩天然气气瓶 cylinder for CNGV

安装在车辆上用于储存供给车辆自身使用的压缩天然气、可反复充装的气瓶。

2.3.3 车用气瓶附件 cylinder accessory

为安全、控制和操作目的安装在气瓶口上的部件的总称。对于压缩天然气气瓶而言，它主要指瓶口阀；对于液化石油气气瓶而言，它包括(但不局限于)限量充装装置、液位计、压力安全阀(卸压阀)、带过流阀的供给阀、燃料泵、气密盒、供能部件(燃料泵/作动器)和止回阀等，或上述部件的组合。

2.3.3.1 截止阀 shut-off valve

供给或中断天然气或液化石油气输送的阀门。

2.3.3.2 单向阀 non-return valve

只允许天然气或液化石油气沿单一方向流动、防止天然气或液化石油气逆向流动的阀门。

2.3.3.3 气密盒 gas-tight housing

气瓶附件周围的封闭部件，用于聚集气瓶附件可能泄漏出的气体，并将这些泄漏气体导流到汽车外部，排放至大气。

2.3.3.4 防护罩 enclosure

用于保护专用装置不受外界损坏、降低热辐射和噪音的防护部件。

2.3.3.5 限量充装阀 fill limiter valve

当气瓶内的液体达到预定容积时能自动停止充装的部件。

2.3.3.6 带有过流阀的供给阀 service valve with excess flow valve

向蒸发调压器供给或中断供给液化石油气的部件，其供给阀由电控元件遥控，车辆发动机不工作时该阀关闭，过流阀用于限制液化石油气的流量。

2.3.3.7 液位计 liquid level gauge

指示或显示车用液化石油气气瓶内液化石油气液位的部件。

2.3.3.8 压力表 pressure gauge

指示或显示车用压缩天然气气瓶内压缩天然气压力的部件。

2.3.3.9 集成阀 multivalve

将限量充装阀、液位计、卸压阀、带有过流阀的遥控供给阀和止回阀等的全部或部分组合在一起构成的具有多种功能的部件。

2.3.3.10 卸压阀 pressure relief device

一种通过温度或压力或二者的组合传感的、在温度或压力达到预定值时能够卸压的部件。

2.3.4 滤清器 filter unit

用来过滤液化石油气或天然气的部件，它也可以与其他零部件组合在一起使用。

2.3.5 电子控制单元 electronic control unit

根据发动机的转速、负荷、进气温度、进气压力、冷却水温度和氧传感器反馈信息，按照其储存的发动机燃料供应特性和修正曲线调整液化石油气或天然气供应量，使发动机在理论混合比工作的部件。

2.3.6 燃料转换开关 fuel shift switch

两用燃料汽车中，控制压缩天然气/液化石油气及其以外燃料（如汽油、柴油）电磁阀的开启、关闭，以实现天然气或液化石油气和其以外的燃料相互转换的操作部件。

2.3.7 电磁阀 solenoid valve

利用线圈通电产生的电磁力来驱动阀芯移动实现开启和关闭的阀门。

2.3.7.1 汽油电磁阀 solenoid valve for gasoline

根据燃料转换开关的指令，控制汽油通路开、关的电磁阀。

2.3.7.2 液化石油气电磁阀 solenoid valve for LPG

根据燃料转换开关的指令，控制液化石油气通路开、关的电磁阀。

2.3.7.3 压缩天然气电磁阀 solenoid valve for CNG

根据燃料转换开关的指令，控制压缩天然气通路开、关的电磁阀。

2.3.8 CNG 管路 CNG fuel line

汽车上安装的、输送压缩天然气流经的所有管件及相关件的总称。

2.3.9 LPG 管路 LPG fuel line

汽车上安装的、输送液化石油气流经的所有管件及相关件的总称。

2.3.10 液化石油气管路卸压阀 LPG gas-tube pressure relief valve

限制液化石油气管路中建立起超过预设压力的装置。

2.3.11 软管 flexible hose

将液态或蒸发汽化的液化石油气或压缩天然气以设定压力从一处输送到另一处的挠性管。

2.3.12 备用接头 service coupling

液化石油气气瓶和发动机之间的液化石油气管路上的一个接头，当车辆燃料用完时，发动机可以使用与备用接头相连接的备用气瓶中的燃料。

2.3.13 减压调节器 regulator

使气瓶输出的压缩天然气或液化石油气压力降压并调节到适合汽车发动机使用的部件。

2.3.14 预热器 preheater

对减压过程中因膨胀而冷却的压缩天然气加热的部件。

2.3.15 蒸发器 vaporizer

将液化石油气从液态转化为气态的部件。

2.3.16 蒸发调压器 vaporizer/pressure vegulator

将蒸发器和减压调节器功能组合在一起、使液化石油气汽化并将压力调节到适合汽车发动机使用的部件。

2.3.17 混合器 mixer

在压力调节器/蒸发调压器后将天然气/液化石油气和空气预混合的部件，常用的有文丘里式混合器和比例调节式混合器。

2.3.18 喷射器 injector

将液态或已蒸发汽化的液化石油气或压缩天然气喷入发动机进气歧管内或发动机气缸内的部件。

附 录 A
（提示的附录）
中 文 索 引

附 录 B

（提示的附录）

英 文 索 引

I

L

M

N

P

R

S

V

ICS 43.060.40
T 13

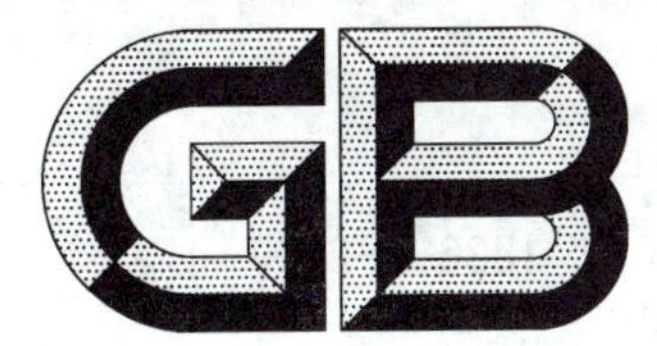

中华人民共和国国家标准

GB/T 18363—2017
代替 GB/T 18363—2001

汽车用压缩天然气加气口

Filling receptacle of CNG vehicle

2017-10-14 发布　　　　2018-05-01 实施

中华人民共和国国家质量监督检验检疫总局
中国国家标准化管理委员会　发布

前　言

本标准按照 GB/T 1.1—2009 给出的规则起草。

本标准代替 GB/T 18363—2001《汽车用压缩天然气加气口》。与 GB/T 18363—2001 相比，主要技术变化如下：

——修改了“范围”；

——“规范性引用文件”作了调整：取消已经废止的 CB 744 《金属镀层与化学覆盖层质量检验》和 SY 7546—1996《汽车用压缩天然气》；增加了 GB/T 19240 《压缩天然气汽车专用装置的安装要求》、GB 18047《汽车用压缩天然气》和 CB/T 3764 《金属镀层和化学覆盖层厚度系列及质量要求》；

——“5.1.1 ”进行了修改，修改为“5.1.1 加气口的质量和结构应符合 QC/T 245 的有关规定，并按经规定程序批准的图样及技术文件制造；

——“5.2.2　气密性”进行了修改，修改为“加气口按 6.4 规定的试验方法进行气密性试验后，其承压部件及单向阀密封处应无泄漏或泄漏速率小于 20 cm^3/h(标准状态)。注：标准状态为温度 20 ℃，气压 101.325 kPa。下同。”；

——“6.8　相容性试验 b)”进行了修改，修改为“b)压缩机油：合成压缩机油(重负荷 L-DAC，粘度等级 150)”；

——增加了“7.2　检验程序　应按表 2 规定的序号顺序和项目进行相关项目检验，每项目的试验样件不少于两件。”。

本标准由工业和信息化部提出。

本标准由全国汽车标准化技术委员会(SAC/TC 114)归口。

本标准起草单位：成都客车股份有限公司、北京兰天达汽车清洁燃料技术有限公司、柳州五菱汽车工业有限公司、上海星地环保设备有限公司、重庆鼎辉汽车燃气系统公司、重庆中节能实业有限责任公司、西华大学、中国汽车技术研究中心。

本标准主要起草人：周红、孟昭君、秦启斌、于泽、贾新建、陈万应、汪凯、施崇槐、严格、刘桂彬、张铜柱。

本标准于 2001 年首次发布，本次为第一次修订。

汽车用压缩天然气加气口

1 范围

本标准规定了汽车用压缩天然气加气口的型式和型号、技术要求、试验方法、检验规则、标志、包装、运输、贮存和出厂文件。

本标准适用于使用符合 GB 18047 要求的汽车用压缩天然气为工作介质，公称工作压力为 20 MPa（本标准所述压力值均为表压），工作温度为 −40 ℃～120 ℃的汽车用压缩天然气加气口。

2 规范性引用文件

下列文件对于本文件的应用是必不可少的。凡是注日期的引用文件，仅注日期的版本适用于本文件。凡是不注日期的引用文件，其最新版本（包括所有的修改单）适用于本文件。

GB/T 10125 人造气氛腐蚀试验 盐雾试验

GB 18047 车用压缩天然气

CB/T 3764 金属镀层和化学覆盖层厚度系列及质量要求

QC/T 245 压缩天然气汽车燃气系统技术条件

3 术语和定义

下列术语和定义适用于本文件。

3.1

接口 receptacle

加气口与加气枪相连接的部件。

3.2

防尘盖 protective cap

防止灰尘和水进入接口的部件。

3.3

干燥空气 dry air

20 MPa 压力、−45 ℃状态下无游离水的空气。

4 型式和型号

4.1 基本结构型式：参见附录 A。

4.2 单向阀距接口进口端最近距离尺寸：见附录 B。

4.3 接口尺寸：见附录 C。

4.4 O 型密封圈尺寸：内径 ϕ9.19 mm±0.127 mm，截面直径 ϕ2.62 mm±0.076 mm。

4.5 型号由以下部分组成：

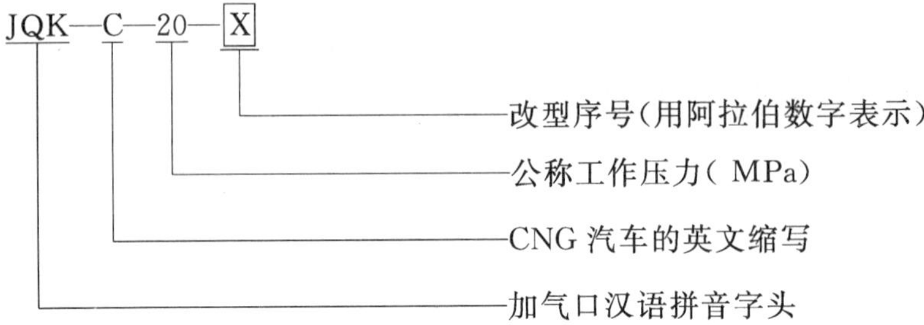

5 技术要求

5.1 一般要求

5.1.1 加气口的质量和结构应符合 QC/T 245 的有关规定,并按经规定程序批准的图样及技术文件制造。

5.1.2 单向阀距接口进口端最近距离尺寸、接口尺寸、O 型密封圈尺寸应符合 4.2、4.3、4.4 的要求。

5.1.3 接口内应安装一只仅由压力差开启的单向阀。

5.1.4 接口内的气路通径应不小于 ϕ6 mm。

5.1.5 接口后直径部位允许加工扳手平面和紧固螺纹等。但这些加工尺寸不应大于后直径尺寸,也不应影响接口的技术性能。

5.1.6 加气口应有防止水和灰尘进入接口并能防止接口损伤的防尘盖;有避免防尘盖脱开接口后丢失的构件。

5.1.7 材料。加气口各部件采用的材料应与使用的气体介质、工作寿命、环境温度等要求相适应,接口体应采用耐腐蚀的金属材料;宜用擦碰时不起火花的铜材料,其含铜量不高于 70%时,硬度不低于 60 HRB。

5.1.8 加气口中所有进行金属镀层和化学覆盖层处理部件的外观要求,应符合 CB/T 3764 中的有关规定。

5.2 一般性能要求

5.2.1 液静压强度

加气口按 6.3 规定的试验方法进行液静压强度试验,在 30 MPa 液静压力作用下,加气口承压部件及单向阀密封处应无泄漏;在 100 MPa 液静压力作用下,加气承压部件不得破裂。

5.2.2 气密性

加气口按 6.4 规定的试验方法进行气密性试验后,其承压部件及单向阀密封处应无泄漏或泄漏速率小于 20 cm^3/h(标准状态)。

注:标准状态为温度 20 ℃,气压 101.325 kPa。下同。

5.2.3 防尘盖抗冲击载荷

防尘盖按 6.5 规定的试验方法进行抗冲击载荷试验后,防尘盖和接口不应有可见的撞痕和损坏。

5.2.4 单向阀耐用性

单向阀按 6.6 规定的试验方法连续完成 30 000 次工作循环、24 h 颤振和全流量冲击试验后,应满足 5.2.2 要求。

5.2.5 耐氧老化性

加气口非金属部件按6.7规定的试验方法经过耐氧老化试验后，不应出现变形、裂纹、变质及斑点等现象。

5.2.6 相容性

加气口非金属材料按6.8规定的试验方法进行相容性试验后，不应出现裂纹和破碎的现象；材料体积的膨胀率≤25%、收缩率≤1%，质量变化≤10%。

5.2.7 耐腐蚀性

5.2.7.1 对于含锌量≥15%的黄铜承压部件，按6.9.1规定的试验方法进行耐腐蚀性试验后用25倍放大镜检查，部件上不应有裂纹产生。

5.2.7.2 加气口按6.9.2规定的试验方法完成盐雾试验后，检查其气密性，应符合5.2.2的要求。

6 试验方法

6.1 一般规定

6.1.1 试验条件

除非另有规定，试验应在下述条件下进行：

a) 试验环境温度为15 ℃～35 ℃；

b) 试验介质应为清洁的干燥空气或氮气。

6.1.2 试验用仪表要求

除非另有规定，试验用仪表应满足如下要求：

a) 压力仪表：准确度不低于1.5级，测量量程为测量值的1.5～3倍。

b) 流量仪表：准确度不低于1.5级，测量量程为测量值的1.5～3倍。

c) 温度仪表：准确度为±0.5 ℃，最小分辨率不大于准确度的2倍(即1 ℃)。

6.2 外观检验

用目测法和测量工具对加气口进行外观检验。

6.3 液静压强度试验

6.3.1 本项试验为结构安全性试验，应在完成本试验后再进行其他项目试验。

6.3.2 耐压强度试验：从加气口出口输入液静压力30 MPa，稳压时间不少于3 min。

6.3.3 耐高压强度试验：从加气口出口输入液静压力100 MPa，稳压时间不少于3 min，试验后的试件不应再做其他试验。

6.4 气密性试验

6.4.1 常温气密性试验

从加气口出口输入气压22 MPa，再缓慢降至0 MPa，在22 MPa、0.5 MPa和0.05 MPa压力处各稳压3 min。

6.4.2 高低温气密性试验

低温试验前，用试验规定气体把加气口内的空气置换掉，试验方法见表1。

表1 高低温气密试验

试验项目	试验方法	试验要求
低温试验	加气口浸入－40 ℃、比例为3∶1乙醇和水的混合液中，稳定2 h后从出口输入15 MPa气压，再缓慢降至0 MPa，在15 MPa、0.5 MPa和0.05 MPa处各稳压3 min	符合5.2.2要求
高温试验	加气口浸入120 ℃、比例为3∶1乙二醇和水的混合液中，稳定2 h后从出口输入22 MPa气压，再缓慢降至0 MPa，在22 MPa、0.5 MPa和0.05 MPa处各稳压3 min	符合5.2.2要求

6.5 防尘盖抗冲击载荷试验

防尘盖装配在固定好的接口上，直径50 mm、质量0.5 kg的钢球从0.3 m高处落下冲击在防尘盖最易受损部位。

6.6 单向阀耐用性试验

除非另有规定，以下每一项试验应采用全新试件：

a) 30 000次工作循环试验。

加气口的进口端接通高压气源，试验压力从0 MPa升至22 MPa，使单向阀处于开启状态。然后，进口端卸压至0 MPa，使单向阀承受22 MPa的压力并处于关闭状态，保持时间不少于2 s；再将出口端卸压为0 MPa。如此反复循环，使单向阀周期性开启、闭合。开闭循环频率不高于15次/min。循环试验总次数为30 000次。

b) 24 h颤振试验。

调整通过单向阀流量，使其达到最严重的颤振状态，持续24 h。

c) 全流量冲击试验。

进口供气起点压力22 MPa，不限制出口流量，每次冲击持续时间不少于2 s，冲击结束时供气压力应不低于16 MPa，然后，泄去进口处压力，使单向阀关闭。持续进行30次冲击试验。

6.7 耐氧老化试验

加气口与天然气相接触的非金属部件，在压力为2.0 MPa，温度为70 ℃±2 ℃的氧气中放置96 h。

6.8 相容性试验

加气口与天然气相接触的非金属部件分别在23 ℃±2 ℃、在以下规定的介质中分别浸泡70 h，当介质为天然气时，浸泡70 h后应急速降至0 MPa。

a) 浸入压力为22 MPa的天然气中。

b) 压缩机油：合成压缩机油(重负荷L-DAC，粘度等级150)。

6.9 耐腐蚀性

6.9.1 将保持最大工作应力状况(由机械装配和20 MPa气压产生)并清除了表面油污的黄铜部件，放入温度为35 ℃±2 ℃、容积为30 L且内装有0.6 L比重为0.94的含水氨水的封闭试验容器中，部件置于氨水表面上方 40 mm，放置 10 h。

6.9.2 将加气口出口封住并以水平位置，按 GB/T 10125 规定的中性盐雾试验方法，进行 96 h 的盐雾试验。

7 检验规则

7.1 检验项目

见表 2。

表 2 检验项目

序号	试验(检验)项目名称		试验(检验)方法	判定依据	出厂检验	型式检验
1	外观检验		6.2	5.1.8	√	√
2	液静压强度试验	耐压强度试验	6.3.1	5.2.1	√	√
3		耐高压强度试验	6.3.2	5.2.1		√
4	气密性试验	常温气密试验	6.4.1	5.2.2	√	√
5		高低温气密试验	6.4.2	5.2.2		√
6	防尘盖抗冲击载荷试验		6.5	5.2.3		√
7	单向阀耐用性试验		6.6	5.2.4		√
8	耐氧老化试验		6.7	5.2.5		√
9	相容性试验		6.8	5.2.6		√
10	耐腐蚀性试验		6.9	5.2.7		√
注:“√”表示应检项目。						

7.2 检验程序

应按表 2 规定的序号顺序和项目进行相关项目检验，每项目的试验样件不少于两件。

7.3 出厂检验

产品出厂前应按表 2 规定项目进行逐只检验。

7.4 型式检验

在下列情况之一，加气口应按表 2 规定的项目进行型式检验。对新设计的产品还应按 5.1 的要求进行产品设计审查。

a) 新设计或设计参数、工艺、材料有重大变更时；

b) 停产半年以上，重新恢复生产；

c) 连续生产满一年。

7.5 试件的处理

经检验或试验合格后的试件，若检验项目会影响其使用性能或使用寿命者，不能作为合格产品出厂。

8 标志、包装、运输及贮存

8.1 标志

加气口产品应有下列永久性标志：

a) 加气口型号规格；

b) 制造厂名或其标志；

c) 生产批号和日期。

8.2 包装

8.2.1 包装前产品应干净、完好。

8.2.2 包装袋(或盒)应能防止腐蚀性介质侵入，并能防止运输过程中损伤产品。

8.2.3 外包装上应有下列标记：

a) 制造厂名；

b) 产品型号和编号；

c) 数量和质量；

d) 出厂日期；

e) 外形尺寸(长×宽×高)；

f) 搬运注意事项。

8.2.4 包装内应附有产品合格证及产品使用说明书及必要的装箱清单。

8.3 运输及贮存

8.3.1 产品装运输过程应小心轻放，防止重压及碰撞，严防雨淋及化学品的浸蚀。

8.3.2 产品贮存在通风、干燥、清洁的室内。

9 出厂文件

9.1 出厂文件应至少包括如下内容：

a) 产品合格证；

b) 装箱清单；

c) 产品使用说明书。

9.2 产品合格证应注明以下内容：

a) 制造厂名和商标；

b) 产品型号和编号；

c) 检验部门的签章及检验日期。

9.3 装箱清单。

当包装箱内有加气口以外的附件(如接头、专用工具等)时，应附装箱清单。

9.4 产品使用说明书。

产品使用说明书应至少包含以下内容：

a) 加气口的结构型式、功能介绍；

b) 使用过程中的故障判别及排除方法。

附　录　A
（资料性附录）
基本结构型式

如图 A.1 所示。

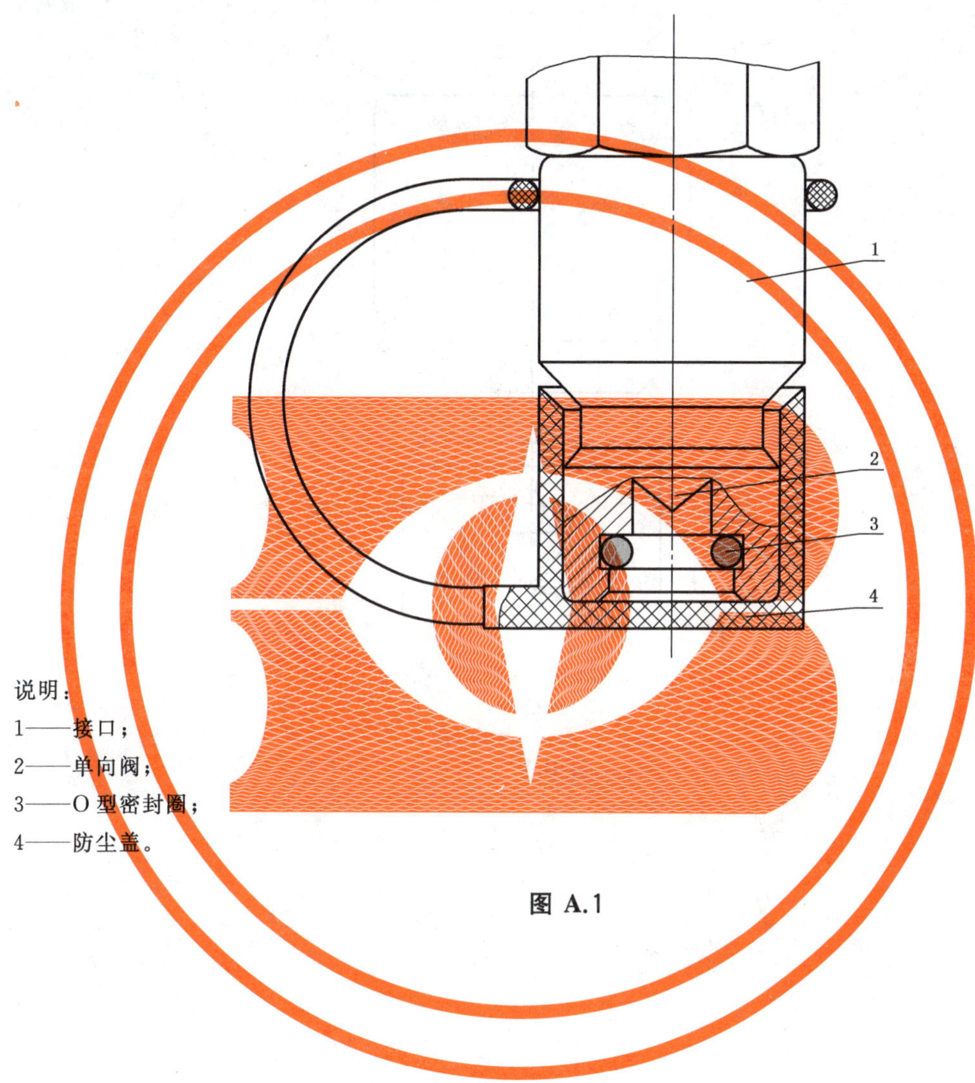

说明：

1——接口；

2——单向阀；

3——O 型密封圈；

4——防尘盖。

图 A.1

附 录 B
（规范性附录）
单向阀距接口进口端最近距离尺寸

如图 B.1 所示。

单位为毫米

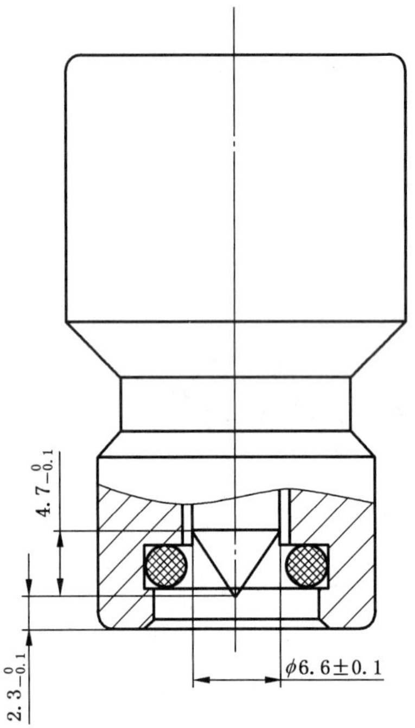

图 B.1

附 录 C
（规范性附录）
接口尺寸

如图 C.1 所示。

单位为毫米

其余表面粗糙度：≤3.2

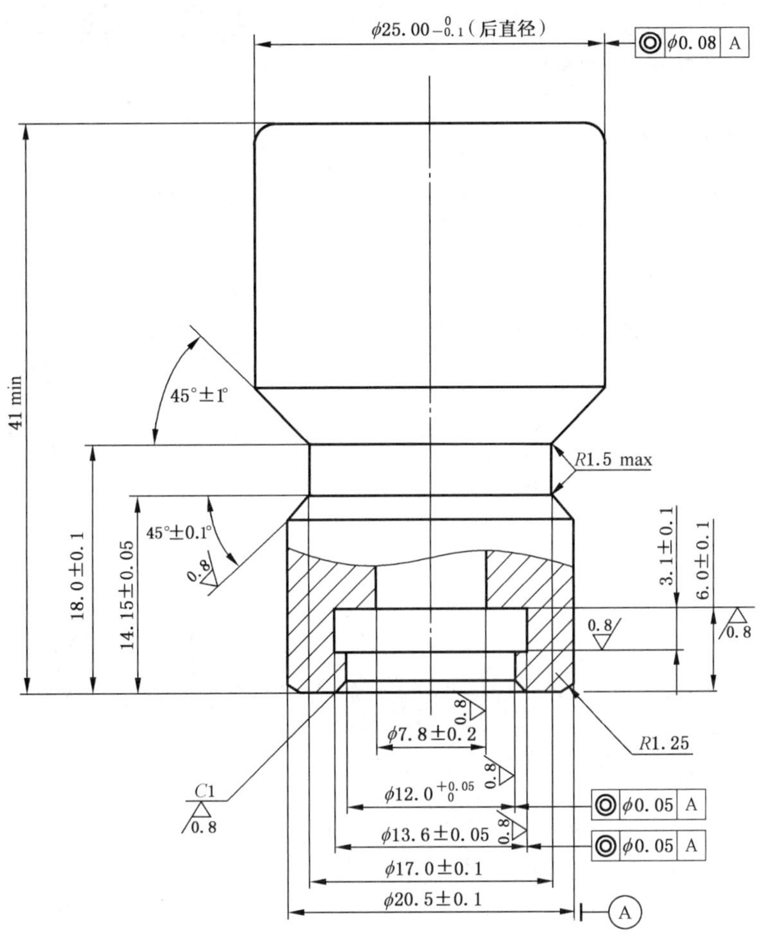

图 C.1

ICS 43.060.40
T 13

中华人民共和国国家标准

GB/T 18364—2017
代替 GB/T 18364.1—2001,GB/T 18364.2—2005

汽车用液化石油气加气口

Filling receptacle of LPG vehicle

2017-10-14 发布　　　　2018-05-01 实施

中华人民共和国国家质量监督检验检疫总局
中国国家标准化管理委员会　发布

前 言

本标准按照 GB/T 1.1—2009 给出的规则起草。

本标准代替 GB/T 18364.1—2001《汽车用液化石油气加气口(螺旋式)》和 GB/T 18364.2—2005《汽车用液化石油气加气口(快插式)》。

本标准整合 GB/T 18364.1—2001 和 GB/T 18364.2—2005 的内容,除编辑性修改外,主要变化如下:

——参照 ECE R67 号法规,汽车用液化石油气加气口公称工作压力由 2.2 MPa 改为 3.0 MPa、工作环境温度由 −40 ℃~60 ℃改为 −40 ℃~65 ℃;

——增加了对 GB/T 528《硫化橡胶或热塑性橡胶拉伸应力应变的测定》、GB/T 10567.2《铜及铜合金加工材残余应力检验方法　氨熏试验法》的引用;

——增加了对总质量≤3 500 kg 和总质量>3 500 kg 液化石油气汽车用加气口单向阀前容积的要求;

——取消了 GB/T 18364.1—2001、GB/T 18364.2—2005 对加气口通径的规定,增加了对总质量≤3 500 kg和总质量>3 500 kg 液化石油气汽车用加气口流量的要求;

——增加了单向阀开启压力的要求;

——采用了 ECE R67 号法规对汽车用液化石油气加气口的各项性能要求和相应的试验方法。

本标准由工业和信息化部提出并归口。

本标准起草单位:上海星地环保设备有限公司、成都高原汽车制造有限公司、成都客车股份有限公司、上海申沃客车有限公司、中国汽车技术研究中心。

本标准主要起草人:孙永顺、曹邕震、杨为农、周红、张铜柱、于泽、沃珠玲。

本标准所代替标准的历次版本发布情况为:

——GB/T 18364.1—2001;

——GB/T 18364.2—2005。

汽车用液化石油气加气口

1 范围

本标准规定了汽车用液化石油气加气口的定义、型式、技术要求、试验方法、检验规则、标志、包装、出厂文件、运输及贮存。

本标准适用于使用符合 GB 19159 要求的汽车用液化石油气为燃料、公称工作压力为 3.0 MPa(本标准所述压力值均为表压)、工作环境温度为−40 ℃～65 ℃的液化石油气汽车加气口。

2 规范性引用文件

下列文件对于本文件的应用是必不可少的。凡是注日期的引用文件,仅注日期的版本适用于本文件。凡是不注日期的引用文件,其最新版本(包括所有的修改单)适用于本文件。

GB/T 528 硫化橡胶或热塑性橡胶 拉伸应力应变性能的测定

GB/T 9969 工业产品使用说明书 总则

GB/T 10125 人造气氛腐蚀试验 盐雾试验

GB/T 10567.2 铜及铜合金加工材残余应力检验方法 氨薰试验法

GB/T 17895 天然气汽车和液化石油气汽车 词汇

GB 19159 车用液化石油气

GB 19239 燃气汽车专用装置的安装要求

CB/T 3764 金属镀层和化学覆盖层厚度系列及质量要求

3 术语和定义

GB/T 17895 界定的以及下列术语和定义适用于本文件。

3.1

接口 receptacle

加气口与加气枪相连接的部件。

3.2

防尘盖 protective cap

防止灰尘和水进入接口的部件。

4 型式和型号

4.1 接口型式有快插式、螺旋式,接口尺寸见附录 A。

4.2 加气口型号由以下部分组成:

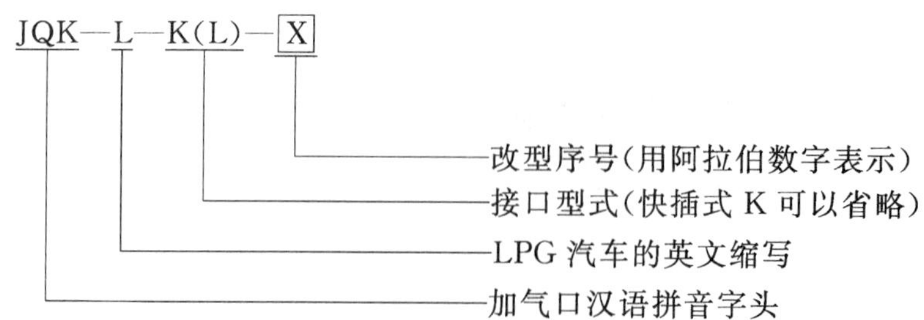

K 为快插式;L 为螺旋式。

5 要求

5.1 一般要求

5.1.1 接口型式和尺寸应符合 4.1 的要求,宜选用快插式。快插式加气口的接口型式和尺寸见图 A.1。螺旋式加气口的接口型式和尺寸见图 A.2。

5.1.2 加气口中至少应装备 1 个带软座的单向阀。

5.1.3 加气口应有防止水和灰尘进入接口并能防止接口损伤的防尘盖以及防止防尘盖丢失的装置。

5.1.4 加气口在汽车上的安装应符合 GB 19239 的规定。

5.1.5 加气口的金属零件不应使用铸件或压铸件。

5.1.6 加气口中所有进行金属镀层和化学覆盖层处理部件的外观要求,应符合 GB/T 3764 中的有关规定。

5.1.7 单向阀前容积:总质量≤3 500 kg 的汽车用加气口宜≤0.1 cm^3;总质量>3 500 kg 的汽车用加气口宜 ≤0.5 cm^3。

5.1.8 以水为试验介质,在 0.3 MPa 压差下通过总质量≤3 500 kg 的汽车用加气口的流量应≥20 L/min;在 0.3 MPa 压差下通过总质量>3 500 kg 的汽车用加气口的流量应≥30 L/min。

5.1.9 在加气口进、出口压力差≤0.2 MPa 时,单向阀应打开。

5.2 性能要求

5.2.1 液静压强度

按 6.3 规定的方法进行液静压强度试验后,加气口的承压零件应无可见裂纹或永久变形。

5.2.2 气密性

按 6.4 规定的方法进行气密性试验,泄漏量≤15 cm^3/h。

5.2.3 单向阀密封性

按 6.5 规定的方法进行试验,在 3 MPa～0.05 MPa 的任何气压下泄漏量≤15 cm^3/h。

5.2.4 耐温性

按 6.6 规定的方法进行耐温性试验后,其气密性应符合 5.2.2 的要求。

5.2.5 耐用性

完成温度循环试验后,按 6.7 规定的方法再进行耐用性试验,试验后应无异常磨损并满足 5.2.2 和 5.2.3 的要求。

5.2.6 耐腐蚀性

5.2.6.1 铜或黄铜制件按6.8.1规定的方法进行氨薰试验后，制件表面应无裂纹。

5.2.6.2 按6.8.2规定的方法进行盐雾试验后，应满足5.2.1、5.2.2和5.2.4的要求。

5.2.7 相容性

与液化石油气接触的非金属零件，按6.9规定的方法进行相容性试验后，其体积膨涨率应不大于20%，质量下降率应不大于5%。

5.2.8 耐干热性

与液化石油气接触的非金属零件，按6.10规定的方法进行耐干热试验后，其抗拉强度变化不应超过+20%，最大延伸率变化不应超过−30%～+10%。

5.2.9 耐氧老化性

与液化石油气接触的非金属零件，按6.11规定的方法进行耐氧老化试验后，试验件不应出现裂纹。

5.2.10 耐蠕变性

加气口与液化石油气接触的非金属零件，按6.12规定的方法进行耐蠕变试验后，应满足5.2.2和5.2.4的要求。

5.2.11 温度循环试验

与液化石油气接触的非金属零件，按6.13规定的方法进行温度循环试验后，应满足5.2.2和5.2.3的要求。

5.2.12 耐振性

按6.14规定的方法进行耐振试验后，所有连接部位不松动，其气密性满足5.2.2要求。

5.2.13 碰撞试验

按6.15规定的方法实施碰撞后，应满足5.2.2规定的环境温度下气密性试验和5.2.3规定的阀座密封性试验要求。

6 试验方法

6.1 一般规定

6.1.1 试验条件

除非另有规定，试验应在下述条件下进行：

a) 试验介质应为干燥空气或氮气，液静压强度试验可用水或其他无腐蚀、无毒无害液体；

b) 试验环境温度为20 ℃±5 ℃。

6.1.2 试验用仪表要求

试验用仪表应满足下列要求：

a) 压力仪表：准确度不低于1.5级，测量量程为测量值的1.5倍～3倍。

b) 流量仪表:准确度不低于1.5级,测量量程为测量值的1.5倍~3倍。

c) 温度仪表:准确度为±0.5 ℃,最小分辨率不大于准确度的2倍(即1 ℃)。

6.2 外观检验

用目测法进行外观检验。

6.3 液静压强度试验

将试样的出口端密封,由入口端充入6.75 MPa的液压,持续时间不应少于1 min。检查加气口的组成零件。

6.4 气密性试验

试样出口密封。分别在室温、最低工作温度、最高工作温度下,由加气口入口端充入压力为6.75 MPa的试验气体,观察1 min,用泄漏测试仪测量泄漏量。

6.5 单向阀密封性试验

加气口的入口端敞开,由加气口的出口端输入试验气体。观察从3 MPa~0.05 MPa任何气压下,用泄漏测试仪测量单向阀的泄漏量。

6.6 耐温性试验

6.6.1 高温试验

试样在最高工作温度65 ℃和6.75 MPa压力下保持8 h,按照6.4规定的方法进行最高工作温度下的气密性试验。

6.6.2 低温试验

试样在最低工作温度-40 ℃和6.75 MPa压力下保持8 h,按照6.4规定的方法进行最低工作温度下的气密性试验。

6.7 耐用性试验

加气口出口封闭。入口端接通高压气源,试验压力从0 MPa升至3 MPa,使单向阀处于开启状态。然后,入口端泄压至为0 MPa,使单向阀承受3 MPa的压力并处于关闭状态,保持时间不少于2 s;再将出口端泄压为0 MPa。如此反复循环,使单向阀作周期性开启、闭合。单向阀反复开启、闭合循环频率不高于10次/min。循环试验总次数为6 000次。循环试验结束后应立即进行6.4的气密性试验和6.5的单向阀密封性试验。

6.8 耐腐蚀性试验

6.8.1 将加气口按照GB/T 10567.2的规定进行氨薰试验,试验温度为20 ℃~30 ℃,且保持恒定在±1 ℃。氨薰时间为24 h。氨薰后,将试件清洗、干燥,用20倍放大镜检查制件表面裂纹。

6.8.2 将加气口出口封住并以水平位置,按GB/T 10125规定的中性盐雾试验方法进行96 h的盐雾试验。试验后,按6.3、6.4和6.6进行液静压强度试验、气密性试验和耐温性试验。

6.9 相容性试验

与液化石油气接触的非金属零件应在23 ℃±2 ℃的正戊烷或正己烷中浸泡72 h,并在常温下放置

48 h后,测量其体积膨涨率和质量下降率。

6.10 耐干热性试验

与液化石油气接触的非金属零件在65 ℃下放置168 h后,按GB/T 528规定的方法检查其抗拉强度和延伸率的变化。

6.11 耐氧老化试验

与液化石油气接触的非金属零件,在40 ℃温度和20%应力下,在臭氧含量50×10^{-8}的空气中放置72 h,用2倍放大镜检查其表面。

6.12 蠕变性试验

与液化石油气接触的非金属部件在120 ℃、6.75 MPa的水中保持96 h后,按6.4和6.6的规定进行气密性试验和耐温性试验。

6.13 温度循环试验

与液化石油气接触的非金属部件在3 MPa压力下,做96 h从-40 ℃~65 ℃的温度循环试验。循环周期为120 min。试验后按6.4和6.6的规定进行气密性试验和耐温性试验。

6.14 耐振性试验

6.14.1 将试件可靠地固定在振动试验台上,在6.14.2或6.14.3所述试验方法中选择一种进行耐振性试验。试验后检查试件各部分连接,按6.4进行气密性试验。

6.14.2 试验在正弦振动台架上进行,其恒定加速度为1.5 g,频率范围为5 Hz~200 Hz。试验应在三个正交的坐标轴方向各持续5 h。5 Hz~200 Hz的频带,应包含在2个15 min的扫频时间内。

6.14.3 如试验不是在恒定加速度台架上进行,则应将5 Hz~200 Hz的频带划分成11个半倍频段。其中,每组包括一个恒定的振幅。因此,理论的加速度就包括在1 g~2 g之间($g=9.8\ m/s^2$)。各频带的振幅值见表1。

表1 各频带的振幅值

振幅/mm (峰值)	频率/Hz (加速度1 g)	频率/Hz (加速度2 g)
10	5	7
5	7	10
2.5	10	14
1.25	14	20
0.6	20	29
0.3	29	41
0.15	41	57
0.08	57	79
0.04	79	111
0.02	111	157
0.01	157	222

每个频带从两个方向进行覆盖，2 min 完成。完成所有频带的试验总时间为 30 min。

6.15 碰撞试验

加气口部件水平安装在一个坚固的物体上。将一个质量为 1 kg 的硬钢固定在摆锤上从 1 m 高处落下，使其达到 4.4 m/s 的冲击速度。重物的冲击应落在加气口部件凸起部分的中央。撞击后的试件按 6.4 和 6.5 的规定进行气密性试验和单向阀密封性试验。

7 检验规则

7.1 检验项目

按表 2。

7.2 出厂检验

检验外观，单向阀密封性应符合 5.1.6、5.2.3 的要求。

7.3 型式检验

在下列情况之一，加气口应按表 2 规定的项目进行型式检验。对新设计的产品还应按 5.1 的要求进行产品设计审查。

a) 新设计或设计参数、工艺、材料有重大变更时；
b) 停产半年以上，重新恢复生产；
c) 连续生产满一年；
d) 发生重大质量事故或国家质量监督机构提出型式检验要求时。

表 2 检验项目

序号	试验(检验)项目名称	试验(检验)方法	判定依据	出厂检验	型式检验
1	外观检验	6.2	5.1.6	√	√
2	液静压强度试验	6.3	5.2.1		√
3	气密性试验	6.4	5.2.2		√
4	单向阀泄漏性试验	6.5	5.2.3	√	√
5	耐温性试验	6.6	5.2.4		√
6	耐用性试验	6.7	5.2.5		√
7	耐腐蚀性试验	6.8	5.2.6		√
8	相容性试验	6.9	5.2.7		√
9	耐干热性试验	6.10	5.2.8		√
10	耐氧老化试验	6.11	5.2.9		√
11	蠕变性试验	6.12	5.2.10		√
12	温度循环试验	6.13	5.2.11		√
13	耐振性试验	6.14	5.2.12		√
14	碰撞试验	6.15	5.2.13		√
注：“√”表示应检项目。					

7.4 试件的处理

经检验或试验合格后的试件，若检验项目会影响其使用性能或使用寿命者，不能作为合格产品出厂。

8 标志、包装、运输及贮存

8.1 标志

加气口产品应有下列永久性标志：

a) 加气口型号规格；

b) 制造厂名或其标志；

c) 生产批号和日期。

8.2 包装

8.2.1 包装前产品应干净、完好。

8.2.2 包装袋(或盒)应能防止腐蚀性介质侵入，并能防止运输过程中损伤产品。

8.2.3 外包装上应有下列标记：

a) 制造厂名；

b) 产品型号和编号；

c) 数量和质量；

d) 出厂日期；

e) 外形尺寸(长×宽×高)；

f) 搬运注意事项。

8.2.4 包装内应附有必要的装箱清单、产品合格证及产品使用说明书。

8.3 运输及贮存

8.3.1 产品装运过程应小心轻放，防止重压及碰撞，严防雨淋及化学品的浸蚀。

8.3.2 产品贮存在通风、干燥、清洁的室内。

9 出厂文件

9.1 产品合格证应注明的内容

应注明以下内容：

a) 制造厂名和商标；

b) 产品型号和编号；

c) 检验部门的签章及检验日期。

9.2 装箱清单

当包装箱内有加气口以外的附件(如接头、专用工具等)时，应附装箱清单。

9.3 产品使用说明书

说明书的编写按 GB/T 9969 进行，并特别要说明以下内容：

a) 加气口的结构型式、功能介绍；

b) 使用过程中的故障判别及排除方法。

附 录 A
（规范性附录）
加气口接口型式、尺寸

图 A.1 与图 A.2 给出了加气口不同的接口型式和尺寸。

单位为毫米

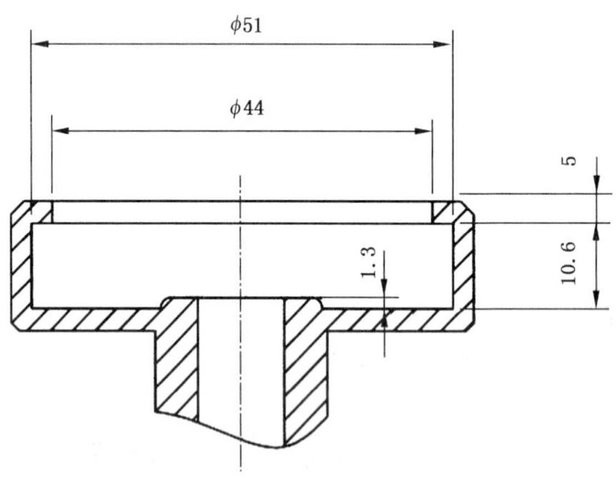

图 A.1 快插式加气口的接口型式和尺寸

单位为毫米

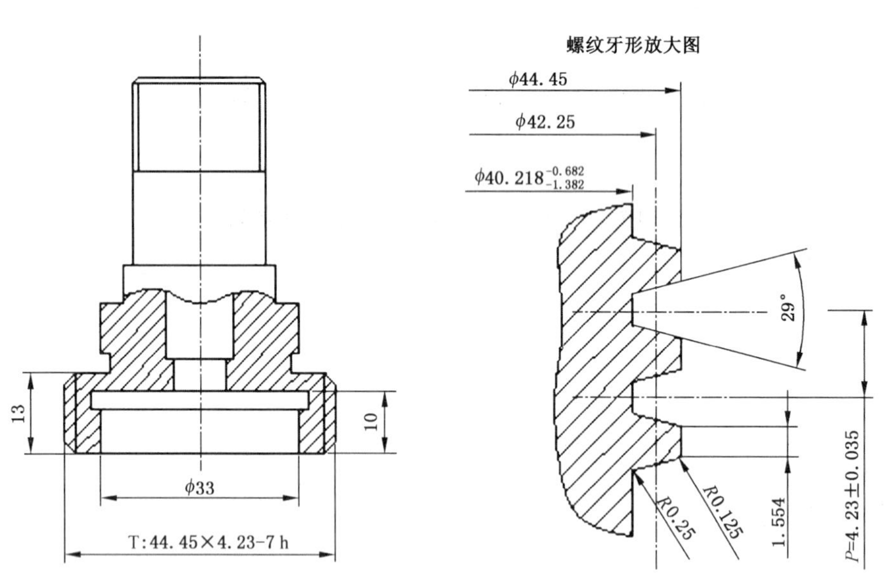

图 A.2 螺旋式加气口的接口型式和尺寸

ICS 43.080
T 47

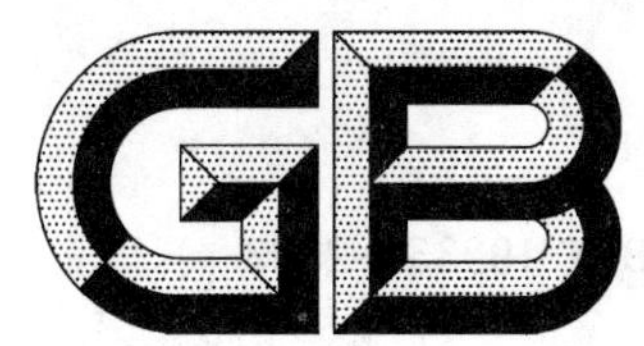

中华人民共和国国家标准

GB/T 19235—2003

液化石油气加气机加气枪

Fueling nozzle for LPG dispenser

2003-07-01 发布　　2003-12-01 实施

中华人民共和国国家质量监督检验检疫总局　发布

前　言

本标准的附录C、附录D、附录E和附录F是规范性附录，附录A、附录B是资料性附录。

本标准由原国家机械工业局提出。

本标准由全国汽车标准化技术委员会归口。

本标准起草单位:北京长空机械有限责任公司、中国汽车技术研究中心。

本标准主要起草人:李全民、许耀明、谭金祥、高晓红、顾严平、赵春明。

液化石油气加气机加气枪

1 范围

本标准规定了液化石油气加气机加气枪的型式、技术要求、试验方法、检验规则、标志、包装、运输及储存。

本标准适用于液化石油气加气机用加气枪(以下简称加气枪)。

2 规范性引用文件

下列文件中的条款通过本标准的引用而成为本标准的条款。凡是注日期的引用文件,其随后所有的修改单(不包括勘误的内容)或修订版均不适用于本标准,然而,鼓励根据本标准达成协议的各方研究是否可使用这些文件的最新版本。凡是不注日期的引用文件,其最新版本适用于本标准。

GB/T 9969.1 工业产品使用说明书 总则

GB/T 10125—1997 人造气氛腐蚀试验 盐雾试验(eqv ISO 9227:1990)

GB/T 18364.1 汽车用液化石油气加气口(螺旋式)

3 术语和定义

下列术语和定义适用于本标准。

3.1

加气枪 fueling nozzle

装于加气机上,与汽车用液化石油气加气口连接,给车用气瓶充装液化石油气的手工操作专用装置。

3.2

加气嘴 nozzle

加气枪与汽车加气口对接的部件。

3.3

自密封阀 self-shut off valve

装于加气枪内,利用加气枪与加气口对接时的推力打开加气通路,非对接状态为封闭状态的单向阀。

3.4

干燥空气 dry air

3.3 MPa压力、-45℃状态下无游离水的空气。

4 型式和型号

4.1 加气枪基本结构型式:

螺旋式参见附录A图A.1;

快插式参见附录B图B.1。

4.2 螺旋式加气嘴结构尺寸(mm)见附录C图C.1。

4.3 快插式加气嘴结构尺寸(mm)见附录D图D.1。

4.4 加气枪型号由以下部分组成：

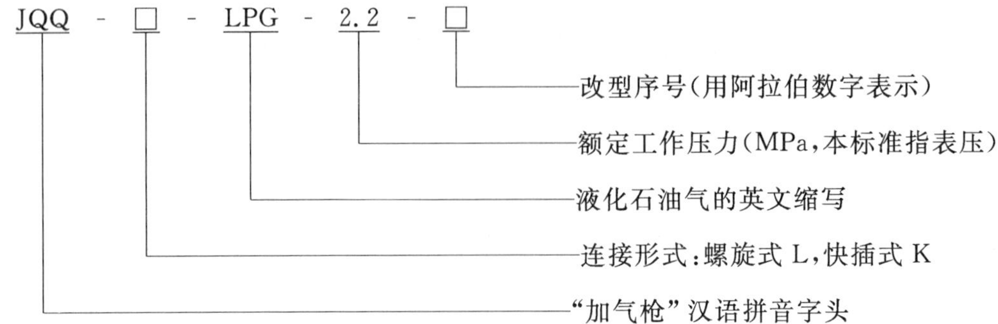

5 技术要求

5.1 一般要求

5.1.1 加气枪尺寸应符合 4.2/4.3 的规定。

5.1.2 加气枪的气路通径不应小于 8 mm。

5.1.3 加气枪应有扳机锁,在打开状态下能锁定扳机。

5.1.4 加气枪零件采用的材料应与使用的气体介质、工作寿命、环境温度等要求相适应。加气嘴金属材料应选用擦碰时不起火花的铜材料或铝材料。铜材料的含铜量不高于 70%,硬度不低于 134 HB。

5.1.5 加气枪外观无毛刺、锈蚀,各活动部件灵活无卡滞。

5.1.6 加气枪应配置自密封阀,卸开连接后应能自行关闭。

5.1.7 加气枪应能与符合 GB/T 18364.1 要求的汽车用液化石油气加气口可靠连接并设置互锁装置。

5.1.8 加气枪应配备密封帽,密封帽结构应与所用的连接接口相配套,但不应顶开加气嘴的自密封阀。

5.2 性能要求

5.2.1 液静压强度

加气枪按 6.3 规定的试验方法进行液静压强度试验,加气枪承压部件不得破裂。

5.2.2 气密性

加气枪按 6.4 规定的试验方法进行气密性试验,其承压部件应无泄漏或泄漏速率小于 20 cm^3/h(标准状态)。

注：标准状态为温度 20℃,气压 101.325 kPa。下同。

5.2.3 耐氧老化性

加气枪非金属零件按 6.5 规定的试验方法进行耐氧老化试验后,不应出现变形、裂纹、变质及斑点等现象。

5.2.4 相容性

加气枪非金属材料按 6.6 规定的试验方法进行相容性试验后,材料体积的变化率不大于 20%、质量变化率不大于 5%。

5.2.5 耐腐蚀性

5.2.5.1 对于加气枪的黄铜零件按 6.7.1 规定的试验方法进行耐腐蚀试验后,检查其常温气密性,应符合 5.2.2 的要求。

5.2.5.2 加气枪按 6.7.2 规定的试验方法进行盐雾试验后,检查其常温气密性,应符合 5.2.2 的要求。

5.2.6 耐用性

加气枪按 6.8 规定的试验方法进行耐用性试验后,加气枪应能正常连接到加气口上,检查其气密性，应符合 5.2.2 的要求。

5.2.7 抗冲击性

加气枪按 6.9 规定的试验方法进行抗冲击试验后，检查其常温气密性，应符合 5.2.2 的要求。试验中若枪嘴(参见图 A.1、图 B.1)破裂或变形，允许更换枪嘴。

5.2.8 超载性能

加气枪按 6.10 规定的试验方法进行超载试验，不应变形或损坏，检查其常温气密性，应符合 5.2.2 的要求。

5.2.9 导电性

加气枪按 6.11 规定的检验方法进行导电性检验，电阻不应大于 0.1 Ω。

5.2.10 扳机握力

加气枪按 6.12 规定的检验方法进行握力检验，扳机握力不应大于 300 N。

6 试验方法

6.1 一般规定

6.1.1 试验条件

除非另有规定，试验应在下述条件下进行：

a) 试验环境温度为 15℃～35℃；

b) 试验介质应为清洁的干燥空气或氮气。

6.1.2 试验用仪表要求：

a) 压力仪表；准确度不低于 1.5 级，测量量程为测量值的 1.5～3 倍。

b) 流量仪表：准确度不低于 1.5 级，测量量程为测量值的 1.5～3 倍。

c) 温度仪表：准确度为±0.5℃，最小分辨率不大于准确度的 2 倍(即 1℃)。

6.2 常规检验

用目测法和常规方法对加气枪进行常规检验，应符合 5.1 的要求。

6.3 液静压强度试验

本项试验为结构安全性试验，试验后的试件不应再作其他试验。试验结果应符合 5.2.1 的要求。

a) 加气枪接加气口，加气口出口封死，从加气枪入口输入液静压力 5 MPa，开枪，稳压时间不少于 3 min。

b) 加气枪不接加气口，从加气枪入口输入液静压力 5 MPa，不开枪，稳压不少于 3 min。

6.4 气密性试验

6.4.1 常温气密性试验

a) 加气枪出口接加气口，加气口出口封死，开枪，从加气枪入口分别输入气压 0.05 MPa、3.3 MPa，浸入水中，各压力处稳压 1 min。应符合 5.2.2 的要求。

b) 加气枪出口不接加气口，不开枪，从加气枪入口分别输入气压 0.05 MPa、3.3 MPa，浸入水中，各压力处稳压 1 min。应符合 5.2.2 的要求。

6.4.2 高低温气密性试验

高低温气密试验见表 1。

试验结果应符合 5.2.2 的要求。

低温试验前应用试验规定气体把加气枪内的空气置换掉。

表 1 高低温气密试验

试验项目	试 验 方 法
低温试验	a) 加气枪连接加气口,加气口出口封死,开枪,浸入-25℃±2℃、比例为 3:1 乙醇和水的混合液中,稳定 2 h 后从入口输入 2.2 MPa 气压,再缓慢降至 0,分别在 2.2 MPa 和 0.05 MPa 处稳压 2 min。 b) 加气枪不连接加气口,不开枪,浸入-25℃±2℃、比例为 3:1 乙醇和水的混合液中,稳定 2 h 后从入口输入 2.2 MPa 气压,再缓慢降至 0,分别在 2.2 MPa 和 0.05 MPa 处稳压 2 min
高温试验	a) 加气枪连接加气口,加气口出口封死,开枪,浸入 65℃±2℃水中,稳定 2 h 后从入口输入 2.2 MPa 气压,再缓慢降至 0,分别在 2.2 MPa 和 0.05 MPa 处稳压 1 min。 b) 加气枪不连接加气口,不开枪,浸入 65℃±2℃水中,稳定 2 h 后从入口输入 2.2 MPa 气压,再缓慢降至 0,分别在 2.2 MPa 和 0.05 MPa 处稳压 1 min

6.5 耐氧老化试验

加气枪与液化石油气接触的非金属零件在压力为 2.0 MPa,温度为 70℃±2℃的氧气中放置 96 h。应符合 5.2.3 的要求。

6.6 相容性试验

加气枪与天然气接触的非金属零件,在 23℃±2℃的正己烷或正戊烷介质中浸泡 72 h,然后放置在 40℃的空气中 48 h。应符合5.2.4的要求。

6.7 耐腐蚀性试验

6.7.1 将清除了表面油污,并关闭所有接头(连接)的黄铜部件,在温度为 34℃±2℃氨水中浸泡 24 h。应符合 5.2.5 的要求。

6.7.2 中性盐雾试验方法按 GB/T 10125—1997,时间 96 h。应符合 5.2.5 的要求。

6.8 耐用性试验

试验工装为标准加气口,新试件。从加气枪入口输入气压 2.2 MPa。

加气枪正确接入加气口,开枪,关枪,脱开。如此反复 50 000 次。应符合 5.2.6 的要求。

6.9 抗冲击试验

见附录 E 图 E.1,加气枪接到 4.6 m 长、内径 12.5 mm 的加气软管上,在-25℃±2℃下放置 24 h 后,使其从 1.2 m 高处跌落到水泥地面上,跌落 10 次;然后加液压 2.2 MPa,再跌落 10 次。应符合 5.2.7的要求。

6.10 超载试验

将加气口作为一悬臂梁安装在支架上,试验时支架应能承受规定载荷不产生位移和变形。加气枪正确连接到加气口上,加气枪入口连接试验用加气软管,对软管按下列 a)、b)方向分别施加 800 N 的拉力,施力时间各 2 min。应符合 5.2.8 的要求。

a) 拉力(F)方向平行加气嘴纵轴向,见附录 F 图 F.1;

b) 拉力(F)方向垂直加气嘴纵轴向,见附录 F 图 F.2。

6.11 导电性检验

用电阻表检验加气枪入口零件与枪嘴(参见图 A.1、图 B.1)之间的电阻。应符合 5.2.9 的要求。

6.12 扳机握力检验

加气枪正确连接到加气口上,入口接入 2.2 MPa 液压,固定加气枪体,用拉力计拉动扳机打开加气枪。拉力作用点在扳机手握范围的中点,方向垂直扳机,最大拉力为扳机握力。应符合 5.2.10 的要求。

7 检验规则

7.1 检验项目

检验项目按表 2。

表 2 检验项目表

序号	试验(检验)项目名称		试验(检验)方法	判定依据	出厂检验	型式检验
1	常规检验		6.2	5.1	√	√
2	液静压强度试验		6.3	5.2.1		√
4	气密性试验	常温气密性试验	6.4.1	5.2.2	√	√
5		高低温气密性试验	6.4.2	5.2.2		√
6	耐氧老化试验		6.5	5.2.3		√
7	相容性试验		6.6	5.2.4		√
8	耐腐蚀性试验		6.7	5.2.5		√
9	耐用性试验		6.8	5.2.6		√
10	抗冲击试验		6.9	5.2.7		√
11	超载试验		6.10	5.2.8		√
12	导电性检验		6.11	5.2.9		√
13	扳机握力检验		6.12	5.2.10		√
注:"√"表示应检项目。						

7.2 **出厂检验**

产品出厂前应按表 2 中出厂检验规定项目逐支检验。全部项目合格则认为产品合格。

7.3 **型式检验**

在下列情况之一,加气枪必须按表 2 规定的项目进行型式检验。

a) 新设计定型鉴定产品或产品转厂生产时;

b) 设计参数、材料、生产工艺等有重大改变时;

c) 停产半年以上,恢复生产时;

d) 连续生产一年或 3 000 只以上时;

e) 国家质量监督机构或国家其他部门提出检验要求时。

经检验或试验合格后的试件,若检验项目会影响其使用性能或使用寿命者,不能作为合格产品出厂。

8 标志、包装、运输及储存

8.1 **标志**

加气枪产品应有下列永久性标志:

a) 加气枪型号规格;

b) 制造厂名或其标志;

c) 生产批号和日期。

8.2 **包装**

8.2.1 包装前产品必须干净、完好。

8.2.2 包装袋(或盒)应能防止腐蚀性介质侵入,并能防止运输过程中损伤产品。

8.2.3 外包装上应有下列标记:

a) 制造厂名;

b) 产品型号和批号;

c) 数量和重量;

d) 出厂日期；

e) 外形尺寸(长×宽×高)；

f) 搬运注意事项。

8.2.4 包装内应附有产品合格证、产品使用说明书及必要的装箱清单。

8.3 运输及贮存

8.3.1 产品装运过程应小心轻放，防止重压及碰撞，严防雨淋及化学品的侵蚀。

8.3.2 产品贮存在通风、干燥、清洁的室内。

9 出厂文件

9.1 出厂文件包括产品合格证、装箱清单及产品使用说明书。

9.2 产品合格证应注明以下内容：

a) 制造厂名和商标；

b) 产品型号和批号；

c) 检验部门的签章及检验日期。

9.3 装箱清单

当包装箱内有加气枪以外的附件(如接头、专用工具等)时，应附装箱清单。

9.4 产品使用说明书

说明书应按 GB/T 9969.1 的要求编写，并特别要说明以下内容：

a) 加气枪的结构型式、功能介绍；

b) 使用过程中的故障判别及排除方法。

附　录　A
（资料性附录）
螺旋式加气枪基本结构型式

螺旋式加气枪基本结构型式如图 A.1 所示。

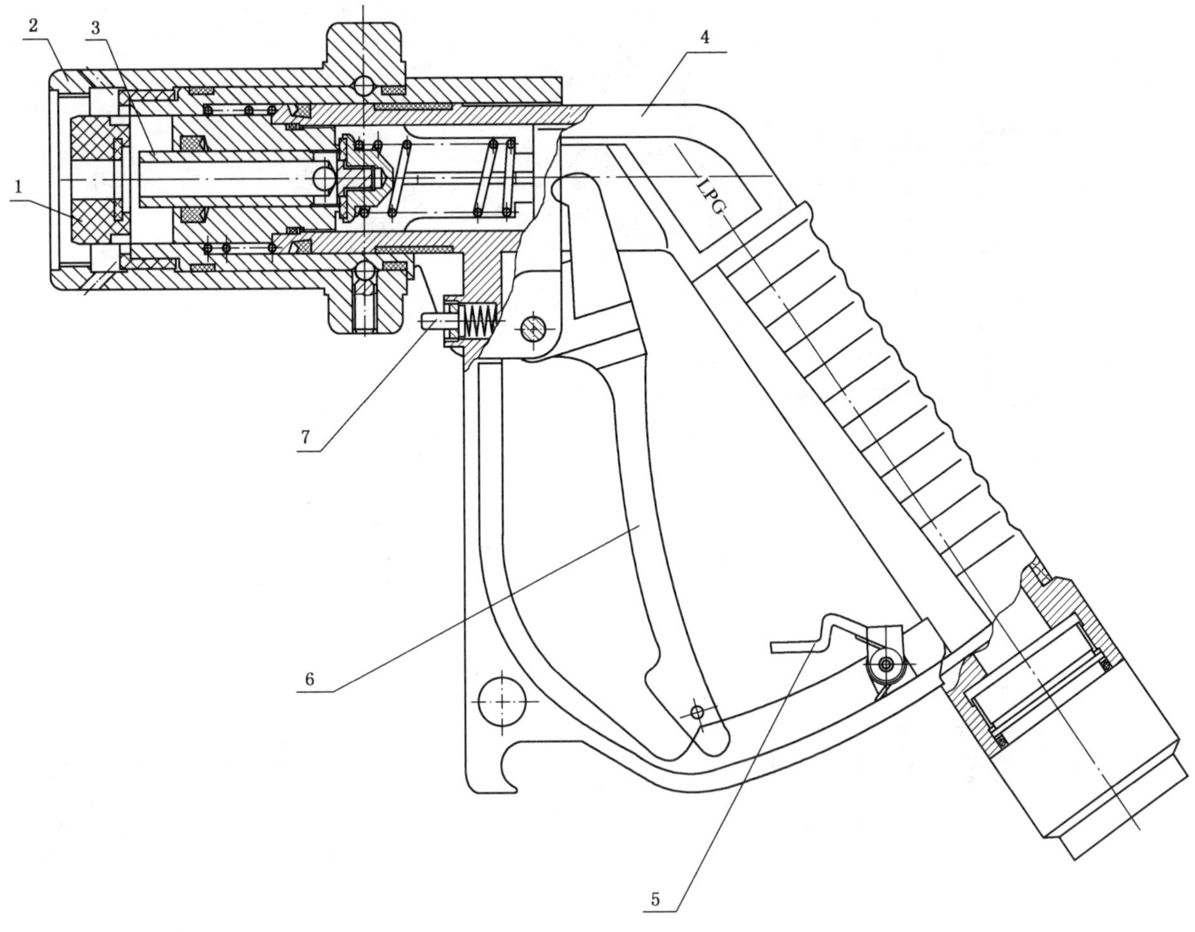

1—舌件；
2—枪嘴；
3—自密封阀；
4—枪体；
5—扳机锁；
6—扳机；
7—加气锁

图 A.1　螺旋式加气枪基本结构型式

附 录 B
（资料性附录）
快插式加气枪基本结构型式

快插式加气枪基本结构型式如图 B.1 所示。

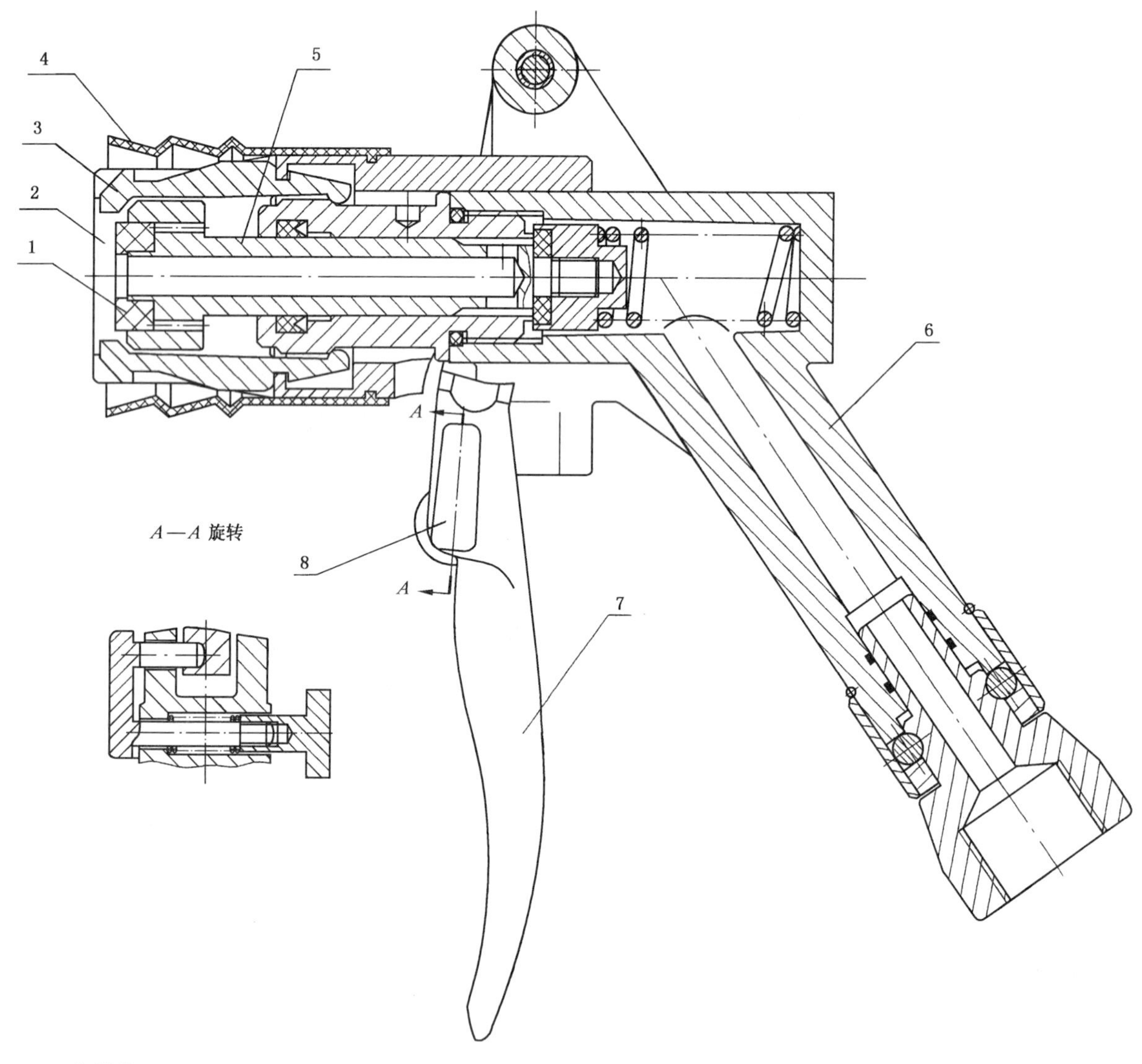

1—密封垫；
2—枪嘴；
3—卡爪；
4—胶套；
5—自密封阀；
6—枪体；
7—扳机；
8—扳机锁

图 B.1 快插式加气枪基本结构型式

附 录 C
（规范性附录）
螺旋式加气嘴结构尺寸

螺旋式加气嘴结构尺寸如图 C.1 所示。

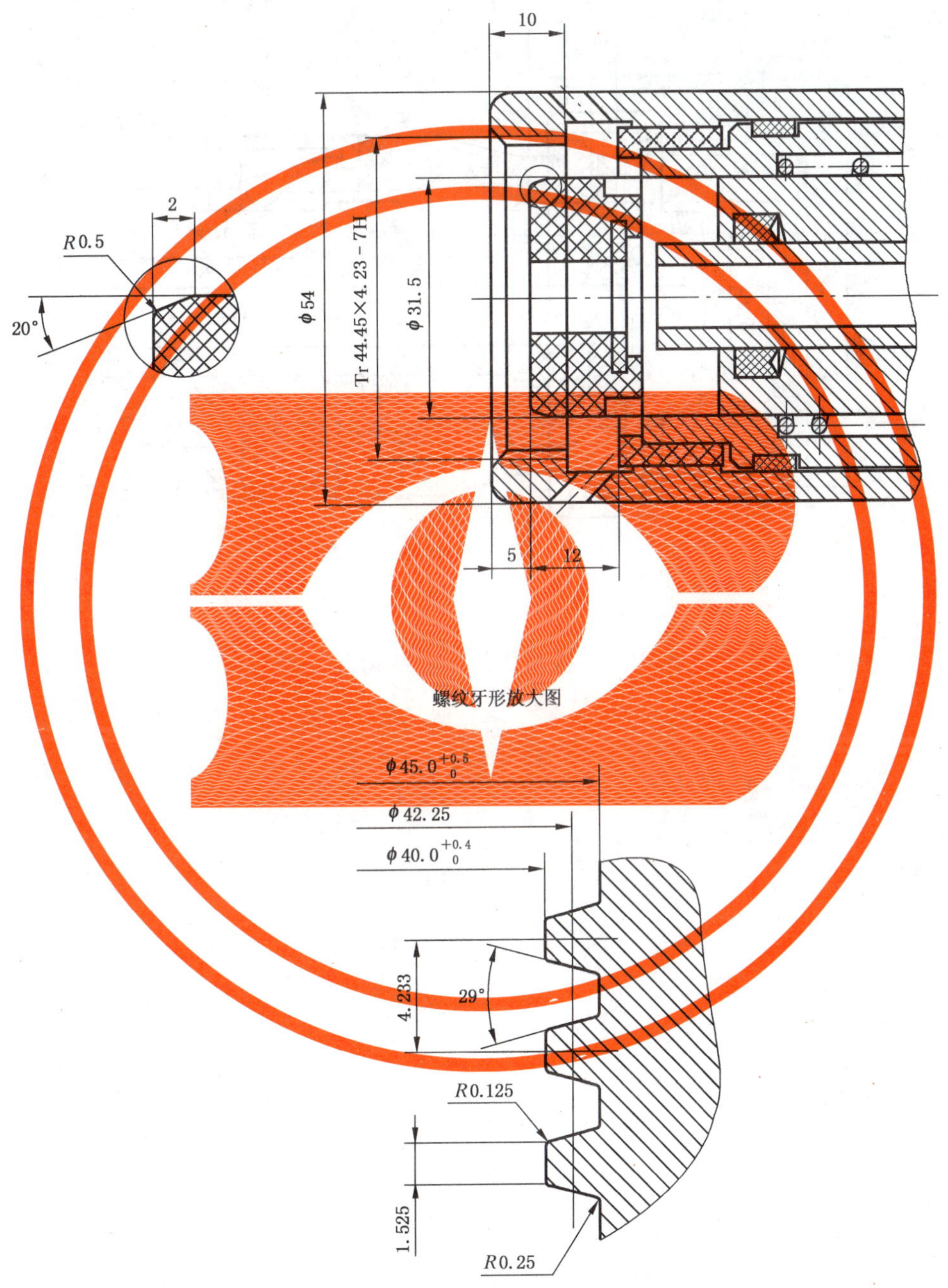

图 C.1 螺旋式加气嘴结构尺寸图

附　录　D
（规范性附录）
快插式加气嘴结构尺寸

快插式加气嘴结构尺寸如图 D.1 所示。

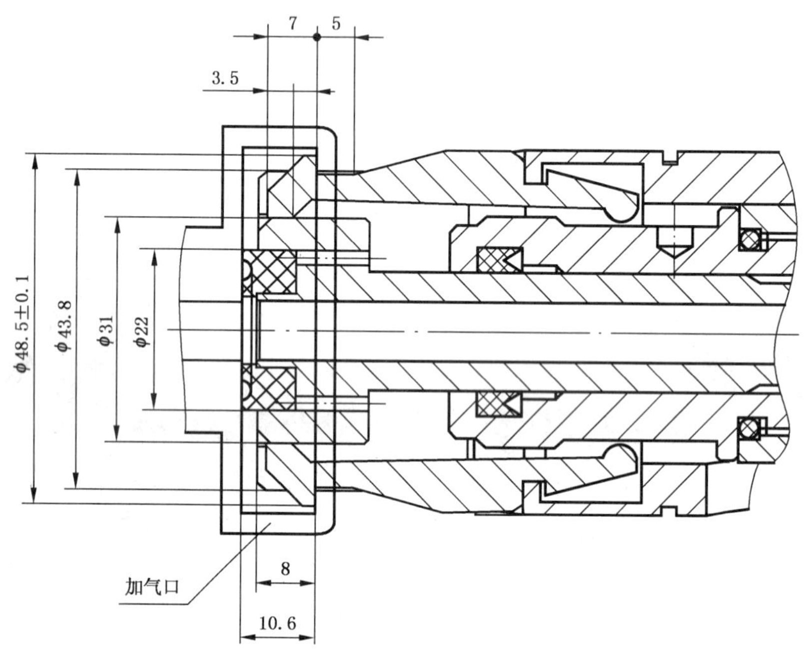

图 D.1　快插式加气嘴结构尺寸图

附　录　E
（规范性附录）
加气枪抗冲击试验示意图

加气枪抗冲击试验如图 E.1 所示。

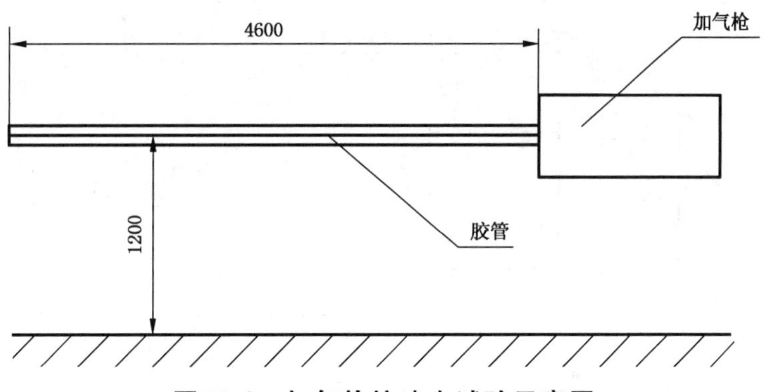

图 E.1　加气枪抗冲击试验示意图

附　录　F
（规范性附录）
加气枪超载试验示意图

加气枪超载试验如图 F.1,图 F.2 所示。

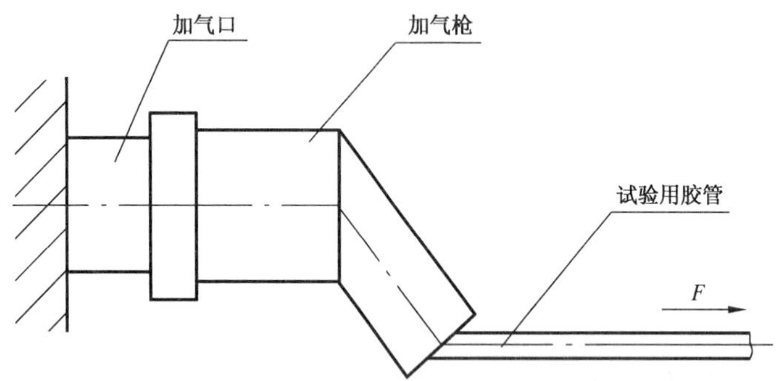

图 F.1　加气枪超载试验水平施力示意图

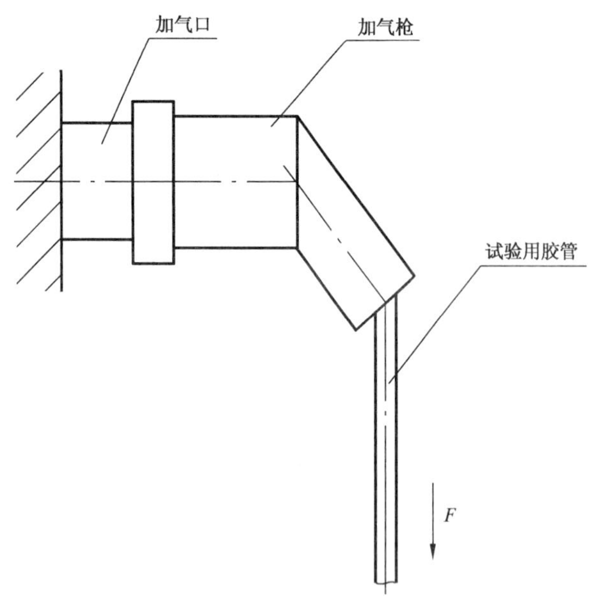

图 F.2　加气枪超载试验垂直施力示意图

ICS 43.080
T 47

中华人民共和国国家标准

GB/T 19236—2003

压缩天然气加气机加气枪

Fueling nozzle for CNG dispenser

2003-07-01 发布　　　　2003-12-01 实施

中华人民共和国
国家质量监督检验检疫总局　发布

前　　言

本标准的附录B、附录C、附录D、附录E为规范性附录，附录A为资料性附录。

本标准由原国家机械工业局提出。

本标准由全国汽车标准化技术委员会归口。

本标准起草单位：北京长空机械有限责任公司、中国汽车技术研究中心。

本标准主要起草人：李全民、谭金祥、刘汉有、杨建夫、顾严平、赵春明。

压缩天然气加气机加气枪

1 范围

本标准规定了压缩天然气加气机加气枪的型式、技术要求、试验方法、检验规则、标志、包装、运输及储存。

本标准适用于压缩天然气加气机用加气枪(以下简称加气枪)。

2 规范性引用文件

下列文件中的条款通过本标准的引用而成为本标准的条款。凡是注日期的引用文件,其随后所有的修改单(不包括勘误的内容)或修订版均不适用于本标准,然而,鼓励根据本标准达成协议的各方研究是否可使用这些文件的最新版本。凡是不注日期的引用文件,其最新版本适用于本标准。

GB/T 9969.1 工业产品使用说明书 总则

GB/T 10125—1997 人造气氛腐蚀试验 盐雾试验(eqv ISO 9227:1990)

GB/T 18363—2001 汽车用压缩天然气加气口(neq ISO/DIS 14469:2000)

3 术语和定义

下列术语和定义适用于本标准。

3.1

加气枪 fueling nozzle

装于加气机上,与汽车用压缩天然气加气口连接,给车用气瓶充装天然气的手工操作专用装置。由加气嘴、三通阀和连接件组成。

3.2

加气嘴 nozzle

加气枪与汽车加气口对接的加气接头。

3.3

三通阀 three-way valve

接通或断开汽车加气气源,并能在加气后放空加气嘴内残留高压气体的三通截止阀。

3.4

自密封阀 self-shut off valve

装于加气嘴内,利用加气嘴与加气口对接时的推力打开加气通路,非对接状态为封闭状态的单向阀。

3.5

干燥空气 dry air

20 MPa 压力、−45℃状态下无游离水的空气。

4 型式和型号

4.1 加气枪基本原理参见附录 A 图 A.1。

4.2 加气嘴结构尺寸(mm)见附录 B 图 B.1。

4.3 自密封阀端部尺寸(mm)见附录 C 图 C.1。

4.4 加气枪型号由以下部分组成:

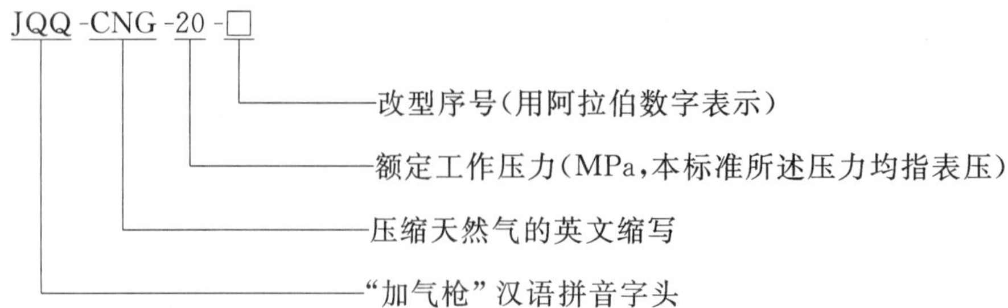

5 技术要求

5.1 一般要求

5.1.1 加气嘴尺寸、自密封阀尺寸应分别符合4.2、4.3的规定。

5.1.2 加气枪的气路通径应不小于6 mm。

5.1.3 加气枪从加气口拔插前,与枪连接的管道应卸压,保证加气枪在无压或不大于0.5 MPa下拔插。

5.1.4 加气枪零件采用的材料应与使用的气体介质、工作寿命、环境温度等要求相适应;加气嘴本体和加气嘴卡爪应选用擦碰时不起火花的铜材料,其含铜量不高于70%,硬度不低于134HB。

5.1.5 加气枪外观无毛刺、锈蚀,各活动部件灵活无卡滞。

5.1.6 加气枪应能与符合GB/T 18363—2001要求的汽车用压缩天然气加气口可靠连接。

5.2 性能要求

5.2.1 液静压强度

加气枪按6.3规定的试验方法进行液静压强度试验,加气枪承压部件不得破裂。

5.2.2 气密性

加气枪按6.4规定的试验方法进行气密性试验,其承压部件应无泄漏或泄漏速率小于20 cm^3/h(标准状态)。

注:标准状态为温度20℃,气压101.325 kPa。下同。

5.2.3 耐氧老化性

加气枪非金属部件按6.5规定的试验方法进行耐氧老化试验后,不应出现变形、裂纹、变质及斑点等现象。

5.2.4 相容性

加气枪非金属材料按6.6规定的试验方法进行相容性试验后,材料体积的变化率不大于20%、质量变化率不大于5%。

5.2.5 耐腐蚀性

5.2.5.1 对于加气枪的黄铜零件按6.7.1规定的试验方法进行耐腐蚀试验后,检查其常温气密性,应符合5.2.2的要求。

5.2.5.2 加气枪按6.7.2规定的试验方法进行盐雾试验后,检查其常温气密性,应符合5.2.2的要求。

5.2.6 耐用性

加气枪按6.8规定的试验方法进行耐用性试验后,加气枪应能正常连接到加气口上,检查其常温气密性,应符合5.2.2的要求。

5.2.7 抗冲击性

加气枪按6.9规定的试验方法进行抗冲击试验后,应能正常连接到加气口上,检查其常温气密性,应符合5.2.2的要求。

5.2.8 超载性能

加气枪按6.10规定的试验方法进行超载试验,不应变形或损坏;检查其常温气密性,应符合5.2.2

的要求。

5.2.9 三通阀手柄强度

三通阀手柄按6.11规定的试验方法进行强度试验，手柄和其挡块不应损坏。

5.2.10 加气嘴插拔性能

加气嘴与加气口按6.12规定的试验方法进行插拔性能试验，加气嘴连接并锁定和解除锁定的轴向力在无压时不应大于90 N；压力大于6.3 MPa时不应小于225 N。

5.2.11 导电性

加气枪按6.13规定的检验方法进行导电性检验，电阻不应大于0.1 Ω。

6 试验方法

6.1 一般规定

6.1.1 试验条件

除非另有规定，试验应在下述条件下进行：

a) 试验环境温度为15℃～35℃；

b) 试验介质应为清洁的干燥空气或氮气。

6.1.2 试验用仪表要求：

a) 压力仪表：准确度不低于1.5级，测量量程为测量值的1.5～3倍。

b) 流量仪表：准确度不低于1.5级，测量量程为测量值的1.5～3倍。

c) 温度仪表：准确度为±0.5℃，最小分辨率不大于准确度的2倍(即1℃)。

6.2 常规检验

用目测法和常规方法对加气枪进行常规检验，应符合5.1的要求。

6.3 液静压强度试验

本项试验为结构安全性试验，试验后的试件不应再做其他试验。试验结果应符合5.2.1的要求。

a) 加气枪接加气口，加气口出口封死，三通阀接通，从加气枪入口输入液静压力80 MPa，稳压时间不少于3 min。

b) 加气枪不接加气口，从加气枪入口输入液静压力80 MPa，三通阀按接通和断开两种状态各稳压不少于3 min。

6.4 气密性试验

试验应在“防护性设备”中进行，试验结果应符合5.2.2的要求。

6.4.1 常温气密性试验

a) 加气枪出口接加气口，加气口出口封死，三通阀接通，从加气枪入口依次输入气压0.1 MPa、0.5 MPa、5 MPa、30 MPa、5 MPa、0.5 MPa和0.1 MPa，浸入水中，各压力处分别稳压3 min。

b) 加气枪出口不接加气口，从加气枪入口依次输入气压0.1 MPa、0.5 MPa、5 MPa、30 MPa、5 MPa、0.5 MPa和0.1 MPa，浸入水中，三通阀按接通和断开两种状态在各压力处分别稳压3 min。

6.4.2 高低温气密性试验

高低温气密试验见表1。

低温试验前应用试验规定气体把加气枪内的空气置换掉。

6.5 耐氧老化试验

加气枪与天然气接触的非金属零件在压力为2.0 MPa，温度为70℃±2℃的氧气中放置96 h。应符合5.2.3的要求。

6.6 相容性试验

加气枪与天然气接触的非金属零件，在23℃±2℃的正已烷或正戊烷介质中浸泡72 h，然后放置在

40℃的空气中 48 h。应符合 5.2.4 的要求。

表 1 高低温气密试验

试验项目	试 验 方 法
低温试验	a) 加气枪连接加气口，加气口出口封死，三通阀接通，浸入 $-25℃\pm2℃$、比例为 3∶1 乙醇和水的混合液中，稳定 2 h 后从入口输入 15 MPa 气压，再缓慢降至 0，分别在 15 MPa、0.5 MPa 和 0.1 MPa 处稳压 2 min。 b) 加气枪不连接加气口，浸入 $-25℃\pm2℃$、比例为 3∶1 乙醇和水的混合液中，稳定 2 h 后从入口输入 15 MPa 气压，再缓慢降至 0，三通阀按接通和断开两种状态分别在 15 MPa、0.5 MPa 和 0.1 MPa处稳压 2 min
高温试验	a) 加气枪连接加气口，加气口出口封死，三通阀接通，浸入 $65℃\pm2℃$ 水中，稳定 2 h 后从入口输入 30 MPa气压，再缓慢降至 0，分别在 30 MPa 和 1.0 MPa 处稳压 1 min。 b) 加气枪不连接加气口，浸入 $65℃\pm2℃$ 水中，稳定 2 h 后从入口输入 30 MPa 气压，再缓慢降至 0，三通阀按接通和断开两种状态分别在 30 MPa 和 1.0 MPa 处稳压 1 min

6.7 耐腐蚀性试验

6.7.1 将清除了表面油污，并关闭所有接头(连接)的黄铜部件，在温度为 $34℃\pm2℃$ 氨水中浸泡 24 h。应符合 5.2.5 的要求。

6.7.2 加气枪中性盐雾试验方法按 GB/T 10125—1997，时间 96 h。应符合 5.2.5 的要求。

6.8 耐用性试验

试验工装为标准加气口，新试件。加气枪的三通阀在断开状态，从加气枪入口输入气压 20 MPa。

把加气枪正确接入加气口，接通三通阀，断开三通阀，卸掉嘴阀间残留气体，脱开加气嘴。如此反复 50 000 次。每次脱开后，加气嘴相对试验工装转动一个随机的角度。

每 10 000 次更换一次工装，试验结束时检查常温气密性，应符合 5.2.6 的要求。

6.9 抗冲击试验

见图 D.1，加气枪接到 4.6 m 长，内径 8 mm 的供气软管上，三通阀处于卸压状态，在 $-25℃\pm2℃$ 下放置 24 h 后，使其从 1.8 m 高处跌落到水泥地面上，跌落 10 次，然后接通三通阀加液压 20 MPa，再跌落 10 次。应符合 5.2.7 的要求。

6.10 超载试验

将加气口作为一悬臂梁安装在支架上，试验时支架应能承受规定载荷不产生位移和变形。加气枪正确连接到加气口上，加气枪入口连接试验用加气软管，对软管按下列 a)、b)方向分别施加 1 350 N 的拉力，施力时间各 2 min。应符合 5.2 8 的要求。

a) 拉力(F)方向平行加气嘴纵轴向，见图附录 E 的 E.1；

b) 拉力(F)方向垂直加气嘴纵轴向，见图附录 E 的 E.2。

6.11 三通阀手柄强度试验

三通阀固定在试验夹具上，试验力或力矩作用在手柄上，在阀开启和关闭两个方向上分别施加 2 倍于制造厂规定的操作力或力矩。应符合 5.2.9 的要求。

6.12 加气嘴插拔试验

将加气口作为一悬臂梁安装在支架上，试验时支架应能承受规定载荷而不产生位移和变形。用拉力计沿加气口轴向测量加气嘴连接并锁定和解除锁定并脱开的拉力。应符合 5.2.10 的要求。

6.13 导电性检验

用电阻表检验加气枪入口零件与卡爪(参见图 B.1)之间的电阻。应符合 5.2.11 的要求。

7 检验规则

7.1 检验项目

检验项目见表 2。

表 2 检验项目表

序号	试验(检验)项目名称		试验(检验)方法	判定依据	出厂检验	型式检验
1	常规检验		6.2	5.1	√	√
2	液静压强度试验		6.3	5.2.1		√
3	气密性试验	常温气密性试验	6.4.1	5.2.2	√	√
4		高低温气密性试验	6.4.2	5.2.2		√
5	耐氧老化试验		6.5	5.2.3		√
6	相容性试验		6.6	5.2.4		√
7	耐腐蚀性试验		6.7	5.2.5		√
8	耐用性试验		6.8	5.2.6		√
9	抗冲击试验		6.9	5.2.7		√
10	超载试验		6.10	5.2.8		√
11	三通阀手柄强度试验		6.11	5.2.9		√
12	加气嘴插拔试验		6.12	5.2.10		√
13	导电性检验		6.13	5.2.11		√
注:"√"表示应检项目。						

7.2 出厂检验

产品出厂前应按表 2 中出厂检验规定项目逐项检验。全部项目合格则认为产品合格。

7.3 型式检验

在下列情况之一,加气枪必须按表 2 规定的项目进行型式检验。

a) 新设计定型鉴定产品或产品转厂生产时;

b) 设计参数、材料、生产工艺等有重大改变时;

c) 停产半年以上,恢复生产时;

d) 连续生产一年或 3 000 只以上时;

e) 国家质量监督机构或国家其他部门提出检验要求时。

经检验或试验合格后的试件,若检验项目会影响其使用性能或使用寿命者,不能作为合格产品出厂。

8 标志、包装、运输及储存

8.1 标志

加气枪产品应有下列永久性标志:

a) 加气枪型号规格;

b) 制造厂名或其标志;

c) 生产批号和日期。

8.2 包装

8.2.1 包装前产品必须干净、完好。

8.2.2 包装袋(或盒)应能防止腐蚀性介质侵入,并能防止运输过程中损伤产品。

8.2.3 外包装上应有下列标记:

a) 制造厂名;

b) 产品型号和批号;

c) 数量和重量;

d) 出厂日期;

e) 外形尺寸(长×宽×高);

f) 搬运注意事项。

8.2.4 包装内应附有产品合格证、产品使用说明书及必要的装箱清单。

8.3 运输及储存

8.3.1 产品装运过程应小心轻放,防止重压及碰撞,严防雨淋及化学品的侵蚀。

8.3.2 产品应贮存在通风、干燥、清洁的室内。

9 出厂文件

9.1 出厂文件包括产品合格证、装箱清单及产品使用说明书。

9.2 产品合格证应注明以下内容:

a) 制造厂名和商标;

b) 产品型号和批号;

c) 检验部门的签章及检验日期。

9.3 装箱清单

当包装箱内有加气枪以外的附件(如接头、专用工具等)时,应附装箱清单。

9.4 产品使用说明书

说明书应按 GB/T 9969.1 的要求编写,并特别要说明以下内容:

a) 加气枪的结构型式、功能介绍;

b) 使用过程中的故障判别及排除方法。

附 录 A
（资料性附录）
加气枪基本原理图

加气枪基本原理如图 A.1 所示。

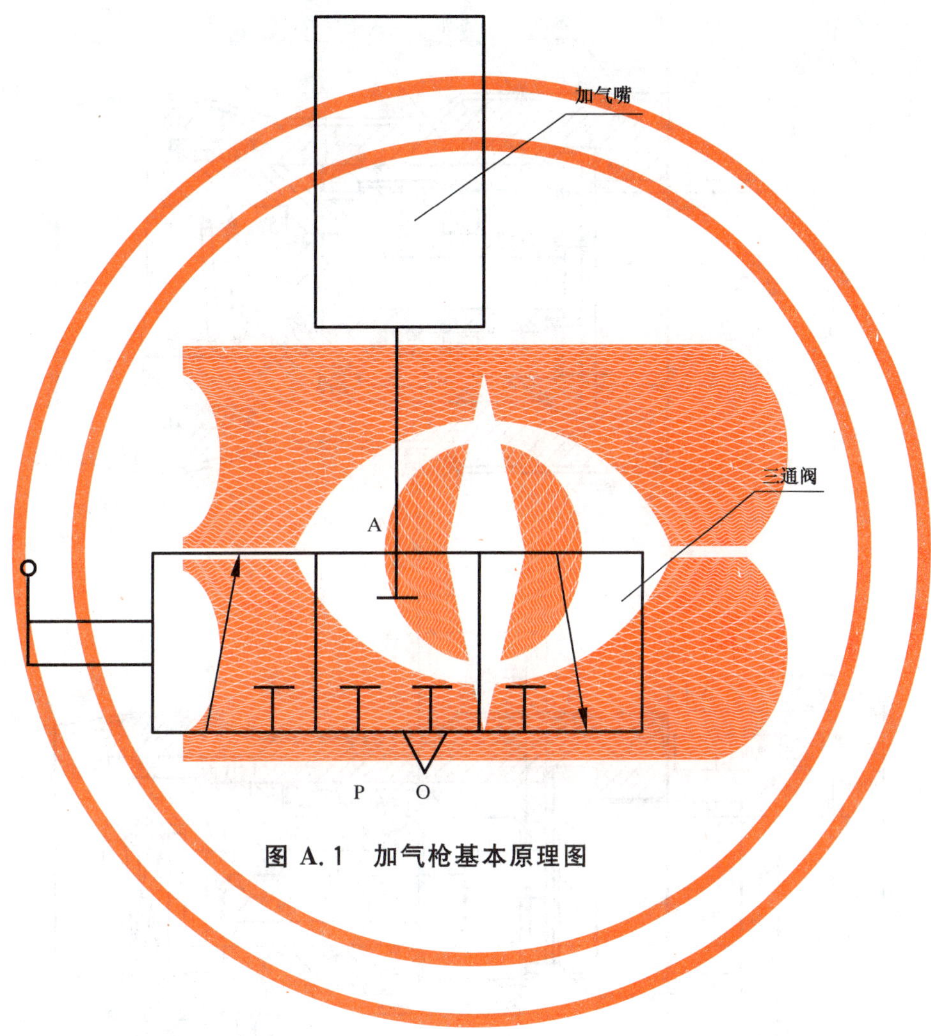

图 A.1 加气枪基本原理图

附　录　B
（规范性附录）
加气嘴结构尺寸

加气嘴结构尺寸如图 B.1 所示。

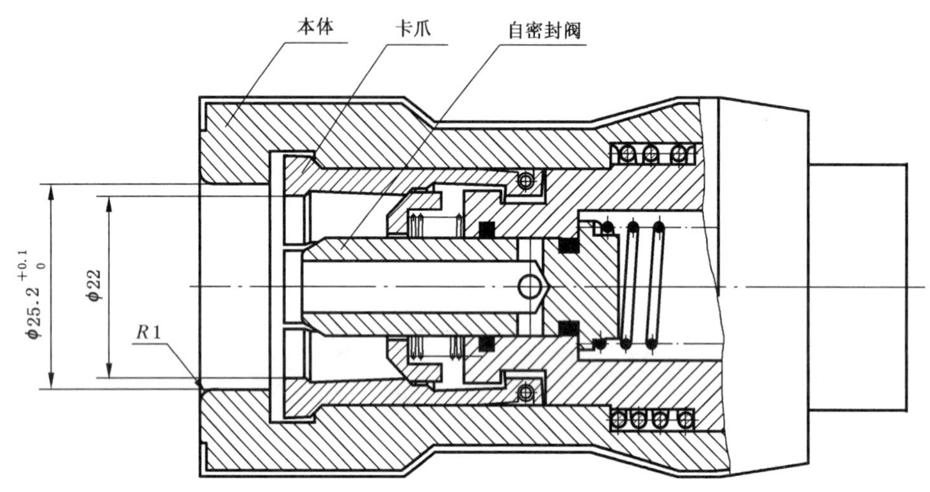

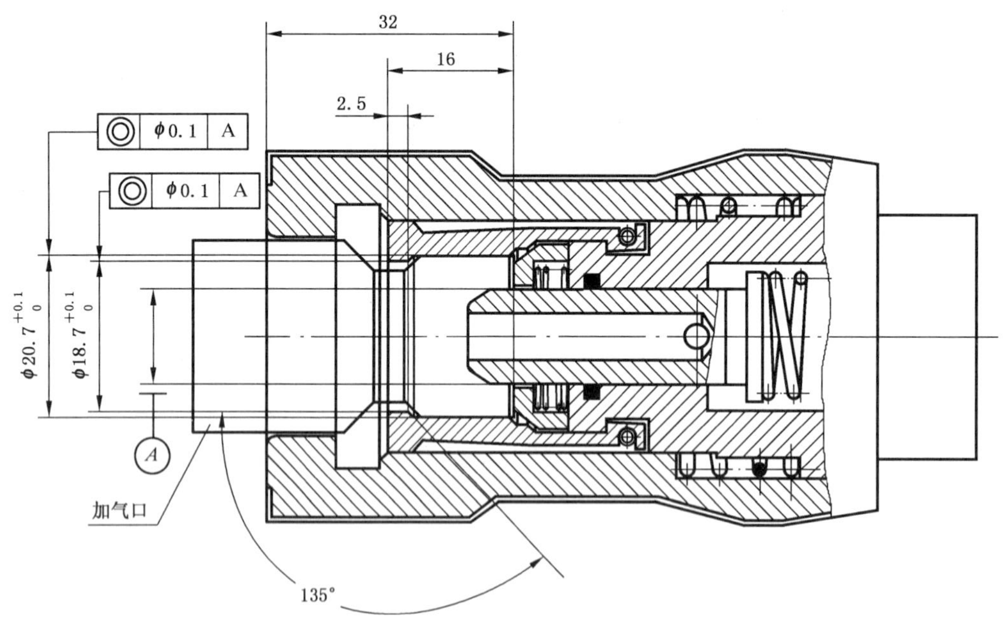

图 B.1　加气嘴结构尺寸图

附 录 C
（规范性附录）
自密封阀端部尺寸

自密封阀端部尺寸如图 C.1 所示。

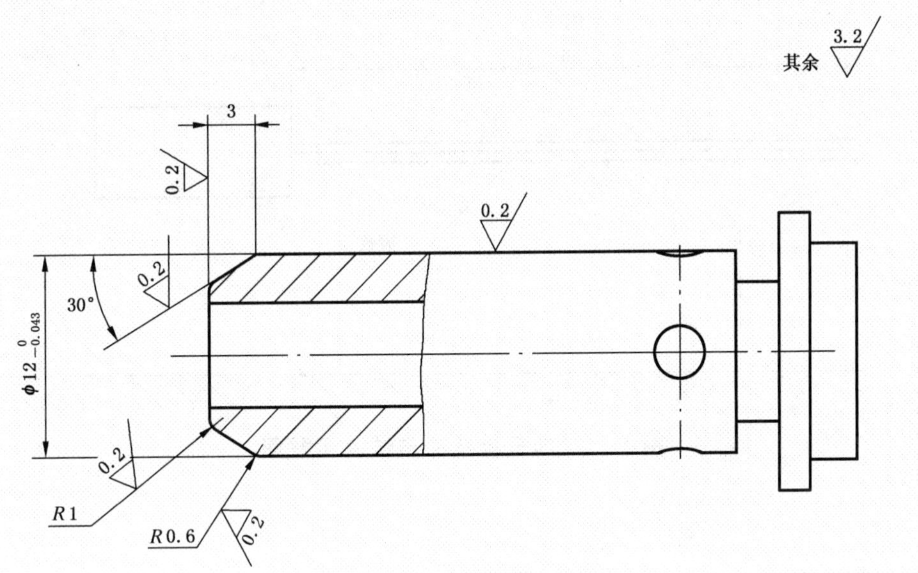

图 C.1 自密封阀端部尺寸图

附 录 D
（规范性附录）
加气枪抗冲击试验示意图

加气枪抗冲击试验如图 D.1 所示。

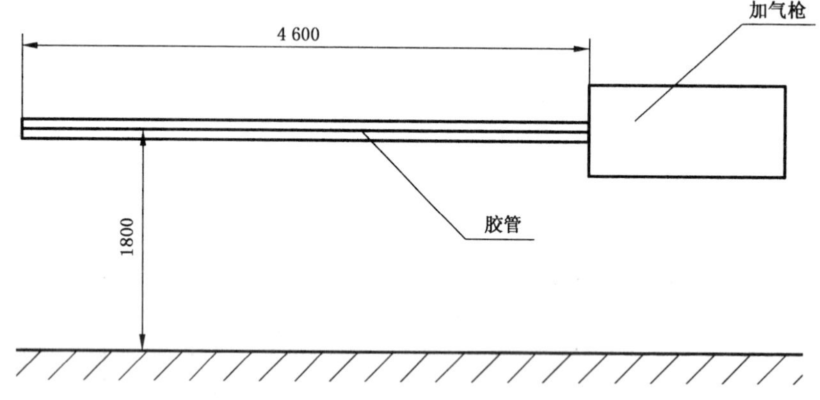

图 D.1 加气枪抗冲击试验示意图

附 录 E
（规范性附录）
加气枪超载试验示意图

加气枪超载试验如图 E.1,图 E.2 所示。

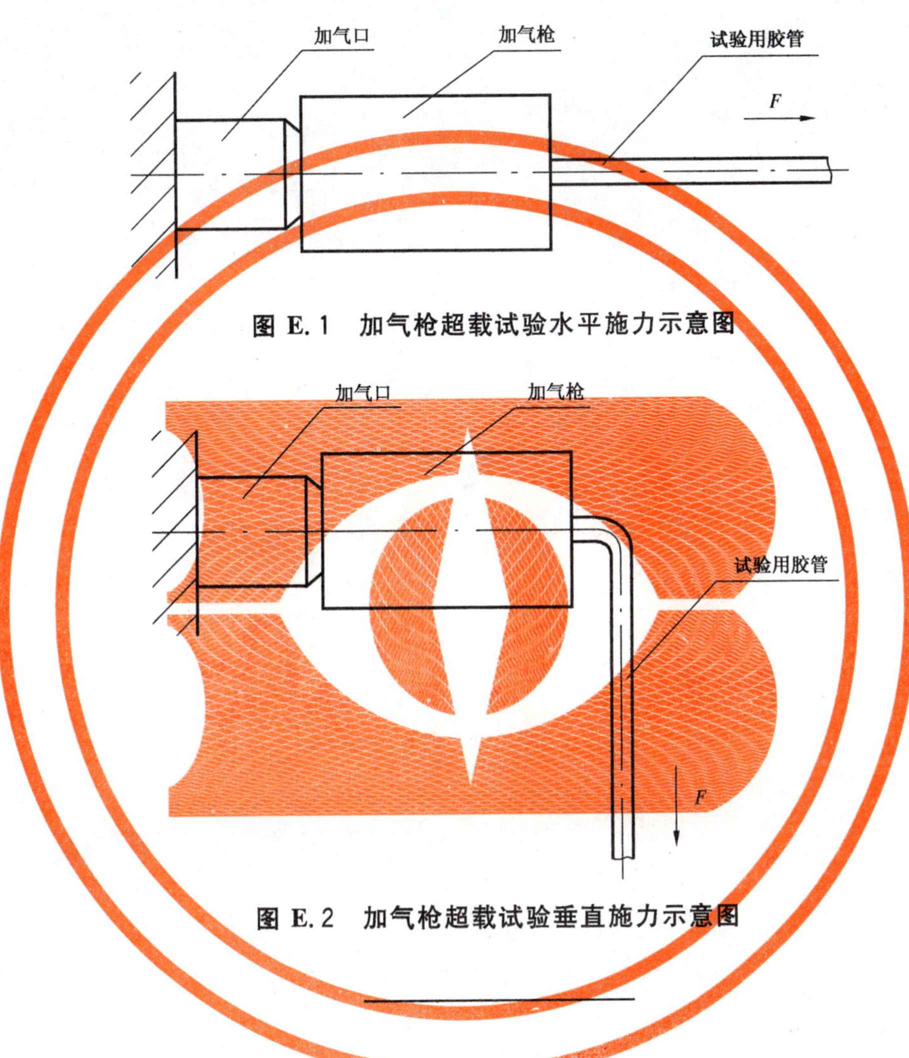

图 E.1 加气枪超载试验水平施力示意图

图 E.2 加气枪超载试验垂直施力示意图

ICS 43.080
T 47

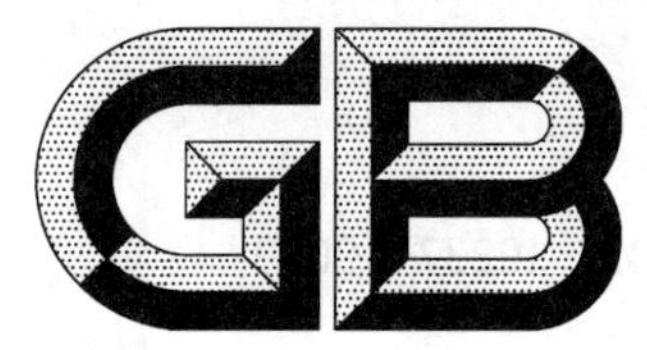

中华人民共和国国家标准

GB/T 19237—2003

汽车用压缩天然气加气机

Compressed natural gas dispenser for vehicle

2003-07-01 发布　　2003-12-01 实施

中华人民共和国
国家质量监督检验检疫总局　发布

前　　言

本标准由原国家机械工业局提出。

本标准由全国汽车标准化技术委员会归口。

本标准起草单位:北京长空机械有限责任公司、中国汽车技术研究中心。

本标准主要起草人:李凯、蔡建军、伊树德、杨建夫、赵春明、顾严平。

汽车用压缩天然气加气机

1 范围

本标准规定了汽车用压缩天然气加气机的技术要求、试验方法、检验规则和标志、包装、运输与贮存。

本标准适用于压缩天然气加气机(以下简称加气机)的设计、制造及验收。

2 规范性引用文件

下列文件中的条款,通过本标准的引用而成为本标准的条款。凡是注日期的引用文件,其随后所有的修改单(不包括勘误的内容)或修订版均不适用于本标准,然而,鼓励根据本标准达成协议的各方研究是否可使用这些文件的最新版本。凡是不注日期的引用文件,其最新版本适用于本标准。

GB/T 191 包装储运图示标志

GB/T 2423.1 电工电子产品环境试验 第2部分:试验方法 试验A:低温

GB/T 2423.2 电工电子产品环境试验 第2部分 试验方法 试验B:高温

GB/T 2423.4 电工电子产品基本环境试验规程 试验Dd 交变湿热试验方法

GB 3836.1 爆炸性气体环境用电气设备 第1部分:通用规定

GB 3836.2 爆炸性气体环境用电气设备 第2部分:隔爆型"d"

GB 3836.3 爆炸性气体环境用电气设备 第3部分:增安型"e"

GB 3836.4 爆炸性气体环境用电气设备 第4部分 本质安全型"i"

GB 3836.9 爆炸性环境用防爆电气设备 浇封型电气设备"m"

GB 4943—2001 信息技术设备的安全(idt IEC 60950:1999)

GB 10543 飞机地面加油和泄油用橡胶软管

GB/T 13384 机电产品包装通用技术条件

GB/T 17626.2 电磁兼容 试验和测量技术 静电放电抗扰度试验

GB/T 17626.3 电磁兼容 试验和测量技术 射频电磁场辐射抗扰度试验

GB/T 17626.4 电磁兼容 试验和测量技术 电快速瞬变脉冲群抗扰度试验

GB/T 17626.5 电磁兼容 试验和测量技术 浪涌(冲击)抗扰度试验

GB/T 17626.11 电磁兼容 试验和测量技术 电压暂降、短时中断和电压变化的抗扰度试验

GB 50058 爆炸和火灾危险场所电力装置设计规范

GB/T 19236 压缩天然气加气机加气枪

CJJ 84—2000 汽车用燃气加气站技术规范

JJG 443—1998 燃油加油机检定规程

JTJ 01 公路工程技术标准

SY 0092—1998 汽车用压缩天然气加气站设计规范

3 术语和定义

CJJ 84—2000 确定的以及下列术语和定义适用于本标准。

3.1

压缩天然气加气机　CNG dispenser

给压缩天然气汽车提供压缩天然气燃料充装服务，并带有计量和计价等装置的专用设备。

3.2

储气瓶　cylinder

加气站或压缩天然气汽车内储存压缩天然气的压力容器。

3.3

质量流量计　mass flow meter

可以直接、精确计量出流过的流体质量的计量器具。其工作过程中不受压力、温度和黏度变化的影响。

3.4

加气机电磁阀　solenoid valve for dispenser

加气机上受电信号控制开、关，进而控制加气机气路通、断的电磁阀。

3.5

拉断阀　break away coupling valve

加气机上的安全装置。在额定拉脱力作用下可以断开成两段，并保证拉开的两段自动密封，同时可以重新连接，保证加气机继续正常使用。

3.6

安全阀　safety valve

加气机上的压力保护装置。当加气机内的压力超过了正常工作压力 P（即安全阀设定开启压力），安全阀开启卸压；当压力降到 P 值以下时自动关闭，保证加气机可以正常工作。

3.7

压力变送器　pressure sensor

根据加气机系统内的压力变化，输出可以供处理的电信号的装置。

3.8

顺序控制　control in sequence

由加气站上的储气瓶分组，按照低、中、高的顺序通过加气机给汽车储气瓶加气的加气控制。

3.9

非自带顺序控制加气机　dispenser without control in sequence

由于在加气站上的其他设备已经完成顺序控制，加气机自身不需要进行顺序控制就可以保证实现正常加气功能的加气机。

3.10

自带顺序控制加气机　dispenser with control in sequence

必须由加气机自身完成整个加气过程中的顺序控制，才可以保证实现正常加气功能的加气机。

3.11

最小被测量　min. measured amount

在一次充装条件下，可以满足加气机计量准确度要求的最小充装量。

4　型号

加气机型号由以下部分组成

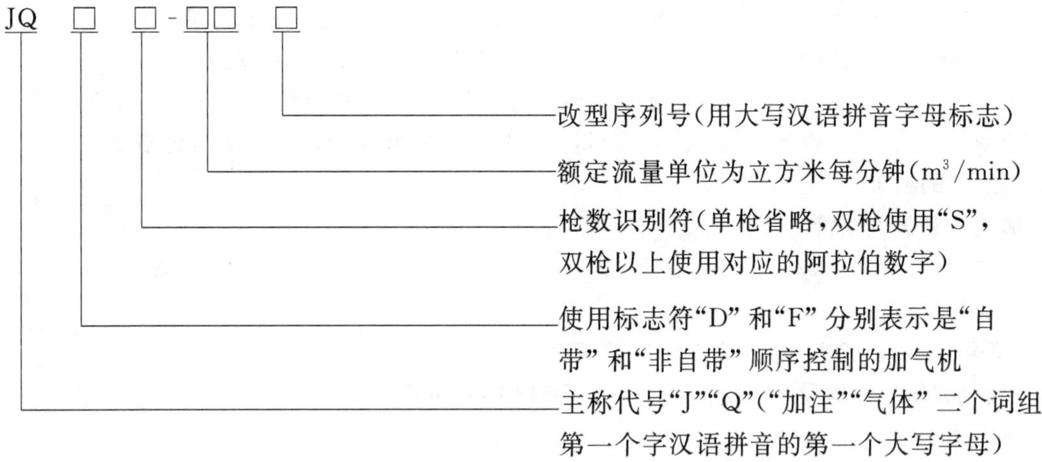

5 工作原理和框图

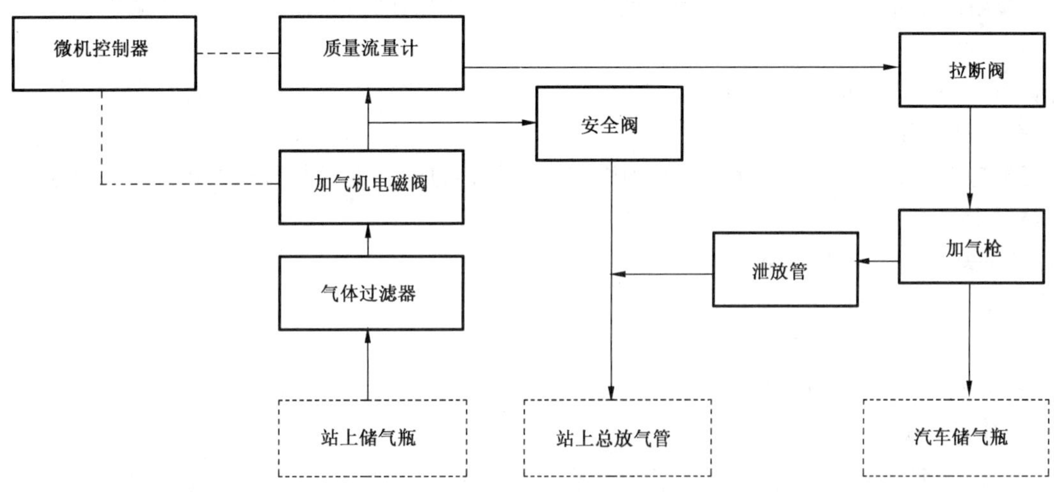

图 1 加气机工作原理框图

如图 1 所示:压缩天然气进入加气机后,经过气体过滤器、加气机电磁阀、质量流量计、拉断阀和加气枪注入汽车储气瓶,完成加气工作。加气机上的微机控制器自动控制加气过程,并根据质量流量计在计量过程中输出的流量信号和压力变送器输出的电信号等进行监控、处理和显示。

6 技术要求

6.1 基本要求

6.1.1 加气机应符合本标准的规定,按批准的技术图纸和文件制造。制造加气机的材料必须是符合国家有关规定的材料,与压缩天然气相接触的金属和非金属材料不允许与压缩天然气发生化学反应或变质,也不能影响压缩天然气的质量。

注:本标准涉及的压缩天然气是符合 GB 18047 规定的压缩天然气。

6.1.2 结构和外观

a) 加气机外观表面涂层应光泽均匀,无剥落、开裂等缺陷;标牌等外露件不得粘有漆污;表面镀层、涂层不应有明显的机械损伤。

b) 加气机内零件与零件间的同形状结合面之边缘和门窗、侧板、顶盖之间的结合面边缘应整齐、匀称,不应有明显的错位。外露件,装饰件不应有损伤、剥落、锈蚀等缺陷。

c) 各滑动、转动部位运动应轻便、灵活、平稳,无阻滞现象。

d) 紧固件应连接牢靠,无松动。插接件应接触良好。连接导线应压接或焊接良好。

e) 对直接影响计量准确度的部件和装置应有可靠的铅封或其他锁定装置。

6.1.3 加气机电气设备的设计、制造与检验应符合 GB 50058、GB 3826.1、GB 3836.2、GB 3836.3、GB 3836.4和 GB 3836.9 的规定,并且必须取得国家指定的检验单位颁发的防爆合格证。

6.2 附属装置的要求

6.2.1 加气枪和加气软管

6.2.1.1 加气枪:符合 GB/T 19236 的规定。

6.2.1.2 加气软管

a) 符合 CJJ 84—2000 中 6.7.5 的有关规定;

b) 加气高压软管的导静电性能符合 GB 10543 的有关规定。

6.2.2 拉断阀

a) 当加气机内的压缩天然气工作压力在 20 MPa 时,拉断阀的分离拉力不得大于 400 N;

b) 拉断阀在外力作用下分开后,必须保证两端立即密封;

c) 拉断阀在外力作用下自动分成的两个部分,可以重新连接,保证加气机的正常工作。

6.2.3 安全阀

符合 SY 0092—1998 中 3.2.3 的规定。

6.2.4 气体过滤器

过滤器应能阻止粒度大于 0.04 mm 的固体杂质通过,过滤器滤网眼面积之和必须大于管道截面面积的 5 倍以上。

6.3 性能参数

6.3.1 计量准确度:不低于 1.0 级。

6.3.2 重复性:计量准确度的 1/2。

6.3.3 计量单位和计数示值范围

6.3.3.1 计量单位

加气量 m^3;

金额 元;

单价 元/m^3。

注 1:可以设置"加气量"为"kg","单价"为"元/kg"的计量单位和单价。

注 2:本标准中出现的 m^3 是在 20℃,101.325 kPa 下的标准立方米。

6.3.3.2 计数示值范围

a) 计数示值要满足计量准确度的规定;

b) 单次量程:整数位不少于 3 位,小数位不少于 2 位;

c) 累积量:整数位不少于 6 位。

6.3.4 适用压力范围

6.3.4.1 系统设计压力:27.5 MPa。

6.3.4.2 最大工作压力:25 MPa。

6.3.4.3 额定工作压力:20 MPa。

6.3.5 最小被测量:3 kg 或 4 m^3。

6.3.6 环境温度适应性:加气机在-25℃~55℃的温度环境中能保持正常工作。

6.3.7 相对湿度适应性:加气机在 30%~90%的湿度环境中能保持正常工作。

6.3.8 电源适应能力:加气机应能在 AC220 V,具有+10%、-15%的相对误差,50 Hz±1 Hz 供电环境中能保持正常工作。

6.3.9 气密性

在 25 MPa 下，保持 10 min，使用检漏液检查各个压缩天然气气路的连接处，不允许有泄漏现象发生。

6.3.10 额定静态压力

加气机应能承受 35 MPa 的静态液体压力，保持 1 min，不允许出现永久性变形和破裂现象。

6.3.11 工作稳定性

加气机连续运转 100 h，计量准确度的变化量不大于 0.5%。

6.3.12 安全性能

6.3.12.1 加气机对地泄漏电流的允许值应符合 GB 4943—2001 中 5.1 的规定，不允许大于 3.5 mA。

6.3.12.2 加气机抗电强度应符合 GB 4943—2001 中 5.2 的规定。

6.3.12.3 接地端子或接地接触件与需要接地的零部件之间的连接电阻应符合 GB 4943—2001 中 2.6.3.3的规定，不应超过 0.1 Ω。

6.3.13 电磁兼容性

6.3.13.1 静电放电抗扰度

按照 GB/T 17626.2 中试验等级为 4 级[La—接触放电；试验电压 8×(1±10%) kV；Lb—空气放电；试验电压 15×(1±10%) kV]的规定对加气机进行试验。

6.3.13.2 辐射电磁场抗扰度

按照 GB/T 17626.3 中试验等级为 2 级(频率范围为 80 MHz～1 000 MHz，试验场强为 3 V/m)的规定对加气机进行试验。

6.3.13.3 电快速瞬变脉冲群抗扰度

按照 GB/T 17626.4 中试验等级 3 级[在供电电源端口，开路输出试验电压峰值为 2×(1±10%) kV、脉冲的重复频率为 5×(1±20%) kHz；在 I/O 信号、数据和控制端口，开路输出试验电压峰值为 1×(1±10%) kV、脉冲的重复频率为 5×(1±20%) kHz]的规定对加气机进行试验。

6.3.13.4 电压暂降、短时中断和电压变化的抗扰度

按照 GB/T 17626.11 中电压瞬时跌落：试验等级为 40%U_T(U_T 为加气机的额定电压)级(一周期内电压幅度减少 60%，持续时间为 25 个周期)；电压短时中断：一周期内电压幅度减少 100%，持续时间为 10 个周期的规定对加气机进行试验。

6.3.13.5 冲击抗扰度

按照 GB/T 17626.5 中试验等级为 3 级 [开路试验电压：2×(1±10%) kV]的规定对加气机进行试验。

6.3.13.6 加气机在进行以上五项电磁兼容性试验中和试验后不得因为本标准规定的试验而变得危险或不安全，并应能达到如下的规定：

a) 在标准极限内性能正常或功能和性能暂时降低或丧失，但能自行恢复；或功能和性能暂时降低或丧失，需操作者干预或系统复位；

b) 具有数据储存或带有标准接口、可进行数据传送的受试设备，在试验中和试验后不能丢失数据，储存的程序不能有任何变动，不允许改变状态，接口上各点的电平不允许有变动。

6.3.14 掉电复显

加气机因故停电而中断加气时，当次已加气量的显示时间不少于 15 min；或者在故障发生后 1 h 内，手动控制单次或多次复显的时间之和不少于 5 min。

6.3.15 在包装运输条件下，加气机在正常运输后应能达到 6.3.1、6.3.2、6.3.4.1、6.3.9 和 6.3.12 的规定。

6.3.16 加气机必须具有对汽车充气达到 20 MPa 时自动停机的功能。

7 试验方法

7.1 常规检查

使用目视和常规方法检查加气机及附属装置，应符合 6.1 和 6.3.3 的规定。

7.2 气密性试验

7.2.1 试验介质

对加气机的气密性试验使用压缩空气或氮气作为试验介质。

7.2.2 试验方法

将加气机的入口与气源相连接，关闭加气枪，逐渐升高压力在 5 MPa、10 MPa、20 MPa 和 25 MPa 下，分别保持压力 10 min，使用检漏液检查全部管路系统，应符合 6.3.9 的规定。

7.3 设计压力试验

7.3.1 试验介质

对加气机的设计压力试验使用压缩空气或氮气作为试验介质。

7.3.2 试验方法

将加气机的入口与气源相连接，调整安全阀的开启压力大于 27.5 MPa 或者用堵头替换安全阀，关闭加气枪，逐渐升高压力达到 27.5 MPa，保持 1 min，加气机不能出现泄漏现象和其他破坏性故障，应符合 6.3.4.1 的规定。

7.4 额定静态压力试验

7.4.1 试验介质

对加气机的额定静态压力试验使用煤油作为试验介质。

7.4.2 试验方法

将加气机的入口与液压源相连接，调整安全阀的开启压力大于 35 MPa 或者用堵头替换安全阀，排尽设备内的空气，关闭加气枪，逐渐升高压力达到 35 MPa，保持 1 min，应符合 6.3.10 的规定。

7.5 计量准确度试验

7.5.1 试验点

计量准确度试验包括 3 kg 和 5 kg 两个称量点。每个称量点试验次数不少于 3 次。

7.5.2 计量准确度计算按下式进行：

$$E_i = [m_2 - (m_3 - m_1)]/(m_3 - m_1) \times 100\%$$

式中：

E_i——质量值的相对误差；

m_1——空储气瓶的质量值；

m_2——加气机显示的质量值；

m_3——加气后储气瓶的质量值。

7.5.3 准确度检测设备

a) 按照国家规定的计量器具检验制度检查合格的电子天平和砝码等量具；

b) 使用电子天平的计量准确度不允许大于加气机计量准确度要求的 1/3；

c) 按照最大称量量的 1.2～2 倍选择电子天平的量程；

d) 压缩天然气汽车专用储气瓶。

7.5.4 试验步骤

7.5.4.1 使用标准砝码将天平校准。

7.5.4.2 使用校准后的天平将充气前的储气瓶称质量，记录质量值 m_1。

7.5.4.3 将该储气瓶与加气机、气源连接，进行加气操作，直到加至 7.5.1 规定的试验点为止，记录加气机显示数值 m_2。

7.5.4.4 使用校准后的天平将充气后的储气瓶称质量，记录质量值 m_3。

7.5.4.5 按照7.5.2的公式计算计量准确度。

7.5.5 本项试验结果应符合6.3.1的规定。

7.5.6 本试验方法为质量法，也可采用经国家质量监督检验部门认可的标准表法等其他检定方法。当对检定结果有异议时，本试验方法为仲裁方法。

7.6 重复性试验

7.6.1 根据7.5中每个称量点的检测数据，按下式计算重复性：

$$E_r = (E_{max} - E_{min})/d_n \times 100\%$$

式中：

E_r——重复性；

E_{max}——在某称量点上最大误差；

E_{min}——在某称量点上最小误差；

d_n——为级差系数，见表1。

表1 级差系数表

n	2	3	4	5	6	7	8
d_n	1.13	1.69	2.06	2.33	2.53	2.70	2.85
注：n——每点检测的次数。							

7.6.2 本项试验结果应符合6.3.2的规定。

7.7 环境温度适应性试验

7.7.1 低温试验

a) 按照GB/T 2423.1中温度下限试验中严酷等级：温度－25℃，持续时间2 h的规定进行；

b) 按照7.5和7.6的试验方法对加气机进行试验，应符合6.3.1和6.3.2的规定。

7.7.2 高温试验

a) 按照GB/T 2423.2中温度上限试验中严酷等级：温度55℃，持续时间2 h的规定进行；

b) 按照7.5和7.6的试验方法对加气机进行试验，应符合6.3.1和6.3.2的规定。

7.8 相对湿度适应性试验

a) 按照GB/T 2423.4中严酷等级：温度上限55℃，温度下限25℃，试验周期24 h的规定进行；

b) 按照7.5和7.6的试验方法对加气机进行试验，应符合6.3.1和6.3.2的规定。

7.9 安全性能试验

7.9.1 加气机对地泄漏电流的允许值应按照GB 4943—2001中5.1的规定进行检查，应符合6.3.12.1的规定。

7.9.2 加气机的抗电强度按照GB 4943—2001中5.2的规定进行检查，应符合6.3.12.2的规定。

7.9.3 接地端子或接地接触件与需要接地的零部件之间的连接电阻按照GB 4943—2001中2.6.3.3的规定进行检查，应符合6.3.12.3的规定。

7.9.4 用仪表检查加气软管导静电性能，应符合6.2.1.2中b)的规定。

7.10 电源适应能力试验

电源适应能力试验按照JJG 443—1998中附录A7.6的规定进行，检验在供电电压变化的情况下加气机显示体积值和付费金额误差不超过加气机的最大允许误差，应符合6.3.8的规定。

7.11 电磁兼容性试验

7.11.1 静电放电抗扰度试验

按照GB/T 17626.2中的规定进行。在10 s的时间间隔内，向操作者容易接触的被试件的表面至少放电10次，应符合6.3.13.1的规定。

7.11.2 辐射电磁场抗扰度试验

按照 GB/T 17626.3 中的规定进行,应符合 6.3.13.2 的规定。

7.11.3 电快速瞬变脉冲群抗扰度试验

按照 GB/T 17626.4 中的规定进行,应符合 6.3.13.3 的规定。

7.11.4 电压暂降、短时中断和电压变化的抗扰度试验

按照 GB/T 17626.11 中的规定进行,应符合 6.3.13.4 的规定。

7.11.5 冲击抗扰度试验

按照 GB/T 17626.5 中的规定进行,应符合 6.3.13.5 的规定。

7.12 掉电复显试验

加气机电控装置在加气过程中从通电状态转变到掉电状态,可以保护和调出当次加气的数据。本项试验应符合 6.3.14 的规定。

7.13 运输试验

将出厂检验合格的加气机置于包装运输条件下,采用汽车运输试验,路面配置按 JTJ 01 规定的二级公路 100 km,三级公路 200 km,车速为 30 km/h~40 km/h。试验后,开箱检验各零部件有无松动和损坏现象,然后按 7.2、7.3、7.5、7.6 和 7.9 的规定逐项检查,并应符合 6.3.15 的规定。

7.14 拉断阀试验

7.14.1 将加气机内充满 20 MPa 压缩天然气或压缩空气,使用拉力试验设备对拉断阀施加外力,拉断阀应能分成两部分,应符合 6.2.2 中 a)的要求。

7.14.2 当加气软管内的工作压力在 0.8 MPa~20 MPa 时,用拉力试验设备将拉断阀拉开,用检漏液检查拉断阀分开的两端,应符合 6.2.2 中 b)的要求。

7.14.3 将 7.14.2 中分开后的拉断阀的两部分内的气体排出,将拉断阀连接,应符合 6.2.2 中 c)的要求。

7.15 充满自停试验

7.15.1 试验介质

对加气机的充满自停试验使用压缩空气或氮气作为试验介质。

7.15.2 试验设备

压缩天然气汽车专用储气瓶。

7.15.3 试验方法

将储气瓶与加气机、气源连接,进行加气操作,在给该储气瓶充气达到 20 MPa 时,加气机应自动停机,符合 6.3.16 的规定。

7.16 工作稳定性试验

7.16.1 试验介质

对加气机的工作稳定性试验可以使用压缩空气或氮气作为试验介质。

7.16.2 试验方法

a) 按照 7.5 和 7.6 的方法试验一台加气机,符合 6.3.1 和 6.3.2 的规定后,记录计量准确度的试验数据;
b) 开启加气枪,使试验介质在整个加气系统内循环 100 h;
c) 按照 7.5 和 7.6 的试验方法重新测定加气机,应符合 6.3.11 的规定。

7.17 安全阀开启试验

7.17.1 试验介质

对加气机的安全阀开启试验可以使用压缩空气或氮气作为试验介质。

7.17.2 试验方法

a) 将加气机的入口与气源相连接;
b) 在关闭加气枪的情况下,逐渐升高压力达到加气机最大工作压力的 1.05 倍,安全阀应能立即开启,卸压。符合 6.2.3 的规定。

8 检验规则

产品必须经制造厂质量检验部门检验合格，签发产品合格证后方可出厂。

8.1 出厂检验

8.1.1 检验数量　100%

8.1.2 检验项目　见表2

8.2 型式检验

8.2.1 检验项目　见表2

8.2.2 凡属下列情况之一时，应进行型式检验：

a) 新产品的试制定型鉴定；

b) 产品的结构、材料、工艺有较大改变，可能影响产品性能；

c) 产品停产一年后，恢复生产；

d) 国家质量监督机构提出进行型式检验的要求。

8.2.3 型式检验的数量为1台。

8.2.4 型式检验经国家质量监督机构检验，符合本标准的要求，则认为产品合格。

表2 加气机检验表

序号	试验(检验)项目名称	检验项目	检验方法	出厂检验	型式检验
1	常规检查	6.1.1	7.1		√
		6.1.2		√	√
		6.1.3			√
		6.3.3		√	√
2	计量准确度试验	6.3.1	7.5	√	√
3	重复性试验	6.3.2	7.6	√	√
4	系统设计压力试验	6.3.4.1	7.3	√	√
5	环境温度适应性试验	6.3.6	7.7		√
6	相对湿度适应性试验	6.3.7	7.8		√
7	气密性试验	6.3.9	7.2	√	√
8	额定静态压力试验	6.3.10	7.4		√
9	安全性能试验	6.3.12.1	7.9.1	√	√
10		6.3.12.2	7.9.2	√	√
11		6.3.12.3	7.9.3		√
12		6.2.1.2中b)	7.9.4	√	√
13	电源适应能力试验	6.3.8	7.10		√
14	电磁兼容性试验	6.3.13	7.11		√
15	掉电复显试验	6.3.14	7.12		√
16	运输试验	6.3.15	7.13		√
17	拉断阀试验	6.2.2	7.14		√
18	充满自停试验	6.3.16	7.15		√
19	工作稳定性试验	6.3.11	7.16		√
20	安全阀开启试验	6.2.3	7.17	√	√
注：“√”表示是要求检验的项目。					

9 标志、包装、运输与贮存

9.1 加气机上必须有永久性标牌。

9.2 标牌必须可靠固定在加气机的明显处，联接牢靠。

9.3 标牌内容

a) 产品名称及型号；

b) 主要性能指标；

c) 制造厂家名称；

d) CMC标志及计量器具制造许可证号；

e) 防爆标志、防爆等级和防爆合格证号；

f) 出厂编号及日期。

9.4 包装

9.4.1 加气机包装内应包括产品合格证和使用说明书等出厂文件。

9.4.2 加气机的外包装物应符合GB/T 13384的规定。加气机外包装物上至少包括以下内容：

a) 制造厂家名称及发货站名称；

b) 收货单位名称及收货站名称；

c) 本产品的型号、规格及出厂编号；

d) 本台产品的净重及毛重；

e) 外包装物的几何尺寸。

9.4.3 外包装物图示标志符合GB/T 191，必须具有“易碎物品”、“向上”、“禁止翻滚”和“怕雨”等图形、文字标志。

9.5 运输与贮存

9.5.1 运输过程中，包装箱的倾斜度不应超过30°。

9.5.2 加气机应放置在干燥通风并有遮盖的场所，场所不应有腐蚀金属的有害气体。

ICS 43.080
T 47

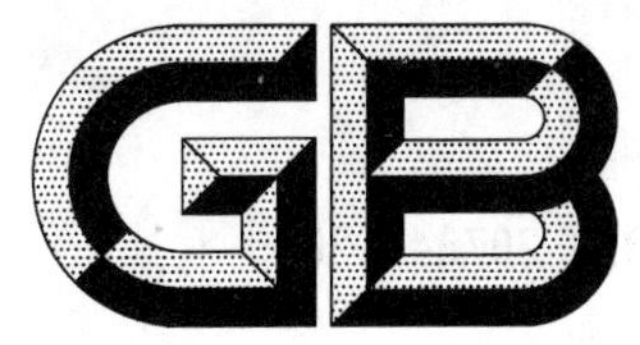

中华人民共和国国家标准

GB/T 20734—2006

液化天然气汽车专用装置安装要求

Mounting requirements for liquefied natural gas vehicle special equipment

2006-12-29 发布 2007-06-01 实施

中华人民共和国国家质量监督检验检疫总局
中国国家标准化管理委员会 发布

前　　言

本标准的附录 A 为规范性附录。

本标准由全国汽车标准化技术委员会提出并归口。

本标准起草单位:中原石油勘探局天然气应用技术开发处、中国汽车技术研究中心、上海交通大学。

本标准主要起草人:张笑波、张孔明、叶勇、谢听、王旭辉、李维菁。

本标准由全国汽车标准化技术委员会负责解释。

液化天然气汽车专用装置安装要求

1 范围

本标准规定了液化天然气汽车专用装置的安装、检验等技术要求。

本标准适用于使用液化天然气专用装置的汽车。

2 引用标准

下列文件中的条款通过本标准的引用而成为本标准的条款。凡是注日期的引用文件，其随后所有的修改单(不包括勘误的内容)或修订版均不适用于本标准，然而，鼓励根据本标准达成协议的各方研究是否可使用这些文件的最新版本。凡是不注日期的引用文件，其最新版本适用于本标准。

GB 7258 机动车运行安全技术条件

GB/T 17676 天然气汽车和液化石油气汽车 标志

GB/T 17895 天然气汽车和液化石油气汽车 词汇

GB 19204 液化天然气的一般特性

GB/T 19240 压缩天然气汽车专用装置的安装要求

GB 50235 工业金属管道工程施工及验收规范

QC/T 413 汽车用电线设备基本技术条件

QC/T 755 液化天然气汽车专用装置技术条件

3 术语和定义

GB/T 17895 中的术语和定义及下列术语和定义适用于本标准。

3.1

液化天然气 liquefied natural gas

一种液态状况下的无色流体，主要由甲烷组成，组分可能含有少量的乙烷、丙烷、氮气或通常存在于天然气中的其他组分，品质符合 GB 19204 的要求，简称(缩略语)LNG。

3.2

最大允许工作压力 maximum allowable working pressure

在设计温度的工作状态下，整套系统允许达到的最大表压，缩略语 MAWP。

4 安装

4.1 一般要求

4.1.1 整个车用燃气系统中非低温部分，即汽化器之后的燃气装置按照 GB/T 19240 进行安装和检验。

4.1.2 安装 LNG 车用专用装置应按照经批准的设计图纸和工艺文件进行。

4.1.3 安装前应对 LNG 专用装置进行核对和检查，主要内容包括：规格型号是否匹配、零部件是否齐全完好、标示是否清晰等。其中：专用装置的完整性和各部件的技术条件应符合 QC/T 755 的要求。

4.1.4 所有装置零部件应安装牢固，不允许因振动、颠簸而松动、脱落，安装维修方便。

4.1.5 专用装置安装应充分考虑车辆承载件的强度，对强度较弱的安装部位应有加强措施，不允许采用导致降低车辆承载件强度和刚度的安装方法，不允许将专用装置作为承载件使用。

4.1.6 LNG 汽车的车辆通过性能和安全性能应符合 GB 7258 的规定。

4.2 储气系统

4.2.1 加注口

4.2.1.1 加注口应安装在有适当防护和易于充气操作的位置，加注口距车辆外廓边缘应不小于50 mm。

4.2.1.2 加注口应设有牢固的固定构件，其强度应能够抵抗 LNG 加气站加气设施配备的拉断保护装置的拉断应力。

4.2.2 车用储气瓶

4.2.2.1 不应采用导致储气瓶强度和刚度降低的安装方法，如在瓶体上焊接、挖补等。

4.2.2.2 储气瓶安装应布置合理，排列整齐。气瓶安装后不得超出车辆的外轮廓边缘，与汽车排气管的距离应不小于200 mm，当距离小于200 mm时，应设置可靠的隔热装置；储气瓶瓶口阀门与车辆两侧最大外轮廓边缘的距离应不小于200 mm。

4.2.2.3 如果采用纵向安装方式，即储气瓶的轴线与车辆的纵轴平行，则储气瓶装有阀门、仪表的一端应朝向车辆的尾部。

4.2.2.4 储气瓶应安装牢固，气瓶与固定座之间应垫厚度不小于2 mm的柔性防滑衬垫，紧固螺栓应有防松装置，紧固力矩符合设计要求。储气瓶安装紧固后，在上、下、左、右、前、后6个方向上应能承受8倍于满载储气瓶总重量的作用力，储气瓶与固定座不应有相对位移，储气瓶与固定座的固定点最大相对位移量不大于13 mm，紧固件不应松动。

4.2.2.5 储气瓶不应安装在驾驶室或载人车厢内。

4.2.3 管路及接头

4.2.3.1 管路应排列整齐，布置合理，不应与相邻部件碰撞或摩擦，管路固定卡间距不大于600 mm，如管路与相邻部件接触或穿越孔板，应采用耐低温的柔性衬垫保护，两个部件之间的刚性连接管路必须设置"O"形、"S"形或"U"形等能够消除热胀冷缩和振动影响的结构，管路中心线曲率半径不小于管路外径的5倍。

4.2.3.2 管路及接头与发动机排气管距离不应小于75 mm，当距离在75 mm～200 mm时，应设置可靠固定的隔热装置；与传动轴距离应不小于75 mm。

4.2.3.3 牵引车和挂车之间的管路宜采用柔性软管，如专用的不锈钢金属软管。柔性软管应使用具有弹性的固定卡固定在汽车的基础件上，固定卡间距不大于300 mm，并应在每一弯曲前后进行固定。软管与发动机排气管距离不应小于100 mm，当距离在100 mm～200 mm时，应设置可靠固定的隔热装置。

4.2.3.4 低温管路与汽车电器线路、水管路、气管路、油管路以及其他不耐低温的部件的距离应不小于15 mm。

4.2.3.5 所有管路接头在安装时必须使用接头密封件或其他密封结构，并按工艺文件要求安装。

4.2.3.6 对于采用螺纹密封的部位宜采用密封剂确保密封效果，与低温气体或液体接触的螺纹部分应采用低温密封剂。

4.2.3.7 放空管路的放空口应位于车辆顶部或尾部，应设有防止雨水、灰尘进入和聚积的结构。当放空管安装在车辆尾部时，应采取相应措施防止天然气进入或聚集在车厢内、车底等处，并与汽车排气管、蓄电池、继电器等容易产生火花的装置和部件分隔设置。

4.2.4 仪表及电器线路

4.2.4.1 压力表应安装在易于观察的位置，但不应直接安装在驾驶室或载人车厢内。当安装在裸露位置时应加装防护罩。

4.2.4.2 液位指示器应安装在驾驶室内易于观察的位置，液位指示器电器线路接头应做防水、防松处理、搭铁良好，确保供电及信号正常。

4.2.4.3 电器线路的安装、支撑、保护及固定应按 QC/T 413 的规定进行。

4.3 汽化器

4.3.1 汽化器的安装位置应按照制造厂商的要求确定。

4.3.2 汽化器应按照工艺文件正确安装、可靠固定，不应发生因循环水路出现气阻而导致换热不良。

5 防护

对于不同的系统部件应根据其安装位置的不同采取相应的防护措施，可以利用车体本身的防护结构，也可以加装防护栏、保险杠、隔板、护罩等，以防止直接的机械碰撞或路面碎石的伤害。

6 检验

6.1 管路压力试验

LNG 车用燃气系统安装完毕，应按照 GB 50235 中的相关要求，对管路部分进行压力试验。具体做法见附录 A。

6.2 储气瓶安装强度检验

储气瓶安装强度检验一般在新车型定型试验中按照 GB/T 19240 的相关要求进行，车辆的正常生产过程中应按照定型后的设计图纸、工艺文件安装、检验，并满足 4.2.2 的要求。

6.3 冷试

冷试应在系统管路吹扫和清洗结束后、首次正式加注 LNG 前，也可以结合试车工作一并进行。

6.3.1 向 LNG 储气瓶中充入 15 L～20 L 低温液体，静置预冷。

6.3.2 当系统达到正常工作压力后，对充液管路进行泄漏检验。

6.3.3 采用液氮冷试时，应从汽化器出口放空充分冷却 LNG 储气瓶和汽化器之间的管路、部件，进行泄漏检验；如果与试车一并进行，则启动发动机，充分冷却 LNG 储气瓶和汽化器之间的管路、部件，进行泄漏检验。

7 系统管路吹扫与清洗

系统管路安装完成后，应按照 GB 50235 中的相关要求进行管路的吹扫和清洗。

8 标志

LNG 汽车的标志应符合 GB/T 17676 的规定。

附 录 A
（规范性附录）
管路压力试验

A.1 车用LNG储气瓶出厂前都必须进行压力试验，并出具试验报告。因此，如无必要车用LNG专用装置压力试验可以不包括LNG储气瓶。

A.2 管路压力试验包括强度试验和泄漏检验两类，按照GB 50235的相关要求进行。管路强度试验一般在新车定型试验中实施，车辆的正常生产过程中如无特殊要求无须进行。

A.3 进行管路泄漏检验，可采用下列任意一种方法：

A.3.1 发泡液检验法

检验时应使用中性发泡液，将发泡液涂覆在整个被检测部位的表面上，观察至少1 min，所检测的区域应无气泡产生。检验后，应将被检测部位的发泡液洗拭干净，以免对系统部件产生腐蚀。

A.3.2 检测仪试验法

采用精度不低于±5%FS，报警点为25 ppm(10^{-6})的吸入式防爆可燃气体检测仪，检测各接口的连接处，应无泄漏报警。

检测前，将被检测部位的残余油污或密封剂清除干净，避免因为检测仪受到非天然气或示踪气体的干扰。检测应在无风的环境中进行。

ICS 43.080
T 47

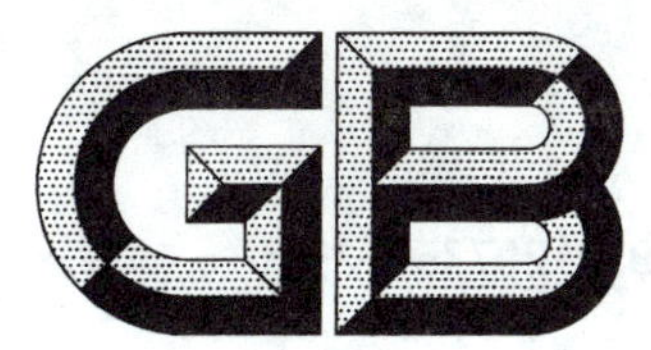

中华人民共和国国家标准

GB/T 20735—2006

汽车用压缩天然气减压调节器

Pressure regulator of CNG vehicles

2006-12-29 发布　　　　2007-06-01 实施

中华人民共和国国家质量监督检验检疫总局
中国国家标准化管理委员会　发布

前　言

本标准由全国汽车标准化技术委员会提出并归口。

本标准起草单位:重庆汽车研究所、重庆鼎辉汽车燃气系统有限公司。

本标准主要起草人:陈万应、张海辉、刘军、王舒。

汽车用压缩天然气减压调节器

1 范围

本标准规定了汽车用压缩天然气(以下简称 CNG)减压调节器的型号标记、要求、试验方法、检验规则、标志、包装、运输及储存。

本标准适用于额定工作压力不大于 20 MPa(本标准所述压力均指表压)、工作环境温度为－40℃～＋120℃,工作介质为符合 GB 18047 要求的汽车用压缩天然气减压调节器(以下简称减压调节器)。

2 引用标准

下列文件中的条款通过本标准的引用而成为本标准的条款。凡是注日期的引用文件,其随后所有的修改单(不包括勘误的内容)或修订版均不适用于本标准,然而,鼓励根据本标准达成协议的各方研究是否可使用这些文件的最新版本。凡是不注日期的引用文件,其最新版本适用于本标准。

GB/T 528 硫化橡胶或热塑性橡胶拉伸应力应变性能的测定(GB/T 528—1998,eqv ISO 37:1994)

GB/T 3765 卡套式管接头技术条件

GB/T 7762 硫化橡胶或热塑性橡胶 耐臭氧龟裂 静态拉伸试验(GB/T 7762—2003,ISO 1431-1:1989,Rubber,vulcanized or thermoplastic—Resistance to ozone cracking—Part 1:Static and dynamic strain testing,MOD)

GB 9969.1 工业产品使用说明书 总则

GB/T 10125 人造气氛腐蚀试验 盐雾试验(GB/T 10125—1997,eqv ISO 9227:1990)

GB/T 17895 天然气汽车和液化石油气汽车 词汇

GB 18047 车用压缩天然气

GB/T 19240 压缩天然气汽车专用装置的安装要求

CB/T 3764 金属镀层和化学覆盖层厚度系列及质量要求

QC/T 245 压缩天然气汽车专用装置技术条件

3 术语和定义

GB/T 17895 确立的以及下列术语和定义适用于本标准。

3.1

一级腔设计压力 P_1 first grade designed pressure

减压调节器一级腔室的最大工作压力。

3.2

额定流量 Q rated flow

环境温度为 20℃,减压调节器进气压力为额定工作压力下,一级工作腔压力为 P_1,减压调节器所获得的最大流量。

3.3

安全开启压力 P_2 safety valve open pressure

卸压阀初始开启时的压力。其值为 $P_2=1.3\ P_1$。

3.4

安全排放压力 P_{RV} safety valve emission pressure

卸压阀完全打开的压力上限值。其值为 $P_{RV}=2P_1$。

3.5

安全排放流量 Q_{RV}　safety valve emission flow

卸压阀完全打开时的排放流量。

4　要求

4.1　一般要求

4.1.1　减压调节器表面应无尖角毛刺。减压调节器的质量和结构应符合 QC/T 245 的规定，并按经规定程序批准的图样及技术文件制造。

4.1.2　用于制造减压调节器的材料应与天然气相容，减压调节器中所有进行金属镀层和化学覆盖层处理部件应符合 CB/T 3764 的有关规定。

4.1.3　减压调节器宜采用发动机冷却液循环加热。用于制造减压调节器的材料应与发动机冷却液相容。

4.1.4　减压调节器进气管接头应采用符合 GB/T 3765 规定的不锈钢卡套式管接头。

4.1.5　减压调节器在汽车的安装要求应符合 GB/T 19240 的规定。

4.2　性能要求

4.2.1　液静压强度

减压调节器按 5.3 的试验方法进行液静压强度试验后，不应出现破裂、永久变形等现象。

4.2.2　卸压阀性能

减压调节器的一级工作腔应有卸压阀，当卸压阀起作用时零部件应工作可靠，压力释放后卸压阀应能继续正常使用。卸压阀按 5.4 的试验方法进行卸压阀性能应满足以下规定：

a)　一级腔工作压力为卸压阀安全开启压力 P_2 的 95%时应能密封；

b)　一级腔工作压力为卸压阀安全开启压力 P_2 的 105%时应能排气；

c)　卸压阀进行 100 次卸压试验后，应符合以上两条的要求；

d)　安全排放流量 Q_{RV}应不小于减压调节器额定流量 Q 的实测值。

4.2.3　气密性

4.2.3.1　常温气密性

减压调节器按 5.5.1 规定的试验方法进行气密性试验，应无气泡出现或者泄漏率不超过 15×10^{-6}N·m^3/h。

4.2.3.2　高温气密性

减压调节器按 5.5.2 规定的试验方法进行气密性试验，应无压力下降或者泄漏率不超过 15×10^{-6}N·m^3/h。

4.2.3.3　低温气密性

减压调节器按 5.5.3 规定的试验方法进行气密性试验，应无压力下降或者泄漏率不超过 15×10^{-6}N·m^3/h。

4.2.4　额定流量

减压调节器按 5.6 规定的试验方法测量的额定流量 Q 应不低于制造商的标定值。

4.2.5　耐用性

减压调节器按 5.7 规定的耐用性试验后满足 4.2.3 和 4.2.4 的要求。

4.2.6　耐腐蚀性

减压调节器按 5.8.1 规定的试验方法进行盐雾试验后应符合 4.2.3.1 的要求。

对于含锌量高于 15%的黄铜承压部件，按 5.8.2 规定的试验方法进行试验后用 25 倍的放大镜检查，部件上不应有裂纹产生。

4.2.7 耐臭氧性

减压调节器与天然气接触的非金属零部件按 5.9 规定的试验方法进行耐臭氧性试验后不应有裂纹产生。

4.2.8 相容性

减压调节器的非金属零部件按 5.10 规定的试验方法进行相容性试验后其体积变化率应不大于 20%,质量下降率应不大于 5%。

4.2.9 耐振性

减压调节器按 5.11 规定的试验方法经过 6 h 振动试验后应满足 4.2.3.1 的要求。

4.2.10 耐干热性

减压调节器与天然气接触的非金属零部件按 5.12 规定的试验方法进行耐干热性试验后,其抗拉强度变化不应超过+25%,延伸率应为-30%~+10%。

4.2.11 温度循环试验

减压调节器按 5.13 规定的试验方法进行温度循环试验后,应能满足 4.2.3 的要求。

5 试验方法

5.1 一般规定

5.1.1 试验条件

除非另有规定,试验应在下述条件下进行:

a) 试验环境温度为 15℃~35℃;

b) 试验介质应采用清洁的干燥空气或氮气。

5.1.2 试验用仪表要求

a) 压力仪表:准确度不低于 1.5 级,测量量程为测量值的 1.5~3 倍;

b) 流量仪表:准确度不低于 1.5 级,测量量程为测量值的 1.5~3 倍;

c) 温度仪表:准确度为±0.5℃,最小分辨率不大于准确度的 2 倍(即 1℃)。

5.2 外观检验

用目测法对减压调节器部件进行外观检验。

5.3 液静压强度试验

首先拆除卸压阀并将该处密封,堵住减压调节器出口,在入口处施加 40 MPa 的压力,保持此压力不少于 1 min 后检查减压调节器。经此项试验的部件不应再使用。

5.4 卸压阀性能试验

减压调节器卸压阀试验可在减压调节器上进行也可单独进行,气源入口通径应不小于减压调节器的进口通径。在减压调节器上进行,应拆除减压调节器各级减压机构,堵住减压器出口。在入口处施以规定的试验压力。

a) 卸压阀入口压力为 P_2 的 95%;

b) 卸压阀入口压力为 P_2 的 105%;

c) 卸压阀入口输入压力为 P_{RV} 的气压使卸压阀完全开启,然后切断气源使卸压阀关闭完成一次循环,每个循环时间为 3 s,重复 100 次;

d) 调节气源压力至 P_{RV},测量卸压阀排放流量 Q_{RV}。

5.5 气密性试验

5.5.1 常温气密性

按 5.5.1.1 或 5.5.1.2 进行。

5.5.1.1 观察气泡法

a) 将试样入口与供气管道相连;

b) 堵住试件出口;

c) 将试样浸入水中 100 mm~300 mm 深处;

d) 各种气路控制装置处于正常工作状态,调节入口压力为 30 MPa;

e) 至少观察 1 min,检查是否有气泡出现。

5.5.1.2 泄漏率测试法

堵住试件出口,试验气压从试件入口输入。试验气压升至 30 MPa 压力后,测量泄漏率,测量时间不得少于 1 min。

5.5.2 高温气密性试验

将试件出口堵住,入口经截止阀连接到气压源上,在试件和截止阀之间安装压力计或泄漏率测试仪(压力计的压力范围应不低于 1.5 倍、不高于 2 倍的试验压力),将试件置入高温箱中,待温度升至 120℃时,向试件充入 20 MPa 的试验气压开关闭截止阀,至少保持 1 min。观察压力计的显示值是否下降,或读取泄漏率数值。

5.5.3 低温气密性试验

将试件出口堵住,入口经截止阀连接到气压源上,在试件和截止阀之间安装压力计或泄漏率测试仪(压力计的压力范围应不低于 1.5 倍、不高于 2 倍的试验压力),将试件置入低温箱中,待温度降至 −40℃时,向试件充入 20 MPa 的试验气压并关闭截止阀,至少保持 1 min。观察压力计的显示值是否下降,或读取泄漏率数值。

5.6 额定流量测量

流量计可安装在减压调节器进气口或各级出气口。在减压调节器的进口处输入压力为 20 MPa 的试验气体,反复调节被测减压调节器使其一级腔压力达到 P_1、末级腔出口获得最大流量,此时从流量计上读出最大流量值。

5.7 耐用性试验

减压调节器应按表 1 规定的条件进行 5 万次耐用性试验后进行额定流量测量。

表 1

温度	试验方法
−40℃	将减压调节器置于低温箱中,调节温度为−40℃,试验中输入气体压力为 20 MPa,完成 1 000 次工作循环,进行低温气密性试验。
室温	将减压调节器置于室温中(试验中输入气体压力为 20 MPa)完成 48 000 次循环,试验每完成 20%后应进行常温气密性试验。
120℃	将减压调节器置于高温箱中,调节温度为 120℃,试验中输入气体压力为 20 MPa,完成 1 000 次工作循环,进行高温气密性试验。
注:工作循环指接通气源使入口压力达到规定的压力值时开启出口,形成稳定的出口流量后切断气源,待出口压力降至入口压力的 50%以下时关闭出口,即完成一次循环,循环周期为 10 s±2 s。	

5.8 耐腐蚀性试验

5.8.1 按 GB/T 10125 中规定的中性盐雾试验方法,进行 144 h 的盐雾试验后检查气密性。

5.8.2 将清除表面油污并使其保持最大工作应力状况(由机械装配和额定工作压力的气压产生)的黄铜部件,放入温度为 35℃±2℃、容积为 30 L 且内装有 0.6 L 比重为 0.94 的含水氨水的封闭容器中,部件置于氨水表面上方 40 mm 处,放置 240 h。

5.9 耐臭氧性试验

减压调节器与天然气接触的非金属零部件按 GB/T 7762 的规定拉伸 20%后,置于臭氧浓度为 $50\times10^{-8}\pm5\times10^{-8}$、温度为 40℃±2℃的臭氧室中,历时 120 h,用 2 倍放大镜检查样件表面。

5.10 相容性试验

减压调节器与天然气相接触的非金属零件，在23℃±2℃的正戊烷或正己烷中浸泡72 h，在温度为40℃的空气中放置48 h后，检查其体积变化率及质量变化率。

5.11 耐振性试验

a) 将试样可靠地固定在振动试验台上；

b) 将频率设定为17 Hz，振幅设定为1.5 mm；

c) 在3个互相垂直的方向各振动2 h；

d) 按5.5规定的方法检测其气密性。

5.12 耐干热性试验

减压调节器与天然气接触的非金属零部件试件，在温度为120℃±2℃的空气中暴露168 h后，按GB/T 528规定的方法检查其抗拉强度和延伸率的变化。

5.13 温度循环试验

减压调节器温度循环试验，在最大工作压力下（试验中输入气体压力为20 MPa），从最低工作温度（－40℃）到最高工作温.度（120℃），再从最高工作温度（120℃）到最低工作温度（－40℃），交替循环，一个循环周期时间为120 min，在96 h温度循环试验后进行气密性试验。

6 检验规则

6.1 检验项目

见表2。

6.2 出厂检验

产品出厂前应按表2规定项目进行逐只检验。

6.3 型式检验

有下列情况之一时，减压调节器应按表2规定的项目进行型式检验。对新设计的产品还应按4.1的要求进行产品设计审查。

a) 新设计或设计参数、工艺、材料有重大变更时；

b) 停产半年以上，后果新恢复生产时；

c) 连续生产满1年时。

6.4 经检验或试验合格后的试件，若检验项目会影响其使用性能或使用寿命者，不能作为合格产品出厂。

表2 检验项目表

序号	检验项目		检验方法	判定方法	出厂检验	型式检验
1	外观检验		5.2	4.1.1、4.1.5	√	√
2	液静压强度		5.3	4.2.1		√
3	卸压阀性能		5.4a)	4.2.2a)	√	√
			5.4b)	4.2.2b)	√	√
			5.4c)	4.2.2c)		√
			5.4d)	4.2.2d)		√
4	气密性试验	常温	5.5.1	4.2.3.1	√	√
		高温	5.5.2	4.2.3.2		√
		低温	5.5.3	4.2.3.3		√
5	额定流量测量		5.6	4.2.4	√	√

表 2(续)

序号	检　验　项　目	检验方法	判定方法	出厂检验	型式检验
6	耐用性	5.7	4.2.5		√
7	耐腐蚀性	5.8	4.2.6		√
8	耐臭氧性	5.9	4.2.7		√
9	相容性	5.10	4.2.8		√
10	耐振性	5.11	4.2.9		√
11	耐干热性	5.12	4.2.10		√
12	温度循环	5.13	4.2.11		√
注:“√”表示检验项目。					

7　标志、包装、运输及贮存

7.1　标志

减压调节器的壳体上应有永久性标记,标记应清晰。标记应包括以下内容:

a)　制造厂名称或商标;

b)　产品型号;

c)　“CNG”标记;

d)　公称工作压力;

e)　生产批号和日期。

7.2　包装

7.2.1　产品的包装应保证搬运过程中不被损坏。

7.2.2　产品的包装箱内应附有产品合格证,使用说明书及必要的装箱清单。包装箱上应标有下列内容:

a)　制造厂名;

b)　产品型号和编号;

c)　数量和毛重;

d)　出厂日期;

e)　外形尺寸(长×宽×高);

f)　搬运注意事项。

7.3　运输及贮存

7.3.1　产品装运时,应轻装轻放,防止重压及碰撞,严防雨淋及化学品的浸蚀。

7.3.2　产品贮存在通风、干燥、清洁的室内。

8　出厂文件

出厂文件包括产品合格证、装箱清单及产品使用说明书。

8.1　产品合格证应注明以下内容:

a)　制造厂名和商标;

b)　产品型号和编号;

c)　检验部门和签章及检验日期。

8.2　装箱清单

当包装箱内另有减压调节器以外的附件(如接头、专用工具等)时,应附装箱清单。

8.3 产品使用说明书

说明书按 GB 9969.1 进行编写，并特别要说明以下内容：

a) 减压调节器的结构型式、功能介绍；

b) 使用过程中的故障判别及排除方法。

ICS 43.080
T 47

中华人民共和国国家标准

GB 20912—2007

汽车用液化石油气蒸发调压器

Vaporizer/pressure regulator of LPG vehicle

自2017年3月23日起，本标准转为推荐性标准，编号改为GB/T 20912—2007。

2007-04-13 发布　　2007-11-01 实施

中华人民共和国国家质量监督检验检疫总局
中国国家标准化管理委员会　发布

前　言

本标准第 4 章至第 8 章的内容为强制性，其余为推荐性的。

本标准与 ECE R67:2000《关于动力系统使用液化石油气的机动车辆特殊装置批准的统一规定》的一致性程度为非等效。

本标准由国家发展和改革委员会提出。

本标准由全国汽车标准化技术委员会归口。

本标准起草单位：中国汽车技术研究中心。

本标准主要起草人：马宗华、顾严平、冯屹、刘桂彬、陈嵩、张富兴。

根据中华人民共和国国家标准公告(2017 年第 7 号)和强制性标准整合精简结论，本标准自 2017 年 3 月 23 日起，转为推荐性标准，不再强制执行。

汽车用液化石油气蒸发调压器

1 范围

本标准规定了汽车用液化石油气(以下简称 LPG)蒸发调压器(定义见 GB/T 17895)的型号标记、要求、试验方法、检验规则、标志、包装、运输及储存。

本标准适用于工作环境温度为－40℃～120℃,入口处公称工作压力为 2.2 MPa(本标准所述的压力均指表压),以符合 GB 19159 要求的汽车用 LPG 为工作介质的汽车用蒸发调压器(以下简称蒸发调压器)。

2 规范性引用文件

下列文件中的条款通过本标准的引用而成为本标准的条款。凡是注日期的引用文件,其随后所有的修改单(不包括勘误的内容)或修订版均不适用于本标准,然而,鼓励根据本标准达成协议的各方研究是否可使用这些文件的最新版本。凡是不注日期的引用文件,其最新版本适用于本标准。

GB/T 528 硫化橡胶或热塑性橡胶拉伸应力应变性能的测定(GB/T 528—1998,eqv ISO 37:1994)

GB/T 1173 铸造铝合金

GB/T 1220 不锈钢棒

GB/T 4423 铜及铜合金拉制棒(GB/T 4423—1992,neq ISO 1637:1987,Wrought copper and copper alloy rod and bar—Technical conditions of delivery)

GB 5626.1 扩口式锥螺纹直通管接头

GB/T 7762 硫化橡胶或热塑性橡胶 耐臭氧龟裂 静态拉伸试验(GB/T 7762—2003,ISO 1431-1:1989,Rubber,vulcanized or thermoplastic—Resistance to ozone cracking—Part 1:Static and dynamic strain testing,MOD)

GB 9969.1 工业产品使用说明书 总则

GB/T 10125 人造气氛腐蚀试验 盐雾试验(GB/T 10125—1997,eqv ISO 9227:1990)

GB/T 17895 天然气汽车和液化石油气汽车 词汇

GB 19159 车用液化石油气

GB/T 19239 液化石油气汽车专用装置的安装要求

CB/T 3764 金属镀层和化学覆盖层厚度系列及质量要求

3 术语和定义

下列术语及定义适用于本标准。

设计压力 design pressure

蒸发调压器根据实际使用要求而设计成不同压力等级的工作腔,其每个工作腔的最大工作压力则为设计压力。

4 要求

4.1 一般要求

4.1.1 蒸发调压器表面应无尖角毛刺。

4.1.2 蒸发调压器承受液相 LPG 压力的连接接头宜采用卡套式或扩口式管接头。接头的综合机械强度不得低于 GB 5626.1 的要求。

4.1.3 所有电器元件应装有保护装置,不允许导电件裸露,以防止产生电火花。

4.1.4 蒸发调压器中所有进行金属镀层和化学覆盖层处理部件的外观要求,应符合 CB/T 3764 中的有关规定。

4.1.5 蒸发调压器在汽车上的安装方式应符合 GB/T 19239 的规定。

4.1.6 蒸发调压器宜有易于排放杂质的功能。

4.2 材料要求

4.2.1 用于制造蒸发调压器的材料应与 LPG 相容。

4.2.2 蒸发调压器的壳体宜采用符合 GB/T 1173 的铝合金压铸。如采用其他金属材料时应具有同等以上综合机械性能和耐腐蚀性能,并应符合相应标准的要求,其余金属零件一般应采用符合GB/T 1220 的不锈钢棒或符合 GB/T 4423 的 HPb59-1 铜合金拉制棒。

4.2.3 铸铁或可锻铸铁不能用作蒸发调压器的承压部件。

4.3 性能要求

4.3.1 液静压强度

蒸发调压器按 5.3 规定的试验方法进行液静压强度试验后,不应出现破裂、永久变形等现象。

4.3.2 气密性

4.3.2.1 常温气密性

蒸发调压器按 5.4.1 规定的试验方法进行试验应无气泡出现,或泄漏率不应超过 15×10^{-6} N·m^3/h。

4.3.2.2 高温气密性

蒸发调压器按 5.4.2 规定的试验方法进行高温气密性试验,在 1 min 内压力表显示值不应下降,或检测其泄漏率不应超过 15×10^{-6} N·m^3/h。

4.3.2.3 低温气密性

蒸发调压器按 5.4.3 规定的试验方法进行低温气密性试验,在 1 min 内压力表显示值不应下降,或检测其泄漏率不应超过 15×10^{-6} N·m^3/h。

4.3.3 高温试验

蒸发调压器按 5.5 规定的试验方法进行高温试验后,按 5.4.2 规定的试验方法进行高温气密性检验,应符合 4.3.2.2 高温气密性的要求。

4.3.4 低温试验

蒸发调压器按 5.6 规定的试验方法进行低温试验后,按 5.4.3 规定的试验方法进行低温气密性检验,应符合 4.3.2.3 低温气密性的要求。

4.3.5 耐干热性

蒸发调压器与 LPG 接触的非金属零件按 5.7 规定的试验方法进行耐干热试验后,抗拉强度变化不应超过+25%,延伸率变化范围不应超过-30%～+10%。

4.3.6 相容性

蒸发调压器与 LPG 接触的非金属零件按 5.8 规定的试验方法进行相容性试验后,体积变化率不得超过 20%,质量下降率不得超过 5%。

4.3.7 耐臭氧性

蒸发调压器与 LPG 接触的非金属零件按 5.9 规定的试验方法进行耐臭氧性试验后不应出现裂纹。

4.3.8 耐腐蚀性

4.3.8.1 蒸发调压器按 5.10.1 规定的试验方法完成盐雾试验后,按 5.4.1 规定的试验方法进行常温气密性试验,应符合 4.3.2 气密性的要求。

4.3.8.2 对于含锌量高于 15%的黄铜承压部件,按 5.10.2 规定的试验方法进行试验后用 25 倍的放大镜检查,部件上不应有裂纹产生。

4.3.9 耐振性

蒸发调压器按5.11规定的试验方法完成振动试验后，所有连接处都不得有松动，按5.4.1规定的试验方法进行常温气密性试验，应符合4.3.2气密性的要求。

4.3.10 额定流量

蒸发调压器按5.12规定的试验方法测量的额定流量Q应不低于制造商提供的额定值。

4.3.11 耐用性

蒸发调压器按照5.13规定的试验方法完成5万次耐用性试验后，应满足：

a) 按5.4.1规定的试验方法进行常温气密性试验，应符合4.3.2.1的要求；

b) 按5.12规定的试验方法测量额定流量Q，应符合4.3.10的要求。

4.3.12 温度循环试验

蒸发调压器按5.14规定的试验方法进行温度循环试验后，应符合4.3.2气密性的要求。

5 试验方法

5.1 一般规定

5.1.1 试验条件

除非另有规定，试验应在下述条件下进行：

a) 试验环境温度为15℃～35℃(除非另有规定，试验应在环境温度为20℃±5℃条件下进行)；

b) 试验介质应为清洁的干燥空气或氮气。

5.1.2 试验用仪表要求

a) 压力仪表：准确度不低于1.5级，测量量程为测量值的1.5倍～3倍。

b) 流量仪表：准确度不低于1.5级，测量量程为测量值的1.5倍～3倍。

c) 温度仪表：准确度为±0.5℃，最小分辨率不大于准确度的2倍(即1℃)。

5.2 外观检验

用目测法对蒸发调压器的金属镀层和化学覆盖层处理进行外观检验。

5.3 液静压强度试验

将蒸发调压器的内腔灌满水，封闭出口，在其入口充入6.75 MPa的水压，并保持此压力不小于1 min，检查蒸发调压器的组成零件。

5.4 气密性试验

5.4.1 常温气密性检验

常温气密性可用观察气泡法或泄漏率测试法进行检验。

5.4.1.1 观察气泡法

将试样出口密封，入口与供气管道相连，各种气路控制装置处于正常工作状态，调节入口压力为公称工作压力的2倍，将试样浸入水中100 mm～300 mm深处，至少观察1 min，检查是否有气泡出现。

5.4.1.2 泄漏率测试法

堵住试件出口，从入口输入2倍公称工作压力的气压，用泄漏率测试仪测量泄漏率，测量时间不得少于1 min。

5.4.2 高温气密性试验

将试样出口密封，入口经正向截止阀连接到气压源上，在试样和正向截止阀之间安装压力计，正向截止阀和压力计的压力范围应不低于1.5倍、不高于2倍的试验压力。将试样放入高温箱中，当高温箱显示温度达到120℃时，向试样内充入2倍公称工作压力的试验气压并关闭正向截止阀，至少保持1 min时间。观察压力计的显示值是否下降，或用泄漏率测试仪测量泄漏率。

5.4.3 低温气密性试验

将试样出口密封，入口经正向截止阀连接到气压源上，在试样和正向截止阀之间安装压力计，正向截止阀和压力计的压力范围应不低于1.5倍、不高于2倍的试验压力。将试样放入低温箱中，当低温箱显示温度达到-40℃时，向试样内充入2倍公称工作压力的试验气压并关闭正向截止阀，至少保持1 min时间。观察压力计的显示值是否下降，或用泄漏率测试仪测量泄漏率。

5.5 高温试验

堵住试样出口，将其置于高温箱中，调节温度为120℃并承受2倍公称工作压力的气压保持8 h后，进行高温气密性检验。

5.6 低温试验

堵住试样出口，将其置于低温箱中，调节温度为-40℃并承受2倍公称工作压力的气压保持8 h后，进行低温气密性检验。

5.7 耐干热性试验

蒸发调压器与LPG接触的非金属零件在温度为120℃±2℃的中暴露168 h后，按GB/T 528规定的方法检查其抗拉强度和延伸率的变化。

5.8 相容性试验

蒸发调压器与LPG接触的非金属零件，在23℃±2℃的正戊烷或正己烷中浸泡72 h，检查其体积变化率；然后放置在温度为40℃的空气中保持48 h，检查其质量变化率。

5.9 耐臭氧性试验

蒸发调压器与LPG接触的非金属零件，按GB/T 7762的规定，拉伸20%后，置于臭氧浓度为50 pphm±5 pphm、温度为40℃±2℃的臭氧室中，历时120 h，用2倍放大镜检查样件表面。

5.10 耐腐蚀性试验

5.10.1 将蒸发调压器连接孔封住，按GB/T 10125规定的中性盐雾试验方法进行144 h的盐雾试验。

5.10.2 将清除表面油污并使其保持最大工作应力状况(由机械装配和额定工作压力的气压产生)的黄铜部件，放入温度为35℃±2℃、容积为30 L，且内装有0.6 L、密度为0.94的含水氨水的封闭容器中，部件置于氨水表面上方40 mm处，放置240 h。

5.11 耐振性试验

a) 将试样可靠地固定在振动试验台上；

b) 将振动频率设定为17 Hz，振幅设定为1.5 mm；

c) 在三个互相垂直的方向各振动2 h；

d) 按5.4.1规定的方法检测其气密性。

5.12 额定流量测量

流量计可安装在蒸发调压器进气口或各级出气口。在蒸发调压器的进口处输入公称工作压力的试验气体，使末级膜片处于完全开启状态，反复调节被测蒸发调压器使其一级腔压力，使蒸发调压器出口获得最大流量，此时从流量计上读出最大流量值。

5.13 耐用性试验

蒸发调压器应进行5万次工作循环的耐用性试验。每次工作循环应为：接通气源，当入口压力达到公称工作压力时，开启出口，形成稳定的出口流量后，切断气源，待入口压力降至1.1 MPa以下时，关闭出口。循环频率不高于10次/min。

5.14 温度循环试验

将试件保持2.2 MPa的试验压力，进行96 h从-40℃～120℃的温度循环试验，循环周期为120 min。

6 检验规则

6.1 检验项目见表1。

6.2 出厂检验

产品出厂前应按表1规定项目进行逐只检验。

表 1 检验项目

序　号	检验项目	检验方法	判定依据	出厂检验	型式检验
1	外观检查	5.2	4.1	√	√
2	液静压强度	5.3	4.3.1		√
3	气密性	5.4	4.3.2	√	√
4	高温试验	5.5	4.3.3		√
5	低温试验	5.6	4.3.4		
6	耐干热性	5.7	4.3.5		√
7	相容性	5.8	4.3.6		√
8	耐臭氧性	5.9	4.3.7		√
9	耐腐蚀性	5.10	4.3.8		√
10	耐振性	5.11	4.3.9		√
11	额定流量	5.12	4.3.10		√
12	耐用性	5.13	4.3.11		√
13	温度循环试验	5.14	4.3.12		√
注：出厂检验中的气密性试验可以只进行常温气密性试验。					

6.3 型式检验

6.3.1 有下列情况之一时，蒸发调压器应按表 1 规定的项目进行型式检验。对新设计的产品还应按 4.1、4.2 的要求进行产品设计审查。

1) 新设计或设计参数、工艺、材料有重大变更时；

2) 停产半年以上，重新恢复生产时；

3) 连续生产满 1 年时。

6.4 经检验或试验合格后的试件，检验项目会影响其使用性能或使用寿命者，不能作为合格产品出厂。

7 标志、包装、运输及贮存

7.1 标志

蒸发调压器的壳体上应有永久性标记，标记应清晰。标记应包括以下内容：

a) 制造厂名称或商标；

b) 产品型号；

c) “LPG”标记；

d) 公称工作压力；

e) 生产批号和日期。

7.2 包装

7.2.1 产品的包装应保证搬运过程中不被损坏。

7.2.2 产品的包装箱内应附有产品合格证、使用说明书及必要的装箱清单。包装箱上应标有下列内容：

a) 制造厂名；

b) 产品型号和编号；

c) 数量和毛重；

d) 出厂日期；

e） 外形尺寸(长×宽×高)；

f） 搬运注意事项。

7.3 运输及贮存

7.3.1 产品装运时，应轻装轻放，防止重压及碰撞，严防雨淋及化学品的浸蚀。

7.3.2 产品贮存在通风、干燥、清洁的室内。

8 出厂文件

出厂文件包括产品合格证、装箱清单及产品使用说明书。

8.1 产品合格证

产品合格证应注明以下内容：

a） 制造厂名和商标；

b） 产品型号和编号；

c） 检验部门的签章及检验日期。

8.2 装箱清单

当包装箱内另有蒸发调压器以外的附件(如接头、专用工具等)时，应附装箱清单。

8.3 产品使用说明书

说明书的编写按 GB 9969.1《工业产品使用说明书总则》进行编写，并特别要说明以下内容：

a） 蒸发调压器的结构型式，功能介绍。

b） 使用过程中的故障判别及排除方法。

ICS 43.080.99
T 47

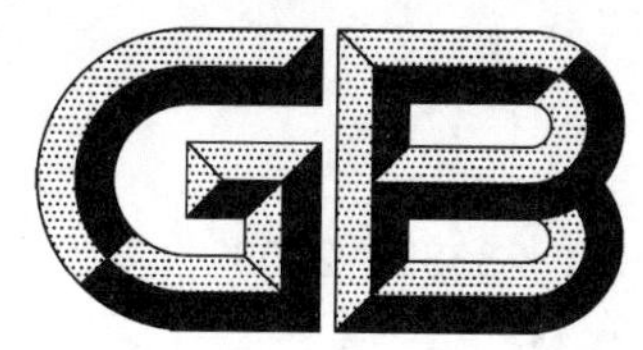

中华人民共和国国家标准

GB/T 23335—2009

天然气汽车定型试验规程

Natural gas vehicles—Engineering approval evaluation program

2009-03-23 发布 2010-01-01 实施

中华人民共和国国家质量监督检验检疫总局
中国国家标准化管理委员会 发布

前　　言

本标准由国家发展和改革委员会提出。

本标准由全国汽车标准化技术委员会归口。

本标准起草单位:中国汽车技术研究中心。

本标准主要起草人:陈嵩、杜建波、张富兴、顾严平。

天然气汽车定型试验规程

1 范围

本标准规定了可燃用天然气汽车(包括压缩天然气汽车和液化天然气汽车)定型试验的要求、试验项目及方法和试验报告的内容。

本标准适用于在已定型汽车产品上安装车用天然气专用装置或换装天然气发动机的天然气汽车。对于新开发的基本型天然气汽车,应按照相应的汽车定型试验规程进行定型试验。

2 规范性引用文件

下列文件中的条款通过本标准的引用而成为本标准的条款。凡是注日期的引用文件,其随后所有的修改单(不包括勘误的内容)或修订版均不适用于本标准,然而,鼓励根据本标准达成协议的各方研究是否可使用这些文件的最新版本。凡是不注日期的引用文件,其最新版本适用于本标准。

GB 1495 汽车加速行驶车外噪声限值及测量方法

GB 3847 车用压燃式发动机和压燃式发动机汽车排气烟度排放限值及测量方法

GB/T 6323.4 汽车操纵稳定性试验方法 转向回正性能试验

GB/T 6323.5 汽车操纵稳定性试验方法 转向轻便性能试验

GB/T 6323.6 汽车操纵稳定性试验方法 稳态回转试验

GB 7258 机动车运行安全技术条件

GB/T 12534 汽车道路试验方法通则

GB/T 12535 汽车起动性试验方法

GB/T 12536 汽车滑行试验方法

GB/T 12539 汽车爬陡坡试验方法

GB/T 12543 汽车加速性能试验方法

GB/T 12544 汽车最高车速试验方法

GB/T 12545.1 乘用车燃料消耗量试验方法

GB/T 12545.2 商用车辆燃料消耗量试验方法

GB/T 12547 汽车最低稳定车速试验方法

GB/T 12673 汽车主要尺寸测量方法

GB/T 12674 汽车质量(重量)参数测定方法

GB/T 12677 汽车技术状况行驶检查方法

GB/T 12678 汽车可靠性行驶试验方法

GB 14762 重型车用汽油发动机与汽车排气污染物排放限值及测量方法(中国Ⅲ、Ⅳ阶段)

GB 17691 车用压燃式、气体燃料点燃式发动机与汽车排气污染物排放限值及测量方法(中国Ⅲ、Ⅳ阶段)

GB 18047 车用压缩天然气

GB 18285 点燃式发动机汽车排气污染物排放限值及测量方法(双怠速法及简易工况法)

GB 18352.3 轻型汽车污染物排放限值及测量方法(中国Ⅲ、Ⅳ阶段)

GB/T 18697 声学 汽车车内噪声测量方法(GB/T 18697—2002,eqv ISO 5128:1980)

GB/T 19204 液化天然气的一般特性

GB/T 19240 压缩天然气汽车专用装置的安装要求

GB/T 20734　液化天然气汽车专用装置安装要求
QC/T 245　压缩天然气汽车专用装置技术条件
QC/T 755　液化天然气(LNG)汽车专用装置技术条件
QC/T 900　汽车整车产品质量检验评定方法

3　试验条件及中止试验条件

3.1　试验条件

3.1.1　用于试验的样车符合设计任务书、设计图样及技术条件的要求，即可进行定型试验。

3.1.2　定型试验前，制造单位应提供如下文件：

a)　企业设计任务书及产品技术条件(或产品标准)；使用说明书；

b)　定型试验样车的制造与装配调整记录；

c)　试验样车的工厂试验报告和装有天然气供气装置的发动机台架试验报告；

d)　车用天然气专用装置按相关的国家标准和行业标准的规定进行的试验报告。

3.1.3　供定型试验的样车应不少于 2 辆。

3.1.4　试验车辆的安全环保性能应符合 GB 7258 的规定。

3.1.5　车用天然气专用装置应具有合格标记；储气瓶及附件应具有生产许可证或进口商合格证，储气瓶应具有规定检验周期内的检验标记及合格证。

3.1.6　试验用压缩天然气应符合 GB 18047 的要求，液化天然气应符合 GB/T 19204 的要求。

3.1.7　样车磨合行驶里程按制造单位的规定进行，无规定时按 QC/T 900 的规定执行，并做好详细的磨合行驶记录。在磨合期间按要求更换发动机、变速器、驱动桥等部位的润滑油(脂)，不应任意调整、更换零部件。

3.1.8　试验过程中，应按使用说明书的规定进行维护。

3.1.9　在上述规定以外，试验样车、试验场地、气象条件等应符合 GB/T 12534 的规定。

3.2　中止试验条件

在试验过程中发现下列情况之一时，定型试验单位应中止试验或由制造厂改进后再进行试验：

a)　转向、制动等系统的效能不能确保行车安全；

b)　样车动力性、燃料经济性等指标不符合设计任务书要求，污染物排放不符合国家标准要求；

c)　车架出现断裂损坏，主要总成及关键零部件损坏，试验无法继续进行；

d)　天然气系统管路断裂，天然气供气系统发生严重泄漏；

e)　天然气储气瓶、减压调节器、汽化器安装部位发生变形损坏，且不能采取措施排除的；

f)　天然气储气瓶及附件、电磁阀、减压调节器、汽化器、加气口等严重损坏不能正常工作。

4　试验项目及方法

按下列试验项目及方法考核试验样车的各项技术性能、适应性、可靠性。

4.1　参数测量

4.1.1　整车外部尺寸参数测量，按 GB/T 12673 进行。

4.1.2　整车质量参数测量，按 GB/T 12674 进行。

4.2　专用装置检验

4.2.1　车用天然气专用装置的技术条件检验，应按 QC/T 245 或 QC/T 755 适应的规定进行。

4.2.2　车用天然气专用装置的安装要求检验，应按 GB/T 19240 或 GB/T 20734 适应的规定进行。

4.3　汽车技术状况行驶检查

按 GB/T 12677 进行。

4.4 汽车排放污染物测量

在各种燃料使用状态下均应分别进行污染物排放试验：

a) 最大总质量小于 3 500 kg 的轻型汽车应按 GB 18352.3 的规定进行排气污染物测量；

b) 安装点燃式发动机的汽车应按 GB 18285 进行怠速工况 HC 和 CO 浓度测量；

c) 安装压燃式发动机的汽车应按 GB 3847 进行自由加速烟度测量；

d) 安装在最大总质量大于 3 500 kg 汽车上的点燃式发动机应提供按 GB 14762 的规定进行的排放试验报告；

e) 安装在最大总质量大于 3 500 kg 汽车上的压燃式发动机应提供按 GB 17691 的规定进行的排放试验报告。

4.5 滑行试验

按 GB/T 12536 进行。

4.6 动力性试验

在各种燃料使用状态下均应分别进行动力性试验，试验项目包括：

4.6.1 直接挡最低稳定车速试验，按 GB/T 12547 进行。

4.6.2 加速性能试验，按 GB/T 12543 进行。测定项目包括：

a) 直接挡(或常用挡)加速性能试验；

b) 原地起步连续换挡加速性试验。

4.6.3 最高车速试验，按 GB/T 12544 进行。

4.6.4 最大爬坡度试验，按 GB/T 12539 进行。

4.7 燃料经济性试验

在各种燃料使用状态下均应分别进行燃料经济性试验：

a) M_1 类和最大总质量小于 2 t 的 N_1 类汽车，按 GB/T 12545.1 进行；

b) M_2、M_3 类和最大总质量大于或等于 2 t 的 N 类汽车，按 GB/T 12545.2 进行。

4.8 制动性能试验

冷态制动试验和驻车制动试验，按 GB 7258 进行。

4.9 噪声试验

在各种燃料使用状态下均应分别进行噪声试验：

4.9.1 加速行驶车外噪声，按 GB 1495 进行。

4.9.2 匀速行驶车内噪声，按 GB/T 18697 进行。

4.9.3 驾驶员耳旁噪声，按 GB 7258 进行。

4.10 汽车操纵稳定性试验

与原车相比满载条件下轴荷变化超过 5% 的车辆，应按 GB/T 6323.4～6323.6 进行汽车操纵稳定性试验。

4.11 起动性能试验

按 GB/T 12535 进行。

4.12 可靠性行驶试验

4.12.1 可靠性行驶试验可在汽车试验场进行，里程分配见表 1，也可在常规可靠性试验道路上进行，里程分配见表 2。可靠性行驶试验方法参照 GB/T 12678 的规定进行。

表 1 汽车试验场可靠性行驶里程分配表

车　型	行驶里程/km			
	坏　路	平　路	高　速	总　计
M 类汽车	2 000	1 000	4 000	7 000
N 类汽车	2 500	1 000	3 500	7 000

表 2 常规可靠性试验道路行驶里程分配表

车 型	行驶里程/km			
	坏 路	平 路	高 速	总 计
M类汽车	3 500	2 500	4 000	10 000
N类汽车	4 000	2 500	3 500	10 000

4.12.2 对于两用燃料汽车，每天应使用天然气以外的燃料两次，每次时间不超过 20 min，用以考核两用燃料汽车燃料转换性能，行驶里程计入可靠性行驶试验里程。

4.12.3 可靠性行驶试验过程中，每天试验后应检查天然气供气系统是否有泄漏，检查天然气储气瓶、减压调节器和汽化器的安装部位是否有损坏，以保证行车安全。

4.12.4 可靠性行驶试验故障类别判定参照 QC/T 900 的规定进行。

4.13 性能复试

可靠性行驶试验完成后，应进行性能复试，试验项目为 4.4b)、4.4c)、4.6、4.7、4.8 和 4.9 规定的内容。

5 符合性判定

5.1 基本性能和主要技术参数应符合产品技术条件(或产品标准)和相关国家标准要求。

5.2 汽车任何系统或总成不应出现致命故障及严重故障。

ICS 43.020
T 09

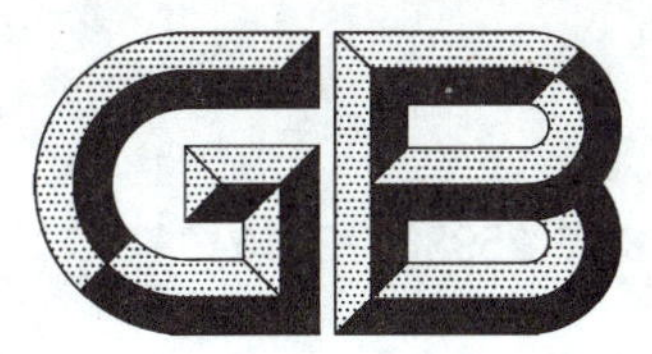

中华人民共和国国家标准

GB/T 25986—2010

汽车用液化天然气加注装置

Filling device of natural gas vehicles

2011-01-10 发布　　　　2011-05-01 实施

中华人民共和国国家质量监督检验检疫总局
中国国家标准化管理委员会　发布

前　言

本标准的附录 A、附录 B 为规范性附录。

本标准由中华人民共和国国家发展和改革委员会提出。

本标准由全国汽车标准化技术委员会(SAC/TC 114)归口。

本标准起草单位:中国汽车技术研究中心、北京航天发射技术研究所。

本标准主要起草人:郭勇、陈嵩、乔胜华、符一平、杨俊恒、王季峰。

汽车用液化天然气加注装置

1 范围

本标准规定了汽车用液化天然气加注装置的定义、型式、技术要求、试验方法、检验规则、标志、包装、运输及储存。

本标准适用于使用公称工作压力为1.6 MPa(本标准所述压力值均为表压)工作介质符合GB/T 19204要求的汽车用液化天然气加注装置。

2 规范性引用文件

下列文件中的条款通过本标准的引用而成为本标准的条款。凡是注日期的引用文件,其随后所有的修改单(不包括勘误的内容)或修订版均不适用于本标准,然而,鼓励根据在本标准达成协议的各方研究是否可使用这些文件的最新版本。凡是不注日期的引用文件,其最新版本适用于本标准。

GB/T 191 包装储运图示标志

GB/T 1220 不锈钢棒

GB/T 3864 工业氮

GB/T 4240 不锈钢丝

GB/T 4423 铜及铜合金拉制棒

GB/T 9969 工业产品使用说明书 总则

GB/T 10125 人造气氛腐蚀试验 盐雾试验

GB/T 19204 液化天然气的一般特性

GB/T 20734 液化天然气汽车专用装置安装要求

CB/T 3764 金属镀层和化学覆盖层厚度系列及质量要求

QB/T 3626 聚四氟乙烯棒材

HG 2167 聚三氟氯乙烯树脂

3 术语和定义

下列术语和定义适用于本标准。

3.1

加注装置 filling device

加注装置由加液口及回气口组成,用于充装和回收车用储气瓶中液化天然气的连接部件。

3.2

加液口 filling receptacle

装在车辆上与加气机加液枪连接后给车用储气瓶充装液化天然气的连接部件。

3.3

回气口 reclaiming receptacle

装在车辆上与加气机回气枪连接后用于回收车用储气瓶中余气的连接部件。

3.4

防尘盖 protective cap

防止灰尘和水进入接口的部件。

3.5

气路通径 gas road diameter

加注装置中液化天然气实际流过的管道横截面积直径。

4 基本型式及规格型号

4.1 加液口的基本结构型式及接口尺寸，见附录 A。

4.2 回气口的基本结构型式及接口尺寸，见附录 B。

5 要求

5.1 一般要求

5.1.1 加液口和回气口的基本结构型式及接口尺寸应符合 4.1、4.2 的要求。

5.1.2 加液口气路通径应不小于 ϕ21 mm，回气口气路通径应不小于 ϕ12 mm。

5.1.3 加注装置应有防止水和灰尘进入接口并能防止接口损伤的防尘盖；有避免防尘盖脱开接口后丢失的构件，防尘盖的材质应耐低温－80 ℃。

5.1.4 加注装置应有具有自密封功能的单向阀，为了防止在加液枪和加液口分离过程中产生过大的压力，加液口应有泄去分离时所生成的气体的安全泄放孔。

5.1.5 加注装置各部件采用的材料应与使用的介质、工作寿命、环境温度等要求相适应；接口体应采用耐腐蚀的金属材料。不锈钢受力部件应选用符合 GB/T 1220、GB/T 4240 规定的面心立方晶格不锈钢材料；铜合金受力部件应符合 GB/T 4423 的规定；非金属材料应选择低温收缩率小、玻璃化温度点低、无冷流现象、寿命长及与冷流相容的，并符合 QB/T 3626、HG 2167 的规定材料。

5.1.6 加注装置中所有进行金属镀层和化学覆盖层处理部件的外观要求，应符合 CB/T 3764 中的有关规定。

5.1.7 加注装置在汽车上的安装应符合 GB/T 20734 的要求。

5.1.8 加注装置额定工作压力为 1.6 MPa，工作环境温度为：－40 ℃～82 ℃。

5.2 性能要求

5.2.1 液静压强度

加注装置按 6.3 规定的试验方法进行液静压强度试验，在 2.4 MPa 液静压力的作用下，承压件及单向阀密封处应无泄漏，在 8 MPa 液静压力的作用下，承压件应不出现任何裂纹、永久变形。

5.2.2 气密性

加注装置按 6.4 规定的试验方法进行气密性试验，泄漏率不应超过 20×10^{-6} Nm^3/h。

5.2.3 低温泄漏试验

加注装置按 6.5 规定的试验方法进行低温泄漏试验，泄漏率不应超过 20×10^{-6} Nm^3/h。

5.2.4 防尘盖抗冲击载荷

防尘盖按 6.6 规定的试验方法进行抗冲击载荷试验后，防尘盖和接口不应有可见的撞痕和损坏。

5.2.5 耐用性

加注装置按 6.7 规定的试验方法完成 1 000 次工作循环和全流量冲击试验后，应满足 5.2.2 要求。

5.2.6 耐氧老化性

加注装置非金属部件按 6.8 规定的试验方法完成耐氧老化试验后，不应出现变形、裂纹、变质、及斑点等现象。

5.2.7 相容性

加注装置非金属材料按 6.9 规定的试验方法完成相容性试验后，不应出现裂纹和破碎的现象；材料的体积膨胀率不大于 25% 收缩率不大于 1%，重量损失率不大于 10%。

5.2.8 耐腐蚀性

5.2.8.1 按6.10.1规定的试验方法进行耐腐蚀性试验后用25倍放大镜检查,部件上不应有裂纹产生。

5.2.8.2 加注装置按6.10.2规定的试验方法完成盐雾试验后,检查其气密性,应符合5.2.2的要求。

5.2.9 耐振性

5.2.9.1 加注装置按6.11规定的试验方法完成耐振性试验后,紧固件应无松动,并应仍能正常开闭。

5.2.9.2 加注装置分别按6.4.1.1和6.4.2.1规定的试验方法进行试验,应符合5.2.2的要求。

6 试验方法

6.1 试验条件和仪表精确度

6.1.1 试验条件

除非另有规定,试验环境条件和试验介质应符合以下要求:

a) 温度15 ℃~35 ℃;

b) 相对湿度不大于85%;

c) 大气压力86 kPa~106 kPa;

d) 试验介质应为符合GB/T 3864规定的合格品的液氮和干燥空气。

6.1.2 试验所用仪表精确度和量程

除非另有规定,仪表的精确度和量程应符合下列规定:

a) 电工仪表:精确度不低于1.0级,量程应为测量值的1.5~3倍;

b) 压力仪表:精确度不低于1.5级,量程应为测量值的1.5~3倍;

c) 流量仪表:精确度不低于1.5级,量程应为测量值的1.5~3倍;

d) 温度仪表:精确度为±0.5 ℃,最小分辨率为1 ℃。

6.2 外观检验

用目测法对加注装置进行外观检验。

6.3 液静压强度试验

6.3.1 加液口液静压强度试验

6.3.1.1 耐压强度试验

从加液口出口端输入液静压力为2.4 MPa的水,稳压时间不少于3 min。

6.3.1.2 耐高压强度试验

从加液口出口端输入液静压力为8 MPa的水,稳压时间不少于3 min,试验后的试件不应再做其他试验。

6.3.2 回气口液静压强度试验

6.3.2.1 耐压强度试验

从回气口出口端输入液静压力为2.4 MPa的水,稳压时间不少于3 min。

6.3.2.2 耐高压强度试验

从回气口出口端输入液静压力为8 MPa的水,稳压时间不少于3 min,试验后的试件不应再做其他试验。

6.4 气密性试验

6.4.1 加液口气密性试验

6.4.1.1 常温气密性试验

将试件置于常温中,从出口端通入压缩空气,在管路压力为1.8 MPa和0.05 MPa处各稳压3 min进行检测。

6.4.1.2 高温气密性试验

将试件置于82 ℃的环境中，从出口端通入压缩空气，在管路压力为1.8 MPa和0.05 MPa处各稳压3 min进行检测。

6.4.1.3 低温气密性试验

将试件置于−40 ℃的环境中，从出口端通入压缩空气，在管路压力为1.8 MPa和0.05 MPa处各稳压3 min进行检测。

6.4.2 回气口气密性试验

6.4.2.1 常温气密性试验

将试件置于常温中，从出口端通入压缩空气，在管路压力为1.6 MPa和0.05 MPa处各稳压3 min进行检测。

6.4.2.2 高温气密性试验

将试件置于82 ℃的环境中，从出口端通入压缩空气，在管路压力为1.6 MPa和0.05 MPa处各稳压3 min进行检测。

6.4.2.3 低温气密性试验

将试件置于−40 ℃的环境中，从出口端通入压缩空气，在管路压力为1.6 MPa和0.05 MPa处各稳压3 min进行检测。

6.5 低温泄漏试验

6.5.1 加液口低温泄漏试验

将液氮通入试件预冷，预冷5 min后将试件浸入无水乙醇中。再从试件出口端通入液氮，在管路压力为1.6 MPa和0.05 MPa处各稳压1 min进行检测。

6.5.2 回气口低温泄漏试验

将低温氮气(温度不大于−162 ℃)通入试件预冷，预冷5 min后将试件浸入无水乙醇中。再从试件出口端通入低温氮气，在管路压力为1.6 MPa和0.05 MPa处各稳压1 min进行检测。

6.6 防尘盖抗冲击载荷试验

防尘盖装配在固定好的接口上，直径50 mm、质量0.5 kg的钢球从0.3 m高处落下冲击在防尘盖上最有可能引起破坏的五个点。

6.7 耐用性试验

耐用性试验包括下例所述的工作循环及全流量冲击试验，本试验应采用全新试件。

6.7.1 工作循环试验

在进行试验前将液氮通入试件预冷5 min，每次循环应用加气装置使加液口单向阀处于开启状态并将其出口封闭，从入口输入液氮，当压力达到1.6 MPa后将加气装置与加液口分离，单向阀应自行关闭，使加液口内压力保持不少于2 s时间，然后再开启出口端卸压至0 MPa。如此反复使单向阀开启、关闭。开闭循环频率不高于5次/min，循环试验总次数为1 000次。每完成200次循环试验，观察密封情况，按6.4.1.1规定进行常温气密性试验，如无泄漏，继续进行试验。

在进行试验前将低温氮气(温度不大于−162 ℃)通入试件预冷5 min，每次循环应用加气装置使回气口单向阀处于开启状态并将其出口封闭，从入口输入液氮，当压力达到1.6 MPa后将加气装置与回气口分离，单向阀应自行关闭，使回气口内压力保持不少于2 s时间，然后再开启出口端卸压至0 MPa。如此反复使单向阀开启、关闭。开闭循环频率不高于5次/min，循环试验总次数为1 000次。每完成200次循环试验，观察密封情况，按6.4.2.1规定进行常温气密性试验，如无泄漏，继续进行试验。

6.7.2 全流量冲击试验

加液口进口供气起点压力为1.8 MPa，不限制出口流量，每次冲击持续时间不少于2 s，冲击结束时供气压力应不低于1.3 MPa，然后，泄去进口处压力，使单向阀关闭。持续进行30次冲击试验。

回气口进口供气起点压力为1.8 MPa，不限制出口流量，每次冲击持续时间不少于2 s，冲击结束时供气压力应不低于 1.3 MPa,然后,泄去进口处压力,使单向阀关闭。持续进行 30 次冲击试验。

6.8 耐氧老化试验

加注装置与天然气相接触的非金属部件,在压力为 2.0 MPa,温度为(70±2)℃的氧气中放置 96 h。

6.9 相容性试验

加注装置与天然气相接触的非金属试件应在温度为(23±2)℃、压力为 1.8 MPa 的天然气中浸泡 70 h,浸泡完成后急速降压至 0。

6.10 耐腐蚀性试验

6.10.1 将保持最大工作应力状况(由机械装配和 1.6 MPa 气压产生)并清除了表面油污的黄铜部件,放入温度为(35±2)℃、容积为 30 L 且内装有 0.6 L 比重为 0.94 的含水氨水的封闭试验容器中,部件置于氨水表面上方 40 mm,放置 10 天。

6.10.2 将加注装置出口封住并以水平位置,按 GB/T 10125 规定的中性盐雾试验方法,进行 96 h 的盐雾试验。

6.11 耐振性试验

将加注装置可靠地固定在振动试验台上,频率设定为 17 Hz,振幅设定为 1.5 mm,沿三个互相垂直的方向各振动 2 h。

7 检验规则

7.1 检验项目按表 1。

表 1 检验项目表

序号	检验项目		检验方法	判定依据	出厂检验	型式检验
1	外观检验		6.2	5.1.6	√	√
2	加液口液静压强度	耐压强度试验	6.3.1.1	5.2.1	√	√
3		耐高压强度试验	6.3.1.2	5.2.1		√
4	回气口液静压强度	耐压强度试验	6.3.2.1	5.2.1	√	√
5		耐高压强度试验	6.3.2.2	5.2.1		√
6	加液口气密性试验	常温气密试验	6.4.1.1	5.2.2	√	√
7		高温气密试验	6.4.1.2	5.2.2		√
8		低温气密试验	6.4.1.3	5.2.2		√
9	回气口气密性试验	常温气密试验	6.4.2.1	5.2.2	√	√
10		高温气密试验	6.4.2.2	5.2.2		√
11		低温气密试验	6.4.2.3	5.2.2		√
12	低温泄漏试验	加液口泄漏试验	6.5.1	5.2.3		√
13		回气口泄漏试验	6.5.2	5.2.3		√
14	防尘盖抗冲击载荷试验		6.6	5.2.4		√
15	耐用性试验		6.7	5.2.5		√
16	耐氧老化试验		6.8	5.2.6		√
17	相容性试验		6.9	5.2.7		√
18	耐腐蚀性试验		6.10	5.2.8		√
19	耐振性试验		6.11	5.2.9		√
注:"√"表示检验项目。						

7.2 出厂检验

产品出厂前应按表1规定项目进行出厂检验。

7.3 型式检验

在下列情况之一，加注装置必须按表1规定的项目进行型式检验。对新设计的产品还应按5.1的要求进行产品设计审查。

a) 新设计或设计参数、工艺、材料有重大变更时；

b) 停产半年以上，重新恢复生产；

c) 连续生产满一年。

7.4 经检验合格后的试件，若检验项目会影响其使用性能或使用寿命者，不能作为合格产品出厂。

8 标志、包装、运输及贮存

8.1 标志

加注装置产品应有下列永久性标志：

a) 产品名称和型号；

b) 制造厂名或其标志；

c) 生产批号和日期。

8.2 包装

8.2.1 产品的包装应保证搬运过程中不被损坏，应符合GB/T 191有关规定。

8.2.2 产品的包装箱内应附有产品合格证、使用说明书及必要的装箱清单。包装箱上应标有下列内容：

a) 制造厂名；

b) 产品型号和编号；

c) 数量和毛重；

d) 出厂日期；

e) 外形尺寸(长×宽×高)；

f) 搬运注意事项。

8.3 运输及贮存

8.3.1 产品装运时，应轻装轻放，防止重压及碰撞，严防雨淋及化学品的浸蚀。

8.3.2 产品贮存在通风、干燥、清洁的室内。

9 出厂文件

9.1 出厂的每只产品应附有产品合格证，产品合格证应注明以下内容：

a) 制造厂名和商标；

b) 产品型号和编号；

c) 检验部门的签章及检验日期。

9.2 当包装箱内有加注装置以外的附件(如接头、专用工具等)时，应附装箱清单。

9.3 出厂的每只产品应附有产品使用说明书，说明书应按GB/T 9969进行编写，并特别要说明以下内容：

a) 加注装置的结构型式、功能介绍；

b) 使用过程中的故障判别及排除方法。

附 录 A
（规范性附录）
加液口的基本结构型式及接口尺寸

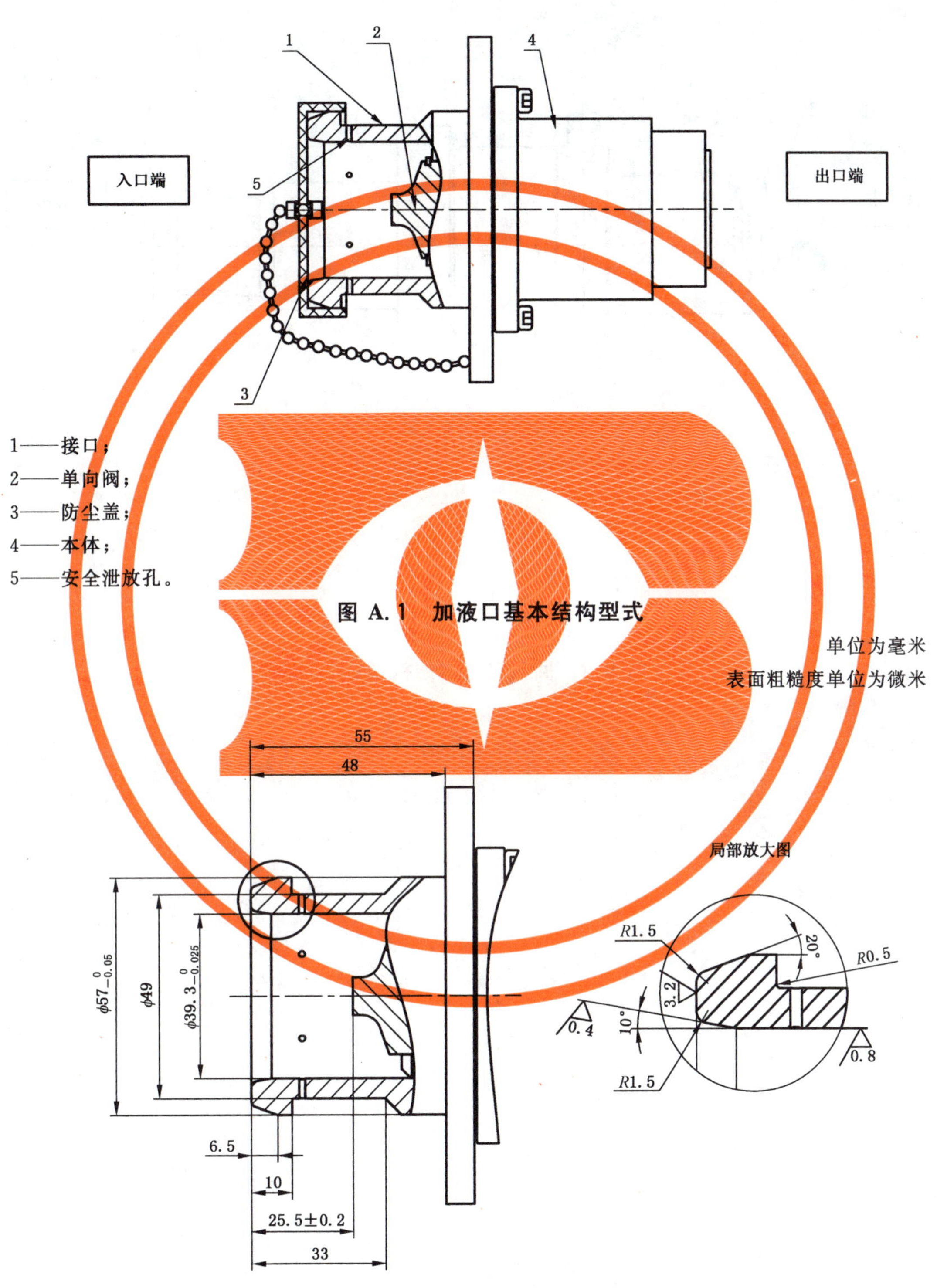

1——接口；
2——单向阀；
3——防尘盖；
4——本体；
5——安全泄放孔。

图 A.1 加液口基本结构型式

单位为毫米
表面粗糙度单位为微米

图 A.2 加液口接口尺寸

附　录　B
（规范性附录）
回气口的基本结构型式及接口尺寸

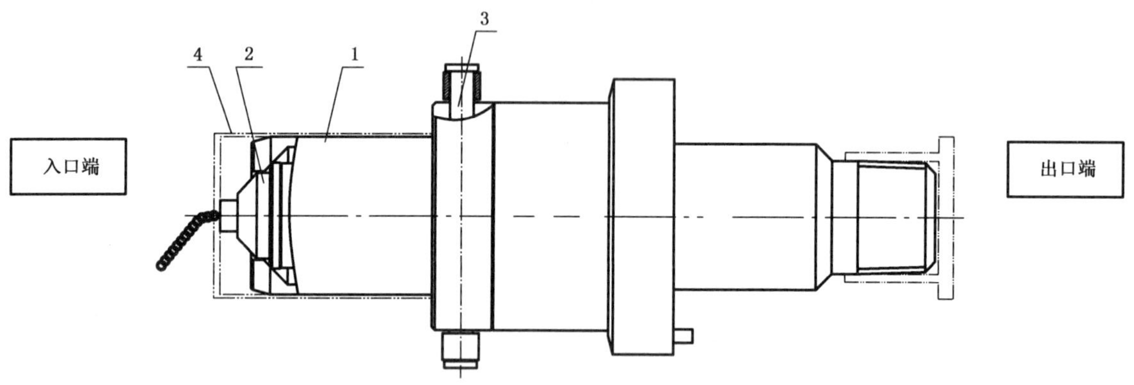

1——接口；
2——单向阀；
3——锁紧块；
4——防尘盖。

图 B.1　回气口基本结构型式

单位为毫米
表面粗糙度单位为微米

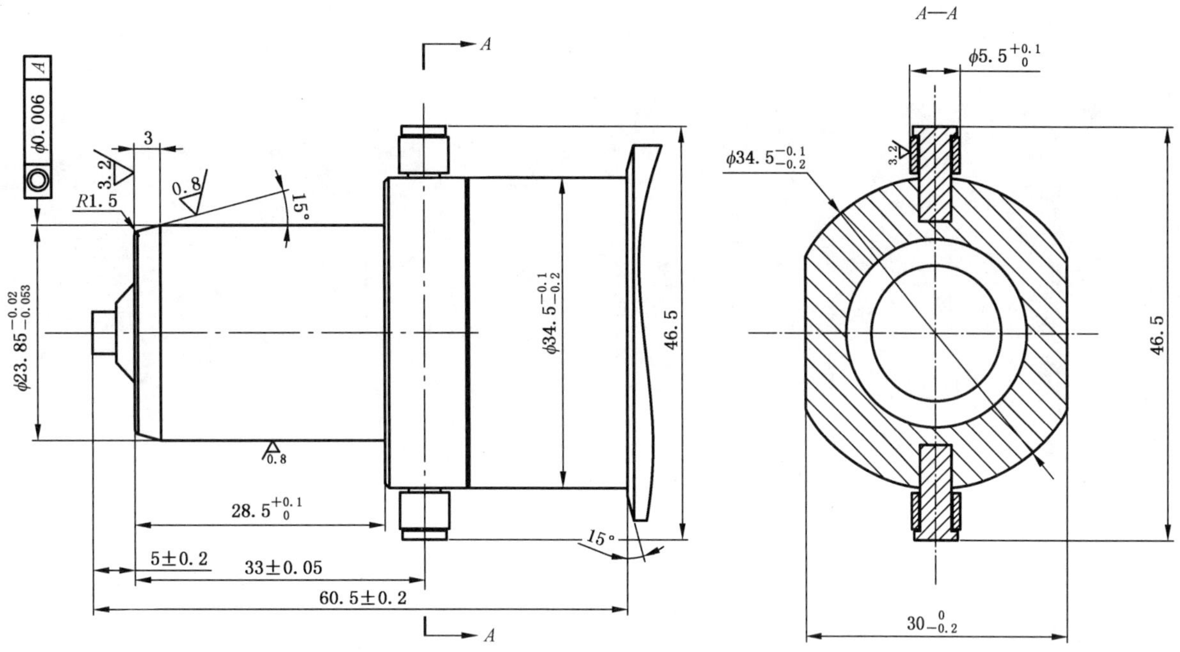

图 B.2 回气口接口尺寸

ICS 43.040.60
T 20

中华人民共和国国家标准

GB/T 26780—2011

压缩天然气汽车燃料系统碰撞安全要求

The safety requirement of fuel system for compressed natural gas vehicle in the collision

2011-07-20 发布 2012-01-01 实施

中华人民共和国国家质量监督检验检疫总局
中国国家标准化管理委员会 发布

前　言

本标准按照GB/T 1.1—2009给出的规则起草。

本标准的技术内容部分参照美国FMVSS 303《压缩天然气汽车的燃料系统完整性》法规(2006年英文版)。

本标准由中华人民共和国工业和信息化部提出。

本标准由全国汽车标准化技术委员会(SAC/TC 114)归口。

本标准起草单位:中国汽车技术研究中心、神龙汽车有限公司、奇瑞汽车股份有限公司、北汽福田汽车股份有限公司。

本标准主要起草人员:孙振东、刘桂彬、周阳、王焱、杨健、王阳、郭燕、冯屹。

压缩天然气汽车燃料系统碰撞安全要求

1 范围

本标准规定了压缩天然气汽车燃料系统碰撞安全的技术要求和试验方法。

本标准适用于燃料系统采用压缩天然气的 M_1 类汽车，包括采用两用燃料压缩天然气汽车、单一燃料压缩天然气汽车，其他相关类型车辆也可参照执行。

2 规范性引用文件

下列文件对于本文件的应用是必不可少的。凡是注日期的引用文件，仅注日期的版本适用于本文件。凡是不注日期的引用文件，其最新版本(包括所有的修改单)适用于本文件。

GB 11551 乘用车正面碰撞的乘员保护

GB/T 17895 天然气汽车和液化石油气汽车 词汇

GB 20071 汽车侧面碰撞的乘员保护

GB 20072 乘用车后碰撞燃油系统安全要求

3 术语和定义

GB/T 17895 界定的以及下列术语和定义适用于本文件。

3.1

两用燃料压缩天然气汽车 bi-fuel CNG vehicle

具有两套相互独立的燃料供给系统，其中一套提供压缩天然气，另一套提供压缩天然气之外的燃料，两套燃料供给系统可分别但不可共同向发动机供给燃料的汽车。

3.2

单一燃料压缩天然气汽车 dedicated CNG vehicle

装配压缩天然气单一燃料系统的汽车。

3.3

压缩天然气燃料系统 CNG fuel system

储存和为汽车发动机供给压缩天然气的所有零部件，其中包括储气瓶、供气管路、压力调节装置等。

3.4

接口 inlet horn

为在试验中对高压管路系统进行充气、排气和压力测量用的管路接头。

4 技术要求

分别完成 5.2、5.3、5.4 所规定的后碰撞试验、正面碰撞试验、侧面碰撞试验，每次碰撞试验后压缩天然气燃料系统应符合如下要求：

a) 压缩天然气气瓶固定装置完整性：压缩天然气气瓶的固定装置不应出现断裂、脱落或导致压缩天然气燃料系统安全功能失效的移位或变形；

b) 高压管路系统完整性：高压管路系统不应破损、断裂，瓶口阀不应损坏、失效；

c) 压缩天然气燃料系统密封性：按照5.5规定的试验方法进行测试，压缩天然气燃料系统在60 min内压力下降不应大于1 062 kPa。

5 试验方法

5.1 试验前的准备

5.1.1 在试验车辆的高压管路系统上选取适当位置预留一个接口，在接口处安装三通接头，三通接头中的两端分别安装压力传感器和一个进排气用截止阀，另一端与高压管路系统相通。

5.1.2 通过进排气用截止阀或其他方法，使压缩天然气气瓶内压力降至不大于3 MPa，并关闭压缩天然气气瓶截止阀。

5.1.3 通过进排气用截止阀向高压管路系统中充入压力为20 MPa的氮气(N_2)，使用发泡液试验法检查高压管路系统是否有泄漏。发泡液试验法是将中性发泡液涂覆在整个被检测部位的表面上，观察至少5 min，高压管路系统应无气泡产生。检测完毕后关闭进排气用截止阀以保持高压管路系统中的压力。

5.2 后碰撞试验

试验形式和试验方法按照GB 20072的相关规定进行试验，试验后应符合第4章的规定。

5.3 正面碰撞试验

试验形式和试验方法按照GB 11551的相关规定进行试验，试验后应符合第4章的规定。

5.4 侧面碰撞试验

试验形式和试验方法按照GB 20071的相关规定进行试验，试验后应符合第4章的规定。

5.5 压缩天然气燃料系统密封性试验

碰撞试验后，在三通接头中的压力传感器端接入1.5倍工作压力量程的压力计，打开气瓶截止阀，通过进排气用截止阀向压缩天然气燃料系统中充入压力为20 MPa氮气(N_2)后关闭该截止阀，待气瓶温度与环境一致后，检查压缩天然气燃料系统泄漏性。在测试期间周围环境温度的波动不应超过5.6 ℃。

ICS 43.020
T 40

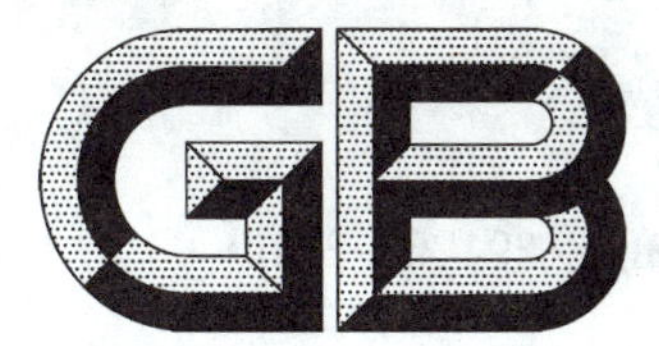

中华人民共和国国家标准

GB/T 29125—2012

压缩天然气汽车燃料消耗量试验方法

Test methods for fuel consumption of CNG vehicles

2012-12-31 发布　　2013-07-01 实施

中华人民共和国国家质量监督检验检疫总局
中国国家标准化管理委员会　发布

前　言

本标准按照 GB/T 1.1—2009 给出的规则起草。

本标准参考了联合国欧洲经济委员会(ECE)2005 年 4 月 4 日生效的 ECE R101-02 法规《关于就二氧化碳排放量和燃油消耗量对仅装内燃机或装混合动力系统乘用车认证、以及就电能消耗量和电动续驶里程对装混合动力系统乘用车和纯电动 M1 和 N1 类汽车认证的统一规定》关于天然气消耗量部分的技术内容。

本标准由中华人民共和国工业和信息化部提出。

本标准由全国汽车标准化技术委员会(SAC/TC 114)归口。

本标准起草单位:中国汽车技术研究中心、东风朝阳柴油机有限责任公司、联合汽车电子有限公司和广西玉柴机器股份有限公司。

本标准主要起草人:尤林华、刘桂彬、曹晓峰、贾贵起、贾雨、李玉、马玥、马杰、马宗华、戴春蓓、刘志文、贺兆欣。

压缩天然气汽车燃料消耗量试验方法

1 范围

本标准规定了以压缩天然气(CNG)为燃料的乘用车和商用车天然气燃料消耗量试验方法。

本标准适用于压缩天然气单一气体燃料乘用车和商用车天然气燃料消耗量试验,并适用于压缩天然气两用燃料乘用车和商用车的天然气燃料消耗量试验。

装用压缩天然气单一燃料发动机或两用燃料发动机的其他类型车辆的天然气燃料消耗量试验可参照本标准执行。

2 规范性引用文件

下列文件对于本文件的应用是必不可少的。凡是注日期的引用文件,仅注日期的版本适用于本文件。凡是不注日期的引用文件,其最新版本(包括所有的修改单)适用于本文件。

GB/T 12534 汽车道路试验方法通则

GB/T 12545.1 汽车燃料消耗量试验方法 第1部分:乘用车燃料消耗量试验方法

GB/T 12545.2 商用车燃料消耗量试验方法

GB/T 13610 天然气的组成分析 气相色谱法

GB 17691 车用压燃式、气体燃料点燃式发动机与汽车排气污染物限值及测量方法(中国Ⅲ、Ⅳ、Ⅴ阶段)

GB 18047 车用压缩天然气

GB 18352.3 轻型汽车污染物排放限值及测量方法(中国Ⅲ、Ⅳ阶段)

GB/T 19233 轻型汽车燃料消耗量试验方法

GB/T 20604—2006 天然气 词汇

GB/T 22723 天然气能量的测定

GB/T 27840 重型商用车辆燃料消耗量测量方法

QC/T 746 压缩天然气汽车高压管路

3 术语和定义

GB/T 20604—2006 界定的术语和定义适用于本文件。

3.1

天然气 natural gas;NG

以甲烷为主的复杂烃类混合物,通常也会有乙烷、丙烷和很少量更重的烃类,以及若干不可燃气体,如氮气和二氧化碳。

[GB/T 20604—2006,定义 2.1.1.1]

3.2

干气 dry natural gas

水蒸气摩尔分数不超过0.005%[50×10^{-6}(摩尔)]的天然气。

[GB/T 20604—2006,定义 2.1.1.9]

3.3

燃烧参比条件　combustion reference condition

对天然气燃烧纯理论性地规定的压力和温度条件。

[GB/T 20604—2006,定义 2.6.1.1]

3.4

计量参比条件　metering reference conditions

测定被燃烧的天然气量时,纯理论性地规定的压力和温度。

[GB/T 20604—2006,定义 2.6.1.2]

3.5

标准参比条件　standard reference condition

对干的真实气体,其压力、温度和湿度(饱和态)的参比条件为 101.325 kPa 和 288.15 K。

[GB/T 20604—2006,定义 2.6.1.4]

3.6

理想气体　ideal gas

指遵循理想气体定律的气体。

[GB/T 20604—2006,定义 2.6.2.1]

3.7

压缩因子　compression factor

在指定压力和温度条件下任意质量气体的真实体积,与同样量气体在相同条件下由理想气体定律计算的体积相除之商。

[GB/T 20604—2006,定义 2.6.2.2]

3.8

密度　density

在规定的压力和温度下,气体的质量除以其体积。

[GB/T 20604—2006,定义 2.6.3.1]

3.9

高位发热量　superior calorific value

在燃烧反应的压力(p_1)保持恒定,除水以外的所有燃烧产物都恢复到与反应剂相同温度(T_1)下的气态,而水则冷凝成温度为 T_1 的液态的条件下,一定量燃气在空气中完全燃烧时以热量形式释放出的能量。

[GB/T 20604—2006,定义 2.6.4.1]

3.10

低位发热量　inferior calorific value

在燃烧反应的压力(p_1)保持恒定,所有燃烧产物都恢复到与反应剂相同的规定温度(T_1)下的气态的条件下,一定量燃气在空气中完全燃烧时以热量形式释放出的能量。

[GB/T 20604—2006,定义 2.6.4.2]

4　符号、代号和缩略语

4.1　表 1 中符号、代号和缩略语适用于本标准。

表 1 符号、代号和缩略语

符　号	单　位	定　义
D	km	实测汽车行驶距离
d_{air0}	kg/m^3	道路试验标准环境状态下空气密度
d_L	kg/L	液体燃料在 15 ℃,101.325 kPa 状态下的密度
$d_{NG,r}$	kg/m^3	试验用天然气在标准参比条件(15℃,101.325 kPa)下的密度
FC_0	$m^3/100$ km	基准天然气消耗量(15 ℃、101.325 kPa)
FC_r	$m^3/100$ km	试验天然气标准参比条件(15 ℃、101.325 kPa)下的消耗量
FC'_r	$m^3/100$ km	修正到道路试验标准环境状态下的天然气消耗量(15 ℃、101.325 kPa)
G_{20}		基准天然气,CH_4(100%)
G_{23}		基准天然气,CH_4(92.5%)+N_2(7.5%)(V/V)
$H_{G_{20}}$	MJ/m^3	基准天然气燃料 G_{20} 的低位发热量(15 ℃、101.325 kPa)
$H_{G_{23}}$	MJ/m^3	基准天然气燃料 G_{23} 的低位发热量(15 ℃、101.325 kPa)
$H_{L,low}$	MJ/kg	液体燃料基准状态(15 ℃、101.325 kPa)低位发热量
$H_{NG,low}$	MJ/m^3	天然气标准参比条件(15 ℃、101.325 kPa)低位发热量
$\overline{H}^0$	kJ/mol	混合物的理想摩尔发热量(高位或低位)
$\overline{H}_j^0$	kJ/mol	混合物中组分 j 的理想摩尔发热量(高位或低位)
$\hat{H}^0$	MJ/kg	混合物的理想质量发热量(高位或低位)
$\hat{H}_j^0$	MJ/kg	混合物中组分 j 的理想质量发热量(高位或低位)
$\tilde{H}$	MJ/m^3	混合物的真实气体体积发热量(高位或低位)
$\tilde{H}^0$	MJ/m^3	混合物的理想气体体积发热量(高位或低位)
$\tilde{H}_j^0$	MJ/m^3	混合物中组分 j 的理想气体体积发热量(高位或低位)
M	kg/kmol	混合物的摩尔质量
M_j	kg/kmol	混合物中组分 j 的摩尔质量
m_1	g	实测试验天然气消耗质量
p_1	kPa	试验状态下天然气实测压力
p_{air}	kPa	道路试验实际大气压力
p_{air0}	kPa	道路试验标准环境状态大气压力
p_r	kPa	天然气标准参比条件压力,101.325 kPa
R	$J \cdot mol^{-1} \cdot K^{-1}$	摩尔气体常数(R=8.314 510)
T_1	K	试验状态下天然气实测温度
T_{air}	K	道路试验环境实际空气温度
T_{air0}	K	道路试验标准环境状态空气温度
T_r	K	天然气标准参比条件温度,288.15 K(15 ℃)
V_1	L	实测试验天然气消耗体积(T_1,p_1)
x_j	%	混合物中组分 j 的摩尔分数
Z_{mix}		气体压缩因子
ρ	kg/m^3	真实气体密度
ρ^0	kg/m^3	理想气体密度

5 试验条件

5.1 道路试验条件应符合 GB/T 12534 规定。

5.2 采用底盘测功机试验或碳平衡法时，轻型汽车试验条件应符合 GB/T 19233 和 GB 18352.3 规定；重型汽车试验条件应符合 GB/T 27840 规定。

5.3 轻型汽车和重型汽车试验用天然气燃料应分别符合 GB 18352.3 和 GB 17691 的要求，或采用符合 GB 18047 规定的车用天然气燃料，其组分、密度和发热量等参数应为已知，并满足汽车和发动机制造企业的要求。

5.4 试验用润滑油应符合企业规定，并应在试验报告中注明。

6 试验仪器设备

6.1 天然气流量计

6.1.1 允许使用的天然气流量计型式

6.1.1.1 变压型质量流量计：采用科里奥利原理(或相似原理)测量质量流量的仪器。

6.1.1.2 定压型体积流量计：在一定试验压力下测量天然气体积流量的仪器(不包括质量流量计用于定压测量)，试验压力可采用调压器调节和设定。

6.1.1.3 低压型流量计：安装于减压调节器与发动机之间低压管道中的测量用燃料流量计。

6.1.1.4 高压型流量计：安装于压缩天然气供气装置(包括车辆 CNG 气瓶、定置式 CNG 供气设备和 CNG 储气瓶等)与减压调节器之间高压管道中的测量用燃料流量计。

6.1.2 天然气流量计精度

天然气流量计精度应为测量值的±0.5%。

6.1.3 天然气流量计安装

6.1.3.1 采用高压流量计测量时，应在管路中安装卸压阀，以便在流量计拆卸之前卸除管路中气压。

6.1.3.2 高压型流量计的连接应采用耐高压管。

6.1.3.3 对定压型高压流量计，应在其上游安装调压器；调压器出口压力应设定为流量计规定值。

6.1.3.4 采用低压流量计测量时，在流量计与发动机之间应安装稳压箱等装置，以消除燃料压力脉动。

6.1.3.5 在流量计与发动机之间安装的稳压箱等装置不应影响发动机正常运行。

6.1.3.6 为保证燃料流量计的正常功能，流量计及附件应合理布置、连接和安装，并在试验中不应松动或脱落。所有连接管路和连接部位不允许任何泄漏现象。

6.1.3.7 流量计连接用高压燃气管路应符合 QC/T 746 规定。

6.1.3.8 在底盘测功机上试验时，如果采用天然气燃料流量计测量天然气燃料消耗量，流量计的安装应符合附录 A 的规定。

6.1.3.9 在底盘测功机上试验采用车载 CNG 气瓶供气时，天然气燃料流量计安装应符合图 A.1、图 A.2 或图 A.3 规定。

6.1.3.10 在底盘测功机上试验采用定置式 CNG 供气设备供气时，天然气燃料流量计安装应符合图 A.4、图 A.5 或图 A.6 规定。

6.1.3.11 道路试验时，天然气流量燃料计安装应符合附录 A 中图 A.1、图 A.2 或图 A.3 的规定。

6.1.4 其他仪器设备

6.1.4.1 通用试验仪器设备应符合 GB/T 12534 标准的规定。

6.1.4.2 轻型汽车底盘测功机应符合 GB/T 19233 和 GB 18352.3 规定。

6.1.4.3 重型汽车底盘测功机应符合 GB 27840 规定。

6.1.4.4 碳平衡法所用的气体分析仪，轻型汽车试验应符合 GB 18352.3 规定，重型汽车试验应符合 GB 17691 规定。

7 试验项目和试验方法

7.1 试验项目

7.1.1 可根据试验目的选择所需试验项目。

7.1.2 各类车型试验项目见表 2。

表 2 试验项目及试验方法

车　　型	试验项目	试验方法
M_1 类、最大设计总质量不超过 3 500 kg 的 M_2 类和 N_1 类	模拟城市、市郊和综合循环燃料消耗量试验	按 GB/T 19233 规定
	90 km/h 等速行驶燃料消耗量试验	按 GB/T 12545.1 规定
	120 km/h 等速行驶燃料消耗量试验	按 GB/T 12545.1 规定
最大设计总质量超过 3 500 kg 的 M_2 类、M_3 类和 N_2 类、N_3 类	等速行驶燃料消耗量试验	按 GB/T 12545.2 规定
	商用车辆燃料消耗量试验	按 GB/T 27840 规定

7.2 试验方法

7.2.1 试验一般要求应符合 GB/T 12534 的规定。

7.2.2 各试验项目的试验方法应符合表 2 规定。

7.2.3 天然气燃料消耗量的测量可采用流量计实测法或碳平衡法。

7.2.4 如采用流量计测量天然气消耗量，应同时测量记录行驶时间和行驶距离。

7.2.5 采用体积流量计测量天然气消耗量的同时，应测量流量计入口或出口的温度和压力，以修正燃料流量。

7.2.6 采用碳平衡法时，应按相关标准要求测量 CO_2、CO 和 THC(或 CH_4 和 NMHC)等排放量。

7.3 采用汽油起动的压缩天然气汽车试验

7.3.1 对采用汽油起动再切换至气体燃料运行的压缩天然气单一气体燃料和两用燃料汽车，制造企业应提供发动机起动过程的控制策略。在进行 GB/T 19233 或 GB/T 27840 标准规定的工况法燃料消耗量试验时，应符合 7.3.2 和 7.3.3 的规定。

7.3.2 当采用碳平衡法时，如果发动机从汽油起动至切换为气体燃料运行的时间不大于 60 s，则可依据按 GB/T 19233 或 GB/T 27840 要求所测得的 CO、CO_2 和 THC(或 CH_4+NMHC)的排放量，采用 8.1 中式(1)计算得出天然气消耗量。

7.3.3 当采用天然气流量计测量时，应将起动过程的汽油消耗量换算为天然气消耗量，并计入天然气总消耗量。

8 燃料消耗量计算方法

8.1 碳平衡法

8.1.1 采用碳平衡法时，天然气密度采用 G_{20} 和 G_{23} 在标准参比条件(288.15 K、101.325 kPa)下的平均值(0.654 kg/m³)。

8.1.2 天然气消耗量可根据所测得的 CO、CO_2 和 THC(或 CH_4＋NMHC)排放量，按式(1)计算：

$$FC_0 = \frac{0.1336}{0.654} \times (0.749 \times THC + 0.429 \times CO + 0.273 \times CO_2) \quad \cdots\cdots(1)$$

式中：

FC_0 ——基准天然气消耗量(15 ℃、101.325 kPa)，m³/100 km；

THC ——实测总碳氢排放量(当测量 CH_4 和非甲烷碳氢 NMHC 时，应为 CH_4 和 NMHC 排放量之和)，g/km；

CO ——实测一氧化碳排放量，g/km；

CO_2 ——实测二氧化碳排放量，g/km。

8.2 流量计测量法

8.2.1 采用燃料流量计测量天然气流量时，天然气燃料消耗量应按 8.2.2 和 8.2.3 计算。

8.2.2 采用质量流量计时，天然气燃料消耗量按式(2)计算：

$$FC_r = \frac{m_1}{10^5 \times d_{NG,r} \times D} \quad \cdots\cdots(2)$$

式中：

FC_r ——试验天然气标准参比条件(15 ℃，101.325 kPa)下的消耗量，m³/100 km；

m_1 ——实测试验天然气消耗质量，g；

$d_{NG,r}$ ——试验用天然气标准参比条件下(15 ℃，101.325 kPa)密度，kg/m³；

D ——实测汽车行驶距离，km。

8.2.3 采用体积流量计时，天然气燃料消耗量按式(3)计算：

$$FC_r = \frac{V_1}{10^5 \times D} \times \frac{p_1 \times T_r}{p_r \times T_1} \times \frac{Z_{mix}(t_r, p_r)}{Z_{mix}(t_1, p_1)} \quad \cdots\cdots(3)$$

式中：

FC_r ——试验天然气标准参比条件(15 ℃，101.325 kPa)下的消耗量，m³/100 km；

V_1 ——实测天然气消耗体积(T_1，p_1)，L；

T_r ——标准参比条件温度，288.15 K；

p_r ——标准参比条件压力：101.325 kPa；

p_1 ——试验状态下天然气实测压力，kPa；

T_1 ——试验状态下天然气实测温度($T_1 = t_1 + 273.15$)，K；

D ——实测汽车行驶距离，km；

$Z_{mix}(t_1, p_1)$ ——混合气压缩因子(温度 t_1，压力 p_1)；

$Z_{mix}(t_r, p_r)$ ——混合气压缩因子(温度 t_r，压力 p_r)。

8.3 道路试验环境校正

8.3.1 采用道路试验方法测量汽车天然气消耗量时，如果道路试验环境偏离标准状态，则应对道路试验环境进行修正。

8.3.2 道路试验标准环境状态为：

大气压力：$p_{air0}=100$ kPa；

空气温度：$T_{air0}=293$ K；

空气密度：$d_{air0}=1.189$ kg/m^3。

8.3.3 天然气消耗量应按式(4)修正到标准环境状态下：

$$FC'_r=\frac{FC_r}{k_1\times k_2} \qquad (4)$$

其中：

$$k_1=1+0.0025(293-T_{air}) \qquad (5)$$

$$k_2=1+0.0021(p_{air}-100) \qquad (6)$$

式中：

FC_r——试验天然气标准参比条件(15℃，101.325 kPa)下的消耗量，m^3/100 km；

FC'_r——修正到道路试验标准环境状态下的试验天然气消耗量(15 ℃，101.325 kPa)，m^3/100 km；

k_1 ——环境温度校正系数；

k_2 ——大气压力校正系数；

p_{air}——道路试验实际大气压力，kPa；

T_{air}——道路试验环境实际空气温度，K。

8.4 修正为基准天然气消耗量

8.4.1 当采用流量计测量汽车天然气消耗量时，如需将试验结果修正为基准天然气消耗量，应按8.4.2和8.4.3规定的方法计算。

8.4.2 底盘测功机试验时，按式(7)修正为基准天然气消耗量：

$$FC_0=FC_r\times\frac{H_{NG,low}}{\left(\frac{H_{G_{20}}+H_{G_{23}}}{2}\right)} \qquad (7)$$

式中：

FC_0 ——基准天然气消耗量(15 ℃、101.325 kPa)，m^3/100 km；

FC_r ——试验天然气标准参比条件(15 ℃，101.325 kPa)下的消耗量，m^3/100 km；

$H_{G_{20}}$ ——基准燃料 G_{20} 的低位发热量(15 ℃、101.325 kPa)，MJ/m^3；

$H_{G_{23}}$ ——基准燃料 G_{23} 的低位发热量(15 ℃、101.325 kPa)，MJ/m^3；

$H_{NG,low}$——试验天然气低位发热量(15 ℃、101.325 kPa)，MJ/m^3。

8.4.3 道路试验时，按式(8)修正为基准天然气消耗量：

$$FC_0=FC'_r\times\frac{H_{NG,low}}{\left(\frac{H_{G_{20}}+H_{G_{23}}}{2}\right)} \qquad (8)$$

式中：

FC_0 ——基准天然气消耗量(15 ℃、101.325 kPa)，m^3/100 km；

FC'_r ——修正到道路试验标准环境状态下的天然气消耗量(15 ℃、101.325 kPa)，m^3/100 km；

$H_{G_{20}}$ ——基准燃料 G_{20} 的低位发热量(15 ℃、101.325 kPa)，MJ/m^3；

$H_{G_{23}}$ ——基准燃料 G_{23} 的低位发热量(15 ℃、101.325 kPa)，MJ/m^3；

$H_{NG,low}$——试验天然气低位发热量(15 ℃、101.325 kPa)，MJ/m^3。

附　录　A
（规范性附录）
压缩天然气汽车——天然气流量计安装方法

A.1　概述

在进行压缩天然气汽车天然气消耗量试验时，天然气流量计的安装方法应符合本附录规定。

A.2　天然气流量计安装方法

A.2.1　采用车载 CNG 气瓶供气时，高压流量计（变压型）的安装应符合图 A.1 规定。

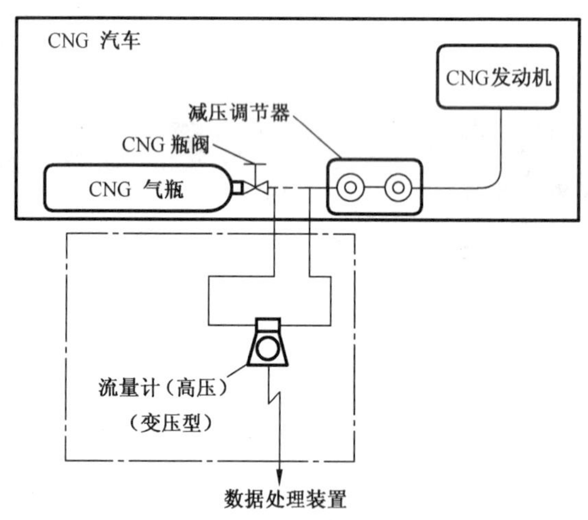

图 A.1　车载 CNG 气瓶供气时高压流量计（变压型）安装示意图

A.2.2　采用车载 CNG 气瓶供气时，高压流量计（定压型）的安装应符合图 A.2 规定。

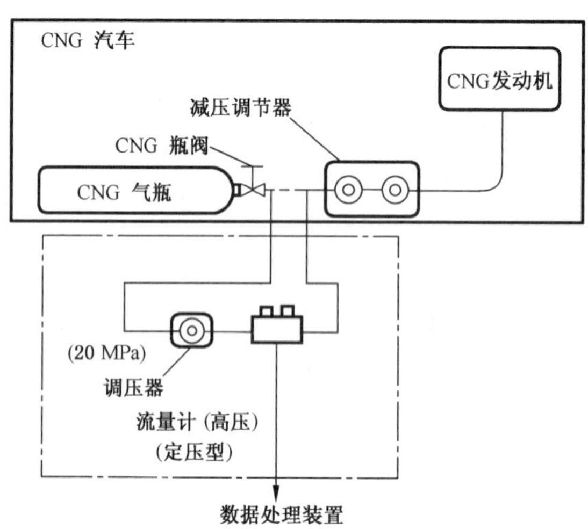

图 A.2　车载 CNG 气瓶供气时高压流量计（定压型）安装示意图

A.2.3 采用车载 CNG 气瓶供气时，低压流量计的安装应符合图 A.3 规定。

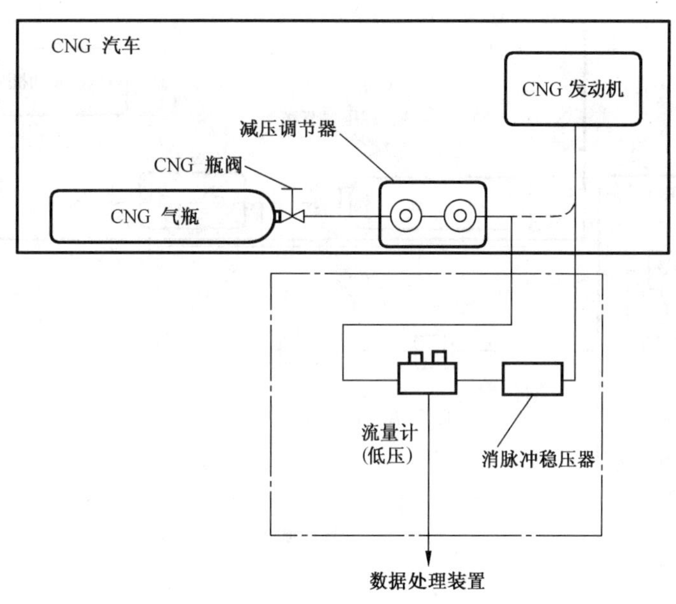

图 A.3 车载 CNG 气瓶供气时低压流量计安装示意图

A.2.4 采用定置式 CNG 供气设备供气时，高压流量计(变压型)的安装应符合图 A.4 规定。

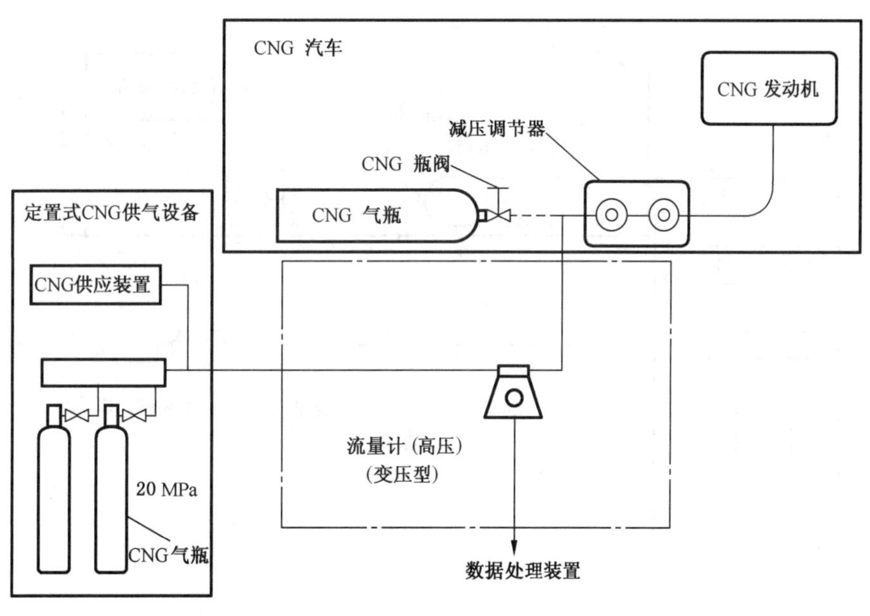

图 A.4 定置式 CNG 供气设备供气时高压流量计(变压型)安装示意图

A.2.5 采用定置式 CNG 供气设备供气时,高压流量计(定压型)的安装应符合图 A.5 规定。

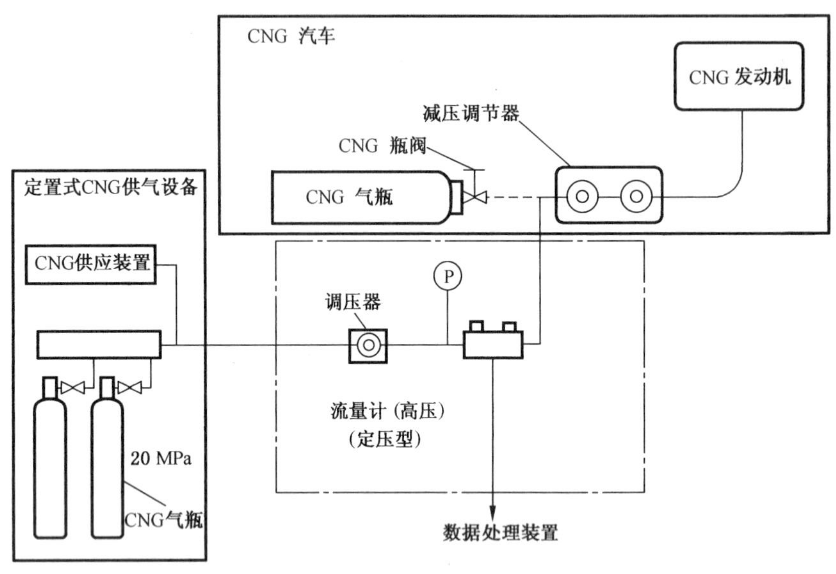

图 A.5 定置式 CNG 供气设备供气时高压流量计(定压型)安装示意图

A.2.6 采用定置式 CNG 供气设备供气和低压流量计时应符合图 A.6 规定。

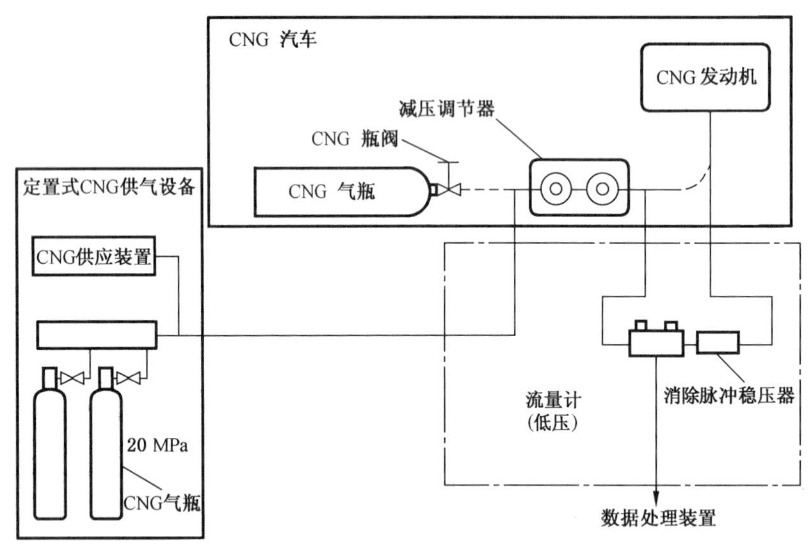

图 A.6 定置式 CNG 供气设备供气时低压流量计安装示意图

附 录 B
（规范性附录）
天然气密度和发热量计算方法

B.1 概述

本附录规定天然气密度、发热量的计算方法。

B.2 压缩因子的计算

考虑到真实气体的非理想性，在计算体积发热量、密度等参数时，需要对气体体积进行修正。

对体积非理想性的修正是通过压缩因子 Z_{mix} 来进行的。在计量参比条件下（温度 t_2，压力 p_2），压缩因子 Z_{mix} 的计算公式（B.1）如下：

$$Z_{mix}(t_2, p_2) = 1 - \left(\sum_{j=1}^{N} x_j \times \sqrt{b_j}\right)^2 \quad \text{(B.1)}$$

式中：

$\sqrt{b_j}$ ——求和因子。

表 B.2 给出了天然气常有组分在三个计量参比条件下的求和因子的数值；同时给出了各纯组分的压缩因子 Z_j，其中 b_j 与 Z_j 的关系为：$b_j = 1 - Z_j$。

B.3 密度计算

B.3.1 理想气体

理想气体密度按式（B.2）计算：

$$\rho^0(t, p) = \left(\frac{p}{R \times T}\right) \sum_{j=1}^{N} x_j \times M_j \quad \text{(B.2)}$$

式中：

$\rho^0(t,p)$——理想气体的密度（温度 t，压力 p）；

R ——摩尔气体常数（$R = 8.314\ 510\ \text{J} \cdot \text{mol}^{-1} \cdot \text{K}^{-1}$）；

T ——绝对温度（$T = t + 273.15$），K；

x_j ——混合物中组分 j 的摩尔分数；

M_j ——混合物中组分 j 的摩尔质量。

表 B.1 给出了天然气中各组分摩尔质量。

B.3.2 真实气体

真实气体密度按式（B.3）计算：

$$\rho(t, p) = \frac{\rho^0(t, p)}{Z_{mix}(t, p)} \quad \text{(B.3)}$$

式中：

$\rho(t,p)$ ——真实气体密度（温度 t，压力 p）；

$\rho^0(t,p)$ ——理想气体密度（温度 t，压力 p）；

$Z_{\mathrm{mix}}(t,p)$——气体的压缩因子(温度 t,压力 p)。

B.4 发热量计算

B.4.1 摩尔发热量计算

B.4.1.1 理想气体

已知组成的混合物在温度 t_1 下的摩尔发热量按式(B.4)计算:

$$\overline{H}^0(t_1)=\sum_{j=1}^{N}x_j\times\overline{H}_j^0(t_1) \qquad \text{(B.4)}$$

式中:

$\overline{H}^0(t_1)$ ——混合物的理想摩尔发热量(高位或低位);

$\overline{H}_j^0(t_1)$——混合物中组分 j 的理想摩尔发热量(高位或低位);

x_j ——混合物中组分 j 的摩尔分数。

表 B.3 给出了天然气各组分在不同燃烧参比条件下的理想气体摩尔发热量。

B.4.1.2 真实气体

本标准中,真实气体摩尔发热量与理想气体摩尔发热量在数值上视为相等。

由理想气体摩尔发热量精确计算真实气体摩尔发热量时,要求对混合物进行焓修正计算。对典型的车用天然气而言,该修正值非常小,由此产生的误差不超过 50 J/mol(0.005%),可将其忽略不计。

B.4.2 质量发热量计算

B.4.2.1 理想气体

已知组成的混合物在温度 t_1 下的理想气体质量发热量按式(B.5)计算:

$$\hat{H}^0(t_1)=\frac{\overline{H}^0(t_1)}{M} \qquad \text{(B.5)}$$

其中:

$$M=\sum_{j=1}^{N}x_j\times M_j \qquad \text{(B.6)}$$

式中:

M ——混合物的摩尔质量;

M_j ——混合物中组分 j 的摩尔质量;

$\hat{H}^0(t_1)$——混合物的理想质量发热量(高位或低位);

$\overline{H}^0(t_1)$——混合物的理想摩尔发热量(高位或低位);

x_j ——混合物中组分 j 的摩尔分数。

已知组成的混合物在温度 t_1 下的质量发热量也可采用式(B.7)计算:

$$\hat{H}^0(t_1)=\sum_{j=1}^{N}\left[x_j\times\frac{M_j}{M}\right]\hat{H}_j^0(t_1) \qquad \text{(B.7)}$$

式中:

$\hat{H}_j{}^0(t_1)$——混合物中组分 j 的理想质量发热量(高位或低位)。

表 B.4 给出了天然气各组分在不同燃烧参比条件下的理想气体质量发热量。

B.4.2.2 真实气体

本标准中,真实气体质量发热量与理想气体质量发热量在数值上视为相等。

B.4.3 体积发热量计算

B.4.3.1 理想气体

已知组成的混合物，在燃烧温度 t_1，计量温度 t_2 和压力 p_2 时的理想气体体积发热量按式(B.8)计算：

$$\widetilde{H}^0[t_1, V(t_2, p_2)] = \overline{H}^0(t_1) \times \frac{p_2}{R \times T_2} \quad \cdots\cdots (B.8)$$

式中：

$\widetilde{H}^0[t_1, V(t_2, p_2)]$——混合物的理想气体体积发热量(高位或低位)；

$\overline{H}^0(t_1)$——混合物的理想摩尔发热量(高位或低位)；

R——摩尔气体常数；

T_2——绝对温度($T_2 = t_2 + 273.15$)，K。

此外，理想气体体积发热量还可采用式(B.9)计算：

$$\widetilde{H}^0[t_1, V(t_2, p_2)] = \sum_{j=1}^{N} x_j \widetilde{H}_j^0[(t_1, V(t_2, p_2)] \quad \cdots\cdots (B.9)$$

式中：

$\widetilde{H}_j^0(t_1, V(t_2, p_2)]$——混合物中组分 j 的理想气体体积发热量(高位或低位)。

表 B.5 给出了天然气各组分在不同燃烧参比条件下的理想气体体积发热量。

B.4.3.2 真实气体

气体混合物在燃烧温度 t_1 和压力 p_1，计量温度 t_2 和压力 p_2 时的真实气体体积发热量按式(B.10)计算：

$$\widetilde{H}[t_1, V(t_2, p_2)] = \frac{\widetilde{H}^0[t_1, V(t_2, p_2)]}{Z_{mix}(t_2, p_2)} \quad \cdots\cdots (B.10)$$

式中：

$\widetilde{H}[t_1, V(t_2, p_2)]$——混合物的真实气体体积发热量(高位或低位)；

$\widetilde{H}^0[t_1, V(t_2, p_2)]$——混合物的理想气体体积发热量(高位或低位)；

$Z_{mix}(t_2, p_2)$——在计量参比条件下的压缩因子。

表 B.1 天然气各组分摩尔质量

序号	组分	摩尔质量 kg/kmol	序号	组分	摩尔质量 kg/kmol
1	甲烷(CH_4)	16.043	9	一氧化碳(CO)	28.010
2	乙烷(C_2H_6)	30.070	10	氢气(H_2)	2.015 9
3	丙烷(C_3H_8)	44.097	11	二氧化硫(SO_2)	64.065
4	丁烷(C_4H_{10})	58.123	12	氦气(He)	4.002 6
5	水(H_2O)	18.015 3	13	氖气(Ne)	20.179 7
6	氮气(N_2)	28.013 5	14	氩气(Ar)	39.948
7	氧气(O_2)	31.998 8	15	氪气(Kr)	83.80
8	二氧化碳(CO_2)	44.010	16	氙气(Xe)	131.29

表 B.2 天然气各组分在不同计量参比条件下的压缩因子和求和因子

组分	0 ℃,101.325 kPa		15 ℃,101.325 kPa		20 ℃,101.325 kPa	
	Z	$\sqrt{b}$	Z	$\sqrt{b}$	Z	$\sqrt{b}$
甲烷	0.997 6	0.049 0	0.998 0	0.044 7	0.998 1	0.043 6
乙烷	0.990 0	0.100 0	0.991 5	0.092 2	0.992 0	0.089 4
丙烷	0.978 9	0.145 3	0.982 1	0.133 8	0.983 4	0.128 8
丁烷	0.957 2	0.206 9	0.965 0	0.187 1	0.968 2	0.178 3
氢气	1.000 6	−0.004 0	1.000 6	−0.004 8	1.000 6	−0.005 1
水	0.930 0	0.264 6	0.945 0	0.234 5	0.952 0	0.219 1
硫化氢	0.990 0	0.100 0	0.990 0	0.100 0	0.990 0	0.100 0
一氧化碳	0.999 3	0.026 5	0.999 5	0.022 4	0.999 6	0.020 0
氦气	1.000 5	0.000 6	1.000 5	0.000 2	1.000 5	0.000 0
氖气	1.000 5	0.000 6	1.000 5	0.000 2	1.000 5	0.000 0
氩气	0.999 0	0.031 6	0.999 2	0.028 3	0.999 3	0.026 5
氮气	0.999 5	0.022 4	0.999 7	0.017 3	0.999 7	0.017 3
氧气	0.999 0	0.031 6	0.999 2	0.028 3	0.999 3	0.026 5
二氧化碳	0.993 3	0.081 9	0.994 4	0.074 8	0.994 4	0.072 8
二氧化硫	0.976 0	0.154 9	0.979 0	0.144 9	0.980 0	0.141 4
空气	0.999 41	—	0.999 58	—	0.999 63	—

表 B.3 天然气各组分在不同燃烧参比条件下的理想气体摩尔发热量

组分	理想摩尔发热量 $\overline{H}^0$/(kJ·mol^{-1})							
	25 ℃		20 ℃		15 ℃		0 ℃	
	高位	低位	高位	低位	高位	低位	高位	低位
甲烷	890.63	802.60	891.09	802.65	891.56	802.69	892.97	802.82
乙烷	1 560.69	1 428.64	1 561.41	1 428.74	1 562.14	1 428.84	1 564.34	1 429.12
丙烷	2 219.17	2 043.11	2 220.13	2 043.23	2 221.10	2 043.37	2 224.01	2 043.71
丁烷	2 877.40	2 657.32	2 878.57	2 657.45	2 879.76	2 657.60	2 883.82	2 658.45
氢气	285.83	241.81	285.99	241.76	286.15	241.72	286.63	241.56
水	44.016	0	44.224	0	44.433	0	45.074	0
硫化氢	562.01	517.99	562.19	517.97	562.38	517.95	562.94	517.87
一氧化碳	282.98	282.98	282.95	282.95	282.91	282.91	282.80	282.80

表 B.4 天然气各组分在不同燃烧参比条件下的理想气体质量发热量

组分	理想质量发热量 $\hat{H}^0$/(MJ·kg^{-1})							
	25 ℃		20 ℃		15 ℃		0 ℃	
	高位	低位	高位	低位	高位	低位	高位	低位
甲烷	55.516	50.029	55.545	50.032	55.574	50.035	55.662	50.043
乙烷	51.90	47.51	51.93	47.51	51.95	47.52	52.02	47.53
丙烷	50.33	46.33	50.35	46.34	50.37	46.34	50.44	46.35
丁烷	49.51	45.72	49.53	45.72	49.55	45.72	49.62	45.74
氢气	141.79	119.95	141.87	119.93	141.95	119.91	142.19	119.83
水	2.44	0	2.45	0	2.47	0	2.50	0
硫化氢	16.49	15.20	16.50	15.20	16.50	15.20	16.52	15.19
一氧化碳	10.10	10.10	10.10	10.10	10.10	10.10	10.10	10.10

表 B.5 天然气各组分在不同燃烧参比条件下的理想气体体积发热量

组分	理想体积发热量 $\tilde{H}^0$/(MJ·m^{-3})											
	15/15 ℃		0/0 ℃		15/0 ℃		25/0 ℃		20/20 ℃		25/20 ℃	
	高位	低位	高位	低位	高位	低位	高位	低位	高位	低位	高位	低位
甲烷	37.706	33.948	39.840	35.818	39.777	35.812	39.735	35.808	37.044	33.367	37.024	33.365
乙烷	66.07	60.43	69.79	63.76	69.69	63.75	69.63	63.74	64.91	59.39	64.88	59.39
丙烷	93.94	86.42	99.22	91.18	99.09	91.16	99.01	91.15	92.29	84.94	95.25	84.93
丁烷	121.79	112.40	128.66	118.61	128.48	118.57	128.73	118.56	119.66	110.47	119.62	110.47
氢气	12.102	10.223	12.788	10.777	12.767	10.784	12.725	10.788	11.889	10.050	11.882	10.052
水	1.88	0	2.01	0	1.98	0	1.96	0	1.84	0	1.83	0
硫化氢	23.78	21.91	25.12	23.10	25.09	23.11	25.07	23.11	23.37	21.53	23.36	21.53
一氧化碳	11.96	11.96	12.62	12.62	12.62	12.62	12.63	12.63	11.76	11.76	11.76	11.76
任何情况下，燃烧和计量的参比压力均为 101.325 kPa。												

附 录 C
（规范性附录）
试验结果报告

［最大尺寸：A4(210 mm×297 mm)］

C.1 厂牌(制造厂的商品名称)

C.2 型式和商品的一般描述

C.3 型式的识别方法

C.4 车辆类型

C.5 生产日期

C.6 车辆识别代号(VIN)

C.7 里程表读数(km)

C.8 制造厂名称和地址

C.9 底盘型号及生产企业(重型)

C.10 总装厂的地址(轻型)

C.11 最高设计车速(km/h)

C.12 迎风面积(m^2)

C.13 空气阻力系数

C.14 整车整备质量(轻型)

C.15 整车整备质量及轴荷(重型)

C.16 最大设计总质量(轻型)

C.17 最大设计总质量及轴荷(重型)

C.18 半挂牵引车承受的最大设计静载荷(kg)(重型)

C.19 最大设计牵引质量(kg)(重型)

C.20 载质量利用系数(重型)

C.21 列车最大总质量(kg)(重型)

C.22 外形尺寸：长×宽×高(mm)(重型)

C.23 额定载客数(轻型)

C.24 额定载客数(含驾驶员)(重型)

C.25 驾驶室准乘人数(重型)

C.26 车身型式(轻型)

C.27 驱动轮：前、后、4×4(轻型)

C.28 驱动型式(重型)

C.29 发动机

C.29.1 型号及生产企业

C.29.2 型式

C.29.3 排量(cm^3)

C.29.4 编号

C.29.5 NG燃料供给系统原理：混合器/喷射

C.29.6 最大功率(kW)

C.29.7 最大扭矩(Nm)

C.29.8 怠速转速(r/min)

C.29.9　增压器:有/无

C.29.10　点火系统:传统点火/电子点火[1)]

C.29.11　制造厂推荐的燃料(NG)

C.29.12　CNG钢瓶数及型号

C.30　变速器

C.30.1　变速器型号及生产企业

C.30.2　变速器型式:手动/自动

C.30.3　主副变速器(重型)(有/无)

C.30.4　挡位数

C.30.5　各挡速比

C.30.6　主减速比

C.31　轮胎

C.31.1　轮胎生产企业

C.31.2　型号/尺寸/充气压力(前/后)

C.31.3　受载下滚动周长(轻型)

C.31.4　轮胎个数(重型)

C.31.5　滚动半径(重型)

C.31.6　滚动阻力系数(重型)

C.31.7　半挂车轮胎型号、个数及生产企业(重型)

C.31.8　半挂车轮胎气压(前/后)(kPa)(重型)

C.32　润滑剂

C.32.1　厂牌

C.32.2　型号

C.33　行驶阻力

C.33.1　行驶阻力确定方法

C.33.2　采用滑行法需附上试验报告、计算报告或其他相关资料的复印件

C.34　试验结果

C.34.1　轻型汽车

C.34.1.1　CO_2 排放量

C.34.1.1.1　市区 CO_2 排放量(g/100 km)

C.34.1.1.2　市郊 CO_2 排放量(g/100 km)

C.34.1.1.3　综合 CO_2 排放量(g/100 km)

C.34.1.2　天然气燃料消耗量

C.34.1.2.1　市区燃料消耗量(m^3/100 km)

C.34.1.2.2　市郊燃料消耗量(m^3/100 km)

C.34.1.2.3　综合燃料消耗量(m^3/100 km)

C.34.1.2.4　等速行驶燃料消耗量(m^3/100 km)

C.34.2　重型汽车

C.34.2.1　市区燃料消耗量(m^3/100 km)

C.34.2.2　公路燃料消耗量(m^3/100 km)

C.34.2.3　高速燃料消耗量(m^3/100 km)

C.34.2.4　综合燃料消耗量(m^3/100 km)

C.34.2.5　等速行驶燃料消耗量(m^3/100 km)

C.34.2.6　特征里程分配比例

C.34.2.6.1　市区比例(%)

C.34.2.6.2　公路比例(%)

C.34.2.6.3　高速比例(%)

C.35　负责进行试验的检验机构

C.36　试验地点

C.37　试验日期

C.38　试验报告日期

C.39　试验报告编号

C.40　签名

附　录　D
（资料性附录）
压缩天然气汽车天然气——液体燃料消耗量换算方法

D.1　概述

D.1.1　本附录阐述将压缩天然气汽车天然气燃料消耗量换算为当量汽油或柴油等液体燃料消耗量的方法。

D.1.2　天然气燃料汽车的燃料消耗量一般用 $m^3/100\ km$ 表示，即汽车行驶 100 km 距离所消耗的天然气燃料立方米数。汽油或柴油等液体燃料汽车燃料消耗量一般用 L/100 km 表示，即汽车行驶 100 km 距离所消耗的液体燃料升数。一般情况下，每立方米天然气燃料的发热量与每升液体燃料的发热量不相等，所以不能简单地对天然气燃料与汽、柴油等液体燃料的消耗量进行比较。因此，必须建立天然气燃料消耗量与汽油或柴油等液体燃料消耗量之间的关系。本附录旨在建立天然气燃料消耗量与汽、柴油等液体燃料消耗量的换算关系。

D.2　换算方法

D.2.1　通过标准参比条件下天然气燃料与液体燃料低位发热量的等价关系进行换算。

D.2.2　天然气燃料组分的测定应符合 GB/T 13610 规定。

D.2.3　天然气低位发热量应按 GB/T 22723 规定的方法测定，或采用附录 B 规定的方法计算得出。

D.2.4　将天然气燃料汽车的燃料消耗量换算为液体燃料消耗量时，可采用式(D.1)或式(D.2)和式(D.3)计算：

$$FC_{NG-L}=\frac{H_{NG,low}}{H_{L,low}\times d_L}\times FC_{NG} \qquad \text{(D.1)}$$

令换算系数 k_{NG-L} 为：

$$k_{NG-L}=\frac{H_{NG,low}}{H_{L,low}\times d_L} \qquad \text{(D.2)}$$

则：

$$FC_{NG-L}=k_{NG-L}\times FC_{NG} \qquad \text{(D.3)}$$

式中：

FC_{NG-L}——天然气燃料消耗量换算的当量液体燃料消耗量，L/100 km；

FC_{NG}　——天然气燃料消耗量(15 ℃、101.325 kPa)，$m^3/100\ km$；

$H_{NG,low}$——天然气标准参比条件(15 ℃、101.325 kPa)低位发热量，MJ/m^3；

$H_{L,low}$——液体燃料标准参比条件(15 ℃、101.325 kPa)低位发热量，MJ/kg；

d_L　——液体燃料在基准状态下(15 ℃、101.325 kPa)的密度，kg/L。

电动汽车电池

前　　言

我国和国际上目前尚无电动道路车辆用锂离子蓄电池的指导性技术文件。所以，本指导性技术文件的制定参考了 IEC 61960-2 草案(21A/244/CD)《用于便携式设备的锂离子蓄电池及电池组》，由于其中只涉及小功率锂离子电池及电池组，与大功率电池及电池组有所不同，故这方面作了适当增删。确定本指导性技术文件内容时，一方面依据电动道路车辆的技术要求，同时又要考虑到我国锂离子蓄电池发展的现有水平，既要满足当前需求，又要考虑长期的发展。

本指导性技术文件的附录 A 是提示的附录。

本指导性技术文件由国家机械工业局提出。

本指导性技术文件由全国汽车标准化技术委员会归口。

本指导性技术文件起草单位：信息产业部电子第十八研究所。

本指导性技术文件参加起草单位：北京有色金属研究总院、中国科学院物理研究所。

本指导性技术文件主要起草人：冯熙康、汪继强、吴国良、薛荣坚。

中华人民共和国国家标准化指导性技术文件

电动道路车辆用锂离子蓄电池

GB/Z 18333.1—2001

Lithium-ion batteries for electric road vehicles

1 范围

本指导性技术文件规定了电动道路车辆(包括电动汽车、电动摩托车等)用锂离子蓄电池(以下简称蓄电池)的要求、试验方法、检验规则、标志、包装、运输和贮存。

本指导性技术文件适用于电动道路车辆用额定电压 21.6 V 和 14.4 V 的锂离子蓄电池。

2 引用标准

下列标准所包含的条文,通过在本指导性技术文件中引用而构成为本指导性技术文件的条文。本指导性技术文件出版时,所示版本均为有效。所有标准都会被修订,使用本指导性技术文件的各方应探讨使用下列标准最新版本的可能性。

GB/T 2900.11—1988 蓄电池名词术语(eqv IEC 486:1986)

3 定义与符号

本指导性技术文件除采用 GB/T 2900.11 中的定义外,还增加了下列定义。

3.1 容量恢复能力 charge recovery

蓄电池在一定温度下,贮存一定时间后再行充电,其后放电容量与额定容量之比。

3.2 充电终止电流 end current at charge

在指定恒压充电时,蓄电池终止充电时的电流。

3.3 比特性 specific characteristics

蓄电池电性能与蓄电池单位质量、单位表面积或单位体积之比。

3.4 爆炸 explosion

蓄电池外壳破裂,内部物质从电池中冲出,并发出爆炸声音。

3.5 起火 fire

蓄电池壳体中冒火。

3.6 泄漏 leakage

蓄电池中由于液体电解液损失而引起原始重量减轻超过 0.1%者。

3.7 放气 venting

过高的内部压力从电池中释放以防止爆炸。

3.8 额定能量 nominal energy

蓄电池在 20℃±5℃温度下,以 $1I_3$(A)电流放电,达到终止电压时所放出的能量(Wh)。此值可从电压—容量曲线的覆盖面积积分求得,要求至少 50 个等值时间间隔点,或用积分仪直接求得。

3.9 符号

C_3——3 小时率额定容量。

国家质量技术监督局 2001-03-07 批准 2001-09-01 实施

I_3——3 小时率放电电流，数值等于 1/3 C_3(A)。

4 分类与型号

4.1 分类

电动道路车辆用蓄电池分为方形蓄电池和圆柱形蓄电池。

4.2 型号

I 代表了锂离子蓄电池，C 代表了氧化钴锂正极，N 代表了氧化镍锂正极，M 代表了氧化锰锂正极，P 代表了方形单体电池，R 代表了圆柱形单体电池。

蓄电池型号所表达的意义如下：

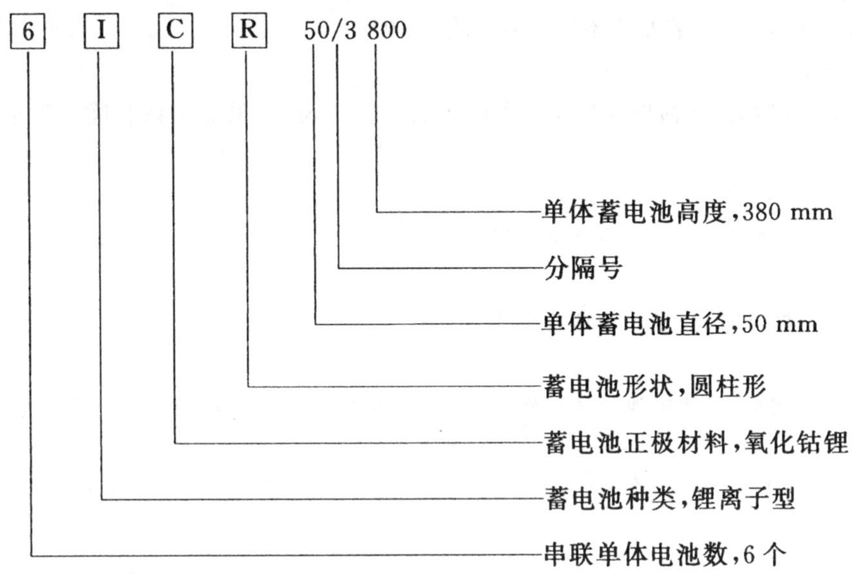

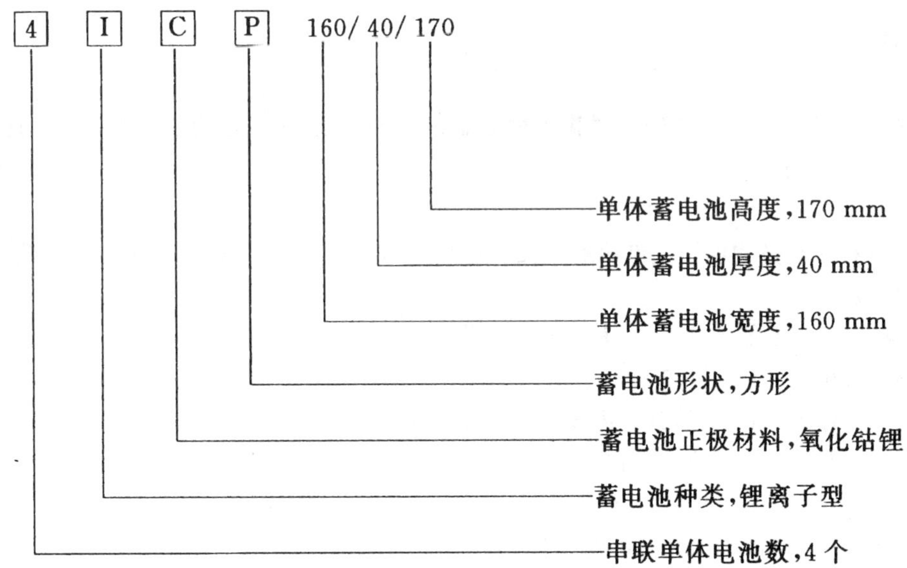

5 要求

5.1 外观

蓄电池按 6.2 检验时，外观不得有变形及裂纹，表面平整、干燥、无碱痕，且标志清晰。

5.2 极性

按 6.3 检验时，端子极性应正确。

5.3 外形尺寸及重量

蓄电池外形尺寸、重量参见附录A(提示的附录)。

5.4 20℃放电容量

蓄电池按6.5检验时,其容量不低于额定值。

5.5 −18℃放电容量

蓄电池按6.6试验时,其容量应不低于额定值的70%。

5.6 50℃放电容量

蓄电池按6.7试验时,其容量应不低于额定值的95%。

5.7 20℃时高倍率放电容量

蓄电池按6.8试验时,其容量应不低于额定值的80%。

5.8 荷电保持与恢复能力

蓄电池按6.9试验时,其荷电保持率应不低于额定值的80%,其容量恢复能力应不低于额定值的90%。

5.9 贮存

蓄电池按6.10试验时,其容量应不低于额定值的80%。

5.10 循环寿命

蓄电池按6.11试验时,其循环寿命应不小于300次。

5.11 耐振动性

蓄电池按6.13试验时,蓄电池应达到额定容量C_3的95%,不得有机械损伤,无电解液泄漏。

5.12 安全性

5.12.1 蓄电池按6.14试验时,应不漏液、不放气、不爆炸、不起火和不产生明显的形变。

5.12.2 蓄电池按6.15试验时,应不漏液、不起火。

6 试验方法

6.1 试验条件

6.1.1 环境条件

除另有规定外,温度为15~35℃,试验相对湿度25%~85%,大气压力86~106 kPa环境中进行。

6.1.2 测量仪器、仪表

6.1.2.1 量程

所有仪表量程应随被测电压或电流数改变,指针或仪表读数应在量程的后三分之一范围内。

6.1.2.2 准确度

a) 电压表:准确度不低于0.5级,其内阻至少为1 kΩ/V;

b) 电流表:准确度不低于0.5级;

c) 温度计:具有适当的量程,其分度值不大于1℃,标定准确度不低于0.5℃;

d) 计时器:按时、分、秒分度,准确度为±1%;

e) 测量尺寸的量具:分度值不大于1 mm;

f) 秤量重量的衡器:准确度为±0.05%以上。

6.2 外观

用目测法检查蓄电池的外观。

6.3 极性

用电压表或反极仪检测蓄电池极性。

6.4 外形尺寸和重量

用量具和衡器测量蓄电池的外形尺寸及重量。

6.5 蓄电池充放电

6.5.1 充电

串联蓄电池组为防止某一电池过充电，采用恒流恒压充电法充电，控制起始电流小于或等于 $1I_1$(A)电流，当某一电池最早到达充电终压(最高为 4.20 V)时，电池组自动停止充电。

6.5.2 放电

串联蓄电池组为防止某一电池过放电，采用放电电子保护线路，当某一电池最早到达设定的放电终压(最低为 2.25 V)时，蓄电池组停止放电。

6.6 20℃放电容量

6.6.1 蓄电池在 20℃±5℃下，先以 $1I_3$(A)电流放电达到放电终止电压(6.5.2)，然后使用生产厂提供的或推荐的专用充电器，在 20℃±5℃下充电到充电终止电压(6.5.1)。

6.6.2 蓄电池在 20℃±5℃下贮存 1～5 h。

6.6.3 蓄电池在 20℃±5℃下以 $1I_3$(A)电流放电，直到放电终止。

6.6.4 用 6.6.3 的电流值和放电时间数据计算容量(以 Ah 计)。

6.6.5 如果计算值低于规定值，则可以重复 6.6.1 至 6.6.4 步骤直至大于或等于规定值，允许 5 次。

6.7 −18℃放电容量

6.7.1 按 6.6.1 方法进行试验。

6.7.2 蓄电池在−18℃±2℃下贮存 20 h。

6.7.3 蓄电池在−18℃±2℃下，以 $1I_3$(A)电流放电，直至放电终止。

6.7.4 用 6.7.3 的电流值和放电时间数据计算容量(以 Ah 计)，并表达为额定容量的百分数。

6.8 50℃放电容量

6.8.1 按 6.6.1 方法进行试验。

6.8.2 蓄电池在 50℃±2℃下贮存 1～5 h。

6.8.3 蓄电池在 50℃±2℃下，以 $1I_3$(A)电流放电，直至放电终止。

6.8.4 用 6.8.3 的电流值和放电时间数据计算容量(以 Ah 计)，并表达为额定容量的百分数。

6.9 20℃高倍率放电容量

6.9.1 按 6.6.1 方法进行试验。

6.9.2 蓄电池在 20℃±5℃下贮存 1～5 h。

6.9.3 蓄电池在 20℃±5℃下，以 $4.5I_3$(A)电流放电，直至放电终止。

6.9.4 用 6.9.3 的电流值和放电时间数据计算容量(以 Ah 计)，并表达为额定容量的百分数。

6.10 荷电保持与恢复能力

6.10.1 按 6.6.1 方法进行试验。

6.10.2 蓄电池在 20℃±5℃下贮存 28 d。

6.10.3 蓄电池在 20℃±5℃下，以 $1I_3$(A)电流放电，直至放电终止。

6.10.4 用 6.10.3 的电流值和放电时间数据计算容量(以 Ah 计)，容量保持能力可以表达额定容量的百分数。

6.10.5 蓄电池用生产厂提供的或推荐的充电器，在 20℃±5℃下，将贮存蓄电池(6.10.2)在 24 h 内充电，直至终止。

6.10.6 蓄电池在 20℃±5℃下，以 $1I_3$(A)电流放电，直至放电终止。

6.10.7 用 6.10.6 的电流值和放电时间数据计算容量(以 Ah 计)，容量保持能力可以表达额定容量的百分数。

6.11 贮存

6.11.1 按 6.6.1 法进行试验。

6.11.2 蓄电池在 20℃±2℃下，以 $1I_3$(A)电流放电 2.5 h。

6.11.3 蓄电池在40℃±5℃下贮存90 d。

6.11.4 蓄电池用生产厂提供的或推荐的充电器，在20℃±5℃下充电，直至终止。

6.11.5 蓄电池在20℃±5℃下，以$1I_3$(A)电流放电，直至放电终止。

6.11.6 用6.11.5的电流值和放电时间数据计算容量(以Ah计)，容量恢复能力可以表达额定容量的百分数，如果容量低于5.9中的规定值，可重复6.11.4和6.11.5二个步骤，直至符合要求。

6.12 循环寿命

6.12.1 按6.6.1方法进行试验。

6.12.2 蓄电池在20℃±5℃下，以$1I_3$(A)电流放电，直至放电容量达到额定容量的80%。

6.12.3 蓄电池按6.5.1方法充电，直至终止。充放电转换时，可以搁置1 h。

6.12.4 蓄电池按6.12.2和6.12.3步骤连续重复，直至电池容量小于额定容量的80%为止。充放电转换时，可以搁置1 h。

6.12.5 6.12.2和6.12.3步骤在规定条件下重复的次数为循环寿命。

6.13 耐振动性

蓄电池按6.6.1方法进行试验后，紧固到振动试验台上，按下述条件进行试验：

a) 放电电流：$1I_3$(A)；

b) 振动方向：上下单振动；

c) 振动频率：30～35 Hz；

d) 最大加速度：30 m/s^2；

e) 振动时间：2 h。

6.14 安全性

6.14.1 连续充电试验

在20℃±5℃下，按6.5.1方法充电，直至充电保护装置动作。重复5次。

6.14.2 过放电和过充电

6.14.2.1 按6.6.1方法进行试验。

6.14.2.2 蓄电池在20℃±5℃下，以$1I_3$(A)电流放电，(应暂时除去放电电子保护线路)直至达到某个电池电压为0 V，应符合5.13.1规定。

6.14.2.3 蓄电池在20℃±5℃下，以$1I_3$(A)电流充电直至某个电池电压达5.0 V。

6.15 滥用试验

6.15.1 跌落试验

蓄电池在20℃±5℃下，从1.0 m高度上跌落到硬木地板上，一个方向2次。

6.15.2 加热试验

将蓄电池置于70℃±2℃恒温箱内，并保温20 min。

6.16 试验程序

6.16.1 按本程序进行的试验应连续进行。

6.16.2 蓄电池试验程序见表1。

表1

序号	试验项目	分组				
		1	2	3	4	5
1	20℃放电容量	☆	☆	☆	☆	☆
2	20℃高倍率放电容量	☆				
3	−18℃放电容量	☆				

表 1（完）

序号	试验项目	分组				
		1	2	3	4	5
4	50℃放电容量	☆				
5	荷电保持与恢复能力		☆			
6	贮存性能			☆		
7	循环寿命				☆	
8	耐振动性					☆
9	安全性		☆			

7 检验规则

7.1 检验分类、检验项目、要求章条号、试验方法章条号、样品数量和试验周期见表 2。

表 2

序号	检验分类	检验项目	要求章条号	试验方法章条号	样品数量	试验周期
1	出厂检验	外观、极性检查	5.1,5.2	6.2,6.3	100%	—
2		尺寸和重量检查	5.3	6.4	1%	—
3		20℃放电容量	5.4	6.6	500 只以下(含 500 只)抽 5 只 500 只以上抽 10 号	
4	型式检验	−18℃放电容量	5.5	6.7	2 只蓄电池	每半年一次
5		50℃放电容量	5.6	6.8		
6		20℃高倍率放电容量	5.7	6.9		
7		荷电保持与恢复能力	5.8	6.10		
8		安全性	5.12	6.14 6.15		
9		循环寿命	5.10	6.12		
10		耐振动性	5.11	6.13		
11		贮存性能	5.9	6.11		

7.2 抽样规则

型式检验可选用某一规格为代表产品进行。

7.3 判定规则

在型式检验中，如有一项不合格时，则允许加倍抽样，重检如仍不合格，则应判定为不合格。

8 标志、包装、运输、贮存

8.1 标志

8.1.1 蓄电池产品上应有下列标志：

a）制造厂名；

b）产品型号或规格；

c）制造日期；

d）商标；

e) 极性符号;

f) 贴电池安全注意事项及警示。

8.1.2 包装箱外壁应有下列标志:

a) 产品名称、型号规格、数量、制造厂名、厂址、邮编;

b) 产品标准编号;

c) 每箱的净重和毛重;

d) 标明防潮、不准倒置、轻放等标志。

8.2 包装

8.2.1 蓄电池的包装应符合防潮防振的要求。

8.2.2 包装箱内应装入随同产品提供的文件:

a) 装箱单(指多只包装);

b) 产品合格证;

c) 产品使用说明书。

8.3 运输

8.3.1 在运输中,产品不得受剧烈机械冲撞、曝晒、雨淋、不得倒置。

8.3.2 在装卸过程中,产品应轻搬轻放,严防摔掷、翻滚、重压。

8.4 贮存

8.4.1 产品应贮存在温度为5～40℃的干燥、清洁及通风良好的仓库内。

8.4.2 应不受阳光直射,距离热源不得少于2 m。

8.4.3 不得倒置及卧放,不得受任何机械冲击或重压。

附　录　A

（提示的附录）

蓄电池外形尺寸和重量

如表 A1 所示。

表 A1

蓄电池型号	标称电压 V	额定容量 C_3/Ah	外形尺寸/mm			重量 kg
			长	宽	高	
6ICR50/3800	21.6	55	380	116	175	＜13
4ICP160/40/170	14.4	65	370	100	165	＜10
4ICP80/32/65	14.4	10	78	80	180	＜2.0
注：根据电动道路车辆发展的需要，可增加新的规格、型号和标准的外形尺寸。						

ICS 43.080
T 47

中华人民共和国国家标准

GB/T 18333.2—2015
代替 GB/Z 18333.2—2001

电动汽车用锌空气电池

Zinc-air batteries for electric road vehicle

2015-02-04 发布 2015-09-01 实施

中华人民共和国国家质量监督检验检疫总局
中国国家标准化管理委员会 发布

前　　言

本标准按照 GB/T 1.1—2009 给出的规则起草。

本标准代替 GB/Z 18333.2—2001《电动道路车辆用锌空气蓄电池》，与 GB/Z 18333.2—2001 相比，除编辑性修改外主要技术变化如下：

——修改了标准的适用范围；

——修改了试验对象与对应的试验项目，单体电池重点考核安全性，蓄电池模块电性能及安全性考核；

——增加了 I_5 检测容量，I_3 检测功率特性，高、低温放电容量、荷电保持与更换负极与电解液后电池的重复性；

——增加了单体电池安全性要求及试验方法(见 5.1.10 和 6.2.10)；

——增加了蓄电池模块、外观、极性、外形尺寸质量、倾倒性、放电性能、安全性、耐振性要求及试验方法(见 5.2 和 6.3)；

——修改了空气正极工作寿命要求及试验方法(见 5.1.9 和 6.2.9)。

本标准由工业和信息化部提出。

本标准由全国汽车标准化技术委员会(SAC/TC 114)归口。

本标准起草单位：武汉泓元伟力新能源科技有限公司、东风扬子江汽车(武汉)有限责任公司、天津大学、中国电子科技集团第十八研究所、中国汽车技术研究中心。

本标准主要起草人：刘伟春、雷洪钧、秦学、马洪斌、孟祥峰。

本标准所代替标准的历次版本发布情况为：

——GB/Z 18333.2—2001。

电动汽车用锌空气电池

1 范围

本标准规定了电动汽车用锌空气电池(以下简称电池)的术语和定义、符号、要求、试验方法、检验规则、标志、包装、运输、贮存。

本标准适用于以机械更换式作为能量补充方式的电动车用锌空气电池。

2 规范性引用文件

下列文件对于本文件的应用是必不可少的。凡是注日期的引用文件,仅注日期的版本适用于本文件。凡是不注日期的引用文件,其最新版本(包括所有的修改单)适用于本文件。

GB/T 2423.17—2008 电工电子产品环境试验 第2部分:试验方法 试验Ka:盐雾(IEC 60068-2-11:1981,IDT)

GB/T 2900.41 电工术语 原电池和蓄电池[IEC 60050(482):2003,IDT]

GB/T 19596 电动汽车术语

3 术语和定义

GB/T 2900.41 和 GB/T 19596 界定的以及下列术语和定义适用于本文件。

3.1

锌空气电池 zinc air battery

以空气中的氧为正极活性物质,金属锌为负极活性物质,碱性溶液为电解液,将化学能转变成电能的装置。

3.2

机械更换式锌空气电池 mechanical switching zinc air battery

用机械方式更换锌电极及电解液完成能量补充过程的锌空气电池。

3.3

单体电池 cell

直接将化学能转化为电能的基本单元装置,包括电极、隔膜、电解质、外壳和端子,并具有可多次能量补充过程设计。

3.4

电池模块 module

将一个以上单体电池按照串连、并连或串、并方式组合,并只有一对正负极输出端子,并作为电源使用的组合体。该组合体允许附带电子控制系统。

3.5

额定容量 rated capacity

企业提供的,室温下电池以 I_5(A)电流放电,达到终止电压时所放出的能量(Wh),以下简称额定容量。

4 符号

下列符号适用于本文件。

C_5 ——5 小时率额定容量，单位为安时(Ah)；

C_5'——静置 7 天后的 5 小时率实际容量，单位为安时(Ah)；

I_5 ——5 小时率放电电流，其数值等于 $C_5/5$，单位为安(A)；

I_3 ——3 小时率放电电流，其数值等于 $C_3/3$，单位为安(A)；

Q_T——电池理论所需供风量，单位为立方米每小时(m^3/h)；

n ——单体电池个数；

R ——电池的标称内阻，单位为毫欧(mΩ)；

5 要求

5.1 单体电池

5.1.1 外观

按照 6.2.1 检验，电池外观应光洁、完整，无变形、无锈蚀斑迹、无裂纹、无碱液，且标志标识清晰、正确。

5.1.2 极性标识

按照 6.2.2 检验，电池端子极性标识应正确。

5.1.3 外形尺寸及质量

按 6.2.3 检验时，电池外形尺寸、质量应符合企业提供的产品技术条件。

5.1.4 倾倒性

按照 6.2.4 检验，电池不得出现漏液现象。

5.1.5 放电性能

按照 6.2.5 检验，以 I_5 放电，放电容量平均值不得少于标称容量的 95%；以 I_3 放电，放电容量平均值不得少于额定容量的 65%。

5.1.6 低温特性

按照 6.2.6 检验，电池在承受规定条件下的试验时，电池放电容量不得低于初始额定容量的 60%，且端子、外观完好。

5.1.7 高温特性

按照 6.2.7 检验，电池在承受规定条件下的试验时，电池放电容量不得低于初始额定容量的 80%，且端子、外观完好。

5.1.8 荷电保持能力

按照 6.2.8 检验，测量到的电池容量应不低于额定容量的 80%。

5.1.9 空气正极工作寿命

按照 6.2.9 检验，在承受规定条件的试验时，空气正极工作的寿命应不少于 300 次循环。

5.1.10 安全性及可靠性

5.1.10.1 按 6.2.10.1 进行短路试验时，应不爆炸、不起火、不漏液。
5.1.10.2 按 6.2.10.2 进行跌落试验时，应不爆炸、不起火。
5.1.10.3 按 6.2.10.3 进行加热试验时，应不爆炸、不起火。
5.1.10.4 按 6.2.10.4 进行过放电试验时，应不爆炸、不起火、不漏液。
5.1.10.5 按 6.2.10.5 进行盐雾试验时，应不爆炸、不起火；连接片每 1 cm^2 范围，连接片锈蚀斑点 $\leqslant 2\ mm^2$，且不多于 2 处。

5.2 电池模块

5.2.1 外观

按照 6.3.1 检验，电池外观应光洁、完整，无碰伤变形、无锈蚀斑迹、无裂纹、无碱液，且标志、标识清晰、正确。

5.2.2 极性标识

按照 6.3.2 检验，电池端子极性标识应正确。

5.2.3 外形尺寸及质量

按照 6.3.3 检验时，电池外形尺寸、质量应符合企业提供的产品技术条件。

5.2.4 倾倒性

按照 6.3.4 检验，电池不得出现漏液现象。

5.2.5 放电性能

按照 6.3.5 检验，以 I_5 放电，放电容量不得少于标称容量的 90%；以 I_3 放电，放电容量不得少于额定容量的 60%。

5.2.6 安全性及可靠性

5.2.6.1 按 6.3.6.1 进行短路试验时，应不爆炸、不起火。
5.2.6.2 按 6.3.6.2 进行挤压试验时，应不爆炸、不起火。
5.2.6.3 按 6.3.6.3 进行跌落试验时，应不爆炸、不起火。
5.2.6.4 按 6.3.6.4 进行加热试验时，应不爆炸、不起火。
5.2.6.5 按 6.3.6.5 进行过放电试验时，应不爆炸、不起火、不漏液。
5.2.6.6 按照 6.3.6.6 检验时，产品应能具备必要的耐振动性。在承受规定条件下的试验时，其放电电压应无异常，且无机械损伤，无漏液，不产生起火、爆炸现象。

6 试验方法

6.1 试验条件

6.1.1 环境条件

除另有规定外，试验应在如下的环境条件下进行：

a） 试验温度 25 ℃±2 ℃；

b） 相对湿度：25%～85%；

c） 大气压力：86 kPa～106 kPa；

d） 供气量：试验中为锌空气电池提供的供气量应大于理论所需供气量的 4 倍，或满足厂家提出供气量要求。

锌空气电池理论所需供气量见式(1)：

$$Q_T = 1.047 \times 10^{-3} I_5 n \qquad (1)$$

式中：

Q_T ——锌空气电池理论所需供气量，在 1 个标准大气压下，单位为立方米每小时(m^3/h)；

n ——单体电池数目。

6.1.2 检测仪器、仪表、器具精度

检测仪器、仪表、器具的精度见表 1。

表 1 检测仪器、仪表、器具的精度

序号	名称	仪表精度	公差范围
1	电压表	0.5 级	±0.5%
2	电流表	0.5 级	±0.5%
3	温度计	精度±0.5%	分度值≤1 ℃
4	计时器	时、分、秒分度	±0.1%
5	量具	分度值≤1 mm	准确度±0.1%
6	称重衡器	Ⅰ级	准确度±0.1%
7	风量测量仪	精确度±3%	±0.03 m/s

6.1.3 被试样品的准备

试验应在锌电极制好 1 个月内进行。试验前所有电池壳内应注入电解液，静置 24 h 以上。在浸泡好的所有电池壳体内换注新电解液，并放入待测锌电极即为单体电池或电池模块的试验样品，为满荷电状态。

6.2 单体电池试验

6.2.1 外观

目测检查。

6.2.2 极性

用电压表检查被试电池的端电压，是否与端子极性标识一致。

6.2.3 外形尺寸及质量

6.2.3.1 用通用或专用量具测量单体电池的外形尺寸。

6.2.3.2 用通用或专用衡器称量单体电池的质量。

6.2.4 倾倒性

将被测单体电池产品由高度方向(Y 向),沿水平方向(X 向)倾倒 90°,持续时间 30 s,目测检查。

6.2.5 放电性能试验

在 25 ℃±2 ℃的条件下:

a) 单体电池以 I_5 放电,终止电压为 0.8 V,测量其放电时间,计算放电容量 C_5,更换负极和电解液,重复测试 3 次,计算放电容量平均值;

b) 单体电池以 I_3 放电,终止电压为 0.8 V,测量其放电时间,计算放电容量 C_3,更换负极和电解液,重复测试 3 次,计算放电容量平均值。

6.2.6 低温试验

将被试单体电池样品置于温度为−20 ℃±2 ℃环境试验箱内 12 h,然后以 I_5 放电,终止电压 0.6 V,测量其放电时间,计算其放电容量,并目测电池外观和两极端子。

6.2.7 高温试验

将被试单体电池样品置于温度为 55 ℃±2 ℃环境试验箱内 4 h,然后以 I_5 放电,终止电压为 0.8 V,测量其放电时间;计算其放电容量,并目测电池外观和两极端子。

6.2.8 荷电保持能力试验

在规定的试验常规环境条件下,将被试单体电池样品常温静置 7 天后,测出该电池的实际容量 C_5' 并按式(2)计算荷电保持能力 H。

$$H = C_5'/C_5 \times 100\% \qquad (2)$$

式中:

H ——荷电保持能力,%;

C_5'——电池静置 7 天后的实际容量,单位为安时(Ah)。

C_5 ——电池额定容量,单位为安时(Ah);

6.2.9 空气正极工作寿命

空气正极工作寿命试验按如下步骤进行:

a) 单体电池更换锌电极和电解液;

b) 搁置 20 min;

c) 将被试单体电池样品以 I_5(A)恒流放电到终止电压 0.7 V;

d) 重复步骤 a)~c)为一个循环,循环 300 次或发现有明显的电解液滴漏(即空气阴极 30×30 mm² 面积内,多于两处渗出电解液;

e) 累计循环次数。

6.2.10 安全性及可靠性试验

所有安全试验均在有充分环境保护的条件下进行,如果有主动保护线路,应除去。

6.2.10.1 短路试验

单体电池按 6.1.3 机械更换满荷电后,电池单体在 25 ℃±2 ℃试验环境条件下搁置 30 min,用一个适当的导体(电阻≤5 mΩ),直接将电池的正极端子和负极端子强制短路 50 s。观察 1 h。

6.2.10.2 跌落试验

单体电池按6.1.3机械更换满荷电后，电池单体在25 ℃±2 ℃条件下搁置30 min，单体电池端子向下，从1.5 m高度处，自由跌落到水泥地面上，观察1 h。

6.2.10.3 加热试验

单体电池按6.1.3机械更换满荷电后，加热试验按照如下步骤进行：

a) 将单体电池放入温度箱，温度箱按照5 ℃/min的速率升温至130 ℃±2 ℃，并保持此温度30 min后停止加热；
b) 观察1 h。

6.2.10.4 过放电试验

单体电池按6.1.3机械更换满荷电后，过放电试验按照如下步骤进行：

a) 单体电池以$2I_3$(A)电流放电直至单体电池电压0 V后，继续以$2I_3$(A)强制放电30 min；
b) 观察1 h。

6.2.10.5 盐雾试验

单体电池按6.1.3机械更换满荷电后，盐雾试验按照如下步骤进行：

按照GB/T 2423.17—2008中，试验Ka：盐雾试验方法的规定进行，连续雾化24 h。

6.3 电池模块试验

测试用电池模块样品满足如下条件：

——总电压不低于单体电池电压的5倍；

——电池模块额定容量不低于单体电池额定容量。

6.3.1 外观

6.3.1.1 外观检测

目测检查被试电池模块表面是否平整、干燥、有无外伤等。

6.3.1.2 标志检测

目测检查被电池模块标志是否齐全、清晰、正确。

6.3.2 极性标识

用电压表检测被试电池模块的端电压，是否与端子极性标识一致。

6.3.3 外形尺寸及质量

6.3.3.1 外形尺寸检测

用量具测量电池模块的外形尺寸。

6.3.3.2 质量检测

用衡器称量电池模块的质量。

6.3.4 倾倒性

将被试电池模块产品由高度方向(*Y* 向),沿水平方向(*X* 向)倾倒 90°,持续时间 30 s,目测检查。

6.3.5 放电性能试验

在 25 ℃±2 ℃的条件下:

a) *n* 个电池单体串连组成的满电状态的模块以 I_5 放电,终止电压为 $n\times0.8$ V,测量其放电时间,计算放电容量 C_5;测试 3 次,计算放电容量平均值;

b) *n* 个电池单体串连组成的满电状态的模块以 I_3 放电,终止电压为 $n\times0.8$ V,测量其放电时间,计算其放电容量 C_3;测试 3 次,计算放电容量平均值。

6.3.6 安全性及可靠性试验

所有安全试验均在有充分环境保护的条件下进行,如果有主动保护线路,应除去。

6.3.6.1 短路试验

电池模块按 6.1.3 机械更换满荷电后,在 25 ℃±2 ℃试验环境条件下搁置 30 min,按下列条件进行短路试验:

a) 用一个适当的导体(电阻≤5 mΩ),直接将电池的正极端子和负极端子强制短路 50 s;

b) 观察 1 h。

6.3.6.2 挤压试验

电池模块按 6.1.3 机械更换满荷电后,在 25 ℃±2 ℃条件下搁置 30 min,按下列条件进行挤压试验:

a) 挤压板形式:半径 75 mm 的半圆柱体,半圆柱体的高度大于被挤压电池的最大尺寸;

b) 挤压方向:垂直于单体电池空气电极平面方向;

c) 挤压程度:

——电池模块变形量达到 30%时停止挤压;

——挤压力达到电池模块重量的 1 000 倍和 500 kN 中较大值时停止挤压;

d) 观察 1 h。

6.3.6.3 跌落试验

电池模块按 6.1.3 机械更换满荷电后,在 25 ℃±2 ℃条件下搁置 30 min,按下列条件进行跌落试验:

a) 电池模块端子向下,从 1.5 m 高度处,自由跌落到水泥地面上;

b) 观察 1 h。

6.3.6.4 加热试验

电池模块按 6.1.3 机械更换满荷电后,按照如下步骤进行加热试验:

a) 将电池模块放入温度箱,温度箱按照 5 ℃/min 的速率升温至 130 ℃±2 ℃,并保持此温度 30 min 后停止加热;

b) 观察 1 h。

6.3.6.5 过放电试验

电池模块按 6.1.3 机械更换满荷电后,按照如下步骤进行过放电试验:

a) 电池模块以 $2I_3$(A)电流放电直至单体电池电压 0 V 后,以 $2I_3$(A)继续强制放电 30 min;

b) 观察 1 h。

6.3.6.6 耐振动性试验

电池模块按 6.1.3 机械更换满荷电后,将电池模块以正立状态紧固到振动台上,按下述条件进行试验:

a) 放电电流:I_5(A);

b) 振动方向:垂直方向;

c) 振动频率:30 Hz～55 Hz;

d) 最大加速度:30 m/s^2;

e) 振动时间:3 h;

f) 观察 1 h。

6.4 试验程序

6.4.1 单体电池试验程序见表 2。

表 2 单体电池试验程序

序号	试验项目	检验方法章条号	单体电池编号
1	外观	6.2.1	1#～21#
2	极性	6.2.2	
3	外形尺寸及质量	6.2.3	
4	倾倒性	6.2.4	1#～2#
5	放电性能	6.2.5	1#～3#
6	低温特性	6.2.6	4#－5#
7	高温特性	6.2.7	6#～7#
8	荷电保持能力	6.2.8	8#～9#
9	空气正极工作寿命	6.2.9	10#～11#
10	短路	6.2.10.1	12#－13#
11	跌落	6.2.10.2	14#－15#
12	加热	6.2.10.3	16#～17#
13	过放电	6.2.10.4	18#～19#
14	盐雾	6.2.10.57	20#～21#

6.4.2 电池模块试验程序见表 3。

表 3 电池模块试验程序

序号	试验项目	检验方法章条号	电池模块编号
1	外观	6.3.1	1#~9#
2	极性标识	6.3.2	
3	外形尺寸及质量	6.3.3	
4	倾倒性	6.3.4	1#—2#
5	放电性能	6.3.5	1#—3#
8	短路	6.3.6.1	4#
9	挤压	6.3.6.2	5#
10	跌落	6.3.6.3	6#
11	加热	6.3.6.4	7#
12	过放电	6.3.6.5	8#
13	耐振动性	6.3.6.6	9#

7 检验规则

7.1 检验项目

检验分类、检验项目、要求章条号、样品数量和检验周期见表 4。

表 4 检验项目

序号	检验分类	检验项目	要求章条号	样品数量	检验周期
1	出厂检验	外观、极性 (单体电池、电池模块)	5.1.1,5.1.2 5.2.1,5.2.2	100%	—
2		外形尺寸及质量 (单体电池、电池模块)	5.1.3,5.2.3	2%	—
3		室温放电性能 (单体电池、电池模块)	5.1.5,5.2.5	500 只内(含 500 只)抽 5 只, 500 只以上抽 10 只	—
4	型式检验	倾倒性 (单体电池、电池模块)	5.1.4, 5.2.4	单体电池每项 2 只,放电性能 3 只;电池模块每项 1 组,放电性能 3 组,共 21 只单体电池和 9 组电池模块	每两年一次
5		放电性能 (单体电池、电池模块)	5.1.5, 5.2.5		
6		低温放电特性	5.1.6		
7		高温放电特性	5.1.7		
8		荷电保持能力	5.1.8		
9		空气正极工作寿命	5.1.9		
10		安全性及可靠性 (单体电池、电池模块)	5.1.10,5.2.6		
注:共需抽样 25 只单体蓄电池、12 组电池模块,其中 4 只为备份单体电池,3 组为备份电池模块。					

7.2 出厂检验

7.2.1 每一批产品出厂前都应进行出厂检验,检验按照室温放电性能检验项目进行。

7.2.2 在出厂检验中,若有一项或一项以上不合格时,应将该产品退回生产部门返工普检,然后再次提交验收。若再次检验仍有一项或一项以上不合格,则判定该产品为不合格。

7.3 型式检验

7.3.1 有下列情况之一应进行型式检验:

a) 新产品投产和老产品转产;

b) 转厂;

c) 停产后复产;

d) 结构、工艺或材料有重大改变;

e) 每两年进行一次。

7.3.2 判定规则:在型式检验中,若有一项不合格时,应判定为不合格。

8 标志、包装、运输、贮存

8.1 标志

8.1.1 产品上应有下列标志:

a) 制造厂名或商标;

b) 产品型号或规格;

c) 制造日期;

d) 极性符号;

e) 警告标志。

8.1.2 包装箱外壁应有下列标志:

a) 产品名称、型号、规格、数量、制造厂名、厂址、邮编;

b) 产品标准编号;

c) 每箱的净重和毛重;

d) 标明“防潮”“不准倒置”“轻放”字样。

8.2 包装

8.2.1 电池的包装应符合防潮防振的要求。

8.2.2 包装箱内应装入随同产品提供文件:

a) 装箱单(指多组包装);

b) 产品合格证;

c) 产品使用说明书;

d) 锌电极包装一定要密封、隔绝空气、防振、防破损。

8.3 运输

8.3.1 在运输过程中,产品不得受到剧烈机械冲撞、曝晒、雨淋、不得倒置。

8.3.2 在装卸过程中,产品应轻搬轻放,严防摔掷、翻滚、重压。

8.4 贮存

8.4.1 产品应贮存在温度为 5 ℃～35 ℃的干燥、清洁及通风良好的地方。

8.4.2 应不受阳光直射，避免与任何有害气体和液体接触。离热源(暖气设备等)的距离不得少于 2 m。

8.4.3 不得倒置及卧放，不得受任何机械冲击或重压。

ICS 27.070
K 82

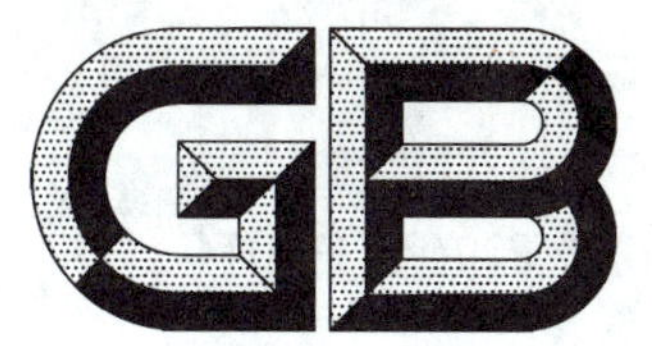

中华人民共和国国家标准

GB/T 20042.7—2014

质子交换膜燃料电池 第7部分:炭纸特性测试方法

Proton exchange membrane fuel cells—
Part 7: Test method of carbon paper properties

2014-12-05 发布 2015-07-01 实施

中华人民共和国国家质量监督检验检疫总局
中国国家标准化管理委员会 发布

前　言

GB/T 20042《质子交换膜燃料电池》分以下部分：

——第1部分：术语；

——第2部分：电池堆通用技术条件；

——第3部分：质子交换膜测试方法；

——第4部分：电催化剂测试方法；

——第5部分：膜电极测试方法；

——第6部分：双极板特性测试方法；

——第7部分：炭纸特性测试方法。

本部分为GB/T 20042的第7部分。

本部分按照GB/T 1.1—2009给出的规则起草。

本部分由中国电器工业协会提出。

本部分由全国燃料电池及液流电池标准化技术委员会(SAC/TC 342)归口。

本部分负责起草单位：中国科学院大连化学物理研究所、机械工业北京电工技术经济研究所、新源动力股份有限公司、武汉邮电科学研究院、清华大学、武汉理工新能源有限公司、武汉理工大学、宁波拜特测控技术有限公司、南京大学昆山创新研究院、同济大学。

本部分主要起草人：钟和香、陈晨、张华民、侯中军、齐志刚、邱艳玲、李霞、裴普成、宛朝晖、李赏、黄平、顾军、侯永平、王美日、衣宝廉。

质子交换膜燃料电池 第7部分:炭纸特性测试方法

1 范围

GB/T 20042的本部分给出了质子交换膜燃料电池炭纸特性测试方法的术语和定义、厚度均匀性测试、电阻测试、机械强度测试、透气率测试、孔隙率测试、表观密度测试、面密度测试、粗糙度测试和测试报告。

本部分适用于质子交换膜燃料电池用各种类型的炭纸。

2 规范性引用文件

下列文件对于本文件的应用是必不可少的。凡是注日期的引用文件,仅注日期的版本适用于本文件。凡是不注日期的引用文件,其最新版本(包括所有的修改单)适用于本文件。

GB/T 1040.3—2006 塑料 拉伸性能的测定 第3部分:薄膜和薄片的试验条件

GB/T 13465.2—2002 不透性石墨材料抗弯强度试验方法

GB/T 20042.1—2005 质子交换膜燃料电池 术语

GB/T 28816—2012 燃料电池 术语

3 术语、定义和符号

3.1 术语和定义

GB/T 20042.1—2005及GB/T 28816—2012界定的以及下列术语和定义适用于本文件。

3.1.1

垂直方向电阻率 through-plane resistivity

炭纸厚度方向的电阻率,单位为毫欧厘米(mΩ·cm)。

3.1.2

平面方向电阻率 in-plane resistivity

炭纸平面方向的电阻率,单位为毫欧厘米(mΩ·cm)。

3.1.3

透气率 gas permeability

在恒定温度下,单位压差、单位时间气体透过单位厚度、单位面积样品上的气体体积,单位为毫升毫米每平方厘米小时毫米汞柱[mL·mm/(cm^2·h·mmHg)]。

3.1.4

孔隙率 porosity

炭纸孔隙体积占其总体积的百分率。

3.1.5

面密度 area density

炭纸质量与表观面积的比值,单位为克每平方厘米(g/cm^2)。

注：炭纸的表观面积为其表观长度与宽度的积。

3.1.6

表观密度　bulk density

炭纸质量与表观体积的比值，单位为克每立方厘米(g/cm^3)。

注：炭纸的表观体积为其平均厚度与表观面积的乘积。

3.1.7

表面粗糙度　surface roughness

炭纸表面微小峰谷的微观不平度。通常用一个取样长度 L 内，轮廓上各点到轮廓中线 X 绝对值的算术平均值(轮廓的算术平均偏差 Ra)或用最大轮廓峰高与最大轮廓谷深之和(轮廓的最大高度 Rz)来表示，单位为微米(μm)。

注：轮廓的中线(见图 1 的 X)包括轮廓的算术平均中线和轮廓的最小二乘中线两种。轮廓的算术平均中线是在取样长度范围内，将实际轮廓划分上、下两部分，且使上下面积相等的直线。轮廓的最小二乘中线是在取样长度内，使轮廓上各点至一条该线的距离平方和为最小。

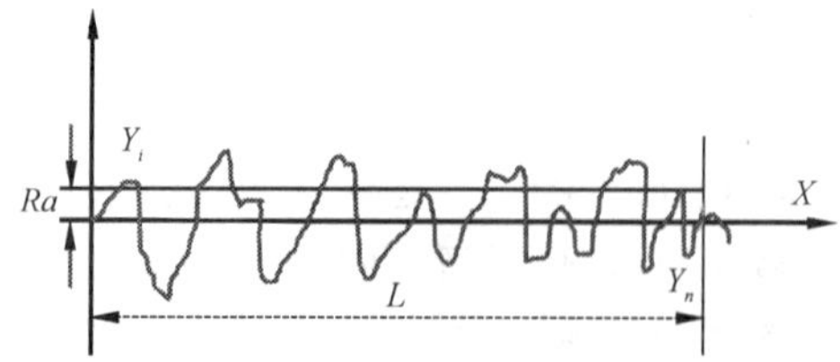

图 1　轮廓的中线及 ***Ra*** 示意图

3.1.8

导热系数　thermal conductivity

单位温度差、单位面积、单位时间内通过单位厚度炭纸的热量，单位为瓦每米开[W/(m·K)]。

注：导热系数的测试见附录 C。

3.2　符号

本部分中使用的符号、定义与单位见表 1。

表 1　符号、定义与单位

符号	定义	单位
	常用参数	
n	测量数据点数	
M	样品的质量	g
L_{cp}	样品的长度	cm
W_{cp}	样品的宽度	mm
	厚度均匀性	
$\overline{d}$	在一定压强下的样品平均厚度	mm
d_i	在一定压强下，某一点样品的厚度测量值	mm
σ	在一定压强下，样品的厚度标准偏差	mm
δ	离散系数，反映单位均值上的离散程度	

表 1（续）

符号	定义	单位
	电阻	
ρ_{in}	样品平面方向的电阻率	mΩ·cm
ρ_i	不同部位电阻率测量值	mΩ·cm
G	样品厚度校正系数	
D	样品形状校正系数	
ρ_t	样品垂直方向的电阻率	mΩ·cm
R_m	仪器的测量值，即样品垂直方向电阻、铜电极本体电阻和两个样品与电极间的接触电阻的总和	mΩ
R_c	两个铜电极本体电阻、样品与两个电极间的接触电阻总和	mΩ·cm^2
S	样品与两个电极之间的接触面积	cm^2
	机械强度	
T_s	样品的拉伸强度	MPa
F_b	样品断开时记录的负荷	N
T_b	抗弯强度	MPa
F	弯曲断裂负荷值	N
L	支座跨距	mm
γ	一定压力下样品的压缩率	%
d_{pi}	一定压力下的厚度	mm
d_0	样品的初始厚度，即压力接近零时的厚度	mm
	透气率	
V_{pe}	样品的透气率	mL·mm/(cm^2·h·mmHg)
V_s	在压差 p_s-p_0 下气体通过样品的体积流速	mL/min
p_s	测试样品时，微量压差计示数	Pa
p_0	空白样品的微量压差计示数	Pa
	孔隙率	
ε	样品的孔隙率	%
ρ_{CF}	炭纤维的密度	g/cm^3
	密度	
ρ_0	密度	g/cm^3
ρ_s	面密度	g/cm^2
	粗糙度	
Ra	轮廓算术平均偏差	μm
$\|Y_i\|$	轮廓上各点到轮廓中线纵坐标绝对值	μm

表 1(续)

符号	定义	单位
n_s	轮廓曲线上选取的数据点	
$\overline{Ra}$	平均轮廓算术平均偏差	μm
n_a	选取的取样长度的个数	
Rz	轮廓的最大高度,即最大轮廓峰高和最大轮廓谷深之和	μm
Rp	最大轮廓峰高,轮廓最高点到中线的距离最大值	μm
Rv	最大轮廓谷深,轮廓最低点到中线的距离最大值	μm
$\overline{Rz}$	平均轮廓的最大高度	μm
	导热系数	
λ	导热系数	W/(m·K)
Q	传导的热量	J
T_1-T_2	样品上下表面的稳定温度差	K
t	传导热量的时间	s
A	样品的面积	m^2
R_{m1}	厚度为 $\bar{d}_1$ 时,仪器的电阻测量值,即样品垂直方向电阻和两个样品与电极间的接触电阻及两个镀金电极电阻的总和	mΩ
$\bar{d}_1$	样品 1 的平均厚度	cm
R_{m2}	厚度为 $\bar{d}_2$ 时,仪器的电阻测量值,即样品垂直方向电阻和两个样品与电极间的接触电阻及两个镀金电极电阻的总和	mΩ
$\bar{d}_2$	样品 2 的平均厚度	cm

4 测试准备

4.1 样品准备

4.1.1 尺寸为 25 cm^2(5 cm×5 cm)的测试样品数量不少于 20 个;尺寸为 100 cm^2(10 cm×10 cm)的测试样品数量不少于 15 个。样品形状和尺寸也可由测试双方协商决定。

4.1.2 样品应无褶皱、划痕和破损。

4.1.3 每一项测试至少测试 3 次(确保得到 3 个有效值)。

4.1.4 样品从可重复的同一批次或不同批次中抽取。

4.1.5 将样品置于丙酮溶液中浸泡 0.5 h,除去其表面及内部的油分和灰分,随后将其置于烘箱中于 120 ℃干燥至少 2 h。

4.2 测试准备

4.2.1 对于每项试验来说,应选择符合精度要求的检测仪器及设备,以便将设备误差减到最小。

4.2.2 试验开始前,应由测试方和材料制造商协商试验条件。如果没有规定,应参照附录 A 或附录 B 中的试验确定条件和内容进行测试和记录。

4.2.3 如无特殊说明,测试环境分别为:温度为 5 ℃~40 ℃,相对湿度为 10%~90%。

5 测试仪器和器具

本部分给出的试验方法使用的仪器和器具及其精度要求如下：

——测厚仪：用于测量样品的厚度，精度为 ±2 μm；

——长度测量仪：用于测试样品的长度和宽度，精度为±0.02 mm；

——精密电子天平，用于测试样品的质量，精度为±0.1 mg；

——四探针电阻率测试仪：用于测试样品平面方向的电阻率，精度为±0.1 mΩ·cm；

——低电阻测试仪：用于测试样品的垂直方向电阻，精度为±0.01 mΩ。

——机械性能试验机，用于测试样品的拉伸强度和弯曲强度，力精度为其量程±0.5%；

——机械性能试验机，用于测试样品的压缩强度，力精度为其量程±0.5%；

——密度计：用于测试样品的密度，精度为±0.002 g/cm^3。

——表面粗糙度轮廓仪，精度为±0.1 μm；

——微压差计：用于测试压差，精度为±2 Pa；

——微量调节阀：用于调节进气流量，精度为其满量程的±1%；

——气体流量计：用于测量气体流量，精度为其满量程的±1%。

6 厚度均匀性测试

6.1 测试方法

6.1.1 每次测量前应校准测厚仪的零点，且在每组试样测量后应重新检查其零点。

6.1.2 将测厚仪的测量头平缓放下，避免样品变形和破损，进行测试。

6.1.3 测厚仪的测量头与样品之间保持一定的压强，记录厚度值。

注：推荐压强为 5 N/cm^2。

6.1.4 样品尺寸不小于 100 cm^2，且每个 25 cm^2 样品不少于 9 个测试点，且测试点应均匀分布。

6.2 数据处理

6.2.1 样品的厚度均匀性用厚度最大值与最小值之差、厚度标准偏差和厚度离散系数表示。

6.2.2 平均厚度按式(1)计算：

$$\overline{d}=\frac{\sum_{i=1}^{n}d_i}{n} \quad \cdots\cdots(1)$$

式中：

$\overline{d}$ ——在一定压强下的样品平均厚度，单位为毫米(mm)；

d_i——在一定压强下，某一点样品的厚度测量值，单位为毫米(mm)；

n ——测量数据点数。

6.2.3 厚度标准偏差由式(2)表示：

$$\sigma=\sqrt{\frac{\sum_{i=1}^{n}(d_i-\overline{d})^2}{n-1}} \quad \cdots\cdots(2)$$

式中：

σ ——在一定压强下，样品的厚度标准偏差，单位为毫米(mm)；

$\overline{d}$ ——在一定压强下，样品的平均厚度，单位为毫米(mm)；

d_i——在一定压强下，某一点样品的厚度测量值，单位为毫米(mm)；

n ——测量数据点数。

6.2.4 厚度离散系数由式(3)表示：

$$\delta = \frac{\sigma}{\overline{d}} \times 100\% \qquad \cdots\cdots (3)$$

式中：

δ ——离散系数，反映单位均值上的离散程度；

σ ——在一定压强下，样品的厚度标准偏差，单位为毫米(mm)；

$\overline{d}$ ——在一定压强下，样品的平均厚度，单位为毫米(mm)。

取 3 个有效样品为一组，计算出平均值作为试验结果。

7 电阻测试

7.1 平面方向电阻率测试

7.1.1 测试方法

7.1.1.1 利用长度测量仪测量样品的长度和宽度。

7.1.1.2 按照第 6 章方法测量样品的平均厚度 $\overline{d}$。

7.1.1.3 测量前先校准四探针电阻率测试仪的零点。

7.1.1.4 将样品放置在仪器的测量台上，将测试仪的测量头轻轻放下，使探针接触到样品表面。

7.1.1.5 分别在样品靠近边缘和中心的至少 5 个不同部位进行测量，并记录测量值。

7.1.1.6 根据样品的形状及厚度，查取相应的校正系数，计算出电阻平面方向的电阻率。

7.1.2 数据处理

按式(4)计算平面方向的电阻率：

$$\rho_{\text{in}} = \frac{\sum_{i=1}^{n} (\rho_i \times G \times D)}{n} \qquad \cdots\cdots (4)$$

式中：

ρ_{in}——样品平面方向的电阻率，单位为毫欧厘米(mΩ·cm)；

ρ_i ——不同部位电阻率测量值，单位为毫欧厘米(mΩ·cm)；

G ——样品厚度校正系数；

D ——样品形状校正系数；

n ——测试的数据点数。

注：G 和 D 的取值可以参照 SJ/T 10314—1992 中所述的方法进行计算，一般也可从仪器使用说明附表中查到。

7.2 垂直方向电阻率测试

7.2.1 测试方法

7.2.1.1 按照第 6 章方法测量样品的平均厚度 $\overline{d}$。

7.2.1.2 将样品装在图 2 所示测试装置中的两个测量电极之间。测量电极为金电极或镀金的铜电极。

7.2.1.3 压强每增加 0.05 MPa，用低电阻测试仪测量两电极之间的电阻值。不同压强下的电阻值记录为 R_{m}。

7.2.1.4 直到当前测得的电阻值与前一电阻测试值的变化率不大于 5%时，则认为达到电阻的最小值，停止测试。

注：推荐测量压强范围为 0.05 MPa～4.0 MPa。

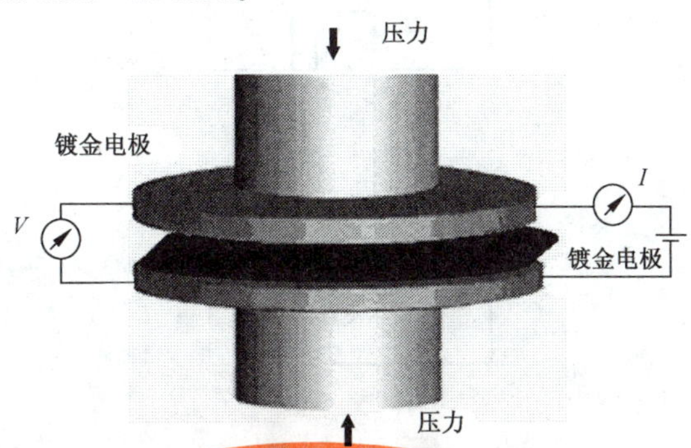

注：样品放置在两块电极之间，在电极两侧施加一定的压强，通过记录不同压强下的电流和电压值，得到不同施加压强下的电阻值。电极采用金电极或镀金金属，样品不能伸到电极之外。

图 2 垂直方向电阻测试示意图

7.2.2 数据处理

按式(5)计算垂直方向的电阻率：

$$\rho_t = \frac{R_m S - 2R_c}{\overline{d}} \qquad \cdots\cdots (5)$$

式中：

ρ_t ——样品垂直方向的电阻率，单位为毫欧厘米(mΩ·cm)；

R_m ——仪器的测量值，即样品垂直方向电阻、铜电极本体电阻和两个样品与电极间的接触电阻的总和，单位为毫欧(mΩ)；

S ——样品与两个电极之间的接触面积，单位为平方厘米(cm^2)；

R_c ——两个铜电极本体电阻、样品与两个电极间的接触电阻总和，单位为毫欧平方厘米($m\Omega \cdot cm^2$)；

注：R_c 可以用同种材料，不同厚度的炭纸，通过式(D.1)计算得到，见附录 D 所示。本实验采用金电极或镀金铜块，R_c 数值较小，也可以忽略。

$\overline{d}$ ——在一定压强下，样品的平均厚度，单位为厘米(mm)。

取 3 个样品为一组，计算出平均值作为试验结果。

8 机械强度测试

8.1 拉伸强度测试

8.1.1 样品测试

8.1.1.1 按 GB/T 1040.3—2006 中的规定，将试样分成纵向和横向（没有方向的样品任意取一种方向）等间隔裁取一定尺寸(70 mm×10 mm)的长条形试样。

8.1.1.2 采用长度测量仪测量每个试样的宽度 W。

8.1.1.3 按照第 6 章方法测量样品的平均厚度$\overline{d}$。

8.1.1.4 将试样置于试验机的两夹具中(如图 3 所示)。试验机上、下夹具的中心线应与试样受力的方向平行，且在受力过程中保持试样在同一平面。测试过程中，试样不得在夹具内滑动，试验夹具也不应引起试样在夹具处断裂。夹具内应衬橡胶之类的弹性材料。

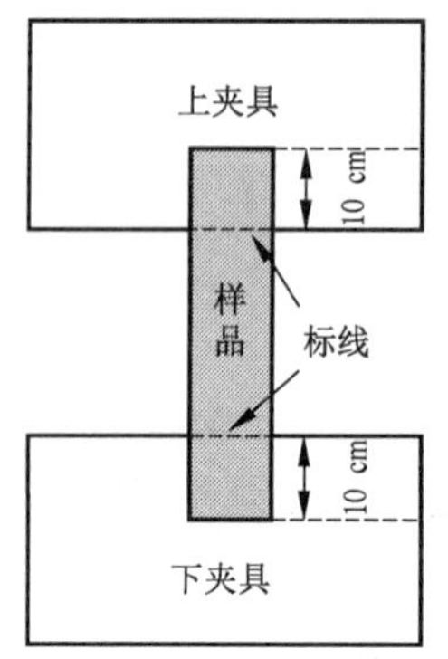

图 3　试样在夹具中的位置

8.1.1.5　在机械性能试验机上进行拉伸强度试验。拉伸速度应在 10 mm/min～100 mm/min 范围内。

8.1.1.6　样品断裂后，读取相应的负荷值。若试样在标线±5 mm 内某处断裂时，表示试样夹持不正，该结果应弃去不计。

8.1.1.7　样品按每个试验方向为一组，每组样品数应满足 5 次有效试验的要求。

8.1.2　数据处理

根据读取的断裂最大负荷及相应的样品宽度，按式(6)计算样品的拉伸强度：

$$T_s = \frac{F_b}{W_{cp} \times \overline{d}} \qquad \cdots\cdots (6)$$

式中：

T_s ——样品的拉伸强度，单位为兆帕(MPa)；

F_b ——样品断开时记录的负荷，单位为牛顿(N)；

W_{cp} ——样品的宽度，单位为毫米(mm)；

$\overline{d}$ ——在一定压强下，样品的平均厚度，单位为毫米(mm)。

每批样品取 5 个试样为一组，计算出平均值作为试验结果。

8.2　抗弯强度测试

8.2.1　样品测试

8.2.1.1　按测试要求截取一定尺寸的送试材料作为样品。

注：样品的长度应不小于支座跨距。

8.2.1.2　依据第 6 章方法测量样品的平均厚度。

8.2.1.3　采用长度测量仪测量样品的宽度和长度。

8.2.1.4　调整支座跨距，将制备好的样品放在支座上，且使试验机压头、支座轴向垂直于试样，参照 GB/T 13465.2—2002 应用三点弯曲法对样品抗弯强度进行测试。

8.2.1.5　试验机压头以 0.01 mm/min～10 mm/min 的加载速度均匀且无冲击地施加负荷，直至试样断裂，读取断裂负荷值。

8.2.2　数据处理

按式(7)计算抗弯强度：

$$T_b = \frac{3F \times L}{2W_{cp} \times \overline{d}^2} \qquad \cdots\cdots (7)$$

式中：

T_b ——抗弯强度，单位为兆帕(MPa)；

F ——弯曲断裂负荷值，单位为牛(N)；

L ——支座跨距，单位为毫米(mm)；

W_{cp} ——试样的宽度，单位为毫米(mm)；

$\overline{d}$ ——在一定压强下，样品的平均厚度，单位为毫米(mm)。

取3个有效样品为一组，计算出平均值作为试验结果。

8.3 压缩特性测试

8.3.1 截取与试验机的平板夹具截面尺寸相同的送试材料作为样品。

8.3.2 将样品装在两块光滑的平板夹具之间。测试过程中，在两块夹具的外侧施加压强，压强每增加0.01 MPa记录一个夹具位移值和样品的厚度 d_{pi}，直到测得的位移值与前一压强下的测试位移值的变化率小于或等于5%时，则认为达到最小值，停止测试。

8.3.3 数据处理

按式(8)计算样品的压缩率：

$$\gamma = \frac{d_0 - d_{pi}}{d_0} \times 100\% \qquad \cdots\cdots(8)$$

式中：

γ ——一定压强下的压缩率，%；

d_{pi} ——一定压强下的厚度，单位为毫米(mm)；

d_0 ——样品的初始厚度，即压强接近零时的厚度，单位为毫米(mm)。

取3个有效样品为一组，计算出平均值作为试验结果。

9 透气率测试

9.1 测试器具

试验中使用的仪器要求如图4：

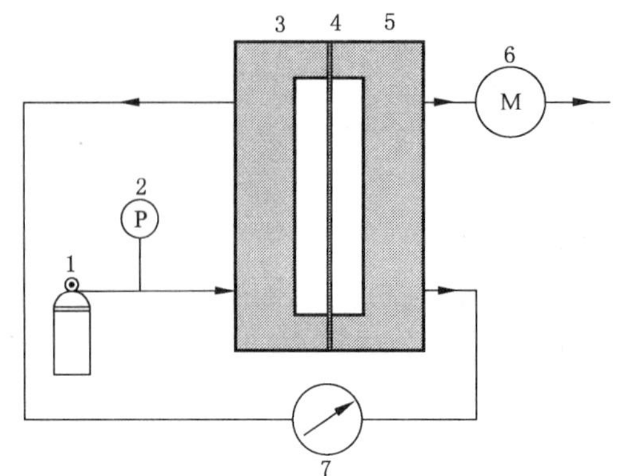

说明：

1——气源；

2——微量调节阀；

3——夹具；

4——样品；

5——夹具；

6——流量计；

7——微压差计。

注：测试池由两块具有气体进口和出口及凹槽的不锈钢板夹具组成，样品放置在两夹具中间，两侧形成气室。气体进入测试池在样品的两侧流动，从而可以维持样品两侧保持一定的压力差。进气流量主要通过微量调节阀控制，两侧的压力差主要通过微压差计控制，气体的流量由气体流量计测量，可以为质量流量计、皂泡流量计或皮膜流量计。

图 4　测试样品透气率的装置示意图

9.2　测试方法

9.2.1　依据第 6 章方法测量样品的平均厚度$\overline{d}$。

9.2.2　将样品放置在两片相同大小的中空边框之间，边框的中间孔尺寸为 4 cm×4 cm，在一定温度、压力下压制成边缘不漏气的样品/边框组件。组件压制过程，保证样品有效部分不变形、破损。

9.2.3　将压好的样品/边框组件装入两侧带有进气、出气口的平板夹具之间，使两侧形成气室，测试气密性。两个平板夹具均应具有密封元件。

9.2.4　将没有外漏的测试池，按照图 4 所示的试验装置示意图安装在试验装置上。

注：外漏的检测参照 GB/T 20042.5—2009 进行。

9.2.5　调节微量调节阀，用微量压差计控制一定的压差，在室温和一定的压力差下稳定至少 5 min，根据流量计示数，计算流速 V_s、微量压差计示数 p_s。

注：推荐压差为 5 Pa～50 Pa。

9.2.6　将与 9.2.3 中相同大小的中空边框压制成测试组件，压制条件同 9.2.3。

9.2.7　按照 9.2.4 中方法组装后进行测试。在同 9.2.5 相同的流速 V_s 下，读取空白样品微量压差计的示数 p_0，对测试结果进行校正。

9.3　数据处理

用公式(9)计算样品的透气率：

$$V_{pe}=\frac{60V_s\times\overline{d}}{16\times(p_s-p_0)\times 0.007\ 5}\qquad\cdots\cdots(9)$$

式中：

V_{pe}——样品的透气率，单位为毫升毫米每平方厘米小时毫米汞柱[mL·mm/(cm^2·h·mmHg)]；

V_s——在压差（p_s-p_0）下气体通过样品的体积流速，单位为毫升每分（mL/min）；

$\overline{d}$——样品的平均厚度，单位为毫米（mm）；

p_s——测试样品时，微量压差计示数，单位为帕（Pa）；

p_0——空白样品的微量压差计示数，单位为帕（Pa）。

取3个有效样品为一组，计算出平均值作为试验结果。

10 孔隙率测试

10.1 测试方法

10.1.1 按4.1准备样品。

10.1.2 依据第6章方法测量样品的平均厚度$\overline{d}$，利用长度测量仪测量样品的长度(L_{cp})和宽度(W_{cp})，利用精密电子天平称量样品的质量M。

10.1.3 将正庚烷和二溴乙烷配成一定体积分数的混合液，注入具塞量筒内。

10.1.4 将样品纤维剪碎，并用玛瑙研钵碾压粉碎至长度小于2 mm，放入具塞量筒内的混合液中，用玻璃棒搅拌，使纤维分散在混合液中，盖上磨口塞，将其放入25 ℃±1 ℃的恒温水浴里，具塞量筒的塞及颈部要露出水面。

10.1.5 观察混合液，若纤维在混合液内上浮或下沉，则需要相应加入正庚烷或二溴乙烷，以调节混合液密度，直至纤维在混合液内均匀悬浮。

10.1.6 将混合液静置4 h后，若纤维仍均匀分布于混合液内，用密度计测量该温度下混合液的密度，即为纤维的密度值(ρ_{CF})。

10.2 数据处理

按式(10)计算样品的孔隙率：

$$\varepsilon=\left[1-\frac{M}{\rho_{CF}L_{cp}W_{cp}\overline{d}}\right]\times 100\% \qquad \cdots\cdots(10)$$

式中：

ε——样品的孔隙率，%；

M——样品的质量，单位为克(g)；

ρ_{CF}——炭纤维的密度，单位为克每立方厘米(g/cm^3)；

L_{cp}——样品的长度，单位为厘米(cm)；

W_{cp}——样品的宽度，单位为厘米(cm)；

$\overline{d}$——样品的平均厚度，单位为厘米(cm)。

取3个有效样品为一组，计算出平均值作为试验结果。

11 表观密度测试

11.1 测试方法

11.1.1 使用精密电子天平称量样品的质量M。

11.1.2 根据第6章方法测量样品的平均厚度$\overline{d}$。

11.1.3 用长度测量仪测量样品的长度(L_{cp})和宽度(W_{cp})。

11.2 数据处理

按式(11)计算样品的密度：

$$\rho_0=\frac{M}{L_{cp}\times W_{cp}\times \bar{d}} \qquad \cdots\cdots(11)$$

式中：

ρ_0 ——样品的密度，单位为克每立方厘米(g/cm^3)；

M ——样品的质量，单位为克(g)；

L_{cp} ——样品的表观长度，单位为厘米(cm)；

W_{cp} ——样品的表观宽度，单位为厘米(cm)；

$\bar{d}$ ——样品在一定压强下的平均厚度，单位为厘米(cm)。

取3个有效样品为一组，计算出平均值作为试验结果。

12 面密度测试

12.1 测试方法

12.1.1 采用长度测量仪测量样品的长度(L_{cp})和宽度(W_{cp})。

12.1.2 用分析天平称量样品的质量 M。

12.2 数据处理

按式(12)计算样品的面密度：

$$\rho_s=\frac{M}{L_{cp}\times W_{cp}} \qquad \cdots\cdots(12)$$

式中：

ρ_s ——样品面密度，单位为克每平方厘米(g/cm^2)；

M ——样品质量，单位为克(g)；

L_{cp} ——样品的表观长度，单位为厘米(cm)；

W_{cp} ——样品的表观宽度，单位为厘米(cm)。

取3个样品为一组，计算出平均值作为试验结果。

13 粗糙度测量

13.1 测试方法

13.1.1 按4.1准备样品。

13.1.2 将样品放置于表面粗糙度轮廓仪的测试台上。

13.1.3 通过粗糙度的等级确定取样长度和行程长度，选取轮廓中线。

13.1.4 在一定取样长度 L 内，测试表面轮廓曲线，读取曲线上各点到轮廓中线的距离 Y_i。

13.1.5 在评定长度范围内，测出 m 个取样长度 L 的粗糙度轮廓曲线，计算表面粗糙度。

13.2 数据处理

13.2.1 轮廓算术平均偏差按式(13)计算：

$$Ra=\frac{1}{n_s}\sum_{i=1}^{n}|Y_i| \qquad \cdots\cdots(13)$$

式中：

Ra ——轮廓算术平均偏差，单位为微米（μm）；

$|Y_i|$——轮廓上各点到轮廓中线纵坐标绝对值，单位为微米（μm）；

n_s ——轮廓曲线上选取的数据点。

注：Ra 一般可以在仪器上直接读取。

13.2.2 平均轮廓算术平均偏差按式(14)计算：

$$\overline{Ra}=\frac{1}{n_a}\sum_{i=1}^{m}Ra \qquad (14)$$

式中：

$\overline{Ra}$——平均轮廓算术平均偏差，单位为微米（μm）；

Ra——第 i 个取样长度内的轮廓算术平均偏差，单位为微米（μm）；

n_a——选取的取样长度的个数。

13.2.3 轮廓的最大高度 Rz 按式(15)计算：

$$Rz=Rp+Rv \qquad (15)$$

式中：

Rz ——轮廓的最大高度，即最大轮廓峰高和最大轮廓谷深之和，单位为微米（μm）；

Rp ——最大轮廓峰高，轮廓最高点到中线的距离最大值，单位为微米（μm）；

Rv ——最大轮廓谷深，轮廓最低点到中线的距离最大值，单位为微米（μm）。

注：Rz 值可以直接由仪器读取。

13.2.4 平均轮廓的最大高度按式(16)计算：

$$\overline{Rz}=\frac{1}{n_a}\sum_{i=1}^{m}Rz \qquad (16)$$

式中：

$\overline{Rz}$——平均轮廓的最大高度，单位为微米（μm）；

Rz——第 i 个取样长度内的轮廓的最大高度，单位为微米（μm）；

n_a——选取的取样长度 L 的个数。

取 3 个有效样品为一组，计算出平均值作为试验结果。

14 测试报告

根据所做试验，试验报告应提供足够多的、正确的、清晰和客观的数据用来进行分析和参考。报告中应包含各章中所有的数据。报告有三种形式：摘要式、详细式和完整式。每个类型的报告都应包含相同的标题页和内容目录。试验报告可按照附录 B 所提供的格式进行编写。

附 录 A
（资料性附录）
测试准备

A.1 概述

本附录描述在进行测试之前应该考虑的典型项目。对于每项试验来说，应选择高精度的检测仪器及设备，以便将设备误差减到最小。应准备一个书面的测试计划，下列各项应该列入测试计划：

a) 目的；
b) 测试规范；
c) 测试人员资格，测试人员应进行操作培训，并有操作仪器的经验，并应熟知安全操作规程；
d) 质量保证标准（符合 ISO 9000 和相关标准）；
e) 结果不确定度（符合 IEC/ISO 检测值不确定度的表述指南）；
f) 对测量仪器及设备的要求；
g) 测试参数范围的估计；
h) 数据采集计划。

A.2 数据采集和记录

为满足目标误差要求，数据采集系统和数据记录设备应满足采集频次与采集速度的需要，其性能应优于性能试验设备。

附 录 B
（资料性附录）
试验报告

B.1 概述

根据所做试验，试验报告应提供足够多的、正确的、清晰和客观的数据用来进行分析和参考。报告中应包含各章中所有的数据。报告有三种形式：摘要式、详细式和完整式。每个类型的报告都应包含标题页和内容目录。

B.2 报告内容

B.2.1 标题页

标题页应介绍下列各项信息：

a) 国家标准代号；
b) 样品名称、材料组成，规格；
c) 试样状态调节及测试标准环境；
d) 试验机型号；
e) 每次测试的结果以及结果的平均值；
f) 试验日期、人员。

标题页应包括下列内容：

——报告编号；（可选择）
——报告的类型；（摘要式、详细式和完整式）
——报告的作者；
——试验者；
——报告日期；
——试验的场所；
——试验的名称；
——试验日期和时间；
——试验申请单位。

B.2.2 内容目录

每种类型的报告都应提供一个目录。

B.3 报告类型

B.3.1 摘要式报告

摘要式报告应包括下列各项数据：

——试验的目的；
——试验的种类，仪器和设备；

——所有的试验结果；
——每个试验结果的不确定因素和确定因素；
——摘要性结论。

B.3.2 详细式报告

详细式报告除包含摘要式报告的内容外，还应包括下列各项数据：
——试验操作方式和试验流程图；
——仪器和设备的安排、布置和操作条件的描述；
——仪器设备校准情况；
——用图或表的形式说明试验结果；
——试验结果的讨论分析。

B.3.3 完整式报告

完整式报告除了包含详细内容，还应有原始数据的副本，此外还应包括下列各项：
——试验进行时间；
——用于试验的测量设备的精度。

附　录　C
（资料性附录）
导热系数测试

C.1　测试仪器

任何满足条件的导热系数测试仪均可。垂直方向导热系数测试所需仪器范围至少为0.5 W/(m·K)～10.0 W/(m·K)，精度为±0.1 W/(K·m)；平面方向导热系数所需仪器测量范围至少为 5 W/(m·K)～50 W/(m· K)，精度至少为±0.5 W/(m·K)。

导热系数采用导热系数仪进行测试，一般包括两个等温板装置、一个或多个热流传感器和必要的环境条件控制设备组成，包括冷热等温面、热流传感器和可控环境，如图 C.1 所示。温差测量的不确定性应处于实际温差的±0.5% 范围之内。传感器准确度为最小输出的±0.5%。

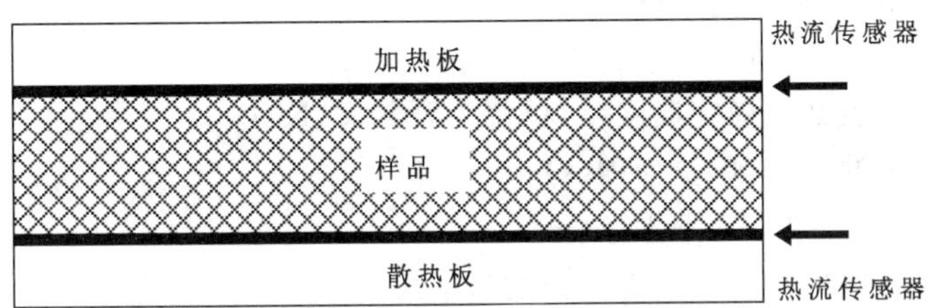

图 C.1　带两个热流传感器和一个试样的装置

C.2　测厚仪和长度测量仪

试验中使用的仪器和精度要求为：

——测厚仪：精度为±2 μm ，用于测试样品的厚度；

——长度测量仪：精度为±0.02 mm，用于测试样品的长度和宽度。

C.3　样品准备

C.3.1　将样品置于丙酮溶液中浸泡 0.5 h，除去炭纸表面及内部的油分和灰分，随后将其置于烘箱中于120 ℃干燥至少 2 h。

C.3.2　剪裁一定尺寸的炭纸作为样品。样品形状和尺寸应与加热盘和冷却盘的形状和尺寸相同。

C.3.3　样品数量为 5 个(保证得到 3 个有效值)，应无褶皱、划痕和破损。

C.3.4　样品应由可重复的统一批次或不同批次抽样。

C.3.5　用绝热材料封闭试样边缘，从而将边缘热损失降低到可接受水平。

C.4　测试方法

C.4.1　垂直方向导热系数

C.4.1.1　利用长度测量仪测试待测样品的尺寸，计算样品的面积 A。

C.4.1.2 利用测厚仪测量样品的厚度$\overline{d}$。

C.4.1.3 用长度测量仪和测厚仪测量仪器散热盘的直径和厚度。

C.4.1.4 将 n 个样品重叠后，放置在导热系数测试仪中。样品的表面应与仪器的散热盘紧密接触。

注：样品的个数 n 应由仪器要求确定。

C.4.1.5 操作仪器，在样品厚度方向形成温度的梯度分布。

C.4.1.6 测量加热板和散热板的温度 T_2、T_1 和热量与时间等参数。

C.4.1.7 数据处理

按式(C.1)计算导热系数：

$$\lambda=\frac{Qn\overline{d}}{(T_2-T_1)tA} \qquad \cdots\cdots(\text{C.1})$$

式中：

λ ——导热系数，单位为瓦每米开尔文[W/(m·K)]；

Q ——传导的热量，单位为焦(J)；

$\overline{d}$ ——样品的平均厚度，单位为米(m)；

n ——样品的个数，单位为米(m)；

注：n 由仪器对样品厚度的要求决定。

T_2-T_1 ——样品上下表面的稳定温度差，单位为开尔文(K)；

t ——传导热量的时间，单位为秒(s)；

A ——样品的面积，单位为平方米(m^2)。

取 3 个有效样品为一组，计算出平均值作为试验结果。

注：部分仪器可直接读出导热系数。

C.4.2 平行方向导热系数

C.4.2.1 利用长度测量仪测试待测样品的尺寸，计算样品的面积 A。

C.4.2.2 利用测厚仪测量样品的厚度$\overline{d}$。

C.4.2.3 用长度测量仪和测厚仪测量仪器散热盘的直径和厚度。

C.4.2.4 将测试样品放置在导热系数测试仪中，测试仪的散热板应与样品的横截面接触，如图 C.2 所示。

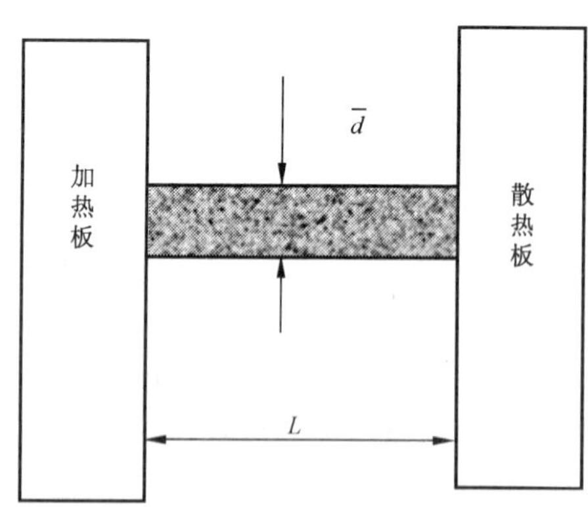

图 C.2 实验器具和样品

C.4.2.5 操作仪器使在平行于样品表面的方向上一段距离 L 内形成温度的梯度分布，测量加热板和散热板的温度 T_2、T_1 和热量与时间等参数。

C.5 数据处理

按式(C.2)计算导热系数：

$$\lambda = \frac{QL}{(T_2 - T_1)tA} \quad \cdots\cdots\cdots\cdots (\text{C.2})$$

式中：

λ ——导热系数，单位为瓦每米开尔文[W/(m·K)]；

Q ——传导的热量，单位为焦(J)；

L ——样品的长度，单位为米(m)；

$T_2 - T_1$ ——样品上下表面的稳定温度差，单位为开尔文(K)；

t ——传导热量的时间，单位为秒(s)；

A ——样品的与仪器接触面的面积，单位为平方米(m^2)。

取3个有效样品为一组，计算出平均值作为试验结果。

注：部分仪器可直接读出导热系数。

附　录　D
（资料性附录）
两个铜电极本体电阻、炭纸与电极间接触电阻总和测试

两个铜电极本体电阻、样品与两个电极间的接触电阻总和可以按照式(D.1)计算：

$$R_c = \frac{(R_{m1}\bar{d}_2 - R_{m2}\bar{d}_1)S}{2(\bar{d}_2 - \bar{d}_1)} \qquad \cdots\cdots(D.1)$$

式中：

R_c ——两个铜电极本体电阻、样品与两个电极间的接触电阻总和，单位为毫欧平方厘米($m\Omega \cdot cm^2$)；

R_{m1} ——厚度为 $\bar{d}_1$ 时，仪器的电阻测量值，即样品垂直方向电阻、两个铜电极本体电阻和样品与两个电极间的接触电阻的总和，单位为毫欧(mΩ)；

$\bar{d}_1$ ——样品 1 的平均厚度，单位为厘米(cm)；

R_{m2} ——厚度为 $\bar{d}_2$ 时，仪器的电阻测量值，即样品垂直方向电阻、两个铜电极本体电阻和样品与两个电极间的接触电阻的总和，单位为毫欧(mΩ)；

$\bar{d}_2$ ——样品 2 的平均厚度，单位为厘米(cm)；

S ——样品与两个电极之间的接触面积，单位为平方厘米(cm^2)。

注：至少取 4 个不同厚度的样品进行测试。

参 考 文 献

[1] GB/T 131—2006 产品几何技术规范(GPS) 技术产品文件中表面结构的表示法

[2] GB/T 1038—2000 塑料薄膜和薄片气体透过性试验方法 压差法

[3] GB/T 3505—2000 产品几何技术规范(GPS) 表面结构 轮廓法 术语、定义及表面结构参数

[4] GB/T 20042.5—2009 质子交换膜燃料电池 第5部分:膜电极测试方法

[5] SJ/T 10314—1992 直流四探针电阻率测试仪通用技术条件

ICS 27.070
K 82

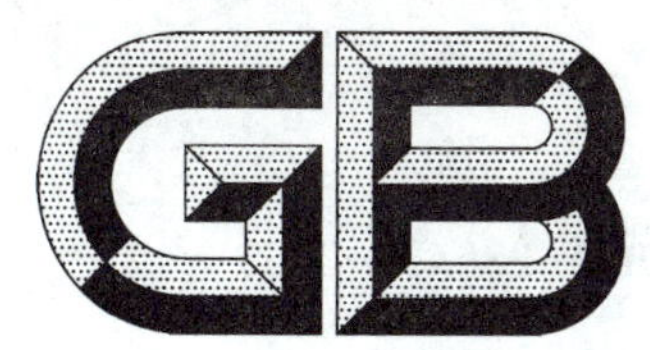

中华人民共和国国家标准

GB/T 23645—2009

乘用车用燃料电池发电系统测试方法

Test methods of fuel cell power system for passenger cars

2009-04-21 发布 2009-11-01 实施

中华人民共和国国家质量监督检验检疫总局
中国国家标准化管理委员会 发布

前　言

本标准的附录A是规范性附录,附录B是资料性附录。

本标准由中国电器工业协会提出。

本标准由全国燃料电池标准化技术委员会(SAC/TC 342)归口。

本标准负责起草单位:同济大学。

本标准参加起草单位:机械工业北京电工技术经济研究所、上海攀业氢能源科技有限公司、上海神力科技有限公司。

本标准主要起草人:侯永平、孙泽昌、余卓平、卢琛钰、马建新、王哲、张若谷、周鋐、董辉等。

本标准为首次发布。

乘用车用燃料电池发电系统测试方法

1 范围

本标准规定了乘用车用燃料电池发电系统测试方面的术语和定义、测试用仪表精度的要求、试验前准备工作及试验条件和性能试验方法。

本标准规定的测试内容包括:常规性能检测、起动特性测试、稳态特性测试、额定功率特性测试、峰值功率特性测试和动态响应特性测试。

本标准适用于乘用车用质子交换膜燃料电池发电系统。

2 规范性引用文件

下列文件中的条款通过本标准的引用而成为本标准的条款。凡是注日期的引用文件,其随后所有的修改单(不包括勘误的内容)或修订版均不适用于本标准,然而,鼓励根据本标准达成协议的各方研究是否可使用这些文件的最新版本。凡是不注日期的引用文件,其最新版本适用于本标准。

GB/T 18384.3—2001 电动汽车 安全要求 第3部分:人员触电防护(ISO/DIS 6469-3:2000,EQV)

GB/T 20042.1 质子交换膜燃料电池 术语

3 术语和定义

GB/T 20042.1 确立的以及下列术语和定义适用于本标准。

3.1

发电系统净输出功率 net output power of power system

燃料电池堆输出功率减去辅助系统消耗的功率后所剩的功率,即燃料电池发电系统净输出功率,也简称发电系统功率。

3.2

电池堆效率 efficiency of fuel cell stack

燃料电池堆单位时间内所消耗燃料的能量转化为输出功率的份额,规定以氢气低热值(LHV_{H_2})计算。计算公式见附录A。

3.3

发电系统效率 efficiency of power system

燃料电池发电系统单位时间内所消耗燃料的能量转化为有效功率的份额,规定以氢气低热值(LHV_{H_2})计算。计算公式见附录A。

3.4

怠速工况 idle state

发电系统处于工作状态,能维持自身工作,而不对外输出功率的工况。

3.5

冷机状态 cold state

燃料电池发电系统内部温度(冷却液出口温度)与环境温度相同。

3.6

热机状态 hot state

燃料电池发电系统内部温度处于正常工作温度范围(正常工作温度由制造商规定)内。

4 测试用仪表精度的要求

测试用仪表精度要求见表1。

表1 测试用仪表精度要求

名称	规定精度	备注
电压传感器	≤0.5%	FS(满量程)
电流传感器	≤0.5%	FS(满量程)
温度计	±1 ℃	
湿度计	±3%	相对湿度
氢气流量计	≤1%	按照相对误差计
冷却液流量计	≤1%	FS(满量程)
称重衡器	≤0.5%	FS(满量程)

5 试验前准备工作及试验条件

5.1 试验前准备工作

a) 试验前12 h按照5.2.3做好燃料电池发电系统的准备工作,然后将燃料电池发电系统封存;

b) 在试验之前不得对燃料电池发电系统做任何改动。

5.2 一般试验条件

5.2.1 燃料电池发电系统的要求

燃料电池发电系统应满足以下要求:

——燃料电池发电系统各系统要完整,能够在外接氢源的条件下正常运行;

——燃料电池发电系统要有可靠的安全保障系统;

——燃料电池发电系统在测试过程中不允许补充冷却液及加湿用水。

5.2.2 测试条件

测试方应提供以下测试条件:

——氢气高压气源,纯度满足使用要求;

——控制电源(如DC12 V电源、DC24 V电源等);

——直流辅助动力电源。

5.2.3 测试前燃料电池发电系统状态规定

测试前燃料电池发电系统状态应符合以下规定:

——冷却液加注完成;

——通氢气后燃料电池发电系统即可工作。

5.2.4 制造商在测试前向测试方提供燃料电池发电系统相关技术参数。

6 性能试验方法

6.1 冷机方法

燃料电池发电系统(冷却液加注完成)在规定的温度和湿度条件下保温足够长的时间以保证燃料电池发电系统内部温度与环境温度相同,静置时间至少为12 h。

6.2 热机方法

按照制造商的使用规定,使燃料电池发电系统在一定功率下工作,同时监测燃料电池堆冷却液的出口温度,一旦燃料电池堆冷却液的出口温度达到正常工作温度,即认为燃料电池发电系统达到热机状态。

6.3 常规性能检测

6.3.1 发电系统质量

测量燃料电池堆和辅助系统(包括氢气供应系统、空气供应系统、控制系统、水热管理系统等)的质量(应包括冷却液及加湿用水的质量)。

6.3.2 电池堆的体积

测量燃料电池堆三个方向的最大尺寸,计算燃料电池堆的最大外围体积。

6.3.3 绝缘电阻检测

在整个试验结束后,不连接负载并加注冷却液和加湿用水的冷态条件下(冷却泵运转),用兆欧表分别测量燃料电池堆正负极输出端相对于发电系统机箱的绝缘电阻,绝缘电阻值符合 GB/T 18384.3—2001 的规定。

6.4 起动特性测试

6.4.1 怠速起动测试

6.4.1.1 试验方法

a) 根据试验要求对燃料电池发电系统进行冷机(见 6.1)或者热机(见 6.2)过程预处理;

b) 预处理过程结束后,按照制造商建议的起动操作步骤起动燃料电池发电系统;

c) 燃料电池发电系统起动后,在怠速状态下能够持续稳定运行 10 min,则燃料电池发电系统怠速起动成功,否则怠速起动失败;

d) 试验过程应自动进行,不能有人工干预。

6.4.1.2 数据整理

试验中测量的数据:起动时间、冷却液起始温度、燃料电池堆的电压、燃料电池堆的电流、辅助系统的电压、辅助系统的电流、氢气的消耗量。

6.4.1.3 评价指标

起动时间。

6.4.2 额定功率起动测试

6.4.2.1 试验方法

a) 根据试验要求对燃料电池发电系统进行冷机(见 6.1)或者热机(见 6.2)过程预处理;

b) 预处理过程结束后,按照制造商建议的起动操作步骤起动燃料电池发电系统;

c) 测试平台控制器按照制造商建议的方法向燃料电池发电系统发送工作指令,同时测试平台按照规定的加载方法进行加载,加载到额定功率点后燃料电池发电系统在额定功率下能够持续稳定运行 10 min,则燃料电池发电系统额定功率起动成功,否则额定功率起动失败;

d) 试验过程应自动进行,不能有人工干预。

注:规定的加载(卸载)方法:由测试方、制造商、用户根据使用要求协商确定。

6.4.2.2 数据整理

试验中测量的数据:起动时间、冷却液起始温度、燃料电池堆的电压、燃料电池堆的电流、辅助系统的电压、辅助系统的电流、氢气的消耗量。

6.4.2.3 评价指标

起动时间。

6.5 稳态特性测试

6.5.1 试验方法

a) 在燃料电池发电系统工作范围内均匀选择 10 个或 10 个以上的工况点(工作模式可以采用功率工作模式和电流工作模式);

b) 对燃料电池发电系统按照 6.2 规定的方法进行热机;

c) 热机过程结束后，回到怠速状态运行 10 s；

d) 按照规定的加载方法加载到预先确定的工况点，在每个工况点至少持续稳定运行 3 min；

e) 试验过程应自动进行，不能有人工干预。

6.5.2 数据整理

试验中测量的数据：燃料电池堆的电压、燃料电池堆的电流、辅助系统的电压、辅助系统的电流、氢气的消耗量。

6.5.3 评价指标

燃料电池堆的极化特性曲线(V-I 曲线)、燃料电池堆的功率曲线、燃料电池堆的效率曲线；燃料电池发电系统的功率曲线、燃料电池发电系统的效率曲线；辅助系统的功率曲线。

6.6 额定功率特性测试

6.6.1 试验方法

a) 对燃料电池发电系统按照 6.2 规定的方法进行热机；

b) 热机过程结束后，回到怠速状态运行 10 s；

c) 测试平台控制器按照制造商建议的方法向燃料电池发电系统发送工作指令，同时测试平台按照规定的加载方法进行加载，燃料电池发电系统达到设定功率(额定功率)后而且至少能够持续稳定运行 60 min，此功率即为额定功率；

d) 试验过程应自动进行，不能有人工干预。

6.6.2 数据整理

试验中测量的数据：燃料电池堆的电压、燃料电池堆的电流、辅助系统的电压、辅助系统的电流、氢气的消耗量。

6.6.3 评价指标

额定功率、额定功率点的持续工作时间。

6.7 峰值功率特性测试

6.7.1 试验方法

a) 对燃料电池发电系统按照 6.2 规定的方法进行热机；

b) 热机过程结束后，回到怠速状态运行 10 s；

c) 测试平台控制器按照制造商建议的方法向燃料电池发电系统发送工作指令，同时测试平台按照规定的加载方法进行加载，燃料电池发电系统输出功率达到额定功率后在该功率点至少稳定运行 10 min，然后按照规定的加载方法加载到设定功率(即峰值功率)，在该功率点持续稳定运行设定的时间(根据产品技术要求确定)，到达设定的时间后按照制造商规定的卸载方法进行卸载，所测得的最大功率平均值即为峰值功率；

d) 试验过程应自动进行，不能有人工干预。

6.7.2 数据整理

试验中测量的数据：峰值功率运行的时间、燃料电池堆的电压、燃料电池堆的电流、辅助系统的电压、辅助系统的电流、氢气的消耗量。

6.7.3 评价指标

峰值功率、峰值功率运行时间。

6.8 动态响应特性测试

6.8.1 试验方法

a) 对燃料电池发电系统按照 6.2 规定的方法进行热机；

b) 热机过程结束后，回到怠速状态运行 10 s；

c) 按照规定的加载方法加载到动态响应的起始功率点，在该功率点至少稳定运行 1 min；

d) 测试平台控制器向燃料电池发电系统发送动态阶跃工作指令，同时测试平台按照规定的加载方法加载，直至达到动态阶跃的截止点，燃料电池发电系统在该功率点达到稳定状态后，至少持续稳定运行 10 min。记录动态过程的响应时间；

e) 试验过程应自动进行，不能有人工干预。

推荐取 10% P_E～90% P_E 的响应时间作为评价燃料电池发电系统的动态响应指标。

注：P_E——燃料电池发电系统额定功率。

6.8.2 数据整理

试验中测量的数据：动态阶跃响应时间、燃料电池堆的电压、燃料电池堆的电流、辅助系统的电压、辅助系统的电流、氢气的消耗量。

6.8.3 评价指标

动态阶跃响应时间。

附 录 A
（规范性附录）
相关计算公式

A.1 燃料电池堆的功率

燃料电池堆的功率按下式计算：

$$P_S = U \times I/1\ 000 \quad \cdots\cdots(A.1)$$

式中：

P_S——燃料电池堆的功率，单位为千瓦(kW)；

U——电压，单位为伏特(V)；

I——电流，单位为安培(A)。

A.2 燃料电池发电系统功率

燃料电池发电系统功率按下式计算：

$$P_F = P_S - P_A \quad \cdots\cdots(A.2)$$

式中：

P_F——燃料电池发电系统的功率，单位为千瓦(kW)；

P_S——燃料电池堆的功率，单位为千瓦(kW)；

P_A——辅助系统消耗的功率，单位为千瓦(kW)。

A.3 燃料电池堆效率

燃料电池堆效率按下式计算：

$$\eta_S = (1\ 000 \times P_S)/(m_{H_2} \times LHV_{H_2}) \times 100\% \quad \cdots\cdots(A.3)$$

式中：

η_S——燃料电池堆效率，单位为%；

P_S——燃料电池堆的功率，单位为千瓦(kW)；

m_{H_2}——氢气流量，单位为克每秒(g/s)；

LHV_{H_2}——氢气低热值，1.2×10^5 kJ/kg(标准状态：温度 $T=298$ K，压力 $P=0.1$ MPa)。

A.4 燃料电池发电系统效率

燃料电池发电系统效率按下式计算：

$$\eta_F = (1\ 000 \times P_F)/(m_{H_2} \times LHV_{H_2}) \times 100\% \quad \cdots\cdots(A.4)$$

式中：

η_F——燃料电池发电系统效率，单位为%；

P_F——燃料电池发电系统的功率，单位为千瓦(kW)；

m_{H_2}——氢气流量，单位为克每秒(g/s)；

LHV_{H_2}——氢气低热值，1.2×10^5 kJ/kg(标准状态：温度 $T=298$ K，压力 $P=0.1$ MPa)。

附 录 B
（资料性附录）
测 试 报 告

B.1 概述

根据所做试验，测试报告应提供足够多的正确、清晰和客观的数据用来进行分析和参考。报告应包含第6章中所有的数据。报告有三种形式，摘要式、详细式和完整式。每种类型的报告都应包含相应的标题页和内容目录。

B.2 测试报告内容

B.2.1 标题页

标题页应包括下列各项信息：

——报告编号；（可选择）

——报告的类型；（摘要式、详细式和完整式）

——报告的作者；

——试验者；

——报告日期；

——试验的场所；

——试验的名称；

——试验日期；

——发电系统鉴定机构和制造商的名称；

——用于试验的燃料种类；

——试验申请单位。

B.2.2 目录

每种类型的报告都应提供一个目录。

B.2.3 测试报告形式

B.2.3.1 摘要式报告

摘要式报告应包括下列各项信息：

——试验的目的；

——试验的种类、仪器和设备；

——所有的试验结果；

——结论。

B.2.3.2 详细式报告

详细式报告除包含摘要式报告的内容外，还应包括下列各项数据：

——发电系统的类型、操作方式和试验系统流程图；

——仪器和设备的安排、布置和操作条件的描述；

——仪器设备校准情况；

——用图或表的形式说明试验结果；

——试验结果的讨论分析。

B.2.3.3 完整式报告

完整式报告除了包含详细式报告的内容外，还应有原始数据的副本，此外还应包括下列各项：

——试验进行日期和时间；
——用于试验的测量设备的型号和精度；
——试验的环境条件；
——试验者的姓名和资格；
——完整和详细的不确定度分析；
——燃料分析结果。

ICS 27.070
K 82

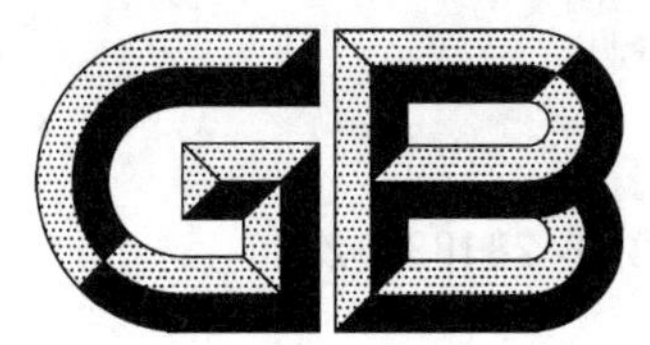

中华人民共和国国家标准

GB/T 28183—2011

客车用燃料电池发电系统测试方法

Test methods of fuel cell power system for bus

2011-12-30 发布　　2012-06-01 实施

中华人民共和国国家质量监督检验检疫总局
中国国家标准化管理委员会　发布

前　言

本标准按照GB/T 1.1—2009给出的规则起草。

本标准由中国电器工业协会提出。

本标准由全国燃料电池标准化技术委员会(SAC/TC 342)归口。

本标准起草单位:清华大学、机械工业北京电工技术经济研究所、上海神力科技有限公司、同济大学、上海攀业氢能科技有限公司、北京清能华通科技发展有限公司、上汽汽车集团股份有限公司、武汉理工大学、新源动力股份有限公司等。

本标准主要起草人:裴普成、衣宝廉、李晶晶、卢琛钰、张若谷、侯永平、董辉、张禾、赵景辉、詹志刚、侯中军等。

客车用燃料电池发电系统测试方法

1 范围

本标准规定了客车用燃料电池发电系统测试方面的术语和定义、技术要求、燃料电池发电系统的测试项目指标、试验过程及测试方法、燃料电池发电系统绝缘性测试、质量测试、试验结果整理和试验报告。

本标准规定的测试内容包括:燃料电池发电系统密封性测试、常温起动性能测试、工况法性能测试、绝缘性测试和质量测量。

本标准适用于客车用质子交换膜燃料电池发电系统。

2 规范性引用文件

下列文件对于本文件的应用是必不可少的。凡是注日期的引用文件,仅注日期的版本适用于本文件。凡是不注日期的引用文件,其最新版本(包括所有的修改单)适用于本文件。

GB/T 7445—1995 纯氢、高纯氢和超纯氢

GB/T 18384.3—2001 电动汽车 安全要求 第3部分:人员触电防护

GB/T 20042.1 质子交换膜燃料电池 术语

GB/T 23645—2009 乘用车用燃料电池发电系统测试方法

GB/T 25319—2010 汽车用燃料电池发电系统 技术条件

3 术语和定义

GB/T 20042.1、GB/T 23645—2009 和 GB/T 25319—2010 界定的以及下列术语和定义适用于本文件。

3.1

燃料电池发电系统工况 operating condition of fuel cell system

燃料电池发电系统工作状态,以功率为标志。

3.2

负荷率 loading rate of power

燃料电池发电系统输出功率与额定功率之比,单位%。

4 技术要求

4.1 对被测对象完整性要求

被测试的燃料电池发电系统是电池堆和辅助系统的集成,在外接氢源和起动电源条件下能够正常工作。辅助系统包括氢气供给系统(不包括气瓶至一级减压阀部分)、空气给排系统(包括专用于空压机或鼓风机的 DC/DC、DC/AC 变换器)、水/热管理系统、控制系统和安全保障系统等。在水/热管理系统中,把散热器及其风机定为燃料电池发电系统部件,但不计入燃料电池发电系统的质量和体积。

4.2 通讯要求

要求被测燃料电池发电系统给测试平台提供和接受以下信息:

a) 电池堆工作温度；

b) 电池堆和燃料电池发电系统的电压和电流；

c) 能接受起停信号；

d) 能接受功率给定信号；

e) 能够给出故障码。

4.3 试验条件

4.3.1 实验室，具备必要的安全措施，包括氢泄漏检测报警措施、通风措施、空间上部电器防爆密封措施。

4.3.2 测试系统平台，电压传感器精度0.5%，电流传感器精度0.5%，温度传感器精度±1 ℃，压力传感器精度1%，氢气质量流量计精度1%。

4.3.3 称重衡器，精度0.5%。

4.3.4 供给氢气，应满足GB/T 7445—1995的要求。

4.3.5 燃料电池发电系统起动电源。

4.3.6 高压氮气。

4.4 测试和检查项目

测试和检查项目包括以下内容：

a) 气密性检查；

b) 燃料电池发电系统常温起动性能测试；

c) 燃料电池发电系统工况法性能测试；

d) 燃料电池发电系统绝缘性测试；

e) 燃料电池发电系统质量测量。

5 燃料电池发电系统的测试项目指标

测试项目指标及其单位见表1。

表1 测试项目指标及单位

测试项目指标	单　　位
起动时间	s
冷机加载负荷率	%
怠速工况单位时间氢气消耗量	g/h
额定功率	kW
过载功率	kW
额定工况下氢气消耗率	g/kW·h
30%负荷率下氢气消耗率	g/kW·h
额定工况下燃料电池发电系统效率[a]	%
30%负荷率下燃料电池发电系统效率	%
输出工作电压范围	V
燃料电池发电系统最大质量比功率	W/kg
电堆正负极与发电系统支架之间的绝缘性	kΩ

表 1（续）

测试项目指标	单　　位
[a] 燃料电池发电系统效率按公式计算 $$\eta_t=\frac{29.8P}{\dot{m}}\times 100\%$$ 其中： η_t——燃料电池发电系统效率，单位为百分比(%)； $\dot{m}$——单位时间氢气消耗量，单位为克每小时(g/h)； P——燃料电池发电系统输出功率，单位为千瓦(kW)。	

6 试验过程及测试方法

6.1 燃料电池发电系统气密性检查

开启实验室通风系统。

燃料电池发电系统进入待机状态，确认氢气通入燃料电池堆。

检查燃料电池发电系统氢气管路及燃料电池堆的氢气密封性。

如果发现漏气，要及时处理。处理后重新进行检查，直至不漏气。

6.2 燃料电池发电系统常温起动性能测试

在 0 ℃～40 ℃环境条件下，进行燃料电池发电系统常温起动性能测试。起动前不允许预热。起动后进入怠速能够稳定 15 s 以上不出现自动停机现象，为起动成功。起动成功后，记录环境温度、环境湿度、进气温度、进气压力、冷却液温度、起动时间，记录起动过程中电池堆输出电流、电池堆输出电压、蓄电池向燃料电池辅助系统供电电流随时间变化的历程。

6.3 燃料电池发电系统工况法性能测试

燃料电池发电系统起动成功后，按表 2 所示的工况连续运行。在各个工况时，分别测取氢气消耗量、电池堆的输出电流和电压、燃料电池发电系统净输出的电流电压；记录进气温度、进气压力、冷却水温度、环境温度和湿度等；在额定工况和过载工况时，记录燃料电池发电系统输出电流和电压随时间变化的历程。

表 2　燃料电池发电系统工况运行条件

工　况　号	工况名称	负　荷　率	稳定时间/min
1	起动后怠速	0	1
2	冷机加载	由制造商给定	3
3	怠速	0	15
4	部分负荷	20%	3
5	部分负荷	40%	3
6	部分负荷	60%	3

表 2（续）

工 况 号	工 况 名 称	负 荷 率	稳定时间/min
7	部分负荷	80%	3
8	额定	100%	30
9	部分负荷	30%	30
10	过载	由制造商给定	3
11	部分负荷	50%	3
12	部分负荷	25%	10
13	部分负荷	10%	3
注：按制造商的要求设定加载速度。			

7 燃料电池发电系统绝缘性测试

在不连接负载系统、支架不连接实验室地线、已加注冷却液和加湿用水、水泵运转的条件下，按照GB/T 18384.3—2001，分别测试燃料电池发电系统正、负输出端相对于支架的绝缘电阻，记录测试时的温度。

8 质量测量

测量燃料电池发电系统的质量，不包括冷却液、加湿水和冷却系统的散热器及其风机的质量。

9 试验结果整理

a) 给出上述表1所列测试项目指标，其中氢气消耗量和氢气消耗率取该工况下稳态测试时间段的平均值。

b) 按照燃料电池发电系统测得的过载功率与测得燃料电池发电系统质量，计算燃料电池发电系统质量比功率。

c) 绘制燃料电池发电系统的输出特性：

——分别绘制燃料电池发电系统的输出电压、功率与电流的关系曲线图；

——绘出燃料电池发电系统氢气消耗率对功率的曲线图；

——绘出燃料电池发电系统效率对功率的曲线图。

d) 将第6章、第7章、第8章中所有的数据记入试验报告，试验报告参见附录A。

e) 其他：其他情况说明。

附 录 A
（资料性附录）
试 验 报 告

A.1 概述

根据所做试验，试验报告应提供足够多的正确、清晰和客观的数据用来进行分析和参考。报告应包含各章中所有的数据。报告有三种形式，摘要式、详细式和完整式。每个类型的报告都应包含相同的标题页和内容目录。

A.2 报告内容

A.2.1 标题页

标题页应介绍下列各项信息：

——国家标准代号；

——样品名称、材料组成，规格；

——试样状态调节及测试标准环境；

——试验机型号；

——每次测试的结果以及结果的平均值；

——试验日期、人员。

标题页应包括下列内容：

——报告编号(可选择)；

——报告的类型(摘要式、详细式和完整式)；

——报告的作者；

——试验者；

——报告日期；

——试验的场所；

——试验的名称；

——试验日期和时间；

——试验申请单位。

A.2.2 内容目录

每种类型的报告都应提供一个目录。

A.3 报告类型

A.3.1 摘要式报告

摘要式报告应包括下列各项数据：

——试验的目的；

——试验的种类，仪器和设备；

——所有的试验结果；

——每个试验结果的不确定因素和确定因素；

——摘要性结论。

A.3.2 详细式报告

详细式报告除包含摘要式报告的内容外，还应包括下列各项数据：

——试验操作方式和试验流程图；

——仪器和设备的安排、布置和操作条件的描述；

——仪器设备校准情况；

——用图或表的形式说明试验结果；

——试验结果的讨论分析。

A.3.3 完整式报告

完整式报告除了包含详细内容，还应有原始数据的副本，此外还应包括下列各项：

——试验进行时间；

——用于试验的测量设备的精度；

——试验的环境条件；

——试验者的姓名和资格；

——完整和详细的不确定度分析。

ICS 29.220.01
K 82

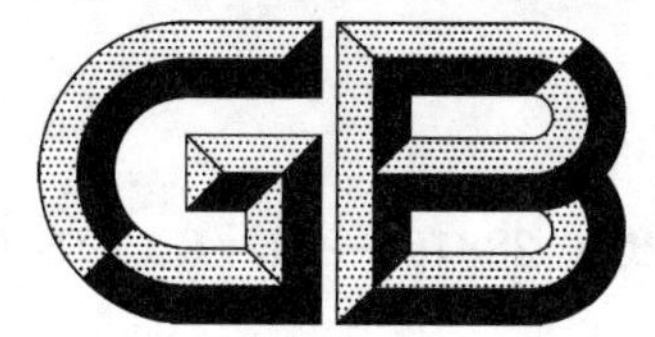

中华人民共和国国家标准

GB/T 28816—2012/IEC/TS 62282-1:2010

燃料电池　术语

Fuel cell—Terminology

(IEC/TS 62282-1:2010,Fuel cell technologies—Part 1:Terminology,IDT)

2012-11-05 发布　　2013-02-01 实施

中华人民共和国国家质量监督检验检疫总局
中国国家标准化管理委员会　发布

前　言

本标准按照 GB/T 1.1—2009 给出的规则起草。

本标准等同采用 IEC/TS 62282-1:2010《燃料电池技术　第1部分:术语》。

本标准在技术上与 IEC/TS 62282-1:2010 一致,仅做了下列编辑性修改:

删除了国际标准的前言和引言,增加国家标准的前言;

本标准由中国电器工业协会提出。

本标准由全国燃料电池标准化技术委员会(SAC/TC 342)归口。

本标准起草单位:机械工业北京电工技术经济研究所、武汉银泰科技燃料电池有限公司、上海神力科技有限公司、北京清能华通科技发展有限公司、同济大学、清华大学、武汉理工大学、中科院大连化学物理研究所、新源动力股份有限公司、UL 美华认证有限公司、上海攀业氢能源科技有限公司、上海汽车集团股份有限公司新能源汽车事业部、上海交通大学、北京伯肯新能源设备有限公司。

本标准起草人:李晶晶、齐志刚、张若谷、张禾、卢琛钰、衣宝廉、侯永平、裴普成、潘牧、侯明、邢丹敏、赵景辉、季良俊、陈晨、董辉、王绍荣、张立芳。

燃料电池　术语

1　范围

本标准以图表、定义和方程等方式提供了统一的燃料电池术语。

本标准适用于固定式、交通、便携式和微型发电等所有燃料电池技术相关的应用。

本标准中没有的词或短语，可在标准词典、工程参考资料或 IEC 60050 系列标准中找到。

注：IEC 62282 的第一版意在为使用燃料电池标准 IEC TC 105 系列燃料电池标准的工作组和用户提供一个资源，而第二版已经扩展为通用燃料电池术语源。

2　燃料电池发电系统框图

2.1　框图

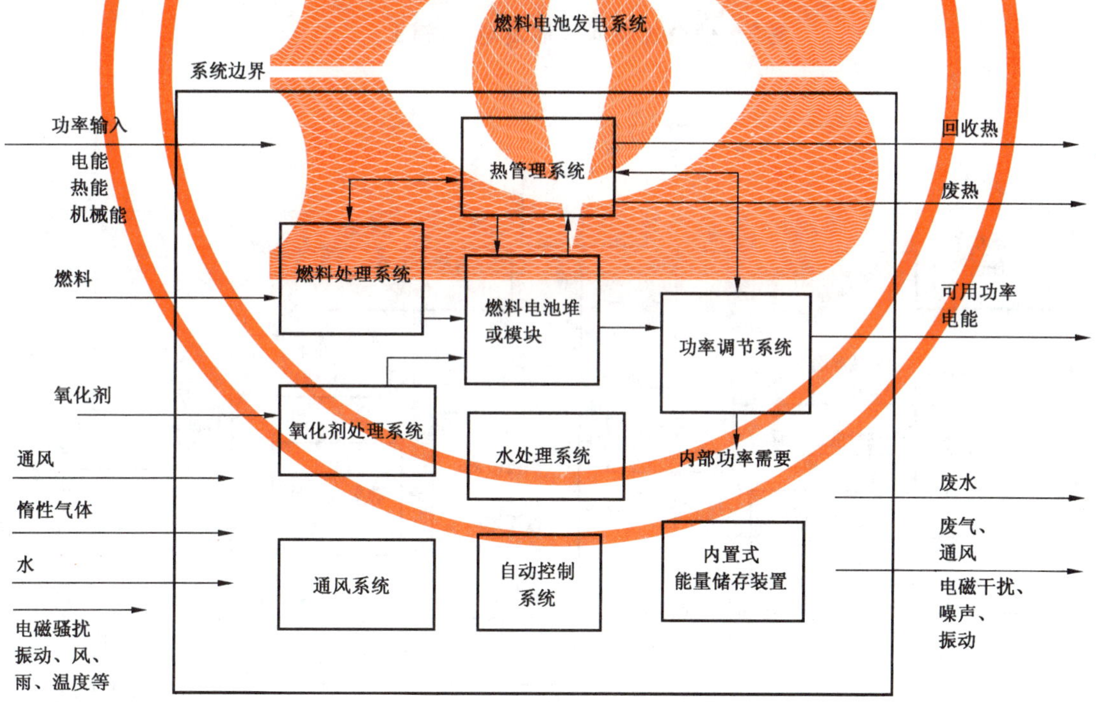

燃料电池发电系统
系统边界
功率输入
电能
热能
机械能
燃料
氧化剂
通风
惰性气体
水
电磁骚扰
振动、风、
雨、温度等
热管理系统
燃料处理系统
燃料电池堆
或模块
氧化剂处理系统
水处理系统
功率调节系统
内部功率需要
通风系统
自动控制
系统
内置式
能量储存装置
回收热
废热
可用功率
电能
废水
废气、
通风
电磁干扰、
噪声、
振动

图 1　固定式燃料电池发电系统(3.49.3)

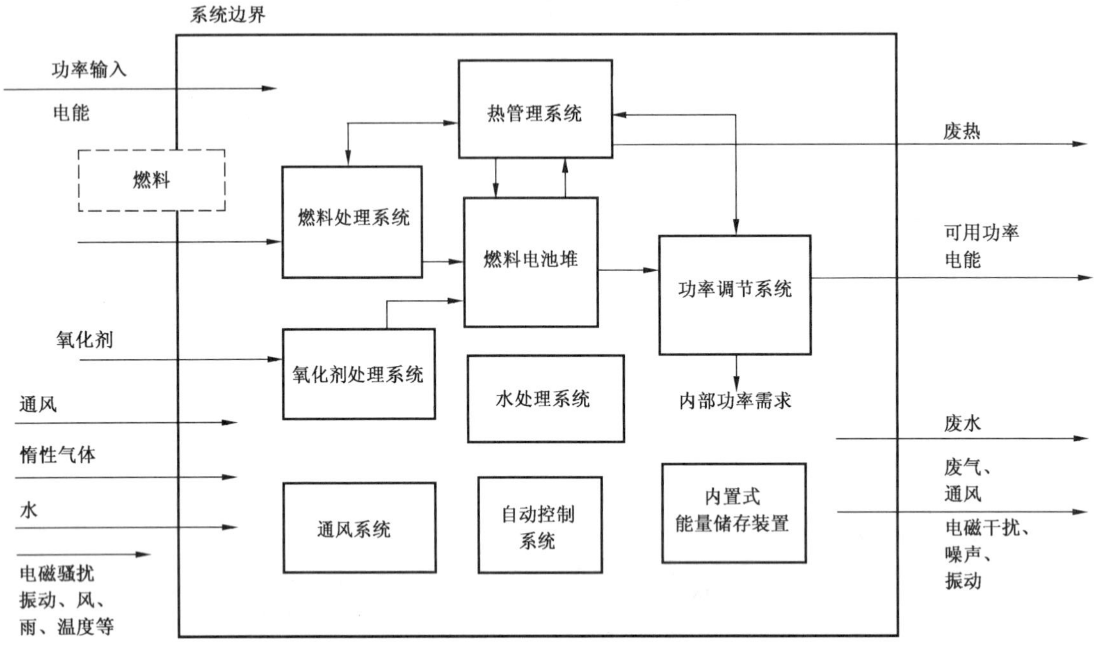

图 2　便携式燃料电池发电系统(3.49.2)

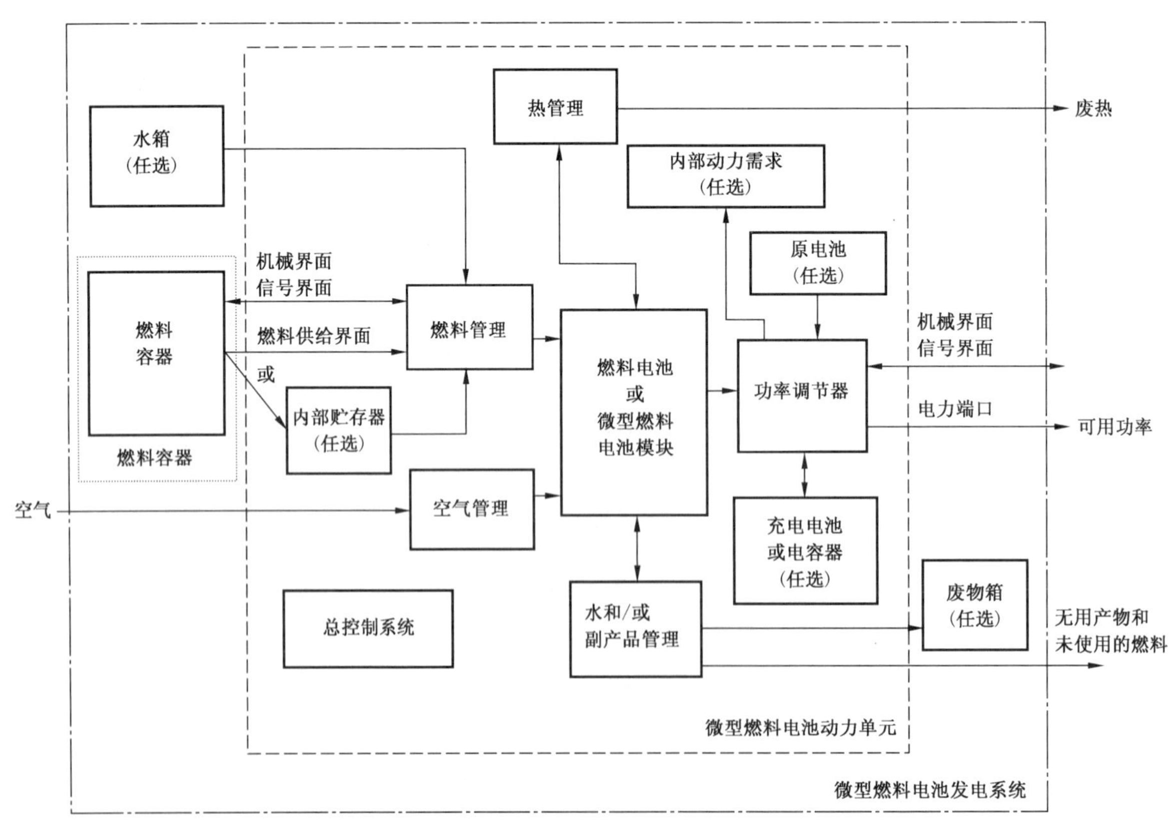

图 3　微型燃料电池发电系统(3.49.1)

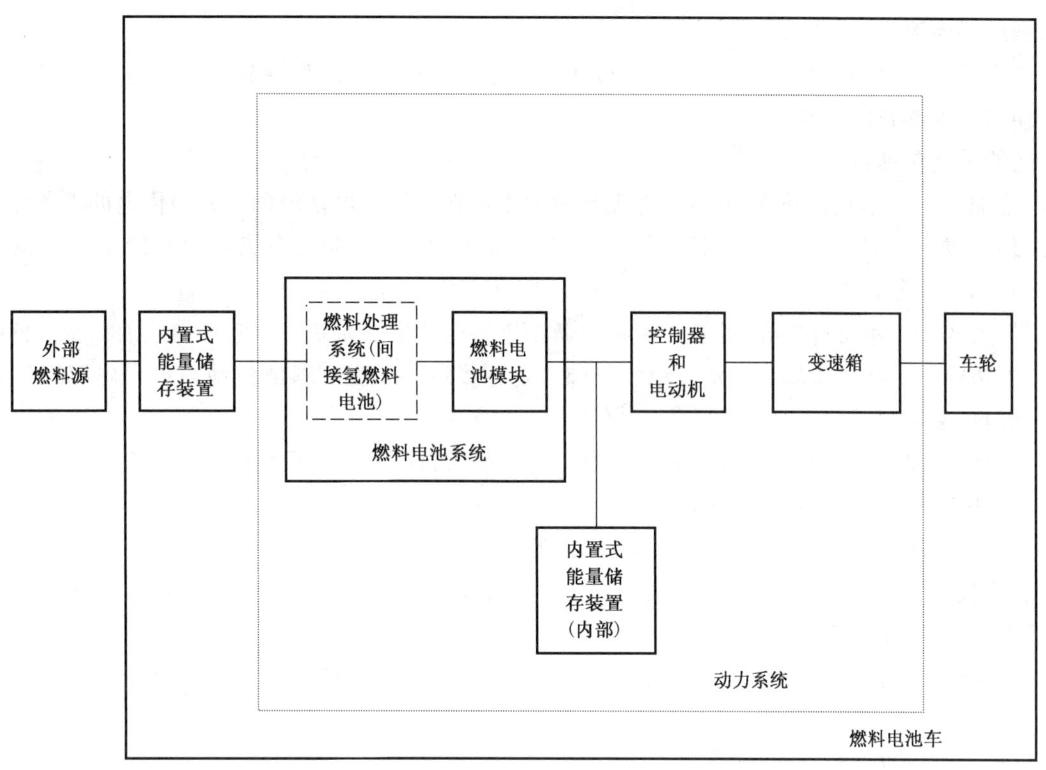

图 4 燃料电池车(3.51)

2.2 框图功能的定义

从 IEC 62282 这部分所能预期的发电系统的总体设计由下面所述能实现规定功能的系统的必要组合而成:

自动控制系统——由传感器、制动器、阀门、开关和逻辑元件组成的系统,用以使燃料电池发电系统(3.49)在无需人工干预时,参数能保持在制造商给定的限值范围内。

燃料电池模块——集成于车辆或发电系统内部、由一个或多个燃料电池堆(3.50)组成的设备,通过电化学反应将化学能转化为电能和热能。

燃料电池堆——由单电池、隔离板、冷却板、歧管(3.70)和支承结构组成的设备,通过电化学反应把(通常)富氢气体和空气反应物转换成直流电、热和其他反应产物。

燃料处理系统——燃料电池发电系统(3.49)所需要的、准备燃料及必要时对其加压的、由化学和/或物理处理设备以及相关的热交换器和控制器所组成的系统。

内置式能量储存——由置于系统内部的电能储存装置所组成的系统,用来帮助或补充燃料电池模块(3.48)对内部或外部负载供电。

氧化剂处理系统——用来计量、调控、处理并可能对输入的氧化剂进行加压以便供燃料电池发电系统(3.49)使用的系统。

功率调节系统——用于调节燃料电池堆(3.50)的电能输出使其满足制造商规定的应用要求的设备。

热管理系统——用来加热或冷却/排热的系统,从而保持燃料电池发电系统(3.49)在其工作温度范围内,也可能提供对过剩热的再利用,以及帮助在启动阶段对能量链加热。

通风系统——通过机械或自然方式向燃料电池发电系统(3.49)机壳提供空气的系统。

水处理系统——用以对燃料电池系统(3.49)所用的回收水或补充水进行必要处理的系统。

微型燃料电池发电系统：

燃料容器——可移除的、用户不能自行再灌装的存储燃料并向微型燃料电池发电装置(3.74)或其内部贮存器提供燃料的物件。

可能的种类包括：

- 附加式——本身有外壳、并且该外壳与由微型燃料电池发电系统(3.49.1)供电的设备相连接。
- 外置式——本身有外壳、并且该外壳构成由微型燃料电池发电系统(3.49.1)供电的设备的外壳的一部分。
- 插入式——本身有外壳、并且安装在由微型燃料电池发电系统(3.49.1)供电的设备的外壳内。
- 卫星式——与微型燃料电池发电装置(3.74)连接后向微型燃料电池动力单元内部存储器输送燃料，然后移除。

微型燃料电池动力单元——除去燃料容器后的微型燃料电池发电系统(3.49.1)。

图中所用其他术语包括：

排放水——从燃料电池发电系统(3.49)排出的水，包括废水和冷凝水。

电磁骚扰——任何可能降低装置、设备或系统性能，或者对活的或惰性物质有不利影响的电磁现象。[IEC 60050-161:1990,161-01-05]

电磁干扰——由电磁骚扰导致的设备、传输通道或系统的性能降低。[IEC 60050-161:1990,161-01-06]

回收热——回收再利用的热能。

废热——排放出的且不被回收的热能。

3 术语和定义

3.1

空气洗毒 air bleed

在燃料电池(3.43)或燃料电池堆(3.50)燃料进口的上游，或者在阳极(3.2)的腔室中，引入少量空气(大约5%)到燃料流里。

注：空气洗毒的目的是通过在燃料电池的阳极(3.2)腔室中对毒物进行催化氧化从而减少像一氧化碳类物质的毒化作用。

3.2

阳极 anode

燃料的氧化反应发生所在电极(3.33)。

3.3

活性层 active layer

见催化层(3.14)。

3.4

面积 area

3.4.1

电池面积 cell area

垂直于电流流动方向的双极板(3.9)的几何面积。

注：电池面积表示为 m^2

3.4.2

电极面积 electrode area

3.4.2.1

活性面积 active area

垂直于电流流动方向的电极(3.33)的几何面积。

注1:活性面积表示为 m^2。

注2:活性面积也称为有效面积,用于计算电池的电流密度(3.26)。

3.4.2.2

有效面积 effective area

见活性面积(3.4.2.1)。

3.4.2.3

电化学表面积 electrochemical surface area

能够参与电化学反应的电催化剂表面的面积。

注:电化学表面积表示为 m^2。

3.4.3

膜电极组件面积 membrane electrode assembly (MEA) area

垂直于净电流流动方向整个膜电极组件的几何面积,包括膜的活性面积和未涂催化剂部分的面积。

注:膜电极组件面积表示为 m^2。

3.4.4

比表面积 specific surface area

每单位质量(或体积)催化剂的电化学表面积或反应物能接触到的电催化剂的面积。

注:比表面积表示为 m^2/g,m^2/m^3。

3.5

可用因子 availability factor

运行时间占总考察时间的比例。

[IEC 60050-603:1986,603-05-09]

3.6

轴向负荷 axial load

施加在燃料电池堆(3.50)端板(3.40)上的压缩负荷,以确保接触和/或气密性。

注:轴向负荷表示为 Pa。

3.7

辅助系统 balance of plant;BOP

基于电源或站点的具体要求,纳入一个完整的发电系统的支持/辅助部件。

注:一般而言,除了燃料电池堆(3.50)或燃料电池模块(3.48)和燃料处理系统外的其他所有组件都称为辅助系统部件。

3.8

基载运行 base load operation

见满载运行(3.77.4)。

3.9

双极板 bipolar plate

电池堆中隔离单电池的导电板,作为集流体(3.25),并为电极(3.33)或膜电极组件(3.73)提供机械支撑。

注:双极板通常在其两侧有为反应物分布(燃料和氧化剂)和生成物排除的流场,也可能包含传热通道。双极板提供了一个物理屏障,以避免氧化剂、燃料和冷却剂的混合。双极板也称为双极隔离板。

3.10

母线板　bus bar

见电池堆电端(3.105)。

3.11

催化剂　catalyst

能加速(增加速率)反应、本身不被消耗的物质。

同时见电催化剂(3.31)。

注：催化剂降低了反应活化能，从而使反应速率增加。

3.12

催化剂涂层膜　catalyst coated membrane；CCM

(在一个聚合物电解质燃料电池(3.43.6)中)表面涂有催化层(3.14)、形成电极(3.33)反应区的膜。

同时见膜电极组件(MEA)(3.73)。

3.13

催化剂涂层基质　catalyst coated substrate；CCS

表面涂有催化层(3.14)的基质。

3.14

催化层　catalyst layer

和膜的任何一面相邻、含有电催化剂(3.31)的薄层，通常具有离子和电子传导性。

注：催化层构成了可发生电化学反应的空间区域。

3.15

催化剂担载量　catalyst loading

燃料电池(3.43)中单位活性面积(3.4.2.1)上催化剂(3.11)的量，要明确是单独阳极(3.2)或单独阴极(3.18)担载量，或者阳极和阴极担载量的总和。

注：催化剂担载量表示为 g/m^2。

3.16

催化剂中毒　catalyst poisoning

催化剂(3.11)的性能被物质(毒物)抑制。

注：电催化剂(3.31)中毒会导致燃料电池(3.43)的性能下降。

3.17

催化剂聚结　catalyst sintering

由于化学和/或物理过程使催化剂(3.11)颗粒结合在一起。

3.18

阴极　cathode

氧化剂的还原反应发生所在电极(3.33)。

[IEC 60050-482:2004,482-02-28,修改过的]

3.19

电池　cell

3.19.1

平板电池　planar cell

平面结构的燃料电池(3.43)。

3.19.2

单电池　single cell

燃料电池(3.43)的基本单元，由一组阳极(3.2)和阴极(3.18)及分开它们的电解质(3.34)组成。

3.19.3

管状电池 tubular cell

圆柱状结构的燃料电池,允许燃料和氧化剂在管内或管外表面流动。

注:可以使用不同的截面类型(如圆形,椭圆形)。

3.20

压缩端板 compression end plate

见端板(3.40)。

3.21

活化 conditioning

能保证燃料电池(3.43)正常运行的(和电池/电池堆有关)预备步骤,按照制造商规定的规程来实现。

注:活化可能包括可逆和/或不可逆的过程,取决于电池技术。

3.22

交叉泄漏 cross leakage

见渗漏(3.23)。

3.23

渗漏 crossover

燃料电池的燃料端和氧化剂端之间任一方向的泄漏,一般是穿过电解质(3.34)。

注:渗漏也称为交叉泄漏。

3.24

电流 current

3.24.1

泄漏电流 leakage current

除了短路外,在不需要导电的路径上出现的电流。

注:泄漏电流表示为A。

[IEC 60050-151:2001,151-15-49]

3.24.2

额定电流 rated current

制造商规定的最大连续电流,燃料电池电源系统(3.49)设计在该电流下运行。

注:额定电流表示为A。

3.25

电流集流体 current collector

燃料电池(3.43)中从阳极(3.2)端收集电子或向阴极(3.18)端传递电子的导电材料。

3.26

电流密度 current density

单位活性面积(3.4.2.1)上通过的电流。

注:电流密度表示为 A/m^2 或 A/cm^2。

3.27

衰减速率 degradation rate

在一定时间内电池性能衰减的比率。

注:衰减速率可以用来衡量电池性能的可恢复性损失和永久性损失。常用的测量单位是每单位时间伏特(直流)或每固定时间内终值和初值电压(直流)的百分比。

3.28

脱硫器　desulfurizer

除去原燃料中硫化物的反应器。

注：吸附剂式脱硫器、催化式氢化脱硫器等。

3.29

电池压力差　differential cell pressure

从一个电极(3.33)到另一个电极之间测量的电解质(3.34)两侧的压力差。

注：电池压力差表示为 Pa。

3.30

效率　efficiency

设备输出的有用能量流和输入能量流的比。

注：能量流能通过测量一个规定的时间间隔内相应的流入和输出的值确定，因此可以理解为各个流的平均值。

3.30.1

电效率　electrical efficiency

燃料电池发电系统产生的净电功率(3.85.3)和向燃料电池发电系统提供的总焓流的比。

注：除非另有说明，假定低热值(LHV)。

3.30.2

有效能(㶲效率)　exergetic efficiency

燃料电池发电系统(3.49)产生的净电功率(3.85.3)和供给燃料电池系统总㶲流的比，假设反应产物为气态。

3.30.3

热回收效率　heat recovery efficiency

燃料电池发电系统(3.49)回收的热能与供入燃料电池发电系统焓流的比。

注：原燃料(3.89)供给的总焓流(包括反应焓)应采用低热值，以便更好的和其他类型的能量转换系统比较。

3.30.4

总能量效率(总热效率)　overall energy(total thermal efficiency)

总的可用能量流(净电功率(3.85.3)和回收的热流)和供给燃料电池发电系统(3.49)总焓流的比。

注：原燃料(3.89)供给的总焓流(包括反应焓)应采用低热值，以便更好的和其他类型的能量转换系统比较。

3.30.5

总有效能(总㶲效率)　overall exergy efficiency

净电功率(3.85.3)和回收的热中的所有有用㶲流之和与供给燃料电池发电系统(3.49)的总㶲流的比。

注：输入的原燃料(3.89)的总㶲流(包括反应)应对应气态产物以便更好得和其他类型的能量转换系统比较。

3.31

电催化剂　electrocatalyst

加速(增加速率)电化学反应的物质。

同时见催化剂(3.11)。

注：在燃料电池(3.43)中，电催化剂通常被放置在活性层(3.3)或催化层(3.14)。

3.32

电催化剂载体　electrocatalyst support

电极(3.33)的组成部分，用于担载电催化剂(3.31)，并作为导电介质。

3.33

电极　electrode

用于将电化学反应产生的电流导入或导出电化学电池的电子导体(或半导体)。

注：电极(3.33)可能是阳极(3.2)或阴极(3.18)。

3.33.1

气体扩散电极　gas diffusion electrode

由电极(3.33)中所有的导电组分构成的阳极(3.2)端或阴极(3.18)端部件,即气体扩散层(3.57)和催化层(3.14)。

3.33.2

带槽电极　ribbed electrode

在电极的基体上有让气体通过的凹槽的电极(3.33)。

3.34

电解质　electrolyte

含有移动离子因而具有离子导电性的液态或固态物质。

[IEC 60050-111:1996,111-15-02]

注:电解质是不同燃料电池(3.43)技术(比如:液态、聚合物、熔融盐、固体氧化物)的主要区分特征,它决定有效操作温度范围。

3.35

电解液泄漏　electrolyte leakage

液态电解质(3.34)从燃料电池堆(3.50)中漏出。

3.36

电解质损失　electrolyte loss

相对于燃料电池(3.43)初始电解质(3.34)储量的任何减少。

注:电解质(3.43)的减少可能由不同的过程产生,如蒸发、泄漏、迁移和金属部件腐蚀造成的消耗。

3.37

电解质基体　electrolyte matrix

保存液态电解质的具有特定的合适孔结构的绝缘气密电池部件。

注:孔结构必须根据与其相邻的电极(3.33)来调节,以保证完全填充(3.41)。

3.38

电解质迁移　electrolyte migration

使用外部歧管的熔融碳酸盐燃料电池(3.43.4)电池堆中电解质在电位驱动下的移动。

注:电解质(3.34)趋于从电池堆的正极向负极迁移,迁移通过置于外部歧管(3.70)和电池堆边缘之间的垫片发生。

3.39

电解质存储器　electrolyte reservoir

液态电解质燃料电池(3.43)(如熔融碳酸盐燃料电池(3.43.4)和磷酸燃料电池(3.43.5))的组成部分,用于存储液态电解质(3.34),以在电池的生命周期(3.69.2)内补充电解质损失(3.36)。

3.40

端板　end plate

位于燃料电池堆电流流动方向的两端,用于给叠在一起的电池传送所需要的压紧力的组件。

注:端板可包括接口、管道、歧管(3.70)或夹紧板以便给燃料电池堆(3.50)提供流体(反应物、冷却液)。也可称为电池堆端架或压缩端板。

3.41

填充(度)　filling(level)

燃料电池(3.43)多孔部件(如电极(3.33)或电解质基体(3.37))中所有开放的孔体积被液态电解质所占据的比例。

3.42

电池堆或模块中的流场布置　flow configuration of stack or module

3.42.1

并流　co-flow

如在热交换器或燃料电池(3.43)中,流体同向平行流过一个设备的相邻部分。

注:例如,在使用内部歧管的燃料电池堆(3.50)中,这种流场布置可以用于氧化剂和燃料气体流。

3.42.2

逆流　counter flow

如在热交换器或燃料电池(3.43)中,流体反向平行流过一个设备的相邻部分。

注:例如,在使用内部歧管的燃料电池堆(3.50)中,这种流场布置可以用于氧化剂和燃料气体流。

3.42.3

交叉流动　cross flow

如在热交换器或燃料电池(3.43)中,流体相互交叉以一个基本上互相垂直的角度流过一个设备的相邻部分。

注:使用外部歧管的燃料电池堆(3.50)为氧化剂和燃料气体流选择这种流场布置。

3.42.4

闭端流动　dead end flow

一种单电池或电池堆的结构,其特点是封闭燃料和/或氧化剂的出口。

注:在闭端流动的操作中,输送到电池或电池堆的反应物几乎100%被消耗了。由于需要周期性吹扫电极(3.33)腔室,一小部分反应物会从燃料电池发电系统(3.49)中排出。

3.43

燃料电池　fuel cell

将一种燃料和一种氧化剂的化学能直接转化为电能(直流电)、热和反应产物的电化学装置。

[IEC 60050-482:2004,482-01-05,修改过的]

注:燃料和氧化剂通常存储在燃料电池的外部,当它们被消耗时而输入到燃料电池中。

3.43.1

碱性燃料电池　alkaline fuel cell

使用碱性电解质(3.34)的燃料电池(3.43)。

3.43.2

直接燃料电池　direct fuel cell

提供给燃料电池发电系统(3.49)的原燃料(3.89)和提供给阳极(3.2)的燃料相同的燃料电池(3.43)。

3.43.3

直接甲醇燃料电池　direct methanol fuel cell;DMFC

燃料为气态或液态形式的甲醇(CH_3OH)的直接燃料电池(3.43.2)。

注:甲醇在阳极(3.2)不经过重整成氢的过程而直接被氧化。电解质(3.34)通常为质子交换膜。

3.43.4

熔融碳酸盐燃料电池　molten carbonate fuel cell

使用熔融碳酸盐为电解质(3.34)的燃料电池(3.43)。

注:通常使用熔融的锂/钾或锂/钠碳酸盐作为电解质(3.34)。

3.43.5

磷酸燃料电池　phosphoric acid fuel cell;PAFC

用磷酸(H_3PO_4)水溶液作为电解质(3.34)的燃料电池(3.43)。

3.43.6

聚合物电解质燃料电池　polymer electrolyte fuel cell;PEFC

使用具有离子交换能力的聚合物作为电解质(3.34)的燃料电池(3.43)。

注：聚合物电解质燃料电池也被称为质子交换膜燃料电池(PEMFC)(3.43.7)和固体聚合物燃料电池(SPFC)。

3.43.7

质子交换膜燃料电池　proton exchange membrane fuel cell;PEMFC

见聚合物电解质燃料电池(3.43.6)。

3.43.8

可再生燃料电池　regenerative fuel cell

能够由一种燃料和一种氧化剂产生出电能,又可通过使用电能的一个电解过程产生该燃料和氧化剂的电化学电池。

3.43.9

固体氧化物燃料电池　solid oxide fuel cell;SOFC

使用离子导电氧化物作为电解质(3.34)的燃料电池(3.43)。

3.43.10

固体聚合物燃料电池　solid polymer fuel cell;SPFC

见聚合物电解质燃料电池(3.43.6)。

3.44

燃料电池/电池混合系统　fuel cell / battery hybrid system

燃料电池发电系统(3.49)同电池相结合,以提供有用的电能。

注：燃料电池发电系统(3.49)可以提供电能,给电池充电,或者两者兼而有之。该系统可提供和接受电能。

3.45

燃料电池/燃气轮机系统　fuel cell / gas turbine system

电力系统基于一种高温燃料电池(3.43),通常是熔融碳酸盐燃料电池(3.43.4)或固体氧化物燃料电池(3.43.9),和燃气轮机的集成。

注：系统运行使用燃料电池的热能和剩余燃料驱动气轮机。也被称为燃料电池/气轮机混合系统。

3.46

燃料电池燃气轮机混合系统　fuel cell gas turbine hybrid system

见燃料电池/燃气轮机系统(3.45)。

3.47

燃料电池热电联供系统　fuel cell cogeneration system

目的是向外部用户提供电力和热的燃料电池发电系统(3.49)。

3.48

燃料电池模块　fuel cell module

一个或多个燃料电池堆(3.50)和其他主要及适当的附加部件的集成体,目的组装到一个发电装置或一个交通工具中。

注：一个燃料电池模块由以下几个主要部分组成:一个或多个燃料电池堆(3.50)、输送燃料、氧化剂和废气的管路系统、电池堆输电的电路连接、监测和/或控制手段。此外,燃料电池模块还可包括:额外流体(如冷却介质,惰性气体)的输送手段,检测正常或不正常运行条件的手段,外壳或压力容器,和模块的通风系统。

3.49

燃料电池发电系统　fuel cell power system

使用燃料电池模块(3.48)产生电能和热的发电系统。

注：一个燃料电池发电系统是由第2条款中的全部或部分系统组成。

3.49.1

微型燃料电池发电系统　micro fuel cell power system

可佩带或易用手携带的微型燃料电池动力单元(3.74)和相关的燃料容器,见图3。

3.49.2

便携式燃料电池发电系统　portable fuel cell power system

不被永久紧固或其他形式固定在一个特定位置的燃料电池发电系统(3.49),见图2。

3.49.3

固定式燃料电池发电系统　stationary fuel cell power system

连接并固定于适当位置的燃料电池发电系统(3.49),见图1。

3.50

燃料电池堆　fuel cell stack

由单电池、隔离板、冷却板、歧管(3.70)和支承结构组成的设备,通过电化学反应把(通常)富氢气体和空气反应物转换成直流电、热和其他反应产物。

3.51

燃料电池车　fuel cell vehicle

使用燃料电池发电系统(3.49)给电动机提供驱动电力的电动车,见图4。

3.52

燃料利用率　fuel utilization

参与电化学转化产生电池电流的燃料量和进入电池总的燃料量的比值。

3.53

燃料加注耦合器　fuelling coupler

燃料电池汽车和燃料供应站的连接接口。

注：燃料加注耦合器也可以提供冷却水,以及跟燃料供应有关的通信信息。燃料加注耦合器包括加注口和加注枪。

3.54

气体净化　gas cleanup

通过物理或化学方法除去气态物料流体中的污染物。

3.55

气体扩散阳极　gas diffusion anode

见气体扩散电极(3.33.1)。

3.56

气体扩散阴极　gas diffusion cathode

见气体扩散电极(3.33.1)。

3.57

气体扩散层　gas diffusion layer;GDL

放置在催化层(3.14)和双极板(3.9)之间形成电接触的多孔基层,该层允许反应物进入催化层和反应产物的去除。

注：气体扩散层也被称为多孔传输层。

3.58

气体泄漏量　gas leakage

除有意排出的废气之外,离开燃料电池模块(3.48)的所有气体的总和。

3.59

气体吹扫　gas purge

从燃料电池发电系统(3.49)中将气体和/或液体(例如,燃料、氢气、空气或水)清除的保护性操作。

3.60

气体密封　gas seal

防止反应气体从规定的流动通道中泄漏出去的气密机制。

注：气密密封可干可湿，这取决于燃料电池(3.43)的类型。

3.61

产热率　heat rate

反比于电效率(3.30.1)。

3.62

增湿　humidification

通过燃料和/或氧化剂反应气体，向燃料电池(3.43)内部引入水的过程。

3.63

增湿器　humidifier

将水加入到燃料和/或氧化剂气体中的设备。

3.64

内部连接体　interconnector

在燃料电池堆中连接单电池(3.19.2)的导电气密部件。

3.65

界面点　interface point

物料和/或能量进入或离开燃料电池发电系统(3.49)边界的测量点。

注：该边界是有意选择用来精确测量系统的性能。如有必要，被评估的燃料电池发电系统(3.49)的边界或界面点应通过各方协商确定。

3.66

内电阻　internal resistance

由电子和离子电阻造成的燃料电池内部的欧姆电阻。

见欧姆极化(3.82.2)。

注：欧姆意指电压降和电流的关系服从欧姆定律。

3.67

内阻损失　IR loss

见欧姆极化(3.82.2)。

3.68

脊(和流场有关)　land (related to flow field)

流场中突出的结构，和气体扩散层(3.57)接触，提供电接触和电子流的通路。

3.69

寿命　life

3.69.1

催化剂寿命(重整器)　catalyst life (reformer)

燃料电池发电系统在额定工况运行时，从首次启动燃料电池发电系统(3.49)到在重整器(3.92)出口初次出现未重整燃料的浓度超过了制造商允许的设计值时的时间间隔。

3.69.2

单电池或电池堆寿命　cell or stack life

燃料电池在一个基准电流运行条件下，从首次启动到其电压降至低于规定的最低可接受电压时的时间间隔。

注：最低可接受电压值应考虑到具体的使用情形，由参与各方协议确定。

3.70

歧管 manifold

为燃料电池(3.43)或燃料电池堆(3.50)输送流体或从中收集流体的管道。

注1：外部歧管的设计是针对摞在一起的单电池,气体混合物从一个中央源被送往大的燃料和氧化剂的进口,该进口覆盖紧邻的电池堆端并用恰当设计的密封垫密封。类似的系统在对面端收集废气。

注2：内部歧管是设计在电池堆内部的通道系统,它穿过双极板(3.9)把气体分配给各单电池。

3.71

质量活性 mass activity

见比活性(3.102)。

3.72

传质(或浓度)损失 mass transport (or concentration) loss

见浓差极化(3.82.3)。

3.73

膜电极组件 membrane electrode assembly;MEA

通常是聚合物电解质燃料电池(3.43.6)、直接甲醇燃料电池(3.43.3)类燃料电池(3.43)的组成部分,由电解质膜和分别置于两侧的气体扩散电极组成的组件。

3.74

微型燃料电池发电装置 micro fuel cell power unit

提供不超过60V直流输出电压(3.117.3)和不超过240VA的持续净电力的燃料电池发电装置。

注：微型燃料电池发电装置不包括燃料容器。

3.75

空载电压 no load voltage

见开路电压(3.117.2)。

3.76

非重复部件 non-repeat parts

燃料电池堆的所有非重复部件。如,电堆端板(3.40)。

3.77

运行 operation

3.77.1

恒电流运行 constant current operation

燃料电池发电系统(3.49)在恒电流下的运行模式。

3.77.2

恒功率运行 constant power operation

在其发电能力范围内,燃料电池发电系统(3.49)输出功率保持恒定的运行模式。

3.77.3

恒电压运行 constant voltage operation

燃料电池发电系统(3.49) 保持恒定输出电压(3.117.3)的运行模式。

3.77.4

满载运行 full load operation

燃料电池发电系统(3.49)运行在额定功率(3.85.4)下的模式。

3.77.5

联网运行 grid-connected operation

燃料电池发电系统(3.49)和电力电网相连接的运行模式。

3.77.6

离网运行 grid-independent or isolated operation

燃料电池发电系统(3.49)独立于任何电力电网而单独运行的模式。

注：离网运行也被称为独立运行。

3.77.7

跟载运行 load following operation

燃料电池发电系统(3.49)基本上由电力负荷的波动或热量的需求来控制运行的模式。

3.77.8

待机运行 standby operation

见待机状态(3.110.4)。

3.78

氧化剂利用率 oxidant utilization

参与电化学反应产生燃料电池(3.43)电流的氧化剂的量和进入燃料电池的氧化剂总量的比值。

注：$(O_{2\ in}-O_{2\ out})/O_{2\ in}$，其中$O_{2\ in}$和$O_{2\ out}$分别是进口和出口的$O_2$流量。

3.79

寄生负载 parasitic load

为了维持燃料电池发电系统(3.49)运行辅助系统(BOP)(3.7)中的辅助机器和设备(如)所消耗的功率"。

注：例如风机、泵、加热器、传感器。寄生负载在很大程度上取决于燃料电池发电系统的输出功率和环境条件。

3.80

部分氧化 partial oxidation

见部分氧化重整(3.93.3)。

3.81

中毒 poisoning

见催化剂中毒(3.16)。

3.82

(燃料电池)极化 (fuel cell) polarization

由于在燃料电池的组件内发生不可逆过程致使燃料电池(3.43)的输出电压(3.117.3)偏离其热力学数值。

注：极化增加效率损失，且随着通过电池的法拉第电流的增加而增加。

3.82.1

活化极化 activation polarization

由慢的电极动力学而引起的极化。

3.82.2

欧姆极化 ohmic polarization

由于电解质中离子的流动受阻和电极(3.33)、双极板(3.9)材料中的电子流动受阻而引起的极化。

注：欧姆一词意指电压降遵循欧姆定律，即欧姆电阻(叫做电池的内阻(3.66))会使电压和电流成正比，是一个比例常数。

3.82.3

浓差极化 concentration polarization

燃料电池的电极内向反应点的缓慢扩散和/或产物从电极缓慢扩散离开而引起的极化。

注：该极化在大电流密度下更重要，并可能导致电池电压的急剧下降。

3.83

极化曲线 polarization curve

通常为燃料电池(3.43)输出电压(3.117.3)的曲线。

注：极化曲线表示为 V 对 A/cm²。

3.84

孔隙率 porosity

对燃料电池而言，是孔体积和电极(3.33)材料或电解质基质总体积的比值。

注：孔的特征，如总的开孔率、孔形状、大小和大小的分布。

3.85

功率 power

3.85.1

总功率 gross power

燃料电池堆(3.50)输出的直流电功率。

注：总功率单位为 W。

3.85.2

最低功率 minimun power

燃料电池发电系统(3.49)能够连续稳定运行的情况下输出的最小净电功率(3.85.3)。

注：最低功率单位为 W。

3.85.3

净电功率 net electrical power

燃料电池发电系统(3.49)产生的可供外部使用的电功率。

注 1：净电功率单位为 W。

注 2：净电功率是总功率(3.85.1)和由辅助系统所消耗的功率的差。

3.85.4

额定功率 rated power

在生产商规定的正常运行条件下，所设计的燃料电池发电系统(3.49)的最大连续电输出功率。

注：额定功率单位为 W。

3.85.5

比功率 specific power

额定功率(3.85.4)和燃料电池发电系统(3.49)的质量、体积或面积的比值。

注：比功率表示为 kW/kg、kW/m^3、W/cm^2。

3.86

压力 pressure

注：国际标准化组织推荐使用绝对压力。如果用表压，应注明。

3.86.1

最大允许工作压力 maximum allowable working pressure

燃料电池(3.43)或燃料电池发电系统(3.49)可以运行的最大压力。

注 1：最大允许工作压力表示为 Pa。

注 2：最大允许工作压力是用来确定压力极限值/减压设备的压力设定值，安装泄压装置是为了在意外过度施压时保护组件或系统。

3.86.2

最大运行压力 maximum operating pressure

由部件或系统制造商规定的最大压力，系统或部件被设计成在该压力下可以连续运行。

注 1：最大运行压力表示为 Pa。

注2：包括所有正常运行，稳态(3.110.5)和瞬变状态。

3.87

多孔传输层　porous transport layer;PTL

见气体扩散层(3.57)。

3.88

吹扫　purge

见气体吹扫(3.59)。

3.89

原燃料　raw fuel

从外部源供给燃料电池发电系统(3.49)的燃料。

3.90

反应物再循环　reactant recirculation

捕获过量的反应物并将其重新引入到流入燃料电池发电系统(3.49)的反应物流中。

3.91

重整气　reformate gas

原燃料(3.89)通过燃料重整系统转化得到的富氢气体。

3.92

重整器　reformer

由原燃料(3.89)制得富氢气体混合物的反应器。

注：有几种类型的重整器，如平板式、单管式、多管式、多双管式和多管环式。

3.92.1

催化燃烧型重整器　catalytic combustion type reformer

利用催化燃烧产生的热量的重整器(3.92)。

3.92.2

直接燃烧型重整器　direct fired type reformer

由火焰和催化燃烧同时加热的重整器(3.92)。

3.93

重整　reforming

由原燃料(3.89)制备燃料电池(3.43)最终使用的富氢气体混合物的过程。

3.93.1

外部重整　external reforming

进入燃料电池堆(3.50)结构之前发生的重整反应。

3.93.2

内部重整　internal reforming

在燃料电池堆(3.50)结构内部发生的重整反应。

注：重整区可能和燃料电池的阳极(3.2)是分开的，但两者紧邻(间接内部)；或者可能是阳极本身(直接内部)。

3.93.3

部分氧化重整　partial oxidation reforming(POX)

燃料的放热反应，燃料被部分氧化成一氧化碳和氢气，而不是被完全氧化为二氧化碳和水。

3.93.4

水蒸气重整　steam reforming;SR

在蒸汽的存在下让原燃料(3.89)如天然气反应而产生氢气的过程。

3.94

重复部件　repeat part

在燃料电池堆(3.50)的每一个单电池中都出现的任何燃料电池(3.43)实体组件。

同时见非重复部件(3.76)。

注：重复部件的例子有：阳极(3.2)，电解质(3.34)，阴极(3.18)，双极板(3.9)，气体扩散层(3.57)，集流体(3.25)。

3.95

粗糙系数　roughness factor

电极(3.33)的电化学表面积(3.4.2.3)和电极活性面积(3.4.2.1)的比值。

3.96

防护　safeguarding

根据工艺参数而采取的控制系统的措施，以避免可能对人有危害或对燃料电池(3.43)及周围环境造成损害的状况出现。

3.97

分隔板　separator plate

见双极板(3.9)。

3.98

串联　series connection

以阴极(3.18)和阳极(3.2)相互连接的方式将多个电池连接，使得各单电池的电压相加。

3.99

变换反应器　shift converter

通过水气转换反应把由水蒸汽重整(3.93.4)产生的一氧化碳转变为二氧化碳和氢气的反应器。

注：反应发生在重整器(3.92)的下游。

3.100

短堆　short stack

具有一定数量单电池的电池堆(3.50)，它显著小于按额定功率(3.85.4)设计的电池堆，但其单电池的数量已经足够多，具有满额功率电池堆的特征。

同时见次堆(3.111)。

3.101

关机　shutdown

生产商规定的操作顺序，把燃料电池发电系统(3.49)从运行状态(3.110.2)过渡到钝态(3.110.3)、待机(3.110.4)或冷态(3.110.1)。

注：正常关机(3.101.3)和紧急关机(3.101.1)可能会有不同的程序。

3.101.1

紧急关机　emergency shutdown

根据工艺参数而采取的控制系统的措施，立即停止燃料电池发电系统(3.49)和它的所有反应，以避免设备的损坏和/或人员的伤害。

3.101.2

正常关机　normal shutdown

见预定关机(3.101.3)。

3.101.3

预定关机　scheduled shutdown

燃料电池发电系统(3.49)按例行安排关机(3.101)。

注：预定关机也被称为正常关机(3.101.2)。

3.102

比活性 specific activity

燃料电池(3.43)在给定电压下电极(3.33)上单位质量的电催化剂(3.31)所输送的电流(质量比活性)。

注1:比活性也可能是以电化学表面积(3.4.2.3)作参考(面积比活性)或以催化层(3.14)的体积作参考(体积比活性)。

注2:比活性表示为 A/g、A/cm^2、A/cm^3。

3.103

电池堆 stack

见燃料电池堆(3.50)。

3.104

电池堆端架 stack end frame

见端板(3.40)。

3.105

电池堆电端 stack terminal

燃料电池堆(3.50)向外供应电力的输出端。

注:也被称为母线板。

3.106

电池堆组装 stacking

将单燃料电池(3.43)彼此相邻放置而形成燃料电池堆(3.50)的过程。

见串联(3.98)。

注:通常,各个单燃料电池(3.43)串联地连接在一起。

3.107

标准条件 standard conditions

预定的测试或操作条件,作为测试的基础,以便得到重复、可比的测试数据。

注:典型的标准化条件是指燃料和氧化剂的参数,如组成、流速、温度、压力和湿度,以及燃料电池(3.43)的温度。

3.108

启动 start

3.108.1

自源启动 black start

通过一个完全独立于外部系统的专门辅助动力源所进行的启动。

3.108.2

冷态启动 cold start

燃料电池发电系统(3.49)的温度为环境温度时的启动。

3.108.3

热态启动 hot start

燃料电池发电系统(3.49)在燃料电池(3.43)设备正常工作的温度范围内的启动。

3.108.4

温态启动 warm start

燃料电池发电系统(3.49)的温度比环境温度稍高时的启动。

3.109

启动能量 start-up energy

燃料电池发电系统(3.49)在启动期间(3.115.5)所需的电能、热能和/或化学(燃料)能的总和。

3.110

状态 state

3.110.1

冷态 cold state

燃料电池发电系统(3.49)处在环境温度下既没有能量输入也没有能量输出的状态。

3.110.2

运行状态 operational state

燃料电池发电系统(3.49)有可观电力输出的状态。

3.110.3

钝态 passive state

燃料或氧化剂系统已经被水蒸汽、空气或氮气或生产商所规定的气体吹扫后燃料电池发电系统(3.49)的状态。

3.110.4

待机状态 standby state

燃料电池发电系统(3.49)有足够高的工作温度并处在零电力输出的运行模式下,但燃料电池发电系统能够快速切换到有可观电力输出的运行状态。

3.110.5

稳态 steady state

一个物理系统的相关特征随时间推移保持不变的状态。

[IEC 60050-101:1998,101-14-01]

3.110.6

存储状态 storage state

燃料电池发电系统(3.49)处于非运行状态,而且在制造商规定的条件下,可能需要输入热和/或电能和/或惰性气体,以避免组件性能衰减。

3.111

次堆 substack

通常是一组堆叠的燃料电池(3.43),构成整体电池堆的基本重复单元。

见短堆(3.100)。

注:次堆在生产过程中可能会成为一个中间步骤,在放大到整体电池堆之前可能被用来测试新堆概念。

3.112

试验 test

3.112.1

验收试验 acceptance test

合同规定的实验以向客户证明产品满足它的技术指标。

[IEC 60050-151:2001,151-16-23]

3.112.2

冻融试验 freeze-thaw test

研究燃料电池(3.43)的温度从水的冰点以下到冰点以上变化和/或反向变化时行为的试验。

3.112.3

过程和控制试验 process and control test

对一个燃料电池发电系统(3.49)运行前且通常在没有燃料电池堆(3.50)的情况下进行的试验。

3.112.4

例行试验 routine test

对每个产品在制造中或制造后进行的验证其合格与否的试验。

[IEC 60050-151:2001,151-16-17]

3.112.5

单电池试验　single cell test

基于一个单电池(3.19.2)的燃料电池(3.43)性能的试验。

注：该实验通常是实验室规模的测试，测试中若干变量可以调整以获得较宽条件下(如温度、电流密度(3.26)、燃料和氧化剂的流量等)的数据。单电池测试的结果可能是极化曲线(3.83)、电压稳定性曲线或者其他和燃料电池(3.43)性能有关的数据。

3.112.6

电池堆试验　stack test

基于电池堆的燃料电池(3.43)性能的试验。

注：试验包含的变量可能涉及单电池(温度，电压)或整个电池堆(如温度、电流密度(3.26)、燃料和氧化剂流量等)，对这些变量的调节以获得较宽条件下的数据。电池堆的试验可能是极化曲线(3.83)、单电池(3.19.2)的电压稳定性曲线、或者其他和燃料电池(3.43)性能有关的数据。

3.112.7

型式试验　type test

对一个或多个具有代表性的产品进行的合格与否的试验。

[IEC 60050-151:2001,151-16-16]

3.113

热稳定状态　thermal stability

温度稳定的恒温状态。

3.114

三相界面　three phase boundary

电极(3.33)内电子、离子、反应物能同时达到的微型结构空间区域，在此区域燃料电池(3.43)反应可能发生。

3.115

时间　time

3.115.1

发电时间　generating time

燃料电池发电系统(3.49)产生电能的时间段的时间累计。

注：该时间包括燃料电池供应电力给电网的时间和仅给寄生负载(3.79)供电的时间。

3.115.2

热时间　hot time

燃料电池发电系统(3.49)中的燃料电池(3.43)处在正常工作温度范围内的时间段的时间累计，与实际功率无关。

3.115.3

功率响应时间　power response time

从电或热功率输出变化的开始时刻到电或热输出功率达到设定值稳态(3.110.5)公差范围内的时间间隔。

3.115.4

关机时间　shutdown time

从负载去掉的时刻到按制造商规定完成关机(3.101)之间的时间间隔。

3.115.5

启动时间　start-up time

对于不需要外部供能来维持储存状态(3.110.6)的系统，从冷态(3.110.1)过渡到有净电功率(3.85.3)输出的时间间隔(对需要外部供能来维持储存状态(3.110.6)的系统，从储存状态(3.110.6)过

渡到有净电功率(3.85.3)输出的时间间隔)

3.116

通风　ventilation

3.116.1

强制通风　forced ventilation

通过机械手段使空气运动,原有空气被新鲜空气取代。

3.116.2

自然通风　natural ventilation

由于风和/或温度梯度的影响使空气运动。

3.117

电压　voltage

3.117.1

最低电压　minimum voltage

一个燃料电池模块(3.48)在其额定功率(3.85.4)下能连续运行的最低电压或其在最大允许过载条件下的最低电压两者之间的低值。

注:最低电压表示为V。

3.117.2

开路电压　open circuit voltage;OCV

燃料电池(3.43)有燃料和氧化剂但没有外部电流流动时的端电压。

注1:开路电压表示为V。

注2:也称为空载电压。

3.117.3

输出电压　output voltage

在运行条件下,输出电端之间的电压。

注:输出电压表示为V。

3.118

废水　waste water

从燃料电池发电系统(3.49)中排除、且不是热回收系统组成部分的多余水。

3.119

水气变换反应器　water gas shift converter

见变换反应器(3.99)。

3.120

水分分离器　water separator

把燃料电池(3.43)排出气体中的水蒸气凝聚和分离的设备。

3.121

湿封　wet seal

通过电解质(3.34)表面张力防止燃料电池(3.43)反应气泄漏出去的气密方法。

索　引

汉语拼音索引

G

H

J

K

L

M

N

O

Q

英文对应词索引

A

B

C

F

G

H

I

L

M

N

O

P

R

S

T

V

W

ICS 29.220.01
K 82

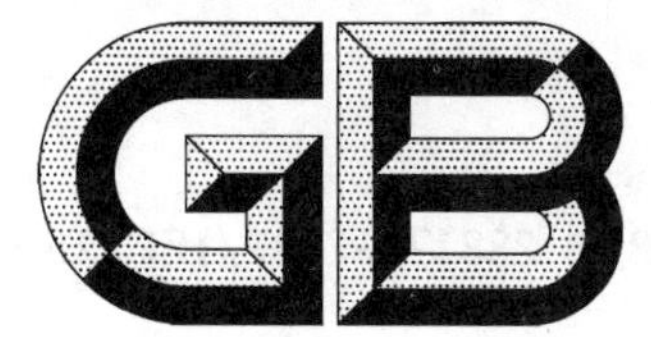

中华人民共和国国家标准

GB/T 28817—2012/IEC/TS 62282-7-1:2010

聚合物电解质燃料电池单电池测试方法

Single cell test methods for polymer electrolyte fuel cell (PEFC)

(IEC/TS 62282-7-1:2010 Fuel cell technologies—Part 7-1:Single cell test methods for polymer electrolyte fuel cell (PEFC),IDT)

2012-11-05 发布　　2013-02-01 实施

中华人民共和国国家质量监督检验检疫总局
中国国家标准化管理委员会 发布

前　言

本标准按照 GB/T 1.1—2009 给出的规则起草。

本标准等同采用 IEC/TS 62282-7-1:2010《燃料电池技术　第 7-1 部分:聚合物电解质燃料电池单电池测试方法》。

本标准在技术上与 IEC/TS 62282-7-1:2010 一致,仅做了下列编辑性修改:

——删除了国际标准的前言和引言,增加国家标准的前言;

——本标准"规范性引用文件"中的引用标准,凡是有与 IEC(或 ISO)对应国家标准的均用国家标准代替。

本标准由中国电器工业协会提出。

本标准由全国燃料电池标准化技术委员会(SAC/TC 342)归口。

本标准起草单位:中科院大连化学物理研究所、机械工业北京电工技术经济研究所、上海神力科技有限公司、北京清能华通科技发展有限公司、上海汽车集团股份有限公司新能源汽车事业部、武汉理工大学、新源动力股份有限公司、清华大学、同济大学、上海攀业氢能源科技有限公司、武汉银泰科技燃料电池有限公司、深圳市标准技术研究院。

本标准起草人:俞红梅、张若谷、张禾、李晶晶、赵景辉、潘牧、燕希强、裴普成、侯永平、董辉、齐志刚、王益群、卢琛钰。

聚合物电解质燃料电池单电池测试方法

1 范围

本标准规定了电池的组装、试验装置、测量仪器和测量方法、性能试验方法以及聚合物电解质燃料电池单电池的试验报告等。

本标准适用于以下三项的评估：

a) 聚合物电解质燃料电池膜电极组件的性能；

b) 聚合物电解质燃料电池其他组件的材料或结构；

c) 燃料和空气中杂质对电池性能的影响。

2 规范性引用文件

下列文件对于本文件的应用是必不可少的。凡是注日期的引用文件，仅注日期的版本适用于本文件。凡是不注日期的引用文件，其最新版本(包括所有的修改单)适用于本文件。

GB/T 28816—2012 燃料电池 术语(IEC/TS 62282-1：2010，IDT)

ISO/TS 14687-2：2008 氢燃料 产品规范 第2部分：道路车辆用质子交换膜(PEM)燃料电池的应用(Hydrogen fuel—Product specification—Part 2：Proton exchange membrane (PEM) fuel cell applications for road vehicles)

3 术语和定义

下列术语和定义适用于本文件。

3.1

阳极 anode

燃料发生氧化反应的电极，反应过程中电子从燃料分子中脱出进入外电路，同时生成的质子(H^+)向聚合物电解质传递。

3.2

催化剂 catalyst

能够加速(增加速率)某个反应而自身不被消耗的物质。催化剂降低反应的活化能，使得反应速度增加。这里也指 IEC/TS 62282-1 中定义的电催化剂。

3.3

催化剂涂覆膜 catalyst-coated membrane；CCM

用于描述 PEFC 中膜的术语，是表面涂覆了一层催化剂的膜，构成电极的反应区域。

3.4

阴极 cathode

氧化剂发生还原反应的电极，氧化剂接受外电路传来的电子，并与来自聚合物电解质的质子(H^+)结合生成还原产物(水)。

3.5

夹固板(或压板)　clamping plate (or pressure plate)

用于将电池各部分压紧在一起,起到导电和密封作用。

3.6

集流板　current collector

由金属、石墨或者复合材料构成的导电材料,用于收集电子。

3.7

电极　electrode

是氧化或者还原反应发生的反应层,具有电子和离子导电性。

3.8

流场板　flow plate

由金属、石墨材料或者导电聚合物(可能是碳填充的复合材料)构成的导电平板,它的表面有流道供燃料或者氧化剂气体进入,并与电极有直接的电接触。

3.9

燃料　fuel

氢气或者含有氢气的气体,在阳极发生反应。

3.10

燃料电池　fuel cell

将燃料和氧化剂的化学能转换为电能(直流电)的电化学装置。燃料和氧化剂通常不存储在燃料电池内,而是随着反应物的消耗逐渐通入燃料电池内。

3.11

气体扩散电极　gas diffusion electrode;GDE

位于阳极或阴极侧,包含电极的全部电子导电部分(气体扩散层和催化层)的部件。

3.12

气体扩散层　gas diffusion layer;GDL

位于电极和流场板之间具有气孔结构的导电部件,充当电子传导介质,提供反应物向电极传递的扩散通道并移除反应产物。

3.13

密封件　gasket

阻止反应气体从电池中泄漏的密封部件。

3.14

极限电流密度　limiting current density

电池的电压急剧下降至接近零时的电流密度。

3.15

最大电流密度　maximum current density

制造商规定的允许短时间运行的最高电流密度。

3.16

膜电极组件　membrane electrode assembly;MEA

由电解质膜和阴阳极两侧的气体扩散电极组成的燃料电池组件。

3.17

最小电压　minimum cell voltage

制造商规定的最低电池电压。

3.18

开路电压　open circuit voltage;OCV

电池在运行电流密度为零时的电压。

3.19

氧化剂　oxidant

氧气或者含有氧气的气体(如空气),在阴极发生反应。

3.20

聚合物电解质　polymer electrolyte

具有质子传导能力的聚合树脂膜,其中电流的流动由质子从阳极向阴极的移动完成。

3.21

聚合物电解质燃料电池　polymer electrolyte fuel cell;PEFC

以聚合物电解质膜为电解质的燃料电池,又称为质子交换膜燃料电池(PEMFC)。

3.22

功率　power

功率为稳态下电压与电流的乘积($P=V\times I$)。

3.23

功率密度　power density

功率密度为稳态下电池电压与电流密度的乘积。

3.24

额定电流密度　rated current density

由制造商规定的膜电极组件或单电池持续工作时的最大电流密度。

3.25

额定功率密度　rated power density

由制造商规定的膜电极组件或单电池持续工作时的最大功率密度。

3.26

额定电压　rated voltage

由制造商规定的膜电极组件或单电池持续工作时的最小电池电压。

3.27

单电池　single cell

指由一个阳极流场板、一个膜电极组件、一个阴极流场板和密封垫圈组成的电池。

3.28

单电池试验　single cell test

基于单电池的燃料电池性能试验。

3.29

化学计量比　stoichiometry

供应给电池的燃料气体(氧化剂)与根据电流计算的化学反应需要量的摩尔比率。

4　通用安全要求

通常情况下,运行中的燃料电池使用氧化性和还原性气体,这些气体存储在高压容器中。燃料电池自身可以加压或常压下运行。

进行单电池试验的人员应进行操作培训，并有操作单电池试验系统的经验，并应熟知安全操作规程（包括电器设备操作、化学反应、压缩气体）。安全操作一台单电池测试平台需要适当的技术培训和经验，以及安全设施和设备，上述内容都不在本技术规范的范围内。

5 电池组成

5.1 概述

聚合物电解质燃料电池的单电池应包含以下全部或部分组件：

a) 一片膜电极组件；

b) 密封件；

c) 一块阳极侧的流场板和一块阴极侧的流场板；

d) 一块阳极侧的集流板和一块阴极侧的集流板；

e) 一块阳极侧的夹固板和一块阴极侧的夹固板；

f) 电绝缘薄板；

g) 紧固件，可能包括螺栓、弹簧和垫圈等；

h) 温度控制装置；

i) 其他辅助部件。

5.2 膜电极组件(MEA)尺寸

电极面积应足够大以满足参数测量要求。虽然较大的燃料电池采用较大面积的电极可能会得到与实际应用更相关的数据，但仍建议电极面积在 25 cm^2 左右。电极的有效面积应当说明，应为两个电极中活性面积较小的一个。在电极面积测量方面的近似不确定度也应说明。

5.3 气体扩散层(GDL)

气体扩散层应该由具有高气体扩散性、导电性、抗腐蚀性材料制成。

5.4 密封件

密封件材料应当与电池反应气体、各组件和反应产物以及运行温度相匹配，应能阻止气体的泄漏。

5.5 流场板

流场板应由具有可忽略的气体渗透性、高导电性的材料制成。推荐使用树脂浸渍、高密度合成石墨、聚合物/碳复合材料，或者耐腐蚀的金属材料，如钛或不锈钢。如果使用金属材料，其表面应有涂层或镀层(如涂/镀金层)以减少接触电阻。流场板应当抗腐蚀，有合适的密封。

建议使用蛇形流场，设计建议的详细信息见附件 A。流场的结构应在试验报告中给出。

用于试验的流场板应允许进行电池运行温度的精确测量。例如，流场板的一个面的边缘可能会有一个用于安置温度传感器的孔，此时孔的深度应能达到流场板的中心。

注：如果试验的目的是评价某种特定的流道布局，则不必使用建议的流场板布局。

5.6 集流板

集流板应由具有高电导率的材料(如金属)制成。金属集流板可以在表面涂覆/镀上降低接触电阻的材料，如金或银；但要注意选择涂层材料，该涂层材料应与电池的组件、反应气体和产物相容。

集流板应有足够的厚度以减小电压降，同时应有用于导线连接的输出端。

如果金属流场板同时是集流板，则不再需要单独的集流板。

5.7 端板

夹固板(或端板)应为平板且表面光滑,应具有足够的机械强度以承受螺栓紧固时产生的弯曲压力。

如果夹固板具有导电性,应将其与集流板隔绝以防止发生短路。

5.8 紧固件

紧固件应具有高的机械强度,以承受电池组装和运行时产生的压力。可以使用垫片和弹簧保持作用在单电池上的压力恒定均匀。应使用扭力扳手或其他测量仪器确定电池上的压力的精确。

建议使用电绝缘的紧固件。

5.9 温控装置

为了使单电池保持恒温且沿流场板和通过电池方向温度分布均匀,应提供温控装置(加热或冷却)。温控装置的设计可遵循一定的温度曲线图。温控装置应能防止过热。

可以有多种方式来达到以上要求。

一种简单的方式是对流冷却和电加热夹固板(端板)。而这种加热可以通过在极板外表面连接一个表面电阻加热器来达到。另外一种替代方式是在极板上打孔,插入一个筒形加热器。

在上述情况下,应注意保持电绝缘。

6 电池组装

6.1 装配程序

电池组装程序对电池数据的可重复性有很大的影响。下列组装操作中的一些特定过程应以文件记录下来:

a) 质子交换膜放置定位,包括阳极侧和阴极侧确认。

b) 气体扩散层放置定位,包括阳极和阴极用气体扩散层确认,也包括气体扩散层面向质子交换膜和流场确认。

c) 密封件/密封的安装。

d) 固定装置或装配夹具的定位(如果有的话)。

e) 加压规程,例如,扩散介质压缩值,螺栓紧固次序,压缩弹簧,以及最终的扭距规定。

注:压强可以通过压敏纸或膜来核查。

典型的电池部件定位见附录 B。

装配后,应检查夹固板和集流板之间的绝缘性。

6.2 电池方位和气体连接

电池工作时应处于合适的方位以利于产物水的排除。电池方位应记录下来。

有许多流场可用,应记录所用流场。流场举例见附录 A。

6.3 漏气检查

隔膜两侧的压差是最关键的。不应该超过制造商规定的最大压差。

电池的外部和内部泄漏应极少。漏气检查规程举例见附录 C。原则上,漏气检查程序包括在阳极和阴极侧注入一种惰性气体或检测气体,利用合适的压差,就可确定漏气的性质和方向。应记录最大压差、检测气体性质、漏气速率。如果发现漏气,应进行其他的测试,如鼓泡试验,来进一步描述漏气的类型和性质。

7 测试平台

7.1 必要设备

单电池试验需要一个燃料电池测试平台,设备至少能满足以下试验参数的单电池试验过程:

a) 反应气体流量的调节——测量燃料电池在所要求的化学计量比下的燃料和氧化剂气体的流率。

b) 反应气体增湿的控制——在气体输送给燃料电池前增湿反应气体到所需的露点。推荐增湿水的电阻系数至少为 1 MΩ·cm(或者电导率最大为 10^{-8} S·m^{-1})。

注:增湿器与电池之间的气体传输管线应该被加热,至少在露点温度以上 5 ℃~10 ℃,以使得冷凝最小化。这段管线应隔热,使得热损失最小化。

c) 反应气体压强的控制——调节燃料电池内反应气体压强。

d) 负载控制——加载以从电池得到规定的电流。负载控制应既能以恒电流模式又能以恒压模式运行。

e) 电池加热或冷却的控制——加热或冷却单电池达到所需运行温度。

f) 电池电压监控和数据采集——设备在试验过程中测量和记录电池电压。

g) 测试台控制——测试台必须能够控制以上参数。

h) 安全系统——安全系统应该能够在出错情况下自动(或带有音响报警的手工操作)停止试验。建议对阳极和阴极管路有氮气吹扫能力。也建议对高/低电池电压、压强和温度以及气体泄漏有联动触发装置,同时应具备合适的通风设备。

7.2 示意图

图 1 为控制燃料电池试验的测试平台所需的主要子系统框架示意图。

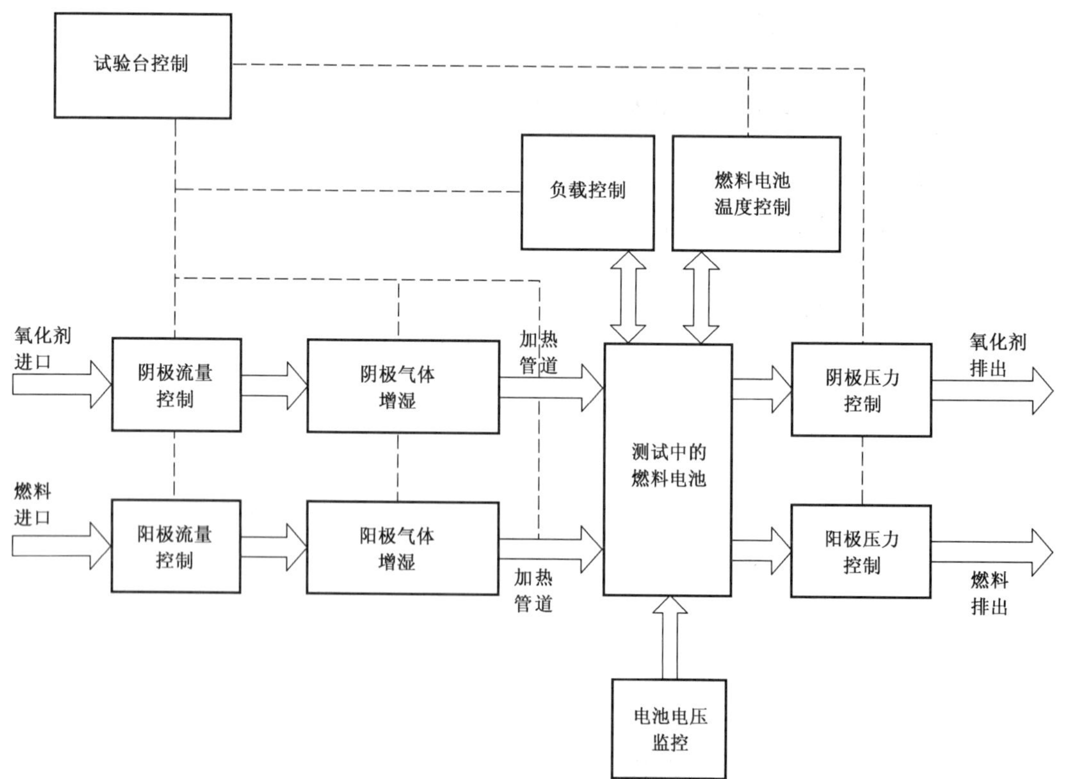

图 1 单电池试验的测试平台示意图

与增湿气体或增湿器中的水所接触的所有组件的材料应该和气体或水相容,以防止材料中的杂质被萃取出。这些材料有不锈钢和氟塑料等。

气体增湿系统应被设计成能避免从进入电池之前的试验气体中清除掉试验气体杂质。

注:杂质可参照 ISO/TS 14687-2:2008。

若不进行杂质气体试验,鼓泡增湿器可以用来为燃料增湿。

若能满足本标准规定的功能要求,配置可以改变。

7.3 测试台控制允许的最大误差(输入试验)

燃料电池测试台控制的允许的最大误差推荐值为:

a) 电流控制为预设值±1%;

b) 电压控制为预设值±1%;

c) 电池温度控制为预设值(稳态数值)±1 ℃;

d) 增湿露点控制为预设值(稳态数值)±2 ℃;

e) 流量控制为预设值±5%;

f) 压力控制为预设值±3%。

8 测量

8.1 仪器精度

测试中(试验输出)测量值的最大不确定值应为:

a) 电流 最大预期值的±1%;

b) 电压 最大预期值的±0.5%;

c) 温度 ±1 ℃;

d) 露点 ±2 ℃;

e) 流量 最大预期值的±2%;

f) 压力 最大预期值的±3%。

注:低电流、电压和流量时,测量值的不确定度会非常大。

8.2 测量仪器和测量方法

8.2.1 概述

应按照测量值范围选择测量仪器。测量仪器应该定期校准,以保持10.1中所描述的精度水平。所有测试设备必须按可追溯的标准校正。

8.2.2 电压

电压表应该和阳极与阴极的流场板或集流板相连,使接触电阻最小。如果电压表和阳极、阴极流场板之间,或/和阳极、阴极集流器输出末端间的接触电阻不可忽略,则应该测量并记录该接触电阻。

8.2.3 电流

电流测量装置应该连接在电池传输电流的线路上。电流测量装置可以包括低阻抗的电流表或校准过的分流电阻器,其可用已知的精确电压对应流过的电流。电流也可以通过电子负载来测量。

8.2.4 内阻

推荐的内阻测量方法为电流中断法和电化学阻抗谱法。也可以用交流电毫姆表的交流阻抗法。尽管毫姆表的典型频率为 1 kHz,仍应记录测量频率值。

这些测量设备的正、负端应该分别和阴极和阳极集流器的输出末端相连。

8.2.5 燃料和氧化剂流量

应用体积流量表、质量流量表或涡轮型流量表来测量燃料和氧化剂的流量。如果以上方法不适用的话,可以使用喷嘴流量表、小孔流量表或文丘里流量计。流量计的位置应该在增湿器上游。

如果流量计需要压力补偿,应该用紧靠流量计的上游的一个静压测量孔进行校正。

8.2.6 燃料和氧化剂温度

推荐使用热电偶、带传感器或热敏电阻的电阻温度计作为直接温度测量的传感器。

温度传感器应该安置在紧靠单电池的下游。建议另一传感器安置于紧靠单电池的上游。

如果燃料和/或氧化剂流量计需要温度补偿,校准传感器应安装在紧靠流量计的上游。

8.2.7 电池温度

推荐使用热电偶、带传感器或热敏电阻的电阻温度计作为直接温度测量的传感器。

温度传感器应尽可能的接近阴极活性面积中心位置。理想情况下,它应该在阳极和阴极流场板中心(见 5.5 和附录 A)

8.2.8 燃料和氧化剂压强

校准过的压力传感器是测量燃料和氧化剂压强的首选。另外可以接受的方法包括校准过的压力计、重力仪、弹簧管或其他弹性类仪表。

静压力测量孔应在紧靠单电池的上游处。如果必要,另一个压力测量孔应在紧靠单电池的下游。

性能试验前应检查连接管道以确保在工作环境下不漏气。必须避免管道中存有液态水。

如果出现压力波动,应在有效位置采取合适的阻尼措施。

当速度的影响可以忽略时,测量压强称为静压强。

8.2.9 燃料和氧化剂湿度

为了测量燃料和氧化剂的湿度,根据燃料和氧化剂温度,可以采用冷镜、氧化铝、固体聚合物电阻或电容类的湿度计来测量湿度值。

湿度应该标明露点温度。

试验开始前,湿度测量孔应位于单电池上游,或将湿度传感器置于反应气体中。如果采用空气或合成气体作为氧化剂,应测量并记录露点。

8.2.10 环境条件

应测量和记录环境温度、压强和湿度。

直接测量环境温度,推荐使用带有变送器的热电偶或者带有变送器的电阻温度计。

直接测量环境压强,推荐使用水银气压计。

直接测量环境湿度,推荐使用湿度计。

8.3 度量单位

表 1 为测量参数及计量单位。

表 1 测量参数及计量单位

参数	单位
温度	℃
燃料和氧化剂压强	kPa[c]
燃料和氧化剂露点	℃
燃料和氧化剂流量(NTP[a])	$cm^3 \cdot min^{-1}$,$cm^3 \cdot s^{-1}$
燃料和氧化剂化学计量比	
电流	A
电流密度	$A \cdot cm^{-2}$
电压	V
输出功率	W
功率密度	$W \cdot cm^{-2}$
电池比面积阻抗	$\Omega \cdot cm^2$
燃料组成[b]	(mol) mol^{-1}
氧化剂组成[b]	(mol) mol^{-1}

[a] NTP:常温常压:0 ℃和 101.325 kPa(绝对压强)。除非有特殊说明,流量均为 NTP 情况下的值。

[b] 杂质可表示为(μmol) mol^{-1}。

[c] 如果可以的话,国际标准组织 ISO 推荐使用绝对压强(kPa)。如果使用表压强,应该说明且记为 kPa(G)。

9 气体组成

9.1 燃料组成

9.1.1 氢气

氢气纯度应为 0.999 9 mol/mol 或更高,氢气中杂质的详情请见 ISO/TS 14687-2:2008。

9.1.2 重整气

模拟重整气可由电池或部件制造商规定。重整气的纯度及组成应由化学分析来确定。应记录化学分析的结果。

9.2 氧化剂组成

若以空气用作氧化剂,既可用大气中的空气又可用合成的空气。在使用大气空气的情况下,空气中应没有油和颗粒的存在。应记录氧化剂的组成,包括杂质的浓度。

10 试验准备

10.1 标准试验条件

试验开始前应由电池或部件制造商规定以下的标准试验条件。如果没有规定,将根据实施的试验确定条件,这些试验条件应记录。

a) 电池温度(推荐使用阴极流场中心的温度);
b) 燃料运行压强(代表值:紧靠电池的上游取值);
c) 氧化剂运行压强(代表值:紧靠电池的上游取值);
d) 燃料电池工作温度下的燃料湿度(代表值:紧靠电池的上游取值);
e) 燃料电池工作温度下的氧化剂湿度(代表值:紧靠电池的上游取值);
f) 燃料组成;
g) 氧化剂组成;
h) 燃料化学计量比;
i) 氧化剂化学计量比;
j) 额定电流密度;
k) 额定电压;
l) 最大电流密度;
m) 最小电池电压。

性能测试应该在标准试验条件下进行,除非有个别试验方法的另行规定。一种典型的试验流程如图 2 所示:

图 2 典型的试验流程图

10.2 环境条件

每次试验运行,以下环境条件均应该测量:
a) 温度;
b) 压强;
c) 相对湿度。

10.3 测量频率

推荐使用的数据采集率为每秒 1 次,一个测量值定义为 1 min 内的平均值(例如,60 个单次测量)。

10.4 可重复性和再现性

整个 *I-V* 曲线应测量三次,每个电流密度下计算电压平均值。

10.5 测量值的最大允许误差

除长期运行试验外,试验输入和输出参数的三次或更多次测量值应在其平均值±5%范围内。

10.6 试验样品数量

既可以对单个样品依次测试也可以对多个样品同时测试。可重复性及可再现性规定仅限于 *I-V* 曲线。测量应连续进行。测量之间燃料电池应关机,从常温启动条件下再活化。

10.7 惰性气体或测试气体进行气路漏气检查

所有用于气路漏气检查的材料均应和气体管路和电池组件相匹配。单电池在电池测试台安装完成后,用惰性或测试气体进行漏气检查,在所有连接处用液体检漏。

10.8 初始活化和稳态检查

新组装的电池应进行初始活化。初始活化的目的是使电池性能进入稳态，以便进行接下来的试验。

初始活化的实施应：

a) 与MEA或部件制造商说明相一致；

b) 或与试验对象制造商的提议相一致；

c) 或与试验机构的惯例相一致。

典型的初始活化过程见附录D。

10.9 关机

关机过程应使得电池进入储存状态(冷态)。关机程序的目的一般是将电池冷却到室温，同时避免在室温下电池中存有液态水。

关机过程应与MEA或部件制造商说明书相一致。

一种典型的关机过程见附录E。

10.10 再活化

为保证MEA充分润湿，电池关机后重启应实施再活化过程。

再活化应依据MEA制造商或部件制造商的使用说明书进行。

典型的再活化过程见附录F。

11 性能试验

11.1 稳态试验

11.1.1 概述

本试验的目的是为了测试标准状态下电池的输出电压(或电流)和输出功率。

11.1.2 试验方法

有两种类似的方法进行该试验：

a) 把所有的输入参数定为设定值。设定电流为额定电流密度(I_{st})并保持不变，直到电池电压稳定在±5 mV以内保持15 min。记录电池电压值(V_{st})。从试验结果计算出在标准试验状态下的输出功率(P_{st})。

b) 把所有的输入参数定为设定值。设定电压为设定值(V_{st})并保持不变，直到电池电流稳定在±2%以内保持15 min。记录电池电流值(I_{st})。从试验结果计算出在标准试验状态下的输出功率(P_{st})。

11.2 *I-V* 特性测试

11.2.1 恒定气体流量的 *I-V* 特性测试

11.2.1.1 概述

本试验的目的是确定电池电压(和功率密度)在恒定气体流量下随电流密度的变化而发生的变化。

11.2.1.2 试验方法

按电池生产商规定的最大电流密度(I_{max})下的标准化学计量比设定燃料和氧化剂的流量。设定并保持该电流(I_{max}),电池电压稳定在±5 mV之间保持15 min。

保持燃料和氧化剂流量不变,电流在0到I_{max}之间以合适的间隔变化以获得电池的*I-V*曲线。对每个电流密度值,电压稳定在±5 mV之间至少保持5 min。应精确记录试验步骤。典型的电流密度增量见附录G。

本试验也可以允许电流稳定在±2%之间至少保持5 min,通过改变电压从开路电压到最小电压。

由于在电流由0到I_{max}范围时燃料和氧化剂的流量保持恒定,二者的化学计量比将随电流变化而改变。虽然这和燃料电池的实际运行条件可能不相同,即使在恒定流量下电流变化,电池的其他参数如温度、压力、湿度是保持稳定的。

11.2.2 恒定气体化学计量比下的*I-V*特性

11.2.2.1 概述

本试验目的是确定气体化学计量比恒定条件下随电流密度改变的电池电压(和功率密度)的变化。

11.2.2.2 试验方法

设定燃料和氧化剂的流量相当于电池生产商规定的最大电流密度(I_{max})下的标准化学计量比。设定并保持该电流(I_{max}),电池电压稳定在±5 mV之间保持15 min。

燃料和氧化剂化学计量比在每个电流状况下保持不变,电流在0到I_{max}之间以合适的间隔变化以获得电池的*I-V*曲线。对每个电流密度值,电压稳定在±5 mV之间至少保持5 min。应精确记录试验步骤。典型的电流密度增量见附录G。

注:本试验也可以允许电流稳定在±2%之间至少保持5 min,通过改变电压从开路电压到最小电压。

由于在电流由0到I_{max}范围时燃料和氧化剂的化学计量比保持恒定,二者的流量将随电流变化而自然改变。这和燃料电池的实际运行条件比较接近。但由于在每个电流下气体流量不同,局部的热平衡和水平衡随电流变化而改变。每次电流改变时就需要较多的时间去达到新的稳态。特别是在较低的电流值(包括0),因低的气体流量会导致电压不稳。对于电池制造商规定的最低电流I_{min},制造商通常规定一个恒定的最低流量以避免这种电压不稳定的状态。如果没有规定,最低电流I_{min}可设定为电流最大值I_{max}的10%。

11.3 IR测量

11.3.1 概述

本试验的目的是测定不同电流密度下电池的电阻。8.2.4中描述的测量技术可以用来进行IR测量。如果IR测量和*I-V*特性同时进行,IR测量不应影响电池的稳定状态。如果IR测量会干扰电池的稳定,先记录电压、电流密度值,再进行IR测量。*I-V*特性根据11.2.1或11.2.2进行测量。

11.3.2 试验方法

把IR测量设备连接到电池上。记录下设备读数的同时,电流在0到I_{max}之间以合适的间隔变化以获得电池的*I-V*曲线。比面积电阻(ASR)$\Omega \cdot cm^2$,通过如下的等式得到:$ASR/(\Omega \cdot cm^2)=电阻/\Omega \times 电极面积/cm^2$。

注:可以在以下的所有试验过程中实施本测试方法。

11.4 极限电流测试

11.4.1 概述

本试验的目的是评价电池中MEA的传质极限。

11.4.1.1 试验方法

根据电池制造商规定的额定电流密度 i_{st} 下标准化学计量比设定燃料和氧化剂的流量。保持燃料和氧化剂化学计量比恒定,小幅度逐步增加电流(即逐步增加燃料和氧化剂流量),记录每一步电池电压。当电压迅速地降低到接近于 0 V 时(但不为 0),记录下电流值,并迅速减小电流以免损害 MEA。

把电压值外推至 0 V 时的电流作为极限电流。

采用本方法,应谨慎操作以避免电压降到 0 V 或以下,可能对 MEA 造成不可逆的损害。同时必须采用能够承受极限电流的电线。

11.5 扩散增益试验

11.5.1 氢气扩散增益测试

11.5.1.1 概述

本试验的目的是评价阳极的扩散性能。通过氢气扩散增益测试评价实际使用中用重整气(氢气、二氧化碳、氮气及其他杂质的混合气)作为燃料的 MEA 的性能。

11.5.1.2 试验方法

本试验可采用两种方法中的一种:恒定气体流量或者恒定气体化学计量比。两者在 11.2.1 和 11.2.2 中分别描述。一旦选定了一种方法,整个试验过程中都应使用同一种方法。试验应按下述流程进行:

首先,按设定流速、增湿及压力给电池阳极侧通入氢气作为燃料。用所选择的方法测量使用氢气和空气时的 *I-V* 特性曲线。

其次,使用氢气和氮气的混合气作为阳极燃料。这里,氮气取代了重整气中的非氢气成分。重整气的组成由制造商规定。采用选定的方法,使用氢气和氮气混合气以及空气,获取 *I-V* 特性曲线。

比较把以纯氢为燃料和以混合气为燃料的 *I-V* 特性曲线,如果二者差异大于用 Nernst 方程预测的理论值,表明阳极可能存在着扩散问题。

注 1: 之所以采用氮气替代二氧化碳是因为后者在反应中会产生一氧化碳从而使阳极中毒。本试验只是纯粹测量阳极的扩散性能。

注 2: 氢气中 CO 的浓度必须等于或小于 9.1.1 中所给的浓度。

11.5.2 氧气扩散增益测试

11.5.2.1 概述

本试验的目的是评价阴极的扩散能力。氧气扩散增益测试用来评价在实际应用中以空气为氧化剂的 MEA 的性能。

11.5.2.2 试验方法

本试验可采用两种方法中的一种:恒定气体流量或恒定气体化学计量比。两者在 11.2.1 和 11.2.2 中分别描述。一旦选定一种方法,整个试验过程中都应使用同一种方法。试验应按下述流程:

使用空气为氧化剂,以选定的方法测量 *I-V* 曲线。

然后,用氧气代替空气,采用同样流量、增湿以及压力,采用选定方法测量 *I-V* 特性曲线。

比较氧气与空气的 *I-V* 特性曲线,如果两者差异大于 Nernst 方程预测的理论值,表明阴极可能存在扩散问题。

注 1: 使用纯氧时的气体渗透可能导致快速的大量放热,这会导致硬件的损伤,并可能造成人员受伤。

注 2: 氧气系统必须按照专门的要求而设计和净化。

11.6 气体计量比测试

11.6.1 燃料计量比测试

11.6.1.1 概述

本试验的目的是评价阳极的扩散性能，与11.5.1的氢气扩散增益试验相同。

11.6.1.2 试验方法

在标准试验条件下按规定设置电流密度。在标准试验条件下把氧化剂化学计量比设置定为从给定值至四倍以上。根据电池制造商规定的一定范围内改变燃料流量，记录电池电压。

注1：本试验不用纯氢气是因为当氢气的流量减少直至氢气不足时，观察不到明显的性能改变。本试验使用重整气。

注2：做本试验必须非常小心，因为本试验有意使阳极供气不足。供气不足会导致阳极的不可逆损坏。

11.6.2 氧化剂计量比测试

11.6.2.1 概述

本试验的目的是评价阴极的扩散性能。如11.5.2氧气扩散增益试验一样，试验应按下述流程进行。

11.6.2.2 试验方法

在标准试验条件下按规定设置电流密度。在标准试验条件下把燃料化学计量比设置定为从给定值至两倍以上。根据电池制造商规定的一定范围内改变氧化剂流量，记录电池电压。

注1：本试验不用纯氧气是因为当氧气的流量减少直至氧气不足时，观察不到明显的性能改变。本试验使用空气为氧化剂。

注2：做本试验必须非常小心，因为本试验有意使阴极供气不足。

11.7 温度影响测试

11.7.1 概述

本试验的目的是测量电池温度对电池性能的影响。温度通常会影响电极反应速率和电解质的传导率。

11.7.2 试验方法

按电池制造商规定设置电池温度为T_1、T_2……T_n，T_n是最高运行温度。同时，通过增加或降低露点和进气温度，保持阴、阳极在燃料电池运行温度恒定时的相对湿度。在每个温度水平上，测量电池的I-V特性曲线。试验过程参见11.2.1或11.2.2。

11.8 压力影响测试

11.8.1 概述

本试验的目的是测量燃料和氧化剂压力对电池性能的影响。试验中必须非常谨慎地保持膜两侧的压力差为恒定值。高压增加反应气体的密度，从而增加电极反应速率。

11.8.2 试验方法

按电池制造商规定设置燃料或氧化剂压力为P_1、P_2……P_n，P_n是最高运行压力。同时，相应调整另一种气体压力以保持二者的压差值恒定。在每一压力水平上,测量电池的 *I-V* 特性曲线。试验过程参见 11.2.1 或 11.2.2。

进行本试验要非常小心,以免损害电池或膜。试验者应对膜的渗透迹象保持警惕,如可导致内燃的针孔。

11.9 湿度影响测试

11.9.1 燃料湿度影响测试

11.9.1.1 概述

本试验的目的是测量燃料的不同湿度对电池性能的影响。燃料的湿度通常会影响电解质的传导率和阳极的气体扩散。

11.9.1.2 试验方法

本试验可采用两种方法中的一种:恒定气体流量或恒定气体化学计量比。两者在 11.2.1 和 11.2.2 中分别描述。一旦选择了一种方法,整个试验过程中都应使用同一种方法。本试验应按下述流程进行:

在标准状态下设置氧化剂湿度。根据相应的露点温度设置几个级别的燃料湿度,获取相应的 *I-V* 特性曲线。

11.9.2 氧化剂湿度影响测试

11.9.2.1 概述

本试验的目的是测量氧化剂的不同湿度对电池性能的影响。氧化剂湿度通常会影响电解质的传导和气体向阴极的扩散。

11.9.2.2 试验方法

本试验可采用两种方法中的一种:恒定气体流量或恒定气体化学计量比。两者在 11.2.1 和 11.2.2 中分别描述。一旦选择了一种方法,整个试验过程中都应使用同一种方法。本试验应按下述流程进行:

在标准状态下设置燃料湿度。根据相应的露点温度设置几个级别的氧化剂湿度,获取相应的 *I-V* 特性曲线。

11.10 燃料组成测试

11.10.1 概述

本试验的目的是测试重整气的组成对电池性能的影响。本试验用来测定电极对不同类型燃料气的耐受程度。重整气通常包括氢气、一氧化碳和惰性气体如二氧化碳、氮气;各组分含量取决于原料和重整方法的差异。惰性气体通常会影响氢气向电极的扩散。

11.10.2 试验方法

恒定气体流量或恒定气体化学计量比。两者在 11.2.1 和 11.2.2 中分别描述。一旦选择了一种方法,整个试验过程中都应使用同一种方法。本试验应按下述流程进行:

采用标准的燃料气体,用选定的方法测量得到 *I-V* 特性曲线。然后把标准燃料气改成另一种具有不同组成的燃料气体。用选定的方法测量 *I-V* 特性曲线。

11.11 过载试验

11.11.1 概述

本试验的目的是评价电池的电过载耐久性。电池的过载耐久性受到催化剂活性和电极的气体扩散能力的影响。

11.11.2 试验方法

设置负载在额定电流与极限电流之间，按照标准化学计量比设置燃料与氧化剂流量，然后设置电流。按照电池制造商规定的时间段运行电池，在电池运行过程中记录电池电压。

11.12 长时间运行试验

11.12.1 概述

长时间运行试验的目的是测定电池在规定的恒定电流条件下长期运行时的电压变化。长时间运行试验通常在稳态下进行，但在试验过程中会按固定的时间间隔周期性测试 *I-V* 特性和电池电阻，以评价电池性能。

11.12.2 试验方法

根据电池制造商规定的允许运行时间在标准试验条件下持续运行电池。记录电池运行期间的电池电压。如果需要，每隔一定时间记录标准试验条件下的 *I-V* 特性曲线和电池电阻，建议最少测量十组数据。11.2.1 或 11.2.2 中给出了 *I-V* 特性曲线测量的基本过程，11.3 中给出了电池电阻测量的基本过程。

11.13 启动/关机循环试验

11.13.1 概述

启动/关机循环试验的目的是测定在规定条件下电池运行的性能变化，该变化情况是启动/关机次数的函数。

该试验可作为特定运行条件下应用的 MEA 寿命的特定试验。

11.13.2 试验方法

气流和温度控制也可以作为本试验的一部分。

当电池在 100% 负载(额定电流密度)下运行一定时间后，关闭负载(开路)一段时间，然后加载，100% 负载运行。重复该过程，记录电压(负载的启动/关机工况以及运行时间由电池制造商规定。典型的启动/关机循环工况及运行时间见附件 H)。

注：燃料电池在开路电压下长时间运行会加剧电极材料性能下降。

11.14 加载循环试验

11.14.1 概述

加载循环试验的目的是测定在规定条件下燃料电池运行的电压变化，该变化是电流密度对时间的动态函数。

该试验可作为特定运行条件下应用的 MEA 寿命的特定试验。

11.14.2 试验方法

当电池在100%负载(额定电流密度)下运行一定时间后,保持气体的化学计量比恒定,将负载从100%降为部分负载运行一定时间,然后将负载再次升至100%。重复该过程,记录电压(负载工况及运行时间由电池制造商规定)。典型的负载工况及运行时间见附录I。

11.15 杂质影响试验

11.15.1 燃料杂质影响试验

11.15.1.1 额定电流密度下燃料杂质的影响以及电池的恢复

11.15.1.1.1 概述

本试验的目的是测定燃料中的杂质对电池性能的影响,并测定电池在额定电流密度下性能损失的恢复情况。电池使用含杂质燃料进行稳态运行试验。

注:ISO/TS 14687-2:2008 的应用中,给出了对杂质的描述。

11.15.1.1.2 试验方法

本试验应使用包括不同杂质含量的燃料,以测定对电池性能不造成影响的最高杂质含量。

本试验应按如下流程进行:

使用洁净燃料和洁净空气在额定电流密度下运行电池直至电压稳定在±5 mV之间持续15 min。将洁净燃料换为含有电池制造商规定的种类和数量的杂质的燃料。运行电池直至电压稳定在±5 mV之间持续15 min,记录电压。

然后将含有杂质的燃料更换为洁净燃料。运行电池直至电压稳定在±5 mV之间持续15 min,记录电压。

注:一些杂质,例如 H_2S,可能会与测试台的部件(例如供气管和密封件)暴露的表面发生反应。必须确保测试台材料与所用杂质相容。

11.15.1.2 含有杂质燃料的 *I-V* 特性曲线

11.15.1.2.1 概述

本试验的目的是测定燃料中杂质对电池 *I-V* 特性曲线的影响。本试验内容要包括不同杂质含量的燃料,以测定对电池性能不造成影响的最高杂质含量。

11.15.1.2.2 试验方法

使用恒定流量或恒定气体化学计量比的洁净燃料和洁净空气,分别按照与11.2.1或11.2.2相同的方法测定 *I-V* 曲线。

将洁净燃料更换为含有杂质的燃料,采用与前面的测量中相同的方法测定电池 *I-V* 曲线。

11.15.2 氧化剂杂质影响试验

11.15.2.1 氧化剂杂质影响以及额定电流密度下的电池恢复

11.15.2.1.1 概述

本试验的目的是测定氧化剂杂质对于电池性能的影响,以及电池在额定电流密度下性能损失的恢复程度。电池使用含杂质氧化剂进行稳态运行试验。

11.15.2.1.2 试验方法

本试验应使用包括不同杂质含量的氧化剂，以测定对电池性能不造成影响的最高杂质含量。

本试验应按如下流程进行：

使用洁净燃料和洁净空气在额定电流密度下运行电池直至电压稳定在±5 mV之间持续15 min。将洁净空气换为含有电池制造商规定的种类和数量的杂质的空气。运行电池直至电压稳定在±5 mV之间持续15 min，记录电压。

然后将含有杂质的空气更换为洁净空气。运行电池直至电压稳定在±5 mV之间持续15 min，记录电压。

11.15.2.2 使用含有杂质空气的 *I-V* 特性曲线

11.15.2.2.1 概述

本试验的目的是测定空气中杂质对电池 *I-V* 特性曲线的影响。

11.15.2.2.2 试验方法

本试验应使用包括不同杂质含量的空气，以测定对电池性能不造成影响的空气中的最高杂质含量。

本试验应按如下流程进行：

使用恒定流量或恒定气体化学计量比的洁净燃料和洁净空气，分别按照与11.2.1或11.2.2相同的方法测量 *I-V* 特性曲线。

将洁净空气更换为含有杂质的空气，采用与前面的相同的方法测量电池 *I-V* 特性曲线。

12 试验报告

12.1 概述

试验报告应该准确、清晰、客观，提供足够信息以证明该试验所达到的目的。建议使用附件J中的 *I-V* 特性曲线试验报告模板。

12.2 报告项目

报告至少应给出以下信息：

a） 报告题目；

b） 报告作者；

c） 实施试验的机构；

d） 报告日期；

e） 标准编号/试验过程编号；

f） 试验场所；

g） 试验数据(详见12.3)。

12.3 试验数据描述

试验数据应包含以下信息：

a） 试验名称；

b） 测试条件(详见12.4)；

c） 测试数据；

d） 试验日期和时间；

e） 试验环境条件；

f） 试验者的姓名与资格证；

g） 试验电池数据(详见12.5)。

12.4 测试条件描述

测试条件描述至少应包含以下信息：

a） 电池温度；

b） 燃料与氧化剂压强；

c） 燃料与氧化剂的露点；

d） 燃料与氧化剂的成分；

e） 燃料与氧化剂的化学计量比；

f） 燃料与氧化剂的流量。

12.5 试验电池数据描述

电池试验数据应包含以下信息：

a） 有效电极面积；

b） 产品名以及膜电极MEA品牌(可选)；

c） 膜的类型和厚度(可选)；

d） 阴极与阳极催化剂的类型与含量(可选)；

e） 气体流道类型(可选)；

f） 气体扩散层材料类型(可选)；

g） 组装压力(可选)。

附　录　A
（资料性附录）
流场板

图 A.1 给出了按照技术规范设计的流场板样本，按照有效面积为 25 cm^2 设计。阳极与阴极流场板与膜电极接触的表面都有一个水平蛇形单凹槽作为气流流道。推荐的流道结构如下：

宽：1.0 mm；

深：1.0 mm；

间隔：~1.0 mm。

电极和气体扩散层的尺寸应稍大于 50 mm×50 mm，以免膜被流道边缘切到。组装程序应能避免膜与流道边缘直接接触。

燃料与氧化剂均从流道顶部流向底部。

图 A.2 给出了另一个也是按照技术规范设计的流场板例子，有效面积为 25 cm^2。图 A.1 与图 A.2 的不同之处在于图 A.1 是单蛇形流道，图 A.2 是三蛇形流道。

单位为毫米

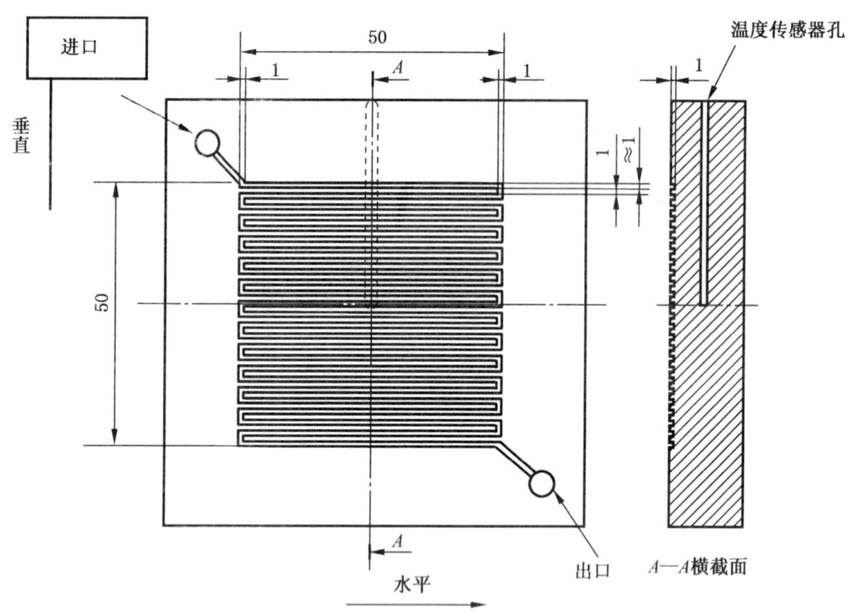

图 A.1　流场板设计（单蛇形流道）

单位为毫米

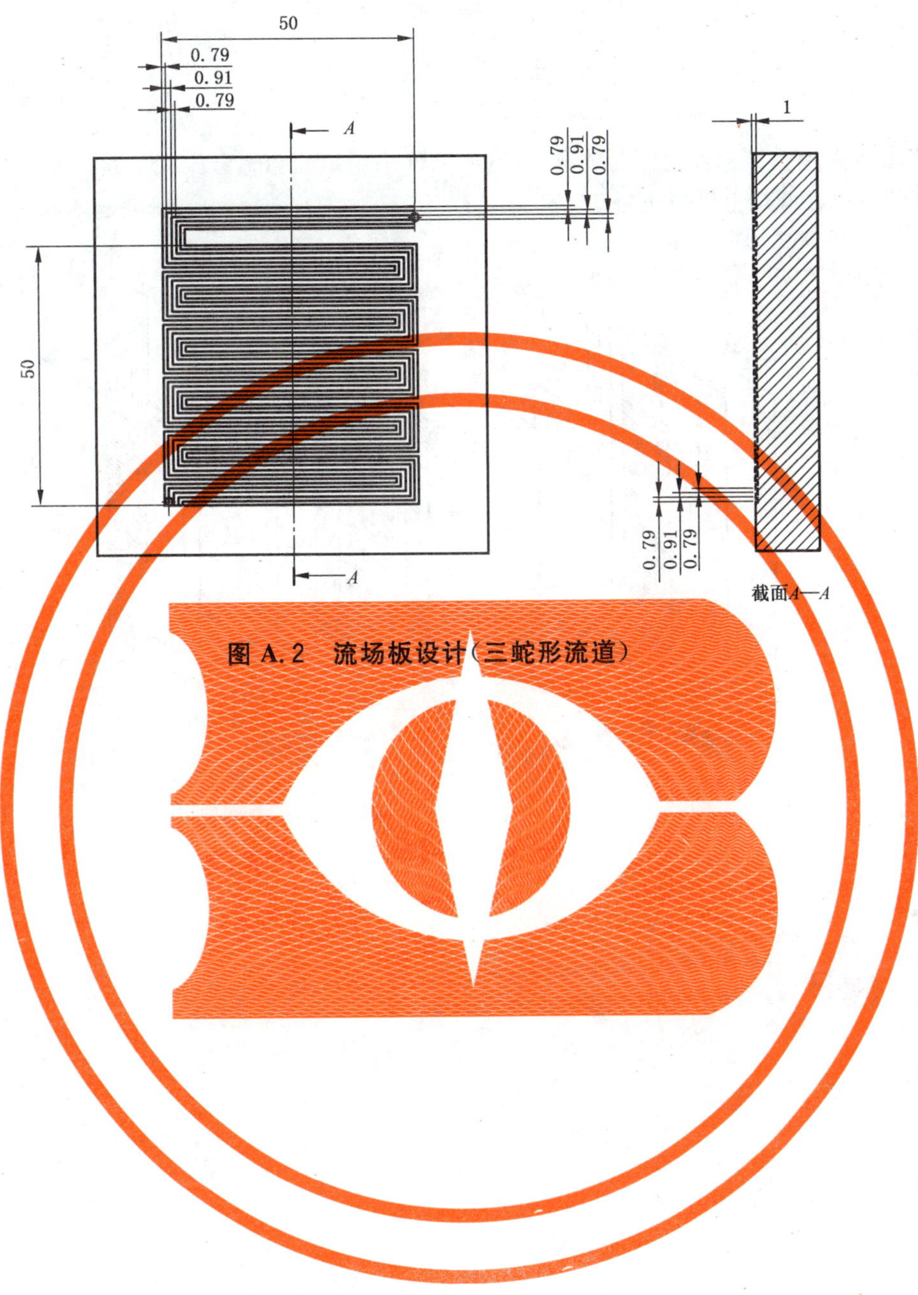

图 A.2 流场板设计(三蛇形流道)

附 录 B
（资料性附录）
电池部件定位

图 B.1 为采用典型部件组装的单电池，这些部件采用螺栓和螺母压在一起。弹性垫圈和弹性密封件可根据需要垫在螺母上以防止松动。

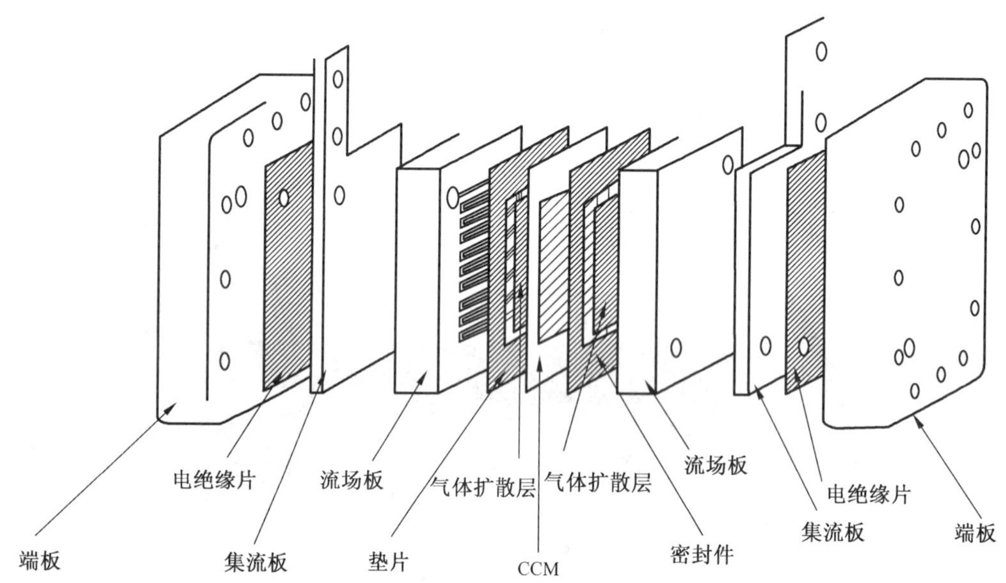

图 B.1 采用典型部件组装的单电池

附 录 C
（资料性附录）
漏气试验

典型的漏气试验规程如下所示：

a） 程序 1：

向阳极和阴极均通入氮气，设置背压为接近 0 kPa(G)，然后关闭阳极和阴极气体的出口阀门。首先，向阳极一侧施加至 50 kPa(G)的压力（或者最高运行压力的 150%），同时向阴极一侧施加至 30 kPa(G)的压力（或者最高运行压力的 125%）。关闭阳极和阴极气体的入口阀门，将气体密封在电池内。使电池在这种状态下保持 10 min，并分别监测阳极和阴极的压强。

第二步，向阴极一侧施加至 50 kPa(G)的压力（或者最高运行压力的 150%），同时向阳极一侧施加至 30 kPa(G)的压力（或者最高运行压力的 125%）。关闭阳极和阴极气体的入口阀门，将气体密封在电池内。使电池在这种状态下保持 10 min，并分别监测阳极和阴极的压强。

在上述操作中，阳极和阴极的压强 10 min 后的变化均应小于 5 kPa(G)。

在第一步中，如果阳极侧的压力降低，并且阴极侧的压力升高，则表明气体穿透膜。在第二步中，如果阴极气体压力降低，并且阳极气体压力升高，则表明气体从相反方向穿透膜。如果任一侧的压力下降与另一侧不相关，则发生了一端外漏。如果两边的压强均降低，很可能发生了外部泄漏。

b）程序 2：

向阳极和阴极均通入氮气，设置背压为接近 0 kPa(G)，然后关闭阳极和阴极气体的出口阀。首先，向阳极和阴极侧同时加压至 30 kPa(G)。关闭阳极和阴极气体的入口阀，将气体密封在电池内。使电池在这种状态下保持 10 min，并分别监测阳极和阴极的压强。记录电池的漏气量。

第二步，向阳极侧加压至 30 kPa(G)，同时阴极侧为 0 kPa(G)，关闭阳极和阴极气体的入口阀，将气体密封在电池内。使电池在这种状态下保持 10 min，并分别监测阳极和阴极的压强。记录由阳极向阴极侧的气体穿透量。

第三步，向阴极侧加压至 30 kPa(G)，同时阳极侧为 0 kPa(G)，关闭阳极和阴极气体的入口阀，将气体密封在电池内。使电池在这种状态下保持 10 min，并分别监测阳极和阴极的压强。记录由阴极向阳极侧的气体穿透量。在上述步骤中，10 min 后阳极和阴极侧的压力下降均应小于 5 kPa(G)。

如果电池在更高压力下运行，试验压力大体上应相等。

附 录 D
（资料性附录）
初始活化

以下介绍四种有关初始活化规程的例子，作为替代 MEA 供应商的初始活化程序：

a) 程序 A：

1) 建立测试台以运行电池。

2) 用吹扫气体（如氮气）吹扫阳极和阴极。流量与其后试验中所用流量相同，吹扫直至电池彻底吹扫干净为止。

3) 采用电池加热器或者其他合适的加热方法加热电池至 80 ℃。通入完全润湿的氮气，流量与其后试验中所用流量相同。加热过程中，保持电池温度，进出口气体管路温度始终高于气体露点，避免系统中的水发生冷凝。

4) 待电池温度和气体湿度稳定后，按照合适的化学计量比通入完全润湿的反应气体，例如，当电流密度为 1 000 mA/cm^2 时，通入化学计量比为 1.4 的氢气和 2.5 的空气。保持电池电压在 0.4 V 以上，逐渐增加电池负载直至电流密度达到 1 000 mA/cm^2，同时。

5) 保持电池负载（电流密度）在 1 000 mA/cm^2，按照化学计量比为 1.4 的氢气和 2.5 的空气，直至电池电压波动范围在小于 5 mV 的情况下持续时间超过 5 h。满足了该判据则意味着电池初始活化完成。

b) 程序 B：

按照其后试验中采用的标准运行条件，向电池内通入纯氢气，使电池在开路电压下运行 15 min，然后在 600 mV 下运行 75 min，然后运行 3 个循环：保持在 850 mV 下运行 20 min；紧接着在 600 mV 下运行 30 min。整个初始活化时间接近 4 h。

c) 程序 C：

启动试验台运行电池。按其后试验中的标准运行条件设定。在恒定电压模式下，稳定在 500 mV 下 5 min，在气体恒定流量下运行 I/V 循环，从 800 mV 到 300 mV 每 10 s 进行 50 mV 阶跃，从 300 到 800 mV 返回时采用相同的速度和时间阶跃。维持电池电压在 500 mV 下 5 min。运行该循环直至在 5 min 内 500 mV 下电流密度变化低于 ±10 mA/cm^2，其后的 3 个循环的电流密度波动低于 ±10 mA/cm^2。

d) 程序 D：

按标准试验条件给定的运行温度和气体条件下以恒电流模式运行电池。保持电池电压高于 500 mV，以每步 100 mA/cm^2 或者每秒不超过 10 mA/cm^2 的速率增加电流密度，直到达到初始活化的电流密度。电池初始活化电流密度要么达到选定条件下 500 mV 时的最大电流密度或者达到测试规定的目标电流密度。

活化过程应至少持续 24 h，在试验开始前的最后 4 h，电池的电压波动要小于 ±5 mV。

附 录 E
（资料性附录）
关机

下面介绍典型的关机规程：

a） 按照极化曲线阶跃值的相反步骤降低电负载值（也就是，保持气体流量的同时降低电流密度从 i_{max} 到 0）。关掉电负载。

b） 用增湿的氮气以最低极化曲线负载时的流量吹扫阳极和阴极直到电池冷却到室温。冷却期间，确保电池温度和气体管道温度始终高于气体露点温度避免系统中的水冷凝。

c） 当电池达到环境温度时，改用干燥的氮气吹扫阳极和阴极 5 min 至 10 min（这一步可选，取决于膜所需的最终保湿程度）。

d） 断开电池，封闭阳极和阴极进出口。

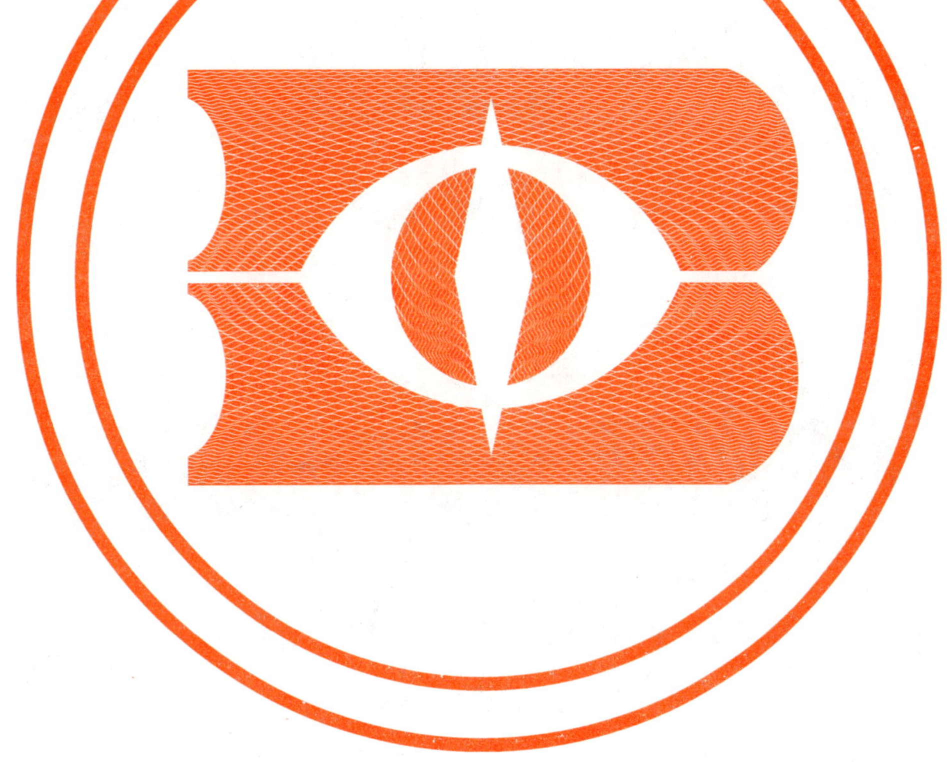

附 录 F
（资料性附录）
再活化

下面介绍典型再活化的规程：

a) 程序 A：

   1) 重复附录 D 程序 A 中的第 1 步到第 5 步。对于第 5 步来说 1 h 应足够电池活化稳定。

   2) 执行规定的试验条件，保持该试验条件直至电池活化稳定。

b) 程序 B：

   1) 向电池中通入完全增湿的气体 1 h，其中氢气化学计量比为 1.4，氧化剂化学计量比为 2.5。加热电池到 80 ℃，工作电流为 400 mA/cm^2。

2) 在上述条件下运行电池 4 h；当电压平衡时电池活化完毕。

附 录 G
(资料性附录)
I-V 特性试验

下列 *I-V* 特性试验中使用的典型的电流密度增量。

如果预期的最大电流密度已知(比如说,制造商提供或者预先测量),按照表 G.1.选择电流增量阶。

表 G.1 已知最大电流时电流密度的增量

步骤	预期最大电流密度的百分数
0	0 (OCV)
1	2%
2	5%
3	10%
4	20%
5	30%
6	50%
7	70%
8	90%
9	100%
注:如果进行 Tafel 斜率分析低电流部分可能需要更多点。	

如果最大电流密度未知,利用表 G.2 给定的电流密度增量。

表 G.2 最大电流密度未知时电流密度的增量

步骤	电流密度/(mA/cm^2)
0	0 (OCV)
1	20
2	50
3	100
4	200
5	400
6	600
7	800
8	1 000

表 G.2（续）

步骤	电流密度/(mA/cm^2)
9	1 200
10	1 400
11	1 600
12	1 800
13	2 000
注：当达到最大电流密度或者电池电压下降到低于 0.3 V 或者制造商规定的最小电压值必须停止试验(为了避免对电池部件带来不可逆损坏)。	

附 录 H
（资料性附录）
启动/关机循环试验

典型的启动/关机循环工况和运行时间。

循环按以下工况进行：

a) “off”阶段＝0 A/cm² 15 min；

b) “on”阶段＝在 I_{st} A/cm² 15 min(i_{st};额定电流密度)。

建议逐步增加电流密度以避免电压下降过快。电流密度从 0 到 i_{st} 增加应分四步，每步 10 s 增加 $i_{st}/4$：

a) $1/4i_{st}$ A/cm² 持续 10 s；

b) $1/2i_{st}$ A/cm² 持续 10 s；

c) $3/4i_{st}$ A/cm² 持续 10 s；

d) i_{st} A/cm² 持续 14 min 30 s。

此步的持续时间取决于试验的特定目的和相关的特定“终止”标准：设定寿命试验或者设定性能损失（考虑功率、负载电压或者开路电压）。

除不同可能的定义的终止标准外，如果电池电压降到低于 0.3 V 或者制造商规定的最小值（为了避免电池部件发生不可逆损坏），应停止试验（停掉气体、温度控制器和负载）。

附 录 I
（资料性附录）
加载循环试验

典型的加载循环工况和试验时间如下。

建议使用两种电流密度工况使电池能在两种电流密度水平之间工作：一个工况更动态变化，持续 1 min，另外一个工况较稳定，持续 1 h。

开始循环试验前，为稳定操作条件，第一次大功率阶段时的电流密度设定为 $i_{100\%}$（额定电流密度）。然后应按照图 I.1 和图 I.2 中的两种电流密度工况中的一个运行加载循环。

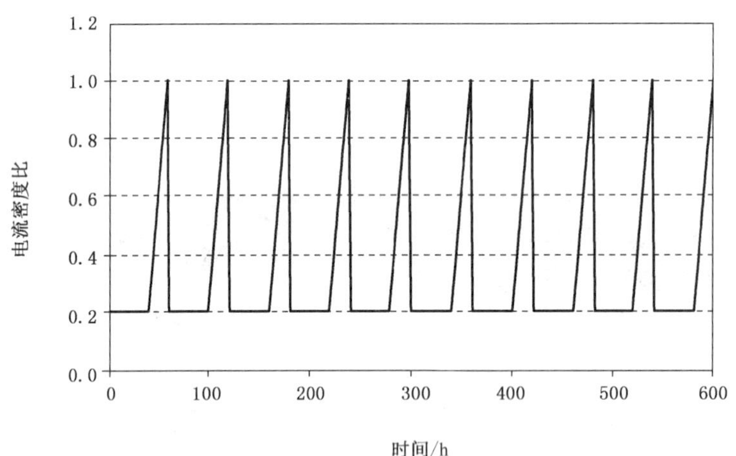

图 I.1 第一个负载循环工况

工况分为两部分：低电流密度区＝$i_{20\%}$ A/cm²（$i_{20\%}$：额定电流密度 $i_{100\%}$ 的 20％），40 s；高电流密度区＝电流从 $i_{20\%}$ 增长到 $i_{100\%}$ A/cm²，20 s。

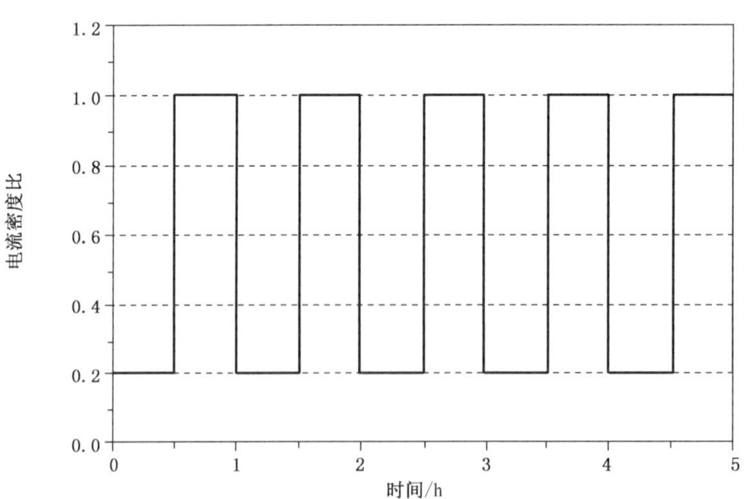

图 I.2 第二个负载循环工况

工况分为两部分：低电流密度区＝$i_{20\%}$ A/cm²（$i_{20\%}$：额定电流密度 $i_{100\%}$ 的 20％），0.5 h；高电流密度区＝$i_{100\%}$ A/cm²，0.5 h。

运行时间由运行条件和特定应用决定,可设定在 500 h 到 10 000 h 之间。

除了设定的运行时间,试验也规定了其他具体的终止标准,如设定可接受的性能损失(考虑在低功率、高功率或开路电压的功率或电压)。

除了特别定义的终止标准外,如果电池电压降到低于 0.3 V 或者制造商规定的最小值(为了避免电池部件发生不可逆损坏)的话试验应停止(停掉气体、温度和负载)。

附　录　J
（资料性附录）
试验报告

下面给出 *I-V* 特性试验的试验报告参考模板。斜体部分是给作者的说明，不应包含在试验报告中。

J.1　概要信息

J.1.1　试验报告的概要信息

试验报告单位（应用单位）	
试验报告题目	
作者	

J.1.2　有关试验的概要信息

试验序号	
试验版本	
需要试验的公司	
试验次数	

试验日期	
执行试验的公司	
试验地点	
试验电池/设备	

J.2　介绍

供作者参考：

——实施过程和试验程序选择的解释；

——试验者和顾客之间约定的试验方案，可能包括验收标准；

——试验报告或试验中用到的其他文件（专业术语文件、符号统一等）。

J.3　试验目的和范围

试验目的是确定在规定运行条件下 PEFC 单电池的极化曲线。

测量电池性能从开路电压一直到最大电流密度，设定如下：

——试验对象的特性；

——考虑应用的技术规范；

——测量方法。

试验目的的量化：

——聚合物电解质燃料电池单电池的一般性能；

——PEFC 部件比如说 MEAs 和 MEAs 的各个部件和双极板的材料及其设计。

本试验所考虑的运行条件：

——科学领域目前通用的条件；

——所应用的条件。

J.4 试验对象描述

电池制造商	
燃料电池技术	
电池模型	
产品或者试验对象	
产品编码	
试验对象识别号码	

燃料电池：单极板的材料/技术	
燃料电池:流场设计	
燃料电池:有效面积	
密封件类型	
密封件厚度	
电池技术(集流体)	
电池紧固	
加热/冷却系统	
电池方位[a]	
气体流向(并流,对流等)	
[a] 如果需要增加图片有助于理解。	

MEA 组装(是/否,3 层,5 层,7 层)	
电极	
气体扩散层(厚度,类型)	
催化剂层(担量,组成)	
膜(厚度,类型)	

允许的最低电池电压值/V	
阳极和阴极间允许的压差/kPa	
制造商建议的空气计量比	

制造商提供的电池或者 MEA 补充说明或信息。

J.5 试验对象的状况

作者简单描述有关电池的试验历史包括所有的诊断试验,特别或者基本试验及其相应的顺序标识。

J.6 试验方案的描述

详细描述使用的试验设备和方案，包括传感器类型、位置以及特殊装置(比如说加热/冷却和增湿子系统)，都应在试验报告中给出，有助于对试验结果的理解。

J.7 运行条件，输入和输出的描述

表 J.1 至表 J.4 列举了试验中所有的输入、输入值和试验中控制的运行条件，测量不确定度和抽样率。

试验者将填写每个试验的输入值栏。

表 J.1 试验输入参数

输入	描述	单位	输入值	测量不确定度	抽样率 Hz	可控精确度
i	电流密度(i=实际电流/活性几何面积)	A/cm^2				
T_c	电池温度	℃				
X_{fuel}	燃料组分	%氢气；%其他气体			—	
X_{ox}	氧化剂组分	空气或氧气；%其他组分			—	
p_{Air}	氧化剂在电池进口或出口的背压[c]	kPa				
p_{H_2}	氢气在电池进口或出口的背压[c]	kPa				
Q_{fuel}	燃料流量[a]	最大($Q_{fuel,min}$，$Q_{\lambda fuel}$)或稳态值(cm^3/min)				
Q_{ox}	氧化剂流量[a]	最大($Q_{ox,min}$，$Q_{\lambda ox}$)或稳态值(cm^3/min)				
$Q_{fuel,min.}$	燃料最小流量	cm^3/min				
$Q_{ox,min.}$	氧化剂最小流量	cm^3/min				
λ_{fuel}	燃料化学计量比	(无量纲)		—	—	
λ_{ox}	空气化学计量比	(无量纲)		—	—	
RH_{ox}	进气口氧化剂相对湿度[b]	%				
RH_{fuel}	进气口燃料相对湿度[b]	%				
T_{ox}	氧化剂露点	℃				
T_{fuel}	燃料露点	℃				
Tb_{ox}	氧化剂沸点	℃				
Tb_{fuel}	燃料沸点	℃				
Tl_{ox}	氧化剂管线温度	℃				
Tl_{fuel}	燃料管线温度	℃				

表 J.1（续）

输入	描述	单位	输入值	测量不确定度	抽样率 Hz	可控精确度
Qw_{ox}	水流量（氧化剂一侧）	最大（$Qw_{fuel,min}$，$Qw_{\lambda fuel}$）（cm^3/min）				
Qw_{fuel}	水流量（燃料一侧）	最大（$Qw_{\lambda ox,min}$，$Qw_{\lambda ox}$）（cm^3/min）				
T_{amb}	环境温度	℃				
P_{amb}	环境压力	kPa				
RH_{amb}	环境相对湿度	%				

[a] $Q_{\lambda fuel}$ and $Q_{\lambda ox}$ 分别是燃料和氧化剂化学计量比约束的体积流量。试验时实际的体积流量是化学计量比约束的流量，除非该值小于最小流量：$Q_{fuel,min.}$ 和 $Q_{ox,min.}$。

[b] 反应物增湿方法不在试验过程中。但是，试验报告中应有相关输入（例如鼓泡增湿时水和管路的温度或喷水增湿时注入水的流量）-露点与气体的相对湿度有关，也应在报告中给出（计算或在气体进口有湿度传感器时测量出）。

[c] 请指出该报告中的可选项，电池进出口压力是否控制在稳定值。

表 J.2 试验输出参数

输出	描述	单位	仪器不确定度	抽样率 Hz
V	电池电压	V		
P	电池功率密度	W/cm^2	计算结果	

J.8 试验过程和结果

J.8.1 启动和预活化步骤描述

——详细描述条件的设定。

——测量（和这些步骤中的输入和输出有关的描述，表格或者图表）。

表 J.3 测量步骤前的功能性运行（启动和活化）

持续时间	电流密度 A/cm^2	平均电池电压超过最长时间 min(V) 标准偏差(±V)	平均电池功率密度 W/cm^2

图表：应包含启动和活化时主要的输入和输出的时间，有助于对主要结果的理解。

对于极化曲线 $i, V, T_c, p_{ox}, p_{fuel}, Q_{ox}, Q_{fuel}, RH_{ox\ and\ fuel}$（或者与相对湿度（$RH$）有关的输入）$=f$（时间）；利用平均值并标示出标准偏差。

J.8.2 测试步骤和结果的描述：

——如果在活化步骤后，设定 OCV 条件前，需要增加一步，要设定试验条件（初始试验输入）。

——测试步骤终止的原因。

——测量(测试期间用描述、表格或者图表给出输入和输出)(比如说:停顿时间、电流密度、为极化曲线用的电压和功率的表格)。

表 J.4 极化步骤中的功能性运行[a]

停顿时间 min	电流密度 A/cm²	电池平均电压/V (±2[a] 标准偏差,V)	电池平均功率/(W/cm²) (±2[a] 标准偏差,W/cm²)
[a] 建议估计出全部测量不确定度。参考 ISO/IEC GUM 指导推测不确定度。			

图表:

——应包含测试阶段主要试验输入和输出对应的时间,有助于对主要结果的理解。

对于极化曲线:i,V,T_c,p_{ox},p_{fuel},Q_{ox},Q_{fuel},$RH_{ox\ and\ fuel}$(或者与 RH 有关的输入)$=f$(时间)。

——主要结果=主要输出与主要输入对比

对于极化曲线:V(V)和 P(W/cm²)$=f(i$(A/cm²))

J.8.3 关机描述

J.8.4 操作步骤引起的偏差

J.9 数据后处理

相关试验过程中需特别说明的。

对于极化曲线,与表格和图表所描述可能有出入(图表和表格包含了不同的电压值和计算得到的功率密度值)。

J.10 结论和验收标准

试验结果评价应考虑试验目的和定义的验收标准。

参 考 文 献

[1] FCTESTNET Fuel Cells Glossary,EUR22295 EN (June 2006)

[2] IEC 60051-1,Direct acting indicating analogue electrical measuring instruments and their accessories—Part 1:Definitions and general requirements common to all parts

[3] IEC 60051-2,Direct acting indicating analogue electrical measuring instruments and their accessories. Part 2:Special requirements for ammeters and voltmeters

[4] IEC 60688,Electrical measuring transducers for converting a. c. electrical quantities to analogue or digital signals

[5] ISO 5167-1,Measurement of fluid flow by means of pressure differential devices inserted in circular cross-section conduits running full—Part 1:General principles and requirements

[6] ISO 5167-2,Measurement of fluid flow by means of pressure differential devices inserted in circular cross-section conduits running full—Part 2:Orifice plates

[7] ISO 5167-3,Measurement of fluid flow by means of pressure differential devices inserted in circular cross-section conduits running full—Part 3:Nozzles and Venturi nozzles

[8] ISO 5167-4,Measurement of fluid flow by means of pressure differential devices inserted in circular cross-section conduits running full—Part 4:Venturi tubes

[9] ISO 4677-1,Atmospheres for conditioning and testing—Determination of relative humidity—Part 1:Aspirated psychrometer method

[10] ISO 4677-2,Atmospheres for conditioning and testing—Determination of relative humidity—Part 2:Whirling psychrometer method

[11] USFCC 05-014B,Single Cell Test Protocol,May 1,2006

[12] USFCC 04-003,Protocol on Fuel Cell ComponentTesting—Primer for Generating Test Plans

[13] USFCC 04-007,Protocol on Fuel Cell Component Testing

[14] USFCC 04-011,Fuel Cell Test Station Requirements and Verification Procedure

[15] USFCC 05-002,Protocol on Fuel Cell Component Testing: Suggested Test Plan

[16] ISO/TR 15916,Basic considerations for the safety of hydrogen systems (2004)

[17] ISO 14121,Safety of machinery: Principles of risk assessment (1991)

[18] IEC 61882,Hazards and operability studies (HAZOP):Application Guide (2001)

[19] FCTESTNET,PEFC,Test procedures,DRAFT Version1. 0,June,2006

[20] JARI Standard Single Cell Testing Protocol,JARI Research Journal,Vol. 28,No. 7,p247-252,2006

[21] Fuel Cell Handbook (7th Ed.),EG&G Technical Services,US DOE Report,2004

[22] ISO,1993,"Guide to the Expression of Uncertainty in Measurement," BIPM,IEC,IFCC,ISO,IUPAC,IUPAP,OIML,International Organization for Standardization,Env 13005:1999. 1ed., corrected and reprinted 1995

[23] Taylor,B. N.,and Kuyatt,C. E.,1994,"Guidelines for Evaluating and Expressing the Uncertainty of NIST Measurement Results," National Institute of Standards and Technology,NIST Technical Note 1297

ICS 27.070
F 19

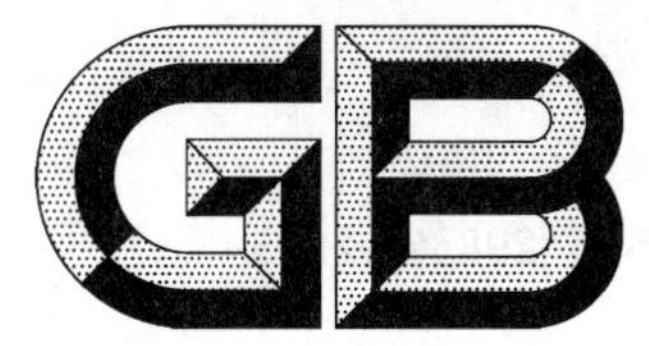

中华人民共和国国家标准

GB/T 29838—2013

燃料电池　模块

Fuel cell modules

(IEC 62282-2:2012,MOD)

2013-11-12 发布　　2014-03-07 实施

中华人民共和国国家质量监督检验检疫总局
中国国家标准化管理委员会　发布

前　言

本标准按照 GB/T 1.1—2009 给出的规则起草。

本标准使用重新起草法修改采用 IEC 62282-2 Ed.2:2012《燃料电池技术　第 2 部分:燃料电池模块》。

本标准在技术上与 IEC 62282-2:2012 一致,修改内容如下:

——删除了国际标准的前言和引言,增加国家标准的前言;

——本标准中的引用标准,凡是有与 IEC(或 ISO)对应国家标准的均用国家标准代替;

——本标准中安全标准结合了国家具体安全要求,在第 5 章“型式试验”中增加“5.10 绝缘(静态)试验”。

本标准由中国电器工业协会提出。

本标准由全国燃料电池及液流电池标准化技术委员会(SAC/TC 342)归口。

本标准起草单位:新源动力股份有限公司、机械工业北京电工技术经济研究所、上海神力科技有限公司、武汉银泰科技燃料电池有限公司、宁波拜特测控技术有限公司、武汉理工大学、中国科学院大连化学物理研究所、上海攀业氢能源科技有限公司、清华大学、同济大学、南京大学昆山创新研究院、深圳市华测检测技术股份有限公司等。

本标准主要起草人:侯中军、李晓楠、田超贺、张若谷、齐志刚、黄平、燕希强、陈晨、潘牧、衣宝廉、董辉、侯明、裴普成、侯永平、卢琛钰、顾军、朱平等。

燃料电池　模块

1　范围

本标准提出燃料电池模块安全和性能最低要求，适用于下列电解质燃料电池模块：

——碱性；

——聚合物电解质(包括直接甲醇燃料电池)；

——磷酸；

——熔融碳酸盐；

——固体氧化物；

——电解液。

燃料电池模块含或不含封装，操作压力为常压及以上。

本标准只涉及对人体和模块外部产生的危险，不导致模块外部危险的模块内部损害防护本标准不予考虑。

针对特殊应用的需要，要求部分可用含燃料电池模块设备的其他标准取代。

本标准不包括道路车辆用燃料电池模块。

本标准并不限制或抑制技术进步。如果电器材料或结构形式有异于本标准所述，可根据要求目的进行检查和试验，若实质等同，可视为符合本标准。

燃料电池模块是最终产品组成部分。燃料电池模块产品需评估以适用于终端产品安全要求。

本标准只涉及到燃料电池模块直流电输出。

本标准不涉及如图1所示外围设备。

本标准不涉及燃料电池模块燃料和氧化剂的储存和输送。

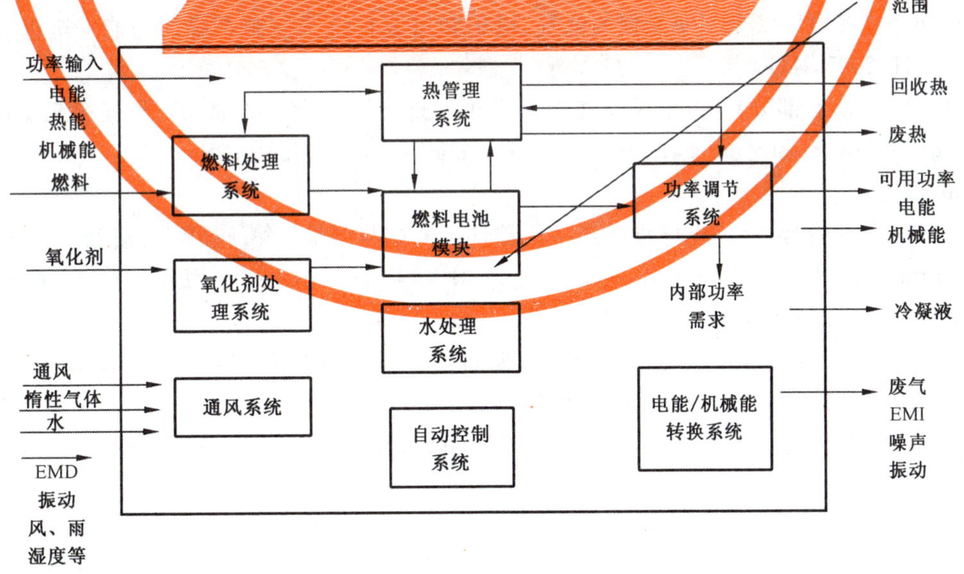

说明：

EMD——电磁骚扰；

EMI——电磁干扰。

图1　燃料电池系统部件及标准适用范围

2 规范性引用文件

下列文件对于本文件的应用是必不可少的。凡是注日期的引用文件，仅注日期的版本适用于本文件。凡是不注日期的引用文件，其最新版本(包括所有的修改单)适用于本文件。

GB 3836(所有部分) 爆炸性气体环境用电气设备[IEC 60079 (所有部分)]

GB 3836.14 爆炸性气体环境用电气设备 第14部分:危险场所分类[IEC 60079-10]

GB 4208 外壳防护等级(IP代码)(GB 4208—2008,IEC 60529:2001,IDT)

GB 4706.1 家用和类似用途电器的安全 第1部分:通用要求(GB 4706.1—2005,IEC 60335-1:2001,IDT)

GB/T 4728(所有部分) 电气简图用图形符号[IEC 60617(所有部分)]

GB 4943.1 信息技术设备 安全 第1部分:通用要求(GB 4943.1—2011,IEC 60950-1:2005,MOD)

GB/T 5169(所有部分) 电子电工产品着火危险试验[IEC 60695 (所有部分)]

GB 5226.1 机械电气安全 机械电气设备 第1部分:通用技术条件(GB 5226.1—2008,IEC 60204-1:2005,IDT)

GB 7260.4 不间断电源设备 第1-2部分:限制触及区使用的UPS的一般规定和安全要求(GB 7260.4—2008,IEC 62040-1-2:2002,MOD)

GB 14536.1 家用和类似用途电自动控制器 第1部分:通用要求[GB 14536.1—2008,IEC 60730-1:2003(Ed 3.1),IDT]

GB/T 16855.1 机械安全 控制系统有关安全部件 第1部分:设计通则(GB/T 16855.1—2008,ISO 13849-1:2006,IDT)

GB/T 18290(所有部分) 无焊连接[IEC 60352(所有部分)]

GB/T 20438(所有部分) 电气/电子/可编程电子安全相关系统的功能安全[IEC 61508 (所有部分)]

GB 28526 机械电气安全 安全相关电气、电子和可编程电子控制系统的功能安全(GB 28526—2012,IEC 62061:2005,IDT)

IEC 60512-15(所有部分) 电子设备连接元器件 测试与测量 第15部分:连接元器件测试(机械)[Connectors for electronic equipment—Tests and measurements—Part 15: Connector tests (mechanical)]

IEC 60512-16(所有部分) 电子设备连接元器件 测试与测量 第16部分:接触点和终端的机械性能测试(Connectors for electronic equipment—Tests and measurements—Part 16: Mechanical tests on contacts and terminations)

ISO 23550 燃气燃烧器和燃气家电安全及控制设备 总体要求(Safety and control devices for gas burners and gas-burning appliances—General requirements)

EN 50178 电力装置用电子设备(Electronic equipment for use in power installations)

3 术语和定义

下列术语和定义适用于本部分。

3.1

验收试验 acceptance test

合同规定的实验以向客户证明产品满足它设定的技术指标。

3.2

允许工作压差 allowable differential working pressure

由制造商规定的阳极和阴极间的最大压力差，燃料电池模块能承受此压差而不损坏或永久失去功能特性。

3.3

许可工作压力 allowable working pressure

制造商规定的最大表压，燃料电池模块能承受此压力而不损坏或永久失去功能特性。

注：在这个数值（或低于这个数值）下设置卸压保护。

3.4

环境温度 ambient temperature

仪器、设备或安装设施周围可能影响其性能的介质温度。

3.5

活化 conditioning

按照制造商规定的规程正确运行燃料电池模块（3.8）必须的（和电池/电池堆有关）预备步骤。

注：根据电池技术，活化包括可逆和/或不可逆步骤。

3.6

燃料电池 fuel cell

将一种燃料和一种氧化剂的化学能直接转化为电能（直流电）、热和反应产物的电化学装置。

注：燃料和氧化剂通常存储在燃料电池的外部，当它们被消耗时而输入到燃料电池中。

3.7

燃料电池堆 fuel cell stack

由单电池、隔离板、冷却板、歧管和支撑结构组成的设备，通过电化学反应把（通常）富氢气体和空气反应物转换成直流电、热和其他反应产物。

[GB/T 28816—2012，定义 3.50]

3.8

燃料电池模块 fuel cell module

一个或多个燃料电池堆（3.7）和其他主要及适当的附加部件的集成体，目的组装到一个发电装置或一个交通工具中。

注：一个燃料电池模块由以下几个主要部分组成：一个或多个燃料电池堆（3.7）、输送燃料、氧化剂和废气的管路系统、电池堆输电的电路连接、监测和/或控制手段。此外，燃料电池模块还可包括：额外流体（如冷却介质、惰性气体）的输送手段、检测正常或不正常运行条件的手段、外壳或压力容器和模块的通风系统。

3.9

额定电流 rated current

制造商规定的最大连续电流，燃料电池模块设计在该电流下运行。

3.10

渗漏 crossover（交叉泄漏 cross leakage）

燃料电池的燃料端和氧化剂端之间任一方向的泄漏，一般是穿过电解质。

3.11

气体泄漏 gas leakage

除有意排出的废气之外，离开燃料电池模块的气体的总和。

注：气体泄漏可能产生于：

——燃料电池堆；

——相关减压装置；

——其他气体管路和流体控制部件。

3.12

危险 hazard

能够对人身健康、财产或环境造成物理伤害的潜在危害源。

3.13

危险区域 hazardous area

分级区域 classified area

空气中存在或可能存在的易燃灰尘、纤维或挥发性液体、气体、蒸汽或混合物，数量足够多，能够形成易燃易爆混合物数量的区域或空间。

3.14

热变形温度 heat deflection temperature

标准测试棒在负载下产生指定变形时的温度。

注：用以确定短时间耐热性。

3.15

低可燃极限 lower flammability limit (LFL)

燃料-空气混合物中的燃料能被火源点燃的最低浓度。

注：若火源可引发燃烧则该燃料-空气混合物易燃。主要是燃料-空气混合物比例或构成。混合物浓度低于低可燃极限(LFL)或高于高可燃极限(UFL)的临界比例不会引发燃烧。

3.16

最大运行压力 maximum operating pressure

由部件或系统制造商规定的最大压力，系统或部件被设计成在该压力下可以连续运行。

注1：最大运行压力表示为 p_a。

注2：包括所有正常运行，稳态和瞬变状态。

3.17

最低输出电压 minimum voltage

一个燃料电池模块在其额定功率下能连续运行的最低电压或其在最大允许过载条件下的最低电压两者之间的低值。

注：最低电压单位为V。

3.18

自然通风 natural ventilation

由于风和/或温度梯度的影响使空气移动及新鲜空气置换。

3.19

开路电压 open-circuit voltage

燃料电池在有燃料和氧化剂但没有外部电流流动时的端电压。

注：开路电压单位为伏(V)。

3.20

例行试验 routine test

对制造中或完工后的每一个产品所进行的符合性试验。

[GB/T 2900.83—2008，定义151-16-17]

注：勿混淆与“一致性试验”(GB/T 2900.85—2008，定义151-16-15)：一致性评估试验或“一致性评估”(GB/T 2900.85—2008，定义151-16-14)：系统检查产品、工艺或服务是否满足特定要求。

3.21

标准条件　standard condition

作为测试基础的预定测试或运行条件，以便得到重复、可比的测试数据。

3.22

防护　safeguarding

控制系统根据运行参数动作，以避免可能对人有危险或对燃料电池及周围环境造成损害的状况出现。

3.23

安全电压　Safety Extra Low Voltage(SELV)

正常运行和发生单一故障时，干燥环境下正弦交流有效电压值不超过 30 V 或直流峰值电压不超过 42.4 V，若为可能发生接触的潮湿环境，正弦交流有效电压值不超过 15 V 或直流峰值电压不超过21.2 V。

3.24

热平衡条件　thermal equilibrium conditions

15 min 读数一次温度，温度变化不超过 3 K(5 ℉)或 1%绝对工作温度的恒定温度条件，两者取高值。

3.25

热稳定性　thermal stability

温度稳定的恒温状态。

3.26

型式试验　type test

根据一个或多个代表性生产产品的样本所进行的符合性试验。

[GB/T 2900.83—2008，定义 151-16-16]

注：勿混淆与"一致性试验"(GB/T 2900.85—2008，定义 151-16-15)；一致性评估试验或"一致性评估"(GB/T 2900.85—2008，定义 151-16-14)：系统检查产品、工艺或服务是否满足特定要求。

4　要求

4.1　通用安全策略

制造商应提供风险分析书面报告，以确保：

a) 识别燃料电池发电系统寿命期限内所有合理的可预见危险、危险状况和事件(可参考附录 A 进行识别)；

b) 结合危险发生的可能性和预期严重性对各种危险的风险进行评估；

c) 将评估风险的两个因素(可能性和严重性)消除或减少到不超过可接受的风险级别，通过

   1) 结构或方法的自身安全设计；或

   2) 采用被动控制(如安全隔板、排气阀、热阻断设备等)确保能量安全释放不危及周围环境，或采用安全相关控制功能；并

   3) 对 1)和 2)不能够减少的风险，贴示标签、警告或提供专业训练，在危险区域工作的人员应掌握这些措施。

为保证功能安全，应按以下示例确定和设计要求的严重性级别、性能级别或控制功能级别：

- 符合 GB 5226.1 的应用，同时满足 GB 28526(或 GB/T 16855.1)；
- 符合 GB 4706.1 的应用，同时满足 GB 14536.1；
- 其他应用，满足 GB/T 20438(所有部分)。

以下标准可以指导失效模式影响分析(FMEA)和故障树分析方法:

- GB/T 7826;
- SAE J 1739;
- IEC 61025。

评估内容应包括所有以下可能风险:

——电堆温度;和

——电堆和/或电池电压;

——加压部分压力。

此外,下列情况应格外加以注意:

——机械危险,锋利表面、绊倒危险、物体移动和不稳,材料强度,压力下的气体或液体;

——电气危险,接触带电部件、短路、高电压;

——EMC危险,燃料电池模块暴露在电磁环境中产生故障或因燃料电池模块电磁释放导致附近其他设备故障;

——热危险,高温表面、高温液体或气体排放、热疲劳;

——火灾和爆炸危险,易燃气体或液体、正常或非正常运行条件下可能的易爆混合物、故障条件下可能的易爆混合物;

——故障危险,因软件、控制电路或保护/安全部件失灵或错误生产或错误运行导致的不安全运行;

——材料和物质危险,材料老化、腐蚀、脆化、有毒物质的排放;

——废物处理危险,有毒材料处置、回收、易燃气体或液体处置;

——环境危险,热/冷、下雨、水淹、风、地震、外部起火、烟雾环境下的不安全操作。

4.2 设计要求

4.2.1 通用要求

燃料电池模块应按照燃料电池模块制造商风险评估进行设计。所有零部件应:

a) 满足预期用途温度、压力、流量、电压、电流范围;和

b) 对预期用途中面临的反应、过程以及其他条件的耐受能力;

c) 燃料电池模块采用的材料的质量和厚度,配件、终端及各部件集成方法,应在合理寿命时间内,正常安装和使用条件下,结构和运行特性不会发生明显的改变。燃料电池模块所有零部件应能够适应终端用户产品正常使用可能的机械、化学和热力等条件。

燃料电池模块封装应满足GB 4208规定要求以适应系统应用。燃料电池模块应执行相应的IP代码。

注:当终端设备具有防护外壳时,IP00级也可。

4.2.2 正常和非正常运行条件下行为

燃料电池模块应按照制造商说明书的规定设计,在所有正常运行条件下燃料电池模块不会损坏。非正常运行条件应根据4.1的规定处理。

4.2.3 泄漏

根据设计的不同,有可能会产生易燃气体或液体泄漏(试验见5.3)。气体泄漏率应纳入规范文件,以便于燃料电池系统集成商确定通风系统的最小通风能力[见7.4.1 r)]、吹扫和通风流量要求。

根据4.1,故障模式(渗漏)应作为风险评估内容之一。应根据4.1中给出的相关标准设计“电池电压监控”等措施。

若燃料电池模块不含渗漏保护装置，产品说明书应说明系统集成商必须提供防护设备或操作程序。

注：危险场所分类见 GB 3836.14。

4.2.4 加压操作

如果燃料电池模块包括气密件和加压件，这些部件应符合国家规定。

应识别可能会对模块外部造成损害的加压操作条件(见 4.1)并将信息传达给系统集成商。

注：下述模块特性：

PEFC 模块

设计 PEFC(质子交换膜燃料电池堆)不需要特别考虑压力因素。PEFC 电堆的尺寸、材料选择和制造规范主要基于满足电堆静态、动态和/或其他运行特性所需的足够强度、刚度和稳定性要求。比如，设计使用同轴力挤压器件，器件在损坏前产生泄漏。

PAFC 模块

PAFC(磷酸燃料电池)模块通常在常压下运行。

MCFC 模块

加压运行条件下，MCFC(熔融碳酸盐燃料电池)模块应集成到 MCFC 系统中。系统包含 MCFC 模块封装，并应根据加压系统相关国家和国际准则和标准进行设计。

加压引起的危险应排除在模块封装外，应符合相关标准。

SOFC 模块

如果对 SOFC(固体氧化物燃料电池)进行加压操作，SOFC 模块应集成到 SOFC 发电系统中去。SOFC 模块放置在按照加压系统相关国家和国际准则及标准进行设计、制造及安装的压力容器内。

4.2.5 起火和自燃

4.2.5.1 通则

应采取措施(例如，通风、气体探测器、控制氧化、运行温度高于自燃温度等)保护燃料电池模块，使得燃料电池模块内部及从模块泄漏的气体不能形成爆炸浓度。

燃料电池模块制造商提供设计标准(如需要的通风率)。燃料电池模块制造商或燃料电池系统制造商提供措施。若燃料电池制造商不提供这些措施，应提供这些措施(如所需通风速率)的设计和试验标准。

在分级易燃气体环境中的零部件和材料应使用阻燃材料。在切断电力以及燃料和氧化剂后，这种材料应不会继续燃烧。材料阻燃级别 V0、V1 或 V2 的选择见 GB/T 5169 系列标准。

注：在 IEC 60079-20-1 等列出的自燃温度是易燃气体混合物可能燃烧的最低温度。由于表面几何形状、材料和实际气体混合物成分的不同，实际自燃温度通常高于规定的值。这项要求中的自燃温度是指对于特定的物体材料和几何形状，在任意条件下都会触发易燃气体自燃的自燃温度。

4.1 给出的应用标准要求应考虑耐热和防火。

4.2.5.2 免除项

通常认为燃料电池电堆内膜或其他材料占燃料电池模块质量不到 10%，因其数量有限，因此无火焰蔓延等级要求。如果使用此类材料，产品说明书应有这部分说明以引起系统集成商注意。

如果燃料电池模块内任何易燃混合物可能出现的位置的实际温度高于自燃温度，气体燃料泄漏到氧化剂将立即导致易燃气体的氧化，反之亦然。因此无爆炸性气体浓度累积。

当高温燃料电池的温度低于自燃温度，燃料电池模块应当转换到安全状态(如通过吹扫)。

4.2.6 防护措施

安全控制系统零件失灵[见 4.1 c)]应能触发燃料电池模块受控关机。为确保满足要求的防护措施级别(安全完整级别、性能级别或控制功能级别),安全相关设计应与4.1中给出的相关标准一致。

注：当立即关机危险性更大时,比如燃料电池模块紧急动力系统的气体探测器失灵,可以延迟受控关机,或者允许完成运行循环后再关机。

4.2.7 管路及配件

4.2.7.1 通则

易燃气体运输管路和接头螺纹连接应符合ISO 23550。所有其他接头应为焊接,或至少在制造商指定密封面上进行匹配的连接。用于燃料气和氧气线的连接件应为磨口连接或法兰接头或者有适应燃料气体密封填充料的压力接头。

管路内部表面应彻底清洗,以除去松散颗粒,管路两端应小心处理,消除杂物、毛刺。

选用柔性管路及相关配件输送气体时,该柔性管路应适用于气体输送。氢气管路应特别考虑,如老化、脆化、微孔等。

注：以下标准可以指导选材：GB/T 528、ISO 188、ISO 1307、ISO 1402、GB/T 3683及GB/T 5564。

4.2.7.2 非金属管路系统

下列情况允许使用聚合物和橡胶管路、部件：

根据5.4和5.5,材料在使用寿命内应能承受最高运行温度和最大运行压力,并在寿命期间内与其他材料和化学品兼容,具有足够的机械强度。

燃料电池模块内的塑料或弹性部件应避免受到机械损伤。可对旋转设备或机组里的其他机械设备做适当的屏蔽以免发生故障。

应对用以输送易燃气体的塑料或弹性部件密闭舱室加以保护,防止过热的可能性。

根据4.1,如果燃料流温度达到低于燃料输送部件所用材料最低热变形温度10 K以上且无法停止时,控制系统应切断燃料流动。

在危险位置使用塑料或弹性材料,应导电或以其他方式设计以避免静电积聚,如限制流量或其他方法。塑料或弹性材料的导电性不足,只应用于非危险区域。

4.2.7.3 金属管道系统

根据5.5和5.6,金属管道系统应能承受最高运行温度和最大运行压力,并在使用和维护期间与其他材料和化学品兼容。金属管道系统应具有足够的机械完整性和足够的机械强度。

金属管道系统应符合5.3规定的泄漏要求。

成型弯管不可因加工成形导致失效并应符合以下要求：

——只可用专用折弯设备及工艺制作弯头；

——所有弯头光滑,不可产生变形、裂缝或其他明显的机械损伤；

——管道纵向焊缝在弯头中轴附近；

——弯头内半径不得低于制造商规定的最小半径。

4.2.8 电气元件

电气系统设计和结构,以及电气电子设备应用,包括电机和封装,应满足相关电子产品应用标准。如：

- GB 4706.1(例如,民用/商用和轻工业)；
- GB 5226.1(例如,重工业)；
- GB 4943.1(例如,电信)；

- GB 7260.4(例如,UPS)。

应提供技术规范以选择恰当的应用。

燃料电池设计者应考虑燃料电池特定的下列问题:

- 燃料电池堆剩余电荷;
- 电池间的能量危险。

告知系统集成商燃料电池电气元件合适的运行环境条件[见 7.4.1 i)]:运行和储存的环境温度、湿度范围。

若系统集成商提供电子元件,应告知必要技术规范,以保证安全。

低于易燃气体自燃温度下运行封闭燃料电池模块,不受 5.12 所述易燃浓度限制。位于封装内的电子元件应符合 GB 3836.14 规定的危险场所分类要求,使用 GB 3836 系列标准规定的保护技术。

4.2.9 终端和电气连接

电源连接到外部电路,应:

a) 固定于装置,无松动的可能性;

b) 导体不得滑脱;

c) 正常触碰不会影响导体的使用功能;

d) 正常紧固时不会造成导体的传向、扭曲或永久变形。

正常使用条件下,与燃料电池的直接相连不应有明显受损。燃料电池模块终端符合 GB/T 18290(所有部分)、IEC 60512-15(所有部分)和 IEC 60512-16(所有部分)规定,或符合 4.2.8 给出的终端和电气连接应用标准要求。

4.2.10 带电部件

根据 4.2.8 中给出的相关应用标准,制造商的技术文件应明确说明:

a) 不满足安全超低电压(SELV)要求的可接近带电部件;

b) 短路时会产生高电流危险的可接近带电部件。

燃料电池系统集成商应有责任保护这些带电部件,以防电击。

4.2.11 绝缘材料,绝缘强度

应根据 4.2.8 给出的电气设备电压分级应用标准设计燃料电池模块中所有带电部件与非带电金属部件的绝缘。

对如压缩强度等会影响材料机械特性的功能表现,应以高出正常运行最高温度至少 20 K 或者 5%(以高者为准)设计,但不得低于 80 ℃。

判定应基于材料制造商规定的材料特性。

4.2.12 连接

除了与 4.2.8 给出的相关标准不同的情况外,以下内容适用。

易接触非载流金属部件有可能因漏电导致电击或者触电危险,应连接至等电位点。

为了保证良好的电接触,这些连接应防腐。导体应设计为防松动和扭曲,并能保持接触压力。

金属部件之间不得有电化学腐蚀。针对使用、存储和运输等情况,通过适当的电镀或涂层工艺达到耐电化学腐蚀。

4.2.13 冲击与振动

制造商文件应包含燃料电池模块设计所能承受的冲击与振动极限。

5 型式试验

5.1 总则

用试验设备模拟燃料电池系统或者用燃料电池系统进行型式试验以获得所需运行条件。正常运行型式试验设备可用作燃料电池模块初次启动的活化设备。建议按下述顺序执行型式试验。非正常条件试验可能具有破坏性。

5.2 冲击和振动试验

制造商文件应说明燃料电池模块能承受的冲击与振动试验极限。

注：若制造商未说明冲击和振动极限，可不进行试验。

若设备按照制造商规定的振动和冲击标准试验没有损伤，则设备活化后进行试验运行。

5.3 气体泄漏试验

该试验不适用于以下燃料电池模块：

——运行温度高于易燃气体自燃温度(见 4.2.5)；或

——燃料电池放置于符合国家有关规定的气密容器内。

使用全堆进行泄漏试验可能不切实际，可用仍具代表性的短堆试验代替。可以根据电池数量比例计算泄漏量。

运行燃料电池模块至满负荷电流并在最高运行温度条件下达到热平衡。

达到以上条件后停止运行，吹扫燃料电池模块，关闭气体出口，燃料电池模块温度应减少到规定的最低运行温度或以下。燃料电池模块用阳极气体或氦逐渐加压到制造商设定的最高运行压力，保持稳定 1 min。

泄漏测量期间入口压力应维持稳定。使用安装在燃料电池模块入口泄压装置上端精度为 2%的流量计测量气体泄漏量。如果用氦气作为试验气体，气体泄漏率按式(1)计算：

$$R = \text{燃料气体泄漏量} / \text{试验气体泄漏量} \qquad (1)$$

其中：

$$R = (\mathrm{TGSG}/\mathrm{FGSG})^{1/2}$$

式中：

R ——气体泄漏率；

TGSG ——试验气体相对密度；

FGSG ——燃料气体相对密度。

或：

$$R = \mu_{\mathrm{test}} / \mu_{\mathrm{fuel}}$$

式中：

μ_{test}——试验气体绝对黏度；

μ_{fuel}——燃料气体绝对黏度。

这两个公式用于计算 R，选最坏情况，取高值。

应记录气体泄漏速率，包括气体通过泄压装置的流量。

如果由于如磁滞或压力设定的原因，试验不含泄压装置，总泄漏量应等于最大燃料输送压力下泄压装置本身的泄漏量和试验中获得的泄漏量的加和。

根据参考条件和气体类型修正所得气体泄漏率乘以 1.5，应符合 7.4 中给出的气体泄漏率。

注：该信息可能为终端产品用户计算通风条件所需要。

5.4 正常运行

正常运行是指燃料电池模块在正常条件下运行，尤其指

——电压和电流标称功率输出；

——温度和冷却剂(如有必要)流量标称热能输出；

——燃料电池模块标称温度范围；

——标称燃料组分；

——阳极和阴极介质标称流量；

——阳极和阴极流体标称压力范围；

——制造商规定的标称范围内输出功率变化率。

正常运行型式试验，燃料电池模块应在上述正常条件下运行，直到达到热平衡条件。

应按7.4要求测量下述参数和记录结果：

a) 燃料电池模块满负荷电流时的终端电压；

b) 温度(燃料电池堆，燃料电池模块表面，环境)；

c) 燃料压力(表压)－5%～＋5%或±1 kPa，取高值；

d) 燃料消耗速率－5%～＋5%；

e) 如有必要，氧化剂供应控制在－5%～＋5%；

f) 如有必要，氧化剂压力应控制在－5%～＋5%或±1 kPa，取高值；

g) 冷却液入口和出口温度(如有条件)；

h) 冷却液流量(如有必要)；

i) 冷却液入口和出口压力(如有必要)；

j) 燃料和氧化剂压差。

对于测量的所有参数，测量值应在制造商规定值内。

5.5 许可工作压力试验

燃料电池模块应在最高或最低运行温度下试验，以要求更高者为准。

在本试验中，如果燃料电池模块在正常运行时燃料和空气两侧内部压力相同，燃料和空气侧可互相连通。如果燃料电池模块包括冷却系统，可能需要按同样方法同时进行过压试验。

燃料电池模块(包括阳极和阴极通道)应逐步加压至不低于1.3倍许可工作压力，并维持稳定不低于1 min。

如果燃料电池模块包括泄压阀，要移除泄压阀或使之不动作。

若能取得试验所需参数，则本试验可在气体泄漏试验或正常运行试验中进行。

如果无法实现试验条件(温度)，应在环境温度下对燃料电池模块加压至不低于1.5倍许可工作压力进行试验。

燃料电池模块不应有破裂、裂缝、永久变形或物理损伤。

5.6 冷却系统耐压试验

若许可工作压力试验中没对冷却系统进行试验，应进行本试验。

燃料电池模块应在许可工作压力试验温度相同条件下试验。

燃料电池模块冷却系统应加压到冷却系统许可工作压力的1.3倍，维持至少10 min。

若无法实现试验条件(温度)，应在环境温度下对冷却系统加压至冷却系统许可工作压力1.5倍进行试验。

系统不得有破裂、裂缝、永久变形或其他物理损坏。如果系统含液体冷却剂，试验中冷却剂不得泄漏。

5.7 持续和短时电功率

根据制造商规定的短时额定电流，燃料电池模块应在额定电流下稳定后将电流上升到规定的短时电功率输出并维持制造商规定的时间。

系统不得有破裂、裂缝、永久变形或其他物理损坏。

5.8 过压试验

若燃料电池模块有限压装置，压力应逐步提高到超过限压装置启动压力。如有需要，本试验可禁用或旁接燃料电池模块进口压力调节器。安全机制应能触发，将压力降低或将燃料电池模块切换到安全运行状态。

如果在预计试验中断前出现泄漏，试验可能具有破坏性，需按 5.13 要求进行。试验数据及所有相关危险应提供给系统集成商。

5.9 绝缘强度试验

燃料电池模块可有两种不同设计：

a) 电堆接地；

b) 电堆不固定。

设计 a)不需绝缘强度试验，只有开路电压。

设计 b)应在运行温度、充有冷却剂条件下进行绝缘强度试验。若燃料电池模块不能维持在运行温度时，应在最高容许温度下进行绝缘强度试验，应记录温度。若绝缘强度试验适用，应在切断燃气供应并充分吹扫的全集成燃料电池模块内进行。试验电压应适用于带电部件和非载流金属部件。应用直流或 48 Hz～62 Hz 正弦交流电进行试验，电压应稳步增加到规定值维持至少 5 s。如果没有绝缘击穿则试验通过。漏电不得超过 1 mA 与试验电压和开路电压之比的乘积。如果不满足该值，试验数据应提供给系统集成商。由系统集成商减少所有相关危险。

注：根据最终应用情况的不同，可能需要 5 s 以上的耐受试验。

试验电压见表 1。

表 1 绝缘强度试验电压

（选自 EN 50178）

栏 1 开路电压	栏 2 基本绝缘电路和防护隔离电路交流和直流试验电压		栏 3 电路和容易接触到的表面（导电或不导电，但没有接地）的交流和直流试验电压	
	AC 有效值 kV	DC kV	AC 有效值 kV	DC kV
≤$50\sqrt{2}$ V=71 V	0.35	0.5	0.35	0.5
$100\sqrt{2}$ V=141 V	0.5	0.7	0.7	1.0
$150\sqrt{2}$ V=212 V	0.8	1.1	1.3	1.8
$230\sqrt{2}$ V=325 V	1.1	1.6	1.8	2.5
$300\sqrt{2}$ V=424 V	1.2	1.7	2.2	3.1
$400\sqrt{2}$ V=566 V	1.35	1.9	2.6	3.7
$600\sqrt{2}$ V=849 V	1.65	2.3	3.5	5.0
$690\sqrt{2}$ V=976 V	1.8	2.5	3.8	5.4

表 1（续）

（选自 EN 50178）

栏 1 开路电压	栏 2 基本绝缘电路和防护隔离 电路交流和直流试验电压		栏 3 电路和容易接触到的表面(导电或不导电,但没有接地)的交流和直流试验电压	
	$AC_{r.m.s}$ kV	DC kV	$AC_{r.m.s}$ kV	DC kV
$1\sqrt{2}$ kV=1.414 kV	2.25	3.2	5.0	7.1
$1.5\sqrt{2}$ kV=2.12 kV	3.0	4.2	6.4	9.1
$3\sqrt{2}$ kV=4.24 kV	5.25	7.4	11.2	15.8
$6\sqrt{2}$ kV=8. 4kV	9.75	13.8	17.5	24.8
$10\sqrt{2}$ kV=14.14 kV	15.75	22.3	34.0	48.1
注：允许更改。				

5.10 绝缘(静态)试验

测量点：

a) 电堆集流体与封装壳体外表面外露金属件；

b) 电堆集流体与电堆安装框架外露金属面，考虑安装形变。

测量条件：模块内充满冷却液（不循环），使用一个电堆模块标称电压 1.5 倍的试验电压或 1 000 VDC 电压，两者取较高值。电压应稳步增加到指定的值维持至少 5 s，以便获得稳定的绝缘电阻读数，绝缘电阻数值不超过 30 Ω/V。如果不满足该值，试验数据应提供给系统集成商。由系统集成商采取措施减少危险。

注：根据最终应用情况的不同，可能需要 5 s 以上的绝缘测试试验。

5.11 压差试验

压差试验适用于燃料电池模块中阳极和阴极采用不同流道。燃料电池模块在最高或最低运行温度下，以更苛刻者为准。燃料电池模块阳极或者阴极通道用合适的气体逐步加压至不低于 1.3 倍的允许工作压差，维持至少 1 min。如果试验条件无法实现，燃料电池模块可在环境温度下试验，压力不低于 1.5 倍许可工作压差。

使用如流量计等连续测量泄漏率，如果不能连续测量，要在不同的允许工作压力加压前和加压后测量。

燃料电池模块不得有破裂、裂缝、永久变形或其他物理损坏。试验后阳极和阴极之间的泄漏率不应增加，并应在制造商规定试验温度的范围内。加压后测试仪器和试验装置测量值的精度和可重复性不应偏离初始值。若电池设计不存在压差，本试验可以省略。

5.12 气体泄漏试验(重复)

按 5.3 规定的同样试验条件，燃料电池模块应不做准备的重复泄漏试验。

气体泄漏率不应超过制造商规定，变化率不超过初始值 10%或者 5 cm^3/min，取高值。

5.13 正常运行(重复)

重复进行 5.3 定义的正常运行试验。测量记录应在 5.3 规定额定偏差范围内。

5.14 可燃浓度试验

此试验只适用于集成了安全通风和吹扫程序的封闭系统，运行温度低于易燃气体自燃温度。

安全通风和吹扫程序取决于燃料电池模块特性及要求。试验应确定正常运行条件下模块封装内的最大易燃气体浓度。

燃料电池模块应在标称温度范围内运行，直到达到热平衡条件。在试验地点的大气压力下和无可见气流区域进行试验。

燃料电池模块封装应有规定的通风流量(见 7.4)。

四次测量点离吹扫口或释放口应有一定距离，是测量模块内部隔舱易燃气体浓度，而不是气源易燃气体浓度。

测量应持续进行，直到四次连续测量的易燃气体浓度增加不超过四次测量平均值的 5%。

每次测量之间的时间间隔不得少于 30 min。

该试验应至少进行两次。

如果易燃气体浓度低于 25%的低可燃极限，试验合格。如果浓度超过 25%的低可燃极限，按4.2.9 的规定处理。

5.15 非正常条件试验

5.15.1 总则

在非正常运行条件下进行型式试验是为了说明可预见的非正常运行条件不会导致危险结果或燃料电池模块的外部损害。由于在非正常条件下，这些试验可能是破坏性的，应在正常试验之后进行。也可用能够发生典型反应的燃料电池子模块进行试验。非正常条件下的试验顺序根据不同类型的燃料电池模块可能会不同，应按照针对不同试验样品破坏性危险递增的程度来安排试验顺序。

型式试验所用的试验设备也可用于非正常条件试验。可能需要修改试验设备以满足非正常条件。

非正常条件试验期间，应记录试验品的最高表面温度，如果比正常条件下获得的温度高，应提供给终端产品制造商。

5.14.1～5.14.6 列出的各种非正常条件下燃料电池模块的故障模式不应对人造成危险或者对燃料电池模块外部造成损害。针对非正常条件的防护，可通过燃料电池模块保护控制或通过终端应用的防护机制。后者需为集成商提供警示及需要的保护形式说明。如果试验样品在非正常条件试验中受损，用通过 5.3 试验的样品进行下面试验。

若燃料电池模块性能衰减(非安全相关控制功能)关机，应重复试验，应避开非安全相关控制功能，这样安全装置能够在危险情况发生之前关闭。

5.15.2 燃料匮乏试验

燃料电池模块应在额定功率和正常运行参数下稳态运行。为了造成燃料匮乏，将燃料流量减少到燃料电池模块制造商评估决定的最小程度，电压监视系统或其他安全系统应提供信号将燃料电池模块在达到危险状态前切换到安全状态。

5.15.3 氧气/氧化剂匮乏试验

燃料电池模块应在额定功率和正常运行参数下稳态运行。为了造成氧气/氧化剂匮乏，将氧化剂流量减少到燃料电池模块制造商评估决定的最小程度，电压监视系统或其他安全系统应提供信号，将燃料电池模块在达到危险状态前切换到安全状态。

5.15.4 短路试验

燃料电池模块应在额定功率和正常操作参数下稳态运行。可由合适的大电流开关触发带有最小电阻和电感的燃料电池模块短路。应以适当的方式来测量短路电流和电压,例如用预触发脉冲电流和脉冲电压监测装置来测量。数据及所有相关危险应提供给系统集成商。

短路试验可在子模块上进行,可由此推算至整个产品。

5.15.5 缺乏冷却/冷却受损试验

在制造商规定的最大允许功率输出条件下进行,运行达到制造商规定的稳态,如果冷却剂和氧化剂是分开的,则立即停止冷却剂流动以模拟冷却系统故障。燃料电池模块的运行如下:

——冷却剂切断后在制造商允许时间限度内维持运行;或

——在温度没有升高到危及结构材料的程度之前,燃料电池模块性能下降,停止运行;

——在达到危险状态之前,或燃料电池模块安全装置提供信号将燃料电池模块切换到安全状态。

5.15.6 渗漏监测系统试验

此试验只适用于带有监测系统的燃料电池模块。

阳极和阴极气体渗漏导致危险时,应当由持续电压监测装置或者类似措施将燃料电池模块切换到安全状态。

试验应在正常运行条件下进行。通过降低监测电池电压至低于关闭临界值模拟渗漏。这一过程应反复随机抽取至少2%电池电压监测通道。

注1:可通过在电池电压端和电池电压监测设备输入之间使用分压器实现。分压器低电压电阻可以是电位计,由其持续降低电压直到达到开关关闭状态。

注2:如果系统故障等导致电压过高,燃料电池可能会发生电源反向或电解。这可能导致氢气和氧气生成并造成危险。

5.15.7 冷冻/解冻循环试验

该试验只适用于PEFC燃料电池模块低于0 ℃的储存或运行。

在正常稳态运行后,关闭燃料电池模块。燃料电池模块放置制造商指定的最低环境温度条件设备内。经过冷冻后,该模块按照制造商规定解冻到最低10 ℃。冷冻/解冻循环重复10次。此后,应重复泄漏试验。

注:若测试结果不会产生负面影响,可以移除燃料电池模块的绝热材料以减少冷冻/解冻循环的时间。

6 例行试验

6.1 总则

用试验设备模拟燃料电池系统或用燃料电池系统本身进行例行试验获得所需的运行条件。建议执行顺序如下:

如果在初次启动和活化情况下进行例行试验,燃料电池模块连接到活化设备,在制造商指定的操作条件下运行。否则燃料电池模块须集成到燃料电池系统或系统模拟器,根据制造商规定开始启动,燃料电池模块在运行条件下进行例行试验。

6.2 气密性试验

所有产品均应进行气密性试验。

在常压条件下，用液体检漏法对所有承压部件的连接件和连接点进行气密性试验。常温下在3.16所述最大运行压力下试验，不允许产生气泡。试验应在1.5倍标称运行压力条件下进行。

6.3 绝缘强度试验

绝缘强度试验应在所有完成装配的产品上进行。

绝缘强度试验应按5.9所述进行试验，常温下试验时间为1 s。

注：根据最终应用的不同，一次试验时间可能超过1 s。

7 标识与操作指南

7.1 铭牌

铭牌应永久固定在燃料电池模块上，考虑化学腐蚀、热和环境影响，铭牌应持久而易见。

铭牌应至少包含如下信息：

a) 制造商名称，或注册商标；

b) 模块ID；

c) 日期编码或者可追溯到生产日期的序列号。

7.2 标识

应标明互换连接导致的不安全情况。如可行，应标示反极连接和接地。

7.3 警示标签

根据情况使用如下警示标签：

——振动危险；

——高温；

——易燃气体或液体；

——腐蚀性介质；

——有毒介质。

高电压需要在燃料电池模块上贴示“优先处理短路”标签。

7.4 文件

7.4.1 总则

以图、图表、表格和使用说明的形式提供燃料电池模块所必须的集成、安装、运行和维护信息。

如果燃料电池模块个体之间存在差别，燃料电池模块制造商应提供给系统集成商每个模块的技术文件说明。

对于以上文件，燃料电池模块制造商应选择以下一种方法：

——以上所有文件互为参照；或

——所有文件编号，制作文件目录。

第1个措施仅适用于文件数量较少的情况(不多于5个)。

以下信息提供给系统集成商：

a) 4.1所述通用安全策略；

b) 燃料和氧化剂类型，可用的燃料和氧化剂种类(气体成分、纯度等)；

c) 燃料和氧化剂气体输送压力(最大压力和最小压力)；

d) 额定功率和最大功率下燃料和氧化剂用量；
e) 最大燃料泄漏率；
f) 可用燃料和氧化剂输送温度；
g) 最高排气温度；
h) 典型排放；
i) 操作、储存环境温度、湿度范围；
j) 海拔范围；

注：氧气供应影响功率输出。高海拔地区工作性能可能降低。

k) 许可冲击和振动等级；
l) 正常电堆运行温度；
m) 最高表面温度；
n) 冷却剂种类；
o) 冷却剂入口出口测量点温度；
p) 冷却剂输送压力和流量范围；
q) 过载电流/过载/过压/欠压和其他保护装置的类型和特点；
r) 吹扫和通风流量要求；
s) 尺寸；
t) 重量；
u) 电力输出额定值(额定电压、额定电流、额定功率、开路电压、满负荷电流电压)；
v) 最大过载；
w) 辅助功率供给(例如,电压、频率、功率)；
x) 使用最终产品所需包含的组件；
y) 接地连接位置；
z) 有关寿命终端的其他信息。

考虑回收和处理要求。

7.4.2 安装手册

安装手册中应对燃料电池模块的安装、电连接、燃料连接、氧化剂连接和冷却系统连接给予全面且明确的描述,只要模块中存在上述部分。

安装手册中应包括：

——装卸、运输和储存；
——准备工作；
——方向(上侧和下侧的位置等)；
——模块固定方法；
——气体和冷却管道连接方法；
——电气线路和传感器的连接方法；
——一般注意事项和禁止操作；
——适当的概览图解；
——电路图。

7.4.3 安装图

7.4.3.1 总则

安装图应提供建立燃料电池模块的前期工作所有必须的信息。复杂情况下可能需要提供详细的装配图。

应明确标示现场安装所用的输送配件、电线、软管和管路等的推荐位置和种类。

应对所选防护设备的种类、特性、类别及背景加以说明。

应详细说明提供给用户的管路、托盘或燃料电池模块及相关设备间支持部件的尺寸、类型及作用。

必要时，应有图表说明移出或维修燃料电池模块所需的空间。

此外，在适当情况下应提供接线图或表。该图或表应提供有关的所有外部连接全部信息。

7.4.3.2 方块(系统)图与工作原理图

如果需要方便理解模块工作原理，应提供方块(系统)图。方块(系统)图可象征性的表明燃料电池模块与其功能间的相互关系，不必绘出全部连接。

工作原理图可以是方块(系统)图的组成部分或是额外补充。

7.4.3.3 电路图

若方块(系统)图不能详细说明燃料电池模块单元的基本细节，应提供不同电路详细图解。这些图表将说明燃料电池模块及其相关设备的电路。若图形符号 GB/T 47281 中没有提及，应单独用图表或支持文件进行说明或描述。该零部件及设备的符号在所有文件和燃料电池模块中应前后一致。

在适当情况下，应提供能看到终端、连接点的图及类似界面图。该图可与电路图结合简化。图中应包含所示每个单元详细电路图。

电路应能够帮助加深理解功能及维修。如果控制装置和组件功能相关特性用符号表达不够明显，应在图旁标注或引用脚注。

7.4.4 操作手册

技术文件应包含操作手册，详细说明燃料电池模块安装和使用步骤。应特别注意安全措施并预估可能的不当操作。

如燃料电池模块可以编程操作，应提供关于编程方法、所需设备、程序验证和附加安全规程的详细信息。

操作手册应包括：

——启动和运行步骤；

——操作步骤；

——检查频率；

——正常和紧急关机程序；

——贮存步骤和条件；

——一般事项和禁止操作；

——适用物理环境信息(例如，工作环境温度范围、振动、噪音、大气污染物)。

7.4.5 维护手册

技术文件应包含维修手册，详细介绍维护、服务、预防性检查和维修的妥善步骤和时间间隔。建议手册中包含维修/服务记录。必须提供正确操作的验证方法(例如，软件测试程序)。

燃料电池零部件制造商应指导妥善处理和回收零件。

7.4.6 部件清单

部件清单最少应含有订购备件或正常运行替换零件和预防性维护或燃料电池模块用户建议进行的故障检修所需的必要信息(例如，组件、设备、软件、测试设备、技术文件)。

该零件清单应含：

——文件中使用的参考名称；

——其种类名称；

——供应商或其他来源；

——适用者的一般特征。

附 录 A
（资料性附录）
性能与试验评估参考信息

A.1 用工作气体外的试验气体评估泄漏速率

A.1.1 总则

若燃料电池模块制造商不用工作气体测量泄漏率，则需用试验气体测试泄漏率。

液体和气体的泄漏率与密度的平方根成反比，也就是：

$$\text{气体泄漏率与}(1/D)^{1/2}\text{成正比} \qquad \cdots\cdots(\text{A.1})$$

式中：

D——密度。

D 是分母，密度较大的气体泄漏率较低，较轻的气体泄漏率较高。如氢气之类的较轻气体的泄漏速率高于如空气之类的较重气体的泄漏速率，因为氢气密度远低于空气。氢气相对密度是 0.068，空气相对密度是 1。[注：相对密度对于气体是指气体的分子量同空气的分子量（28.964 4）的比值。]与此类似，容积泄漏速率与黏度成反比。也就是：

$$\text{泄漏率正比于}(1/\mu) \qquad \cdots\cdots(\text{A.2})$$

式中：

μ——绝对黏度。

动态黏滞度指的是绝对黏度。

这意味着高黏度气体泄漏比低黏度气体少。空气之类的气体黏度比氢高，因此，相同的温度和压力条件下氢气泄漏可能性更高。

为了找出对于某一特定系统哪种模式更为适用，应进行试验。

通过燃料气体与试验气体的泄漏速率比估算泄漏率的比率，可以由已知的试验气体的泄漏速率得到工作气体泄漏速率。这个比率为 R，也就是：

$$R = \text{燃料气体泄漏速率} / \text{试验气体泄漏速率} \qquad \cdots\cdots(\text{A.3})$$

A.1.2 用式(A.1)计算 *R*

由式(A.1)～式(A.3)，气体泄漏率与密度平方根成反比。因此，将式(A.1)带入式(A.3)，R 是试验气体和燃气密度比的倒数的平方根，相对密度是气体密度比空气密度。R 如下：

$$R = [(1/\mathrm{FGSG})/(1/\mathrm{TGSG})]^{1/2} \qquad \cdots\cdots(\text{A.4})$$

式中：

FGSG——燃气相对密度；

TGSG——试验气体相对密度；

简化为：

$$R = (\mathrm{TGSG}/\mathrm{FGSG})^{1/2} \qquad \cdots\cdots(\text{A.5})$$

如燃气轻于试验气体，则 R 值大于 1，反之亦然。

A.1.3 用式（A.2)计算 *R*

用式(A.2)计算泄漏速率比，将式(A.2)带入式(A.3)得：

$$R=(1/\mu_{fuel})/(1/\mu_{test})$$

即：

$$R=\mu_{test}/\mu_{fuel} \qquad \cdots\cdots(A.6)$$

式中：

μ_{test}——试验气体绝对黏度；

μ_{fuel}——燃料绝对黏度。

如燃气黏度低于试验气体，则 R 值大于 1，反之亦然。{式(A.6)来自参考文献[13]}

A.1.4 示例

若用式(A.5)，则 $R=(TGSG/FGSG)^{1/2}$，

a) 若氢气既是试验气体也是燃气，则 R 为 1；

b) 若空气用作试验气体，氢气是燃气，则 R 为 (1/0.068)1/2=3.83。也就是说，若空气试验气体的泄漏率是 28.3 L/h 则氢气的泄漏速率则为 108 L/h。

由式 (A.6)可得到相似的结论。若空气是试验气体，氢气为燃料，则空气在常压温度 300 K 下的绝对黏度(动态黏度)是 1.8462×10^{-5} kg/m·s。

氢气在常压温度 300 K 下的绝对黏度(运动黏度)是 8.963×10^{-6} kg/m·s。

因此 $R=2.06$。

因此由于氢气黏度小于空气则泄漏率大，比值为 2.06。

气体运动黏度与温度有关，与气压无关。表 A.1 可以查到同一气体的不同动态黏度值。

如果不进行试验寻找特定系统适用的泄漏模式，可采用最坏的方案。

计算结果是基于试验气体与工作气体的温度和压力相同。

推荐使用氦气作为氢燃料电池模块的测试气体。

对于这种情况，计算公式如下：

$$R=(HeSG/H_2SG)^{1/2}$$

式中：

HeSG ——氦的相对密度 0.142*；

H_2SG ——氢气的相对密度 0.069 5*。

注："*"表示常压，温度 300 K。

或：

$$R=\mu_{test}/\mu_{fuel} \qquad \cdots\cdots(A.7)$$

式中：

μ_{test}——试验气体绝对黏度；

μ_{fuel}——燃料绝对黏度。

A.1.5 结论

以下程序可以用于以氦气为测试气体进行泄漏率测试评估工作气体的泄漏率。进行评估时工作气体与试验气体所处温度压力环境应该相同。工作气体与氦气的泄漏速率比 R 可以计算得到，R 乘以氦气泄漏速率就可以得到工作气体的泄漏率。计算 R 值时，两个公式都要用到，并选择最坏情况(较高值)。如果氢气为工作气体，该公式为：

$$R=(HeSG/H_2SG)^{1/2}$$

式中：

HeSG ——氦的相对密度 0.142*；

H_2SG ——氢气的相对密度 0.069 5*。

注：“*”表示常压，温度 300 K。

对其他工作气体，式中 H_2SG 应替换为实际工作气体比，在大气重力压力和绝对温度为 300 K 状态时相对密度：

或：

$$R = \mu_{test} / \mu_{fuel}$$

式中：

μ_{test}——试验气体绝对黏度；

μ_{fuel}——燃料绝对黏度。

绝对黏度与温度有关，与压力无关，表 A.1 可以得到气体黏度值。

表 A.1 常压下气体黏度[a]

℃	0	32	20	68	200	392	400	752	600
℉	60	140	100	212	1 112	800	1 472	1 000	1 832
气体	μ(lbf · s)/(ft²) [47.88 (N · s)/(m²)]×10⁸								
空气[b]	35.67	39.16	41.79	45.95	53.15	70.42	80.72	91.75	100.8
二氧化碳[b]	29.03	30.91	65.00	38.99	47.77	62.92	74.96	87.56	97.71
一氧化碳[b]	34.60	36.97	41.57	45.96	52.39	66.92	79.68	91.49	102.2
氦气[b]	38.85	40.54	44.23	47.64	55.80	71.27	84.97	97.43	—
氢气[b,c]	17.43	18.27	20.95	21.57	25.29	30.02	38.17	43.92	49.20
甲醇[b]	21.42	22.70	26.50	27.80	33.49	43.21	—	—	—
氮气[b,c]	34.67	36.51	40.14	43.55	51.47	65.02	76.47	86.38	95.40
氧气[c]	40.08	42.33	46.66	50.74	60.16	76.60	90.87	104.3	116.7

[a] 表格单位不是国际单位。

[b] 根据参考文献[16](标注 b)数据计算得出。

[c] 根据参考文献[17](标注 c)数据计算得出。

A.2 许可工作压力试验推荐安全系数

A.2.1 总则

以下是北美标准中关于泄压装置/泄压阀(PRD/PRV)的一个简短说明。用于选择许可工作压力下推荐安全系数。

A.2.2 减压装置

A.2.2.1 总则

若是防爆膜之类以压力触发的泄压装置，开启压力为 90%～100%设定值。若为压力温度联合触发，则开启压力为从 80%～105%设定值。这些装置也需要测试流量。

A.2.2.2 泄压阀

开启压力应为 90%～105%设定值。水流量 24.5 kg/h(54 英镑)时，释放压力不得高于 110%开启压力。极限温度范围使用偏差不得超过5%。100个操作循环内偏差不得超过5%。

A.2.2.3 安全阀

开始排放压力不超过110%标定值。120%开始排放压力值下测量流量。密封压力应不小于65%的开启压力(流量试验后)。寿命试验后,开始排放压力和密封压力偏差不超过5%。

A.2.2.4 静压减压阀

初始启动释放压力应在5%以内。

A.2.3 定义

A.2.3.1

静压减压阀

入口静压触发减压阀,气体释放量与超过压力释放临界值的部分成正比。

A.2.3.2

安全阀起座压力

阀盘以较高或较低压力下相应移动速度更快的速度朝开启方向移动所增加的进口静压力值。只适用于可压缩流体安全阀门。

A.2.3.3

安全阀

入口静压触发泄压阀,其特点是快速开启。

注1:ANSI/CSANGV2—2000有以下条款:"安全阀的有效性应按照18.9(火烧试验)加以验证"。火烧试验是验证带有泄压装置的完好容器在某些特定火烧条件下不会产生破裂。

注2:CGA 12.6-M94使用了更高的安全系数。零部件需在指定压力下测试4次,每次用时1 min。标准不涉及PRD性能试验。

注3:燃料电池模块PRD的有效性只在其作为终端产品的一部分时才是有效的。我们并不清楚非正常情况下模块所承受的压力。事实上,模块阶段的非正常情况是未知的。燃料罐的体积和压力也未知,气体吸收装置也同样。因此模块级的性能测试不具有代表性,使用非常高的安全系数可能限制设计。

注4:模块制造商最好至少为终端用户提供以下信息:

a) 使用的PRD/PRV类型;

b) PRD/PRV设定(开启压力);

c) 流量;

d) 终端用户应考察模块PRD/PRV在终端产品上的有效性。

A.2.4 结论

建议安全系数132%(UL132允许110%偏差乘以120%全排放)用以表示最糟情况。或者根据所用的PRD/PRV类型,即按ANSI/IAS PRD 1-1998的评估,带PRD的燃料电池模块为105%(即时全排放),按UL132的评估带安全阀的燃料电池模块为132%。

A.3 建议采用的试验

A.3.1 泄漏试验

试验不适用于:

——运行温度高于易燃气体自燃温度;或

——燃料电池放置于气密性容器内。

采用制造商和测试机构双方同意的抽样方案，按 5.3 所述测试燃料电池模块。记录泄漏速率，不得超过产品说明规定值的 5%。

A.3.2 正常运行

采用制造商和测试机构双方同意的抽样方案，按 5.4 所述测试燃料电池模块。

A.3.3 许可工作压力试验

若燃料电池模块置于符合相关国家规定的压力容器内，则可不必进行该试验。

采用制造商和测试机构双方同意的抽样方案，按 5.5 所述测试燃料电池模块。

A.3.4 冷却系统耐压试验

采用制造商和测试机构双方同意的抽样方案，按 5.6 所述测试燃料电池模块。

A.3.5 过压试验

采用制造商和测试机构双方同意的抽样方案，按 5.8 所述测试燃料电池模块。

A.3.6 压差试验

采用制造商和测试机构双方同意的抽样方案，按 5.11 所述测试燃料电池模块。

A.3.7 安全控制

制造商核实所有生产机组类型试验的安全控制都得到详细说明。

采用制造商和测试机构双方同意的抽样方案，如果可以的话，燃料电池模块安全装置应证实能够满足预期应用。

参 考 文 献

[1] GB/T 2900.83—2008 电工术语 电的和磁的器件(IEC 60050-151:2001,IDT)

[2] GB/T 28816—2012 燃料电池 术语(IEC 62282-1:2010,IDT)

[3] GB/T 3683—2011 橡胶软管及软管组合件 油基或水基流体适用的钢丝编织增强液压型规范(ISO 1436:2009,IDT)

[4] GB/T 5564—2006 橡胶及塑料软管 低温曲挠试验(ISO 4672:1997,IDT)

[5] GB/T 528—2009 硫化橡胶或热塑性橡胶 拉伸应力应变性能的测定(ISO 37:2005,IDT)

[6] GB/T 7826—2012 系统可靠性分析技术 失效模式和影响分析(FMEA)程序(IEC 60812:2006,IDT)

[7] IEC 60079-20-1 Explosive atmospheres—Part 20-1: Material characteristics for gas and vapour classification—Test methods and data

[8] IEC 61025 Fault tree analysis (FTA)

[9] ISO 188:2007 Rubber, vulcanized or thermoplastic—Accelerated ageing and heat resistance tests

[10] ISO 1307:2006 Rubber and plastics hoses—Hose sizes, minimum and maximum inside diameters, and tolerances on cut-to-length hoses

[11] ISO1402:2009 Rubber and plastics hoses and hose assemblies—Hydrostatic testing

[12] SAEJ1739 Potential Failure Mode and Effects Analysis in Design (Design FMEA), Potential Failure Mode and Effects Analysis in Manufacturing and Assembly Processes (Process FMEA)

[13] UL 132 Safety Relief Valves for Anhydrous Ammonia and LP-Gas

[14] ANSI/CSANGV2-2000 Basic Requirements for Compressed Natural Gas Vehicle (NGV) Fuel Containers

[15] ANSI/IAS PRD 1-1998 Pressure Relief Devices for Natural Gas Vehicles (NGV) Fuel Containers

[16] CGA 12.6-M94 Vehicle Refueling Appliance

[17] CSA B51-03 (R2007) Boiler, Pressure Vessel, and Pressure Piping Code

[18] CSA C22.2 N° 60529-05-CAN/CSA: Degrees of protection provided by enclosures (IP Code)

[19] CAN/CSA-C22.2 N° 60079-0-07 Electrical Apparatus for Explosive Gas Atmospheres—Part 0: General Requirements

[20] AVALLONE, Eugene A. and BAUMEISTER III Theodore, Marks' Standard Handbook for Mechanical Engineers, tenth edition, McGraw—Hill Book Company, New York, 1996, p. 3-32 and 3-33

[21] Handbook of Chemistry and Physics, 52d ed., Chemical Rubber Company, 1971-1972

[22] HOLMAN J. P., Heat Transfer, Fifth Edition, McGraw—Hill Book Company, New York, 1981, p. 542-543

[23] KALYANAM, K. M. and HAY D. R., Safety Guide for Hydrogen, National Research Council

[24] Tables of Thermal Properties of Gases, NBS Circular 564, 1955

ICS 43.080
T 47

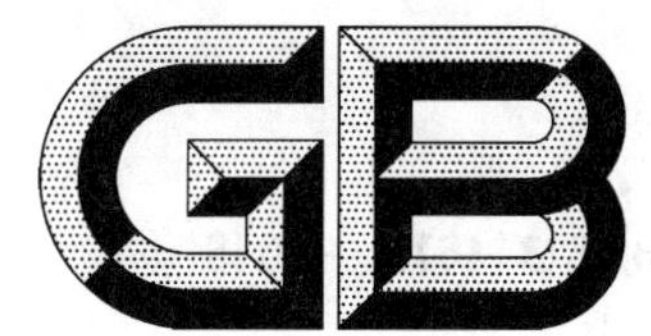

中华人民共和国国家标准

GB/T 31467.1—2015

电动汽车用锂离子动力蓄电池包和系统 第1部分:高功率应用测试规程

**Lithium-ion traction battery pack and system for electric vehicles—
Part 1:Test specification for high power applications**

(ISO 12405-1:2011,Electrically propelled road vehicles—
Test specification for lithium-ion traction battery packs and systems—
Part 1:High-power applications,NEQ)

2015-05-15 发布　　2015-05-15 实施

中华人民共和国国家质量监督检验检疫总局
中国国家标准化管理委员会　发布

前　言

GB/T 31467《电动汽车用锂离子动力蓄电池包和系统》分为以下3个部分：

——第1部分：高功率应用测试规程；

——第2部分：高能量应用测试规程；

——第3部分：安全性要求与测试方法。

本部分为GB/T 31467的第1部分。

本部分按照GB/T 1.1—2009给出的规则起草。

本部分使用重新起草法参考ISO 12405-1：2011《电动道路车辆　锂离子动力蓄电池包和系统测试规程　第1部分：高功率应用》编制，与ISO 12405-1：2011的一致性程度为非等效。

本部分由中华人民共和国工业和信息化部提出。

本部分由全国汽车标准化技术委员会(SAC/TC 114)归口。

本部分起草单位：北京卡达克科技中心、北京理工大学、中国电子科技集团公司第十八研究所、中国北方车辆研究所、中国第一汽车股份有限公司、东风汽车集团股份有限公司技术中心、宁德时代新能源科技有限公司、天津力神电池股份有限公司、中信国安盟固利动力科技有限公司、湖北骆驼蓄电池研究院有限公司、北汽福田汽车股份有限公司、上海机动车检测中心、观致汽车有限公司、浙江谷神能源科技股份有限公司、江苏春兰清洁能源研究院有限公司、泛亚汽车技术中心有限公司、上海卡耐能源有限公司。

本部分主要起草人：孟祥峰、王震坡、王成、肖成伟、王芳、蔡毅、胡道中、裴小娟、张娜、张建华、刘仕强、刘晓康、和祥运、刘正耀、赵淑红、朱顺良、王红梅、朱成、孙建平、王蓓、孔令国、仇杰、郭岩。

电动汽车用锂离子动力蓄电池包和系统 第1部分:高功率应用测试规程

1 范围

GB/T 31467 的本部分规定了电动汽车用高功率锂离子动力蓄电池包和系统电性能的测试方法。

本部分适用于装载在电动汽车上,主要以高功率应用为目的的锂离子动力蓄电池包和蓄电池系统,以高功率应用为目的的镍氢动力蓄电池包和系统等可参照执行。

2 规范性引用文件

下列文件对于本文件的应用是必不可少的。凡是注日期的引用文件,仅注日期的版本适用于本文件。凡是不注日期的引用文件,其最新版本(包括所有的修改单)适用于本文件。

GB/T 19596 电动汽车术语

3 术语和定义

GB/T 19596 界定的以及下列术语和定义适用于本文件。

3.1

蓄电池电子部件 battery electronics

采集或者同时监测蓄电池单体或模块的电和热数据的电子装置,必要时可以包括用于蓄电池单体均衡的电子部件。

注:蓄电池电子部件可以包括单体控制器。单体电池间的均衡可以由蓄电池电子部件控制,或者通过蓄电池控制单元控制。

3.2

蓄电池控制单元 battery control unit;BCU

控制、管理、检测或计算蓄电池系统的电和热相关的参数,并提供蓄电池系统和其他车辆控制器通讯的电子装置。

3.3

额定容量 rated capacity of battery pack/system

在规定条件下测得的并由制造商宣称的蓄电池包或系统的放电容量值。

3.4

蓄电池包 battery pack

通常包括蓄电池组、蓄电池管理模块(不包含 BCU)、蓄电池箱以及相应附件,具有从外部获得电能并可对外输出电能的单元。

3.5

蓄电池系统 battery system

一个或一个以上蓄电池包及相应附件(管理系统、高压电路、低压电路、热管理设备以及机械总成等)构成的能量存储装置。

3.6

高能量应用　high energy application

室温下蓄电池包或系统的最大允许持续输出电功率(W)和其在 1 C 倍率放电能量(W·h)的比值低于 10 的装置特性或应用特性。

3.7

高功率应用　high power application

室温下蓄电池包或系统的最大允许持续输出电功率(W)和其在 1 C 倍率放电能量(W·h)的比值大于或等于 10 的装置特性或应用特性。

3.8

高能量蓄电池　high energy traction battery

设计目的为高能量应用的动力蓄电池。

3.9

高功率蓄电池　high power traction battery

设计目的为高功率应用的动力蓄电池。

3.10

高压　high voltage

最大工作电压大于 30 V a.c.(rms)且小于或等于 1 000 V a.c.(rms),或大于 60 V d.c.且小于或等于1 500 V d.c.的电压。

3.11

低压　low voltage

最大工作电压不大于 30 V a.c.(rms),或不大于 60 V d.c.的电压。

4　符号和缩略语

下列符号和缩略语适用于本文件。

nC:电流倍率,等于 1 h 放电容量的 n 倍

$I'_{max}(SOC,T,t)$:某 SOC,试验环境温度 T,脉冲持续时间 t 下的最大允许放电电流

$I_{max}(T)$:某试验环境温度下最大允许持续放电电流

η:效率

RT:室温(room temperature)

SOC:荷电状态(state of charge)

5　通用测试条件

5.1　一般条件

5.1.1　除非在某些具体测试项目中另有说明,测试工作在温度为室温 25 ℃±2 ℃,湿度为 15%～90%环境下进行。

5.1.2　测试样品交付时需要包括必要的操作文件,以及和测试设备相连所需的接口部件,如连接器、插头,包括冷却接口,蓄电池包和蓄电池系统的典型结构参见附录 A。制造商需要提供蓄电池包或系统的工作限值,以保证整个测试过程的安全。

5.1.3　当测试的目标环境温度改变时,在进行测试前测试样品需要完成环境适应过程:在低温下静置不少于 24 h;在高温下静置不小于 16 h;或单体电池温度与目标环境温度差值不超过 2 ℃。测试样品如果包含蓄电池控制单元,则环境适应过程需要将其关闭。

5.1.4 如果电池包或系统由于某些原因(如尺寸或重量)不适合进行某些测试,那么供需双方协商一致后可以用电池包或电池系统的子系统代替作为测试样品,进行全部或部分试验,但是作为测试样品的子系统应该包含和整车要求相关的所有部分。

5.1.5 调整 SOC 至试验目标值 $n\%$的方法是:按制造商提供的充电方式将蓄电池包或系统充满电,静置 1 h,以 1 C 恒流放电$(100-n)/100$ h。每次 SOC 调整后,新的测试开始前测试样品需要静置 30 min。

5.1.6 测试过程中,为了蓄电池包或系统的内部反应及温度的平衡,某些测试步骤之间需要静置一定的时间。静置过程中蓄电池包或系统的低压电控单元正常工作,如蓄电池电子部件和 BCU 等;冷却系统根据制造商的规定或 BCU 的指令工作。

5.1.7 测试过程中的放电倍率大小按照本部分的规定执行,充电机制和放电截止条件由制造商提供。充电机制和放电截止条件应前后统一,如循环性能测试过程的充电机制和放电截止条件应该和循环寿命等其他试验项目的规定相同。

5.1.8 蓄电池包或系统的额定容量对于测试过程具有重要影响。如果蓄电池实际可用容量(7.1.2.2)与蓄电池额定容量之差的绝对值超过额定容量的 5%,则在测试报告中要明确说明,并用实际可用容量代替额定容量用于充放电电流及 SOC 计算的依据。

5.1.9 蓄电池包和蓄电池系统需要进行的测试项目、测试方法章条号、测试条件等信息见附录 B。

5.1.10 蓄电池放电电流符号为正,充电电流符号为负。

5.2 测试仪器准确度要求

5.2.1 测量装置准确度的要求如下:

——电压测量装置:不低于 0.5 级;

——电流测量装置:不低于 0.5 级;

——温度测量装置:±0.5 ℃;

——时间测量装置:±0.1%;

——尺寸测量装置:±0.1%;

——质量测量装置:±0.1%。

5.2.2 测试过程中,对充放电装置、温控箱等控制仪器的控制精度要求如下:

——电压:±1%;

——电流:±1%;

——温度:±2 ℃。

5.3 数据记录

除非在某些具体测试项目中另有说明,否则在预计的充电或放电时间的至少每 1%间隔处记录测试数据,如时间、温度、电流和电压等。

5.4 试验准备

5.4.1 蓄电池包的准备

蓄电池包的高压、低压及冷却装置要和测试平台设备相连,开启蓄电池包的被动保护功能。根据蓄电池包制造商的要求和试验测试规程,测试平台检测和控制电池包的工作状态和工作参数,并保证主动保护开启,必要时可以通过断开蓄电池包的主接触器来实现。冷却装置根据制造商的要求工作。蓄电池包测试过程中,蓄电池包和测试平台之间没有信息交换,蓄电池包的参数限值由测试平台直接控制。测试平台检测蓄电池包的电流、电压、容量或能量等参数,并将这些数据作为检测结果和计算依据。

5.4.2 蓄电池系统的准备

蓄电池系统的高压、低压、冷却装置及BCU要和测试平台设备相连,开启蓄电池系统的主动和被动保护。测试平台和BCU之间实现正常通讯,测试平台保证测试参数、条件与测试规程的要求一致,并保证电池系统工作在合理的限值之内,这些限值由BCU通过总线传输至测试平台。BCU控制冷却装置的工作。必要时BCU的程序可以由蓄电池系统制造商根据测试规程进行更改。主动保护同时也需要由测试平台保证,必要时可以通过断开蓄电池系统的主接触器实现。蓄电池系统测试过程中,蓄电池系统通过总线和测试平台通讯,将蓄电池状态参数和工作限值实时传输给测试平台,再由测试平台根据电池状态和工作限值控制测试过程。测试平台检测蓄电池系统的电流、电压、容量或能量等参数,并将这些数据作为检测结果和计算依据。蓄电池系统上传的参数不作为检测结果或测试依据。

5.4.3 测试样品的质量和体积

用量具测量测试样品的外形尺寸,计算出测试样品的体积,单位L。用衡器测量测试样品的质量,单位kg。如测试样品包含有强制冷却系统,则测量或计算其质量和体积时,应将冷却系统包括在内,如冷却管路等。如果冷却系统使用液冷方式,则冷却液的重量也应计算在内。若测试样品的冷却系统和整车或其他系统冷却集成在一起,则仅考虑和测试样品相关部分的质量和体积。难以测量时,可采用制造商提供的数据和数据测试依据。

6 通用测试循环

6.1 预处理循环

6.1.1 正式测试开始前,蓄电池包或系统需要先进行预处理循环,以确保测试时蓄电池包和系统的性能处于激活和稳定的状态。预处理循环在室温下进行,其步骤如下:

a) 以1 C或按照制造商推荐的充电机制充电至制造商规定的充电截止条件;

b) 静置30 min;

c) 使用2 C或按照制造商推荐的放电机制放电至制造商规定的放电截止条件;

d) 静置30 min;

e) 重复步骤a)~d)5次。

6.1.2 如果蓄电池包或系统连续两次的放电容量变化不高于额定容量的3%,则认为蓄电池包或蓄电池系统完成了预处理,预处理循环可以中止。

6.2 标准循环

6.2.1 标准循环在指定的测试步骤进行,以确保蓄电池包和系统在测试时处于相同的状态。标准循环在室温下进行,按照先后顺序包括一个标准放电过程和标准充电过程,其步骤如下:

a) 标准放电:使用1 C或按照制造商推荐的放电机制放电至制造商规定的放电截止条件,静置30 min;

b) 标准充电:使用1 C充电至制造商规定的充电截止条件或按照制造商推荐的充电机制充电,静置30 min。

6.2.2 如果标准循环和一个新的测试之间时间间隔长于24 h,则需要重新进行一次标准充电。

6.2.3 本部分所提到的“标准循环”的环境温度是室温(RT),而单独提到的“标准放电”和“标准充电”的环境温度按具体条款的规定执行。

7 基本性能

7.1 容量和能量

7.1.1 通用条件

7.1.1.1 蓄电池包或系统宜测试室温、高温和低温下的容量和能量。

7.1.1.2 每次充电前测试样品将静置 30 min,或者达到室温。

7.1.1.3 测试过程使用恒流放电,放电过程在制造商制定的截止条件下停止。

7.1.1.4 放电电流对放电时间的积分为蓄电池包或系统的容量,放电电流和电压的乘积对放电时间的积分为蓄电池包或系统的能量。

7.1.1.5 根据 7.1.1.4 计算 1 C、$I_{max}(T)$倍率下的放电容量和能量。

7.1.2 室温下的容量、能量测试

7.1.2.1 测试在室温下按照表 1 的测试步骤进行。

表 1 室温下能量和容量测试步骤

序号	蓄电池包或系统状态	试验方法章条号	环境温度
1	环境适应	5.1.3	RT
2	标准循环	6.2	RT
3	1 C 放电	7.1.1.3	RT
4	标准充电	6.2.1b)	RT
5	$I_{max}(T)$放电	7.1.1.3	RT

7.1.2.2 步骤 3 的放电容量为蓄电池的实际可用容量。

7.1.2.3 记录步骤 3 和步骤 5 结束时测试样品的最小监控单元的电压。

7.1.3 高温下的能量和容量测试

蓄电池包和系统应测试 40 ℃环境温度下 1 C 和 $I_{max}(T)$的能量和容量。试验在环境箱内完成,按照表 2 的测试步骤进行试验。

表 2 高温下能量和容量测试步骤

序号	蓄电池包或系统状态	试验方法章条号	环境温度
1	环境适应	5.1.3	RT
2	标准充电	6.2.1b)	RT
3	标准循环	6.2	RT
4	环境适应	5.1.3	40 ℃
5	1 C 放电	7.1.1.3	40 ℃
6	环境适应	5.1.3	RT

表 2(续)

序号	蓄电池包或系统状态	试验方法章条号	环境温度
7	标准充电	6.2.1b)	RT
8	标准循环	6.2	RT
9	环境适应	5.1.3	40 ℃
10	$I_{max}(T)$放电	7.1.1.3	40 ℃

7.1.4 低温下的能量和容量测试

蓄电池包和系统应测试 0 ℃和−20 ℃环境温度下 1 C 和 $I_{max}(T)$的能量和容量。试验在环境箱内完成,按照表 3 的测试步骤进行试验。

表 3 低温下能量和容量测试步骤

序号	蓄电池包或系统状态	试验方法章条号	环境温度
1	环境适应	5.1.3	RT
2	标准充电	6.2.1b)	RT
3	标准循环	6.2	RT
4	环境适应	5.1.3	0 ℃
5	1 C 放电	7.1.1.3	0 ℃
6	环境适应	5.1.3	RT
7	标准充电	6.2.1b)	RT
8	标准循环	6.2	RT
9	环境适应	5.1.3	0 ℃
10	$I_{max}(T)$放电	7.1.1.3	0 ℃
11	环境适应	5.1.3	RT
12	标准充电	6.2.1b)	RT
13	标准循环	6.2	RT
14	环境适应	5.1.3	−20 ℃
15	1 C 放电	7.1.1.3	−20 ℃
16	环境适应	5.1.3	RT
17	标准充电	6.2.1b)	RT
18	标准循环	6.2	RT
19	环境适应	5.1.3	−20 ℃
20	$I_{max}(T)$放电	7.1.1.3	−20 ℃

7.2 功率和内阻

7.2.1 通用条件

7.2.1.1 蓄电池包或系统需要测试室温、高温和低温及不同 SOC 下的功率和内阻，某一具体环境温度和 SOC 下的功率和内阻测试工况见 7.2.2，整个测试过程按照 7.2.4 进行。

7.2.1.2 按照表 5 给定的时间测量测试样品的端电压，按 7.2.3 计算充放电功率和内阻。

7.2.2 功率和内阻测试工况

7.2.2.1 功率和内阻测试工况如表 4 和图 1 所示，测试过程中需要记录的数据如表 5 和图 2 所示。

表 4 功率和内阻测试工况步骤时间

时间增加量 s	累计时间 s	电流 A
0	0	0
18	18	I'_{max}(SOC，T，t)
40	58	0
10	68	$-0.75I'_{max}$(SOC，T，t)
40	108	0

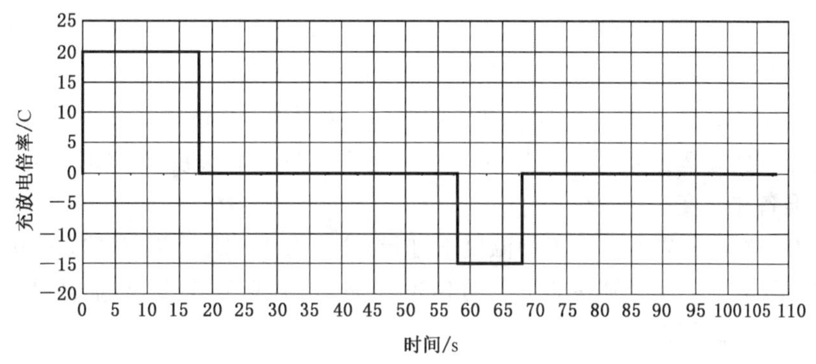

图 1 脉冲功率特性曲线-电流示例

表 5 需要测试的电压和电流

时间 s	电压 V	电流 A	对应电流值 A
0	U_0	I_0	0
0.1	U_1	I_1	I'_{max}(SOC，T，t)
2	U_2	I_2	I'_{max}(SOC，T，t)
10	U_3	I_3	I'_{max}(SOC，T，t)
18	U_4	I_4	I'_{max}(SOC，T，t)
58	U_5	I_5	0

表 5（续）

时间 s	电压 V	电流 A	对应电流值 A
58.1	U_6	I_6	$-0.75I'_{max}(SOC,T,t)$
60	U_7	I_7	$-0.75I'_{max}(SOC,T,t)$
68	U_8	I_8	$-0.75I'_{max}(SOC,T,t)$
108	U_9	I_9	0

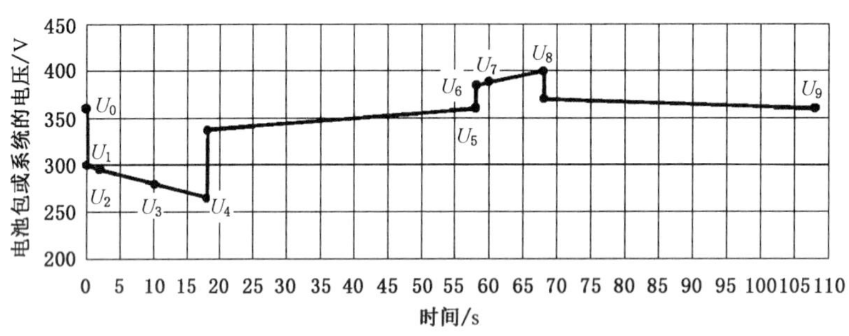

图 2　脉冲功率特性曲线-电压示例

7.2.2.2　充放电脉冲过程的电流保持为恒流，其中放电电流为测试样品的最大允许脉冲放电电流 $I'_{max}(SOC,T,t)$。不同环境温度和 SOC 下 $I'_{max}(SOC,T,t)$ 可以不同，$I'_{max}(SOC,T,t)$ 由制造商提供。充电过程的电流大小为 $0.75I'_{max}(SOC,T,t)$ 或者由制造商提供的其他电流值。

7.2.2.3　如果进行某温度和 SOC 下的功率和内阻测试过程中时，测试样品电压达到制造商指定的放电电压限值，则停止放电，应适当降低 $I'_{max}(SOC,T,t)$ 后重新进行该温度和 SOC 下的功率和内阻测试，包括必要的试验准备和温度适应等。

7.2.2.4　功率和内阻测试分别在 4 个不同温度下进行，分别为 40 ℃、室温、0 ℃、−20 ℃。

7.2.2.5　功率和内阻测试工况分别在 3 个不同 SOC 下进行，分别为 80%（或制造商规定的最高允许状态）、50%、20%（或制造商规定的最低允许状态）。

7.2.3　功率和内阻计算

7.2.3.1　放电内阻计算

放电内阻计算按式(1)～式(5)计算：

0.1 s 放电内阻　$$R_{0.1,dch}=\frac{U_0-U_1}{I_1} \quad\cdots\cdots(1)$$

2 s 放电内阻　$$R_{2,dch}=\frac{U_0-U_2}{I_2} \quad\cdots\cdots(2)$$

10 s 放电内阻　$$R_{10,dch}=\frac{U_0-U_3}{I_3} \quad\cdots\cdots(3)$$

18 s 放电内阻　$$R_{18,dch}=\frac{U_0-U_4}{I_4} \quad\cdots\cdots(4)$$

全过程放电内阻　$$R_{dch}=\frac{U_5-U_4}{I_4} \quad\cdots\cdots(5)$$

7.2.3.2 充电内阻计算

充电内阻计算按式(6)～式(9)计算：

0.1 s 充电内阻 $$R_{0.1,\mathrm{cha}}=\frac{U_5-U_6}{I_6} \quad\cdots\cdots(6)$$

2 s 充电内阻 $$R_{2,\mathrm{cha}}=\frac{U_5-U_7}{I_7} \quad\cdots\cdots(7)$$

10 s 充电内阻 $$R_{10,\mathrm{cha}}=\frac{U_5-U_8}{I_8} \quad\cdots\cdots(8)$$

全过程充电内阻 $$R_{\mathrm{cha}}=\frac{U_9-U_8}{I_8} \quad\cdots\cdots(9)$$

7.2.3.3 放电功率计算

放电功率计算按式(10)～式(13)计算：

0.1 s 放电功率 $$P_{0.1,\mathrm{dch}}=U_1\times I_1 \quad\cdots\cdots(10)$$

2 s 放电功率 $$P_{2,\mathrm{dch}}=U_2\times I_2 \quad\cdots\cdots(11)$$

10 s 放电功率 $$P_{10,\mathrm{dch}}=U_3\times I_3 \quad\cdots\cdots(12)$$

18 s 放电功率 $$P_{18,\mathrm{dch}}=U_4\times I_4 \quad\cdots\cdots(13)$$

7.2.3.4 充电功率计算

充电功率计算按式(14)～式(16)计算：

0.1 s 充电功率 $$P_{0.1,\mathrm{cha}}=U_6\times I_6 \quad\cdots\cdots(14)$$

2 s 充电功率 $$P_{2,\mathrm{cha}}=U_7\times I_7 \quad\cdots\cdots(15)$$

10 s 充电功率 $$P_{10,\mathrm{cha}}=U_8\times I_8 \quad\cdots\cdots(16)$$

7.2.4 测试步骤

室温、高温及低温下的功率和内阻测试分别按照表 6、表 7、表 8 进行，其中高温和低温下的测试在环境箱内进行。

表 6 室温下蓄电池包或系统功率和内阻测试的测试步骤

序号	蓄电池包或系统状态	试验方法章条号	环境温度
1	环境适应	5.1.3	RT
2	标准充电	6.2.1b)	RT
3	标准循环	6.2	RT
4	调整 SOC 至目标值	5.1.5	RT
5	环境适应	5.1.3	RT
6	功率和内阻测试工况	7.2.2	RT
注 1：如果制造商所允许的测试样品的最高 SOC 低于 80%，则调整 SOC 至制造商所允许的最高 SOC 进行试验。 注 2：如果制造商所允许的测试样品的最低 SOC 高于 20%，则调整 SOC 至制造商所允许的最低 SOC 进行试验。			

表 7 高温下蓄电池包或系统功率和内阻测试的测试步骤

序号	蓄电池包或系统状态	试验方法章条号	环境温度
1	环境适应	5.1.3	RT
2	标准充电	6.2.1b)	RT
3	标准循环	6.2	RT
4	调整 SOC 至目标值	5.1.5	RT
5	环境适应	5.1.3	40 ℃
6	功率和内阻测试工况	7.2.2	40 ℃

表 8 低温下蓄电池包或系统功率和内阻测试的测试步骤

序号	蓄电池包或系统状态	试验方法章条号	环境温度
1	环境适应	5.1.3	RT
2	标准充电	6.2.1b)	RT
3	标准循环	6.2	RT
4	调整 SOC 至目标值	5.1.5	RT
5	环境适应	5.1.3	0 ℃
6	功率和内阻测试工况	7.2.2	0 ℃
7	环境适应	5.1.3	RT
8	标准充电	6.2.1b)	RT
9	标准循环	6.2	RT
10	调整 SOC 至目标值	5.1.5	RT
11	环境适应	5.1.3	−20 ℃
12	功率和内阻测试工况	7.2.2	−20 ℃

7.3 无负载容量损失

7.3.1 无负载容量损失是指蓄电池系统在车载状态下，长期搁置时的容量损失，包括可恢复容量损失和不可恢复容量损失两部分。测试按照表 9 和表 10 进行。

表 9 室温下动力蓄电池系统无负载容量损失的测试步骤

序号	蓄电池系统状态	试验方法章条号	环境温度
1	环境适应	5.1.3	RT
2	标准充电	6.2.1b)	RT
3	标准循环	6.2	RT
4	搁置 168 h(7 天)	7.3.6	RT
5	标准循环 2 次	6.2	RT
6	搁置 720 h(30 天)	7.3.6	RT
7	标准循环 2 次	6.2	RT

表 10 40 ℃下动力蓄电池系统无负载容量损失的测试步骤

序号	蓄电池系统状态	试验方法章条号	环境温度
1	环境适应	5.1.3	RT
2	标准充电	6.2.1b)	RT
3	标准循环	6.2	RT
4	搁置 168 h(7 天)	7.3.6	40 ℃
5	环境适应	5.1.3	RT
6	标准循环 2 次	6.2	RT
7	搁置 720 h(30 天)	7.3.6	40 ℃
8	环境适应	5.1.3	RT
9	标准循环 2 次	6.2	RT

7.3.2 该测试仅适用于蓄电池系统。

7.3.3 搁置过程中蓄电池管理系统由辅助电源供电,工作状态由制造商规定。

7.3.4 无负载容量损失测试中被测电池系统处于制造商规定的满电态。

7.3.5 无负载容量损失在两个不同温度下测得,分别为室温和 40 ℃。

7.3.6 测试周期为 168 h(7 天)、720 h(30 天)。

7.3.7 搁置结束后,以 1 C 测定无负载容量保持率和容量恢复率。

7.4 存储中容量损失

7.4.1 存储中容量损失是指蓄电池系统长期存储状态下的容量损失。测试在室温下按照表 11 进行。

表 11 动力蓄电池系统存储中容量损失的测试步骤

序号	蓄电池系统状态	试验方法章条号	环境温度
1	环境适应	5.1.3	RT
2	标准充电	6.2.1b)	RT
3	标准循环	6.2	RT
4	调整 SOC 至 50% (或由制造商和客户商定)	5.1.5	RT
5	存储 720 h(30 天)	7.4.6	45 ℃
6	环境适应	5.1.3	RT
7	1 C 放电	6.2.1a)	RT
8	标准充电	6.2.1b)	RT
9	标准循环	6.2	RT

7.4.2 该测试仅适用于电池系统。

7.4.3 存储过程中断开蓄电池系统的高压连接、低压连接,关闭冷却系统及其他必要的连接装置。

7.4.4 存储过程中,电池系统的 SOC 为 50%(或由制造商和客户商定)。

7.4.5 存储温度为 45 ℃。

7.4.6 存储周期为 720 h。

7.4.7 存储结束，测试电池系统的容量保持率和容量恢复率。

7.5 高低温启动功率

7.5.1 高低温启动功率测试蓄电池系统在低温(或高温)和低 SOC 状态下的功率输出能力，测试按表 12 进行。

表 12 蓄电池系统高低温启动功率测试的测试步骤

序号	蓄电池系统状态	试验方法章条号	环境温度
1	环境适应	5.1.3	RT
2	标准充电	6.2.1b)	RT
3	标准循环	6.2	RT
4	调整 SOC 至 20%或制造商所允许的最低 SOC	5.1.5	RT
5	环境适应	5.1.3	−20 ℃
6	恒压放电，持续 5 s	7.5.2	−20 ℃
7	静置 10 s	5.1.6	−20 ℃
8	重复步骤 6～7 两次	—	−20 ℃
9	环境适应	5.1.3	RT
10	标准充电	6.2.1b)	RT
11	标准循环	6.2	RT
12	调整 SOC 至 20%或制造商所允许的最低 SOC	5.1.5	RT
13	环境适应	5.1.3	40 ℃
14	恒压放电，持续 5 s	7.5.2	40 ℃
15	静置 10 s	5.1.6	40 ℃
16	重复步骤 6～7 两次	—	40 ℃

7.5.2 高低温启动功率测试时，由制造商提供测试样品在给定条件下的放电截止电压，由测试平台控制电池系统在此电压下恒压放电(可根据制造商提供的参数设定放电电流上限)，同时 BCU 将保证各单体参数在工作限值之内。恒压放电过程的采样时间应不大于 50 ms。

7.5.3 采集恒压放电过程中的测试样品端电压 U 和电流 I，按照式(17)～式(18)计算蓄电池系统的高低温启动功率。测试报告中应给出放电电流和时间的对应关系曲线。

第 i 次恒压放电平均功率
$$P'_i=\frac{\sum U\times I}{n} \qquad \cdots\cdots(17)$$

高低温启动功率
$$P'=\frac{P'_1+P'_2+P'_3}{3} \qquad \cdots\cdots(18)$$

7.6 能量效率

7.6.1 能量效率测试旨在测试样品在不同 SOC 状态下的快速充放电效率，测试按表 13 进行。

表 13　蓄电池系统能量效率测试的测试步骤

序号	蓄电池系统状态	试验方法章条号	环境温度
1	环境适应	5.1.3	RT
2	标准充电	6.2.1b)	RT
3	标准循环	6.2	RT
4	调整 SOC 至目标值	5.1.5	RT
5	能量效率测试工况(65%SOC、50%SOC、35%SOC)	7.6.2	RT
6	环境适应	5.1.3	RT
7	标准充电	6.2.1b)	RT
8	标准循环	6.2	RT
9	调整 SOC 至目标值	5.1.5	RT
10	环境适应	5.1.3	40 ℃
11	能量效率测试工况(65%SOC、50%SOC、35%SOC)	7.6.2	40 ℃
12	环境适应	5.1.3	RT
13	标准充电	6.2.1b)	RT
14	标准循环	6.2	RT
15	调整 SOC 至目标值	5.1.5	RT
16	环境适应	5.1.3	0 ℃
17	能量效率测试工况(65%SOC、50%SOC、35%SOC)	7.6.2	0 ℃
18	环境适应	5.1.3	RT
19	标准充电	6.2.1b)	RT
20	标准循环	6.2	RT
21	调整 SOC 至目标值	5.1.5	RT
22	环境适应	5.1.3	−20 ℃
23	能量效率测试工况(65%SOC、50%SOC、35%SOC)	7.6.2	−20 ℃

7.6.2　能量效率测试工况由电量相互中和的放电脉冲和充电脉冲及静置过程组成：

a)　20 C 或 $I'_{max}(SOC,T,t)$恒流(取两者之间较大值)放电，持续 12 s；

b)　静置 40 s；

c)　15 C 或 $0.75I'_{max}(SOC,T,t)$恒流充电(取两者之间较大值)，持续 16 s。

7.6.3　能量效率按下述步骤计算：

对步骤 a)～c)中的电流和电压的乘积对时间积分，分别计算出蓄电池系统放电脉冲输出的能量 E_0 和充电脉冲过程输入的能量 E_i，单位为 W·h；

按式(19)计算高功率蓄电池系统能量效率(%)。

$$\eta = \left| \frac{E_0}{E_i} \right| \times 100\% \qquad (19)$$

附 录 A
（资料性附录）
蓄电池包和蓄电池系统的典型结构

A.1 蓄电池包

蓄电池包是能量存储装置，包括单体或模块，通常还包括蓄电池电子部件、高压电路、过流保护装置及与其他外部系统的接口（如冷却、高压、辅助低压和通讯等）。对于高于 60 V d.c.的蓄电池包，宜包括手动切断功能。所有部件应该被安装在常用防撞蓄电池箱内。图 A.1 是一个蓄电池包的典型结构。

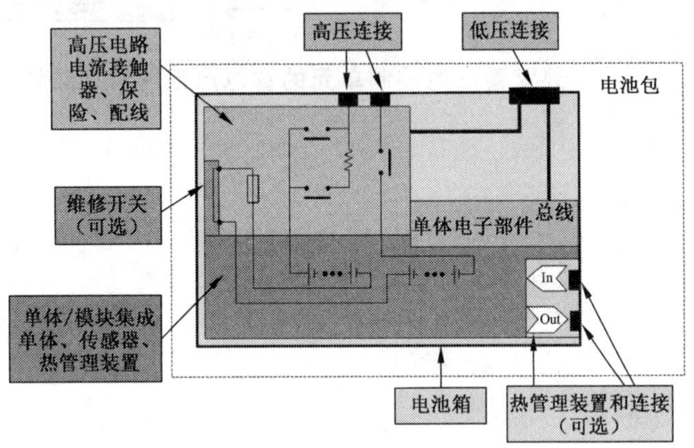

图 A.1 蓄电池包典型结构

A.2 蓄电池系统

蓄电池系统是能量存储装置，包括单体或模块或电池包，还包括电路和电控单元（如电池控制单元，电流接触器）。对于高于 60 V d.c.的蓄电池系统，应该包括手动切断功能。蓄电池系统的典型结构有两种，分别是集成了电池控制单元的蓄电池系统和带外置电池控制单元的蓄电池系统，分别如图 A.2 和图 A.3 所示。

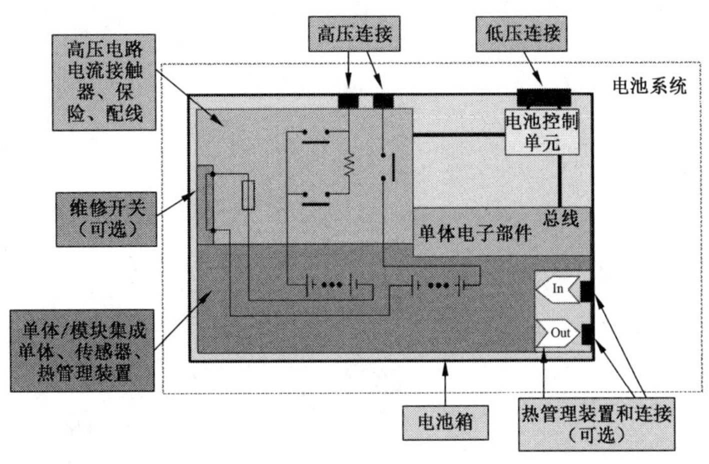

图 A.2 含集成蓄电池控制单元的蓄电池系统典型结构

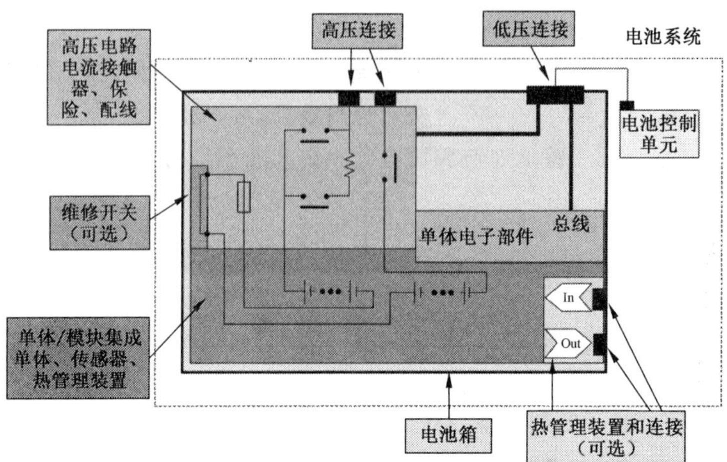

图 A.3 外置蓄电池控制单元的蓄电池系统典型结构

附 录 B
（规范性附录）
蓄电池包和蓄电池系统的测试项目

高功率锂离子动力蓄电池包和系统的测试项目如表 B.1 所示。

表 B.1 动力蓄电池包和系统需要进行的测试项目

试验项目			适用范围	试验方法章条号	试验条件
基本性能	能量和容量测试	室温	蓄电池包、蓄电池系统	7.1.2	RT,1 C,$I_{max}(T)$
		高温		7.1.3	40 ℃,1 C,$I_{max}(T)$
		低温		7.1.4	0 ℃、−20 ℃,1 C,$I_{max}(T)$
	功率和内阻测试			7.2	RT、40 ℃、0 ℃、−20 ℃ SOC:80%(或由制造商和客户商定)、50%、20%(或由制造商和客户商定)
	无负载容量损失		蓄电池系统	7.3	SOC,满电态,40 ℃、RT,168 h(7 天)、720 h(30 天)
	存储容量损失			7.4	45 ℃,50%SOC(或由制造商和客户商定),720 h,BCU 不工作
	高低温启动功率测试			7.5	20%SOC,−20 ℃、40 ℃
	能量效率测试			7.6	RT,40 ℃,0 ℃,−20 ℃, SOC:65%、50%、35%

ICS 43.080
T 47

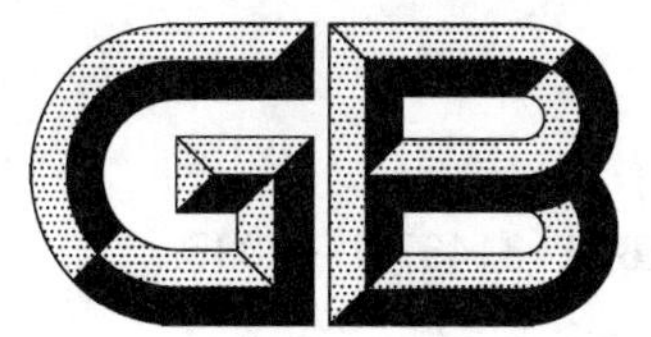

中华人民共和国国家标准

GB/T 31467.2—2015

电动汽车用锂离子动力蓄电池包和系统 第2部分:高能量应用测试规程

Lithium-ion traction battery pack and system for electric vehicles—Part 2:Test specification for high energy applications

(ISO 12405-2:2012, Electrically propelled road vehicles—Test specification for lithium-ion traction battery packs and systems—Part 2:High-energy applications,NEQ)

2015-05-15 发布　　2015-05-15 实施

中华人民共和国国家质量监督检验检疫总局
中国国家标准化管理委员会　发布

前　言

GB/T 31467《电动汽车用锂离子动力蓄电池包和系统》分为以下3个部分：

——第1部分：高功率应用测试规程；

——第2部分：高能量应用测试规程；

——第3部分：安全性要求与测试方法。

本部分为GB/T 31467的第2部分。

本部分按照GB/T 1.1—2009给出的规则起草。

本部分使用重新起草法参考ISO 12405-2:2012《电动道路车辆　锂离子动力蓄电池包和系统测试规程　第2部分：高能量应用》编制，与ISO 12405-2:2012的一致性程度为非等效。

本部分由中华人民共和国工业和信息化部提出。

本部分由全国汽车标准化技术委员会(SAC/TC 114)归口。

本部分起草单位：中国汽车技术研究中心、中国电子科技集团公司第十八研究所、天津力神电池股份有限公司、上海汽车集团股份有限公司技术中心、重庆长安新能源汽车有限公司、中国北方车辆研究所、比亚迪汽车工业有限公司、奇瑞新能源汽车技术有限公司、北京交通大学、惠州市亿能电子有限公司、普天新能源有限责任公司、哈尔滨光宇电源股份有限公司、合肥国轩高科动力能源有限公司、上海大众汽车有限公司、广东精进能源有限公司、上海卡耐能源有限公司。

本部分主要起草人：王芳、肖成伟、刘仕强、孟祥峰、张娜、高洪波、姜久春、江文峰、陆柯玮、邵浙海、徐兴无、袁昌荣、刘震、文峰、阮旭松、曾祥兵、王占国、杨聪娇、马立双、吴志强、张彩萍、和祥运。

电动汽车用锂离子动力蓄电池包和系统 第2部分:高能量应用测试规程

1 范围

GB/T 31467 的本部分规定了电动汽车用高能量锂离子动力蓄电池包和系统电性能的测试方法。

本部分适用于装载在电动汽车上,主要以高能量应用为目的的锂离子动力蓄电池包和蓄电池系统,以高能量应用为目的的镍氢动力蓄电池包和系统等可参照执行。

2 规范性引用文件

下列文件对于本文件的应用是必不可少的。凡是注日期的引用文件,仅注日期的版本适用于本文件。凡是不注日期的引用文件,其最新版本(包括所有的修改单)适用于本文件。

GB/T 19596 电动汽车术语

3 术语和定义

GB/T 19596 界定的以及下列术语和定义适用于本文件。

3.1

蓄电池电子部件 battery electronics

采集或者同时监测蓄电池单体或模块的电和热数据的电子装置,必要时可以包括用于蓄电池单体均衡的电子部件。

注:蓄电池电子部件可以包括单体控制器。单体电池间的均衡可以由蓄电池电子部件控制,或者通过蓄电池控制单元控制。

3.2

蓄电池控制单元 battery control unit;BCU

控制、管理、检测或计算蓄电池系统的电和热相关的参数,并提供蓄电池系统和其他车辆控制器通讯的电子装置。

3.3

额定容量 rated capacity of battery pack/system

在规定条件下测得的并由制造商宣称的蓄电池包或系统的放电容量值。

3.4

蓄电池包 battery pack

通常包括蓄电池组、蓄电池管理模块(不包含 BCU)、蓄电池箱以及相应附件,具有从外部获得电能并可对外输出电能的单元。

3.5

蓄电池系统 battery system

一个或一个以上蓄电池包及相应附件(管理系统、高压电路、低压电路、热管理设备以及机械总成等)构成的能量存储装置。

3.6

高能量应用 high energy application

室温下蓄电池包或系统的最大允许持续输出电功率(W)和其在 1 C 倍率放电能量(Wh)的比值低于 10 的装置特性或应用特性。

3.7

高功率应用 high power application

室温下蓄电池包或系统的最大允许持续输出电功率(W)和其在 1 C 倍率放电能量(Wh)的比值大于或等于 10 的装置特性或应用特性。

3.8

高能量蓄电池 high energy traction battery

设计目的为高能量应用的动力蓄电池。

3.9

高功率蓄电池 high power traction battery

设计目的为高功率应用的动力蓄电池。

3.10

高压 high voltage

最大工作电压大于 30 V a.c.(rms)且小于或等于 1 000 V a.c.(rms),或大于 60 V d.c.且小于或等于 1 500 Vd.c.的电压。

3.11

低压 low voltage

最大工作电压不大于 30 V a.c.(rms),或不大于 60 V d.c.的电压。

4 符号和缩略语

下列符号和缩略语适用于本文件。

n C:电流倍率,等于 1 h 放电容量的 n 倍

$I'_{max}(SOC,T,t)$:某 SOC,试验环境温度 T,脉冲持续时间 t 下的最大允许放电电流

$I_{max}(T)$:某试验环境温度下最大允许持续放电电流

η:效率

RT:室温(room temperature)

SOC:荷电状态(state of charge)

5 通用测试条件

5.1 一般条件

5.1.1 除非在某些具体测试项目中另有说明,测试工作在温度为室温 25 ℃±2 ℃,湿度为 15%~90% 环境下进行。

5.1.2 测试样品交付时需要包括必要的操作文件,以及和测试设备相连所需的接口部件,如连接器、插头,包括冷却接口,蓄电池包和蓄电池系统的典型结构参见附录 A。制造商需要提供蓄电池包或系统的工作限值,以保证整个测试过程的安全。

5.1.3 当测试的目标环境温度改变时,在进行测试前测试样品需要完成环境适应过程:在低温下静置不少于 24 h;在高温下静置不小于 16 h;或单体电池温度与目标环境温度差值不超过 2 ℃。测试样品如果包含蓄电池控制单元,则环境适应过程需要将其关闭。

5.1.4 如果电池包或系统由于某些原因(如尺寸或重量)不适合进行某些测试,那么供需双方协商一致后可以用电池包或电池系统的子系统代替作为测试样品,进行全部或部分试验,但是作为测试样品的子系统应该包含和整车要求相关的所有部分。

5.1.5 调整SOC至试验目标值 n%的方法是:按制造商提供的充电方式将蓄电池包或系统充满电,静置1 h,以1 C恒流放电(100−n)/100 h。每次SOC调整后,新的测试开始前测试样品需要静置1 h。

5.1.6 测试过程中,为了蓄电池包或系统的内部反应及温度的平衡,某些测试步骤之间需要静置一定的时间。静置过程中蓄电池包或系统的低压电控单元正常工作,如蓄电池电子部件和BCU等;冷却系统根据制造商的规定或BCU的指令工作。

5.1.7 测试过程中的放电倍率大小按照本部分的规定执行,充电机制和放电截止条件由制造商提供。但是这些条件应前后统一,如循环性能测试过程的充电机制和放电机制应该和其他试验的规定相同。

5.1.8 蓄电池包或系统的额定容量对于测试过程具有重要影响。如果蓄电池实际可用容量(7.1.2.2)与蓄电池额定容量之差的绝对值超过额定容量的5%,则在测试报告中要明确说明,并用实际可用容量代替额定容量用于充放电电流及SOC计算的依据。

5.1.9 蓄电池包和蓄电池系统需要进行的测试项目、测试方法章条号、测试条件等信息见附录B。

5.1.10 蓄电池放电电流符号为正,充电电流符号为负。

5.2 准确度要求

5.2.1 测量仪器、仪表准确度的要求如下:

——电压测量装置:不低于0.5级;

——电流测量装置:不低于0.5级;

——温度测量装置:±0.5 ℃;

——时间测量装置:±0.1%;

——尺寸测量装置:±0.1%;

——质量测量装置:±0.1%。

5.2.2 测试过程中,控制值(实际值)和目标值之间的误差要求如下:

——电压:±1%;

——电流:±1%;

——温度:±2 ℃。

5.3 数据记录和记录间隔

除非在某些具体测试项目中另有说明,否则在预计的充电或放电时间的至少每1%间隔处记录测试数据,如时间、温度、电流和电压等。

5.4 试验准备

5.4.1 蓄电池包的准备

蓄电池包的高压、低压及冷却装置要和测试平台设备相连,开启蓄电池包的被动保护功能。根据蓄电池包制造商的要求和试验测试规程,测试平台检测和控制电池包的工作状态和工作参数,并保证主动保护开启,必要时可以通过断开蓄电池包的主接触器来实现。冷却装置根据制造商的要求工作。蓄电池包测试过程中,蓄电池包和测试平台之间没有信息交换,蓄电池包的参数限值由测试平台直接控制。测试平台检测蓄电池包的电流、电压、容量或能量等参数,并将这些数据作为检测结果和计算依据。

5.4.2 蓄电池系统的准备

蓄电池系统的高压、低压、冷却装置及 BCU 要和测试平台设备相连，开启蓄电池系统的主动和被动保护。测试平台保证测试参数和条件与测试规程的要求一致，并保证电池系统工作在合理的限值之内，这些限值由 BCU 通过总线传输至测试平台。BCU 控制冷却装置的工作。必要时 BCU 的程序可以由蓄电池系统制造商根据测试规程进行更改。主动保护同时也需要由平台测试设备保证，必要时可以通过断开蓄电池系统的主接触器实现。蓄电池系统测试过程中，蓄电池系统通过总线和测试平台通讯，将蓄电池状态参数和工作限值实时传输给测试平台，再由测试平台根据电池状态和工作限值控制测试过程。测试平台检测蓄电池系统的电流、电压、容量或能量等参数，并将这些数据作为检测结果和计算依据。蓄电池系统上传的参数不作为检测结果或测试依据。

5.4.3 测试样品的质量和体积

用量具测量测试样品的外形尺寸，计算出测试样品的体积，单位 L。用衡器测量测试样品的质量，单位 kg。如测试样品包含有强制冷却系统，则测量或计算其质量和体积时，应将冷却系统包括在内，如冷却管路等。如果冷却系统使用液冷方式，则冷却液的质量也应计算在内。若测试样品的冷却系统和整车或其他系统冷却集成在一起，则仅考虑和测试样品相关部分的质量和体积。难以测量时，可采用制造商提供的数据和数据测试依据。

6 通用测试循环

6.1 预处理循环

6.1.1 正式测试开始前，蓄电池包或系统需要先进行预处理循环。预处理循环在室温下进行，其步骤如下：

a） 以 1 C 或按照制造商推荐的充电机制充电至制造商规定的充电截止条件；

b） 静置 30 min；

c） 使用 1 C 或按照制造商推荐的放电机制放电至制造商规定的放电截止条件；

d） 静置 30 min；

e） 重复步骤 a)～d)5 次。

6.1.2 如果蓄电池包或系统连续两次的放电容量变化不高于额定容量的 3%，则认为蓄电池包或蓄电池系统完成了预处理，预处理循环可以中止。

6.2 标准循环

6.2.1 测试过程中按照本部分指定的测试步骤进行。标准循环在室温下进行，按照先后顺序包括一个标准放电过程和标准充电过程，其步骤如下：

a） 标准放电：使用 1 C 或按照制造商推荐的放电机制放电至制造商规定的放电截止条件，静置 30 min；

b） 标准充电：使用 1 C 充电至制造商规定的充电截止条件或按照制造商推荐的充电机制充电，静置 30 min。

6.2.2 如果标准循环和一个新的测试之间时间间隔长于 24 h，则需要重新进行一次标准充电。

6.2.3 本部分提到的“标准循环”的环境温度是室温（RT），而单独提到的“标准放电”和“标准充电”的环境温度按具体条款的规定执行。

7 基本性能

7.1 容量和能量

7.1.1 通用条件

7.1.1.1 蓄电池包或系统宜测试室温、高温和低温下的容量和能量。

7.1.1.2 每次充电前测试样品将静置 30 min，或者达到室温。

7.1.1.3 测试过程使用恒流放电，放电过程在达到制造商制定的截止条件时停止。

7.1.1.4 放电电流对放电时间的积分为蓄电池包或系统的容量，放电电流和电压的乘积对放电时间的积分为蓄电池包或系统的能量。

7.1.1.5 根据 7.1.1.4 计算 1 C、$I_{max}(T)$倍率下的放电容量和能量。

7.1.2 室温下的容量和能量测试

7.1.2.1 在室温下按照表 1 的测试步骤进行。

表 1 室温下能量和容量测试步骤

序号	蓄电池包或系统状态	试验方法章条号	环境温度
1	环境适应	5.1.3	RT
2	标准循环	6.2	RT
3	1 C 放电	7.1.1.3	RT
4	标准充电	6.2.1 b)	RT
5	$I_{max}(T)$放电	7.1.1.3	RT

7.1.2.2 步骤 3 的放电容量为测试对象的实际可用容量。

7.1.2.3 记录步骤 3 和步骤 5 结束时测试样品的最小监控单元的电压。

7.1.3 高温下的能量和容量测试

蓄电池包和系统需要测试 40 ℃环境温度下 1 C 和 $I_{max}(T)$的能量和容量。按照表 2 的测试步骤进行试验。

表 2 高温下能量和容量测试步骤

序号	蓄电池包或系统状态	试验方法章条号	环境温度
1	环境适应	5.1.3	RT
2	标准充电	6.2.1 b)	RT
3	标准循环	6.2	RT
4	环境适应	5.1.3	40 ℃
5	1 C 放电	7.1.1.3	40 ℃
6	环境适应	5.1.3	RT

表 2（续）

序号	蓄电池包或系统状态	试验方法章条号	环境温度
7	标准充电	6.2.1 b)	RT
8	标准循环	6.2	RT
9	环境适应	5.1.3	40 ℃
10	$I_{max}(T)$放电	7.1.1.3	40 ℃

7.1.4 低温下的能量和容量测试

蓄电池包和系统需要测试 0 ℃和－20 ℃下的 1/3 C，1 C 和 $I_{max}(T)$能量和容量。按照表 3 的测试步骤进行试验。

表 3 低温下能量和容量测试步骤

序号	蓄电池包或系统状态	试验方法章条号	环境温度
1	环境适应	5.1.3	RT
2	标准充电	6.2.1 b)	RT
3	标准循环	6.2	RT
4	环境适应	5.1.3	0 ℃
5	1/3 C 放电	7.1.1.3	0 ℃
6	环境适应	5.1.3	RT
7	标准充电	6.2.1 b)	RT
8	标准循环	6.2	RT
9	环境适应	5.1.3	0 ℃
10	1 C 放电	7.1.1.3	0 ℃
11	环境适应	5.1.3	RT
12	标准充电	6.2.1 b)	RT
13	标准循环	6.2	RT
14	环境适应	5.1.3	0 ℃
15	$I_{max}(T)$放电	7.1.1.3	0 ℃
16	环境适应	5.1.3	RT
17	标准充电	6.2.1 b)	RT
18	标准循环	6.2	RT
19	环境适应	5.1.3	－20 ℃
20	1/3 C 放电	7.1.1.3	－20 ℃
21	环境适应	5.1.3	RT
22	标准充电	6.2.1 b)	RT
23	标准循环	6.2	RT
24	环境适应	5.1.3	－20 ℃

表 3（续）

序号	蓄电池包或系统状态	试验方法章条号	环境温度
25	1 C 放电	7.1.1.3	−20 ℃
26	环境适应	5.1.3	RT
27	标准充电	6.2.1 b)	RT
28	标准循环	6.2	RT
29	环境适应	5.1.3	−20 ℃
30	$I_{max}(T)$放电	7.1.1.3	−20 ℃

7.2 功率和内阻

7.2.1 通用条件

7.2.1.1 蓄电池包或系统需要测试室温、高温和低温及不同 SOC 下的功率和内阻，某一具体环境温度和 SOC 下的功率和内阻测试工况见 7.2.2，整个测试过程按照 7.2.4 进行。

7.2.1.2 按照表 5 给定的时间测量蓄电池包或系统的端电压，按 7.2.3 计算充放电功率和内阻。

7.2.2 功率和内阻测试工况

7.2.2.1 功率和内阻测试工况按照表 4 和图 1 进行，测试过程中需要记录的数据如表 5 和图 2 所示。

表 4 功率和内阻测试工况步骤时间

时间增加量 s	累计时间 s	电流 A
0	0	0
18	18	$I'_{max}(SOC,T,t)$
102	120	$0.75I'_{max}(SOC,T,t)$
40	160	0
20	180	$-0.75I'_{max}(SOC,T,t)$
40	220	0

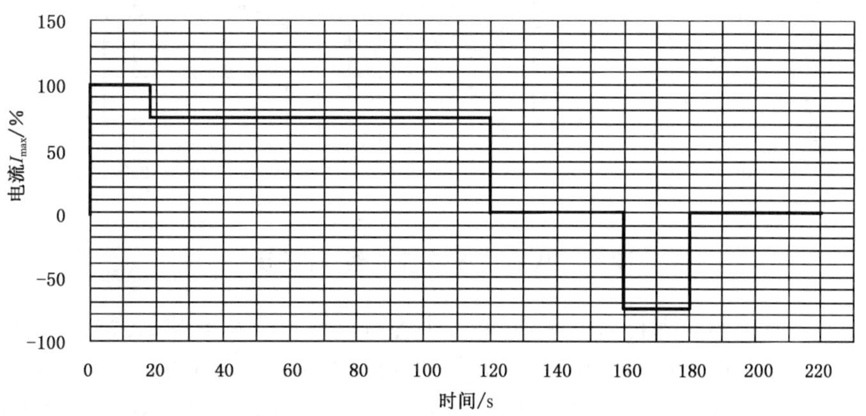

图 1 脉冲功率特性曲线-电流示例

表 5 需要测试的电压和电流

时间 s	电压 V	电流 A	对应电流值 A
0	U_0	I_0	0
0.1	U_1	I_1	$I'_{max}(SOC,T,t)$
2	U_2	I_2	$I'_{max}(SOC,T,t)$
5	U_3	I_3	$I'_{max}(SOC,T,t)$
10	U_4	I_4	$I'_{max}(SOC,T,t)$
18	U_5	I_5	$I'_{max}(SOC,T,t)$
18.1	U_6	I_6	$0.75I'_{max}(SOC,T,t)$
20	U_7	I_7	$0.75I'_{max}(SOC,T,t)$
30	U_8	I_8	$0.75I'_{max}(SOC,T,t)$
60	U_9	I_9	$0.75I'_{max}(SOC,T,t)$
90	U_{10}	I_{10}	$0.75I'_{max}(SOC,T,t)$
120	U_{11}	I_{11}	$0.75I'_{max}(SOC,T,t)$
160	U_{12}	I_{12}	0
160.1	U_{13}	I_{13}	$-0.75I'_{max}(SOC,T,t)$
162	U_{14}	I_{14}	$-0.75I'_{max}(SOC,T,t)$
170	U_{15}	I_{15}	$-0.75I'_{max}(SOC,T,t)$
180	U_{16}	I_{16}	$-0.75I'_{max}(SOC,T,t)$
220	U_{17}	I_{17}	0

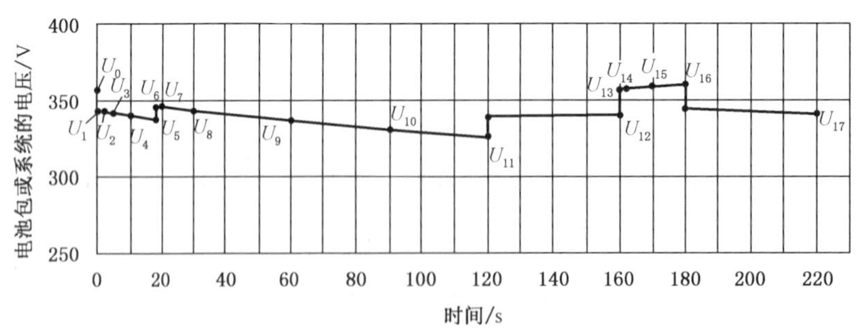

图 2 脉冲功率特性曲线-电压示例

7.2.2.2 放电过程的放电电流保持为恒流,电流大小为蓄电池包或系统的最大允许脉冲放电电流 $I'_{max}(SOC,T,t)$。不同环境温度和 SOC 下 $I'_{max}(SOC,T,t)$可以不同,$I'_{max}(SOC,T,t)$由制造商提供。如果放电过程蓄电池包或系统端电压或单体电压达到制造商指定的放电电压限值,停止放电,适当降低 $I'_{max}(SOC,T,t)$后重新进行试验。

7.2.2.3 充电过程充电电流保持为恒流，电流大小为 $0.75I'_{max}(SOC,T,t)$。如果蓄电池包或系统的最大允许脉冲充电电流小于 $0.75I'_{max}(SOC,T,t)$，则充电过程按照制造商规定的最大允许脉冲充电电流进行。如果充电过程中蓄电池包或系统端电压或单体电压达到制造商指定的充电电压限值，停止充电，适当降低 $I'_{max}(SOC,T,t)$后重新进行试验。

7.2.2.4 功率和内阻测试分别在 4 个不同温度下进行，分别为 40 ℃、室温、0 ℃、−20 ℃。

7.2.2.5 功率和内阻测试工况分别在 3 个不同 SOC 下进行，分别为 90%（或制造商规定的最高允许状态）、50%、20%（或制造商规定的最低允许状态）。

7.2.3 功率和内阻计算

7.2.3.1 放电内阻计算

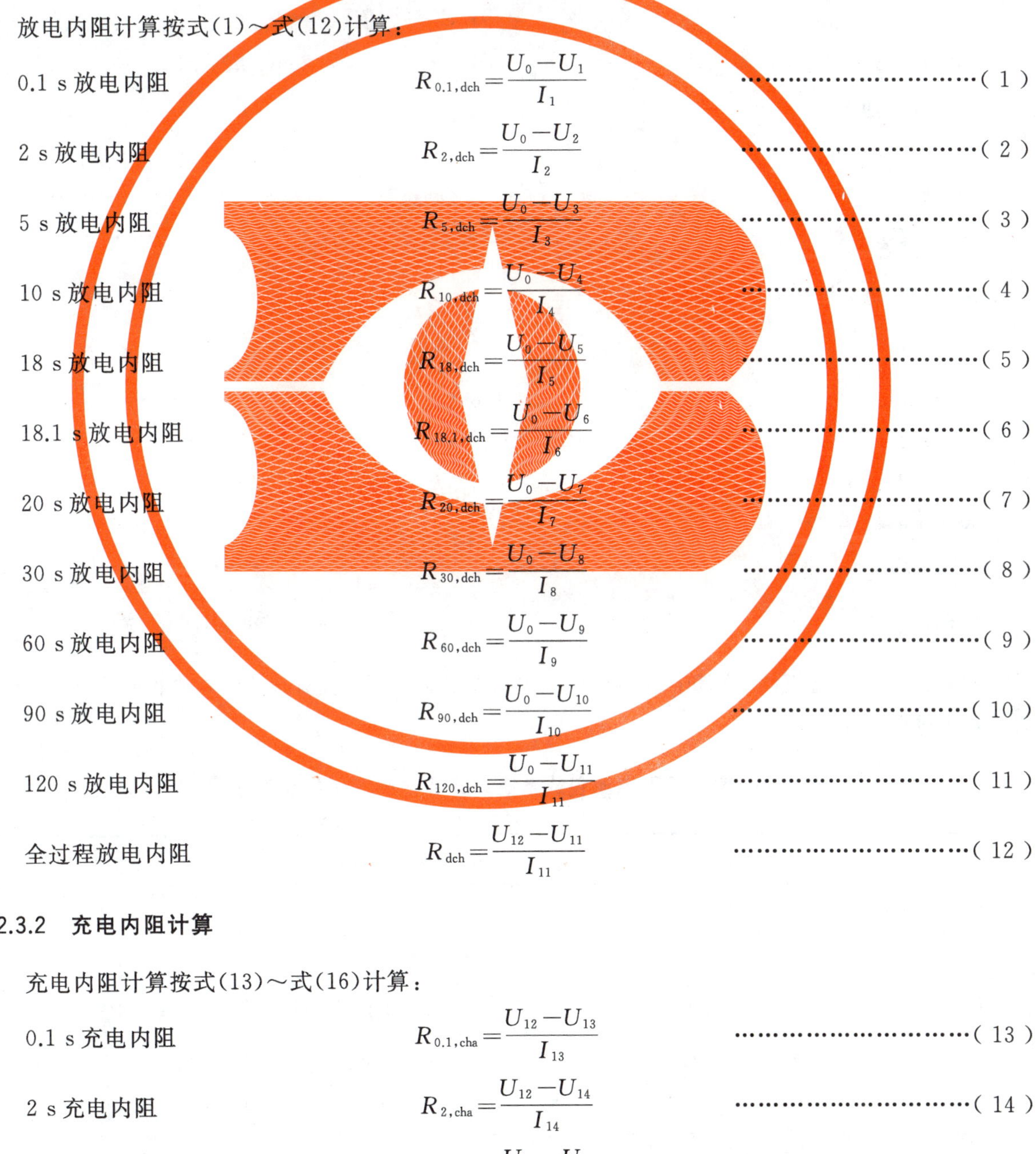

放电内阻计算按式(1)～式(12)计算：

0.1 s 放电内阻
$$R_{0.1,dch}=\frac{U_0-U_1}{I_1} \tag{1}$$

2 s 放电内阻
$$R_{2,dch}=\frac{U_0-U_2}{I_2} \tag{2}$$

5 s 放电内阻
$$R_{5,dch}=\frac{U_0-U_3}{I_3} \tag{3}$$

10 s 放电内阻
$$R_{10,dch}=\frac{U_0-U_4}{I_4} \tag{4}$$

18 s 放电内阻
$$R_{18,dch}=\frac{U_0-U_5}{I_5} \tag{5}$$

18.1 s 放电内阻
$$R_{18.1,dch}=\frac{U_0-U_6}{I_6} \tag{6}$$

20 s 放电内阻
$$R_{20,dch}=\frac{U_0-U_7}{I_7} \tag{7}$$

30 s 放电内阻
$$R_{30,dch}=\frac{U_0-U_8}{I_8} \tag{8}$$

60 s 放电内阻
$$R_{60,dch}=\frac{U_0-U_9}{I_9} \tag{9}$$

90 s 放电内阻
$$R_{90,dch}=\frac{U_0-U_{10}}{I_{10}} \tag{10}$$

120 s 放电内阻
$$R_{120,dch}=\frac{U_0-U_{11}}{I_{11}} \tag{11}$$

全过程放电内阻
$$R_{dch}=\frac{U_{12}-U_{11}}{I_{11}} \tag{12}$$

7.2.3.2 充电内阻计算

充电内阻计算按式(13)～式(16)计算：

0.1 s 充电内阻
$$R_{0.1,cha}=\frac{U_{12}-U_{13}}{I_{13}} \tag{13}$$

2 s 充电内阻
$$R_{2,cha}=\frac{U_{12}-U_{14}}{I_{14}} \tag{14}$$

10 s 充电内阻
$$R_{10,cha}=\frac{U_{12}-U_{15}}{I_{15}} \tag{15}$$

全过程充电内阻 $$R_{cha}=\frac{U_{16}-U_{17}}{I_{17}} \qquad (16)$$

7.2.3.3 **放电功率计算**

放电功率计算按式(17)～式(27)计算：

0.1 s 放电功率 $$P_{0.1,dch}=U_1\times I_1 \qquad (17)$$

2 s 放电功率 $$P_{2,dch}=U_2\times I_2 \qquad (18)$$

5 s 放电功率 $$P_{5,dch}=U_3\times I_3 \qquad (19)$$

10 s 放电功率 $$P_{10,dch}=U_4\times I_4 \qquad (20)$$

18 s 放电功率 $$P_{18,dch}=U_5\times I_5 \qquad (21)$$

18.1 s 放电功率 $$P_{18.1,dch}=U_6\times I_6 \qquad (22)$$

20 s 放电功率 $$P_{20,dch}=U_7\times I_7 \qquad (23)$$

30 s 放电功率 $$P_{30,dch}=U_8\times I_8 \qquad (24)$$

60 s 放电功率 $$P_{60,dch}=U_9\times I_9 \qquad (25)$$

90 s 放电功率 $$P_{90,dch}=U_{10}\times I_{10} \qquad (26)$$

120 s 放电功率 $$P_{120,dch}=U_{11}\times I_{11} \qquad (27)$$

7.2.3.4 **充电功率计算**

充电功率计算按式(28)～式(31)计算：

0.1 s 充电功率 $$P_{0.1,cha}=U_{13}\times I_{13} \qquad (28)$$

2 s 充电功率 $$P_{2,cha}=U_{14}\times I_{14} \qquad (29)$$

10 s 充电功率 $$P_{10,cha}=U_{15}\times I_{15} \qquad (30)$$

20 s 充电功率 $$P_{20,cha}=U_{16}\times I_{16} \qquad (31)$$

开路电压 $$U_{OCV}=U_{17} \qquad (32)$$

7.2.4 **测试步骤**

室温、高温及低温下的功率和内阻测试分别按照表 6、表 7、表 8 进行，其中高温和低温下的测试在环境箱内进行。

表 6 室温下蓄电池包或系统功率和内阻测试的测试步骤

序号	蓄电池包或系统状态	试验方法章条号	环境温度
1	环境适应	5.1.3	RT
2	标准充电	6.2.1 b)	RT
3	标准循环	6.2	RT
4	调整 SOC 至目标值	5.1.5	RT
5	环境适应	5.1.3	RT
6	功率和内阻测试工况	7.2.2	RT

表 7　高温下蓄电池包或系统功率和内阻测试的测试步骤

序号	蓄电池包或系统状态	试验方法章条号	环境温度
1	环境适应	5.1.3	RT
2	标准充电	6.2.1 b)	RT
3	标准循环	6.2	RT
4	调整 SOC 至目标值	5.1.5	RT
5	环境适应	5.1.3	40 ℃
6	功率和内阻测试工况	7.2.2	40 ℃

表 8　低温下蓄电池包或系统功率和内阻测试的测试步骤

序号	蓄电池包或系统状态	试验方法章条号	环境温度
1	环境适应	5.1.3	RT
2	标准充电	6.2.1 b)	RT
3	标准循环	6.2	RT
4	调整 SOC 至目标值	5.1.5	RT
5	环境适应	5.1.3	0 ℃
6	功率和内阻测试工况	7.2.2	0 ℃
7	环境适应	5.1.3	RT
8	标准充电	6.2.1 b)	RT
9	标准循环	6.2	RT
10	调整 SOC 至目标值	5.1.5	RT
11	环境适应	5.1.3	−20 ℃
12	功率和内阻测试工况	7.2.2	−20 ℃

7.3　无负载容量损失

7.3.1　无负载容量损失是指蓄电池系统在车载状态下，长期搁置时的容量损失，包括可恢复容量损失和不可恢复容量损失两部分。测试按照表 9 和表 10 进行。

表 9　动力蓄电池系统室温下无负载容量损失测试步骤

序号	蓄电池系统状态	试验方法章条号	环境温度
1	环境适应	5.1.3	RT
2	标准充电	6.2.1 b)	RT
3	标准循环	6.2	RT
4	搁置 168 h(7 天)	7.3.6	RT
5	标准循环 2 次	6.2	RT
6	搁置 720 h(30 天)	7.3.6	RT
7	标准循环 2 次	6.2	RT

表 10 动力蓄电池系统 40 ℃下无负载容量损失测试步骤

序号	蓄电池系统状态	试验方法章条号	环境温度
1	环境适应	5.1.3	RT
2	标准充电	6.2.1 b)	RT
3	标准循环	6.2	RT
4	搁置 168 h(7 天)	7.3.6	40 ℃
5	环境适应	5.1.3	RT
6	标准循环 2 次	6.2	RT
7	搁置 720 h(30 天)	7.3.6	40 ℃
8	环境适应	5.1.3	RT
9	标准循环 2 次	6.2	RT

7.3.2 该测试仅适用于蓄电池系统。

7.3.3 搁置过程中蓄电池管理系统由辅助电源供电,工作状态由制造商规定。

7.3.4 无负载容量损失测试中被测电池系统处于制造商规定的满电态。

7.3.5 无负载容量损失在两个不同温度下测得,分别为室温和 40 ℃。

7.3.6 测试周期为 168 h(7 天)、720 h(30 天)。

7.3.7 搁置结束后,测试无负载容量和能量损失。

7.4 存储中容量损失

7.4.1 存储中容量损失是指蓄电池系统长期存储状态下的容量损失。测试在室温下按照表 11 进行。

表 11 动力蓄电池系统存储中容量损失测试步骤

序号	蓄电池系统状态	试验方法章条号	环境温度
1	环境适应	5.1.3	RT
2	标准充电	6.2.1 b)	RT
3	标准循环	6.2	RT
4	调整 SOC 至 50%(或由制造商和客户商定)	5.1.5	RT
5	存储 720 h(30 天)	7.4.6	45 ℃
6	环境适应	5.1.3	RT
7	标准循环 2 次	6.2	RT

7.4.2 该测试仅适用于电池系统。

7.4.3 存储过程中断开蓄电池系统的高压连接、低压连接,关闭冷却系统及其他必要的连接装置。

7.4.4 存储过程中,电池系统的 SOC 为 50%(或由制造商和客户商定)。

7.4.5 存储温度为 45 ℃。

7.4.6 存储周期为 720 h。

7.4.7 存储结束,测试电池系统的剩余容量。确定电池系统的容量损失率。

7.5 能量效率

7.5.1 能量效率测试旨在测试电池系统在不同温度不同倍率充电时的性能以及能量循环效率。

7.5.2 该测试仅适用于蓄电池系统。

7.5.3 能量效率测试在三种不同温度下进行，分别为室温、0 ℃和 T_{min}（由制造商和客户商定）。

7.5.4 能量效率测试以二种不同倍率进行，分别为 1 C、$I_{max}(T)$。

7.5.5 具体测试步骤如表 12 所示。

表 12 蓄电池系统能量效率测试步骤

序号	蓄电池系统状态	试验方法章条号	环境温度
1	环境适应	5.1.3	RT
2	标准充电	6.2.1 b)	RT
3	标准循环	6.2	RT
4	标准放电	6.2.1 a)	RT
5	1 C 充电		RT
6	搁置 1 h		RT
7	标准循环	6.2	RT
8	标准放电	6.2.1 a)	RT
9	$I_{max}(T)$充电		RT
10	搁置 1 h		RT
11	标准循环	6.2	RT
12	环境适应	5.1.3	0 ℃
13	标准放电	6.2.1 a)	0 ℃
14	1 C 充电		0 ℃
15	环境适应	5.1.3	RT
16	标准循环	6.2	RT
17	环境适应	5.1.3	0 ℃
18	标准放电	6.2.1 a)	0 ℃
19	$I_{max}(T)$充电		0 ℃
20	环境适应	5.1.3	RT
21	标准循环	6.2	RT
22	环境适应	5.1.3	T_{min}
23	标准放电	6.2.1 a)	T_{min}
24	1 C 充电		T_{min}
25	环境适应	5.1.3	RT
26	标准循环	6.2	RT
27	环境适应	5.1.3	T_{min}
28	标准放电	6.2.1 a)	T_{min}
29	$I_{max}(T)$充电		T_{min}

7.5.6 根据公式 $\eta=\frac{放电能量}{充电能量}\times 100\%$ 计算不同温度不同倍率下的能量效率。

附 录 A
（资料性附录）
蓄电池包和蓄电池系统的典型结构

A.1 蓄电池包

蓄电池包是能量存储装置，包括单体或模块，通常还包括蓄电池电子部件、高压电路、过流保护装置及与其他外部系统的接口(如冷却、高压、辅助低压和通讯等)。对于高于 60 V d.c.的蓄电池包，宜包括手动切断功能。所有部件应该被安装在常用防撞蓄电池箱内。图 A.1 是一个蓄电池包的典型结构。

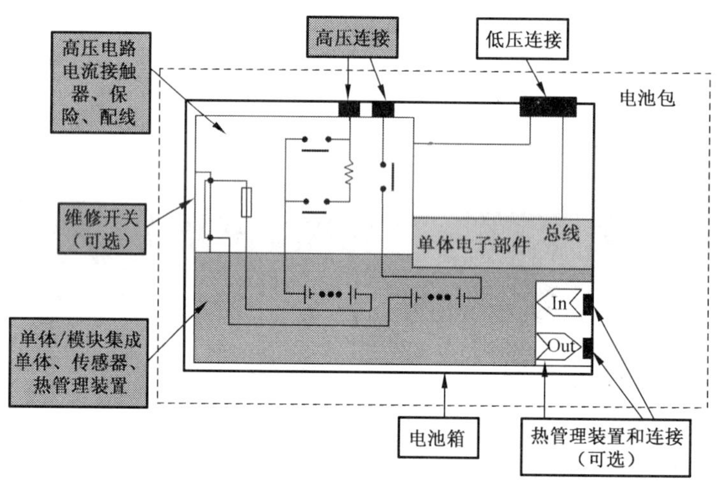

图 A.1 蓄电池包典型结构

A.2 蓄电池系统

蓄电池系统是能量存储装置，包括单体或模块或电池包，还包括电路和电控单元(如电池控制单元，电流接触器)。对于高于 60 V d.c.的蓄电池系统，应包括手动切断功能。蓄电池系统的典型结构有两种，分别是集成了电池控制单元的蓄电池系统和带外置电池控制单元的蓄电池系统，分别如图 A.2 和图 A.3 所示。

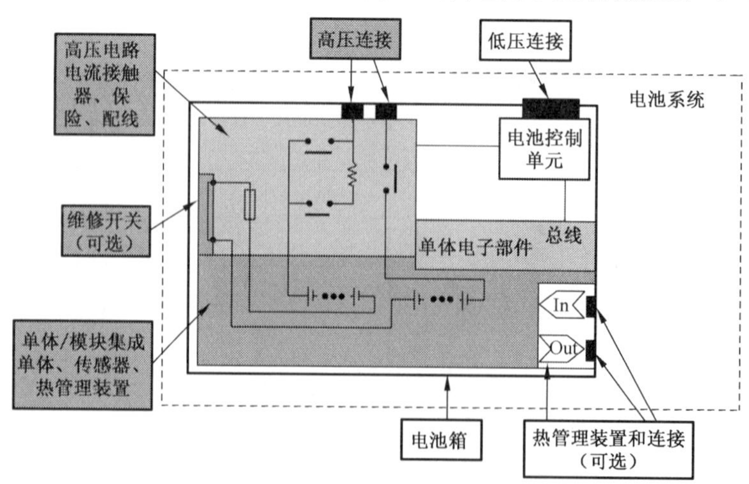

图 A.2 含集成蓄电池控制单元的蓄电池系统典型结构

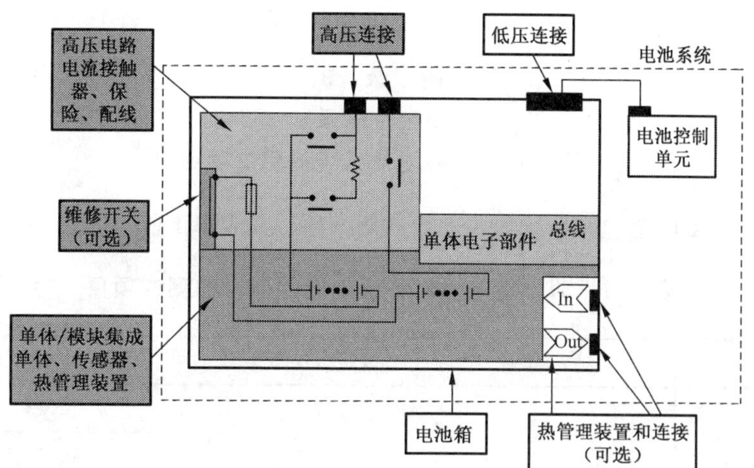

图 A.3 外置蓄电池控制单元的蓄电池系统典型结构

附　录　B
（规范性附录）
蓄电池包和蓄电池系统的测试项目

高能量锂离子动力蓄电池包和系统需要进行的测试项目如表 B.1 所示。

表 B.1　动力蓄电池包和系统需要进行的测试项目

<table>
<tr><th colspan="3">试验项目</th><th>适用范围</th><th>试验方法章条号</th><th>试验条件</th></tr>
<tr><td rowspan="7">基本性能试验</td><td rowspan="3">能量和容量测试</td><td>室温</td><td rowspan="4">蓄电池包、蓄电池系统</td><td>7.1.2</td><td>RT,1 C,$I_{max}(T)$</td></tr>
<tr><td>高温</td><td>7.1.3</td><td>40 ℃,1 C ,$I_{max}(T)$</td></tr>
<tr><td>低温</td><td>7.1.4</td><td>0 ℃、−20 ℃,1/3 C、1 C,$I_{max}(T)$</td></tr>
<tr><td colspan="2">功率和内阻测试</td><td>7.2</td><td>40 ℃、RT、0 ℃、−20 ℃,
SOC:90%(或由制造商和客户商定)、
50%、20%(或由制造商和客户商定)</td></tr>
<tr><td colspan="2">无负载容量损失</td><td rowspan="3">蓄电池系统</td><td>7.3</td><td>SOC,满电态,40 ℃、RT,
168 h(7 天)、720 h(30 天)</td></tr>
<tr><td colspan="2">存储中容量损失</td><td>7.4</td><td>SOC 50%(或由制造商和客户商定),
45 ℃、720 h ,BCU 不工作</td></tr>
<tr><td colspan="2">能量效率测试</td><td>7.5</td><td>RT、0 ℃,T_{min}(由制造商和
客户商定);1C,$I_{max}(T)$</td></tr>
</table>

ICS 43.080
T 47

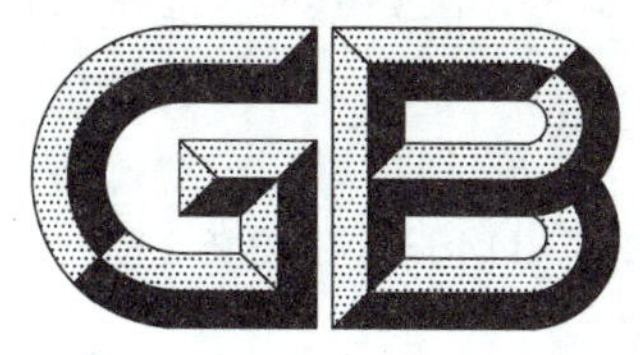

中华人民共和国国家标准

GB/T 31467.3—2015

电动汽车用锂离子动力蓄电池包和系统 第3部分:安全性要求与测试方法

Lithium-ion traction battery pack and system for electric vehicles—Part 3: Safety requirements and test methods

(ISO 12405-3:2014, Electrically propelled road vehicles—Test specification for Lithium-ion traction battery packs and systems—Part 3:Safety performance requirements,NEQ)

2015-05-15 发布 2015-05-15 实施

中华人民共和国国家质量监督检验检疫总局
中国国家标准化管理委员会 发布

前　言

GB/T 31467《电动汽车用锂离子动力蓄电池包和系统》分为三个部分：

——第1部分：高功率应用测试规程；

——第2部分：高能量应用测试规程；

——第3部分：安全性要求与测试方法。

本部分为GB/T 31467的第3部分。

本部分按照GB/T 1.1—2009给出的规则起草。

本部分由中华人民共和国工业和信息化部提出。

本部分由全国汽车标准化技术委员会(SAC/TC 114)归口。

本部分起草单位：中国汽车技术研究中心、中国电子科技集团公司第十八研究所、深圳市比亚迪汽车有限公司、中国第一汽车股份有限公司、中国北方车辆研究所、惠州市亿能电子有限公司、天津力神电池股份有限公司、奇瑞新能源汽车技术有限公司、湖北骆驼蓄电池研究院有限公司、普天新能源有限责任公司、上海卡耐能源有限公司、天津清源电动车辆有限责任公司、上海汽车集团股份有限公司技术中心、观致汽车有限公司、东风汽车集团股份有限公司技术中心、宁德时代新能源科技有限公司、北京交通大学、北京理工大学、上海恒动汽车电池有限公司、一汽-大众汽车有限公司、海特电子集团有限公司。

本部分主要起草人：吴志新、廉玉波、王芳、刘仕强、肖成伟、孟祥峰、胡道中、蔡毅、张建华、裴小娟、周能辉、阮旭松、张娜、陆珂伟、于洪涛、曾祥兵、邵浙海、江文峰、王红梅、夏阳、王震坡、姜久春、王伟、魏学哲、陈凡伟、王清、刘磊、任士界。

电动汽车用锂离子动力蓄电池包和系统 第3部分:安全性要求与测试方法

1 范围

GB/T 31467的本部分规定了电动汽车用锂离子动力蓄电池包和系统安全性的要求和测试方法。

本部分适用于装载在电动汽车上的锂离子动力蓄电池包和系统,镍氢动力蓄电池包和系统等可参照执行。

2 规范性引用文件

下列文件对于本文件的应用是必不可少的。凡是注日期的引用文件,仅注日期的版本适用于本文件。凡是不注日期的引用文件,其最新版本(包括所有的修改单)适用于本文件。

GB 4208 外壳防护等级(IP代码)

GB/T 18384.1 电动汽车 安全要求 第1部分:车载储能装置

GB/T 18384.3 电动汽车 安全要求 第3部分:人员触电防护

GB/T 19596 电动汽车术语

GB/T 28046.1—2011 道路车辆 电气及电子设备的环境条件和试验 第1部分:一般规定

GB/T 31467.1—2015 电动汽车用锂离子动力蓄电池包和系统 第1部分:高功率应用测试规程

GB/T 31467.2—2015 电动汽车用锂离子动力蓄电池包和系统 第2部分:高能量应用测试规程

3 术语和定义

GB/T 19596界定的以及下列术语和定义适用于本文件。

3.1

蓄电池电子部件 battery electronics

采集或者同时监测蓄电池单体或模块的电和热数据的电子装置,可以包括用于蓄电池单体均衡的电子部件。

注:蓄电池电子部件可以包括单体控制器。单体电池间的均衡可以由蓄电池电子部件控制,或者通过蓄电池控制单元控制。

3.2

蓄电池控制单元 battery control unit;BCU

控制、管理、检测或计算蓄电池系统的电和热相关的参数,并提供蓄电池系统和其他车辆控制器通讯的电子装置。

3.3

额定容量 rated capacity

在规定条件下测得的蓄电池包或系统的放电容量值。

3.4

蓄电池包 battery pack

通常包括蓄电池组、蓄电池管理模块(不包含BCU)、蓄电池箱以及相应附件,具有从外部获得电能并可对外输出电能的单元。

3.5

蓄电池系统 battery system

一个或一个以上蓄电池包及相应附件(管理系统、高压电路、低压电路、热管理设备以及机械总成等)构成的能量存储装置。

3.6

高压 high voltage

最大工作电压大于 30 V a.c.(rms)且小于或等于 1 000 V a.c.(rms),或大于 60 V d.c.且小于或等于 1 500 Vd.c.的电压。

3.7

低压 low voltage

最大工作电压不大于 30 V a.c.(rms),或不大于 60 V d.c.的电压。

4 符号和缩略语

下列符号和缩略语适用于本文件。

nC:电流倍率,等于 1 h 放电容量的 n 倍[单位为安(A)]

SOC:室温荷电状态(state of charge)

5 通用测试条件

5.1 一般条件

5.1.1 除非在某些具体测试项目中另有说明,测试工作在温度为 25 ℃±5 ℃,湿度为 15%~90%环境下进行。本标准所提到的室温,是指 25 ℃±2 ℃。

5.1.2 蓄电池包和系统应满足 GB/T 18384.1 和 GB/T 18384.3 的相关要求。

5.1.3 蓄电池包和系统交付时需要包括必要的操作文件,以及和测试设备相连所需的接口部件,如连接器,插头,包括冷却接口,蓄电池包和蓄电池系统的典型结构参见附录 A。制造商需要提供蓄电池包或系统的工作限值,以保证整个测试过程的安全。

5.1.4 蓄电池包和系统的防护等级应根据实际安装位置满足 GB 4208 的相关要求。

5.1.5 蓄电池包和系统在所有测试前进行绝缘电阻测试。测试位置为:正极与壳体,负极与壳体。要求绝缘电阻值不小于 100 Ω/V。

5.1.6 当测试的目标环境温度改变时,在进行测试前测试对象需要完成环境适应过程:在低温下静置不少于 24 h;在高温下静置不小于 16 h。

5.1.7 如果蓄电池包和系统由于某些原因(如尺寸或重量)不适合进行某些测试,那么供需双方协商一致后可以用蓄电池包和系统的子系统代替作为测试对象,进行全部或部分测试,但是作为测试对象的子系统应该包含和整车要求相关的所有部分。

5.1.8 调整 SOC 至试验目标值 n%的方法:按制造商提供的充电方式将蓄电池包和系统充满电,静置 1 h,以 1C 恒流放电(100−n)/100 h。每次 SOC 调整后,在新的测试开始前测试对象需要静置 30 min。

5.1.9 测试过程中,为了蓄电池包和系统的内部反应及温度的平衡,某些测试步骤之间需要静置一定的时间。

5.1.10 测试过程中的放电倍率大小按照本部分的规定执行,充电机制和放电截止条件由制造商提供。

5.1.11 蓄电池包和系统的额定容量对于测试过程具有重要影响。蓄电池包和系统实际可用容量(6.2)与额定容量之差的绝对值不得超过额定容量的5%。

5.1.12 除有特殊规定,测试对象均以制造商规定的满电态进行测试。

5.1.13 蓄电池包和系统需要进行的测试项目、测试方法章条号、测试条件等信息参见附录B。

5.1.14 蓄电池放电电流符号为正,充电电流符号为负。

5.2 准确度要求

5.2.1 测量仪器、仪表准确度的要求如下:

——电压测量装置:不低于0.5级;

——电流测量装置:不低于0.5级;

——温度测量装置:±0.5 ℃;

——时间测量装置:±0.1%;

——尺寸测量装置:±0.1%;

——质量测量装置:±0.1%。

5.2.2 测试过程中,控制值(实际值)和目标值之间的误差要求如下:

——电压:±1%;

——电流:±1%;

——温度:±2 ℃。

5.3 数据记录和记录间隔

除非在某些具体测试项目中另有说明,否则在预计的充电或放电时间的至少每1%间隔处记录测试数据,如时间、温度、电流和电压等。

5.4 试验准备

5.4.1 蓄电池包的准备

蓄电池包的高压、低压及冷却装置要和测试平台设备相连,开启蓄电池包的被动保护功能。根据蓄电池包制造商的要求和测试规程,测试平台检测和控制电池包的工作状态和工作参数,并保证主动保护开启,必要时可以通过断开蓄电池包的主接触器来实现。冷却装置根据制造商的要求工作。蓄电池包测试过程中,蓄电池包和测试平台之间没有信息交换,蓄电池包的参数限值由测试平台直接控制。测试平台检测蓄电池包的电流、电压、容量或能量等参数,并将这些数据作为检测结果和计算依据。

5.4.2 蓄电池系统的准备

蓄电池系统的高压、低压、冷却装置及BCU要和测试平台设备相连,开启蓄电池系统的主动和被动保护。测试平台保证测试参数和条件与测试规程的要求一致,并保证蓄电池系统工作在合理的限值之内,这些限值由BCU通过总线传输至测试平台。BCU控制冷却装置的工作。必要时BCU的程序可以由蓄电池系统制造商根据测试规程进行更改。主动保护同时也需要由平台测试设备保证,必要时可以通过断开蓄电池系统的主接触器实现。蓄电池系统测试过程中,蓄电池系统通过总线和测试平台通讯,将蓄电池状态参数和工作限值实时传输给测试平台,再由测试平台根据电池状态和工作限值控制测试过程。测试平台检测蓄电池系统的电流、电压、容量或能量等参数,并将这些数据作为检测结果和计算依据。蓄电池系统上传的参数不作为检测结果或测试依据。

6 通用测试

6.1 状态参数测量准确度

6.1.1 正式测试开始前，应先进行蓄电池包和系统的电子部件或 BCU 的状态参数测量准确度试验，以确保测试时参数的准确性。

6.1.2 蓄电池包和系统的电子部件或 BCU 的状态参数测量准确度应满足表 1 的要求。

表 1 状态参数测量精度要求

参数	总电压值	温度值	单体(模块)电压值
精度要求	≤±2% FS	≤±2 ℃	≤±0.5% FS

6.2 预处理测试

6.2.1 正式测试开始前，蓄电池包和系统需要先进行预处理循环，以确保测试时蓄电池包和系统的性能处于激活和稳定的状态。

6.2.2 预处理循环在室温下进行，具体步骤依据 GB/T 31467.1—2015 或 GB/T 31467.2—2015 中 6.1 进行。如果连续两次的放电容量的差别小于额定容量的 3%，则蓄电池包和系统完成预处理测试。如果标准循环和一个新的测试项目之间时间间隔大于 24 h，则需要重新进行一次标准充电。

7 安全性测试

7.1 振动

7.1.1 蓄电池包或系统的振动试验

7.1.1.1 参考测试对象车辆安装位置和 GB/T 2423.43 的要求，将测试对象安装在振动台上。振动测试在三个方向上进行，测试从 z 轴开始，然后是 y 轴，最后是 x 轴。测试过程参照 GB/T 2423.56。

7.1.1.2 对于安装位置在车辆乘员仓下部的测试对象，测试参数按照表 2、表 4、表 5 和图 1 进行；对于安装在其他位置的测试对象，测试参数按照表 2、表 3、表 5 和图 1 进行。

表 2 z 轴 PSD 值

频率 Hz	功率谱密度(PSD) g^2/Hz	功率谱密度(PSD) $(m/s^2)^2$/Hz
5	0.05	4.81
10	0.06	5.77
20	0.06	5.77
200	0.000 8	0.08
RMS	1.44 g	14.13 m/s^2

表 3　*y* 轴 PSD 值

频率 Hz	功率谱密度(PSD) g^2/Hz	功率谱密度(PSD) $(m/s^2)^2$/Hz
5	0.04	3.85
20	0.04	3.85
200	0.000 8	0.08
RMS	1.23 *g*	12.07 m/s^2

表 4　*y* 轴 PSD 值(蓄电池包或系统的安装在车辆成员仓下部)

频率 Hz	功率谱密度(PSD) g^2/Hz	功率谱密度(PSD) $(m/s^2)^2$/Hz
5	0.01	0.96
10	0.015	1.44
20	0.015	1.44
50	0.01	0.96
200	0.000 4	0.04
RMS	0.95 *g*	9.32 m/s^2

表 5　*x* 轴 PSD 值

频率 Hz	功率谱密度(PSD) g^2/Hz	功率谱密度(PSD) $(m/s^2)^2$/Hz
5	0.012 5	1.20
10	0.03	2.89
20	0.03	2.89
200	0.000 25	0.02
RMS	0.96 *g*	9.42 m/s^2

7.1.1.3　每个方向的测试时间是 21 h，如果测试对象是两个，则可以减少到 15 h，如果测试对象是三个，则可以减少到 12 h。

7.1.1.4　试验过程中，监控测试对象内部最小监控单元的状态，如电压和温度等。

7.1.1.5　振动测试后，观察 2 h。

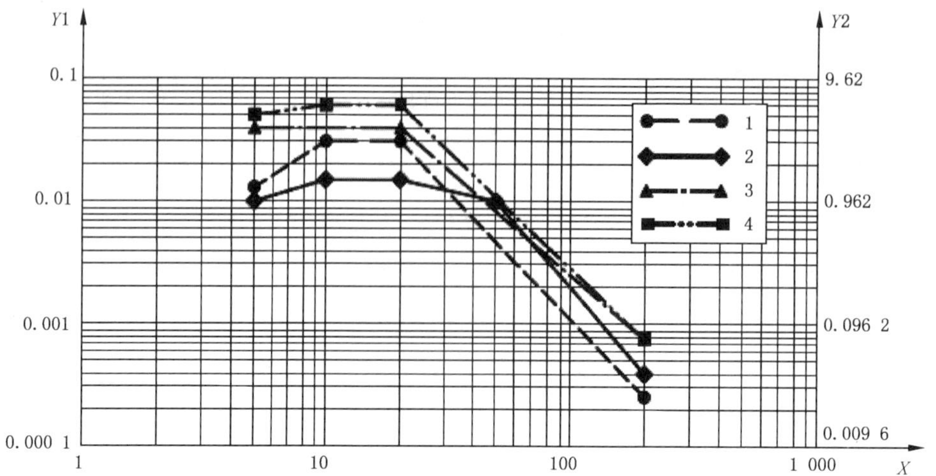

说明：

X ——频率(Hz)；

Y1 ——功率谱密度(g^2/Hz)；

Y2 ——功率谱密度(PSD)[$(m/s^2)^2$/Hz]；

1——水平纵向 PSD *X*；

2——水平横向 PSD *Y*；

3——水平横向 PSD *Y*；

4——纵向 PSD *Z*。

图 1 蓄电池包或系统的振动测试功率谱密度曲线

7.1.2 蓄电池包或系统的电子装置的振动试验

7.1.2.1 对于安装在车辆悬架之上部位(车身)的测试对象，按照图 2 和表 6 进行随机振动试验；对于其他安装位置的测试对象，参照 GB/T 28046.3 的相关试验进行测试。

7.1.2.2 参照 GB/T 2423.56 执行随机振动。测试对象的每个平面都进行 8 h 的振动测试。

7.1.2.3 振动过程中测试对象按照 GB/T 28046.1—2011 的要求，工作在 3.2 模式。

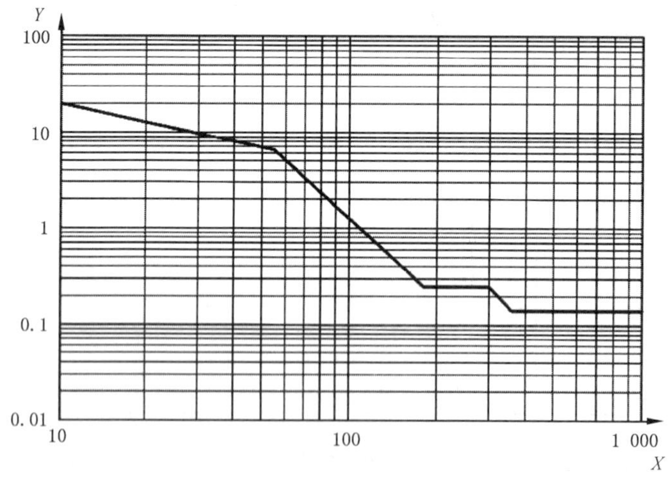

说明：

Y ——PSD[$(m/s^2)^2$/Hz]；

X ——频率(Hz)。

图 2 加速度 PSD 和频率对应关系

表 6 PSD 值和频率

频率 Hz	功率谱密度 $(m/s^2)^2/Hz$
10	20
55	6.5
180	0.25
300	0.25
360	0.14
1 000	0.14
RMS	27.8 m/s^2

7.1.3 要求

7.1.3.1 蓄电池包或系统:测试过程中,蓄电池包或系统的最小监控单元无电压锐变(电压差的绝对值不大于 0.15 V),蓄电池包或系统保持连接可靠、结构完好,蓄电池包或系统无泄漏、外壳破裂、着火或爆炸等现象。试验后的绝缘电阻值不小于 100 Ω/V。

7.1.3.2 蓄电池包或系统的电子装置:试验过程中,连接可靠,结构完好,无装机松动,且试验后状态参数测量精度满足表 1 的要求。

7.2 机械冲击

7.2.1 测试对象为蓄电池包或系统。

7.2.2 对测试对象施加 25 g、15 ms 的半正弦冲击波形,z 轴方向冲击 3 次,观察 2 h。

7.2.3 要求:蓄电池包或系统无泄漏、外壳破裂、着火或爆炸等现象。试验后的绝缘电阻值不小于 100 Ω/V。

7.3 跌落

7.3.1 测试对象为蓄电池包或系统。

7.3.2 测试对象以实际维修或者安装过程中最可能跌落的方向,若无法确定最可能跌落的方向,则沿 z 轴方向,从 1 m 的高度处自由跌落到水泥地面上,观察 2 h。

7.3.3 要求:蓄电池包或系统无电解液泄漏、着火或爆炸等现象。

7.4 翻转

7.4.1 测试对象为蓄电池包或系统。

7.4.2 测试对象绕 x 轴先以 6°/s 速度转动 360°,然后以 90°增量旋转,每隔 90°增量保持 1 h,旋转 360°停止。观察 2 h。

7.4.3 测试对象绕 y 轴先以 6°/s 速度转动 360°,然后以 90°增量旋转,每隔 90°增量保持 1 h,旋转 360°停止。观察 2 h。

7.4.4 要求:蓄电池包或系统无泄漏、外壳破裂、着火或爆炸等现象,并保持连接可靠、结构完好,试验后的绝缘电阻值不小于 100 Ω/V。

7.5 模拟碰撞

7.5.1 测试对象为蓄电池包或系统。

7.5.2 测试对象水平安装在带有支架的台车上，根据测试对象的使用环境给台车施加表 7 和图 3 中规定的脉冲（汽车行驶方向为 x 轴，另一垂直于行驶方向的水平方向为 y 轴）。观察 2 h。

表 7 模拟碰撞试验脉冲参数表

	脉宽 ms	≤3.5 t		3.5 t～7.5 t		≥7.5 t	
		x 方向加速度	y 方向加速度	x 方向加速度	y 方向加速度	x 方向加速度	y 方向加速度
A	20	0 g	0 g	0 g	0 g	0 g	0 g
B	50	20 g	8 g	10 g	5 g	6.6 g	5 g
C	65	20 g	8 g	10 g	5 g	6.6 g	5 g
D	100	0 g	0 g	0 g	0 g	0 g	0 g
E	0	10 g	4.5 g	5 g	2.5 g	4 g	2.5 g
F	50	28 g	15 g	17 g	10 g	12 g	10 g
G	80	28 g	15 g	17 g	10 g	12 g	10 g
H	120	0 g	0 g	0 g	0 g	0 g	0 g

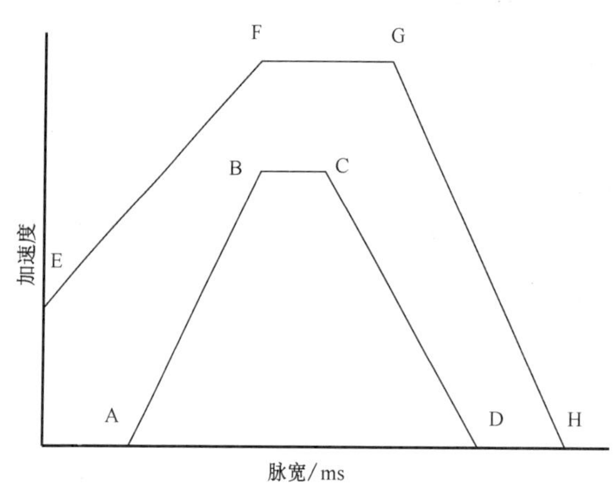

图 3 加速度脉冲示意图

7.5.3 要求：蓄电池包或系统无泄漏、外壳破裂、着火或爆炸等现象。试验后的绝缘电阻值不小于100 Ω/V。

7.6 挤压

7.6.1 测试对象为蓄电池包或系统。

7.6.2 按下列条件进行加压：

——挤压板形式：半径 75 mm 的半圆柱体，半圆柱体的长度大于测试对象的高度，但不超过 1 m。

——挤压方向：x 和 y 方向（汽车行驶方向为 x 轴，另一垂直于行驶方向的水平方向为 y 轴）。

——挤压程度：挤压力达到 200 kN 或挤压变形量达到挤压方向的整体尺寸的 30%时停止挤压。

——保持 10 min。

——观察 1 h。

7.6.3 要求：蓄电池包或系统无着火、爆炸等现象。

7.7 温度冲击

7.7.1 测试对象为蓄电池包或系统。

7.7.2 测试对象置于(−40±2)℃～(85±2)℃的交变温度环境中，两种极端温度的转换时间在30 min以内。测试对象在每个极端温度环境中保持8 h，循环5次。在室温下观察2 h。

7.7.3 要求：蓄电池包或系统无泄漏、外壳破裂、着火或爆炸等现象。试验后的绝缘电阻值不小于100 Ω/V。

7.8 湿热循环

7.8.1 测试对象为蓄电池包或系统。

7.8.2 参考GB/T 2423.4执行试验Db，变量见图4。其中最高温度是+80 ℃，循环次数5次。在室温下观察2 h。

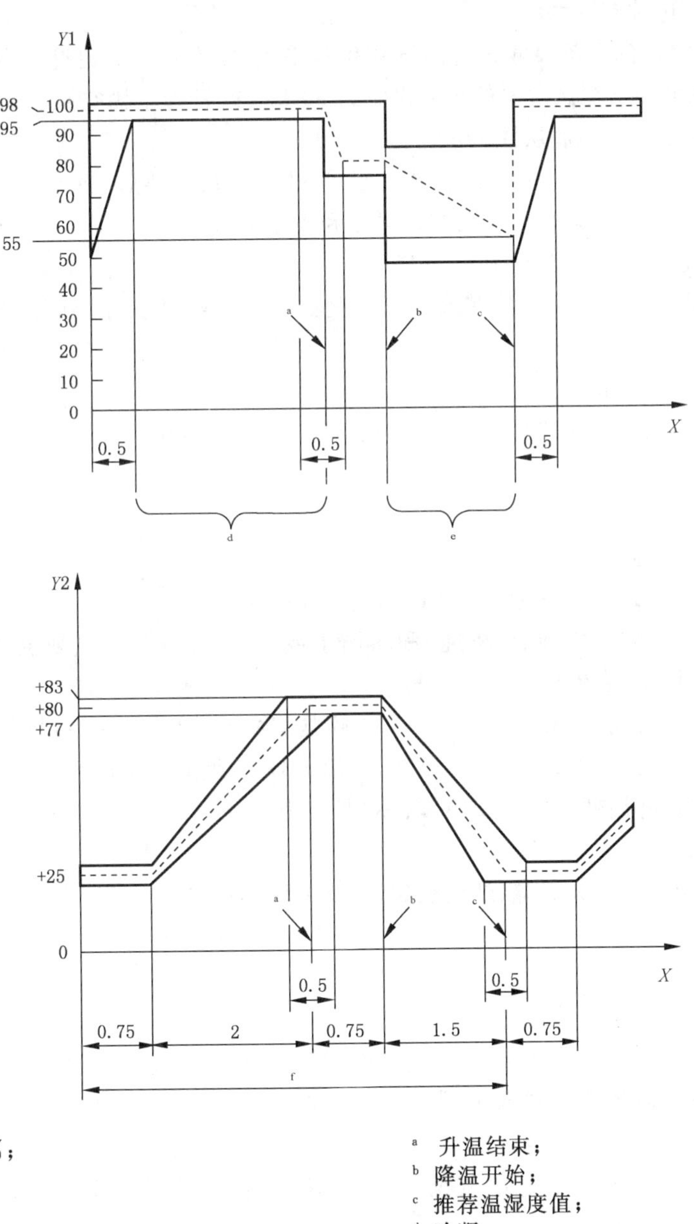

说明：

Y1——相对湿度，%；

Y2——温度，℃；

X——时间，h；

[a] 升温结束；

[b] 降温开始；

[c] 推荐温湿度值；

[d] 冷凝；

[e] 干燥；

[f] 一个循环周期。

图4 温湿度循环

7.8.3 要求:蓄电池包或系统无泄漏、外壳破裂、着火或爆炸等现象。试验后 30 min 之内的绝缘电阻值不小于 100 Ω/V。

7.9 海水浸泡

7.9.1 测试对象为蓄电池包或系统。

7.9.2 室温下,测试对象以实车装配状态与整车线束相连,然后以实车装配方向置于 3.5%NaCl 溶液(质量分数,模拟常温下的海水成分)中 2 h。水深要足以淹没测试对象。观察 2 h。

7.9.3 要求:蓄电池包或系统无着火或爆炸等现象。

7.10 外部火烧

7.10.1 测试对象为蓄电池包或系统。

7.10.2 测试中,盛放汽油的平盘尺寸超过测试对象水平尺寸 20 cm,不超过 50 cm。平盘高度不高于汽油表面 8 cm。汽油液面与测试对象的距离设定为 50 cm,或者为车辆空载状态下测试对象底面的离地高度,或者由双方商定。平盘底层注入水。

7.10.3 在离被测设备至少 3 m 远的地方点燃汽油,经过 60 s 的预热后,将油盘置于被测设备下方。如果油盘尺寸太大,无法移动,可以采用移动被测样品和支架的方式。

7.10.4 测试对象直接暴露在火焰下 70 s。

7.10.5 将盖板盖在油盘上。测试对象在该状态下测试 60 s。或经双方协商同意,继续直接暴露在火焰中 60 s。

7.10.6 将油盘移走,观察 2 h。

7.10.7 要求:蓄电池包或系统无爆炸现象,若有火苗,应在火源移开后 2 min 内熄灭。

7.11 盐雾

7.11.1 测试对象为蓄电池包或系统。

7.11.2 参照 GB/T 2423.18 严酷等级(5)进行四个试验循环。

7.11.3 盐溶液采用氯化钠(化学纯、分析纯)和蒸馏水或去离子水配置,其浓度为(5±0.1)%(质量分数)。(20±2)℃下测量 pH 值在 6.5～7.2 之间。

7.11.4 将测试对象放入盐雾箱,在 15 ℃～35 ℃下喷盐雾 2 h。喷雾结束后,将测试对象转移到湿热箱中贮存 20 h～22 h,温度为(40±2)℃,相对湿度为(93±3)%,组成一个循环。将这一循环再重复三次,然后在试验标准大气条件[温度为(23±2)℃,相对湿度为 45%～55%]下贮存 3 d,组成一个周期。重复进行 4 个周期测试。

7.11.5 要求:蓄电池包或系统无泄漏、外壳破裂、着火或爆炸现象。

7.12 高海拔

7.12.1 测试对象为蓄电池包或系统。

7.12.2 测试环境:海拔高度为 4 000 m 或等同高度的气压条件,温度为室温。

7.12.3 在 7.12.2 的测试环境下搁置 5 h,对测试对象进行 1C(不超过 400 A)恒流放电至放电截止条件。观察 2 h。

7.12.4 要求:蓄电池包或系统无放电电流锐变、电压异常、泄漏、外壳破裂、着火或爆炸等现象。试验后的绝缘电阻值不小于 100 Ω/V。

7.13 过温保护

7.13.1 测试对象为蓄电池系统。

7.13.2 测试中测试对象中所有控制系统处于工作状态。

7.13.3 测试温度为测试对象最高工作温度，以测试对象允许的最大持续充放电电流进行充放电试验，直至电池管理系统起作用，或达到以下条件时停止试验：

a) 超过最高工作温度 10 ℃；

b) 在 1 h 内最高温度变化值小于 4 ℃；

c) 出现其他意外情况。

7.13.4 要求：电池管理系统起作用，蓄电池系统无喷气、外壳破裂、着火或爆炸等现象。试验后的绝缘电阻值不小于 100 Ω/V。

7.14 短路保护

7.14.1 测试对象为蓄电池系统。

7.14.2 测试中测试对象的所有控制系统应处于工作状态。

7.14.3 将测试对象的接线端短路 10 min。

7.14.4 短路电阻不大于 20 mΩ，由双方共同商定。观察 2 h。

7.14.5 要求：保护装置起作用，蓄电池系统无泄漏、外壳破裂、着火或爆炸等现象。试验后的绝缘电阻值不小于 100 Ω/V。

7.15 过充电保护

7.15.1 测试对象为蓄电池系统。

7.15.2 测试中测试对象中所有控制系统应处于工作状态。

7.15.3 充电电流倍率为 1C 或者由双方协商确定，充电至电池管理系统系统起作用，或达到以下条件时停止试验：

a) 测试对象的最高电压的 1.2 倍；

b) SOC=130%；

c) 超过厂家规定的最高温度 5 ℃；

d) 出现其他意外情况。

试验后，观察 2 h。

7.15.4 要求：电池管理系统起作用，蓄电池系统无外壳破裂，着火或爆炸等现象。试验后的绝缘电阻值不小于 100 Ω/V。

7.16 过放电保护

7.16.1 测试对象为蓄电池系统。

7.16.2 测试中测试对象中所有控制系统应处于工作状态。

7.16.3 标准放电至放电截止条件，继续以 1C(不超过 400 A)放电，直至电池管理系统起作用，或达到以下条件时停止试验：

a) 总电压低于额定电压的 25%；

b) 过放电时间超过 30 min；

c) 厂家规定的最高温度 5 ℃；

d) 出现其他意外情况 。

试验后，观察 2 h。

7.16.4 要求：电池管理系统起作用，蓄电池系统无外壳破裂、着火或爆炸等现象。试验后的绝缘电阻值不小于 100 Ω/V。

附 录 A
（资料性附录）
蓄电池包和蓄电池系统的典型结构

A.1 蓄电池包

蓄电池包是能量存储装置，包括单体或模块，通常还包括蓄电池电子部件、高压电路、过流保护装置及与其他外部系统的接口（如冷却、高压、辅助低压和通讯等）。对于高于 60 V d.c.的蓄电池包，宜包括手动切断功能。所有部件应该被安装在常用防撞蓄电池箱内。图 A.1 是一个蓄电池包的典型结构。

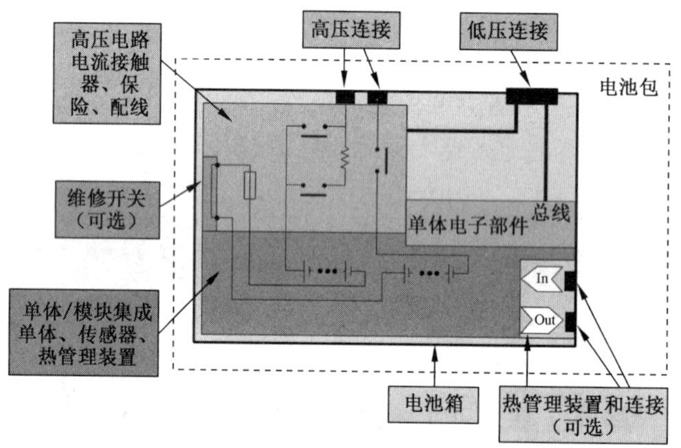

图 A.1 蓄电池包典型结构

A.2 蓄电池系统

蓄电池系统是能量存储装置，包括单体或模块或电池包，还包括电路和电控单元（如电池控制单元，电流接触器）。对于高于 60 V d.c.的蓄电池系统，应该包括手动切断功能。蓄电池系统的典型结构有两种，分别是集成了电池控制单元的蓄电池系统和带外置电池控制单元的蓄电池系统，分别如图 A.2 和图 A.3 所示。

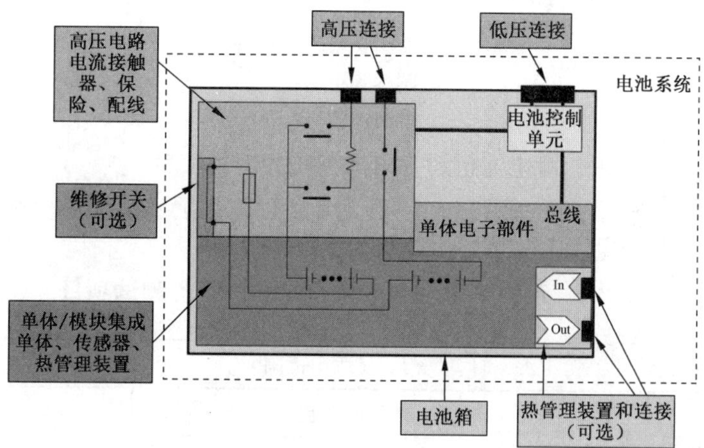

图 A.2 含集成蓄电池控制单元的蓄电池系统典型结构

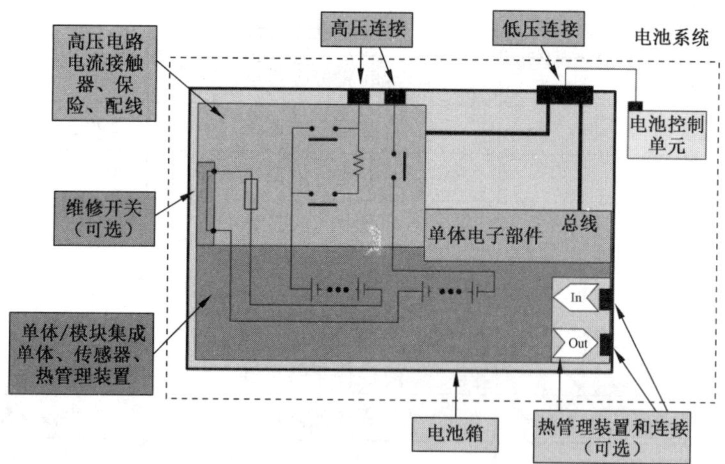

图 A.3 外置蓄电池控制单元的蓄电池系统典型结构

附 录 B
（资料性附录）
蓄电池包和蓄电池系统的测试项目

锂离子动力蓄电池包或系统需要进行的测试项目如表 B.1 所示。

表 B.1 动力蓄电池包或系统需要进行的测试项目

序号	测试项目	适用范围	试验方法章条号
1	振动试验	蓄电池包或系统	7.1.1
		蓄电池包或系统的电子装置	7.1.2
2	机械冲击	蓄电池包或系统	7.2
3	跌落	蓄电池包或系统	7.3
4	翻转	蓄电池包或系统	7.4
5	模拟碰撞	蓄电池包或系统	7.5
6	挤压	蓄电池包或系统	7.6
7	温度冲击	蓄电池包或系统	7.7
8	湿热循环	蓄电池包或系统	7.8
9	海水浸泡	蓄电池包或系统	7.9
10	外部火烧	蓄电池包或系统	7.10
11	盐雾	蓄电池包或系统	7.11
12	高海拔	蓄电池包或系统	7.12
13	过温保护	蓄电池系统	7.13
14	短路保护	蓄电池系统	7.14
15	过充电保护	蓄电池系统	7.15
16	过放电保护	蓄电池系统	7.16

GB/T 31467.3—2015《电动汽车用锂离子动力蓄电池包和系统 第3部分:安全性要求与测试方法》国家标准第1号修改单

本修改单经国家标准化管理委员会于2017年6月6日批准,自2017年7月1日起实施。

一、"7.1 振动"

删除原标准7.1.1至7.1.3的全部内容,替代为下面7.1.1至7.1.2的内容:

7.1.1 蓄电池包或系统的振动试验

参考测试对象车辆安装位置和GB/T 2423.43的要求,将测试对象安装在振动台上。蓄电池包或系统应进行15 min正弦波振动,振动频率从7 Hz增加至50 Hz再回至7 Hz。此循环应按照制造商规定的蓄电池包或系统安装位置的垂直方向在3 h中重复12次。

振动频率和加速度的关系见表2。

表2 频率和加速度

频率/Hz	加速度/(m/s^2)
7~18	10
18~30	10逐步降至2
30~50	2

应制造商要求,可使用更高的频率和加速度。

应制造商要求,制造商确定的振动试验方案经技术服务机构批准可以作为表2中频率-加速度的替代方案。这种情况下获得的蓄电池包或系统试验认证仅适用于特殊车型。

在振动后,蓄电池包或系统按照GB/T 31467.1—2015中6.2或GB/T 31467.2—2015中6.2规定的方法,运行1个标准循环,应制造商要求,可调整循环中的充、放电电流。

试验结束后应在试验的环境温度条件下观察1 h。

7.1.2 要求

7.1.2.1 测试过程中,蓄电池包或系统的最小监控单元无电压锐变(电压差的绝对值不大于0.15 V),蓄电池包或系统保持连接可靠、结构完好,蓄电池包或系统无泄漏、外壳破裂、着火或爆炸等现象。试验后的绝缘电阻值不小于100 Ω/V。

7.1.2.2 测试完成后,蓄电池包应能不间断完成一个GB/T 31467.1—2015中6.2或GB/T 31467.2—2015中6.2规定的标准循环。

7.1.2.3 试验结束后在试验的环境温度条件下观察1 h,蓄电池包或系统的最小监控单元无电压锐变(电压差的绝对值不大于0.15 V),蓄电池包或系统保持连接可靠、结构完好,蓄电池包或系统无泄漏、外壳破裂、着火或爆炸等现象。试验后的绝缘电阻值不小于100 Ω/V。

二、"7.6 挤压"

"……挤压力达到200 kN……"修改为"……挤压力达到100 kN……"。

三、后续表格和图片序号变更

7.5.2

“……给台车施加表7和图3中规定的……”修改为“……给台车施加表3和图1中规定的……”。

“表7 模拟碰撞试验脉冲参数表”修改为“表3 模拟碰撞试验脉冲参数表”。

“图3 加速度脉冲示意图”修改为“图1 加速度脉冲示意图”。

7.8.2

“变量见图4”修改为“变量见图2”。

“图4 温湿度循环”修改为“图2 温湿度循环”。

ICS 43.120
T 47

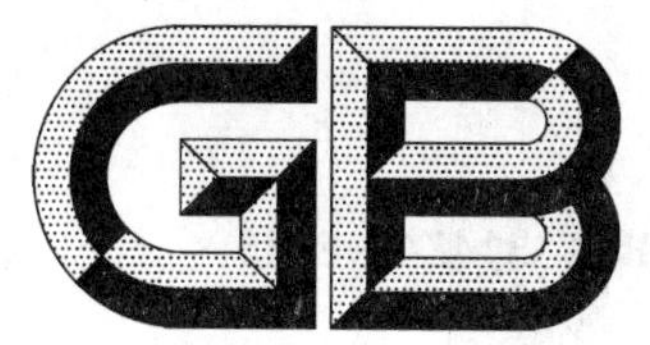

中华人民共和国国家标准

GB/T 31484—2015

电动汽车用动力蓄电池循环寿命要求及试验方法

Cycle life requirements and test methods for traction battery of electric vehicle

2015-05-15 发布 2015-05-15 实施

中华人民共和国国家质量监督检验检疫总局
中国国家标准化管理委员会 发布

前 言

本标准按照 GB/T 1.1—2009 给出的规则起草。

本标准由中华人民共和国工业和信息化部提出。

本标准由全国汽车标准化技术委员会(SAC/TC 114)归口。

本标准起草单位:中国电子科技集团公司第十八研究所、中国汽车技术研究中心、天津力神电池股份有限公司、奇瑞新能源汽车技术有限公司、上海汽车集团股份有限公司技术中心、中国第一汽车股份有限公司、北京交通大学、普天新能源有限责任公司、上海机动车检测中心、重庆长安新能源汽车有限公司、观致汽车有限公司、中国汽车工程研究院有限公司、北京理工大学、海特电子集团有限公司、天津清源电动车辆有限责任公司、上海卡耐能源有限公司、东风汽车有限公司东风日产乘用车公司、上海大众汽车有限公司、广汽本田汽车有限公司、江苏春兰清洁能源研究院有限公司、广东邦普循环科技股份有限公司、福建星云电子股份有限公司、湖南科霸汽车动力电池有限责任公司。

本标准主要起草人:肖成伟、王芳、刘仕强、孟祥峰、张娜、陆珂伟、曾祥兵、裴小娟、王震坡、姜久春、王蓓、张彩萍、邵浙海、朱顺良、袁昌荣、刘鹏、王红梅、张永生、杨桃、刘震、俞建军、王清、彭汉瑞、和祥运、王海兰、李长东、匡德志、张敬捧、李庆。

电动汽车用动力蓄电池循环寿命要求及试验方法

1 范围

本标准规定了电动汽车用动力蓄电池的标准循环寿命的要求、试验方法、检验规则和工况循环寿命的试验方法和检验规则。

本标准适用于装载在电动汽车上的动力蓄电池(以下简称蓄电池)。

2 规范性引用文件

下列文件对于本文件的应用是必不可少的。凡是注日期的引用文件,仅注日期的版本适用于本文件。凡是不注日期的引用文件,其最新版本(包括所有的修改单)适用于本文件。

GB/T 2900.41 电工术语 原电池和蓄电池

GB/T 19596 电动汽车术语

3 术语和定义

GB/T 2900.41、GB/T 19596 中界定的以及下列术语和定义适用于本文件。

3.1

单体蓄电池 secondary cell

直接将化学能转化为电能的基本单元装置,包括电极、隔膜、电解质、外壳和端子,并被设计成可充电。

3.2

蓄电池模块 battery module

将一个以上单体蓄电池按照串联、并联或串并联方式组合,且只有一对正负极输出端子,并作为电源使用的组合体。

3.3

蓄电池包 battery pack

通常包括蓄电池模块、蓄电池管理模块(不包含 BCU)、蓄电池箱以及相应附件,具有从外部获得电能并可对外输出电能的单元。

3.4

蓄电池系统 battery system

一个或一个以上蓄电池包及相应附件(管理系统、高压电路、低压电路、热管理设备以及机械总成等)构成的能量存储装置。

3.5

额定容量 rated capacity

室温下完全充电的蓄电池以 $1I_1$(A)电流放电,达到终止电压时所放出的容量(Ah)。

3.6

额定能量 rated energy

室温下完全充电的蓄电池以 $1I_1$(A)电流放电,达到终止电压时所放出的能量(Wh)。

3.7

初始容量　initial capacity

新出厂的动力蓄电池，在室温下，完全充电后，以 $1I_1$(A)电流放电至企业规定的放电终止条件时所放出的容量(Ah)。

3.8

初始能量　initial energy

新出厂的动力蓄电池，在室温下，完全充电后，以 $1I_1$(A)电流放电至企业规定的放电终止条件时所放出的能量(Wh)。

3.9

室温荷电状态　state of charge;SOC

当前可用容量占初始容量的百分比。

4 符号

下列符号适用于本文件。

C_1:1 小时率额定容量(Ah)。

I_1 :1 小时率放电电流，其数值等于 C_1(A)。

C_{n1}:1 小时率实际放电容量(Ah)。

I_{n1}:1 小时率实际放电电流，其数值等于 C_{n1}(A)。

5 要求

5.1 室温放电容量(初始容量)

5.1.1 蓄电池单体按照 6.2 试验时，其放电容量应不低于额定容量，并且不超过额定容量的 110%，同时所有测试样品初始容量极差不大于初始容量平均值的 5%。

5.1.2 蓄电池模块和系统按照 6.2 试验时，其放电容量应不低于额定容量，并且不超过额定容量的 110%，同时所有测试样品初始容量极差不大于初始容量平均值的 7%。

5.2 标准循环寿命

测试样品按照 6.4 进行标准循环寿命测试时，循环次数达到 500 次时放电容量应不低于初始容量的 90%，或者循环次数达到 1 000 次时放电容量应不低于初始容量的 80%。

5.3 工况循环寿命

5.3.1 混合动力乘用车用功率型蓄电池按照 6.5.1 进行工况循环测试时，总放电能量与电池初始能量的比值达 500 时，计量放电容量和 5 s 放电功率。

5.3.2 混合动力商用车用功率型蓄电池按照 6.5.2 进行工况循环测试时，总放电能量与电池初始能量的比值达 500 时，计量放电容量和 5 s 放电功率。

5.3.3 纯电动乘用车用能量型蓄电池按照 6.5.3 进行工况循环测试时，总放电能量与电池初始能量的比值达 500 时，计量放电容量。

5.3.4 纯电动商用车用能量型蓄电池按照 6.5.4 进行工况循环测试时，总放电能量与电池初始能量的比值达 500 时，计量放电容量。

5.3.5 插电式和增程式电动汽车用蓄电池参照 6.5.3 或 6.5.4 进行工况循环测试时，总放电能量与电池初始能量的比值达 500 时，计量放电容量。

6 试验方法

6.1 试验条件

6.1.1 一般条件

6.1.1.1 除另有规定外,试验应在温度为 25 ℃±5 ℃、相对湿度为 15%～90%,大气压力为 86 kPa～106 kPa 的环境中进行。本标准所提到的室温,是指 25 ℃±2 ℃。

6.1.1.2 测试样品交付时需要包括必要的操作文件,以及和测试设备相连所需的接口部件(如连接器,插头,包括冷却接口)。供应商需要提供蓄电池包或系统的工作限值,以保证整个测试过程的安全。

6.1.1.3 充电方法:室温下,按照企业规定的充电方法进行充电;

若企业未提供充电方法,则依据以下方法充电:

a) 对于锂离子蓄电池,以 I_1(A)电流恒流充电至企业规定的充电终止电压时转恒压充电,至充电终止电流降至 $0.05I_1$(A)时停止充电,充电后搁置 1 h(或企业规定的不高于 1 h 的搁置时间);

b) 对于金属氢化物镍蓄电池,以 $1I_1$(A)电流恒流充电 1 h,再以 $0.2I_1$ 充电 1 h,充电后静置 1 h(或企业规定的不大于 1 h 的静置时间)。

6.1.1.4 容量和能量测试方法:

a) 以 $1I_1$(A)放电至企业规定的放电终止条件;

b) 搁置不低于 30 min 或企业规定的搁置时间(不高于 60 min);

c) 按照 6.1.1.3 方法充电;

d) 搁置不低于 30 min 或企业规定的搁置时间(不高于 60 min);

e) 以 $1I_1$(A)放电至企业规定的放电终止条件;

f) 计算步骤 e)放电容量(以 Ah 计)和放电能量(以 Wh 计)。

6.1.1.5 调整 SOC 至试验目标值 n%的方法:

a) 按照 6.1.1.3 方法充电;

b) 搁置不低于 30 min 或企业规定的搁置时间(不高于 60 min);

c) 以 $1I_{n1}$(A)恒流放电$(100-n)/100$ h。

6.1.1.6 功率测试方法:

a) 按照 6.1.1.5 方法调整测试样品 SOC 至 50%;

b) 搁置 30 min;

c) 以企业规定的最大电流放电 5 s,试验后以 $1I_1$(A)放电至企业规定的放电终止条件;

d) 计算步骤 c)最后一个数据采集点的功率(W)。

6.1.1.7 本标准中室温容量和能量(6.2)和室温功率(6.3)测试适用于蓄电池单体、模块或系统,标准循环寿命(6.4)测试适用于蓄电池单体或模块,工况循环寿命(6.5)测试适用于蓄电池模块或系统。

6.1.1.8 蓄电池放电电流符号为正,充电电流符号为负。

6.1.2 测量仪器、仪表准确度的要求

测量仪器、仪表准确度应满足以下要求:

a) 电压测量装置:不低于 0.5 级;

b) 电流测量装置:不低于 0.5 级;

c) 温度测量装置:±0.5 ℃;

d) 时间测量装置:±0.1%;

e) 尺寸测量装置:±0.1%;

f) 质量测量装置:±0.1%。

6.2 室温容量和能量(初始容量和能量)

室温下,按照6.1.1.4方法测试容量和能量5次,当连续3次试验结果的极差小于额定容量的3%时,可提前结束试验,取最后3次试验结果平均值。

6.3 室温功率(初始功率)

室温下,按照6.1.1.6方法测试功率。

6.4 标准循环寿命

按照如下步骤测试标准循环寿命:

a) 以 $1I_1$(A)放电至企业规定的放电终止条件;

b) 搁置不低于30 min或企业规定的搁置条件;

c) 按照6.1.1.3方法充电;

d) 搁置不低于30 min或企业规定的搁置条件;

e) 以 $1I_1$(A)放电至企业规定的放电终止条件,记录放电容量;

f) 按照b)~e)连续循环500次,若放电容量高于初始容量的90%,则终止试验;若放电容量低于初始容量的90%,则继续循环500次;

g) 计量室温放电容量和放电能量。

6.5 工况循环寿命

6.5.1 混合动力乘用车用功率型蓄电池

该循环测试由两部分组成,一个是"主放电工况",其放电量略多于充电量,如图1和表1所示;另一个是"主充电工况",其充电量略多于放电量,如图2和表2所示。整个测试步骤如表3所示,由主充电工况和主放电工况组成的大循环SOC波动示意图如图3所示。

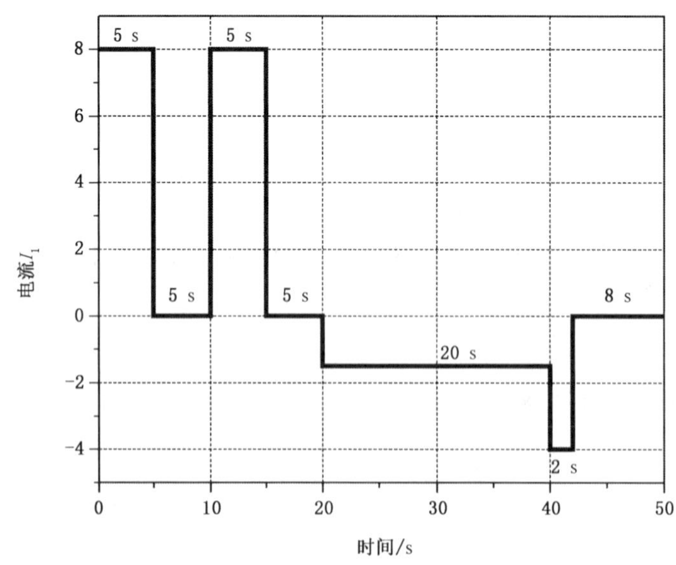

图1 混合动力乘用车用功率型蓄电池主放电工况

表 1 混合动力乘用车用功率型蓄电池主放电工况试验步骤

时间增量 s	累计时间 s	电流 A	ΔSOC %
5	5	$8I_1$	−1.111
5	10	0	−1.111
5	15	$8I_1$	−2.222
5	20	0	−2.222
20	40	$-1.5I_1$	−1.389
2	42	$-4I_1$	−1.167
8	50	0	−1.167

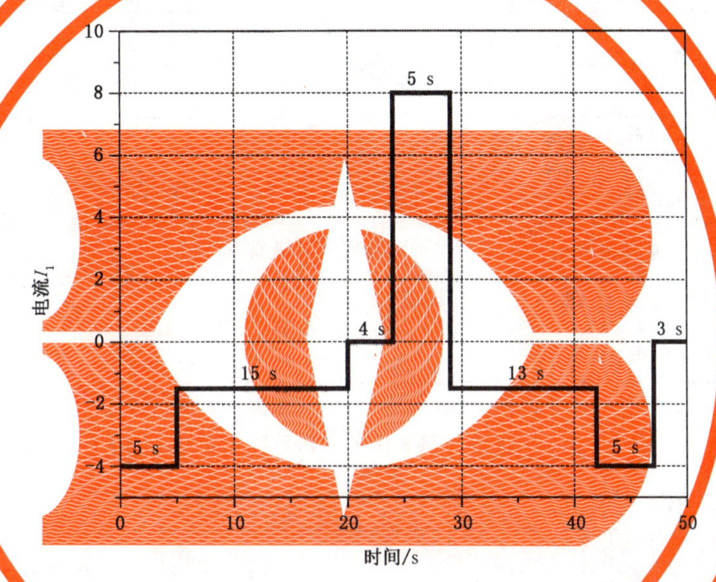

图 2 混合动力乘用车用功率型蓄电池主充电工况

表 2 混合动力乘用车用功率型蓄电池主充电工况试验步骤

时间增量 s	累计时间 s	电流 A	ΔSOC %
5	5	$-4I_1$	0.556
15	20	$-1.5I_1$	1.181
4	24	0	1.181
5	29	$8I_1$	0.069
13	42	$-1.5I_1$	0.611
5	47	$-4I_1$	1.167
3	50	0	1.167

表 3 混合动力乘用车用功率型蓄电池工况循环寿命测试步骤

步骤	试验内容
1	按照 6.1.1.5 方法调整 SOC 至 80%或者企业规定的最高 SOC
2	搁置 30 min
3	运行"主放电工况"直到： ——30%SOC 或者企业规定的最低 SOC，或 ——企业规定的放电终止条件
4	运行"主充电工况"直到： ——80%SOC 或者企业规定的最高 SOC，或 ——企业规定的充电终止条件
5	重复步骤 3～4 共 x h(x 约为 22 且循环次数为如图 3 所示大循环的整数倍)
6	搁置 2 h
7	重复步骤 1～6 共 6 次
8	按照 6.1.1.4 方法测试容量和能量
9	按照 6.1.1.6 方法测试功率
10	重复步骤 1～9，直至总放电能量与蓄电池初始能量的比值达 500
11	按照 6.1.1.4 方法测试容量
12	按照 6.1.1.6 方法测试功率

注：如果步骤 8 中测试的放电容量低于初始容量的 90%，或步骤 9 中测试的放电功率低于初始功率的 85%，允许维护一次(不更换电池)，然后再重复步骤 8 和 9，如仍不满足条件，则提前终止试验。

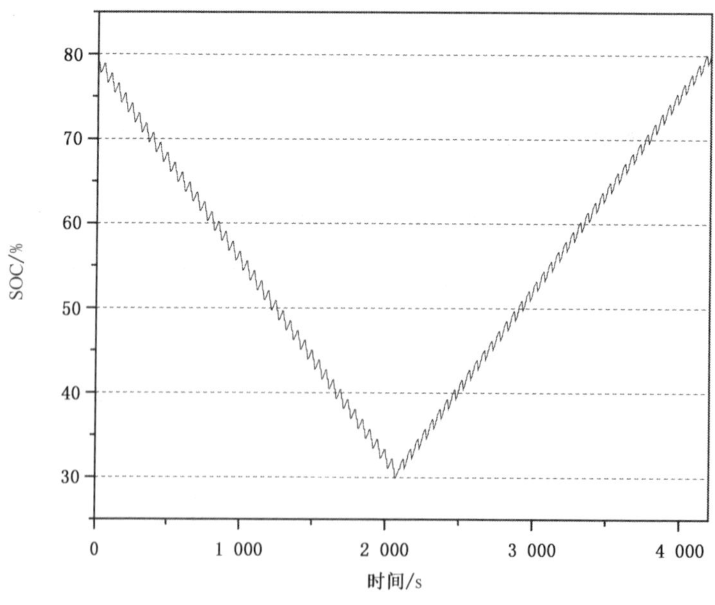

图 3 混合动力乘用车用功率型蓄电池大循环 SOC 波动示意图

6.5.2 混合动力商用车用功率型蓄电池

该循环测试由两部分组成，一个是“主放电工况”，其放电量略多于充电量，如图 4 和表 4 所示；另一个是“主充电工况”，其充电量略多于放电量，如图 5 和表 5 所示。整个测试步骤如表 6 所示，由主充电工况和主放电工况组成的大循环 SOC 波动示意图如图 6 所示。

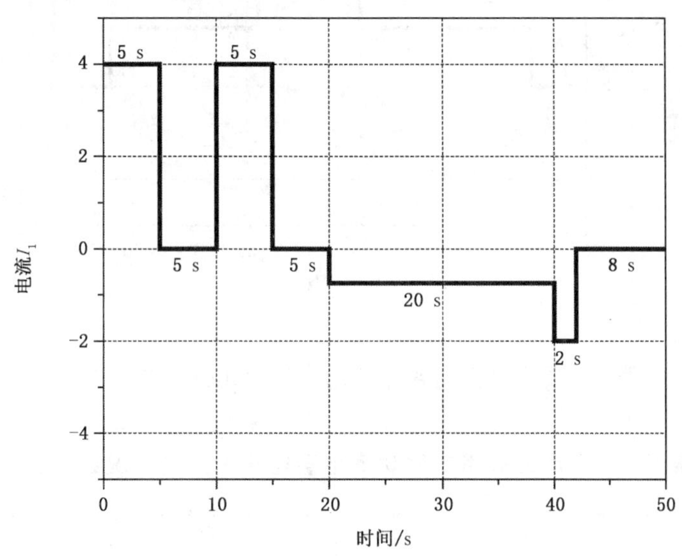

图 4　混合动力商用车用功率型蓄电池主放电工况

表 4　混合动力商用车用功率型蓄电池主放电工况试验步骤

时间增量 s	累计时间 s	电流 A	ΔSOC %
5	5	$4I_1$	−0.556
5	10	0	−0.556
5	15	$4I_1$	−1.111
5	20	0	−1.111
20	42	$-0.75I_1$	−0.694
2	44	$-2I_1$	−0.583
8	50	0	−0.583

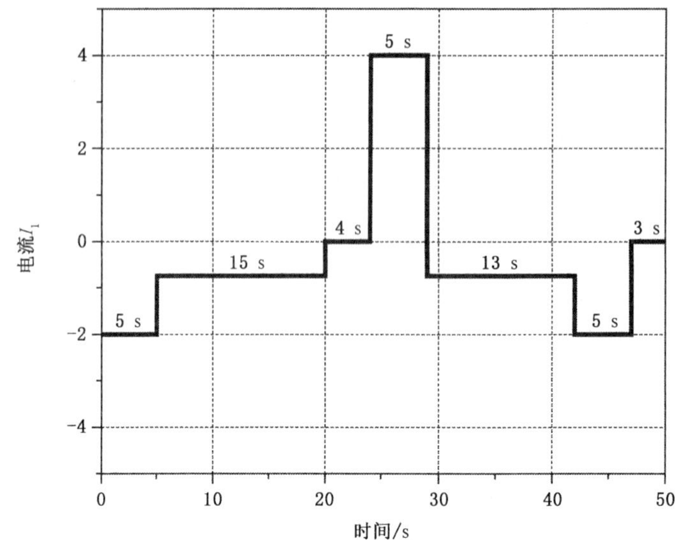

图 5　混合动力商用车用功率型蓄电池主充电工况

表 5　混合动力商用车用功率型蓄电池主充电工况试验步骤

时间增量 s	累计时间 s	电流 A	ΔSOC %
5	5	$-2I_1$	0.278
15	20	$-0.75I_1$	0.590
4	24	0	0.590
5	29	$4I_1$	0.035
13	42	$-0.75I_1$	0.306
5	47	$-2I_1$	0.583
3	50	0	0.583

表 6　混合动力商用车用功率型蓄电池工况循环寿命测试步骤

步骤	试验内容
1	按照 6.1.1.5 方法调整 SOC 至 80%或者企业规定的最高 SOC
2	搁置 30 min
3	运行“主放电工况”直到： ——30%SOC 或者企业规定的最低 SOC，或 ——企业规定的放电终止条件
4	运行“主充电工况”直到： ——80%SOC 或者企业规定的最高 SOC，或 ——企业规定的充电终止条件
5	重复步骤 3～4 共 x h(x 约为 22 且循环次数为如图 6 所示大循环的整数倍)
6	搁置 2 h
7	重复步骤 1～6 共 6 次
8	按照 6.1.1.4 方法测试容量和能量

表 6（续）

步骤	试验内容
9	按照 6.1.1.6 方法测试功率
10	重复步骤 1～9，直至总放电能量与蓄电池初始能量的比值达 500
11	按照 6.1.1.4 方法测试容量
12	按照 6.1.1.6 方法测试功率
注：如果步骤 8 中测试的放电容量低于初始容量的 90%，或步骤 9 中测试的放电功率低于初始功率的 85%，允许维护一次（不更换电池），然后再重复步骤 8 和 9，如仍不满足条件，则提前终止试验。	

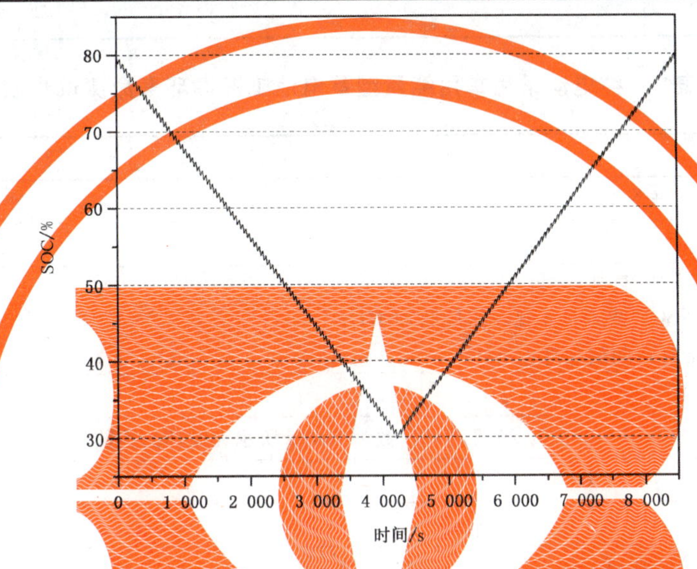

图 6　混合动力商用车用功率型蓄电池大循环 SOC 波动示意图

6.5.3　纯电动乘用车用能量型蓄电池

该循环测试由两部分组成，充电部分按照 6.1.1.3 进行，放电部分按照图 7 和表 7 所示的“主放电工况”进行，整个测试步骤如表 8 所示，由主放电工况组成的 SOC 波动示意图如图 8 所示。

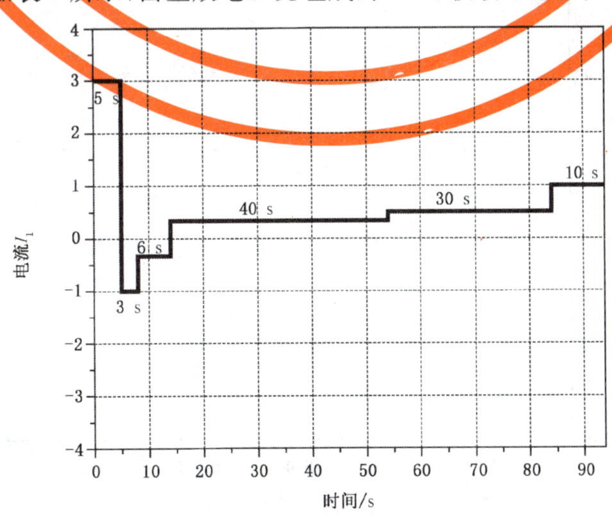

图 7　纯电动乘用车用能量型蓄电池主放电工况

表 7　纯电动乘用车用能量型蓄电池主放电工况试验步骤

时间增量 s	累计时间 s	电流 A	ΔSOC %
5	5	$3I_1$	−0.417
3	8	$-1I_1$	−0.333
6	14	$-1/3I_1$	−0.278
40	54	$1/3I_1$	−0.648
30	84	$1/2I_1$	−1.065
10	94	$1I_1$	−1.343

表 8　纯电动乘用车用能量型蓄电池工况循环寿命测试步骤

步骤	试验内容
1	按照 6.1.1.3 方法充电
2	搁置 30 min
3	运行“主放电工况”直到： ——20%SOC 或者企业规定的最低 SOC，或 ——企业规定的放电终止条件
4	搁置 30 min
5	重复步骤 1～4 共 x h（x 约为 20 且循环次数为如图 8 所示大循环的整数倍）
6	搁置 2 h
7	重复步骤 1～7 共 6 次
8	按照 6.1.1.5 方法测试容量和能量
9	重复步骤 1～9，直至总放电能量与电池初始能量的比值达 500
10	按照 6.1.1.5 方法测试容量和能量
注：如果步骤 8 中测试的放电容量低于初始容量的 90%，允许维护一次（不更换电池），然后再重复步骤 8，如仍不满足条件，则提前终止试验。	

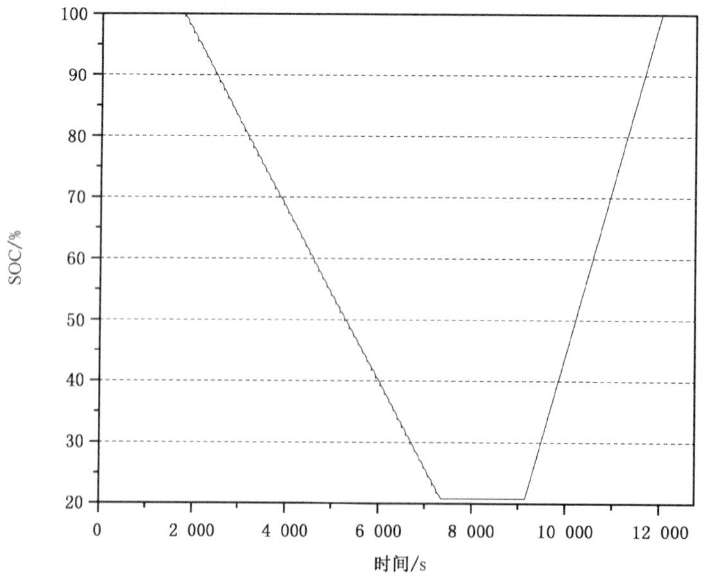

图 8　纯电动乘用车用能量型蓄电池大循环 SOC 波动示意图

6.5.4 纯电动商用车用能量型蓄电池

该循环测试由两部分组成，充电部分按照 6.1.1.3 进行，放电部分按照图 9 和表 9 所示的“主放电工况”进行，整个测试步骤如表 10 所示。由主放电工况组成的 SOC 波动示意图如图 10 所示。

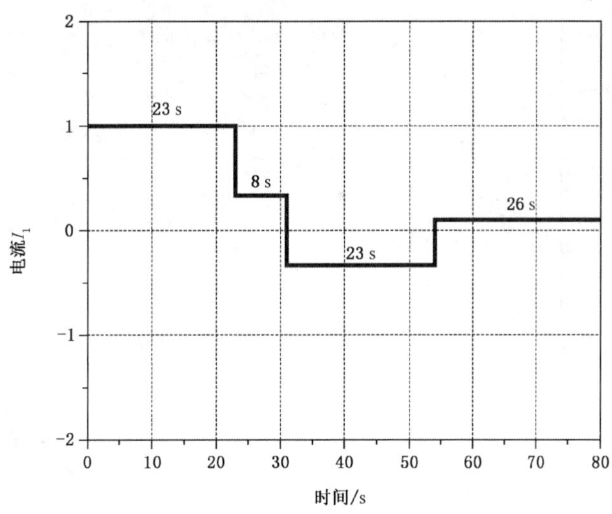

图 9 纯电动商用车用能量型蓄电池主放电工况

表 9 纯电动商用车用能量型蓄电池主放电工况试验步骤

时间增量 s	累计时间 s	电流 A	ΔSOC %
23	23	$-1I_1$	−0.639
8	31	$-1/3I_1$	−0.713
23	54	$1/3I_1$	−0.500
26	80	$-0.1I_1$	−0.572

表 10 纯电动商用车用能量型蓄电池工况循环寿命测试步骤

步骤	试验内容
1	按照 6.1.1.3 方法充电
2	搁置 30 min
3	运行“主放电工况”直到： ——20%SOC 或者企业规定的最低 SOC，或 ——企业规定的放电终止条件
4	搁置 30 min
5	重复步骤 1～4 共 x h(x 约为 20 且循环次数为如图 10 所示大循环的整数倍)
6	搁置 2 h
7	重复步骤 1～7 共 6 次
8	按照 6.1.1.4 方法测试容量和能量
9	重复步骤 1～9，直至总放电能量与电池初始能量的比值达 500
10	按照 6.1.1.4 方法测试容量
注：如果步骤 8 中测试的放电容量低于初始容量的 90%，允许维护一次(不更换电池)，然后再重复步骤 8，如仍不满足条件，则提前终止试验。	

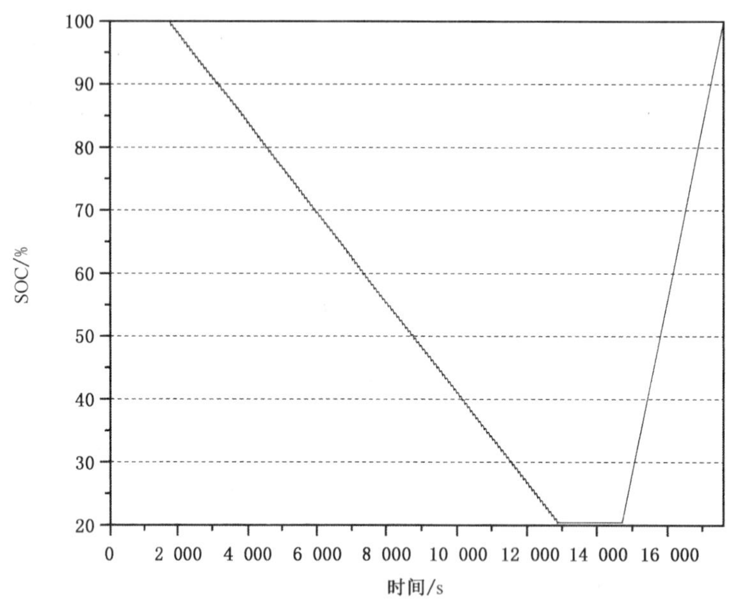

图 10　纯电动商用车用能量型蓄电池大循环 SOC 波动示意图

7　检验规则

7.1　检验项目、要求和样品数量

检验项目、要求(章条号)、试验方法(章条号)、样品数量见表 11。

表 11　检验规则

序号	检验项目	测试样品	要求(章条号)	试验方法(章条号)	样品数量
1	室温容量和能量	单体、模块或系统	5.1	6.2	单体 2 个,模块或系统 1 个
2	室温功率	单体、模块或系统	—	6.3	
3	标准循环寿命	单体或模块	5.2	6.4	单体 2 个,或模块 1 个
4	混合动力乘用车用功率型蓄电池工况循环寿命	模块或系统	5.3.1	6.5.1	模块或系统 1 个
5	混合动力商用车用功率型蓄电池工况循环寿命		5.3.2	6.5.2	
6	纯电动乘用车用能量型蓄电池工况循环寿命		5.3.3	6.5.3	
7	纯电动商用车用能量型蓄电池工况循环寿命		5.3.4	6.5.4	
8	插电式和增程式电动汽车用蓄电池工况循环寿命		5.3.3 或 5.3.4	6.5.3 或 6.5.4	

7.2 型式检验

7.2.1 有下列情况之一应进行型式检验：

——新产品投产和老产品转产；

——转厂；

——停产超过一年后复产；

——结构、工艺或材料有重大改变。

7.2.2 判定规则：

在型式检验中，若有一项不合格时，应判定为不合格。

ICS 43.120
T 47

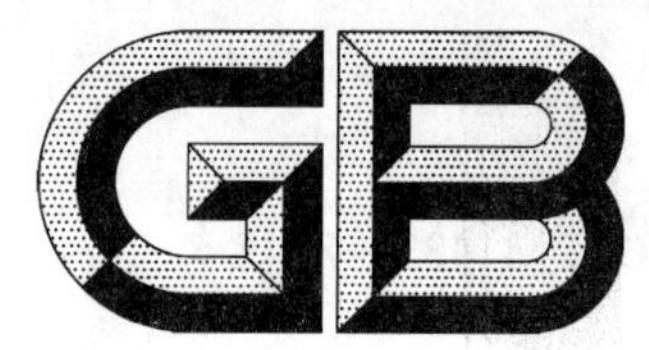

中华人民共和国国家标准

GB/T 31485—2015

电动汽车用动力蓄电池安全要求及试验方法

Safety requirements and test methods for traction battery of electric vehicle

2015-05-15 发布 2015-05-15 实施

中华人民共和国国家质量监督检验检疫总局
中国国家标准化管理委员会 发布

前　言

本标准按照 GB/T 1.1—2009 给出的规则起草。

本标准由中华人民共和国工业和信息化部提出。

本标准由全国汽车标准化技术委员会(SAC/TC 114)归口。

本标准起草单位:中国汽车技术研究中心、北京理工大学、中国电子科技集团公司第十八研究所、中国北方车辆研究所、深圳市比亚迪汽车有限公司、天津力神电池股份有限公司、上海汽车集团股份有限公司技术中心、中国第一汽车股份有限公司、重庆长安新能源汽车有限公司、东风汽车集团股份有限公司技术中心、北汽福田汽车股份有限公司、东风汽车有限公司东风日产乘用车公司、宁德时代新能源科技有限公司、湖北骆驼蓄电池研究院有限公司、中信国安盟固利动力科技有限公司、浙江谷神能源科技股份有限公司、哈尔滨光宇电源股份有限公司、惠州市亿能电子有限公司、合肥国轩高科动力能源有限公司、海特电子集团有限公司、上海卡耐能源有限公司。

本标准主要起草人:吴锋、王芳、肖成伟、孟祥峰、蔡毅、张建华、胡道中、樊彬、高洪波、王震坡、朱延春、张会平、王敬、江文峰、张娜、吴宁宁、裴小娟、张喆、孙建平、朱延春、阮旭松、徐兴无、于洪涛、关成善、杨聪娇、袁昌荣、夏洋、张会平、王海兰、李涛、郭岩。

电动汽车用动力蓄电池安全要求及试验方法

1 范围

本标准规定了电动汽车用动力蓄电池(以下简称蓄电池)的安全要求、试验方法和检验规则。

本标准适用于装载在电动汽车上的锂离子蓄电池和金属氢化物镍蓄电池单体和模块,其他类型蓄电池参照执行。

2 规范性引用文件

下列文件对于本文件的应用是必不可少的。凡是注日期的引用文件,仅注日期的版本适用于本文件。凡是不注日期的引用文件,其最新版本(包括所有的修改单)适用于本文件。

GB/T 2900.41 电工术语 原电池和蓄电池

GB/T 19596 电动汽车术语

3 术语和定义

GB/T 2900.41、GB/T 19596 中界定的以及下列术语和定义适用于本文件。

3.1

单体蓄电池 secondary cell

直接将化学能转化为电能的基本单元装置,包括电极、隔膜、电解质、外壳和端子,并被设计成可充电。

3.2

蓄电池模块 battery module

将一个以上单体蓄电池按照串联、并联或串并联方式组合,且只有一对正负极输出端子,并作为电源使用的组合体。

3.3

爆炸 explosion

蓄电池外壳猛烈破裂,伴随剧烈响声,且有主要成分(固体物质)抛射出来。

3.4

起火 fire

蓄电池任何部位发生持续燃烧(持续时间长于 1 s)。火花及拉弧不属于燃烧。

3.5

漏液 leakage

蓄电池内部液体泄漏到电池壳体外部。

3.6

壳体 case

将蓄电池内部部件封装并为其提供防止与外部直接接触的保护部件。

4 符号

下列符号适用于本文件。

C_1:1 小时率额定容量(Ah)。

I_1:1 小时率放电电流,其数值等于 C_1(A)。

5 要求

5.1 单体蓄电池

5.1.1 单体蓄电池按 6.2.2 进行过放电试验时,应不爆炸、不起火、不漏液。

5.1.2 单体蓄电池按 6.2.3 进行过充电试验时,应不爆炸、不起火。

5.1.3 单体蓄电池按 6.2.4 进行短路试验时,应不爆炸、不起火。

5.1.4 单体蓄电池按 6.2.5 进行跌落试验时:

a) 对于锂离子蓄电池,应不爆炸、不起火、不漏液;

b) 对于金属氢化物镍蓄电池,应不爆炸、不起火。

5.1.5 单体蓄电池按 6.2.6 进行加热试验时,应不爆炸、不起火。

5.1.6 单体蓄电池按 6.2.7 进行挤压试验时,应不爆炸、不起火。

5.1.7 单体蓄电池按 6.2.8 进行针刺试验时,应不爆炸、不起火。

5.1.8 单体蓄电池按 6.2.9 进行海水浸泡试验时,应不爆炸、不起火。

5.1.9 单体蓄电池按 6.2.10 进行温度循环试验时,应不爆炸、不起火、不漏液。

5.1.10 单体蓄电池按 6.2.11 进行低气压试验时,应不爆炸、不起火、不漏液。

5.2 蓄电池模块

5.2.1 蓄电池模块按 6.3.2 进行过放电试验时,应不爆炸、不起火、不漏液。

5.2.2 蓄电池模块按 6.3.3 进行过充电试验时,应不爆炸、不起火。

5.2.3 蓄电池模块按 6.3.4 进行短路试验时,应不爆炸、不起火。

5.2.4 蓄电池模块按 6.3.5 进行跌落试验时:

a) 对于锂离子蓄电池,应不爆炸、不起火、不漏液;

b) 对于金属氢化物镍蓄电池,应不爆炸、不起火。

5.2.5 蓄电池模块按 6.3.6 进行加热试验时,应不爆炸、不起火。

5.2.6 蓄电池模块按 6.3.7 进行挤压试验时,应不爆炸、不起火。

5.2.7 蓄电池模块按 6.3.8 进行针刺试验时,应不爆炸、不起火。

5.2.8 蓄电池模块按 6.3.9 进行海水浸泡试验时,应不爆炸、不起火。

5.2.9 蓄电池模块按 6.3.10 进行温度循环试验时,应不爆炸、不起火、不漏液。

5.2.10 蓄电池模块按 6.3.11 进行低气压试验时,应不爆炸、不起火、不漏液。

6 试验方法

6.1 试验条件

6.1.1 环境条件

除另有规定外,试验应在温度为 25 ℃±5 ℃,相对湿度为 15%～90%,大气压力为 86 kPa～

106 kPa 的环境中进行。本标准所提到的室温,是指 25 ℃±2 ℃。

6.1.2 测量仪器、仪表准确度

测量仪器、仪表准确度应满足以下要求:

——电压测量装置:不低于 0.5 级;

——电流测量装置:不低于 0.5 级;

——温度测量装置:±0.5 ℃;

——时间测量装置:±0.1%;

——尺寸测量装置:±0.1%;

——质量测量装置:±0.1%。

6.1.3 单体蓄电池充电

室温下,单体蓄电池先以 $1I_1$(A)电流放电至企业技术条件中规定的放电终止电压,搁置 1 h(或企业提供的不大于 1 h 的搁置时间),然后按企业提供的充电方法进行充电。

若企业未提供充电方法,则依据以下方法充电:

a) 对于锂离子蓄电池,以 $1I_1$(A)电流恒流充电至企业技术条件中规定的充电终止电压时转恒压充电,至充电电流降至 $0.05I_1$(A)时停止充电,充电后搁置 1 h(或企业提供的不高于 1 h 的搁置时间);

b) 对于金属氢化物镍蓄电池,以 $1I_1$(A)电流恒流充电 1 h,然后再以 $0.2I_1$ 充电 1 h,充电后静置 1 h(或企业提供的不大于 1 h 的静置时间)。

6.1.4 蓄电池模块充电

室温下,蓄电池模块先以 $1I_1$(A)电流放电至任一单体蓄电池电压达到放电终止电压。搁置 1 h(或企业提供的不高于 1 h 的搁置时间),然后按企业提供的充电方法进行充电。

若企业未提供充电方法,则依据以下方法充电:

a) 对于锂离子蓄电池,以 $1I_1$(A)电流恒流充电至企业技术条件中规定的充电终止电压时转恒压充电,至充电电流降至 $0.05I_1$(A)时停止充电,若充电过程中有单体蓄电池电压超过充电终止电压 0.1 V 时则停止充电。充电后搁置 1 h(或企业提供的不高于 1 h 的搁置时间)。

b) 对于金属氢化物镍蓄电池,以 $1I_1$(A)电流恒流充电 1 h,然后再以 $0.2I_1$ 充电 1 h,充电后静置 1 h(或企业提供的不高于 1 h 的静置时间)。

6.2 单体蓄电池安全性试验

6.2.1 一般要求

所有安全试验均在有充分安全保护的环境条件下进行。如果测试对象有附加主动保护线路或装置,应除去。

6.2.2 过放电

过放电试验按照如下步骤进行:

a) 单体蓄电池按 6.1.3 方法充电;

b) 单体蓄电池以 $1I_1$(A)电流放电 90 min;

c) 观察 1 h。

6.2.3 过充电

过充电试验按照如下步骤进行:

a) 单体蓄电池按 6.1.3 方法充电;

b) 以 $1I_1$(A)电流恒流充电至电压达到企业技术条件中规定的充电终止电压的 1.5 倍或充电时间达 1 h 后停止充电;

c) 观察 1 h。

6.2.4 短路

短路试验按照如下步骤进行:

a) 单体蓄电池按 6.1.3 方法充电;

b) 将单体蓄电池正、负极经外部短路 10 min,外部线路电阻应小于 5 mΩ;

c) 观察 1 h。

6.2.5 跌落

跌落试验按照如下步骤进行:

a) 单体蓄电池按 6.1.3 方法充电;

b) 单体蓄电池正负端子向下从 1.5 m 高度处自由跌落到水泥地面上;

c) 观察 1 h。

6.2.6 加热

加热试验按照如下步骤进行:

a) 单体蓄电池按 6.1.3 方法充电。

b) 将单体蓄电池放入温度箱:

——对于锂离子蓄电池,温度箱按照 5 ℃/min 的速率由室温升至 130 ℃±2 ℃,并保持此温度 30 min 后停止加热;

——对于金属氢化物镍蓄电池,温度箱按照 5 ℃/min 的速率由室温升至 85 ℃±2 ℃,并保持此温度 2 h 后停止加热。

c) 观察 1 h。

6.2.7 挤压

挤压试验按照如下步骤进行:

a) 单体蓄电池按 6.1.3 方法充电。

b) 按下列条件进行试验:

——挤压方向:垂直于蓄电池极板方向施压(参考图 1 所示);

——挤压板形式:半径 75 mm 的半圆柱体,半圆柱体的长度(L)大于被挤压电池的尺寸;

——挤压速度:(5±1)mm/s;

——挤压程度:电压达到 0 V 或变形量达到 30%或挤压力达到 200 kN 后停止挤压。

c) 观察 1 h。

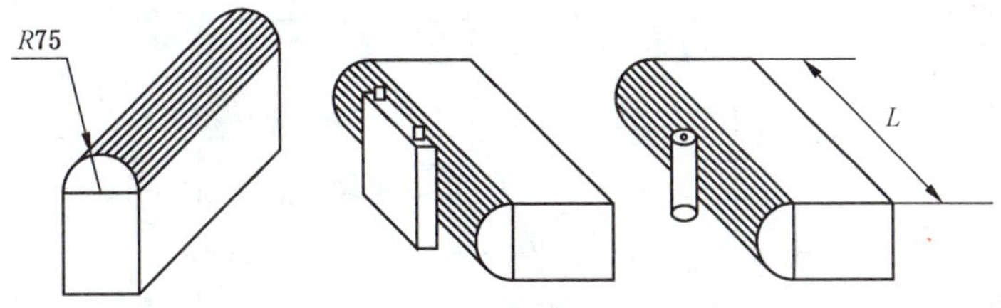

图 1 单体挤压板和挤压示意图

6.2.8 针刺

针刺试验按照如下步骤进行：

a) 单体蓄电池按 6.1.3 方法充电；

b) 用 ϕ5 mm～ϕ8 mm 的耐高温钢针(针尖的圆锥角度为 45°～60°，针的表面光洁、无锈蚀、氧化层及油污)，以(25±5)mm/s 的速度，从垂直于蓄电池极板的方向贯穿，贯穿位置宜靠近所刺面的几何中心，钢针停留在蓄电池中；

c) 观察 1 h。

6.2.9 海水浸泡

海水浸泡试验按照如下步骤进行：

a) 单体蓄电池按 6.1.3 方法充电；

b) 将单体蓄电池浸入 3.5% NaCl 溶液(质量分数，模拟常温下的海水成分)中 2 h；

c) 水深应完全没过单体蓄电池。

6.2.10 温度循环

温度循环试验按照如下步骤进行：

a) 单体蓄电池按 6.1.3 方法充电；

b) 单体蓄电池放入温度箱中，温度箱温度按照表 1 和图 2 进行调节，循环次数 5 次；

c) 观察 1 h。

表 1 温度循环试验一个循环的温度和时间

温度 ℃	时间增量 min	累计时间 min	温度变化率 ℃/min
25	0	0	0
−40	60	60	13/12
−40	90	150	0
25	60	210	13/12
85	90	300	2/3
85	110	410	0
25	70	480	6/7

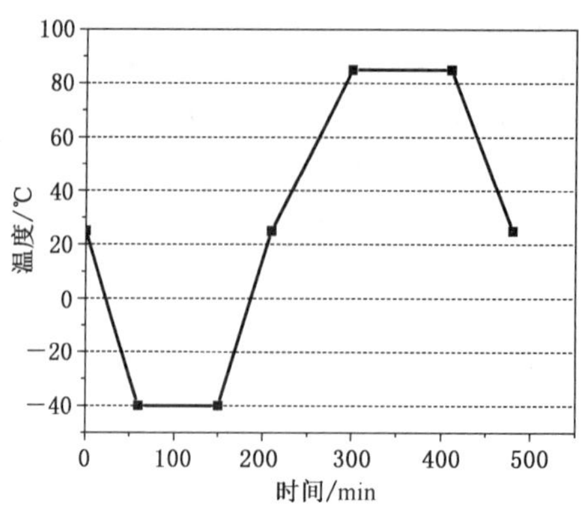

图 2 温度循环试验示意图

6.2.11 低气压

低气压试验按照如下步骤进行：

a) 单体蓄电池按 6.1.3 方法充电；

b) 单体蓄电池放入低气压箱中，调节试验箱中气压为 11.6 kPa，温度为室温，静置 6 h；

c) 观察 1 h。

6.3 蓄电池模块安全性试验

6.3.1 一般要求

测试用蓄电池模块样品应满足如下条件：

——总电压不低于单体蓄电池电压的 5 倍；

——额定容量不低于 20 Ah，或者与整车用蓄电池系统额定容量一致。

注：测试用蓄电池模块可由实际模块串并联组成。

所有安全试验均在有充分安全保护的环境条件下进行。如果测试对象有附加主动保护线路或装置，应除去。

6.3.2 过放电

过放电试验按照如下步骤进行：

a) 蓄电池模块按 6.1.4 方法充电；

b) 蓄电池模块以 $1I_1$(A)电流放电 90 min；

c) 观察 1 h。

6.3.3 过充电

过充电试验按照如下步骤进行：

a) 蓄电池模块按 6.1.4 方法充电；

b) 以 $1I_1$(A)电流恒流充电至任一单体蓄电池电压达到企业技术条件中规定的充电终止电压的 1.5 倍或充电时间达 1 h 后停止充电；

c) 观察 1 h。

6.3.4 短路

短路试验按照如下步骤进行：

a） 蓄电池模块按 6.1.4 方法充电；

b） 将蓄电池模块经外部短路 10 min，外部线路电阻应小于 5 mΩ；

c） 观察 1 h。

6.3.5 跌落

跌落试验按照如下步骤进行：

a） 蓄电池模块按 6.1.4 方法充电；

b） 蓄电池模块正负端子向下从 1.2 m 高度处自由跌落到水泥地面上；

c） 观察 1 h。

6.3.6 加热

加热试验按照如下步骤进行：

a） 蓄电池模块按 6.1.4 方法充电；

b） 对于锂离子蓄电池，温度箱按照 5 ℃/min 的速率由室温升至 130 ℃±2 ℃，并保持此温度 30 min 后停止加热；
   对于金属氢化物镍蓄电池，温度箱按照 5 ℃/min 的速率由室温升至 85 ℃±2 ℃，并保持此温度 2 h 后停止加热；

c） 观察 1 h。

6.3.7 挤压

挤压试验按照如下步骤进行：

a） 蓄电池模块按 6.1.4 方法充电。

b） 按下列条件进行试验：
   ——挤压板形式：半径 75 mm 的半圆柱体，半圆柱体的长度大于被挤压电池的尺寸，但不超过 1 m；
   ——挤压方向：与蓄电池模块在整车布局上最容易受到挤压的方向相同。如果最容易受到挤压的方向不可获得，则垂直于单体蓄电池排列方向施压（参考图 3 所示）；
   ——挤压速度：(5±1)mm/s；
   ——挤压程度：蓄电池模块变形量达到 30%或挤压力达到蓄电池模块重量的 1 000 倍和表 2 所列数值中较大值；
   ——保持 10 min。

c） 观察 1 h。

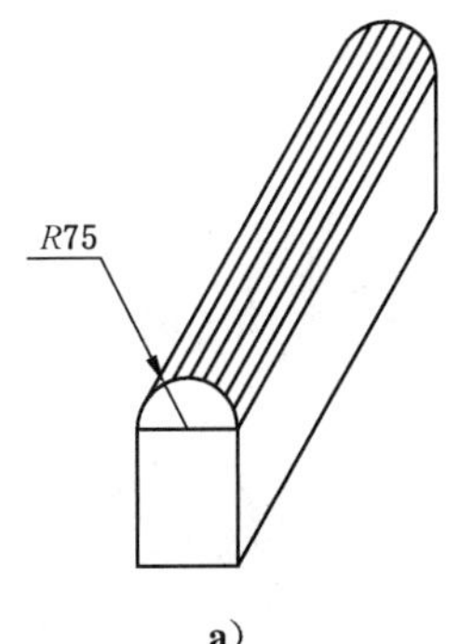

a）

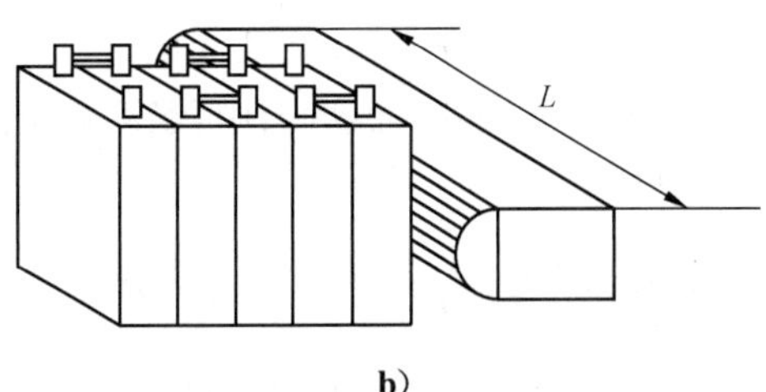

b）

图 3 模块挤压板和挤压示意图

表 2　挤压力选取表格

挤压面接触单体数 n	挤压力/kN
1	200
2～5	100×n
>5	500

6.3.8　针刺

针刺试验按照如下步骤进行：

a)　蓄电池模块按 6.1.4 方法充电；

b)　用 ϕ6 mm～ϕ10 mm 的耐高温钢针(针尖的圆锥角度为 45°～60°，针的表面光洁，无锈蚀、氧化层及油污)，以(25±5)mm/s 的速度，从垂直于蓄电池极板的方向，依次贯穿至少 3 个单体蓄电池(钢针停留在蓄电池中，参考图 4 所示)；

c)　观察 1 h。

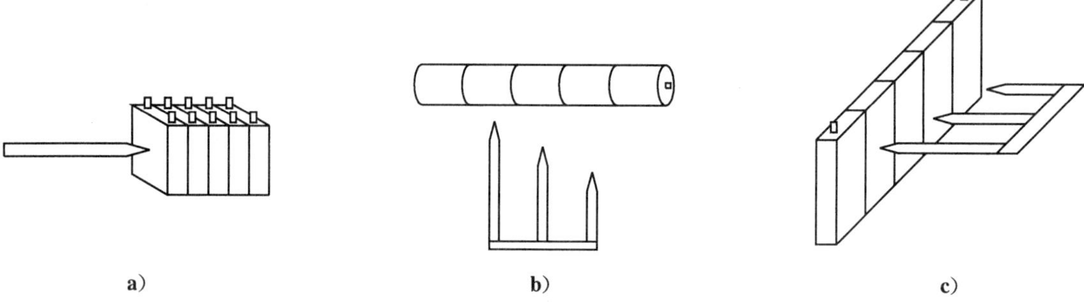

a)　b)　c)

图 4　针刺示意图

6.3.9　海水浸泡

海水浸泡试验按照如下步骤进行：

a)　蓄电池模块按 6.1.4 方法充电；

b)　将蓄电池模块浸入 3.5% NaCl 溶液(质量分数，模拟常温下的海水成分)中 2 h；

c)　水深应完全没过蓄电池模块。

6.3.10　温度循环

温度循环试验按照如下步骤进行：

a)　蓄电池模块按 6.1.4 方法充电；

b)　蓄电池模块放入温度箱中，温度箱温度按照表 1、图 2 进行调节，循环次数 5 次；

c)　观察 1 h。

6.3.11　低气压

低气压试验按照如下步骤进行：

a)　蓄电池模块按 6.1.4 方法充电；

b)　蓄电池模块放入低气压箱中，调节试验箱中气压为 11.6 kPa，温度为室温，静置 6 h；

c) 观察 1 h。

6.4 试验程序

6.4.1 按本程序进行的试验应连续进行。

6.4.2 单体蓄电池试验程序见表 3。

6.4.3 蓄电池模块试验程序见表 4。

表 3 单体蓄电池试验程序

序号	检验项目	试验方法章条号	单体蓄电池编号
1	过放电	6.2.2	1#、2#
2	过充电	6.2.3	3#、4#
3	短路	6.2.4	5#、6#
4	跌落	6.2.5	7#、8#
5	加热	6.2.6	9#、10#
6	挤压	6.2.7	11#、12#
7	针刺	6.2.8	13#、14#
8	海水浸泡	6.2.9	15#、16#
9	温度循环	6.2.10	17#、18#
10	低气压	6.2.11	19#、20#

表 4 蓄电池模块试验程序

序号	检验项目	试验方法章条号	蓄电池模块编号
1	过放电	6.3.2	1#
2	过充电	6.3.3	2#
3	短路	6.3.4	3#
4	跌落	6.3.5	4#
5	加热	6.3.6	5#
6	挤压	6.3.7	6#
7	针刺	6.3.8	7#
8	海水浸泡	6.3.9	8#
9	温度循环	6.3.10	9#
10	低气压	6.3.11	10#

7 检验规则

7.1 检验分类、检验项目、要求和样品数量

检验分类、检验项目、要求(章条号)和样品数量见表 5。

表 5 检验规则

序号	检验分类	检验项目	要求(章条号)	样品数量
1	型式检验	单体蓄电池安全性	5.1	单体每项 2 只,模块每项 1 组,共 20 只单体蓄电池和 10 组蓄电池模块
2		蓄电池模块安全性	5.2	
注:共需抽样 24 只单体蓄电池,12 组蓄电池模块,其中 4 只为备份单体蓄电池,2 组为备份蓄电池模块。建议测试对象为 3 个月以内的新鲜样品。				

7.2 型式检验

7.2.1 有下列情况之一应进行型式检验:

——新产品投产和老产品转产;

——转厂;

——停产超过一年后复产;

——结构、工艺或材料有重大改变。

7.2.2 判定规则:

在型式检验中,若有一项不合格时,应判定为不合格。

ICS 43.120
T 47

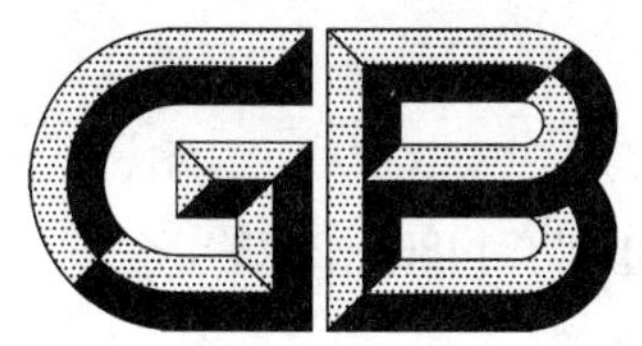

中华人民共和国国家标准

GB/T 31486—2015

电动汽车用动力蓄电池电性能要求及试验方法

Electrical performance requirements and test methods for traction battery of electric vehicle

2015-05-15 发布　　2015-05-15 实施

中华人民共和国国家质量监督检验检疫总局
中国国家标准化管理委员会　发布

前　言

本标准按照 GB/T 1.1—2009 给出的规则起草。

本标准由中华人民共和国工业和信息化部提出。

本标准由全国汽车标准化技术委员会(SAC/TC 114)归口。

本标准起草单位：中国汽车技术研究中心、中国电子科技集团公司第十八研究所、中国北方车辆研究所、深圳市比亚迪汽车有限公司、上海机动车检测中心、上海汽车集团股份有限公司技术中心、北汽福田汽车股份有限公司、重庆长安新能源汽车有限公司、普天新能源有限责任公司、哈尔滨光宇电源股份有限公司、宁德时代新能源科技有限公司、惠州市亿能电子有限公司、中信国安盟固利动力科技有限公司、海特电子集团有限公司、上海卡耐能源有限公司、浙江谷神能源科技股份有限公司、江苏春兰清洁能源研究院有限公司、北京理工大学、北京交通大学、华晨汽车集团控股有限公司、福建星云电子股份有限公司、湖南科霸汽车动力电池有限责任公司、泛亚汽车技术中心有限公司。

本标准主要起草人：王芳、孟祥峰、肖成伟、樊彬、胡道中、江文峰、许金梅、王震坡、姜久春、邵浙海、王占国、阮旭松、缪文泉、马立双、文峰、杨桃、杨聪娇、孙建平、赵淑红、袁昌荣、吴宁宁、刘正耀、刘震、刘磊、单冲、王勇、仇杰、徐国昌、和祥运、王昕。

电动汽车用动力蓄电池电性能要求及试验方法

1 范围

本标准规定了电动汽车用动力蓄电池(以下简称蓄电池)的电性能要求、试验方法和检验规则。

本标准适用于装载在电动汽车上的锂离子蓄电池和金属氢化物镍蓄电池单体和模块,其他类型蓄电池参照执行。

2 规范性引用文件

下列文件对于本文件的应用是必不可少的。凡是注日期的引用文件,仅注日期的版本适用于本文件。凡是不注日期的引用文件,其最新版本(包括所有的修改单)适用于本文件。

GB/T 2900.41 电工术语 原电池和蓄电池

GB/T 19596 电动汽车术语

3 术语和定义

GB/T 2900.41、GB/T 19596 中界定的以及下列术语和定义适用于本文件。

3.1

单体蓄电池 secondary cell

直接将化学能转化为电能的基本单元装置,包括电极、隔膜、电解质、外壳和端子,并被设计成可充电。

3.2

蓄电池模块 battery module

将一个以上单体蓄电池按照串联、并联或串并联方式组合,且只有一对正负极输出端子,并作为电源使用的组合体。

3.3

额定容量 rated capacity

室温下完全充电的蓄电池以 $1I_1$(A)电流放电,达到终止电压时所放出的容量(Ah)。

3.4

额定能量 rated energy

室温下完全充电的蓄电池以 $1I_1$(A)电流放电,达到终止电压时所放出的能量(Wh)。

3.5

初始容量 initial capacity

新出厂的动力蓄电池,在室温下,完全充电后,以 $1I_1$(A)电流放电至企业规定的放电终止条件时所放出的容量(Ah)。

3.6

高能量蓄电池 high energy traction battery

室温下,最大允许持续输出电功率(W)和 1C 倍率放电能量(Wh)的比值低于 10 的蓄电池。

3.7

高功率蓄电池　high power traction battery

室温下，最大允许持续输出电功率(W)和1C倍率放电能量(Wh)的比值不低于10的蓄电池。

3.8

容量恢复能力　capacity recovery

完全充电的蓄电池在一定温度下储存一定时间后，再完全充电，其后放电容量与初始容量之比。

3.9

扫频循环　sweep cycle

在规定的频率范围内往返扫描一次，例如：10 Hz～55 Hz～10 Hz。

4 符号

下列符号适用于本文件。

C_1：1小时率额定容量(Ah)。

I_1：1小时率放电电流，其数值等于C_1(A)。

5 要求

5.1 单体蓄电池

5.1.1 外观

单体蓄电池按6.2.1检验时，外观不得有变形及裂纹，表面无毛刺、干燥、无外伤、无污物，且宜有清晰、正确的标志。

5.1.2 极性

单体蓄电池按6.2.2检验时，端子极性标识应正确、清晰。

5.1.3 外形尺寸及质量

单体蓄电池按6.2.3检验时，蓄电池外形尺寸、质量应符合企业提供的产品技术条件。

5.1.4 室温放电容量

单体蓄电池按6.2.5试验时，其放电容量应不低于额定容量，并且不超过额定容量的110%，同时所有测试对象初始容量极差不大于初始容量平均值的5%。

注：极差是所有样本的最大值和最小值之差。

5.2 蓄电池模块

5.2.1 外观

蓄电池模块按6.3.1检验时，外观不得有变形及裂纹，表面干燥、无外伤，且排列整齐、连接可靠、标志清晰等。

5.2.2 极性

蓄电池模块按6.3.2检验时，端子极性标识应正确、清晰。

5.2.3 外形尺寸及质量

蓄电池模块按6.3.3检验时,外形尺寸及质量应符合企业提供的产品技术条件。

5.2.4 室温放电容量

蓄电池模块按6.3.5试验时,其放电容量应不低于额定容量,并且不超过额定容量的110%,同时所有测试对象初始容量极差不大于初始容量平均值的7%。

5.2.5 室温倍率放电容量(按照厂家提供电池类型分别进行试验)

高能量蓄电池模块按6.3.6.1试验时,其放电容量应不低于初始容量的90%。

高功率蓄电池模块按6.3.6.2试验时,其放电容量应不低于初始容量的80%。

5.2.6 室温倍率充电性能

蓄电池模块按6.3.7试验时,其放电容量应不低于初始容量的80%。

5.2.7 低温放电容量

锂离子蓄电池模块按6.3.8试验时,其放电容量应不低于初始容量的70%。

金属氢化物镍蓄电池模块按6.3.8试验时,其放电容量应不低于初始容量的80%。

5.2.8 高温放电容量

蓄电池模块按6.3.9试验时,其放电容量应不低于初始容量的90%。

5.2.9 荷电保持与容量恢复能力

锂离子蓄电池模块按6.3.10试验时,其室温及高温荷电保持率应不低于初始容量的85%,容量恢复应不低于初始容量的90%。

金属氢化物镍蓄电池模块按6.3.10试验时,其室温荷电保持率应不低于初始容量的85%,高温荷电保持率应不低于初始容量的70%,容量恢复应不低于初始容量的95%。

5.2.10 耐振动性

蓄电池模块按6.3.11试验时,不允许出现放电电流锐变、电压异常、蓄电池壳变形、电解液溢出等异常现象,并保持连接可靠、结构完好。

5.2.11 储存

蓄电池模块按6.3.12试验时,其容量恢复应不低于初始容量的90%。

6 试验方法

6.1 试验条件

6.1.1 环境条件

除另有规定外,试验应在温度为25 ℃±5 ℃,相对湿度为15%~90%,大气压力为86 kPa~106 kPa的环境中进行。本标准所提到的室温,是指25 ℃±2 ℃。

6.1.2 测量仪器、仪表准确度

测量仪器、仪表准确度应满足以下要求：

——电压测量装置：不低于 0.5 级；

——电流测量装置：不低于 0.5 级；

——温度测量装置：±0.5 ℃；

——时间测量装置：±0.1%；

——尺寸测量装置：±0.1%；

——质量测量装置：±0.1%。

6.2 单体蓄电池试验

6.2.1 外观

在良好的光线条件下，用目测法检查单体蓄电池的外观。

6.2.2 极性

用电压表检测单体蓄电池极性。

6.2.3 外形尺寸和质量

用量具和衡器测量单体蓄电池的外形尺寸及质量。

6.2.4 单体蓄电池充电

室温下，单体蓄电池先以 $1I_1$(A)电流放电至企业技术条件中规定的放电终止电压，搁置 1 h(或企业提供的不大于 1 h 的搁置时间)，然后按企业提供的充电方法进行充电。

若企业未提供充电方法，则依据以下方法充电：

a) 对于锂离子蓄电池，以 $1I_1$(A)电流恒流充电至企业技术条件中规定的充电终止电压时转恒压充电，至充电电流降至 $0.05I_1$(A)时停止充电，充电后搁置 1 h(或企业提供的不高于 1 h 的搁置时间)；

b) 对于金属氢化物镍蓄电池，以 $1I_1$(A)电流恒流充电 1 h，然后再以 $0.2I_1$ 充电 1 h，充电后静置 1 h(或企业提供的不大于 1 h 的静置时间)。

6.2.5 室温放电容量(初始容量)

按照如下步骤测试室温放电容量：

a) 单体蓄电池按 6.2.4 方法充电；

b) 室温下，蓄电池以 $1I_1$(A)电流放电，直到放电至企业技术条件中规定的放电终止电压；

c) 计量放电容量(以 Ah 计)，计算放电比能量(以 Wh/kg 计)；

d) 重复步骤 a)～c)5 次，当连续 3 次试验结果的极差小于额定容量的 3%，可提前结束试验，取最后 3 次试验结果平均值。

6.3 蓄电池模块试验

测试用蓄电池模块样品应满足如下条件：

——总电压不低于单体蓄电池电压的 5 倍；

——额定容量不低于 20 Ah，或者与整车用蓄电池系统额定容量一致。

注：测试用蓄电池模块可由实际模块串并联组成。

6.3.1 外观

在良好的光线条件下,用目测法检查蓄电池模块的外观。

6.3.2 极性

用电压表检测蓄电池模块的极性。

6.3.3 外形尺寸及质量

用量具和衡器测量蓄电池模块的外形尺寸及质量。

6.3.4 蓄电池模块充电

室温下,蓄电池模块先以 $1I_1$(A)电流放电至任一单体蓄电池电压达到放电终止电压。搁置 1 h(或企业提供的不高于 1 h 的搁置时间),然后按企业提供的充电方法进行充电。

若企业未提供充电方法,则依据以下方法充电:

a) 对于锂离子蓄电池,以 $1I_1$(A)电流恒流充电至企业技术条件中规定的充电终止电压时转恒压充电,至充电电流降至 $0.05I_1$(A)时停止充电,若充电过程中有单体蓄电池电压超过充电终止电压 0.1 V 时则停止充电。充电后搁置 1 h(或企业提供的不高于 1 h 的搁置时间)。

b) 对于金属氢化物镍蓄电池,以 $1I_1$(A)电流恒流充电 1 h,然后再以 $0.2I_1$ 充电 1 h,充电后静置 1 h(或企业提供的不高于 1 h 的静置时间)。

6.3.5 室温放电容量

按照如下步骤测试室温放电容量:

a) 蓄电池模块按 6.3.4 方法充电;

b) 室温下,蓄电池模块以 $1I_1$(A)电流放电至任一单体蓄电池电压达到放电终止电压;

c) 计量放电容量(以 Ah 计)和放电比能量(以 Wh/kg 计);

d) 重复步骤 a)~c) 5 次,当连续 3 次试验结果的极差小于额定容量的 3%,可提前结束试验,取最后 3 次试验结果平均值。

6.3.6 室温倍率放电性能

6.3.6.1 能量型蓄电池模块

6.3.6.1.1 室温倍率放电性能按照如下步骤进行:

a) 蓄电池模块按 6.3.4 方法充电;

b) 室温下,蓄电池模块以 $3I_1$(A)(最大电流不超过 400 A)电流放电,直至任意一个单体电压达到放电终止电压;

c) 计量放电容量(以 Ah 计)。

6.3.6.1.2 比功率测试按照如下步骤进行:

a) 蓄电池模块按 6.3.4 方法充电;

b) 室温下,蓄电池模块以 $1I_1$(A)电流放电 30 min 后以企业规定的最大放电电流放电 10 s,然后再静置 30 min,再以企业规定的最大充电电流充电 10 s;

c) 采用 10 s 充放电的放电能量除以 10 s 充放电时间的方法,计算 10 s 充放电的平均比功率(以 W/kg 计)。

6.3.6.2 功率型蓄电池模块

6.3.6.2.1 倍率放电性能测试按照如下步骤进行：

a) 蓄电池模块按 6.3.4 方法充电；
b) 室温下，蓄电池模块以 $8I_1$(A)（最大电流不超过 400 A）电流放电，直至任意一个单体电压达到放电终止电压；
c) 计量放电容量（以 Ah 计）。

6.3.6.2.2 比功率测试按照如下步骤进行：

a) 蓄电池模块按 6.3.4 方法充电；
b) 室温下，蓄电池模块以 $1I_1$(A)电流放电 30 min 后以企业规定的最大放电电流放电 10 s，然后再静置 30 min，再以企业规定的最大充电电流充电 10 s；
c) 采用 10 s 充放电的放电能量除以 10 s 充放电时间的方法，计算 10 s 充放电的平均比功率（以 W/kg 计）。

6.3.7 室温倍率充电性能

按照如下步骤测试室温倍率充电性能：

a) 室温下，蓄电池模块以 $1I_1$(A)电流放电至任一单体蓄电池电压达到放电终止电压，静置 1 h；
b) 室温下，蓄电池模块以 $2I_1$(A)（最大电流不超过 400 A）电流充电，直至任意一个单体电压达到充电终止电压，或达到企业规定的充电终止条件，并且总充电时间不超过 30 min，静置 1 h；
c) 室温下，蓄电池模块以 $1I_1$(A)电流放电至任一单体蓄电池电压达到放电终止电压；
d) 计量放电容量（以 Ah 计）。

6.3.8 低温放电容量

低温放电容量试验按照如下步骤进行：

a) 蓄电池模块按 6.3.4 方法充电；
b) 蓄电池模块在－20 ℃±2 ℃下搁置 24 h；
c) 蓄电池模块在－20 ℃±2 ℃下，以 $1I_1$(A)电流放电至任一单体蓄电池电压达到企业提供的放电终止电压（该电压值不低于室温放电终止电压的 80％）；
d) 计量放电容量（以 Ah 计）。

6.3.9 高温放电容量

高温放电容量试验按照如下步骤进行：

a) 蓄电池模块按 6.3.4 方法充电；
b) 蓄电池模块在 55 ℃±2 ℃下搁置 5 h；
c) 蓄电池模块在 55 ℃±2 ℃下，以 $1I_1$(A)电流放电至任一单体蓄电池电压达到室温放电终止电压；
d) 计量放电容量（以 Ah 计）。

6.3.10 荷电保持及容量恢复能力

6.3.10.1 室温荷电保持与容量恢复能力

室温荷电保持与容量恢复能力试验按照如下步骤进行：

a) 蓄电池模块按 6.3.4 方法充电；
b) 蓄电池模块在室温下储存 28 d；

c) 室温下，蓄电池模块以 $1I_1$(A)电流放电至任一单体蓄电池电压达到放电终止电压；

d) 计量荷电保持容量(以 Ah 计)；

e) 蓄电池模块再按 6.3.4 方法充电；

f) 室温下，蓄电池模块以 $1I_1$(A)电流放电至任一单体蓄电池电压达到放电终止电压；

g) 计量恢复容量(以 Ah 计)。

6.3.10.2 高温荷电保持与容量恢复能力

高温荷电保持与容量恢复能力试验按照如下步骤进行：

a) 蓄电池模块按 6.3.4 方法充电；

b) 蓄电池模块在 55 ℃±2 ℃下储存 7 d；

c) 蓄电池模块在室温下搁置 5 h 后，以 $1I_1$(A)电流放电至任一单体蓄电池电压达到放电终止电压；

d) 计量荷电保持容量(以 Ah 计)；

e) 蓄电池模块再按 6.3.4 方法充电；

f) 室温下，蓄电池模块以 $1I_1$(A)电流放电至任一单体蓄电池电压达到放电终止电压；

g) 计量恢复容量(以 Ah 计)。

6.3.11 耐振动

耐振动试验按照如下步骤进行：

a) 蓄电池模块按 6.3.4 方法充电；

b) 将蓄电池模块紧固到振动试验台上，按下述条件进行线性扫频振动试验：

——放电电流：$1/3I_1$(A)；

——振动方向：上下单振动；

——振动频率：10 Hz～55 Hz；

——最大加速度：30 m/s^2；

——扫频循环：10 次；

——振动时间：3 h。

c) 振动试验过程中，观察有无异常现象出现。

6.3.12 储存

储存试验按照如下步骤进行：

a) 蓄电池模块按 6.3.4 方法充电；

b) 蓄电池模块室温下，以 $1I_1$(A)电流放电 30 min；

c) 蓄电池模块在 45 ℃±2 ℃下储存 28 d；

d) 蓄电池模块室温下搁置 5 h；

e) 蓄电池模块按 6.3.4 方法充电；

f) 蓄电池模块室温下，以 $1I_1$(A)电流放电至任一单体蓄电池电压达到放电终止电压；

g) 计量放电容量(以 Ah 计)。

6.4 试验程序

6.4.1 按本程序进行的试验应连续进行。

6.4.2 单体蓄电池试验程序见表 1。

6.4.3 蓄电池模块试验程序见表 2。

表 1 单体蓄电池试验程序

序号	检验项目	试验方法(章条号)	单体蓄电池编号
1	外观	6.2.1	1#～10#
2	极性	6.2.2	
3	外形尺寸和质量	6.2.3	
4	室温放电容量	6.2.5	

表 2 蓄电池模块试验程序

序号	检验项目	试验方法(章条号)	蓄电池模块编号
1	外观	6.3.1	1#～10#
2	极性	6.3.2	
3	外形尺寸及质量	6.3.3	
4	室温放电容量	6.3.5	
5	室温倍率放电容量	6.3.6	1#、2#
6	室温倍率充电性能	6.3.7	
7	低温放电容量	6.3.8	
8	高温放电容量	6.3.9	
9	荷电保持与容量恢复能力	6.3.10	3#、4#、5#、6#
10	耐振动	6.3.11	7#、8#
11	储存	6.3.12	9#、10#

7 检验规则

7.1 检验分类、检验项目、要求和样品数量

检验分类、检验项目、要求(章条号)和样品数量见表 3。

表 3 检验规则

序号	检验分类	检验项目	要求(章条号)	样品数量
1	出厂检验	外观、极性(单体蓄电池、蓄电池模块)	5.1.1,5.1.2 5.2.1,5.2.2	100%
2		外形尺寸及质量(单体蓄电池、蓄电池模块)	5.1.3,5.2.3	1%
3		室温放电容量(单体蓄电池、蓄电池模块)	5.1.4,5.2.4	500 只内(含 500 只)抽 5 只,500 只以上抽 10 只

表 3（续）

序号	检验分类	检验项目	要求(章条号)	样品数量
4	型式检验	室温倍率放电容量	5.2.5	每项 2 组，共 10 组蓄电池模块
5		室温倍率充电性能	5.2.6	
6		低温放电容量	5.2.7	
7		高温放电容量	5.2.8	
8		荷电保持与容量恢复能力	5.2.9	
9		耐振动	5.2.10	
10		储存	5.2.11	
注：共需抽样 14 只单体蓄电池，12 组蓄电池模块，其中 4 只为备份单体蓄电池，2 组为备份蓄电池模块。建议测试对象为 3 个月以内的新鲜样品。				

7.2 出厂检验

7.2.1 每一批产品出厂前都应进行出厂检验，对出厂检验的室温放电容量检验项目，所有蓄电池样品的 $1I_1$(A)放电容量差应不大于±5%。

7.2.2 在出厂检验中，若有一项或一项以上不合格时，应将该产品退回生产部门返工普检，然后再次提交验收。若再次检验仍有一项或一项以上不合格，则判定该产品为不合格。

7.3 型式检验

7.3.1 有下列情况之一应进行型式检验：

——新产品投产和老产品转产；

——转厂；

——停产超过一年后复产；

——结构、工艺或材料有重大改变。

7.3.2 判定规则：

在型式检验中，若有一项不合格时，应判定为不合格。

ICS 29.220.20
K 84

中华人民共和国国家标准

GB/T 32620.1—2016
代替 GB/T 18332.1—2009

电动道路车辆用铅酸蓄电池 第1部分:技术条件

**Lead-acid batteries used for electric road vehicles—
Part 1:Technical condition**

(IEC 61982-1:2012,Secondary batteries (except lithium)
for the propulsion of electric road vehicles—
Performance and endurance tests,MOD)

2016-02-24 发布 2016-09-01 实施

中华人民共和国国家质量监督检验检疫总局
中国国家标准化管理委员会 发布

前　言

GB/T 32620《电动道路车辆用铅酸蓄电池》分为两个部分：

——第 1 部分：技术条件；

——第 2 部分：产品品种和规格。

本部分为 GB/T 32620 的第 1 部分。

本部分按照 GB/T 1.1—2009 给出的规则起草。

本部分代替 GB/T 18332.1—2009《电动道路车辆用铅酸蓄电池》，与 GB/T 18332.1—2009 相比，主要技术变化如下：

——标准名称更改为《电动道路车辆用铅酸蓄电池　第 1 部分：技术条件》(见封面，2009 年版封面)；

——删除“高倍率放电”要求及试验方法(2009 年版 5.11、6.7)；

——删除“密封反应效率”要求及试验方法(2009 年版 5.11、6.12)；

——删除“排气阀动作”要求及试验方法(2009 年版 5.12、6.13)；

——删除“产品名称、规格型号与尺寸”(2009 年版 4.2)；

——删除“端子位置”(2009 年版 4.3)；

——增加“缩略语”(见 3.2)；

——增加“不同温度下的容量”要求及试验方法(见 4.2.2、5.4)；

——增加“动态耐久能力”要求及试验方法(见 4.5、5.7)；

——增加“材料的阻燃能力”要求及试验方法(见 4.7.2、5.9.2)；

——增加“水损耗”要求及试验方法(见 4.9、5.11)；

——增加“镉元素”要求及试验方法(见 4.11、5.13)；

——增加“蓄电池系统性能的行车模拟试验”(见附录 A)；

——增加适用范围的内容，纳入“电动摩托车蓄电池”内容(见第 1 章，2009 年版 1)；

——增加和修改“定义”内容(见 3.1，2009 年版第 3 章)；

——增加和修改“容量”要求和试验方法(见 4.2.1、5.3)；

——修改“分类”(见 3.4，2009 年版 4.1)；

——修改“产品名称、规格型号与尺寸”要求和检验方法(见 4.1、5.2，2009 年版 5.1、5.2、5.3、5.4 和 6.2、6.3、6.4)；

——修改“安全性”内容(见 4.7，2009 年版 5.13)；

——修改“快速充电能力”试验方法(见 5.8，2009 年版 6.11)；

——修改“峰值功率”要求和检验方法(见 4.8、5.10，2009 年版 5.17、6.18)。

本部分使用重新起草法修改采用 IEC 61982-1:2012《电动道路车驱动用蓄电池　试验参数》。

本部分与 IEC 61982-1:2012 的主要差异如下：

——按我国标准规则重新编写；

——修改“范围”内容(见第 1 章)；

——修改“规范性引用文件”(见第 2 章)；

——重新编制“术语、定义、缩略语和代号及分类”(见第 3 章)；

——增加“蓄电池外观、名称、型号、尺寸、端子极性和质量”要求和试验方法(见 4.1、5.2)；

——增加“循环耐久能力”要求和试验方法(见 4.4、5.6)；

——增加“快速充电能力”要求和试验方法(见 4.6、5.8);

——增加“安全性”要求和试验方法(见 4.7、5.9);

——增加“水损耗试验”要求和试验方法(见 4.9、5.11);

——增加“耐振动能力试验”要求和试验方法(见 4.10、5.12);

——增加“镉元素含量”要求和试验方法(见 4.11、5.13);

——增加“检验规则”章节(见第 6 章);

——增加“标志、包装、运输、贮存”章节(见第 7 章)。

本部分由中国电器工业协会提出。

本部分由全国铅酸蓄电池标准化技术委员会(SAC/TC 69)归口。

本部分起草单位:山东圣阳电源股份有限公司、超威电源有限公司、安徽轰达电源有限公司、安徽理士电源技术有限公司、浙江古越电源有限公司、沈阳蓄电池研究所、浙江力伴能源科技有限公司、福建亚亨动力科技集团有限公司、江苏华富储能新技术股份有限公司、东宾国际(吴江)电池有限公司、扬州金快乐电源有限公司、重庆裕祥电池有限公司、漳州市华威电源科技有限公司、国家化学电源产品质量监督检验中心。

本部分主要起草人:陈玉松、马建平、周明明、方丽萍、董捷、曹苗根、乔锋华、张贤懿、朱明海、李来潮、戴秀玲、白强、柯志民、金苗。

本部分所代替标准的历次版本发布情况为:

——GB/T 18332.1—2001、GB/T 18332.1—2009。

电动道路车辆用铅酸蓄电池
第1部分:技术条件

1 范围

GB/T 32620的本部分规定了电动道路车辆用铅酸蓄电池的技术要求、试验方法、检验规则、标志、包装、运输和贮存及行车状态下蓄电池系统性能。

本部分适用于以蓄电池作为主要动力源的电动汽车、电动三轮车、高尔夫球车、旅游观光车、电动摩托车等额定容量在32 Ah(含32 Ah)以上使用的铅酸蓄电池(以下简称蓄电池)和蓄电池组。

本部分不适用于起动用、电动助力车用、牵引用等其他用途的动力型蓄电池及蓄电池组。

2 规范性引用文件

下列文件对于本部分的应用是必不可少的。凡是注日期的引用文件,仅注日期的版本适用于本文件。凡是不注日期的引用文件,其最新版本(包括所有的修改单)适用于本文件。

GB/T 2408—2008 塑料 燃烧性能的测定 水平法和垂直法(IEC 60695-11-10:1999,IDT)

GB/T 2900.41 电工术语 原电池和蓄电池(GB/T 2900.41—2008,IEC 60050(482):2003,IDT)

GB/T 32620.2—2016 电动道路车辆用铅酸蓄电池 第2部分:产品品种和规格

JB/T 11236—2011 铅酸蓄电池中镉元素测定方法

3 术语、定义、缩略语和代号及分类

GB/T 2900.41界定的以及下列术语、定义、缩略语、代号及分类适用于本文件。

3.1 术语和定义

3.1.1

排气式电动道路车辆用铅酸蓄电池 vented lead-acid batteries for electric road vehicles

电池盖上有能析出气体产物的一个或多个排气装置,酸雾经过滤的非直排式结构,内部与外部压力不一致的电动道路车辆用铅酸蓄电池(简称:排气式蓄电池)。

3.1.2

阀控式电动道路车辆用铅酸蓄电池 VRLA batteries for electric road vehicles

带有排气阀的电动道路车辆用铅酸蓄电池,在电池内压超出预定值时允许气体逸出(简称:阀控式蓄电池)。

注:这种电池或电池组在正常情况下不能添加水或电解液。

3.1.3

峰值功率 peak power

蓄电池的端电压降至开路值的2/3时的最大功率。

3.1.4

标准环境温度 ambient reference temperature

试验控制在25 ℃±2 ℃时的环境温度。

3.1.5

动态放电 dynamic discharge performance

以简化的加速时大电流、恒速运行时小电流和静置时零电流及车辆制动时添加脉冲方式大电流充电(或补充电),来模拟车辆使用状态下的性能试验方法。

3.1.6

动态耐久试验 dynamic endurance test

蓄电池模拟车辆动态放电,计算实际容量(C_{da}或C_{dar})降至额定容量的80%时所能保持的累计循环数而进行耐久性能试验。

3.1.7

蓄电池系统 battery system

分布在车辆的不同装置内,含单体电池或蓄电池组的控制装置或接触器等电气电路和电子电路系统。

3.2 缩略语

hr ——小时率(hour rate)

BMS——蓄电池管理系统(battery management system)

SOC——荷电状态(state of charge)

DST——动态负荷试验(dynamic stress test)

DOD——放电深度(depth of discharge)

3.3 代号

C_n ——3 hr 或 5 hr 额定容量(n=3～5),单位为安时(Ah);

C_a ——3 hr 或 5 hr 实际容量(a=3～5),单位为安时(Ah);

C_{da}——不含补充电的 3 hr 或 5 hr 动态容量(a=3～5),单位为安时(Ah);

C_{dar}——含补充电的 3 hr 或 5 hr 动态容量(a=3～5),单位为安时(Ah);

I_n ——3 hr 或 5 hr 放电电流,数值为 $C_n/3$ 或 $C_n/5$,单位为安培(A);

I_{da} ——不含补充电放电电流,单位为安培(A);

I_{dar}——含补充电放电电流,单位为安培(A);

R ——蓄电池容量保存率,单位为%;

U_f ——放电终止电压,3 hr 数值为 1.75 V/单体;5 hr 数值为 1.68 V/单体,单位为伏(V);

U ——蓄电池标称电压,单位为伏(V)。

3.4 分类

A 类——采用 3 hr 容量的电动道路车辆用铅酸蓄电池;

B 类——除去 A 类之外,部分采用 5 hr 容量的排气式电动道路车辆用铅酸蓄电池。

4 要求

4.1 蓄电池外观、名称、型号、尺寸、端子极性和质量

蓄电池外观、名称、型号、尺寸、端子极性和质量应符合如下要求:

——蓄电池的外观不得有变形及裂纹、划痕及清洁无酸液,且标志清楚;

——蓄电池名称、型号、尺寸、端子极性和质量应符合 GB/T 32620.2—2016 规定。

4.2 容量

4.2.1 额定容量

蓄电池按5.3程序试验时，实际容量 C_a，在第1次容量试验时，排气式蓄电池应不低于0.90 C_n；阀控式蓄电池应不低于0.95 C_n；第10次放电容量或之前放电容量应达到额定 C_n。

4.2.2 不同温度下的容量

蓄电池按5.4试验，在不同温度下的放电容量应达到：

——−20 ℃±1 ℃ 容量不低于0.70 C_n；

——0 ℃±1 ℃ 容量不低于0.90 C_n；

——45 ℃±1 ℃ 容量不低于1.05 C_n。

4.3 荷电保持能力

蓄电池按5.5试验，容量保存率 R 应不低于85%。

4.4 循环耐久能力

蓄电池按5.6试验，循环次数应不低于400次。

4.5 动态耐久能力

蓄电池试验，循环次数应不低于：

——不含补充电的试验循环，蓄电池按5.7.1试验，至放电电量为电池初始容量的80% C_{da}时，循环次数，阀控式蓄电池应不低于200次；排气式蓄电池不低于250次。

——含有补充电的试验循环，蓄电池按5.7.2试验，至放电电量为电池初始容量的80% C_{dar}时，循环次数，阀控式蓄电池应不低于200次；排气式蓄电池不低于250次。

4.6 快速充电能力

蓄电池按5.8试验，放电容量应不低于0.8 C_a。

4.7 安全性

4.7.1 过充电

阀控式蓄电池按5.9.1试验，不应有漏液及其他异常现象。

4.7.2 材料的阻燃能力

阀控式蓄电池槽、盖按5.9.2试验时，应符合GB/T 2408—2008中8.4的HB级(水平级)和9.4的V-0(垂直级)的要求。

注：供需双方也可规定其他阻燃级别。

4.8 峰值功率

蓄电池按5.10试验，蓄电池的峰值功率 P_{max}应不低于 $5\times U\times C_n$(W)。

4.9 水损耗

蓄电池按5.11试验时，按额定容量 C_n 计算，蓄电池质量损失不得大于2.5 g/Ah。

4.10 耐振动能力

蓄电池按5.12试验，端电压应不低于额定电压，外观不得出现漏液、变形等异常现象。

4.11 镉元素

蓄电池按5.13试验时，蓄电池中镉元素平均含量不超过总质量的0.002%。

4.12 蓄电池系统性能的行车模拟试验

蓄电池系统性能的行车模拟试验应符合附录A要求。

注：由蓄电池制造厂与车辆制造厂选用。

5 试验方法

5.1 试验条件

5.1.1 试验设备

动态试验设备的电流转换速度(两个稳定电流之间的时间差)从一个稳定状态到另一个稳定状态时间应小于或等于1 s。

5.1.2 环境条件

除另有规定外，试验应在温度为15 ℃～35 ℃、相对湿度25%～85%、大气压力86 kPa～106 kPa的环境中进行。

5.1.3 电气测量

5.1.3.1 仪表量程

所用仪表的量程应随被测电流和电压的量值确定，即读数应在量程的后三分之一的范围内。

——电压测量

测量电压用的仪表应具有不低于0.5级精度的电压表，电压表内阻至少应是1 kΩ/V。

——电流测量

测量电流用的仪表应具有不低于0.5级精度的电流表。

注：上述电压、电流的测量也可以采用具有同等精度的其他测量仪器。

5.1.4 电解液密度测量

测量电解液密度的密度计应具有适当的量程，分度值不应大于0.005 g/cm^3，密度计的标定精度至少应为0.005 g/cm^3。

5.1.5 温度测量

测量温度用的温度计应具有适当的量程，其分度值不应大于1 ℃，温度计的标定精度不应低于2 ℃。

5.1.6 时间测量

测量时间用的仪表应按时、分、秒分度，至少应具有±1%的准确度。

5.1.7 尺寸测量

测量蓄电池外形尺寸的量具应具有1 mm以上的精度。

5.1.8 质量称重

称量蓄电池质量的衡器,应具有±0.1%以上的精度。

5.1.9 试验进行前的预处理

5.1.9.1 蓄电池样品

蓄电池样品没有特殊说明时,试验应在蓄电池出厂后的60天内进行,试验前所有蓄电池必须进行完全充电。

5.1.9.2 蓄电池的完全充电

蓄电池应按如下方式充电:

a) 恒流充电(适用于排气式蓄电池)

蓄电池在温度25 ℃±5 ℃的环境中,以0.75 I_n(A)电流充电至单体蓄电池平均电压为2.4 V±0.1 V后,改用0.25 I_n(A)电流继续充电,在充电末期连续3 h内蓄电池单体电压变化不大于0.01 V/h,或电解液密度符合制造厂规定时,认为蓄电池已完全充电。

b) 恒压充电(适用于阀控式蓄电池)

蓄电池在温度为25 ℃±5 ℃的环境中,以0.5 I_n(A)的电流,单体蓄电池平均电压为2.45 V±0.01 V的恒定电压连续充电12 h~18 h,认为蓄电池已完全充电。

c) 按制造厂提供的方法完全充电。

5.2 蓄电池外观、名称、型号、尺寸、端子极性和质量检验

5.2.1 外观、名称、型号检验

用目视检查蓄电池的外观、名称、型号。

5.2.2 尺寸检验

用具有1 mm以上的精度的量具测量蓄电池尺寸。

5.2.3 端子极性检验

用符合精度的电压表或反极仪检查蓄电池端子极性。

5.2.4 质量检查

擦净蓄电池表面,用符合精度的衡器称量蓄电池的质量。

5.3 额定容量试验

5.3.1 蓄电池经完全充电后,在标准环境温度中静置1 h~4 h,蓄电池以I_n(A)电流连续放电至单体蓄电池平均电压达到U_f(V)时终止。

5.3.2 测量并记录放电开始时的环境温度电池和端电压值,放电期间每隔30 min测记一次,放电末期5 min测记一次,放电终止时记录放电持续的时间T。

5.3.3 按式(1)计算蓄电池的实际容量C_a。

$$C_a = \frac{I \times T}{1 + \lambda(t - 25)} \quad \cdots\cdots(1)$$

式中：

C_a ——实际容量，单位为安时(Ah)；

I ——放电电流，单位为安培(A)；

T ——放电持续时间，单位为小时(h)；

t ——放电过程蓄电池平均温度，单位为摄氏度(℃)；

λ ——温度系数，3 hr 数值为 0.006 5；5 hr 数值为 0.006，单位为每摄氏度($℃^{-1}$)。

5.3.4 放电结束后，蓄电池按 5.1.9.2 进行完全充电。

5.4 不同温度下的容量试验

5.4.1 蓄电池经完全充电后，在其他温度下静置 18 h～24 h，蓄电池以 I_n(A)电流连续放电至单体蓄电池平均电压达 U_f(V)时终止。

5.4.2 放电结束后，蓄电池应置于常温下静置 8 h～24 h，并按 5.1.9.2 进行完全充电。

5.5 荷电保持能力试验

经 5.3 试验且符合 4.2.1 要求的蓄电池完全充电后，擦净表面，在温度为 25 ℃±5 ℃的环境中开路静置 30 天，然后按 5.3 进行容量试验。

根据式(2)计算容量保存率 R：

$$R = C_r / C_a \times 100\% \quad \cdots\cdots(2)$$

式中：

R ——容量保存率，用百分率表示(%)；

C_a ——容量保存率试验前按 5.3 试验求得的实际容量，单位为安时(Ah)；

C_r ——静置后求得的放电实际容量值，单位为安时(Ah)。

5.6 循环耐久能力试验

5.6.1 经 5.3 试验且符合 4.2.1 要求的蓄电池完全充电后，在温度 25 ℃±5 ℃的环境中进行如下实验：

a) 阀控式蓄电池：以 1.5 I_n(A)的电流放电 1.6 h，然后以每单体恒压 2.45 V±0.01 V，限流 1.5 I_n(A)充电 4 h，(或按厂家提供的充电方法充电)；

b) 排气式蓄电池：以 2.0 I_n(A)的电流放电 1.6 h，然后以每单体恒压 2.55 V±0.01 V，限流2.5 I_n(A)充电 4 h，(或按厂家提供的充电方法充电)。

c) 以上为 1 个放充循环次数。

5.6.2 蓄电池连续进行 49 个放充循环后，第 50 次按 4.2.1 进行容量放电。

5.6.3 蓄电池完全充电后继续按 5.6.1 进行放充循环，每循环到第 $n \times 50(n=1,2,3\cdots)$次时进行容量放电检验，当放电容量低于 0.80 C_n 时，按 4.2.1 再进行一次容量验证，若验证容量值不低于 0.80 C_n，则继续进行下一放充循环；若验证容量低于 0.80 C_n 时，放充循环终止，该 50 次循环不计入循环次数之内。

注：容量验证试验计入到循环次数内。

5.7 动态耐久能力试验

5.7.1 动态放电方法

5.7.1.1 不含补充电动态放电方法

经 5.3 试验且符合 4.2.1 要求的蓄电池完全充电后以下列方式放电：

a) 以表 3 电流值和表 1 中的步骤、状态、时间、单体保护电压进行一个周期为 60 s 微循环动态放电；

b) 不断重复图 1 方式放电，直至蓄电池终止电压 U_f(V)为止；

c) 记录整个放电过程的循环次数及累计容量；

d) 计算出所放出的容量 C_{da}。

注：最后一个微循环不计入循环次数的统计中。

表 1 不含补充电动态放电步骤

步骤	电流/A	状态	时间/s	单体保护电压/V
1	I_{dh}	放电	10	1.50
2	I_{dl}	放电	20	1.70
3	0	静置	30	—

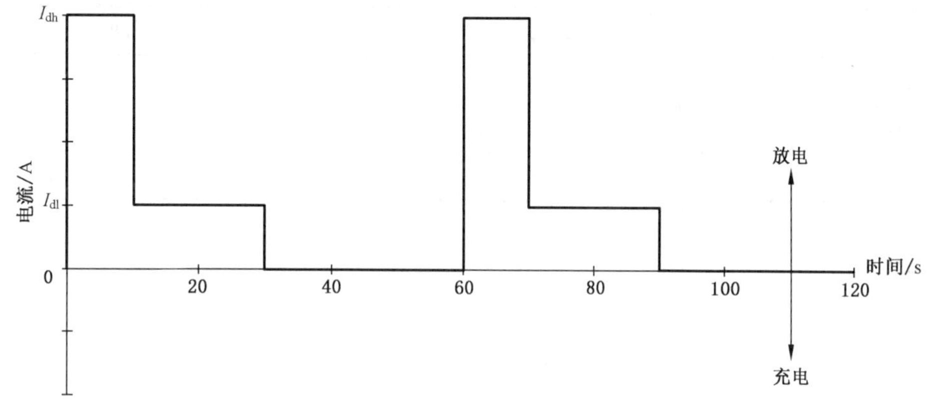

图 1 不含补充电动态放电方式

5.7.1.2 含补充电动态放电方法

经 5.3 试验且符合 4.2.1 要求的蓄电池完全充电后以下列方式放电：

a) 以表 3 电流和表 2 中的步骤、状态、时间、单体保护电压进行一个周期为 60 s 微循环动态放电；

b) 不断重复图 2 方式放电，直至蓄电池终止电压 U_f(V)为止；

c) 记录整个放电过程的循环次数及累计容量；

d) 计算出所放出的容量 C_{dar}(补充充电的容量应从总的放电容量中减去)。

注 1：最后一个微循环不计入循环次数的统计中。

注 2：I_{rc}脉冲电压单体不得大于 2.60 V，厂家也可以规定 I_{rc}最高限制电压。

表 2 含补充电动态放电步骤

步骤	电流/A	状态	时间/s	单体保护电压/V
1	I_{dh}	放电	10	1.50
2	I_{dl}	放电	20	1.70
3	I_{rc}	充电	5	—
4	0	静置	25	—

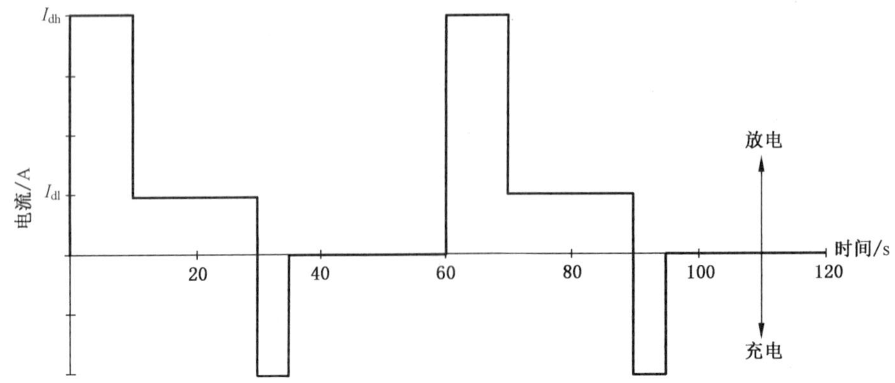

图 2　含补充电动态放电方式

表 3　放电条件

放电条件	3 hr 蓄电池放电电流/A	5 hr 蓄电池放电电流/A
大电流放电　I_{dh}	5.2 I_3	7.5×I_5
小电流放电　I_{dl}	1.3 I_3	2.0×I_5
补充电电流　I_{rc}	2.6 I_3	4.0×I_5

5.7.2　动态耐久能力试验

蓄电池应该在前一次放电后 1 h 内，按 5.1.9.2 充电(按厂家说明充电应在在 8 h 内完成)，充电之后，电池应静置 1 h～4 h，按如下方法进行试验：

a)　蓄电池按 5.7.1 或 5.7.2 的方式进行循环放电；

b)　第 50 次充/放循环后计算“容量”并按 5.1.9.2 充电(或按照厂家的规定充电)进行一次恢复充电；

c)　当计算的蓄电池容量 C_{da}或 C_{dar}下降到额定容量的 80% C_n 时，寿命终止，试验结束；

d)　计算每个循环周期的容量、记录累计放电容量、及达到的循环次数。

注：试验过程中在允许条件下，蓄电池充、放电循环每天应安排至少两次。

5.8　快速充电能力试验

5.8.1　经 5.3 试验且符合 4.2.1 要求的蓄电池完全充电后，在标准温度条件下进行。

a)　阀控式蓄电池：以 I_n(A)电流放电至单体蓄电池平均电压为 1.85 V，然后以 3 I_n(A)恒流充电到单体平均电压为 2.67 V，并以单体电压 2.67 V 恒压充电至充电结束，两阶段充电时间总计为 2 h。

b)　排气式蓄电池：以 I_n(A)电流放电至单体蓄电池平均电压为 1.85 V，然后以 6 I_n(A)恒流充电到单体平均电压为 2.67 V，并以单体电压 2.67 V 恒压充电至充电结束，两阶段充电时间总计为 2 h。

5.8.2　蓄电池在基准温度条件下，蓄电池以 I_n(A)电流放电至单体蓄电池单体电压为 U_f(V)。记录放电时间，并以放电电流(A)乘以放电时间(h)计算放电容量值。

5.9　安全性

5.9.1　过充电试验

阀控式蓄电池完全充电后，在温度为 25 ℃±5 ℃的环境中，以 0.6 I_n(A)电流连续充电 5 h，然后检查有无漏液,外观是否正常。

5.9.2 材料的阻燃能力试验

5.9.2.1 按 GB/T 2408—2008 中第 7 章的方法进行取样制备。

5.9.2.2 水平法按 GB/T 2408—2008 中第 8 章进行。

5.9.2.3 垂直法按 GB/T 2408—2008 中第 9 章进行。

注:电池槽、盖取样不能满足试验要求,应由电池槽、盖制造厂提供同一批次、相同材质样条。

5.10 峰值功率试验

5.10.1 经 5.3 容量试验达到额定容量值的蓄电池完全充电后,在基准环境中开路静置 24 h。

a) 3 hr 容量蓄电池:以电流 $I_1=2\times I_3$(A)放电 20 s,测量并记录蓄电池的端电压 U_1 值,间断 5 min;不经再充电蓄电池以电流 $I_2=10\times I_3$(A)放电 5 s,测量并记录蓄电池电压 U_2 值按下列公式计算蓄电池的峰值功率 P。

b) 5 hr 容量蓄电池:以电流 $I_1=3\times I_5$(A)放电 20 s,测量并记录蓄电池的端电压 U_1 值,间断 5 min;不经再充电蓄电池以电流 $I_2=15\times I_5$(A)放电 5 s,测量并记录蓄电池电压 U_2 值按下列公式计算蓄电池的峰值功率 P。

注:端电压应在每只蓄电池的端子处测量,确定无外部电压降干扰试验结果。

5.10.2 蓄电池电阻计算见式(3):

$$R_{batt}=\frac{U_1-U_2}{I_2-I_1} \qquad \cdots\cdots(3)$$

5.10.3 蓄电池开路电压计算见式(4):

$$U_{OC}=U_1+I_1\times R_{batt} \qquad \cdots\cdots(4)$$

5.10.4 端电压降到 2/3 开路电压的电流计算见式(5):

$$I_{PK}=\frac{U_{OC}}{3R_{batt}} \qquad \cdots\cdots(5)$$

5.10.5 峰值功率计算见式(6):

$$P_{max}=\frac{2U_{OC}\times I_{PK}}{3} \qquad \cdots\cdots(6)$$

式(3)~式(6)中:

P_{max}——峰值功率,单位为瓦特(W);

R_{batt}——蓄电池电阻,单位为欧姆(Ω);

U_{OC}——蓄电池开路电压,单位为伏特(V);

I_{PK}——端电压降到 2/3 开路电压的电流,单位为安培(A)。

5.11 水损耗试验

5.11.1 电池按 5.1.9.2 完全充电,擦净全部表面,干燥并称量质量(W_1)到精度±0.05%。

5.11.2 蓄电池保持在 40 ℃±2 ℃环境温度中。

5.11.3 蓄电池以单体电压 2.40 V±0.01 V 恒压充电 500 h。

5.11.4 擦净全部表面,干燥并称量质量(W_2)到精度±0.05%。

5.11.5 按式(7)计算水损耗量:

$$W=\frac{W_1-W_2}{C_n} \qquad \cdots\cdots(7)$$

式中:

W ——水损耗量,单位为每安时克(g/Ah);

W_1——充电开始时蓄电池质量,单位为克(g);

W_2——充电后蓄电池质量,单位为克(g);

C_n——3 hr 或 5 hr 额定容量,单位为安时(Ah)。

5.12 耐振动能力试验

5.12.1 蓄电池完全充电后在 25 ℃±5 ℃环境温度中,以直立状态坚固在振动台上。

5.12.2 蓄电池应经受频率为 30 Hz～35 Hz,最大加速度为 30 m/s^2 的垂直振动 2 h。

5.12.3 振动试验后,检查蓄电池端电压及外观是否正常。

5.13 镉元素检测

蓄电池按 JB/T 11236—2011 中第 4 章测定方法检测后,按 4.11 计算蓄电池中镉元素含量。

6 检验规则

6.1 检验分类

6.1.1 出厂检验、周期检验

凡提出交货的产品,必须按出厂检验项目和周期检验项目进行检验,检验的项目及检验样品数量见表 5。

6.1.2 型式检验

遇有下列情况之一时,应抽样进行型式检验,作型式检验必须是经出厂检验合格的产品:

a) 试制的新产品;

b) 产品结构、工艺配方或原材料有更改时;

c) 批量生产的产品按表 2 规定进行的定期抽样检验;

d) 用户要求的检验;

e) 政府行为的检验。

注:同系列蓄电池型式检验时一般选取产量最大的型号抽样。

6.2 型式检验项目与全项试验程序

检验的项目及检验样品数量见表 4 和表 5。

6.3 判定规则

6.3.1 依检验现象评定的检验项目,以检验现象进行判定。

6.3.2 依检验数据评定的检验项目,以全部参试蓄电池的测试数据作为该项目的判定数据,若有一只参试电池的测试数据不符合本标准要求时,型式试验则判定该批产品不合格周期检验可加倍复测,如仍有一只达不到要求,则判定该批产品不合格。

6.4 产品检验合格出厂文件

产品检验合格后方可出厂,并附有产品检验合格的文件。

表 4 试验项目

序号	试验项目	蓄电池编号				
		1	2	3	4	5
1	蓄电池外观、名称、型号、尺寸、端子极性和质量	√	√	√	√	√
2～10	额定容量试验★	√	√	√	√	√
11	不同温度下的容量试验☆	√	√			
12	荷电保持能力试验	√				
13	循环耐久能力试验		√			
14	动态耐久性试验○			√		
15	快速充电能力试验				√	
16	安全性试验●					√
17	峰值功率试验				√	
18	水损耗试验	√				
19	耐振动能力试验	√				
20	镉元素检验	√				

注 1：★试验中任何一次合格后，允许进行下一步试验。

注 2：☆试验项目可生产商任意选取一项，未说明的应优先进行－20 ℃容量试验。

注 3：○非强制性条款，由用户与制造厂商议决定。

注 4：●仅限于阀控式蓄电池。

表 5 检验分类

序号	检验分类	试验项目		试验数量	试验周期
1	出厂检验	蓄电池外观、名称、型号、端子极性		全数	
2		外形尺寸、质量		1%	
3	周期检验	容量	额定容量	2 只	每月一次
4			不同温度下的容量		每季度一次
5		安全性试验		各 1 只	半年一次
6		荷电保持能力			半年一次
7		峰值功率试验			半年一次
8		快速充电能力			半年一次
9		水损耗试验			每年一次
10		耐振动能力			每年一次
11		镉元素检测			每年一次
12		循环耐久能力			每年一次
13		动态耐久能力			每年一次

7 标志、包装、运输、贮存

7.1 标志

7.1.1 电池标志

蓄电池产品(包括单体、蓄电池组、蓄电池组模块、蓄电池系统)上应有下列标志：

a) 制造厂名；

b) 产品名称、型号；

c) 生产日期；

d) 商标；

e) 极性符号；

f) 阻燃级别(阀控式蓄电池)。

7.1.2 包装箱标志

包装箱外壁应有下列标志：

a) 产品名称、型号规格、数量；

b) 出厂日期；

c) 产品标准编号；

d) 每箱的净重及毛重；

e) 标明防潮、不准倒置、轻放等字样；

f) 厂名、厂址。

7.2 包装

7.2.1 蓄电池的包装应符合防潮、防振的要求。

7.2.2 包装箱内应装入随同产品供应的文件：

a) 装箱单；

b) 产品合格证明；

c) 产品使用说明书。

7.3 运输

7.3.1 在运输过程中，产品不得受剧烈机械冲撞、曝晒、雨淋、不得倒置。

7.3.2 在装卸过程中，产品应轻放，严防摔掷翻滚、重压：

7.4 贮存

7.4.1 产品应贮存在温度为 5 ℃～40 ℃的干燥，清洁及通风良好的仓库内。

7.4.2 应不受阳光直射，离热源(暖气设备等)不得少于 2 m。

7.4.3 产品应正立存放，不得倒置及卧放，不得受任何机械冲击或重压。

7.5 使用时的注意事项

使用蓄电池时，要使用户根据需要以正确的状态来使用，应利用使用说明书或其他适当方法来介绍电池的使用条件、注意事项及禁止事项，同时注明以下使用中的注意事项：

a) 蓄电池不得短路；

b）蓄电池不得放置密闭的容器内；

c）蓄电池远离火源；

d）充电时注意事项；

e）蓄电池破损时的处理方法；

f）不得随意解剖；

g）不得随意丢弃。

附 录 A
（规范性附录）
蓄电池系统性能的行车模拟试验

A.1 范围

本部分适用于模拟电动道路车电气系统内，蓄电池的容量、性能、循环寿命及其他项目的试验。

A.2 基本条件设定

为使试验具有更加真实性，蓄电池具有的放电能力及尺寸大小试验应选择在城市中所具有代表性车辆上测试。蓄电池的选择应考虑两个要素，首先是质量，其次是容量，即在规定的质量条件下，电池的容量应能达到所需要的运行里程。

假设在城内运行的环境温度为 25 ℃、车辆以平均速度为 30 km/h，蓄电池供给的能量为 100 VAh/ t·km在道路上运行，以这样的平均速度，运行 1 km，每吨车辆需要蓄电池 3 kW 的动力，一组容量 15 kVAh 的蓄电池组应驱动该一吨重的车辆在市内行驶 150 km。

注：选择用于车辆的试验蓄电池质量、体积和容量与车辆电池系统可用空间有关、为指导蓄电池选择，提出下列数据供参考：满载车辆中蓄电池所占质量最大份额 30%；城市车辆所行驶的最大范围 150 km。

A.3 参比循环试验

A.3.1 试验条件

A.3.1.1 模拟车辆性能调整

由于城市中交通流量的限制，不同车辆在市区运行时所耗能量差距通常并不大，但高性能车辆所需能量消耗仍比低性能车辆的高，要求所用蓄电池应赋予更高的动能，蓄电池的试验程序应随车辆不同而变化，应符合蓄电池制造厂家与车辆厂家的规定。

为了使程序适应某特定车辆，可以在基本微循环图的第 15 步（最大放电功率）和第 19 步（最大补充充电功率）在幅度上进行了调整，使其符合车辆驱动系统实际能力，但持续时间不应改变（见表 A.2）。

试验用于高性能车辆的电池系统其峰值增大，而低性能车辆的电池系统其峰值降低。其他各步的幅度和时间持续没有变化。用于测试试验质量 1 t 高性能车辆的电池的微循环例子示于表 A.2。在该例中，驱动系统最大功率是 100 kW；最大再生（充电）功率为 50 kW。

A.3.1.2 蓄电池的选择和准备

蓄电池系统管理系统和附件应符合车辆厂家的总装规定，蓄电池应按制造厂的说明进行试验准备，并记载准备的过程及各个不同系统的情况，（包括电池管理系统（BMS）、车辆驱动系统以及试验室的试验台等）。在试验开始时应对控制系统兼容性等相关各方面详细检查。在试验期间蓄电池的摆放位置，应做到周围的空气流动和温度状况与蓄电池在车辆中实际运行情况相同。

为使蓄电池达到最佳状态，试验的蓄电池或蓄电池组应进行前期多次循环的充、放电，以保证电池的输出容量达到了最佳状态。

A.3.2 基础电流放电微循环

以在微循环中每步的持续时间及功率百分比，对于其平均放电功率为 3 kW 蓄电池系统进行阐述，模拟循环试验由多个重复的微循环组成，整体试验直至蓄电池放完电或因某种原因而终止。

每一个微循环分为 20 个步骤，第 15 步时峰值功率达到 24 kW，A.4.2 中给出了此时循环的容量差。表 A.1 所给出了峰值功率为 24 kW 的微循环的动态负荷试验(DST)的全部 20 步的完整列表。

表 A.1 峰值功率为 24 kW 时，微循环的 DST 值

步骤编号	持续时间/s	能量比/%	功率/kW
1	16	0.0	0.0
2	28	−12.5	−3.0
3	12	−25.0	−6.0
4	8	12.5	3.0
5	16	0.0	0.0
6	24	−12.5	−3.0
7	12	−25.0	−6.0
8	8	12.5	3.0
9	16	0.0	0.0
10	24	−12.5	−3.0
11	12	−25.0	−6.0
12	8	12.5	3.0
13	16	0.0	0.0
14	36	−12.5	−3.0
15	8	−100	−24.0
16	24	−62.5	−14.7
17	8	25.0	6.0
18	32	−25.0	−6.0
19	8	50.0	12.0
20	44	0.0	0.0

注：再生能量的数字是为了满足 DST 的电源配置要求。为了防止严重的过充电，在某些情况下，传送到电池的实际功率可以由 BMS 控制。

表 A.2 适用于高性能车辆一次微循环的 DST 值

步骤编号	持续时间/s	功率/kW
1	16	0.0
2	28	−3.0
3	12	−6.0

表 A.2（续）

步骤编号	持续时间/s	功率/kW
4	8	3.0
5	16	0.0
6	24	−3.0
7	12	−6.0
8	8	3.0
9	16	0.0
10	24	−3.0
11	12	−6.0
12	8	3.0
13	16	0.0
14	36	−3.0
15	8	−100.0
16	24	−14.7
17	8	6.0
18	32	−6.0
19	8	50.0
20	44	0.0

A.4 普通试验

A.4.1 试验条件

试验条件为：

a) 蓄电池系统应在环境温度25 ℃条件下按照厂家的要求充足电(除非有另外规定)，总的空气流通条件要和电池装到车里的状况相同。在放电期间应保持空气流通，但在充电期间要关闭。由电池系统供电系统对电池冷却和加热，如果电池系统设计本身需要的应开启或需用外部电源给BMS供电的，要记录并标明该电源的能量消耗。

b) 运行电压，包括放电期间的最低电压和充电期间最高电压，在寿命试验程序(见A.5)的电池容量试验期间的每一个微循环中都应记录，其电压值应为微循环范围内运行电压。

c) 在电池顶部采用平均气流是可以接受的，而不要按照计算的车速调节气流。在试验期间应按照车辆平均速度30 km/h的状况设定恒定气流速度。

注：目前可用的为数不多的牵引电池或正在开发中的电池可以承受连续的极端运行状况而不受损。通常状况下，蓄电池是由BMS来保护，目的是电池系统在遇到自身不能承受条件时，BMS能够保证蓄电池在极限状况下运行。避免几分钟的极端运行状况就可能导致电池系统的永久性损坏情况发生，从而凸显BMS和车辆系统之间结合精确、可靠的重要性。

A.4.2 蓄电池能量测定

A.4.2.1 蓄电池的能量检验按A.3进行试验。以双方确认的功率能力连续重复进行“基本电流放电微循环"测试蓄电池系统，直至蓄电池不能再输出所需要的能量或由蓄电池系统 BMS 终止。

A.4.2.2 在整个试验过程中要连续记录蓄电池系统的电压，同时要记录并说明所涉及的循环试验各种数值、总的微循环数。试验结束后，其试验报告中应标明试验终止的原因。

A.4.2.3 试验的放电部分输出能量的总"瓦时(Wh)"数、以及在模拟刹车再生充电部分返回能量的总"瓦时(Wh)"数。蓄电池的能量应为净"瓦时(Wh)"输出，即输出能量的总"瓦时(Wh)"和反充回能量的总"瓦时(Wh)"的差额。

注：BMS 可能受容量(输出)、温度、电压或其他任何与电池寿命或安全性等因素而终止。

A.4.3 蓄电池基础能量确定

新电池系统经过初始条件准备之后，要以每天一个循环的方式重复 10 次参比循环试验以确立测得容量的一致性。记录这十次试验的每一次所输出的净能量，并把最后一次试验输出的净能量记为基础能量。

A.5 寿命试验

以 A.3"参比循环试验"方法确定蓄电池的寿命。当蓄电池放出储存的额定容量 80%时或者微循环结束时恰好输出了能量的 80%时放电结束。然后电池进行充电，充电应在放电结束后 1 h 内进行，充电结束后，放电应在 1 h 内开始(但为了适应试验室正常的工作时间，放电开始时间可以延迟)。每 50 次循环之后要用基准试验循环来测定蓄电池的能量的存量。以此来确定电池的实际能量的存量及其他参数的监测。在此试验过程中要连续记录蓄电池系统的电压，以便确定电池系统的其他参数，此外，要记录并说明总的微循环数、总的瓦时输出和反充回的总瓦时数，以此作为寿命试验程序该阶段的能量的存量(试验过程中允许蓄电池厂家在结束了整个额定容量储存试验之后立即进行恢复处理)。当输出的能量降至低于参考能量储存的 80%时寿命试验结束。该参考循环试验数记为电池的寿命。蓄电池能量的存量试验间隔可以调整，以使在电池的预计寿命期间能够进行 10 次这样的试验。

A.6 峰值功率和蓄电池电阻的测定

电池的最大功率和电阻以寿命试验程序中的电池能量的存量试验时测得的电压和电流来计算的，记录表 A.1 或表 A.2 的第 14 步和 15 步结束时的电压和电流。以下列公式进行计算：

a) 蓄电池的电阻用式(A.1)计算得出：

$$R_{batt}=\frac{V_{14}-V_{15}}{I_{15}-I_{14}} \qquad \text{(A.1)}$$

式中：

R_{batt}——计算得到的电池电阻，单位为欧姆(Ω)；

V_{14} ——第 14 步电压，单位为伏特(V)；

V_{15} ——第 15 步电压，单位为伏特(V)；

I_{14} ——第 14 步电流，单位为安培(A)；

I_{15} ——第 15 步电流，单位为安培(A)。

b) 蓄电池开路电压用式(A.2)计算：

$$V_{oc}=V_{14}+I_{14}\times R_{batt} \qquad \text{(A.2)}$$

式中：

V_{oc}——计算得到的蓄电池开路电压，单位为伏特(V)。

c) 蓄电池电压下降到 2/3 V_{oc}的电流由式 A.3 计算：

$$I_{pk}=\frac{V_{oc}}{3R_{batt}} \qquad \text{(A.3)}$$

式中：

I_{pk}——计算得到的最大功率时的峰值电流，单位为安培(A)。

d) 最大功率由式A.4计算：

$$P_{max}=\frac{2V_{oc}\times I_{pk}}{3} \qquad \text{(A.4)}$$

式中：

P_{max}——计算得出的电池最大功率，单位为伏安(VA)。

注1：在结果中要明示计算得出的蓄电池电阻、开路电压和最大功率。

注2：假定放电电阻从零点流至最大功率之间是线性的。

注3：蓄电池重要参数的确定与车辆的要求相关。通过试验来所获得最大的峰值功率会使蓄电池系统超限，通常来是说并不需要。

A.7 充电试验

A.7.1 充电接受能力

A.7.1.1 正常条件充电接受能力

蓄电池充电接受能力由充入蓄电池的能量和蓄电池输出的能量计算确定，它是通过记录蓄电池寿命试验程序中的每一个充/放电循环或选定个别的充/放电循环的充入蓄电池的能量和蓄电池的输出能量加以计算而获得。在试验中应考虑如下情况：

a) 充电接受能力的测试应包括BMS使用的相关损失(使用BMS系统)，以及寿命测试期间的任何维护或均充相关的损失；

b) 充电接受能力可以在寿命试验过程每一次容量试验中进行；

c) 对于放电到其他荷电状态时(如80% DOD)的充电接受能力应单独考虑；

d) 特殊情况下也应考虑测定该试验中的充电器的效率。

A.7.1.2 快速充电接受能力

将电池放电到微循环的终点，此时蓄电池额定容量60%已经放出，荷电状态只有40%SOC，然后以厂家的要求快速充电至荷电态80% SOC。以4.3方法将蓄电池系统能量全部放净，测量能量的存量情况，以此来评价在置换能量方面快速充电的有效性。它是以快速充电过程中充入到蓄电池中的容量数以及获得能量加以说明。

注：测试电池系统充电接受的快速充电能力试验可以用完整蓄电池系统的子系统进行。电池子系统的条件应与完整系统相同，确定额定容量获取。

A.7.2 部分放电试验

将电池系统放电至相当于额定容量20%微循环的终点，即荷电态80%，然后以常规充电方式给电池充电。然后以每天一个循环的方式总计重复20次。之后电池按进行A.4.3的容量试验，记录每一次蓄电池的容量。当电池的容量试验持续至5次时，评价容量恢复效果。此试验也可以采用50%DOD的放电深度进行重复。

注1：蓄电池系统如果要以连续的方式进行部分放电试验可根据需要按照规则的间隔进行恢复性循环。但要说明试验的连续循环方式并详细记载过程。

注2：测定部分放电试验效果的试验可以用完整电池系统的子系统进行。

A.7.3 自放电的测定

将电池系统按照正常方式充足电后静置，不接任何外部电源，在25 ℃基准温度条件下静置30天。储存结束后按照A.4.3测量容量并记录结果。容量损失应为此静置期间的自放电损失。

测量电池的永久性自放电损失，进行完该试验后将蓄电池系统充足电后再次在基准温度条件下按照A.4.3进行放电。确定最终能量损失。

该试验根据需要也可在其他环境温度中进行，如－20 ℃或40 ℃条件中，在此条件下蓄电池应保持在其环境中2 d和5 d。并按5.4“不同温度下的容量”试验检测蓄电池容量。

注：测定蓄电池系统的自放电特性试验可以用整体蓄电池系统的子系统进行。在这种情况下，蓄电池的任何时间都连接到按比例加载的完整电池系统的子系统之中。

A.8 蓄电池极端运行状态

A.8.1 蓄电池在车辆系统以最大功率连续放电

蓄电池以正常方式充足电，以车辆系统的最大功率水平放电，见A.3.2方式进行参比循环试验。连续记录电流和电压。当达到厂家提供的极限限制后试验结束。记录最大功率维持时间以及BMS所允许的逐渐下降功率和持续时间的曲线。

A.8.2 以最大再生功率作为荷电状态函数的再充电

以模拟循环试验将蓄电池放电至某一设定的放电深度，0%、或BMS允许的最低值，25%、50%、75%，或BMS允许的最大值。然后令蓄电池系统以参比循环试验（A.3.1.1）中所确定的最大刹车再生功率充电15 min。连续记录电流、电压和温度。当达到了车辆系统的限值或达到了蓄电池厂家所强制规定的任一限值时，试验结束。

试验应记录最大再生功率可以承受的时间和BMS允许的功率时间曲线，是否允许以降低功率的方式继续再充电。

注：车辆在市区行驶通常不会经历再生系统的高功率，当车辆被用于通勤或城外某地往返运行，这种情形并不必要。通常最坏的状况是电池在近乎满荷电态时要接受最大的再生功率充电。如果配备了BMS时，其将发出信号给车辆牵引系统来降低再生功率以阻止这种可能性。车辆制造商在尝试进行这种试验之前要弄清该界面的要求。

ICS 29.220.20
K 84

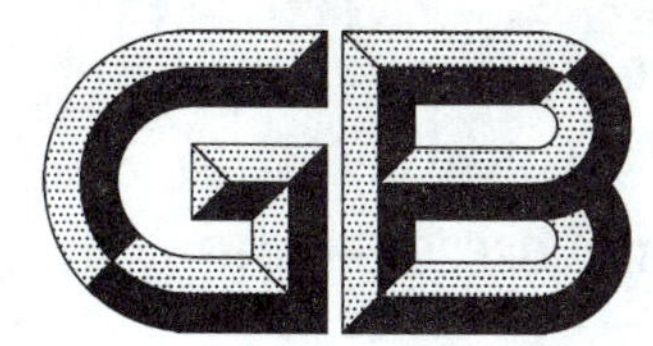

中华人民共和国国家标准

GB/T 32620.2—2016

电动道路车辆用铅酸蓄电池 第2部分：产品品种和规格

Lead-acid batteries used for electric road vehicles—Part 2: Kinds of products and specifications

2016-02-24 发布　　2016-09-01 实施

中华人民共和国国家质量监督检验检疫总局
中国国家标准化管理委员会　发布

前　言

GB/T 32620《电动道路车辆用铅酸蓄电池》分为两个部分：

——第1部分：技术条件；

——第2部分：产品品种和规格。

本部分为 GB/T 32620 的第2部分。

本部分按照 GB/T 1.1—2009 给出的规则起草。

本部分由中国电器工业协会提出。

本部分由全国铅酸蓄电池标准化技术委员会(SAC/TC 69)归口。

本部分主要起草单位：超威电源有限公司、安徽理士电源技术有限公司、安徽轰达电源有限公司、浙江古越电源有限公司、沈阳蓄电池研究所、福建亚亨动力科技集团有限公司、浙江力伴能源科技有限公司、山东圣阳电源股份有限公司、江苏华富储能新技术股份有限公司、东宾国际(吴江)电池有限公司、扬州金快乐电源有限公司、重庆裕祥电池有限公司、漳州市华威电源科技有限公司、国家化学电源产品质量监督检验中心。

本部分主要起草人：邓继东、周明明、董捷、方丽萍、曹苗根、谢振华、乔锋华、马建平、周寿斌、李来潮、戴秀玲、白强、柯志民、金苗、谢爽。

电动道路车辆用铅酸蓄电池
第2部分:产品品种和规格

1 范围

GB/T 32620的本部分规定了电动道路车辆用铅酸蓄电池的型号编制及极性标识、蓄电池型号及分类、蓄电池端子位置和端子尺寸、标记。

本部分适用于以蓄电池作为主要动力源的电动汽车、电动三轮车、高尔夫球车、旅游观光车、电动摩托车等额定容量在32 Ah(含32 Ah)以上使用的铅酸蓄电池(以下简称蓄电池)和蓄电池组。

本部分不适用于起动用、电动助力用、牵引用等其他用途的蓄电池和蓄电池组。

2 规范性引用文件

下列文件对于本部分的应用是必不可少的。凡是注日期的引用文件,仅注日期的版本适用于本文件。凡是不注日期的引用文件,其最新版本(包括所有的修改单)适用于本文件。

JB/T 2599 铅酸蓄电池 产品型号编制与命名办法

3 蓄电池型号编制及极性标识

3.1 型号编制

蓄电池型号编制应符合JB/T 2599要求。具体为:产品类型用汉字“电动车辆”英文的第一个大写字母“EV”表示。详细命名见图1(企业可根据实际情况及用户要求自行确定“其他”特征标识。特殊情况下在完成本部分所规定的型号编制后也可加注自行编制的型号)。

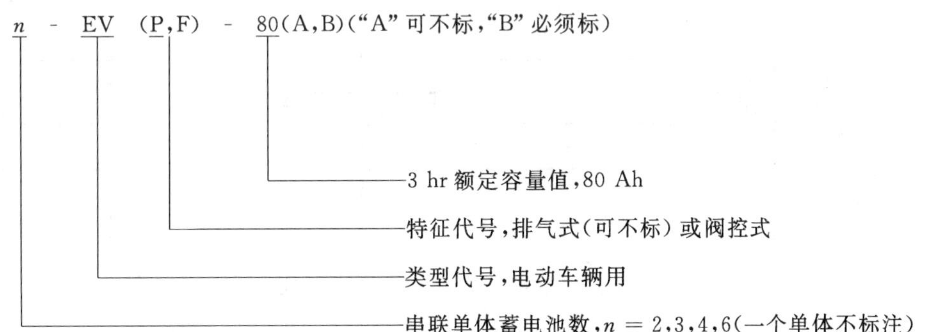

例如:6个单体串联的3 hr额定容量为80 Ah的阀控式电动道路车辆用铅酸蓄电池的型号命名为6-EVF-80或6-EVF-80(A)

6个单体串联的5 hr额定容量为80 Ah的排气式电动道路车辆用铅酸蓄电池的型号命名为6-EV-80(B)或6-EVP-80(B)

注:“A”代表3 hr额定容量的蓄电池,“B”代表5 hr额定容量的蓄电池。

图1 型号命名示意图

3.2 极性标识

3.2.1 蓄电池在盖子上应有极性标识。

3.2.1.1 正极的标识

在正极端子临近位置使用“+”这种形式的符号。

3.2.1.2 负极的标识

在负极端子临近位置使用“-”这种形式的符号。

3.2.2 标识的尺寸

高度为 0.5 mm±0.2 mm(凹陷的或是凸起的),具体尺寸见图 2。

尺寸单位为毫米

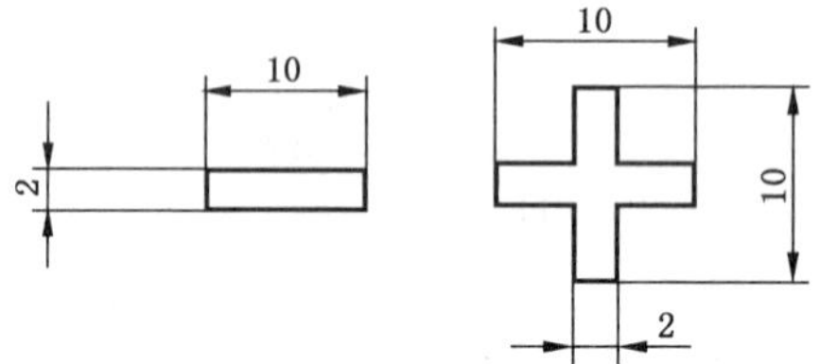

图 2 极性标识的参考尺寸

4 蓄电池产品外形结构和规格型号及尺寸

4.1 蓄电池产品外形结构见图 3。

4.2 蓄电池产品规格型号及尺寸见表 1、表 2。

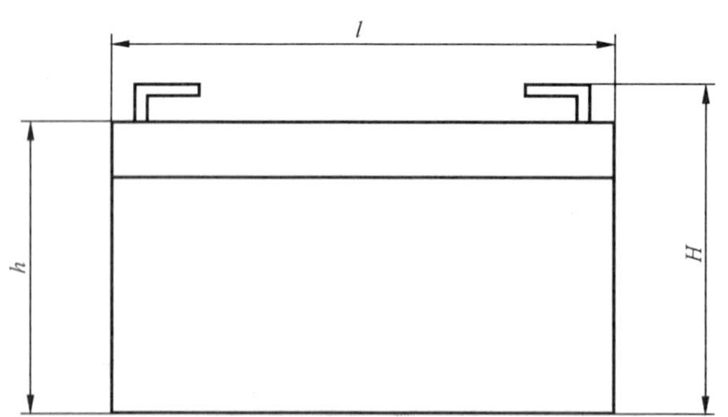

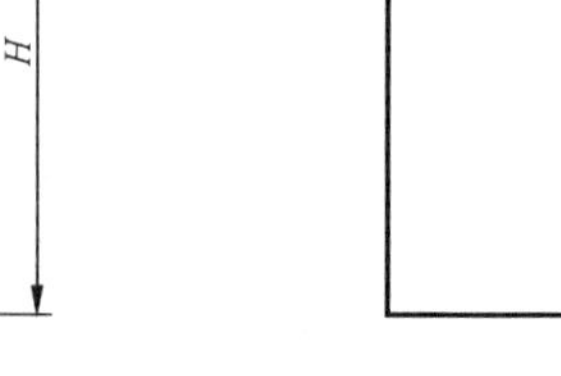

图 3 蓄电池外形结构示意图

表 1 产品规格型号与尺寸

序号	基本型号	额定电压 V	3 hr 容量 C_3 (Ah)/终止电压 (1.68 V/单体)	外形尺寸(±1 mm) mm				质量(不带液)/kg 最大值
				长	宽	高	总高	
1	3-EV-150	6	150	260	180	245	288	21.5
2	3-EV-160	6	160	260	182	245	282	28.5
3	3-EV-175	6	175	260	182	245	282	31.5
4	3-EV-180	6	180	260	180	245	288	22
5	3-EV-190	6	190	260	180	245	303	22
6	3-EV-200	6	200	245	190	245	310	24.5
7	3-EV-210	6	210	245	190	245	290	24.5
8	3-EV-220	6	220	245	190	275	315	27.5
9	3-EV-250	6	250	245	190	275	315	27.5
10	6-EV-60	12	60	260	170	245	276	19
11	6-EV-80	12	80	260	170	245	276	21
12	6-EV-90	12	90	360	171	245	276	22
13	6-EV-120	12	120	360	172	245	276	23
注:超过 250 Ah 以上及低于 60 Ah 的规格型号的蓄电池,可由用户与制造厂协商确定。								

表 2 阀控电池产品规格型号与尺寸

序号	基本型号	额定电压 V	3 hr 容量 C_3 (Ah)/终止电压 (1.68 V/单体)	外形尺寸(±1 mm) mm				质量/kg
				长	宽	高	总高	
1	3-EVF-150	6	150	260	180	246	252	30
2	3-EVF-175	6	175	260	180	254	274	30
3	3-EVF-180	6	180	260	180	270	273	35
4	3-EVF-185	6	185	263	181	246	266	34
5	3-EVF-200(Ⅰ)	6	200	260	180	272	274	36
6	3-EVF-200(Ⅱ)	6	200	332	180	214	218	38
7	3-EVF-210	6	220	322.5	178	225.5	230.5	36
8	3-EVF-220	6	220	260	180	273	295	38
9	4-EVF-125	8	125	260	180	255	275	29
10	4-EVF-135	8	135	260	180	280	280	35.5
11	4-EVF-150	8	150	260	180	280	280	36.5
12	6-EVF-60	12	60	260	168	215	215	24
13	6-EVF-65	12	60	272	172	206	226	25.1

表 2（续）

序号	基本型号	额定电压 V	3 hr 容量 C_3 (Ah)/终止电压 (1.68 V/单体)	外形尺寸(±1 mm) mm				质量/kg
				长	宽	高	总高	
14	6-EVF-70	12	70	330	170	165	172	26
15	6-EVF-80(Ⅰ)	12	80	260	190	220	220	26
16	6-EVF-80(Ⅱ)	12	80	323	172	206	226	29.5
17	6-EVF-100	12	100	330	176	214	218	36
18	6-EVF-110	12	110	512	167	170	179	40
19	6-EVF-120	12	120	408	174	220	240	44
20	6-EVF-150	12	150	484	170	238	241	52
21	6-EVF-190(Ⅰ)	12	190	386	180	346	367	66.5
22	6-EVF-190(Ⅱ)	12	190	528	222	229	250	64.6
注：超过 250 Ah 以上及低于 60 Ah 规格型号的蓄电池，可由用户与制造厂协商确定。								

5 蓄电池端子位置和尺寸

5.1 蓄电池端子位置可分为五种类型，如图 4。

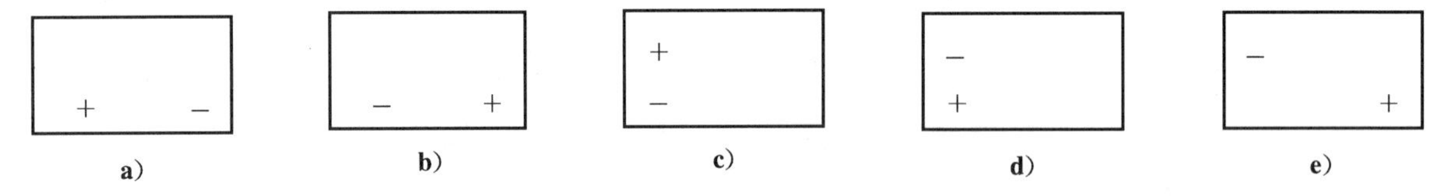

图 4 蓄电池端子位置示意图

5.2 蓄电池端子类型及尺寸如图 5～图 7 及表 3～表 4。

尺寸单位为毫米

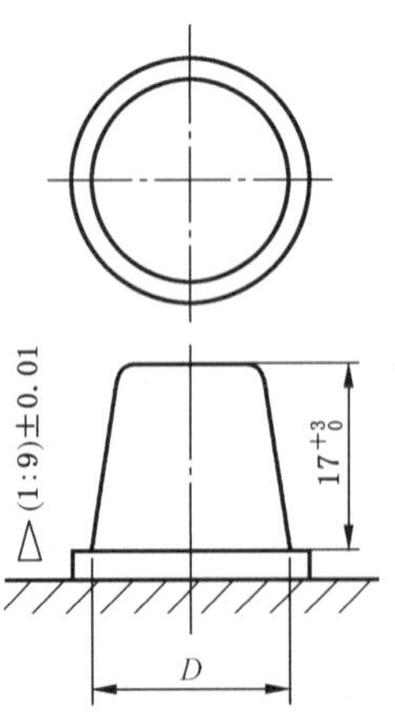

图 5 极柱形端子 T_1 和 T_2 的示意图

表 3　端子的尺寸和分类

端子的分类	直径/mm	
	正　　极	负　　极
T_1(细)	$14.7_{-0.3}^{0}$	$13.0_{-0.3}^{0}$
T_2(粗)	$19.5_{-0.3}^{0}$	$17.9_{-0.3}^{0}$

尺寸单位为毫米

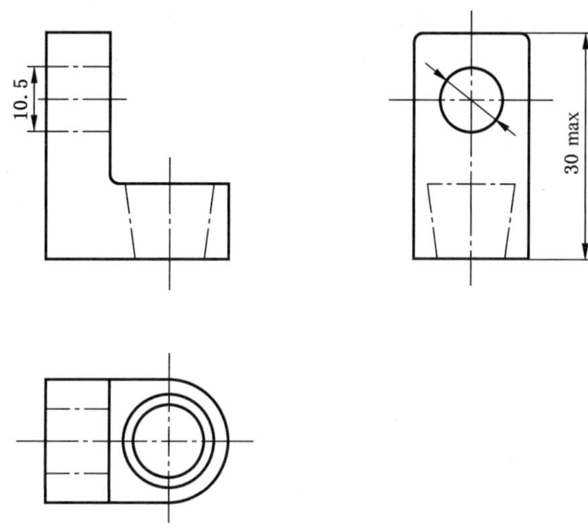

图 6　L 形端子的示意图

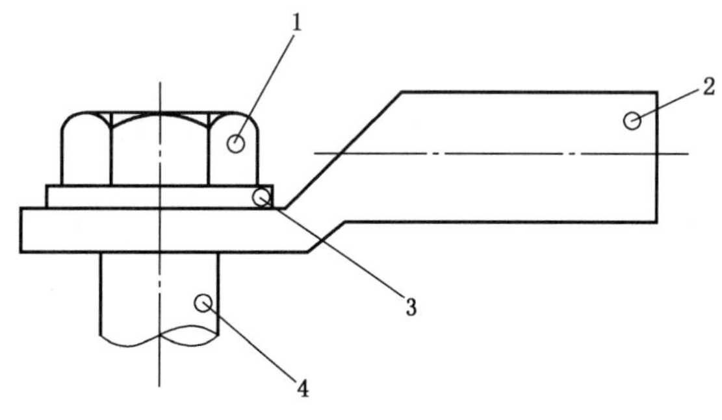

说明：

1——M10 螺栓端子；

2——电缆接头(端子类型：B_{35}，B_{50}，B_{70}，B_{95})；

3——垫圈(直径：ϕ10.5 mm)；

4——蓄电池端子。

图 7　螺栓形端子的示意图

表 4 螺栓端子尺寸和分类

端子类型	螺栓端子型号	螺孔直径/mm	电缆最大截面积/mm^2
B_{35}	M10	11	35
B_{50}	M10	11	50
B_{70}	M10	11	70
B_{95}	M10	11	95

ICS 43.120
T 47

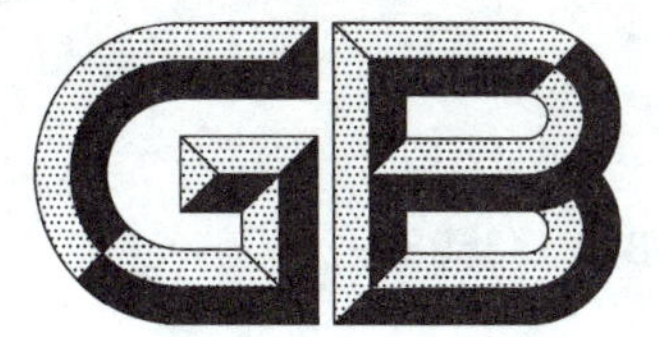

中华人民共和国国家标准

GB/T 33598—2017

车用动力电池回收利用　拆解规范

Recycling of traction battery used in electric vehicle—Dismantling specification

2017-05-12 发布　　2017-12-01 实施

中华人民共和国国家质量监督检验检疫总局
中国国家标准化管理委员会　发布

前　言

本标准按照GB/T 1.1—2009给出的规则起草。

本标准由工业和信息化部提出。

本标准由全国汽车标准化技术委员会(SAC/TC 114)归口。

本标准起草单位:广东邦普循环科技有限公司、宁德时代新能源科技股份有限公司、中国汽车技术研究中心、哈尔滨巴特瑞资源再生科技有限公司、格林美股份有限公司、湖南邦普报废汽车循环有限公司、浙江超威创元实业有限公司。

本标准主要起草人:余海军、赵忠松、张铜柱、谢英豪、李长东、明跃彬、李智专、詹园园、魏玉宇。

车用动力电池回收利用　拆解规范

1　范围

本标准规定了车用废旧动力蓄电池包(组)、模块拆解工作的术语和定义,总体要求,作业程序及存储和管理要求。

本标准适用于车用废旧锂离子动力蓄电池、金属氢化物镍动力蓄电池的蓄电池包(组)、模块的拆解,不适用于车用废旧动力蓄电池单体的拆解。

2　规范性引用文件

下列文件对于本文件的应用是必不可少的。凡是注日期的引用文件,仅注日期的版本适用于本文件。凡是不注日期的引用文件,其最新版本(包括所有的修改单)适用于本文件。

GB 5085.7　危险废物鉴别标准　通则

GB 18597　危险废物贮存污染控制标准

GB 18599　一般工业固体废物贮存、处置场污染控制标准

GB/T 19596　电动汽车术语

HJ 2025　危险废物收集、贮存、运输技术规范

3　术语和定义

GB/T 19596 界定的以及下列术语和定义适用于本文件。

3.1

拆解　dismantling

将废旧动力蓄电池包(组)、模块进行解体的作业。

4　总体要求

4.1　一般要求

4.1.1　生产企业在设计动力蓄电池时应考虑可拆解性、可回收性等绿色设计。

4.1.2　回收、拆解企业应具有国家法律法规规定的相关资质,如经营范围包括废旧电池类的危险废物经营许可证等。应按照生产企业提供的拆解信息或拆解手册,制定拆解作业程序或拆解作业指导书,进行安全拆解。

4.1.3　拆解企业宜采用机械或自动化拆解方式,以提高拆解效率及安全性。

4.1.4　拆解作业人员中,需持有相应的职业资格证书,如电工证等。

4.2　装备要求

4.2.1　应具备绝缘手套、防机械伤害手套、安全帽、绝缘鞋(靴)、防护面罩、防触电绝缘救援钩等安全防护装备。

4.2.2 应配备专业防护罩、专用起吊工具、起吊设备、专用拆解工装台、专用抽排系统、专用取模器、专用模块拆解设备、绝缘套装工具等。

4.2.3 应具备绝缘检测设备,如绝缘电阻测试仪等。

4.3 场地要求

4.3.1 拆解、存储场地应具备安全防范设施,如消防设施、报警设施、应急设施等。

4.3.2 拆解、存储场地的地面应硬化并防渗漏,具有环保防范设施,如废水处理系统等。

4.3.3 拆解、存储场地内应保持通风干燥、光线良好,并远离居民区。

4.4 安全要求

4.4.1 人员安全

4.4.1.1 拆解作业前,应穿戴安全防护装备。

4.4.1.2 应具备相应的专业知识,并经过内部专业培训考核。

4.4.2 吊装安全

4.4.2.1 吊具和起吊设备应进行绝缘处理,且所承受的载荷不得超过额定起重能力。

4.4.2.2 起吊前应拆除废旧动力蓄电池外接导线及脱落的附属件,防止起吊中坠落伤人。

4.4.2.3 起吊动力蓄电池包(组)时,固定点应不少于3个。

4.4.2.4 起吊前应进行试吊,并检查设备受力情况。

4.4.3 拆解安全

4.4.3.1 拆解过程严禁单独作业,按照制定的拆解作业程序或作业指导书进行。

4.4.3.2 切割工序中,应先检查切割设备,固定切割件,并做好防护。

4.4.3.3 拆解作业应避免整体结构的失重散架和动力蓄电池的破损。

4.4.3.4 拆解后应对废旧动力蓄电池模块、单体进行绝缘处理。

5 作业程序

5.1 作业流程图

5.1.1 废旧动力蓄电池拆解的作业程序应严格遵循安全、环保和资源循环利用三原则。

5.1.2 废旧动力蓄电池拆解的作业程序宜按图1进行,对于不含动力蓄电池模块的,可省略“动力蓄电池模块拆解”程序。

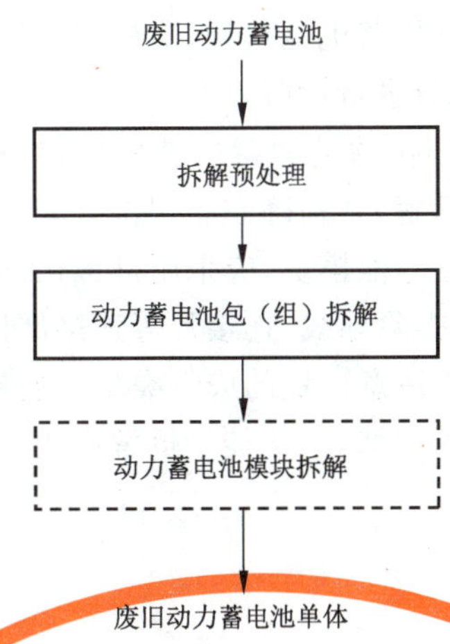

图 1　废旧动力蓄电池拆解作业程序图

5.2　预处理

5.2.1　采集废旧动力蓄电池的型号、制造商、电压、标称容量、尺寸及质量等信息。

5.2.2　对液冷动力蓄电池应采用专用抽排系统排空冷却液，并使用专用容器对其进行收集。

5.2.3　对废旧动力蓄电池包(组)应进行绝缘检测，并进行放电或绝缘等处理，以确保拆解安全。

5.2.4　拆除废旧动力蓄电池外接导线及脱落的附属件。

5.2.5　粘贴回收追溯码，将预处理采集信息录入回收追溯管理系统。

5.3　拆解

5.3.1　动力蓄电池包(组)拆解

5.3.1.1　采用专用起吊工具和起吊设备将动力蓄电池包(组)起吊至专用拆解工装台。

5.3.1.2　拆除动力蓄电池包(组)外壳，根据组合方式，拆解方式如下：

a)　对外壳为螺栓式组合连接的动力蓄电池包(组)，应根据螺栓的类型及规格，采用相应的工具或设备进行拆解。

b)　对外壳为金属焊接或塑封式连接的动力蓄电池包(组)，应采用专业的切割设备拆解，并精确控制切割位置及切入深度。

c)　对外壳为嵌入式连接的动力蓄电池包(组)，宜采用专业的机械化切割设备拆解。

5.3.1.3　外壳拆除后，应先拆除托架、隔板等辅助固定部件。

5.3.1.4　应使用绝缘工具拆除高压线束、线路板、电池管理系统、高压安全盒等功能部件。

5.3.1.5　根据动力蓄电池模块的位置和固定方式，拆除相关固定件、冷却系统等部件，采用专用取模器移除模块。

5.3.1.6　动力蓄电池包(组)拆解过程中要注意避免拆除的螺栓等金属件与高低压连接触头位置的接触，以免造成短路起火，同时要备用专用磁吸工具用于对脱落在缝隙中的金属件的取出。

5.3.2　动力蓄电池模块拆解

5.3.2.1　宜采用专用模块拆解设备对模块进行安全、环保拆解。

5.3.2.2　采用专用起吊工具及起吊设备将动力蓄电池模块起吊至拆解工装台或模块拆解设备进料口。

5.3.2.3　拆除蓄电池模块外壳，根据组合方式，拆解方法如下：

a）对外壳为螺栓式组合连接的动力蓄电池模块，应根据螺栓的类型及规格，在专用模组工装夹具的辅助下定位，采用相应的工具进行拆解。

b）对外壳为金属焊接或塑封式连接的动力蓄电池模块，应根据焊位或封装口角度，宜采用专用模块拆解设备在封闭空间中拆解，并精确控制焊位分离尺寸及刀口切入深度，防止短路起火。

c）对外壳为嵌入式连接的动力蓄电池模块，应采用机械化拆解设备进行拆解。

5.3.2.4 外壳拆除后，应采用绝缘工具拆除导线、连接片等连接部件，分离出蓄电池单体。

5.3.2.5 动力蓄电池模块拆解过程中要注意模块的成组类型与连接方式，拆解过程做好绝缘防护，对高低压连接插件的接口应用绝缘材料及时封堵，不应徒手拆解模块。

6 存储和管理

6.1 收集的废液、废弃物，应按 GB 5085.7 的规定进行鉴别分类，并符合下列规定：

a）属于危险废物，应按 GB 18597 和 HJ 2025 要求进行收集、贮存、运输，并交由有资质单位进行处理。

b）属于一般固体废物，应按 GB 18599 的要求执行。

6.2 蓄电池单体应统一存储，禁止对单体进行手工拆解、丢弃、填埋或焚烧。

6.3 拆解后的蓄电池单体、零部件、材料，应采用相应的容器分类存储、标识，并对其进行日常性检查。

6.4 回收拆解企业应向生产企业提供回收处理报告。

ICS 43.080
T 47

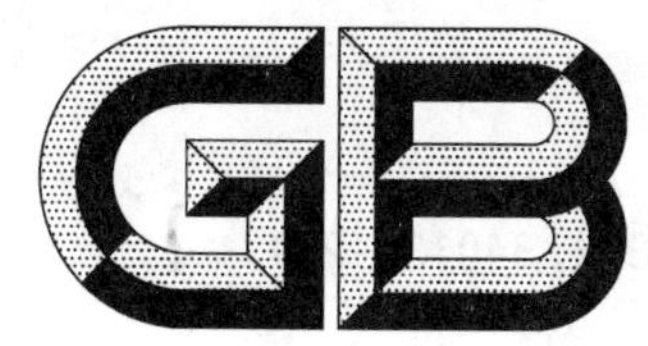

中华人民共和国国家标准

GB/T 34013—2017

电动汽车用动力蓄电池产品规格尺寸

Dimension of traction battery for electric vehicles

2017-07-12 发布　　　　2018-02-01 实施

中华人民共和国国家质量监督检验检疫总局
中国国家标准化管理委员会　发布

前　言

本标准按照 GB/T 1.1—2009 给出的规则起草。

本标准由中华人民共和国工业和信息化部提出。

本标准由全国汽车标准化技术委员会(SAC/TC 114)归口。

本标准起草单位:中国汽车技术研究中心、比亚迪汽车工业有限公司、宁德时代新能源科技股份有限公司、国联汽车动力电池研究院有限责任公司、浙江天能能源科技股份有限公司、中国汽车工业学会、中国电子科技集团公司第十八研究所、上海捷新动力电池系统有限公司、合肥国轩高科动力能源股份公司、中国第一汽车股份有限公司技术中心、北京新能源汽车股份有限公司、重庆长安新能源汽车有限公司、泛亚汽车技术中心有限公司、天津市捷威动力工业有限公司、天津力神电池股份有限公司、江苏春兰清洁能源研究院有限公司、中信国安盟固利动力科技有限公司。

本标准主要起草人:王芳、孟祥峰、廉玉波、樊彬、肖成伟、陆春、吕仁志、李宏伟、卢世刚、陈伟峰、王琳、樊晓松、施利勇、王謇、戴伟杰、张红波、王东升、徐兴无、杨聪娇、尹芳芳、黄志诚、姚振辉、袁昌荣、杨建军、张娜、王驰伟、张俊英、何蓉芳、刘正耀。

电动汽车用动力蓄电池产品规格尺寸

1 范围

本标准规定了电动汽车用动力蓄电池(以下简称蓄电池)单体、模块和标准箱规格尺寸。

本标准适用于装载在电动汽车上的锂离子蓄电池和金属氢化物镍蓄电池,其他类型蓄电池参照执行。

2 规范性引用文件

下列文件对于本文件的应用是必不可少的。凡是注日期的引用文件,仅注日期的版本适用于本文件。凡是不注日期的引用文件,其最新版本(包括所有的修改单)适用于本文件。

GB/T 1804 一般公差 未注公差的线性和角度尺寸的公差

GB/T 2900.41 电工术语 原电池和蓄电池

GB/T 19596 电动汽车术语

3 术语和定义

GB/T 2900.41、GB/T 19596 界定的以及下列术语和定义适用于本文件。

3.1

圆柱形电池 cylindrical cell

具有圆柱形电池外壳和连接元件(电极)的蓄电池。

3.2

方形电池 prismatic cell

具有长方体电池外壳和连接元件(电极)的蓄电池。

3.3

软包电池 pouch cell

具有复合薄膜制成的电池外壳和连接元件(电极)的蓄电池。

3.4

单体蓄电池 secondary cell

将化学能转化为电能的基本单元装置,通常包括电极、隔膜、电解质、外壳和端子,并被设计成可充电。也称作电芯。

3.5

蓄电池模块 battery module

将一个以上单体蓄电池按照串联、并联或串并联方式组合,并作为电源使用的组合体。也称作蓄电池组。

3.6

蓄电池标准箱 standard battery case

应用于电动汽车上,通常包括蓄电池模块、蓄电池管理模块(不包含电池控制单元)、蓄电池箱以及相应附件的能量储存装置，可以通过不同组合方式应用于不同整车车型中。

4　蓄电池产品规格尺寸通用要求

4.1　尺寸公差要求

本标准中规定的单体蓄电池各项尺寸，按照 GB/T 1804 中关于线性尺寸的极限偏差的规定，选取精密 m 公差等级。

4.2　尺寸范围要求

为了统一蓄电池规格尺寸，做出如表 1 所示的尺寸范围约定。在同一尺寸范围的单体蓄电池、蓄电池模块和蓄电池标准箱(参见附录 A)属于同一规格产品。

表 1　蓄电池尺寸范围

单位为毫米

产品尺寸	尺寸范围
＜10	±0.5
≥10,＜100	±2.0
≥100,＜500	±5.0
≥500	±10.0

5　蓄电池单体规格尺寸

5.1　圆柱形电池规格尺寸

圆柱形电池的结构如图 1 所示，表 2 列出了圆柱形电池的尺寸系列。

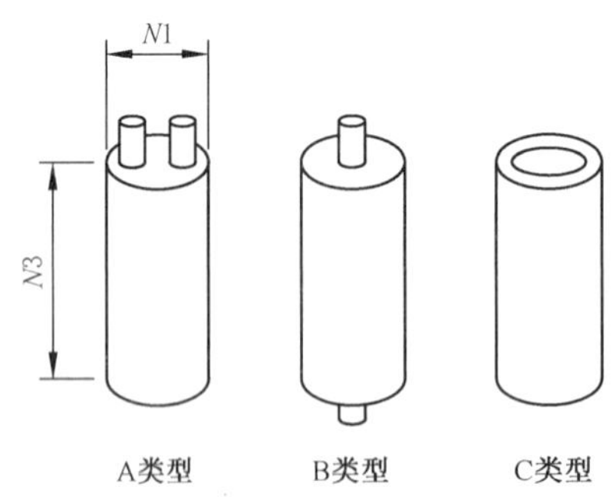

说明：

$N1$——圆柱形电池的直径；

$N3$——不包含极柱的电池高度。

图 1　圆柱形电池

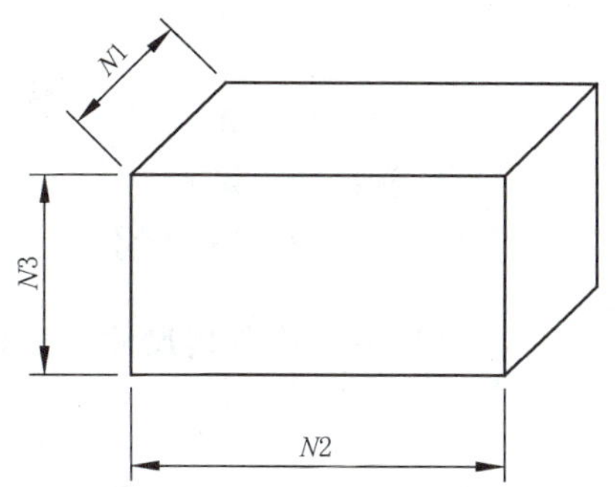

说明：

$N1$——蓄电池模块的厚度；

$N2$——软蓄电池模块的宽度；

$N3$——蓄电池模块的高度。

图 4 蓄电池模块

表 5 蓄电池模块尺寸系列

序号	外形尺寸 mm		
	$N1$	$N2$	$N3$
1	211～515	141	211/235
2	252～590	151	108/119/130/141
3	157	159	269
4	285～793	178	130/163/177/200/216/240/255/265
5	270～793	190	47/90/110/140/197/225/250
6	191/590	220	108/294
7	547	226	144
8	269～319	234	85/297
9	280	325	207
10	18～27,330～672	367	114/275/429
11	242～246	402	167
12	162～861	439	363
注：所列尺寸范围参照表 1。			

附 录 A
（资料性附录）
蓄电池标准箱规格尺寸

本附录推荐了适用于电动商用车的蓄电池标准箱典型尺寸，表 A.1 列出了蓄电池标准箱的典型规格尺寸。结构如图 A.1 所示。

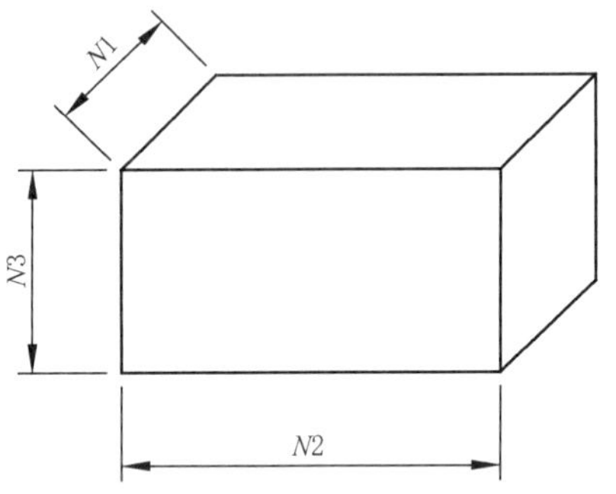

说明：

N1——电池箱的厚度/长度；

N2——电池箱的宽度；

N3——电池箱的高度。

图 A.1 蓄电池标准箱尺寸

表 A.1 蓄电池标准箱尺寸系列

序号	外形尺寸 mm		
	N1	N2	N3
1	896/1 080	489	205～450
2	820/1 060/1 200	630/660/680	215～275
3	2 190	690	233
4	1 015	720/800	215～275
5	1 030	999/1 360/1 722	251～548
注：所列尺寸范围参照表 1。			

ICS 43.040
T 47

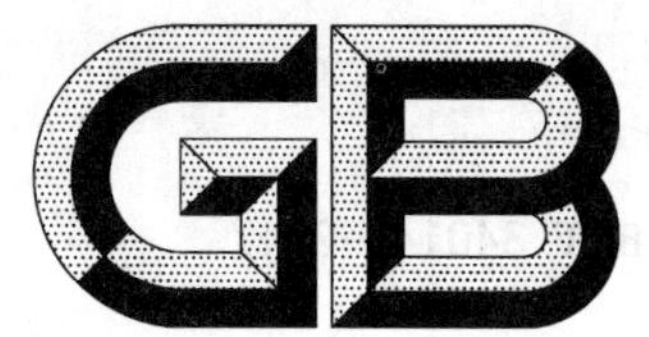

中华人民共和国国家标准

GB/T 34014—2017

汽车动力蓄电池编码规则

Coding regulation for automotive traction battery

2017-07-12 发布 2018-02-01 实施

中华人民共和国国家质量监督检验检疫总局
中国国家标准化管理委员会 发布

前　言

本标准按照 GB/T 1.1—2009 给出的规则起草。

本标准由中华人民共和国工业和信息化部提出。

本标准由全国汽车标准化技术委员会(SAC/TC 114)归口。

本标准起草单位:国联汽车动力电池研究院有限责任公司、中国汽车技术研究中心、比亚迪汽车工业有限公司、宁德时代新能源科技股份有限公司、江淮汽车股份有限公司、上海捷新动力电池系统有限公司、上海卡耐能源有限公司、江苏春兰清洁能源研究院有限公司、重庆长安汽车股份有限公司、天津力神电池股份有限公司、惠州市亿能电子有限公司、华晨汽车集团控股有限公司、浙江天能能源科技股份有限公司、浙江谷神能源科技股份有限公司、上汽大众汽车有限公司。

本标准主要起草人:卢世刚、孟祥峰、陈万朋、王琳、王攀、陆春、王芳、樊彬、陈伟峰、戴伟杰、徐树杰、艾崇、樊晓松、李宏伟、李玉刚、张海林、何蓉芳、袁昌荣、张娜、张红波、樊耀国、单冲、王謇、余赵娜、王清。

汽车动力蓄电池编码规则

1 范围

本标准规定了汽车动力蓄电池编码的对象、代码结构组成、代码结构表示方法和数据载体。

本标准适用于汽车动力蓄电池、超级电容器及其他可充电储能装置。

2 规范性引用文件

下列文件对于本文件的应用是必不可少的。凡是注日期的引用文件,仅注日期的版本适用于本文件。凡是不注日期的引用文件,其最新版本(包括所有的修改单)适用于本文件。

GB/T 15425 商品条码 128 条码

GB/T 18284 快速响应矩阵码

GB/T 18347 128 条码

GB/T 19596 电动汽车术语

ISO/IEC 16022 信息技术自动化识别与数据采集技术数据矩阵条形码符号体系规范(Information technology—Automatic identification and data capture techniques—Data matrix bar code symbology specification)

3 术语和定义

GB/T 19596 界定的以及下列术语和定义适用于本文件。

3.1

动力蓄电池编码 traction battery code

由一组有一定信息含义的数字和英文字母表示动力蓄电池主要属性和唯一性的标识代码。

4 编码

4.1 编码对象

编码对象为汽车动力蓄电池包、蓄电池模块、单体蓄电池及梯级利用的动力蓄电池包、蓄电池模块、单体蓄电池,且动力蓄电池包、蓄电池模块与单体蓄电池,梯级利用的动力蓄电池包、蓄电池模块与单体蓄电池的编码应建立对应关系。

4.2 代码结构组成

代码结构包括两部分,见表 1 和表 2,第一部分为设计信息,第二部分为生产信息,两部分可以分别编码或合并编码。

本代码结构同样适用于梯级利用动力蓄电池产品,对于梯级利用动力蓄电池产品需要重新按照编码规则进行编码,原动力蓄电池产品的编码需要保留,编写过程中无扩展结构 1 的追溯信息代码。

表 1 第一部分代码结构

基本结构	扩展结构 1	含义
X1 X2 X3 X4 X5 X6 X7	X8 X9 X10 X11 X12 X13 X14	
X1 X2 X3		厂商代码
X4		产品类型代码
X5		电池类型代码
X6 X7		规格代码
	X8 X9 X10 X11 X12 X13 X14	追溯信息代码

表 2 第二部分代码结构

基本结构	扩展结构 2	含义
X15 X16 X17 X18 X19 X20 X21 X22 X23 X24	X25 X26	
X15 X16 X17		生产日期代码
X18 X19 X20 X21 X22 X23 X24		序列号
	X25 X26	梯级利用代码

4.3 代码结构表示方法

4.3.1 厂商代码

厂商包括生产厂商、梯级利用厂商、进口商，厂商代码由三位英文大写字母、数字 0～9 或字母与数字组合表示，由行业管理部门统一分配。

4.3.2 产品类型代码

分别用大写字母 P、M、C 表示动力蓄电池包、蓄电池模块及单体蓄电池。

4.3.3 电池类型代码

以电池材料类别代表电池类型，电池类型代码由一位英文大写字母表示，见表 3。对于多组分混合材料体系，采用含量最大的材料组分编写代码，存在两种或两种以上相同含量的材料组分，以安全性较差的材料组分编写代码。

表 3 电池类型代码

电池类型	代码
镍氢电池	A
磷酸铁锂电池	B
锰酸锂电池	C

表 3（续）

电池类型	代码
钴酸锂电池	D
三元材料电池	E
超级电容器	F
钛酸锂电池	G
其他	Z

4.3.4 规格代码

规格代码由两位英文大写字母、数字 0～9 或字母与数字组合表示，由企业自行定义，指代不同的产品规格型号。企业需对自定义规格代码进行备案说明。

4.3.5 追溯信息代码

追溯信息代码由七位英文大写字母、数字 0～9 或字母与数字组合表示，由企业进行自行定义，对于新的动力蓄电池产品，需加入追溯信息代码，梯级利用动力蓄电池产品，无追溯信息代码。企业需对自定义追溯信息代码进行备案说明，不建议使用容易和数字混淆的字母，如 O、I、Q、S、Z 等字母。

4.3.6 生产日期代码

生产日期由三位英文大写字母和数字表示。其中第一位表示年份，年份代码按照表 4 规定使用(30 年循环一次)，第二位表示月份，以十六进制数值表示，第三位表示自然日，按照表 5 规定使用。

表 4 生产年份代码

年份	代码	年份	代码	年份	代码	年份	代码
2011	1	2021	B	2031	M	2041	1
2012	2	2022	C	2032	N	2042	2
2013	3	2023	D	2033	P	2043	3
2014	4	2024	E	2034	R	2044	4
2015	5	2025	F	2035	S	2045	5
2016	6	2026	G	2036	T	2046	6
2017	7	2027	H	2037	V	2047	7
2018	8	2028	J	2038	W	2048	8
2019	9	2029	K	2039	X	2049	9
2020	A	2030	L	2040	Y	2050	A

表 5 生产日期代码

日期	代码	日期	代码	日期	代码
1	1	12	C	23	P
2	2	13	D	24	R
3	3	14	E	25	S
4	4	15	F	26	T
5	5	16	G	27	V
6	6	17	H	28	W
7	7	18	J	29	X
8	8	19	K	30	Y
9	9	20	L	31	0
10	A	21	M		
11	B	22	N		

4.3.7 序列号

序列号代码由七位10进制数值表示，数值范围为0000000～9999999，是在指定生产线生产动力蓄电池包、模块、单体产品的当日顺序号。

4.3.8 梯级利用代码

梯级利用代码适用于梯级利用产品，由两位大写英文字母表示，见表6。非梯级利用产品，不需标识，对于梯级利用动力蓄电池产品需要重新按照编码规则进行编码，原动力蓄电池产品的编码需要保留。

表 6 梯级利用代码

梯级利用产品形式	代码
动力蓄电池包直接梯级利用	RP
蓄电池模块直接梯级利用	RM
单体蓄电池梯级利用	RC

5 数据载体

5.1 标识方式

5.1.1 标识方式要求

标识方式需采用一维码、二维码中的至少一种方式进行标识。

5.1.2 一维码

一维码数据载体应符合GB/T 18347和GB/T 15425的要求。编码示例参见附录A。

5.1.3 二维码

二维码数据载体应分别符合 GB/T 18284 和 ISO/IEC 16022 的要求。

5.2 标识符号

5.2.1 标识符号位置

标识符号应固定在动力蓄电池包、模块和单体便于识读、不易变形、不易磨损的位置,标识符号应不易替换。

5.2.2 标识符号介质

标识符号应使用耐磨损、耐腐蚀的介质承载,标识符号应保持字迹清楚、坚固耐久。

附　录　A
（资料性附录）
编码示例

A.1　动力蓄电池产品编码示例

某动力蓄电池包的编码示例如下：

101PE052011A117AA0000100

——101(厂商代码)：某动力蓄电池包生产厂商的统一分配编码；

——P(产品类型代码)：动力蓄电池包；

——E(电池类型代码)：动力蓄电池包中电池的正极活性材料主体为三元材料；

——05(规格代码)：备案的企业自定义动力蓄电池包规格代码；

——2011A11(扩展结构 1 代码)：备案的企业自定义动力蓄电池包的追溯信息代码；

——7AA(生产日期代码)：动力蓄电池包生产日期为 2017 年 10 月 10 日；

——0000100(序列号)：当日生产的同一规格动力蓄电池包的序列号。

A.2　梯级利用动力蓄电池产品编码示例

某梯级利用动力蓄电池模块编码示例如下：

201MC038800002000RM

——201(厂商代码)：某动力蓄电池模块梯级利用生产厂商的统一分配编码；

——M(产品类型代码)：梯级利用动力蓄电池模块编码；

——C(电池类型代码)：梯级利用动力蓄电池模块中电池的正极活性材料主体为锰酸锂材料；

——03(规格代码)：备案的企业自定义梯级利用动力蓄电池模块规格代码；

——880(生产日期代码)：梯级利用动力蓄电池模块生产日期为 2018 年 8 月 31 日；

——0002000(序列号)：当日生产的同一规格梯级利用动力蓄电池模块的序列号；

——RM(扩展结构 2)：蓄电池模块直接梯级利用。

ICS 43.120
T 47

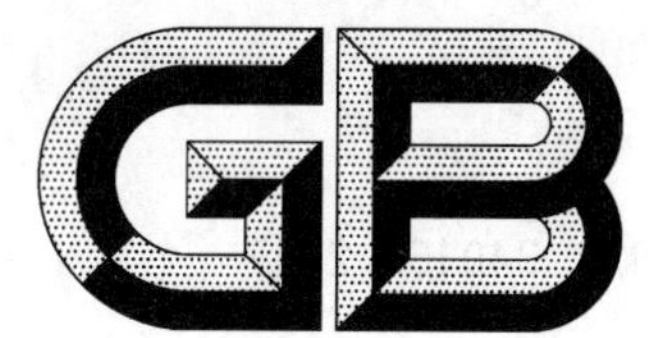

中华人民共和国国家标准

GB/T 34015—2017

车用动力电池回收利用　余能检测

Recycling of traction battery used in electric vehicle—Test of residual capacity

2017-07-12 发布　　2018-02-01 实施

中华人民共和国国家质量监督检验检疫总局
中国国家标准化管理委员会　发布

前　言

本标准按照GB/T 1.1—2009给出的规则起草。

本标准由中华人民共和国工业和信息化部提出。

本标准由全国汽车标准化技术委员会(SAC/TC 114)归口。

本标准起草单位:广东邦普循环科技有限公司、宁德时代新能源科技股份有限公司、中国汽车技术研究中心、哈尔滨巴特瑞资源再生科技有限公司、格林美股份有限公司、湖南邦普报废汽车循环有限公司、浙江超威创元实业有限公司。

本标准主要起草人:余海军、赵忠松、张铜柱、谢英豪、李长东、明跃彬、李智专、詹园园、魏玉宇。

车用动力电池回收利用　余能检测

1　范围

本标准规定了车用废旧动力蓄电池余能检测的术语和定义、符号、检测要求、检测流程及检测方法。

本标准适用于车用废旧锂离子动力蓄电池和金属氢化物镍动力蓄电池单体、模块的余能检测。

2　规范性引用文件

下列文件对于本文件的应用是必不可少的。凡是注日期的引用文件，仅注日期的版本适用于本文件。凡是不注日期的引用文件，其最新版本(包括所有的修改单)适用于本文件。

GB/T 19596　电动汽车术语

GB/T 31486—2015　电动汽车用动力蓄电池电性能及试验方法

3　术语和定义

GB/T 19596界定的以及下列术语和定义适用于本文件。

3.1

余能　residual capacity

动力蓄电池从电动汽车上移除后剩余的实际容量。

3.2

I_5 放电容量　discharge capacity at I_5

蓄电池在室温下，以 $1I_5$(A)电流放电，达到终止电压时所放出的容量(A·h)。

注：此值可以从电流-时间曲线的覆盖面积积分求得，要求至少50个等值时间间隔点，或用积分仪直接求得。

4　符号

下列符号适用于本文件。

C_n ——标称容量，单位为安时(A·h)。

W_n——标称能量，单位为瓦时(W·h)。

U_n ——标称电压，单位为伏特(V)。

I_c ——蓄电池单体首次充放电电流，单位为安培(A)，其数值由表1中公式计算。

I_m ——蓄电池模块首次充放电电流，单位为安培(A)，其数值由表1中公式计算。

n_1 ——模块中并联单体蓄电池数量，单位为个。

n_2 ——模块中串联单体蓄电池数量，单位为个。

m ——蓄电池单体质量，单位为克(g)。

5　检测要求

5.1　安全要求

5.1.1　检测过程应配备具有蓄电池检测知识的专业人员全程值守监控。

5.1.2 检测场所应配备消防必备品。

5.1.3 检测过程应采取必要的绝缘措施,如绝缘手套、绝缘鞋(靴)、绝缘工具等。

5.2 环境要求

动力蓄电池在余能检测过程中的环境要求按 GB/T 31486—2015 中 6.1.1 执行。

5.3 测量仪器、仪表准确度要求

动力蓄电池在余能检测过程中的测量仪器、仪表的精确度按 GB/T 31486—2015 中 6.1.2 执行。

6 检测流程

6.1 车用动力蓄电池的余能检测应按图 1 所示的作业流程进行。

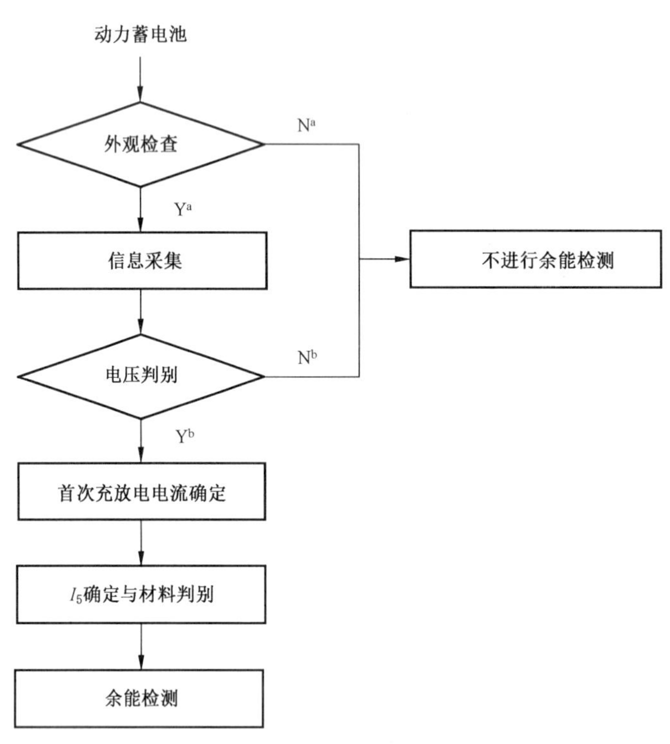

说明:

Y[a] ——动力蓄电池满足企业技术规定条件中的外观条件;

N[a] ——动力蓄电池不满足企业技术规定条件中的外观条件;

Y[b] ——动力蓄电池满足企业技术规定条件中的电压限值条件;

N[b] ——动力蓄电池不满足企业技术规定条件中的电压限值条件。

图 1 动力蓄电池作业流程

6.2 外观检查

6.2.1 在良好的光线条件下,用目测法检查动力蓄电池模块、单体的外观,如有变形、裂纹、漏液等,不应对其进行余能检测。

6.2.2 用目测法检查动力蓄电池单体、模块的外观,如有主动保护线路,应去除后再检测。

6.3 信息采集

6.3.1 观察动力蓄电池外观上的标签,收集动力蓄电池基本信息,如标称电压、标称容量或标称能量等。

6.3.2 称取动力蓄电池质量,并记录。

6.4 电压判别

用电压表检测动力蓄电池的端电压,初步判定蓄电池类别,并判别电池极性。

6.5 首次充放电电流确定

6.5.1 单体蓄电池

6.5.1.1 有标签且可直接从标签上获得标称电压、标称容量或标称能量等信息,根据信息确定首次充放电电流。

6.5.1.2 无标签或者不可直接从标签上获得标称电压、标称容量或标称能量等信息,根据表1确定首次充放电电流。

表 1 首次充放电电流

蓄电池类型	I_c/A		I_m/A	
	有标签	无标签	有标签	无标签
软包锂离子动力蓄电池	$I_c=C_n/5$ 或 $I_c=W_n/5U$	$I_c=0.006\,6\times m+0.832\,1$	$I_m=C_n/5$ 或 $I_m=W_n/5U$	$I_m=n_1\cdot I_c$
钢壳、铝壳或塑料壳锂离子动力蓄电池	$I_c=C_n/5$ 或 $I_c=W_n/5U$	$I_c=0.007\,0\times m-0.665\,6$	$I_m=C_n/5$ 或 $I_m=W_n/5U$	$I_m=n_1\cdot I_c$
金属氢化物镍动力蓄电池	$I_c=C_n/5$ 或 $I_c=W_n/5U$	$I_c=0.010\,8\times m-0.075\,7$	$I_m=C_n/5$ 或 $I_m=W_n/5U$	$I_m=n_1\cdot I_c$

6.5.2 蓄电池模块

6.5.2.1 有标签且可直接从标签上获得单体蓄电池数量、标称电压、标称容量或标称能量和蓄电池模块标称电压、标称容量或标称能量等信息,应根据信息初步确定首次充放电电流。

6.5.2.2 无标签或者不可直接从标签上获得单体蓄电池数量、标称电压、标称容量或标称能量和蓄电池模块标称电压、标称容量或标称能量等信息,应对蓄电池模块进行拆解,并根据表1确定首次充放电电流。

6.6 I_5 确定

用电性能检测仪以首次充放电电流恒流方式进行充放电试验,按式(1)计算 I_5。

$$I_5=\frac{C_f}{5} \qquad \cdots\cdots(1)$$

式中:

I_5——5 h 率放电电流,单位为安(A);

C_f——以首次充放电电流恒流放电测得蓄电池容量，单位为安时(A·h)。

6.7 材料判别

用电性能检测仪进行充放电试验，初步判定蓄电池材料类别。

7 检测方法

7.1 蓄电池单体

7.1.1 充电

7.1.1.1 锂离子蓄电池单体的充电规程按 GB/T 31486—2015 中 6.2.4 执行，其中充电电流采用 I_5(A)。

7.1.1.2 金属氢化物镍蓄电池单体的充电规程按 GB/T 31486—2015 中 6.2.4 执行，其中充电电流采用 I_5(A)，恒流充电时间为 5 h。

7.1.2 室温放电容量

蓄电池单体在 25 ℃±2 ℃下的放电容量按 GB/T 31486—2015 中 6.2.5 执行，其中放电电流采用 I_5(A)。

7.1.3 蓄电池单体余能

测得的室温放电容量为蓄电池单体在室温下的余能，以 A·h 计。

7.2 蓄电池模块

7.2.1 充电

7.2.1.1 锂离子蓄电池模块的充电规程按 GB/T 31486—2015 中 6.3.4 执行，其中充电电流采用 I_5(A)。

7.2.1.2 金属氢化物镍蓄电池模块的充电规程按 GB/T 31486—2015 中 6.3.4 执行，其中充电电流采用 I_5(A)，恒流充电时间为 5 h。

7.2.2 室温放电容量

蓄电池模块在 25 ℃±2 ℃下放电容量测试按 GB/T 31486—2015 中 6.3.5 执行，其中放电电流采用 I_5(A)。

7.2.3 低温放电容量

蓄电池模块在－20 ℃±2 ℃的放电容量测试按 GB/T 31486—2015 中 6.3.8 执行，其中放电电流采用 I_5(A)。

7.2.4 高温放电容量

蓄电池模块在 55 ℃±2 ℃的放电容量测试按 GB/T 31486—2015 中 6.3.9 执行，其中放电电流采用 I_5(A)。

7.2.5 蓄电池模块余能

测得的室温放电容量、低温放电容量和高温放电容量分别为蓄电池模块在室温下、低温下和高温下的蓄电池模块的余能，以 A·h 计。

电动汽车充电系统

ICS 43.040.99
T 35

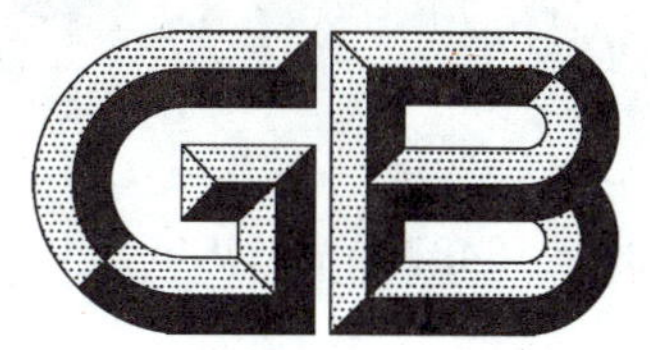

中华人民共和国国家标准

GB/T 18487.1—2015
代替 GB/T 18487.1—2001

电动汽车传导充电系统 第1部分:通用要求

Electric vehicle conductive charging system—Part 1:General requirements

2015-12-28 发布 2016-01-01 实施

中华人民共和国国家质量监督检验检疫总局
中国国家标准化管理委员会 发布

前　言

GB/T 18487《电动汽车传导充电系统》分为3个部分：

——第1部分：通用要求；

——第2部分：电动车辆与交流/直流电源的连接要求；

——第3部分：电动车辆交流/直流充电机(站)。

本部分为GB/T 18487的第1部分。

本部分按照GB/T 1.1—2009给出的规则起草。

本部分代替GB/T 18487.1—2001《电动汽车传导充电系统　第1部分：通用要求》。与GB/T 18487.1—2001相比，除编辑性修改外主要技术变化：

——修改“3　术语和定义”，规定了充电系统等术语；

——新增“4　分类”，规定了供电设备的不同类型；

——新增“5　充电系统通用要求”，规定了充电模式的使用条件和功能；

——新增“6　通信”，规定了供电设备的通信协议；

——修改“7　电击防护”，规定了供电设备的直接接触防护等级；

——新增“8　电动汽车和供电设备之间的连接”，规定了供电接口和车辆接口的功能性说明；

——新增“9　车辆接口、供电接口的特殊要求”，规定了接口温度监控、锁紧装置等要求；

——新增“10　电动汽车供电设备结构要求”，规定了剩余电流保护器等要求；

——新增“11　电动汽车供电设备性能要求”，规定了接触电流等要求；

——新增“12　过载保护和短路保护”，规定了供电设备过载和短路保护要求；

——新增“13　急停”，规定了交流充电和直流充电的急停要求；

——新增“14　使用条件”，规定了供电设备的正常使用条件和特殊使用条件等；

——新增“15　维修”，规定了供电设备维修方面的要求；

——新增“16　标识和说明”，规定了供电设备的标识和说明要求；

——新增“附录A　交流充电控制导引电路与控制原理”，规定了交流充电PWM控制、导引电路、控制时序等要求；

——新增“附录B　直流充电控制导引电路与控制原理”，规定了直流充电导引电路、充电时序等；

——新增“附录C　直流充电的车辆接口锁止装置示例”，规定了直流电子锁的功能示例。

本部分参考了IEC 61851-1《电动汽车传导充电系统　第1部分：通用要求》第三版(CD3)，并根据我国实际情况制定。

请注意本文件的某些内容可能涉及专利。本文件的发布机构不承担识别这些专利的责任。

本部分由中国电力企业联合会提出并归口。

本部分负责起草单位：国家电网公司、中国电力企业联合会、南京南瑞集团公司、中国汽车技术研究中心。

本部分参加起草单位：许继集团有限公司、深圳奥特迅电力设备股份有限公司、中国电力科学研究院、比亚迪汽车工业有限公司、比亚迪戴姆勒新技术有限公司、上海汽车集团股份有限公司、普天新能源有限责任公司、上海电器科学研究院、中国能源建设集团广东省电力设计研究院有限公司、中国电器科学研究院。

本部分主要起草人：苏胜新、刘永东、孙鼎浩、倪峰、周荣、史双龙、董新生、李志刚、孟祥峰、王洪军、王治成、吾喻明、邓晓光、徐枭、邵浙海、朱道平、吕国伟、李新强、张雪焱、李彩生、严辉、刘畅。

本部分所代替标准的历次版本发布情况为：

——GB/T 18487.1—2001。

电动汽车传导充电系统 第1部分:通用要求

1 范围

GB/T 18487 的本部分规定了电动汽车传导充电系统分类、通用要求、通信、电击防护、电动汽车和供电设备之间的连接、车辆接口和供电接口的特殊要求、供电设备结构要求、性能要求、过载保护和短路保护、急停、使用条件、维修和标识及说明。

本部分适用于为电动汽车非车载传导充电的电动汽车供电设备,包括交流充电桩、非车载充电机、电动汽车充电用连接装置等,其供电电源额定电压最大值为 1 000 V AC 或 1 500 V DC,额定输出电压最大值为 1 000 V AC 或 1 500 V DC。

本部分也适用于从现场储能系统(如缓冲蓄电池组等)获得能量的电动汽车供电设备。

在如下特殊条件下,电动汽车供电设备应增加附加功能:

a) 电动汽车供电设备位于危险区,该区域存在可燃性气体或蒸气、燃料或其他可燃或爆炸性物质;

b) 电动汽车供电设备设计安装于海拔 2 000 m 以上。

本部分不适用于与电动汽车传导充电系统维护相关的安全要求,不适用于 ISO 17409 规定的车载充电设备,也不适用于无轨电车、铁路车辆、工业车辆和主要用于非道路车辆的供电设备。

2 规范性引用文件

下列文件对于本文件的应用是必不可少的。凡是注日期的引用文件,仅注日期的版本适用于本文件。凡是不注日期的引用文件,其最新版本(包括所有的修改单)适用于本文件。

GB 1002 家用和类似用途单相插头插座 型式、基本参数和尺寸

GB 1003—2008 家用和类似用途三相插头插座 型式、基本参数和尺寸

GB 2099.1 家用和类似用途插头插座 第1部分:通用要求

GB 7251.1—2013 低压成套开关设备和控制设备 第1部分:总则(IEC 61439-1:2011,IDT)

GB 10963.1—2005 电气附件 家用及类似场所用过电流保护断路器 第1部分:用于交流的断路器(IEC 60898-1:2002,IDT)

GB 14048.2—2008 低压开关设备和控制设备 第2部分:断路器

GB 14048.3—2008 低压开关设备和控制设备 第3部分:开关、隔离器、隔离开关以及熔断器组合电器(IEC 60947-3:2005,IDT)

GB/T 14048.4—2010 低压开关设备和控制设备 第4-1部分:接触器和电动机起动器 机电式接触器和电动机起动器(含电动机保护器)

GB 16895.3—2004 建筑物电气装置 第5-54部分:电气设备的选择和安装 接地配置、保护导体和保护联结导体(IEC 60364-5-54:2002,IDT)

GB 16916.1—2014 家用和类似用途的不带过电流保护的剩余电流动作断路器(RCCB) 第1部分:一般规则(IEC 61008-1:2002,MOD)

GB/T 16935.1—2008 低压系统内设备的绝缘配合 第1部分:原理、要求和试验(IEC 60664-1:2007,IDT)

GB/T 17045—2008 电击防护 装置和设备的通用部分(IEC 61140:2001,IDT)

GB/T 19596—2004 电动汽车术语

GB/T 20234.1—2015 电动汽车传导充电用连接装置 第1部分:通用要求

GB/T 20234.2—2015 电动汽车传导充电用连接装置 第2部分:交流充电接口

GB/T 20234.3—2015 电动汽车传导充电用连接装置 第3部分:直流充电接口

GB/T 21711.1—2008 基础机电继电器 第1部分:总则与安全要求(IEC 61810-1:2003,IDT)

GB 22794—2008 家用和类似用途的不带和带过电流保护的B型剩余电流动作断路器(B型RCCB和B型RCBO)(IEC 62423:2007,IDT)

GB/T 27930—2015 电动汽车非车载传导式充电机与电池管理系统之间的通信协议

GB/T 28569—2012 电动汽车交流充电桩电能计量

GB/T 29317—2012 电动汽车充换电设施术语

GB/T 29318—2012 电动汽车非车载充电机电能计量

GB 50057—2010 建筑物防雷设计规范

NB/T 33001—2010 电动汽车非车载传导式充电机技术条件

IEC 60269(所有部分) 低压熔断器(Low-voltage fuses)

IEC 60898(所有部分) 电器辅助设备 家用和类似设备用过电流保护回路开关(Electrical accessories—Circuit-breakers for overcurrent protection for household and similar installations)

IEC 60947-6-2:2007 低压开关设备和控制设备 第6-2部分:多功能电器 控制与保护开关电器(或设备)(CPS)[Low-voltage switchgear and controlgear—Part 6-2:Multiple function equipment—Control and protective switching devices (or equipment)(CPS)]

IEC 61009-1:2013 家用和类似用途的带过电流保护的残余电流操作断路器(RCCBs) 第1部分:一般规则(Residual current operated circuit-breakers with integral overcurrent protection for household and similar uses (RCBOs)—Part 1:General rules)

IEC 61851-23 电动汽车传导充电系统 第23部分:直流充电站[Electric vehicle conductive charging system—Part 23:DC electric vehicle charging station]

IEC 62477-1:2011 电力电子变换器系统和设备的安全要求 第1部分:通用要求(Safety requirements for power electronic converter systems and equipment—Part 1:General)

3 术语和定义

GB/T 19596—2004、GB/T 29317—2012 界定的以及下列术语和定义适用于本文件。

3.1 充电系统 charging system

3.1.1

充电 charging

将交流或直流电网(电源)调整为校准的电压/电流,为电动汽车动力电池提供电能,也可额外地为车载电气设备供电。

3.1.2

充电模式 charging modes

连接电动汽车到电网(电源)给电动汽车供电的方法。

3.1.2.1

模式1 mode 1

将电动汽车连接到交流电网(电源)时,在电源侧使用了符合 GB 2099.1 和 GB 1002 要求的插头插座,在电源侧使用了相线、中性线和接地保护的导体。

3.1.2.2

模式 2　mode 2

将电动汽车连接到交流电网(电源)时,在电源侧使用了符合 GB 2099.1 和 GB 1002 要求的插头插座,在电源侧使用了相线、中性线和接地保护的导体,并且在充电连接时使用了缆上控制与保护装置(IC-CPD)。

3.1.2.3

模式 3　mode 3

将电动汽车连接到交流电网(电源)时,使用了专用供电设备,将电动汽车与交流电网直接连接,并且在专用供电设备上安装了控制导引装置。

3.1.2.4

模式 4　mode 4

将电动汽车连接到交流电网或直流电网时,使用了带控制导引功能的直流供电设备。

注:模式 2、模式 3、模式 4 应具备控制导引功能。

3.1.3

连接方式　types of connection

使用电缆和连接器将电动汽车接入电网(电源)的方法。

3.1.3.1

连接方式 A　case A connection

将电动汽车和交流电网连接时,使用和电动汽车永久连接在一起的充电电缆和供电插头,见图 1。

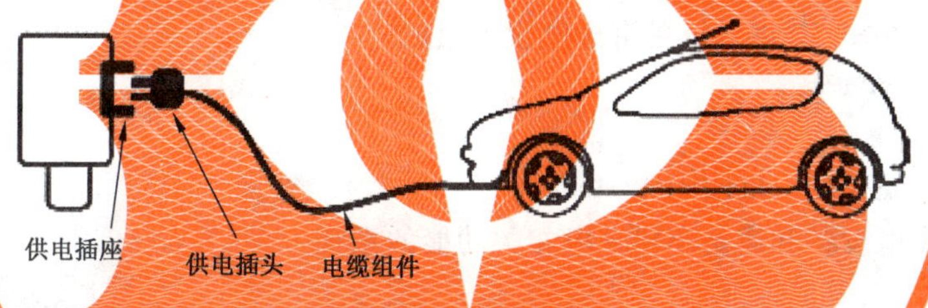

注:电缆组件是车辆的一部分。

图 1　连接方式 A

3.1.3.2

连接方式 B　case B connection

将电动汽车和交流电网连接时,使用带有车辆插头和供电插头的独立的活动电缆组件,见图 2。

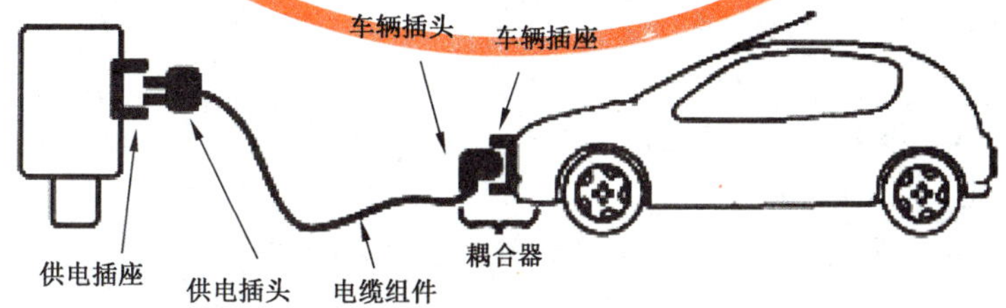

注:可拆卸电缆组件不是车辆或者充电设备的一部分。

图 2　连接方式 B

3.1.3.3

连接方式 C　case C connection

将电动汽车和交流电网连接时,使用了和供电设备永久连接在一起的充电电缆和车辆插头,见图 3。

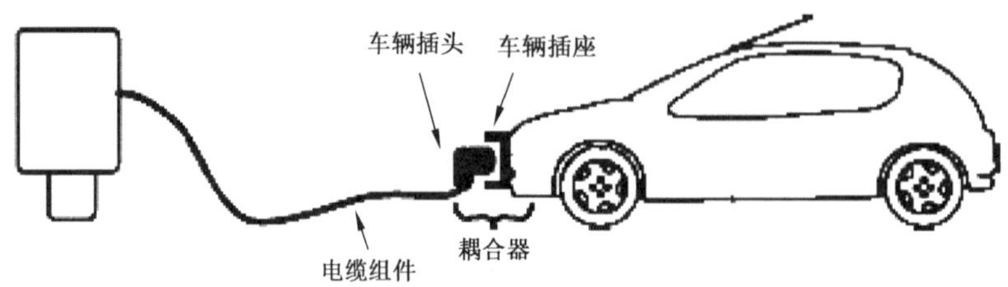

注：电缆组件是充电设备的一部分。

图 3 连接方式 C

3.1.4

电动汽车充电设备 EV charging equipment

交流充电桩或非车载充电机，含连接方式 C 下的电缆组件。

3.1.5

电动汽车供电设备 EV supply equipment；EVSE

设备或组合式设备，以充电为目的提供专用功能将电能补充给电动汽车，满足本部分规定的充电模式和连接方式：

——对于模式 1/方式 B，供电设备由电缆组件组成；

——对于模式 2/方式 B，供电设备由带有功能盒的电缆组件组成；

——对于模式 3/方式 C，供电设备由充电设备组成；

——对于模式 3/方式 B，供电设备由充电设备和电缆组件组成；

——对于模式 4/方式 C，供电设备由充电设备组成。

注：本定义不包括电动汽车。

3.1.6

电动汽车充电系统 EV charging system

包括电动汽车供电设备和满足车辆充电相关功能的系统。

3.1.7

电动汽车直流充电系统 DC EV charging system

为电动汽车动力电池提供直流电源的充电系统。

3.1.8

电动汽车交流充电系统 AC EV charging system

为电动汽车车载充电机提供交流电源的充电系统。

3.2 绝缘 insulation

3.2.1

直接接触 direct contact

人员或动物与带电部分的电接触。

[GB/T 2900.1—2008，定义 3.5.68]

3.2.2

间接接触 indirect contact

人员或动物与在故障状况下带电的外露可导电部分的电接触。

[GB/T 2900.1—2008，定义 3.5.69]

3.2.3

绝缘 insulation

表征一个绝缘体实现其功能的能力的各种性质。

注：有关性质的例子是：电阻、击穿电压。

[GB/T 2900.1—2008，定义 3.3.159]

3.2.4

基本绝缘 basic insulation

能够提供基本防护的危险带电部分上的绝缘。

注：本概念不适用于仅用作功能性目的的绝缘。

[GB/T 2900.1—2008，定义 3.5.70]

3.2.5

附加绝缘 supplementary insulation

除了基本绝缘外，用于故障防护附加的单独绝缘。

[GB/T 2900.1—2008，定义 3.5.71]

3.2.6

双重绝缘 double insulation

既有基本绝缘又有附加绝缘构成的绝缘。

[GB/T 2900.1—2008，定义 3.5.72]

3.2.7

加强绝缘 reinforced insulation

危险带电部分具有相当于双重绝缘的电击防护等级的绝缘。

注：加强绝缘可以有几个不能像基本绝缘或附加绝缘那样单独测试的绝缘层组成。

[GB/T 2900.1—2008，定义 3.5.73]

3.2.8

外露可导电部分 exposed conductive part

设备上能触及到的可导电部分，它在正常情况下不带电，但在基本绝缘损坏时会带电。

[GB/T 2900.1—2008，定义 3.5.74]

3.2.9

带电部分 live part

正常运行中带电的导体或可导电部分，包括中性导体，但按惯例不包括 PEN 导体、PEM 导体和 PEL 导体。

注：本概念不一定意味着有电击危险。

[GB/T 2900.1—2008，定义 3.5.34]

3.2.10

危险带电部分 hazardous live part

在某些条件下能造成伤害性电击的带电部分。

[GB/T 2900.1—2008，定义 3.5.93]

3.3 功能 function

3.3.1

控制导引电路 control pilot circuit

设计用于电动汽车和电动汽车供电设备之间信号传输或通信的电路。

3.3.2

控制导引功能 control pilot function；CP

用于监控电动汽车和电动汽车供电设备之间交互的功能。

3.3.3

连接确认功能　connection confirm function;CC

通过电子或者机械的方式,反映车辆插头连接到车辆和/或供电插头连接到充电设备上的状态的功能。

3.4　电线、电缆和连接装置　cords,cables and connection means

3.4.1

电缆组件　cable assembly

配有额外组件(标准接口或供电接口和/或车辆接口)的柔性电缆,用于连接电动汽车和充电设备(对于连接方式 A 是固定在车上,或对于连接方式 B 是连接在电动汽车和供电插座之间,或对于连接方式 C 是固定在充电设备上)。

3.4.2

电缆加长组件　cord extension set

包括一柔性电缆或电线,其装配有非拆线插头和一个匹配的非拆线便携式插座的电缆组件。

注 1:插头和插座不匹配时,该电线称为"适配器电线"。

注 2:模式 1、模式 2 和模式 3 的电线组不是电缆加长组件。

3.4.3

功能盒　function box

包含在模式 2 电缆组件上实现控制功能和安全功能的装置。

3.4.4

缆上控制与保护装置　in-cable control and protection device;IC-CPD

在充电模式 2 下连接电动汽车的一组部件或元件,包括功能盒、电缆、供电插头和车辆插头,执行控制功能和安全功能。

3.4.5

标准插头/插座　standard plug/socket-outlet

符合 GB 1002 或 GB 1003 和 GB 2099.1 标准要求的插头/插座。

3.4.6

供电接口　plug and socket-outlet

能将电缆连接到电源或电动汽车供电设备的器件,由供电插头和供电插座组成。

3.4.7

供电插头　plug

供电接口中和充电线缆连接且可以移动的部分。

3.4.8

供电插座　socket-outlet

供电接口中和电源供电线缆或供电设备连接在一起且固定安装的部分。

3.4.9

车辆接口　vehicle coupler

能将电缆连接到电动汽车的器件,由车辆插头和车辆插座组成。

注:对应于 GB/T 11918.1—2014 中的器具耦合器。

3.4.10

车辆插头　vehicle connector

车辆接口中和充电线缆连接且可以移动的部分。

注:对应于 GB/T 11918.1—2014 中的连接器。

3.4.11

车辆插座　vehicle inlet

车辆接口中固定安装在电动汽车上，并通过电缆和车载充电机或车载动力蓄电池相互连接的部分。

注：对应于 GB/T 11918.1—2014 中的车辆输入插座。

3.4.12

连接点　connecting point

电动车辆连接到供电设备的位置。

注 1：连接点指供电插座或车辆插头。

注 2：连接点可以是固定安装的供电设备的一部分。

3.5　服务与使用　service and usage

3.5.1

室内使用　indoor use

专门设在气候防护场所使用的设备。

3.5.2

室外使用　outdoor use

允许用于无气候防护场所使用的设备。

3.5.3

微观环境(电气间隙和爬电距离)　micro-environment(of a clearance or creepage distance)

尤为影响爬电距离尺寸的绝缘层周围环境。

注 1：电气间隙和爬电距离的微观环境(并不是组件或元器件)决定了对绝缘的影响。与组件或元器件的周围环境相比，微观环境可能更好也可能更差。

注 2：宏观环境指设备和器件所在环境。

3.6　其他　other

3.6.1

保护导体　protective conductor

用于安全防护的导体，如电击防护。

注：保护导体包括保护连接导体、保护接地导体和用于防触电的接地导体。

3.6.2

保护连接导体　protective bonding conductor

提供等电位保护的导体。

3.6.3

保护接地导体　protective earthing conductor

提供保护接地的导体。

3.6.4

接地端子　earthing terminal

能够为设备和大地之间提供可靠电气连接的端子。

3.6.5

电气隔离　galvanic separation

为了防止拟进行能量和/或信号交换的两个电路之间导电的防护措施。

注：电气隔离可以通过隔离变压器或光电耦合器等实现。

3.6.6

保护接地　protective earthing

为保障电气安全，系统/设施/设备上的一点或者多点接地。

3.6.7

剩余电流保护器　residual current device;RCD

在正常运行条件下能接通、承载和分断电流,以及在规定条件下当剩余电流达到规定值时能使触头断开的机械开关电器或组合电器。

4　分类

4.1　按供电设备输入特性

电动汽车供电设备根据与其连接的供电系统分类:

——电动汽车供电设备连接交流电网(电源);

——电动汽车供电设备连接直流电网(电源)。

4.2　按供电设备输出特性

电动汽车供电设备根据其输出的电流种类分类:

——交流供电设备;

——直流供电设备;

——交流/直流供电设备。

4.3　按使用环境条件

4.3.1　正常使用环境

——室内使用;

——室外使用。

4.3.2　特殊使用环境

可根据14.2规定的特殊使用条件进行分类。

4.4　按供电设备输出电压

电动汽车供电设备按照输出电压分类:

——交流:单相220 V,三相380 V;

——直流:200 V～500 V,350 V～700 V,500 V～950 V。

　　直流充电电流优选值:80 A,100 A,125 A,160 A,200 A,250 A。

注:高于950 V的供电设备由车辆制造商和供电设备制造商协商决定。

4.5　按安装方式

电动汽车供电设备按照安装方式分类:

——固定式(壁挂式:在墙上、立杆或其他等同位置安装;落地式:地面安装);

——移动式(如可移动的充电设备);

——便携式(如用于模式2的缆上控制与保护装置)。

4.6　按电击防护

电动汽车供电设备根据电击防护分类:

——Ⅰ类供电设备:采用基本绝缘作为基本防护措施,采用保护联结作为故障防护措施;

——Ⅱ类供电设备：采用基本绝缘作为基本防护措施，和采用附加绝缘作为故障防护措施，或采用能提供基本防护和故障防护功能的加强绝缘。

注：Ⅰ类和Ⅱ类定义见 GB/T 17045—2008。

4.7 按充电模式

电动汽车供电设备根据 3.1.2 的充电模式分类：

——充电模式 1；

——充电模式 2；

——充电模式 3；

——充电模式 4。

注：多于一种的充电模式可以在同一电动汽车供电设备中出现。

5 充电系统通用要求

5.1 电动汽车充电模式使用条件

5.1.1 充电模式 1

模式 1 充电系统使用标准的插座和插头，能量传输过程中应采用单相交流供电，且不允许超过 8 A 和 250 V。在电源侧应使用符合 GB 2099.1 和 GB 1002 要求的插头插座，在电源侧使用了相线、中性线和保护接地导体，并且在电源侧使用了剩余电流保护装置。从标准插座到电动汽车应提供保护接地导体。

不应使用模式 1 对电动汽车进行充电。

5.1.2 充电模式 2

模式 2 充电系统使用标准插座，能量传输过程中应采用单相交流供电。电源侧使用符合 GB 2099.1 和 GB 1002 要求的 16 A 插头插座时输出不能超过 13 A；电源侧使用符合 GB 2099.1 和 GB 1002 要求的 10 A 插头插座时输出不能超过 8 A。在电源侧使用了相线、中性线和保护接地导体，并且采用缆上控制与保护装置(IC-CPD)连接电源与电动汽车。

从标准插座到电动汽车应提供保护接地导体，且应具备剩余电流保护和过流保护功能。

模式 2 的控制导引功能见附录 A。

5.1.3 充电模式 3

模式 3 应用于连接到交流电网的供电设备将电动汽车与交流电网连接起来的情况，并且在电动汽车供电设备上安装了专用保护装置。

电动汽车供电设备具有一个及一个以上可同时使用的模式 3 连接点(供电插座)时，每一个连接点应具有专用保护装置，并确保控制导引功能可独立运行。

模式 3 应具备剩余电流保护功能。

连接方式 A、连接方式 B、连接方式 C 适用于模式 3。

采用单相供电时，电流不大于 32 A。采用三相供电且电流大于 32 A 时，应采用连接方式 C。

模式 3 的控制导引功能见附录 A。

5.1.4 充电模式 4

模式 4 用于电动汽车连接到直流供电设备的情况，应用于永久连接在电网(电源)的设备和通过电缆与电网(电源)连接为其供电的设备。

模式 4 可直接连接至交流电网或直流电网。

仅连接方式 C 适用于模式 4。

模式 4 的控制导引功能见附录 B。

5.2 充电模式 2、模式 3 和模式 4 提供的功能

5.2.1 模式 2、模式 3 和模式 4 功能要求

5.2.1.1 供电设备的控制导引功能

电动汽车供电设备至少应提供以下控制导引功能:

——保护接地导体连续性的持续监测;

——电动汽车与供电设备正确连接的确认;

——供电控制功能;

——断电控制功能;

——充电电流的监测。

当电动汽车供电设备能够同时为多辆车充电时,应确保上述控制导引功能在每个充电连接点都能独立的正常运行。

5.2.1.2 保护接地导体连续性的持续监测

在模式 2、模式 3 和模式 4 下充电时,保护接地导体的电气连续性应由电动汽车供电设备持续监测。

注:以上不适用于Ⅱ类供电设备。

对于模式 2,监测是在电动汽车和缆上控制与保护装置之间进行的。

对于模式 3 和模式 4,监测是在车辆和电动汽车供电设备之间进行的。

在失去保护接地导体电气连续性的情况下,电动汽车供电设备应在 100 ms 内切断电源。

5.2.1.3 电动汽车与供电设备正确连接的确认

供电设备应能够确定:

——车辆插头正确插入车辆插座(连接方式 B 和连接方式 C);且

——供电插头正确插入供电插座(连接方式 A 和连接方式 B)。

5.2.1.4 供电设备供电控制功能

仅当电动汽车供电设备和电动汽车之间的控制导引功能与允许通电状态信号建立正确关系时,电动汽车供电设备才可向电动汽车供电。

注:电动汽车的供电可能需要满足其他附加条件才可实现。

5.2.1.5 供电设备断电控制功能

当控制导引功能中断,或控制导引信号不允许充电,或充电设备门打开等活动造成带电部位露出时,应切断对电动汽车的供电,但控制导引电路可以保持通电。

注:断电也可能由于其他原因,如停电。

5.2.1.6 充电电流的监测

供电设备通过 PWM(模式 2 和模式 3)或通过数字通信(模式 4)告知电动汽车允许最大可用电流

值，该值不应超过供电设备额定电流、连接点额定电流和电网(电源)额定电流中的最小值。

5.2.2 模式 2、模式 3、模式 4 的可选功能[1)]

5.2.2.1 充电过程中的通风要求

若在充电过程中需要额外通风，则需由固定设施(如，建筑物)进行通风否则供电设备不能供电。

注：本要求主要针对室内充电。

5.2.2.2 电动汽车供电设备可用负载电流实时调节

可通过某种方式保证充电电流不超过电动汽车供电设备及交流或直流电网实时可用负载电流。

5.2.2.3 车辆插头和/或供电插头的连接

提供锁止机构来保证车辆插头和/或供电插头的可靠连接。供电设备额定电流小于或等于 16 A 该功能为可选，大于 16 A 该功能为必选。

5.2.2.4 避免意外带电切断

采用具有锁止功能的装置或其他措施避免意外带电断开。

6 通信

在模式 4 下，应采用数字通信以实现车辆对电动汽车供电设备的控制，通信协议应符合 GB/T 27930—2015。

数字通信对于充电模式 2、模式 3 为可选。

7 电击防护

7.1 一般要求

危险带电部分不应被触及。

应实现在单一故障条件下的电击防护措施。

模式 4 下，电动汽车应具备充电回路接触器粘连监测和告警功能，供电设备应具备供电回路接触器粘连监测和告警功能。

7.2 直接接触防护

触及危险部分的防护等级应满足：

——所有充电模式，所有连接方式，外壳的防护等级应至少：IPXXC；

——所有充电模式，连接方式 B 或连接方式 C，车辆插头与车辆插座耦合时，车辆插头与车辆插座：IPXXD；

——充电模式 3，连接方式 A 或连接方式 B，供电插头与供电插座耦合时，供电插头与供电插座：IPXXD；

——充电模式 1、充电模式 2 和充电模式 3，连接方式 B 或连接方式 C，车辆插头和车辆插座非耦合时，车辆插头与车辆插座：IPXXB；

1) 可提供其他可选功能。

——充电模式 3，连接方式 A 或连接方式 B，供电插头和供电插座非耦合时，供电插头与供电插座：IPXXB；

——充电模式 4，连接方式 C，车辆插头和车辆插座非耦合时，应采取有效措施防止人体接触直流充电针脚和套管的导体部分。

7.3 电容放电

7.3.1 标准插头的断开

标准插头从标准插座中断开后 1 s 内，标准插头任何可触及的导电部分与保护接地导体之间的电压应小于或等于 60 V DC，或等效存储电荷应小于 50 μC。

7.3.2 电动汽车供电设备供电电压消失

在充电模式 3 和充电模式 4 中，电动汽车供电设备断电后 1 s 内，在其输出端子的电源线之间或电源线和保护接地导体之间测量的电压值，应小于或等于 60 V DC，或等效存储电能小于或等于 0.2 J。

7.3.3 故障保护

根据 GB/T 17045—2008，允许有以下的保护措施：

——供电的自动断开；

——双重或加强绝缘；

——电气隔离，仅限于通过一种带简单隔离的非接地电源给电动汽车供电；

——特低电压（安全特低电压系统 SELV 和保护特低电压系统 PELV）。

在模式 3 和模式 4 下固定安装的电动汽车供电设备、保护接地导体和保护连接导体应固定连接。

7.4 保护接地导体的尺寸

对于所有模式，在交流电网（电源）接地端子、直流电网（电源）接地端子和车辆插头的接地端子之间应提供保护接地导体。

保护接地导体应符合 GB 16895.3—2004 的规定。

7.5 补充措施

为防止由于基本保护和/或故障保护失效、或由用户大意引起的电击，应提供附加防护，如剩余电流保护装置、绝缘监测装置等。

7.6 电动汽车供电设备和电动汽车之间信号电路的安全要求

电动汽车供电设备和电动汽车之间的任意信号电路应根据 7.3.3 提供保护措施。

8 电动汽车和供电设备之间的连接

8.1 综述

规定了车辆和电动汽车供电设备之间物理传导电气接口的要求。

8.2 中性线

在连接方式 A 和连接方式 B 中，交流电网应具有中性线并连至标准插座。

在连接方式 C 中，中性线应连接至车辆插头。

8.3 接触顺序

连接或断开的接触顺序应符合 GB/T 20234.1—2015 的相关要求。

8.4 模式 1 和模式 2 供电接口和车辆接口功能性说明

模式 1 和模式 2 供电接口应符合 GB 2099.1 的要求,车辆接口应符合 GB/T 20234.2—2015 的要求。

8.5 模式 3 供电接口和车辆接口的功能性说明

模式 3 供电接口和车辆接口应符合 GB/T 20234.2—2015 的要求。

采用单相电供电时,交流电网(电源)导体应被连至相 1(L1)和中线(N)之间,L2 和 L3 可以被留空或不连接。采用三相电供电时,交流电网(电源)导体应被连至相 1(L1)、相 2(L2)、相 3(L3)和中线(N)之间。

8.6 模式 4 车辆接口的功能性说明

模式 4 车辆接口仅用于提供直流电,应符合 GB/T 20234.3—2015 的要求。

GB/T 20234.3—2015 中所述的每个直流车辆接口参数应只用于附录 B 中指定的充电系统。

9 车辆接口、供电接口的特殊要求

9.1 通用要求

额定充电电流大于 16 A 的应用场合,供电插座、车辆插座均应设置温度监控装置,供电设备和电动汽车应具备温度监测和过温保护功能。

注:在模式 2 的标准插头端安装温度监控装置时,可能会涉及专利问题。

9.2 电缆加长组件

除了电缆组件,不应使用电缆加长组件连接电动汽车和电动汽车供电设备。

9.3 分断能力

车辆接口、供电接口的分断能力应符合 GB/T 20234.1—2015 的要求。

可对连接器或具有互锁功能的系统使用特定的方法来避免带载断开。如有需要,该功能可被集成到自锁装置中。

对充电模式 4,不能进行带载断开。当由于故障在直流负载下断开时,不应出现危险情况。

9.4 IP 防护等级

充电连接装置的 IP 防护等级见 GB/T 20234.1—2015 相关规定。

9.5 插拔力

连接和断开车辆插头、车辆插座所需求的力应该符合 GB/T 20234.1—2015 相关要求。

连接和断开供电插头、供电插座所需求的力应该符合 GB/T 20234.1—2015 相关要求。

9.6 锁紧装置

交流充电电流大于 16 A 时,供电接口和车辆接口应具有锁止功能,该锁止功能应符合 GB/T 20234.1—

2015的相关要求。供电插座和车辆插座应安装电子锁止装置,防止充电过程中的意外断开。当电子锁未可靠锁止时,供电设备或电动汽车应停止充电或不启动充电。

直流充电时,车辆接口应具有锁止功能,该锁止功能应符合GB/T 20234.1—2015的相关要求。车辆插头端应安装机械锁止装置,供电设备应能判断机械锁是否可靠锁止。车辆插头应安装电子锁止装置,电子锁处于锁止位置时,机械锁应无法操作,供电设备应能判断电子锁是否可靠锁止。当机械锁或电子锁未可靠锁止时,供电设备应停止充电或不启动充电。直流充电车辆接口锁止装置工作示例参见附录C。

电子锁止装置应具备应急解锁功能,不应带电解锁且不应由人手直接操作解锁。

9.7 冲击电流

在充电模式4下,供电设备接触器接通时发生的车辆到充电设备、或者充电设备到车辆的冲击电流(峰值)应控制在20 A以下。

10 电动汽车供电设备结构要求

10.1 概述

交流充电宜使用连接方式B,直流充电应使用连接方式C。

供电设备结构设计须满足GB/T 20234.2—2015中附录B与GB/T 20234.3—2015中附录B规定的供电插头正常使用的要求,供电设备上所使用的附属配件须满足GB/T 20234.2—2015中附录A与GB/T 20234.3—2015中附录A的要求。

电动汽车供电设备应符合在14.1正常使用条件下的要求,装配应符合GB 7251.1—2013和供电设备制造商的相关要求。

极端环境或其他条件下的使用,见14.2。

10.2 机械开关设备的特性

开关设备应具备如下特性。

10.2.1 开关和隔离开关

开关和隔离开关应符合GB 14048.3—2008的相关要求,开关和隔离开关的额定电流应不小于工作电路额定电流的1.25倍,其使用类别应不低于AC-22A或DC-21A。

10.2.2 接触器

接触器应符合GB/T 14048.4—2010的相关要求,接触器的额定电流应不小于工作电路额定电流的1.25倍,其使用类别应不低于AC-1或DC-1。

10.2.3 断路器

断路器应符合GB 10963.1—2005或GB 14048.2—2008的相关要求,具备过载和短路保护功能。

10.2.4 继电器

继电器应符合GB/T 21711.1—2008。

10.2.5 计量

若电动汽车供电设备具备电能计量,应符合GB/T 28569—2012或GB/T 29318—2012的相关要求。

10.3 剩余电流保护器

交流供电设备的剩余电流保护器宜采用A型或B型，符合GB 14048.2—2008、GB 16916.1—2014和GB 22794—2008的相关要求。

当交流供电设备具有符合GB/T 20234.2—2015标准要求的供电插座或车辆插头时，应具备防故障电流的保护措施：

——B型的剩余电流保护器，或

——A型的剩余电流保护器，或

——满足符合A型剩余电流保护功能的相关装置。

10.4 电气间隙和爬电距离

仅用于室内的供电设备应设计可在最小过压类型Ⅱ的环境中运行。

用于室外的供电设备应设计可在最小过压类型Ⅲ的环境中运行。

当电动汽车供电设备由制造商安装时，其电气间隙和爬电距离应至少满足GB/T 16935.1—2008规定的要求。

10.5 IP等级

10.5.1 防护等级

在充电模式3和充电模式4下，电动汽车供电设备的防护等级应不低于IP32(室内)或IP54(室外)。

10.5.2 供电接口防尘和防水等级

供电接口的防护等级应满足GB/T 20234.1—2015的要求。

10.6 电缆管理及贮存方式

对于连接方式C的供电设备，应为未使用的车辆插头提供一种贮存方式。

对于连接方式C，车辆插头应存放在地面上方0.5 m～1.5 m处。

对于长度超过7.5 m电缆的连接方式C供电设备，应采取相关管理和储存措施使自由电缆长度在未使用时不超过7.5 m。

11 电动汽车供电设备性能要求

11.1 概述

电动汽车供电设备应能在额定电压及最大输出功率和电流的情况下正常使用。当供电设备设计为适用于额定电压的某个范围时，则应使用最大额定电压。

11.2 接触电流

试验电压应为额定电压的1.1倍。

任一交流相线和彼此相连的可触及金属部分之间，以及和覆盖在绝缘外部材料上的金属箔之间的接触电流，应根据IEC 62477-1:2011的5.2.3.7测量且不应超出表1规定的值。

表 1 接触电流限值

接触位置	Ⅰ类供电设备	Ⅱ类供电设备
任一交流相线和彼此相连的可触及金属部分之间，以及和覆盖在绝缘外部材料上的金属箔之间	3.5 mA	0.25 mA
任一交流相线和通常为非活性的金属不可触及部分之间（双重绝缘）	不适用	3.5 mA
彼此相连的不可触及和可触及的部分和覆盖在绝缘外部材料上的金属箔之间（附加绝缘）	不适用	0.5 mA

11.3 绝缘电阻

在供电设备非电气连接的各带电回路之间、各独立带电回路与地（金属外壳）之间按表 2 规定施加直流电压，绝缘电阻应不小于 10 MΩ。

表 2 绝缘试验的试验电压

额定绝缘电压 U_I V	绝缘电阻测试仪器的电压 V	介电强度试验电压 V	冲击耐压试验电压 kV
≤60	250	1 000(1 400)	1
60<U_I≤300	500	2 000(2 800)	±2.5
300<U_I≤700	1 000	2 400(3 360)	±6
700<U_I≤950	1 000	2×U_I+1 000 (2.8×U_I+1 400)	±6
注 1：括号内数据为直流介电强度试验值。 **注 2**：出厂试验时，介电强度试验允许试验电压高于表中规定值的 10%，试验时间 1 s。			

11.4 介电强度

在供电设备非电气连接的各带电回路之间、各独立带电回路与地（金属外壳）之间按表 2 规定施加 1 min 工频交流电压（也可采用直流电压，试验电压为交流电压有效值的 1.4 倍）。试验过程中，试验部位不应出现绝缘击穿或闪络现象。

11.5 冲击耐压

在供电设备非电气连接的各带电回路之间、各独立带电回路与地（金属外壳）之间按表 2 规定施加标准雷电波的短时冲击电压。试验过程中，试验部位不应出现击穿放电。

11.6 温度要求

11.6.1 概述

当参考环境空气温度为 25 ℃，并根据 GB 7251.1—2013 的相关要求进行验证时，供电设备及其电路应能在特定条件下（GB 7251.1—2013 的 5.3.1 和 5.3.2）持续承受最大额定电流。温升极限由 GB 7251.1—2013 的 9.2 规定，对于没有相关标准的组件，温升极限由 11.6.2 规定。

11.6.2 极限温升

电动汽车供电设备在额定负载下长期连续运行，内部各发热元器件及各部位的温升应不超过NB/T 33001—2010 中表 2 的相关规定。

11.6.3 允许表面温度

在额定电流和环境温度 40 ℃条件下，手握可接触的表面最高允许温度为：

——50 ℃金属部分；

——60 ℃非金属部分。

同样条件下，用户可能触及但是不能手握的表面最高允许温度为：

——60 ℃金属部分；

——85 ℃非金属部分。

供电设备应设计为：

——接触部分不超过特定温度；

——组件、部分、绝缘体和塑料材料不超过在设施寿命周期内正常使用时可能降低电气、机械或其他性能的温度。

11.7 雷电防护

电涌保护器的安装与选型应根据供电设备的安装场所并满足 GB 50057—2010 中 6.4 的要求，当充电设备必须采取避雷防护措施时，应在导电体和 PE 之间安装浪涌保护装置。

12 过载保护和短路保护

12.1 概述

过流保护装置应符合 GB 14048.2—2008、IEC 60947-6-2:2007 和 IEC 61009-1:2013 的要求以及IEC 60898(所有部分)和 IEC 60269(所有部分)相关部分的要求。

12.2 充电电缆的过载保护

当电网(电源)未提供过载保护时，供电设备应为各连接方式下各种尺寸的电缆提供过载保护。

过载保护可由断路器、熔断器或其他组合实现。

若过载保护由断路器、熔断器或其他组合之外的方法实现，该方法应在充电电流超过电缆额定电流1.3 倍时的 1 min 内断开充电。

12.3 充电电缆的短路保护

当电网(电源)未提供短路保护时，供电设备应为电缆提供短路电流保护。

发生短路时，模式 3(方式 A、方式 B)供电设备供电插座的 I^2t 值不应超过 75 000 A^2s。

发生短路时，模式 3(方式 C)供电设备车辆插头的 I^2t 值不应超过 80 000 A^2s。

直流供电设备短路保护要求应符合 IEC 61851-23。

13 急停

对于充电模式 4，应安装急停装置来切断供电设备和电动汽车之间的联系，以防电击、起火或爆炸。急停装置应装备在电动汽车供电设备上，并具备防止误操作的措施。

14 使用条件

14.1 正常使用条件

14.1.1 周围空气温度

14.1.1.1 一般要求

电动汽车供电设备应在制造商允许的功率等级下，在规定的周围温度、最大温度和最小温度中进行试验。

14.1.1.2 室内设施的周围空气温度

周围空气温度不超过+50 ℃，24 h 平均温度不超过+35 ℃。

周围空气温度的下限值为−5 ℃。

14.1.1.3 室外设施的周围空气温度

周围空气温度不超过+50 ℃，24 h 平均温度不超过+35 ℃。

周围空气温度的下限值为−20 ℃。

14.1.2 湿度条件

14.1.2.1 室内设备的湿度条件(非操作模式)

在最高温度为+40 ℃时空气的相对湿度不超过 50%。在较低温度下允许有更高的相对湿度，如+20 ℃ 为 90%。由于温度的变化，应考虑偶尔出现的适度冷凝。

14.1.2.2 室外设备的湿度条件

室外设备的相对湿度为 5%～95%。

14.1.3 污染等级

污染等级指供电设备所处的宏观环境条件，其分类见第 7 章的 IP 等级、10.4 的爬电距离和 4.3 的分类。

——室外使用：污染等级 3；

——室内使用：污染等级 2；

——室内暴露于污染的工业环境：污染等级 3。

供电设备宏观环境下的污染度等级可受具备适当 IP 等级外壳的影响。

14.1.4 海拔

本部分适用于安装海拔高度不高于 2 000 m 的供电设备。

海拔超过 2 000 m 设施的电气间隙和爬电距离等应符合 GB/T 16935.1—2008 的要求。

注：对于在高海拔使用的供电设备，有必要考虑介电强度的下降、设备的开关能力和空气的冷却作用。

14.2 特殊使用条件

若存在客户规定的特殊使用条件，关于测试的特别协议应在充电设备制造商和客户间达成。

特殊使用条件包括，但不限于：

a) 与14.1规定的温度、相对湿度和/或海拔不同的数值；
b) 温度和/或空气压力变化的速度致使供电设备内部异常压缩的应用场景；
c) 由灰尘、烟雾、腐蚀物或放射性微粒、蒸气或烟雾引起的空气重污染；
d) 暴露于强电场或强磁场；
e) 暴露于极端气候条件；
f) 受真菌或微生物腐蚀；
g) 火灾或爆炸危险存在的区域；
h) 暴露于重度振动、冲击、地震；
i) 载电流容量或断开容量受影响的安装环境，如供电设备固定于机器中或嵌入墙体；
j) 暴露在不同于电磁的传导和辐射干扰中，和不同于IEC 61851-21-1和IEC 61851-21-2规定的电磁干扰中；
k) 异常过压环境或电压波动；
l) 供电电压或负荷电流的过度谐波。

14.3 运输和存储中的特殊条件

在运输和存储过程中如有不同或附加的条件，制造商应说明。

15 维修

电动汽车供电设备的设计应便于对设备进行维护和检修。

16 标识和说明

供电设备应清晰标识以下内容：
——公司名称、简称、商标或可识别制造商的独特标识；
——设备编号、产品型号；
——序列号或生产批次号；
——生产日期；
——额定输出电压(V)和额定输出电流(A)；
——额定输入交流(AC)或直流(DC)；
——室内使用或室外使用。

注：如有多路输出时，表明最大值和每路值。

附 录 A
（规范性附录）
交流充电控制导引电路与控制原理

A.1 控制导引电路

A.1.1 充电模式 3

当电动汽车使用充电模式 3 进行充电时，应使用如图 A.1（连接方式 A）、图 A.2（连接方式 B）及图 A.3（连接方式 C）所示的控制导引电路进行充电连接装置的连接确认及额定电流参数的判断。该电路由供电控制装置、接触器 K1 和 K2、电阻 R1、R2、R3、R4、RC、二极管 D1、开关 S1、S2、S3、车载充电机和车辆控制装置组成，其中车辆控制装置可以集成在车载充电机或其他车载控制单元中。控制导引电路的参数参见表 A.5，电阻 R4、RC 安装在车辆插头上。开关 S1 为供电设备内部开关。开关 S2 为车辆内部开关，在车辆接口与供电接口完全连接，并且配置了电子锁的接口被完全锁止后，当车载充电机自检测完成后无故障，并且电池组处于可充电状态时，S2 闭合（如果车辆设置有“充电请求”或“充电控制”功能，则同时应满足车辆处于“充电请求”或“可充电”状态）。开关 S3 为车辆插头的内部常闭开关，与插头上的下压按钮（用以触发机械锁止装置）联动，按下按钮解除机械锁止功能的同时，S3 处于断开状态。控制导引电路中也可以不配置开关 S2，无 S2 开关的车辆应采用单相充电，且最大充电电流不超过 8 A。本附录中的功能和控制逻辑分析基于配置了开关 S2 的控制导引电路，对于未配置开关 S2 的控制导引电路，等同于开关 S2 为常闭状态。

注：出于用户安全考虑，不推荐使用无 S2 的控制引导电路。

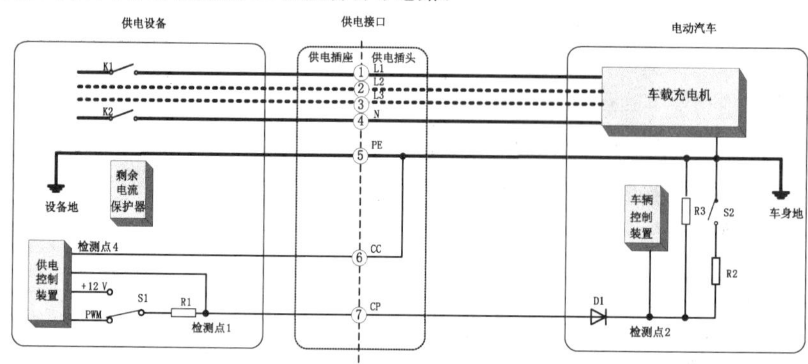

图 A.1 充电模式 3 连接方式 A 的控制导引电路原理图

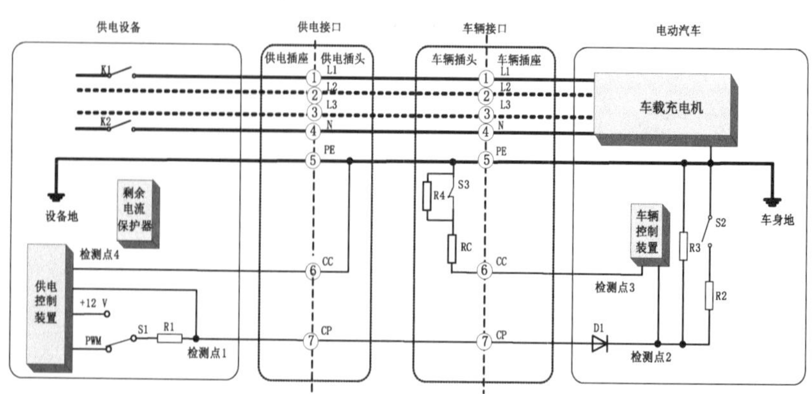

图 A.2 充电模式 3 连接方式 B 的控制导引电路原理图

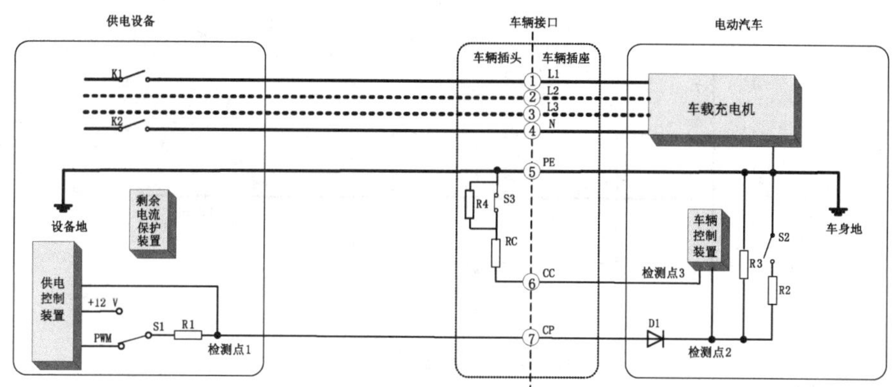

图 A.3 充电模式 3 连接方式 C 的控制导引电路原理图

A.1.2 充电模式 2

当电动汽车使用充电模式 2 的连接方式 B 进行充电时，推荐使用如图 A.4 所示的控制导引电路进行充电连接装置的连接确认及额定电流参数的判断。

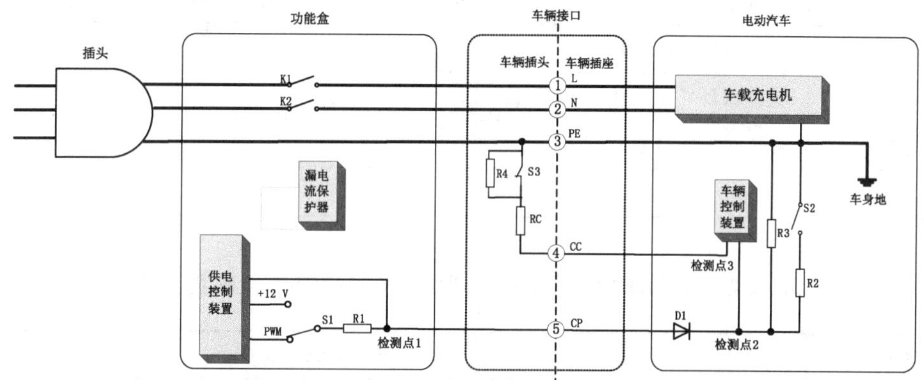

图 A.4 充电模式 2 连接方式 B 的控制导引电路原理图

A.2 控制导引电路的基本功能

A.2.1 连接确认与电子锁

车辆控制装置通过测量检测点 3 与 PE 之间的电阻值来判断车辆插头与车辆插座是否完全连接(对于连接方式 B 和连接方式 C)。完全连接后，如车辆插座内配备有电子锁，电子锁应在开始供电(K1 与 K2 闭合)前锁定车辆插头并在整个充电流程中(状态 3)保持。如不能锁定，由电动车辆决定下一步操作，例如继续充电流程，通知操作人员并等待进一步指令或终止充电流程。供电控制装置通过测量检测点 1 或检测点 4 的电压来判断供电插头和供电插座是否完全连接(对于连接方式 A 和连接方式 B)。完全连接后，如供电插座内配备有电子锁，供电插座内电子锁应在开始供电(K1 与 K2 闭合)前锁定供电插头并在整个充电流程中(状态 3)保持。如不能锁定，终止充电流程并提示操作人员。

A.2.2 充电连接装置载流能力和供电设备供电功率的识别

车辆控制装置通过测量检测点 3 与 PE 之间的电阻值来确认当前充电连接装置(电缆)的额定容量；通过测量检测点 2 的 PWM 信号占空比确认当前供电设备的最大供电电流。振荡器电压如图 A.5 所示。

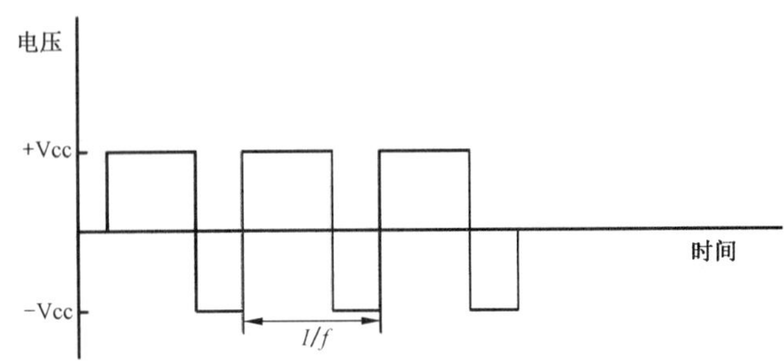

图 A.5 振荡器电压

占空比与充电电流限值的映射关系见表 A.1 和表 A.2。

表 A.1 充电设施产生的占空比与充电电流限值映射关系

PWM 占空比 D	最大充电电流 I_{max}/A
D=0%,连续的−12 V	充电桩不可用
D=5%	5%的占空比表示需要数字通信,且需在电能供应之前在充电桩和电动汽车间建立通信
10%≤D≤85%	$I_{max}=D\times100\times0.6$
85%<D≤90%	$I_{max}=(D\times100-64)\times2.5$ 且 $I_{max}\leqslant63$
90%<D≤97%	预留
D=100%,连续正电压	不允许

表 A.2 电动车辆检测的占空比与充电电流限值映射关系

PWM 占空比 D	最大充电电流 I_{max}/A
D<3%	不允许充电
3%≤D≤7%	5%的占空比表示需要数字通信,且需在充电前在充电桩和电动汽车之间建立。没有数字通信不允许充电
7%<D<8%	不允许充电
8%≤D<10%	$I_{max}=6$
10%≤D≤85%	$I_{max}=(D\times100)\times0.6$
85%<D≤90%	$I_{max}=(D\times100-64)\times2.5$ 且 $I_{max}\leqslant63$
90%<D≤97%	预留
D>97%	不允许充电

A.2.3 充电过程的监测

充电过程中,车辆控制装置应对检测点 3 与 PE 之间的电阻值(对于连接方式 B 和连接方式 C)及检测点 2 的 PWM 信号占空比进行监测,供电控制装置应对检测点 4 及检测点 1(对于充电模式 3 的连接方式 A 和连接方式 B)的电压值进行监测。

A.2.4 充电系统的停止

在充电过程中,当充电完成或因为其他原因不能满足继续充电的条件时,车辆控制装置和供电控制装置分别停止充电的相关控制功能。

A.3 充电过程的工作控制程序

A.3.1 车辆插头与车辆插座插合，使车辆处于不可行驶状态

当车辆插头与车辆插座插合后(方式A下为供电插头与供电插座)，车辆的总体设计方案可以自动启动某种触发条件(如打开充电门、车辆插头与车辆插座连接或者对车辆的充电按钮、开关等进行功能触发设置)，通过互锁或者其他控制措施使车辆处于不可行驶状态。

A.3.2 确认供电接口已完全连接(对于充电模式3的连接方式A和连接方式B)

供电控制装置通过测量检测点1或检测点4的电压值来判断供电插头与供电插座是否完全连接。

A.3.3 确认车辆接口已完全连接(对于连接方式B和连接方式C)

车辆控制装置通过测量检测点3与PE之间的电阻值来判断车辆插头与车辆插座是否完全连接。未连接时，S3处于闭合状态，CC未连接，监测点3与PE之间的电阻值为无限大；半连接时，S3处于断开状态，CC已连接，监测点3与PE之间的电阻值为RC+R4；完全连接时，S3处于闭合状态，CC已连接，监测点3与PE之间的电阻值为RC。

A.3.4 确认充电连接装置是否已完全连接

如供电设备无故障，并且供电接口已完全连接(对于充电模式3的连接方式A和连接方式B)，则开关S1从+12 V连接状态切换至PWM连接状态，供电控制装置发出PWM信号。供电控制装置通过测量检测点1的电压值或检测点4来判断充电连接装置是否完全连接。车辆控制装置通过测量检测点2的PWM信号，判断充电连接装置是否已完全连接。

A.3.5 车辆准备就绪

在车载充电机自检完成，且没有故障的情况下，并且电池组处于可充电状态时，车辆控制装置闭合开关S2(如果车辆设置有“充电请求”或“充电控制”功能时，则同时应满足车辆处于“充电请求”或“可充电”状态)。

A.3.6 供电设备准备就绪

供电控制装置通过测量检测点1的电压值判断车辆是否准备就绪。当检测点1的峰值电压为表A.4中状态3对应的电压值时，则供电控制装置通过闭合接触器K1和K2使交流供电回路导通。

A.3.7 充电系统的启动

A.3.7.1 当电动汽车和供电设备建立电气连接后，车辆控制装置通过判断检测点2的PWM信号占空比确认供电设备的最大可供电能力，并且通过判断检测点3与PE之间的电阻值来确认电缆的额定容量。车辆的连接状态及RC的电阻值见表A.3。车辆控制装置对供电设备当前提供的最大供电电流值、车载充电机的额定输入电流值及电缆的额定容量进行比较，将其最小值设定为车载充电机当前最大允许输入电流。当车辆控制装置判断充电连接装置已完全连接，并完成车载充电机最大允许输入电流设置后，车载充电机开始对电动汽车进行充电。

A.3.7.2 在充电过程中，当接收到检测点2的PWM信号时，车载充电机最大允许输入电流设置取决于供电设备的可供电能力、充电线缆载流值和车载充电机额定电流的最小值。

A.3.8 检查供电接口的连接状态及供电设备的供电能力变化情况

A.3.8.1 在充电过程中，车辆控制装置通过周期性监测检测点 2 和检测点 3，供电控制装置通过周期性监测检测点 1 和检测点 4，确认供电接口和车辆接口的连接状态，监测周期不大于 50 ms。

A.3.8.2 车辆控制装置对检测点 2 的 PWM 信号进行不间断检测，当占空比有变化时，车辆控制装置根据 PWM 占空比实时调整车载充电机的输出功率，检测周期不应大于 5 s。

A.3.9 正常条件下充电结束或停止

A.3.9.1 在充电过程中，当达到车辆设置的结束条件或者驾驶员对车辆实施了停止充电的指令时，车辆控制装置断开开关 S2，并使车载充电机处于停止充电状态。

A.3.9.2 在充电过程中，当达到操作人员设置的结束条件、操作人员对供电装置实施了停止充电的指令时，供电控制装置应能将控制开关 S1 切换到＋12 V 连接状态，当检测到 S2 开关断开时在 100 ms 内通过断开接触器 K1 和 K2 切断交流供电回路，超过 3 s 未检测到 S2 断开则可以强制带载断开接触器 K1 和 K2 切断交流供电回路。连接方式 A 或连接方式 B 时，供电接口电子锁在交流供电回路切断 100 ms 后解锁。

A.3.10 非正常条件下充电结束或停止

A.3.10.1 在充电过程中，车辆控制装置通过检测 PE 与检测点 3 之间的电阻值(对于连接方式 B 和连接方式 C)来判断车辆插头和车辆插座的连接状态，如判断开关 S3 由闭合变为断开(状态 B)，则车辆控制装置控制车载充电机在 100 ms 内停止充电，然后断开 S2(若车辆配置 S2)。

A.3.10.2 在充电过程中，车辆控制装置通过检测 PE 与检测点 3 之间的电阻值(对于方式 B 和方式 C)来判断车辆插头和车辆插座的连接状态，如判断车辆接口由完全连接变为断开(状态 A)，则车辆控制装置控制车载充电机停止充电，然后断开 S2(若车辆配置 S2)。

A.3.10.3 在充电过程中，车辆控制装置通过对检测点 2 的 PWM 信号进行检测，当信号中断时，则车辆控制装置控制车载充电机应能在 3 s 内停止充电，然后断开 S2(若车辆配置 S2)。

A.3.10.4 在充电过程中，如果检测点 1 的电压值为 12 V(状态 1)、9 V(状态 2)或者其他非 6 V(状态 3)的状态，则供电控制装置应在 100 ms 断开交流供电回路。

A.3.10.5 在充电过程中，供电控制装置通过对检测点 4 进行检测(对于充电模式 3 的连接方式 A 和连接方式 B)，如检测到供电接口由完全连接变为断开(状态 A)，则供电控制装置控制开关 S1 切换到＋12 V 连接状态并在 100 ms 内断开交流供电回路。

A.3.10.6 在充电过程中，如果剩余电流保护器(漏电断路器)动作，则车载充电机处于失电状态，车辆控制装置断开开关 S2。

A.3.10.7 供电设备检测车载充电机实际工作电流，当(1)供电设备 PWM 信号对应的最大供电电流≤20 A，且车载充电机实际工作电流超过最大供电电流＋2 A 并保持 5 s 时或(2)供电设备 PWM 信号对应的最大供电电流＞20 A，且车载充电机实际工作电流超过最大供电电流的 1.1 倍并保持 5 s 时，供电设备应在 5 s 内断开输出电源并控制开关 S1 切换到＋12 V 连接状态。

A.3.10.8 当车辆 S2 断开(检测点 1 的电压值为 9 V)时，供电控制装置应在 100 ms 内断开交流供电回路，持续输出 PWM。

注：如供电控制装置因充电连接装置由完全连接变为断开(状态 A 和状态 1)的原因而切断供电回路并结束充电时，则操作人员需要检查和恢复连接，并重新启动充电设置才能进行充电。

A.3.10.9 在供电接口已完全连接但未闭合交流供电回路时(T1′－T2′)，如果发生连接异常，供电控制装置应在 100 ms 内控制开关 S1 切换到＋12 V 连接状态且不闭合交流供电回路。

表 A.3 车辆接口连接状态及 RC 的电阻值

状态	RC	R4	S3	车辆接口连接状态及额定电流
状态 A	—		—	车辆接口未完全连接
状态 B	—		断开	机械锁止装置处于解锁状态
状态 C	1.5 kΩ/0.5 W[a]	—	闭合	车辆接口已完全连接,充电电缆容量为 10 A
状态 C′	1.5 kΩ/0.5 W[a]	1.8 kΩ/0.5 W[b]	断开	车辆接口处于半连接状态
状态 D	680 Ω/0.5 W[a]	—	闭合	车辆接口已完全连接,充电电缆容量为 16 A
状态 D′	680 Ω/0.5 W[a]	2.7 kΩ/0.5 W[b]	断开	车辆接口处于半连接状态
状态 E	220 Ω/0.5 W[a]	—	闭合	车辆接口已完全连接,充电电缆容量为 32 A
状态 E′	220 Ω/0.5 W[a]	3.3 kΩ/0.5 W[b]	断开	车辆接口处于半连接状态
状态 F	100 Ω/0.5 W[a]	—	闭合	车辆接口已完全连接,充电电缆容量为 63 A
状态 F′	100 Ω/0.5 W[a]	3.3 kΩ/0.5 W[b]	断开	车辆接口处于半连接状态
[a,b] 电阻 RC、R4 的精度为±3%。				

表 A.4 检测点 1 的电压状态

充电过程状态	充电连接装置是否连接	S2	车辆是否可以充电	检测点 1 峰值电压(稳定后测量)V	说明
状态 1	否	断开	否	12	车辆接口未完全连接,检测点 2 的电压为 0
状态 2	是	断开	否	9	S1 切换至与 PWM 连接状态,R3 被检测到
状态 3	是	闭合	可	6	车载充电机及供电设备处于正常工作状态

表 A.5 控制引导电路的参数

对象	参数[a]	符号	单位	标称值	最大值	最小值
供电设备	输出高电压	+Vcc	V	12.00	12.60	11.40
	输出低电压	−Vcc	V	−12.00	−11.40	−12.60
	输出频率	f	Hz	1 000.00	1 030.00	970.00
	输出占空比公差	Dco	—	—	+0.5%	-0.5%
	信号设置时间[b,c]	Ts	μs	n.a.	3	n.a.
	信号上升时间[c](10%~90%)	Tr	μs	n.a.	2	n.a.
	信号下降时间[c](90%~10%)	Tf	μs	n.a.	2	n.a.
	R1 等效电阻	R1	Ω	1 000	1 030	970
	状态 1(检测点 1 电压)	U1a	V	12	12.8	11.2
	状态 2(检测点 1 电压)	U1b	V	9	9.8	8.2
	状态 3(检测点 1 电压)	U1c	V	6	6.8	5.2
	容抗	Cs	pF	—	1 600	300

表 A.5（续）

对象	参数[a]	符号	单位	标称值	最大值	最小值
电动汽车	R2 等效电阻	R2	Ω	1 300	1 339	1 261
	R3 等效电阻	R3	Ω	2 740	2 822	2 658
	等效二极管压降	Vd1	V	0.70	0.85	0.55
	输入占空比公差	Dci	—	—	+1.5%	−1.5%
	容抗	Cv	pF	—	2 400	—
电缆	容抗	Cc	pF	—	1 500	—

[a] 在使用环境条件下和可用寿命内都要达到精度要求。

[b] 从开始转变到达稳定值的 95%时所用的时间。

[c] 指供电设备信号发生器源端信号的设计要求。检测应满足相关测试标准要求。

A.4 充电连接控制时序

交流充电连接过程和控制时序参见图 A.6。

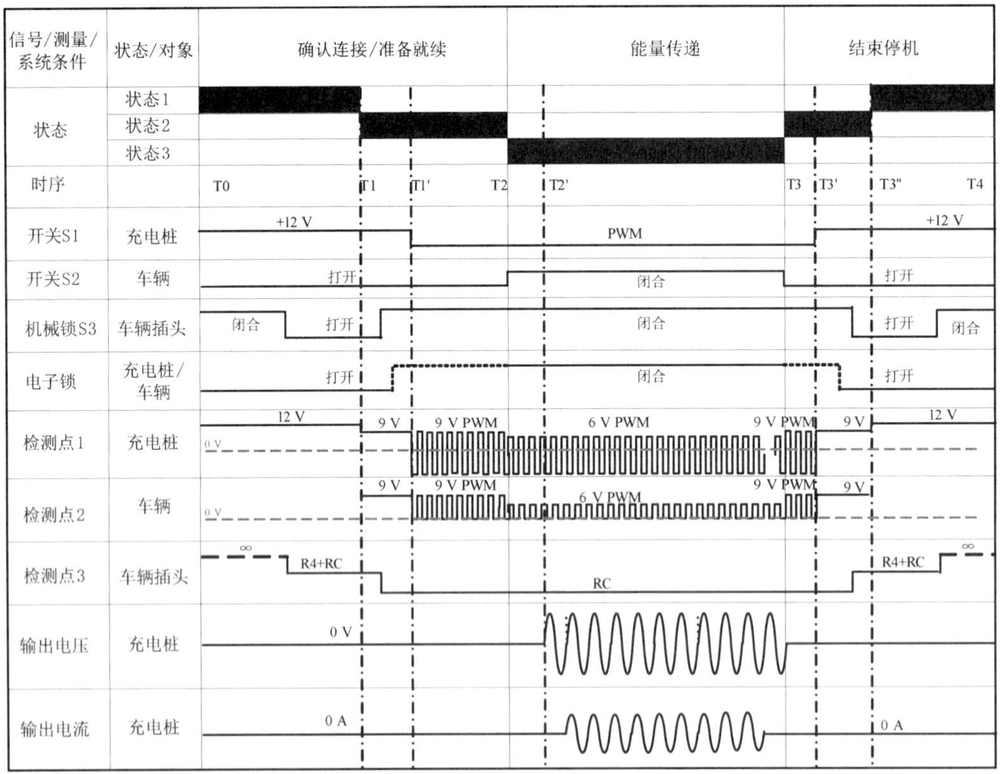

注 1：T1′-T2 由车辆决定，可用于预约充电等。

注 2：T2-T2′小于 3 s。

注 3：对于有操作界面的供电设备，在 T1′之前完成人机交互如充电参数设置和确认操作等。

图 A.6　交流充电连接控制时序图

无开关 S2 的交流充电连接过程和控制时序参见图 A.7。

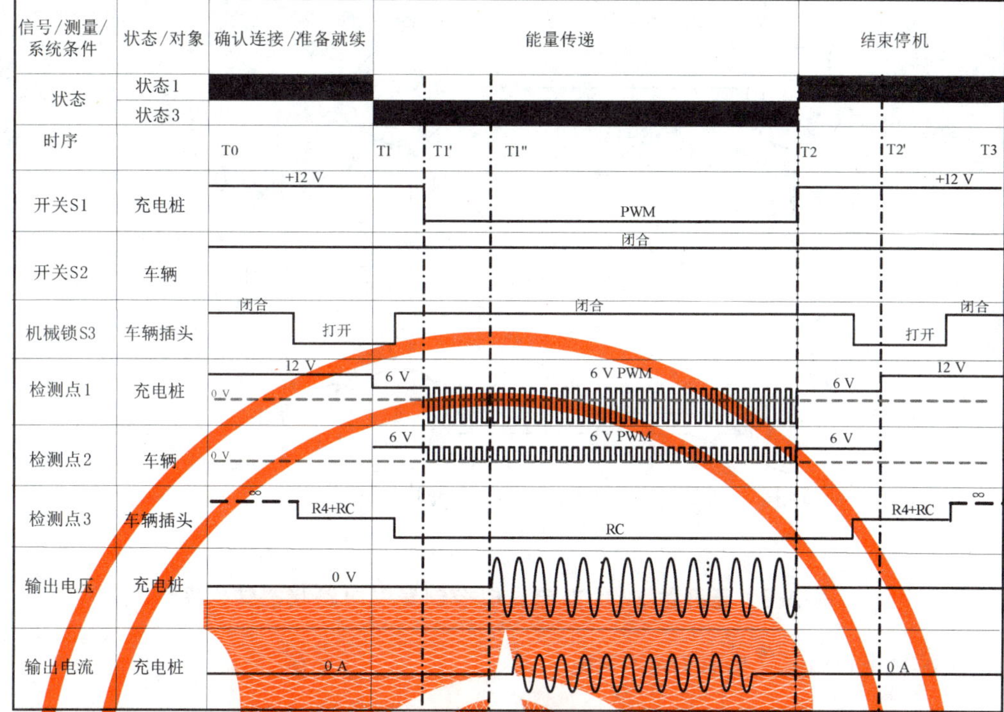

注：T1′-T1″小于 3 s。

图 A.7 无开关 S2 的交流充电连接控制时序图

A.5 控制导引电路状态转换图和控制时序列表

交流充电控制导引电路状态转换见图 A.8。

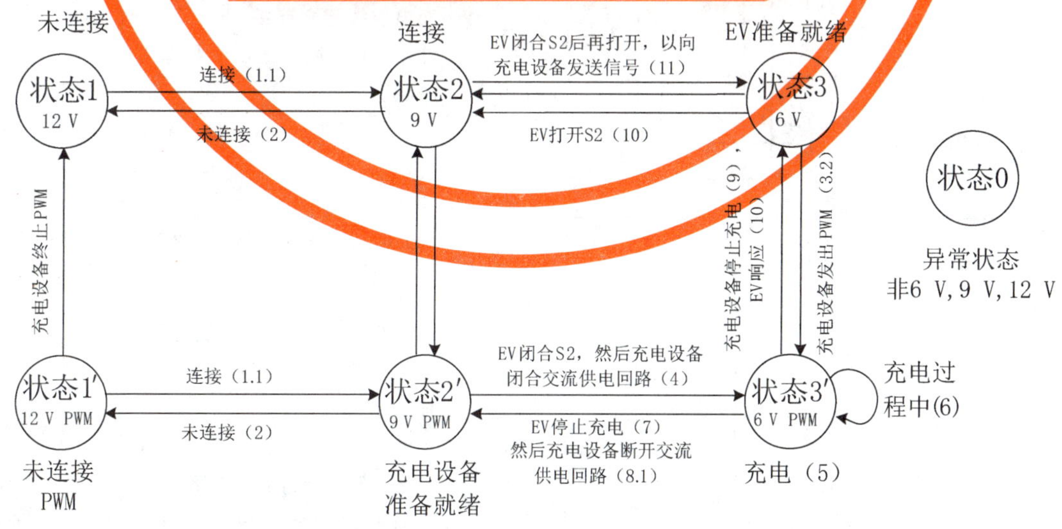

图 A.8 交流充电控制导引电路状态转换图

无开关 S2 的交流充电控制导引电路状态转换见图 A.9。

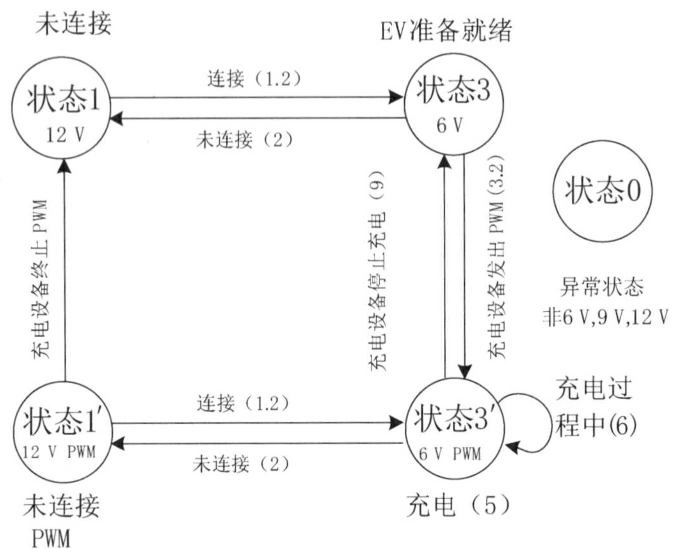

图 A.9　无开关 S2 的交流充电控制导引电路状态转换图

详细的交流充电控制时序见表 A.6。

表 A.6　交流充电控制时序表

时序		状态	条件	时间
1.1 连接（车辆中具备 S2 开关）	检测点1 12 V 9 V 6 V 0 V AC电压 -12 V ON OFF S2 close open AC电流 Level A 0 T1 T2	状态 1	(1) 电动汽车未连接，+12 V	T1-T2，无要求
		状态 1→状态 2	(2) 电动汽车和充电设备通过充电线缆建立连接，+9 V 注：该时序同样适用于状态 1′→状态 2′	
1.2 连接（车辆中不具备 S2 开关）	检测点1 12 V 9 V 6 V 0 V AC电压 -12 V ON OFF S2 close open AC电流 Level A 0 T1 T3	状态 1	(1) 电动汽车未连接，+12 V	T1-T3，无要求
		状态 1→状态 3	(3) 电动汽车和充电设备通过充电线缆建立连接，+6 V 注： 1. 该时序出现在车辆中不具备 S2 的控制引导电路中； 2. 该时序同样适用于状态 1′→状态 3′	

表 A.6（续）

时序		状态	条件	时间
2.1 在状态 2 或状态 2′时断开连接	检测点1 12 V 9 V 6 V 0 V -12 V AC电压 ON OFF S2 close open AC电流 Level A 0 T19 T20	状态 2′→状态 1′或状态 2→状态 1	(19) 供电接口断开连接或车辆插口断开连接断开连接后，S1 延时切换为＋12 V 状态，状态转换如下： 状态 2′/状态 3′→状态 1′→状态 1； 或者 状态 2′/状态 3′→状态 1	T19-T20 无要求
		状态 1 或状态 1′	(20) 电动汽车未连接 当进入状态 1 的 100 ms 后 5S 内，充电设备的锁止装置必须解锁供电插头(对于连接方式 A 和 B)。如果锁止装置由用户授权触发，则只有同时满足进入状态 1 及再次获得用户的授权两个条件，方能解锁供电插头	
2.2 在充电过程中断开连接	检测点1 12 V 9 V 6 V 0 V -12 V AC电压 ON OFF S2 close open AC电流 Level A 0 T19 T20	状态 3′→状态 1′	(19) 在充电过程中，供电接口断开连接或车辆插口断开连接，充电设备需要在带载的情况下断开交流供电回路	T19-T20 ≤100 ms
		状态 1′→状态 1	连接断开后，PWM 输出延迟关断	
		状态 1′或状态 1	(20) 电动汽车未连接 当进入状态 1 的 100 ms 后 5S 内，充电设备的锁止装置必须解锁供电插头(对于连接方式 A 和连接方式 B)。如果锁止装置由用户授权触发，则只有同时满足进入状态 1 及再次获得用户的授权两个条件，方能解锁供电插头	
3.1 充电设备可以充电(状态 2)	检测点1 12 V 9 V 6 V 0 V -12 V AC电压 ON OFF S2 close open AC电流 Level A 0 T4 T5	状态 2→状态 2′	(5) 充电设备可以充电，并通过 PWM 占空比显示其最大供电电流。 电动汽车此时应检测出状态 2 转变到状态 2′。 该时序在充电过程的初始阶段出现或充电被中断后重新启动充电过程时出现	T4-T5 无要求 (3)

表 A.6（续）

时序		状态	条件	时间
3.2 充电设备可以充电（状态 3）	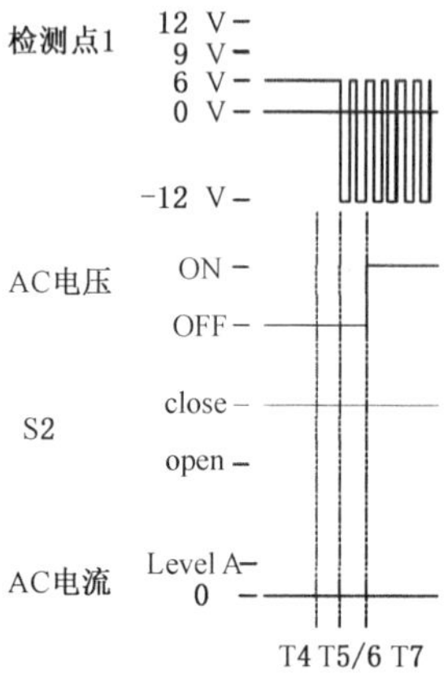 检测点1 12 V 9 V 6 V 0 V −12 V AC电压 ON OFF S2 close open AC电流 Level A 0 T4 T5/6 T7	状态 3→状态 3′	（5）充电设备可以充电，并通过 PWM 占空比显示其最大供电电流。 电动汽车此时应检测出状态 3 转变到状态 3′。 该时序在充电过程的初始阶段出现或充电被中断后重新启动充电过程时出现	T4-T5 无要求 （3）
			（6）电动汽车可以充电 （7）充电设备闭合交流供电回路。如果占空比为 5%，充电设备在未接受到数字通信的条件下不会闭合交流供电回路	T5-T6＝0 s T6-T7≤3 s
4 电动汽车充电准备就绪	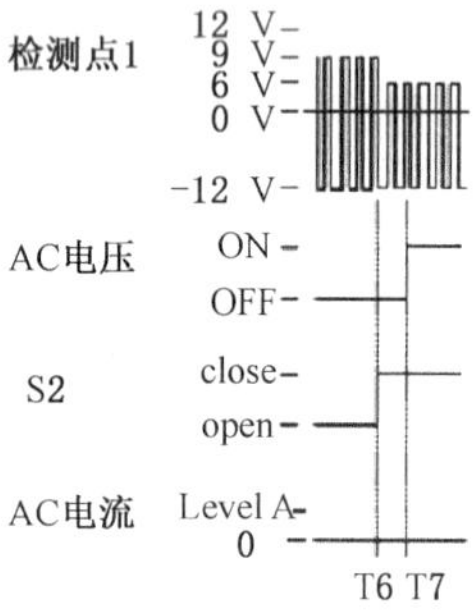 检测点1 12 V 9 V 6 V 0 V −12 V AC电压 ON OFF S2 close open AC电流 Level A 0 T6 T7	状态 2′→状态 3′	（6）电动汽车充电准备就绪	T6-T7≤3 s
		状态 3′	（7）充电设备闭合交流供电回路 如果占空比为 5%，充电设备在未接受到数字通信的条件下不会闭合交流供电回路	
5 电动汽车启动充电	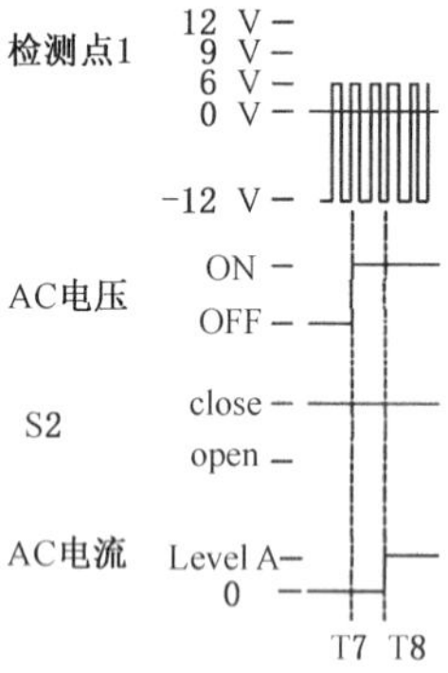 检测点1 12 V 9 V 6 V 0 V −12 V AC电压 ON OFF S2 close open AC电流 Level A 0 T7 T8	状态 3′	（8）电动汽车启动充电	T7-T8 无要求
6 充电过程中充电设备调节输出功率	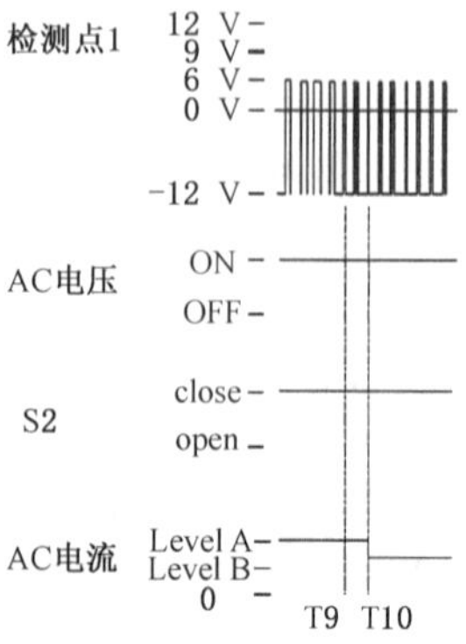 检测点1 12 V 9 V 6 V 0 V −12 V AC电压 ON OFF S2 close open AC电流 Level A Level B 0 T9 T10	状态 3′	（9）当电网负载变化或人为更改充电设备输出设置时，充电设备需要调整其输出功率。 在正常充电过程中，充电设备调整输出功率，PWM 占空要做出相应调整	
			（10）电动汽车检测到 PWM 占空比变化后调整充电电流，调整后的充电电流不能大于 PWM 占空比显示的最大允许充电电流值	T9-T10≤5 s

表 A.6（续）

时序		状态	条件	时间
7 电动汽车停止充电	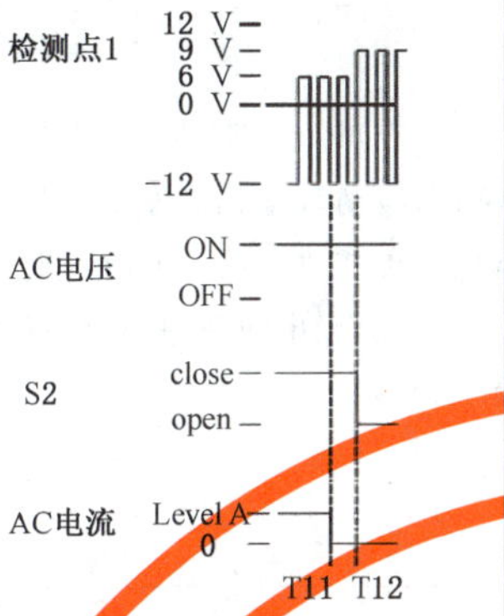 检测点1 12 V 9 V 6 V 0 V −12 V AC电压 ON OFF S2 close open AC电流 Level A 0 T11 T12	状态 3′	(11) 正常操作状态下(达到了电动汽车设定的充电终止条件或已充满)，在断开 S2 之前，电动汽车应将充电电流减小至最低(<1 A)。 当人为按下车辆插头上联动开关，电动汽车应在 100 ms 内将充电电流减小至最低(<1 A)，然后断开 S2。 故障状态下，电动汽车可立即断开 S2	T11-T12 ≤100 ms
		状态 3′→状态 2′	(12) 电动汽车可断开 S2	
8.1 S2 断开后，充电设备做出响应(有 PWM)	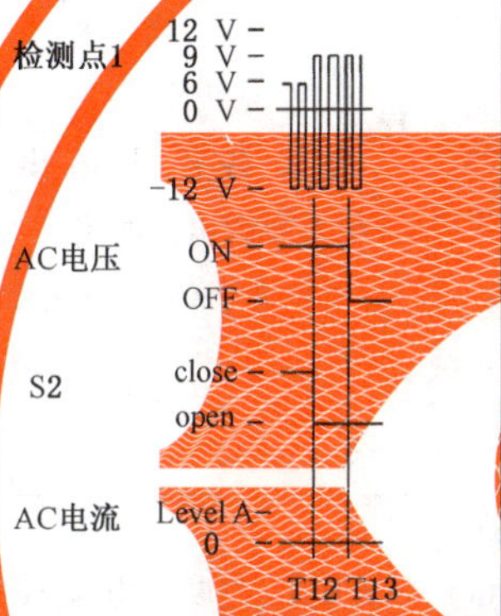 检测点1 12 V 9 V 6 V 0 V −12 V AC电压 ON OFF S2 close open AC电流 Level A 0 T12 T13	状态 2′	(13) 当由状态 3′转换到状态 2′时，充电设备断开交流供电回路	T12-T13 ≤100 ms
8.2 S2 断开后，充电设备做出响应(无 PWM)	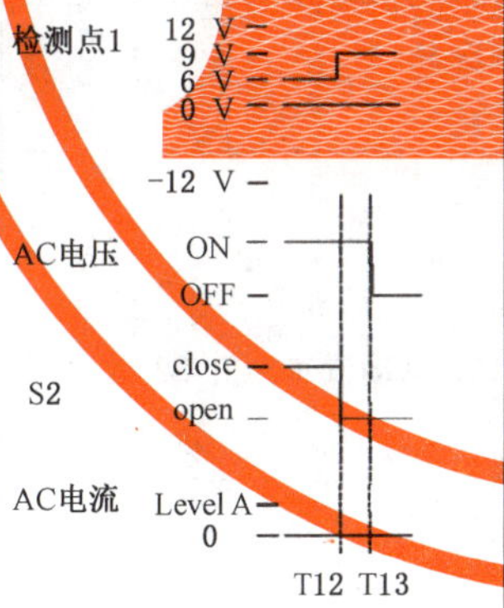 检测点1 12 V 9 V 6 V 0 V −12 V AC电压 ON OFF S2 close open AC电流 Level A 0 T12 T13	状态 2	(14) 当由状态 3 转换到状态 2 时，充电设备断开交流供电回路	T12-T13 ≤100 ms
9.1 充电设备停止充电断开交流供电回路	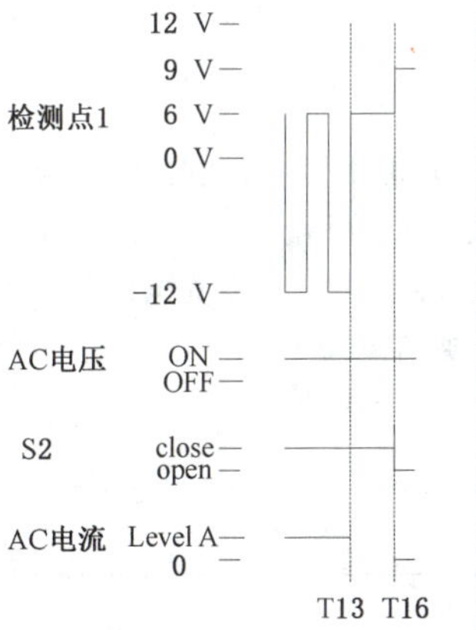 12 V 9 V 检测点1 6 V 0 V −12 V AC电压 ON OFF S2 close open AC电流 Level A 0 T13 T16	状态 3	(13) 在达到充电设备设定的充电终止条件或实施了充电结束指令时，供电控制装置将控制开关 S1 切换到＋12 V 连接状态，请求车辆停止充电	
		状态 3′→状态 3→状态 2	(16) 电动汽车应对 100％的占空比做出响应，应在 3 s 内将充电电流减小至最低(<1 A)，然后断开 S2	T13-T16≤3 s

表 A.6（续）

时序		状态	条件	时间
9.2 充电设备在状态 2′时停止发送 PWM	检测点1 12 V 9 V 6 V 0 V -12 V AC电压 ON OFF S2 close open AC电流 Level A 0 T21 T22	状态 2′→状态 2	(21) 充电设备停止输出 PWM,电动汽车无需做出任何响应。如果 3 s 后 3.1 所示时序未出现,充电设备将 S1 切换至＋12 V	T21-T22 无要求
9.3 充电设备在状态 1′时停止发送 PWM	检测点1 12 V 9 V 6 V 0 V -12 V AC电压 ON OFF S2 close open AC电流 Level A 0 T23 T24	状态 1′→状态 1	(23) 充电设备停止输出 PWM,汽车无需做出任何响应	T23-T24 无要求
10 电动汽车对充电设备的终止充电状态做出响应	检测点1 12 V 9 V 6 V 0 V -12 V AC电压 ON OFF S2 close open AC电流 Level A 0 T14 T15	状态 3	(14) 交流电压关断。电动汽车应对 100% 的占空比做出响应	
		状态 3→状态 2	(15) 电动汽车断开 S2	
11 电动汽车唤醒充电设备数字通信模式	检测点1 12 V 9 V 6 V 0 V -12 V AC电压 ON OFF S2 close open AC电流 Level A 0 T17 T18	状态 2(2′)→状态 3(3′)→状态 2(2′)	(14) 该时序为可选时序,用于数字通信。电动汽车控制 S2 的关断可用于唤醒充电设备数字通信模式	200 ms ≤ T17-T18≤3 s

表 A.6（续）

时序		状态	条件	时间
12 其他任何状态进入异常状态		状态××→状态0	其他任何状态进入异常状态， 供电设备断开交流供电回路 电动汽车打开S2	最大100 ms 最大3 s

附 录 B
(规范性附录)
直流充电控制导引电路与控制原理

B.1 控制导引电路

直流充电安全保护系统基本方案的示意图如图 B.1 所示,包括非车载充电机控制器、电阻 R1、R2、R3、R4、R5、开关 S、直流供电回路接触器 K1 和 K2、低压辅助供电回路(电压:12 V+/-5%,电流:10 A)接触器 K3 和 K4、充电回路接触器 K5 和 K6 以及车辆控制器,其中车辆控制装置可以集成在电池管理系统中。电阻 R2 和 R3 安装在车辆插头上,电阻 R4 安装在车辆插座上。开关 S 为车辆插头的内部常闭开关,当车辆插头与车辆插座完全连接后,开关 S 闭合。在整个充电过程中,非车载充电机控制装置应能监测接触器 K1、K2,接触器 K3、K4。电动汽车车辆控制装置应能监测接触器 K5 和 K6 状态并控制其接通及关断。

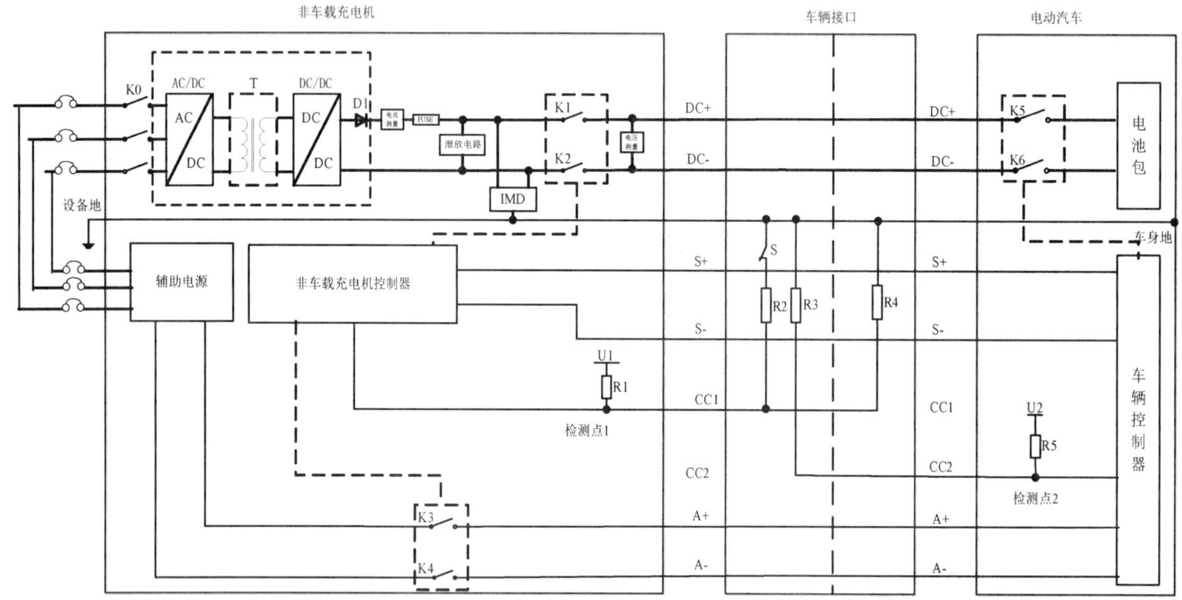

注 1:图中二极管 D1 防止反向电流,可采用其他电路替代。

注 2:泄放电路中应具备投切功能。

注 3:绝缘检测电路应具备投切功能。

图 B.1 直流充电控制导引电路原理图

B.2 控制导引电路参数

直流充电控制导引电路参数值见表 B.1。

表 B.1 直流充电控制导引电路的参数

对象	参数[a]	符号	单位	标称值	最大值	最小值
非车载充电机	R1 等效电阻	R1	Ω	1 000	1 030	970
	上拉电压	U1	V	12	12.6	11.4
	测试点 1 电压	U1a	V	12	12.8	11.2
		U1b	V	6	6.8	5.2
		U1c	V	4	4.8	3.2
车辆插头	R2 等效电阻	R2	Ω	1 000	1 030	970
	R3 等效电阻	R3	Ω	1 000	1 030	970
车辆插座	R4 等效电阻	R4	Ω	1 000	1 030	970
电动汽车	R5 等效电阻	R5	Ω	1 000	1 030	970
	上拉电压	U2[b]	V	12	12.6	11.4
	测试点 2 电压	U2a[b]	V	12	12.8	11.2
		U2b[b]	V	6	6.8	5.2

[a] 在使用环境条件下和可用寿命内都要保持精度范围。

[b] 车辆厂家可自定义。

B.3 充电控制过程

B.3.1 车辆插头与车辆插座插合,使车辆处于不可行驶状态

将车辆插头与车辆插座插合,车辆的总体设计方案可以自动启动某种触发条件(如打开充电门、车辆插头与车辆插座连接或对车辆的充电按钮、开关等进行功能触发设置),通过互锁或其他控制措施使车辆处于不可行驶状态。

B.3.2 车辆接口连接确认

操作人员对非车载充电机进行充电设置后,非车载充电机控制装置通过测量检测点 1 的电压值判断车辆插头与车辆插座是否已完全连接,当检测点 1 电压值为 4 V 时,则判断车辆接口完全连接。

B.3.3 非车载充电机自检

在车辆接口完全连接后,闭合 K3 和 K4,使低压辅助供电回路导通;闭合 K1 和 K2,进行绝缘检测,绝缘检测时的输出电压应为车辆通信握手报文内的最高允许充电总电压和供电设备额定电压中的较小值;绝缘检测完成后,将 IMD(绝缘检测)以物理的方式从强电回路中分离,并投入泄放回路对充电输出电压进行泄放,非车载充电机完成自检后断开 K1 和 K2。同时开始周期发送通信握手报文。如果车辆需要使用非车载充电机提供低压辅助电源,则在得到非车载充电机提供的低压辅助电源供电后,车辆控制装置通过测量检测点 2 的电压值判断车辆接口是否已完全连接;如果车辆不需要使用非车载充电机提供低压辅助电源,则直接测量检测点 2 电压值判断车辆接口是否连接。如检测点 2 的电压值为 6 V,则车辆控制装置开始周期发送通信握手报文。

B.3.4 充电准备就绪

车辆控制装置与非车载充电机控制装置在配置阶段时，车辆控制装置闭合 K5 和 K6，使充电回路导通；非车载充电机控制装置检测到车辆端电池电压正常（确认接触器外端电压：(1)与通信报文电池电压误差范围≤±5%，且(2)大于充电机最低输出电压且小于充电机最高输出电压）后闭合 K1 和 K2，使直流供电回路导通。

B.3.5 充电阶段

在充电阶段，车辆控制装置向非车载充电机控制装置实时发送电池充电需求参数，调整充电电流下降时：$\Delta I \leqslant 20$ A，最长在 1 s 内将充电电流调整到与命令值相一致；$\Delta I > 20$ A，最长在 ΔI/dlmin s（dlmin 为最小充电速率，20 A/s）内将充电电流调整到与命令值相一致。非车载充电机控制装置根据电池充电需求参数实时调整充电电压和充电电流。此外，车辆控制装置和非车载充电机控制装置还相互发送各自的状态信息。在充电过程中，车端应能检测 PE 针断线。

B.3.6 正常条件下充电结束

车辆控制装置根据电池系统是否达到满充状态或是否收到"充电机中止充电报文"来判断是否结束充电。在满足以上充电结束条件时，车辆控制装置开始周期发送"车辆控制装置（或电池管理系统）中止充电报文"，在确认充电电流变为小于 5 A 后断开 K5 和 K6。当达到操作人员设定的充电结束条件或收到"车辆控制装置（或电池管理系统）中止充电报文"后，非车载充电机控制装置周期发送"充电机中止充电报文"，并控制充电机停止充电以不小于 100 A/s 的速率减小充电电流，当充电电流小于或等于 5 A 时，断开 K1 和 K2。当操作人员实施了停止充电指令时，非车载充电机控制装置开始周期发送"充电机中止充电报文"，并控制充电机停止充电，在确认充电电流变为小于 5 A 后断开 K1、K2，并再次投入泄放回路，然后再断开 K3、K4。

B.3.7 非正常条件下充电中止

B.3.7.1 在充电过程中，如果非车载充电机出现不能继续充电的故障，则向车辆周期发送"充电机中止充电报文"，并控制充电机停止充电，应在 100 ms 内断开 K1、K2、K3 和 K4。

B.3.7.2 在充电过程中，如果车辆出现不能继续充电的故障，则向非车载充电机发送"车辆中止充电报文"，并在 300 ms（由车辆根据故障严重程度决定）内断开 K5 和 K6。

B.3.7.3 在充电过程中，非车载充电机控制装置如发生通讯超时，则非车载充电机停止充电，应在 10 s 内断开 K1、K2、K5、K6；非车载充电机控制装置发生 3 次通讯超时即确认通讯中断，则非车载充电机停止充电，应在 10 s 内断开 K1、K2、K3、K4、K5、K6。

B.3.7.4 在充电过程中，非车载充电机控制装置通过对检测点 1 的电压进行检测，如果判断开关 S 由闭合变为断开，应在 50 ms 内将输出电流降至 5 A 或以下。

B.3.7.5 在充电过程中，非车载充电机控制装置通过对检测点 1 的电压进行检测，如果判断车辆接口由完全连接变为断开，则控制非车载充电机停止充电，应在 100 ms 内断开 K1、K2、K3 和 K4。

B.3.7.6 在充电过程中，非车载充电机输出电压若大于车辆最高允许充电总电压，则非车载充电机应在 1 s 内停止充电，并断开 K1、K2、K3、K4。

注：如果非车载充电机因严重故障结束充电，重新启动充电需要操作人员进行完整的充电启动设置。

B.4 充电电路原理

B.4.1 在充电机端和车辆端均设置 IMD 电路，供电接口连接后到 K5、K6 合闸充电之前，由充电机负责充电机内部(含充电电缆)的绝缘检查;充电机端的IMD回路通过开关从充电直流回路断开,且K5、K6合闸之后的充电过程期间,由电动汽车负责整个系统的绝缘检查。充电直流回路DC+、PE之间的绝缘电阻,与DC−、PE之间的绝缘电阻(两者取小值R),当R>500 Ω/V视为安全;100 Ω/V<R≤500 Ω/V时,宜进行绝缘异常报警,但仍可正常充电;R≤100 Ω/V视为绝缘故障,应停止充电。

B.4.2 充电机进行IMD检测后,应及时对充电输出电压进行泄放,避免在充电阶段对电池负载产生电压冲击。充电结束后,充电机应及时对充电输出电压进行泄放,避免对操作人员造成电击伤害。泄放回路的参数选择应保证在充电连接器断开后1 s内将供电接口电压降到60 V DC以下。

B.4.3 因停电等原因,充电回路或控制回路失去电力时,非车载充电机应在1 s以内断开K1、K2或通过泄放回路在1 s以内将充电接口电压降到60 V DC以下。

B.5 充电连接控制时序

直流充电连接过程和控制时序参见图B.2。

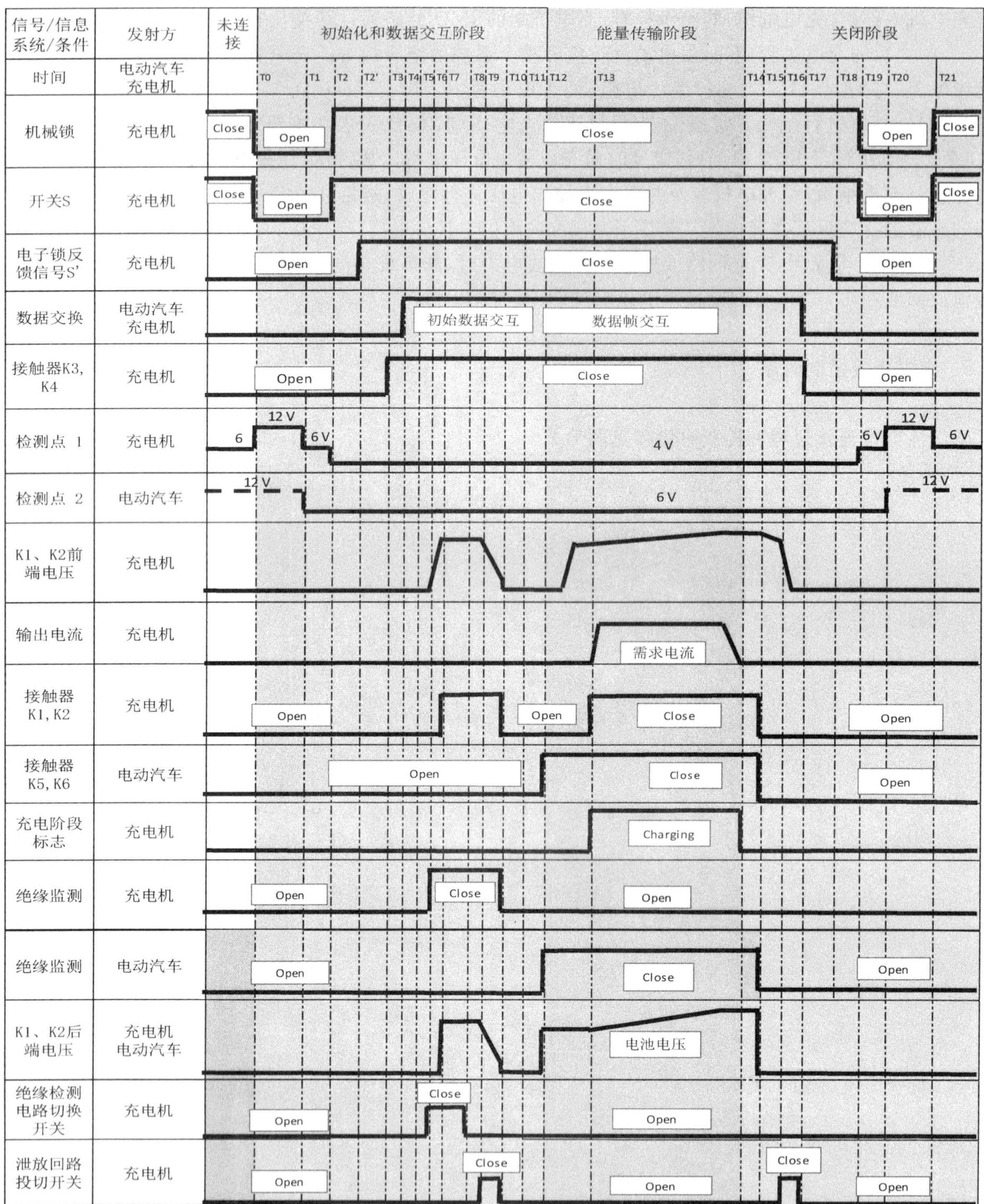

注 1：无预约时，T0-T7 小于 10 min，T5-T6 小于 30 s；有预约时，T0-T7、T5-T6 无时间限制。

注 2：T4-T5 为初始数据交互，完成通讯版本、最高允许充电总电压等数据交互。

注 3：K3、K4 应于充电机发完 CSD 报文和收到 BMS 的 BSD 报文之后才可断开。

注 4：结束充电后，泄放回路应于 K1、K2 和 K5、K6 断开后投入，并在残余电压小于 60 V 时退出；且 CC1 电压由 12 V 变为 6 V 之后，泄放回路应保持断开状态。

图 B.2　直流充电连接控制时序图

直流充电连接控制时序说明见表 B.2。

表 B.2 直流充电控制时序表

时序	控制状态
T0	车辆接口未连接，按下车辆插头开关 S，使开关 S 打开
T1	车辆接口未完全连接，保持开关 S 为打开状态，将车辆插头插入车辆插座中
T2	车辆接口连接。车辆插头与车辆插座插合后，松开车辆插头开关 S，使开关 S 常闭，此时车辆接口完全连接
T2′	电子锁反馈可靠锁止信号
T0→T2	车辆插头与车辆插座插合过程，充电机检测点 1 电压从 6 V→12 V→6 V→4 V，车辆检测点 2 电压从 12 V→6 V
T3	充电机闭合 K3 和 K4，使低压辅助供电回路导通
T4	充电机启动握手报文
T4→T5	初始数据交互，充电机获取最高允许充电总电压。在得到非车载充电机提供的低压辅助电源供电后，车辆控制装置通过测量检测点 2 的电压值判断车辆接口是否已完全连接。如检测点 2 的电压值为6 V，则车辆控制装置等待充电机发送握手报文，接收到充电机发送的握手报文后周期发送握手报文
T6	充电机闭合绝缘检测电路开关，启动绝缘监测
T7	充电机闭合 K1 和 K2，输出电压为绝缘监测电压，绝缘监测电压取最高允许充电总电压及充电机额定电压二者较小值
T8	检测绝缘结束，断开绝缘检测电路开关
T9	泄放电路开关闭合，启动泄放
T10	残余电压泄放完毕，泄放电路开关断开，直流输出接触器断开
T6→T10	充电机接收到车辆最高允许总电压后，由充电机负责充电机内部(含充电电缆)的绝缘检查： 如果充电直流回路 DC+、PE 之间的绝缘电阻，与 DC−、PE 之间的绝缘电阻(两者取小值 R)，当 $R>$ 500 Ω/V 视为安全；100 Ω/V$<R<$500 Ω/V 时，宜进行绝缘异常报警，但仍可正常充电；$R<$100 Ω/V 视为绝缘故障，应停止充电
T11	充电机开始周期发送通信辨识报文。车辆控制装置等待充电机发送通信辨识报文，接收到充电机发送的辨识报文后周期发送辨识报文
T12	车辆充电准备就绪，车辆控制装置闭合接触器 K5 和 K6，使充电回路导通。电动汽车负责整个系统的绝缘检查
T13	充电机控制装置检测到车辆端电池电压正常(确认电池电压大于充电机最低输出电压且小于充电机最高输出电压)，充电机输出预充电压后闭合 K1 和 K2，使直流供电回路导通。 进入充电阶段，充电机输出电压达到电池电压后根据车辆实时发送的电池充电需求，调整充电电压和充电电流，相互交换充电状态
T12→T13	充电机输出电压为预充电压，预充电压为当前电池电压减去 1 V～10 V
T14	达到充电结束条件，车辆控制装置开始周期发送“电池管理系统中止充电报文”，充电机周期发送“充电机中止充电报文”，并控制充电机停止充电。 充电机停止输出，输出电流达到 5 A 以下
T15	车辆控制装置打开 K5 和 K6；充电机打开接触器 K1、K2。 电动汽车停止绝缘监测
T16	充电机闭合电路开关，对输出电压进行泄放，避免对操作人员造成电击伤害
T17	充电机输出电压降至 60 V 以下，断开泄放电路开关；充电机打开 K3 和 K4；双方停止通信交互
T18	电子锁反馈解锁信号
T19	按下车辆插头开关 S，使开关 S 打开
T20	保持开关 S 为打开状态，将车辆插头从车辆插座中拔出
T21	当车辆插头与车辆插座完全分离，松开开关 S
T19→T21	车辆插头与车辆插座断开过程，充电机检测点 1 电压从 4 V→6 V→12 V→6 V，车辆检测点 2 电压从 6 V→12 V

B.6 充电状态流程图

直流充电状态流程参见图 B.3。数据报文定义见 GB/T 27930—2015。

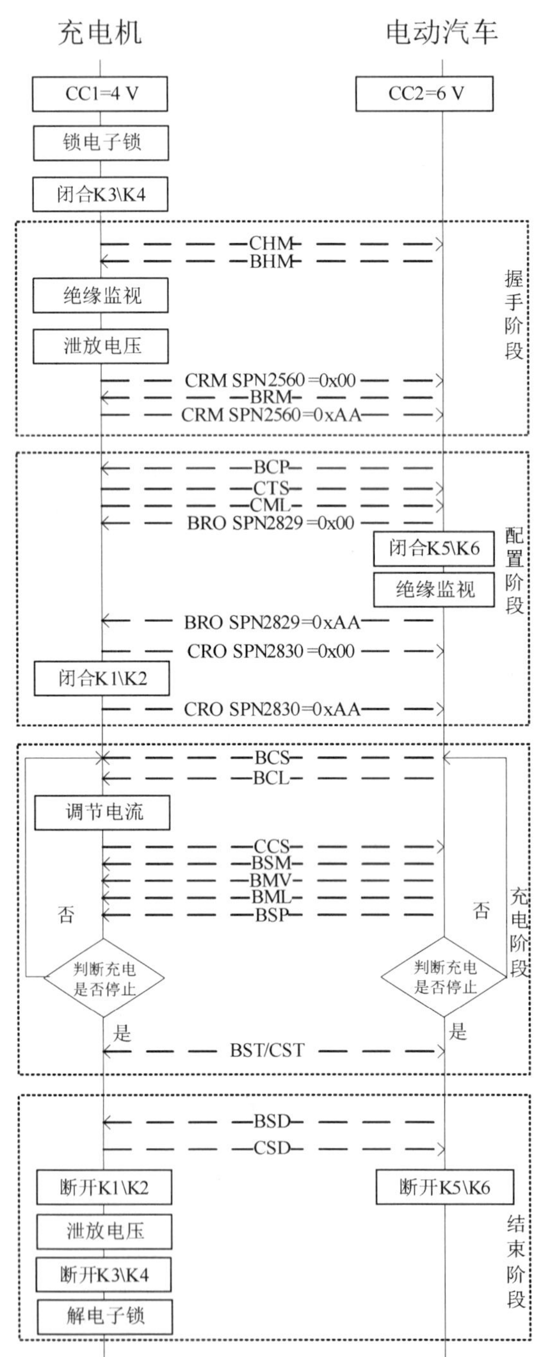

注： 充电机发送 CRO SPN2830=0x00 表示充电未准备就绪。

图 B.3 直流充电状态流程图

附 录 C
（资料性附录）
直流充电的车辆接口锁止装置示例

电子锁功能示例

电子锁电源由供电设备提供并控制，应具备锁止位置反馈信号功能，以便供电设备能够正确识别出电子锁已将机械锁正确锁止或处于解锁状态。在电子锁未可靠锁止时，应能发出故障信号，使供电设备停止充电或不能启动充电。电子锁功能示例图见图 C.1。

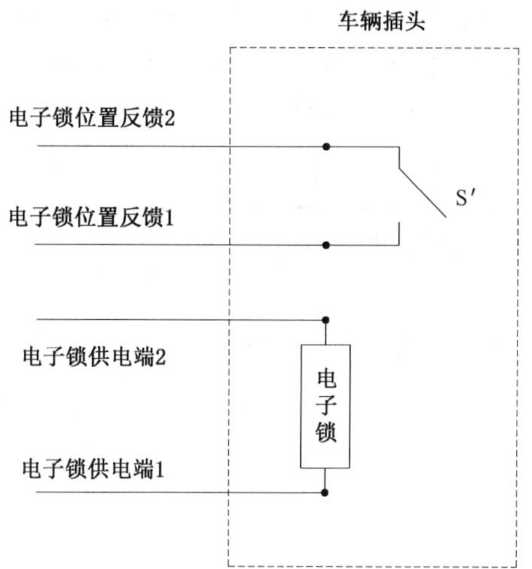

注：S′是一种开关信号或其他类型信号，可由供电设备厂商和连接器厂商协商确认。

图 C.1 电子锁功能示例图

参 考 文 献

[1] NB/T 33002—2010 电动汽车交流充电桩技术条件

[2] IEC 60364-7-722 Low voltage electrical installations—Part 7-722:Requirements for special installations or locations—Supply of electric vehicle(under development)

[3] IEC 61851-1 Electric vehicle conductive charing system—Part 1:General requirements ED3.0 CD3

[4] IEC 61851-21-1 Electric vehicle conductive charging system—Part 21-1:Electric vehicle onboard charger EMC requirements for conductive connection to a.c./d.c.supply(under development)

[5] IEC 61851-21-2 Electric vehicle conductive charging system—Part 21-2:EMC requirments for OFF board electric vehicle charging systems(under development)

[6] ISO 17409,Electrically propelled road vehicles—Connection to an external electric power supply—Safety requirements(under development)

ICS 33.100
L 06

中华人民共和国国家标准

GB/T 18487.2—2017
代替 GB/T 18487.2—2001

电动汽车传导充电系统　第2部分：非车载传导供电设备电磁兼容要求

Electric vehicle conductive charging system—Part 2: EMC requirements for off-board electric vehicle supply equipment

2017-12-29 发布　　2018-07-01 实施

中华人民共和国国家质量监督检验检疫总局
中国国家标准化管理委员会　发布

前 言

GB/T 18487《电动汽车传导充电系统》由以下三部分组成：

——第1部分：通用要求；

——第2部分：非车载传导供电设备电磁兼容要求；

——第3部分：电动车辆交流/直流充电机(站)。

本部分为GB/T 18487的第2部分。

本部分按照GB/T 1.1—2009给出的规则起草。

本部分代替GB/T 18487.2—2001《电动车辆传导充电系统　电动车辆与交流/直流电源的连接要求》。

与GB/T 18487.2—2001相比，除编辑性修改外主要技术变化如下：

——因增加了供电设备内容，将本部分名称改为《电动汽车传导充电系统　第2部分：非车载传导供电设备电磁兼容要求》；

——增加了供电设备配置的要求(见第4章)；

——增加了供电设备的试验负载条件(见第5章)；

——增加了测试过程中的操作条件(见第6章)；

——增加了抗扰度要求(见第7章)；

——增加了加发射要求(见第8章)。

本部分由中国电力企业联合会提出并归口。

本部分起草单位：上海电器科学研究院、中国电力科学研究院、国网电力科学研究院、许继集团、普天新能源有限责任公司、深圳奥特迅电力设备股份有限公司、珠海泰坦科技股份有限公司、许昌开普检测技术有限公司、比亚迪汽车工业有限公司、浙江万马新能源有限公司、台达电子企业管理(上海)有限公司、北汽新能源汽车股份有限公司。

本部分主要起草人：郑军奇、王爱国、刘永东、陈灏、卢琛钰、李妮、姜宁浩、邵浙海、李彩生、李志刚、潘景宜、杨兴超、周宇奎、吴连日、高新杰、刘媛、叶琼瑜、李新强。

本部分所代替标准的历次版本发布情况为：

——GB/T 18487.2—2001。

电动汽车传导充电系统　第2部分：非车载传导供电设备电磁兼容要求

1　范围

GB/T 18487的本部分规定了为电动汽车非车载传导充电的电动汽车供电设备(以下统称为供电设备)的电磁兼容要求。供电设备的供电电源额定电压最大值为1 000 V AC或1 500 V DC,额定输出电压最大值为1 000 V AC或1 500 V DC。

本部分适用于GB/T 18487.1中规定的充电模式2、充电模式3、充电模式4的供电设备。

本部分适用于从现场储能系统(如缓冲蓄电池组等)获得能量的电动汽车供电设备。

本部分认为无电子元件或开关(除手动开关外)的电缆是无源的,符合发射和抗扰度要求,不需要测试。

本部分不适用于任何车载供电设备和电动汽车的供电系统的零部件和设备。

本部分不适用于以无线充电(WPT)方式为电动汽车供电或充电的供电设备。

本部分不适用于无轨电车、铁路车辆、工业车辆和主要用于非道路车辆的供电设备。

2　规范性引用文件

下列文件对于本文件的应用是必不可少的。凡是注日期的引用文件,仅注日期的版本适用于本文件。凡是不注日期的引用文件,其最新版本(包括所有的修改单)适用于本文件。

GB/T 4365　电工术语　电磁兼容

GB 4824—2013　工业、科学和医疗(ISM)射频设备　骚扰特性　限值和测量方法

GB/T 6113.102—2008　无线电骚扰和抗扰度测量设备和测量方法规范　第1-2部分:无线电骚扰和抗扰度测量设备　辅助设备　传导骚扰

GB/T 6113.201　无线电骚扰和抗扰度测量设备和测量方法规范　第2-1部分:无线电骚扰和抗扰度测量方法　传导骚扰测量

GB/T 17215.321　交流电测量设备　特殊要求　第21部分:静止式有功电能表(1级和2级)

GB 17625.1　电磁兼容　限值　谐波电流发射限值(设备每相输入电流≤16 A)

GB/T 17625.2　电磁兼容　限值　对每相额定电流≤16 A且无条件接入的设备在公用低压供电系统中产生的电压变化、电压波动和闪烁的限制

GB/T 17625.7　电磁兼容　限值　对额定电流≤75 A且有条件接入的设备在公用低压供电系统中产生的电压变化、电压波动和闪烁的限制

GB/T 17625.8　电磁兼容　限值　每相输入电流大于16 A小于等于75 A连接到公用低压系统的设备产生的谐波电流限值

GB/T 17626.2　电磁兼容　试验和测量技术　静电放电抗扰度试验

GB/T 17626.3　电磁兼容　试验和测量技术　射频电磁场辐射抗扰度试验

GB/T 17626.4　电磁兼容　试验和测量技术　电快速瞬变脉冲群抗扰度试验

GB/T 17626.5　电磁兼容　试验和测量技术　浪涌(冲击)抗扰度试验

GB/T 17626.6　电磁兼容　试验和测量技术　射频场感应的传导骚扰抗扰度

GB/T 17626.8　电磁兼容　试验和测量技术　工频磁场抗扰度试验

GB/T 17626.11 电磁兼容 试验和测量技术 电压暂降、短时中断和电压变化的抗扰度试验

GB/T 17626.29 电磁兼容 试验和测量技术 直流电源输入端口电压暂降、短时中断和电压变化的抗扰度试验

GB/T 17626.34 电磁兼容 试验和测量技术 主电源每相电流大于16 A的设备的电压暂降、短时中断和电压变化抗扰度试验

GB/T 17799.1 电磁兼容 通用标准 居住、商业和轻工业环境中的抗扰度试验

GB/T 17799.2 电磁兼容 通用标准 工业环境中的抗扰度试验

GB 17799.3 电磁兼容 通用标准 居住、商业和轻工业环境中的发射

GB 17799.4 电磁兼容 通用标准 工业环境中的发射

GB/T 18487.1 电动汽车传导充电系统 第1部分:通用要求

GB/T 18655 车辆、船和内燃机 无线电骚扰特性 用于保护车载接收机的限值和测量方法

GB/T 19596 电动汽车术语

GB/T 29317 电动汽车充换电设施术语

GJB 151B—2013 军用设备和分系统电磁发射和敏感度要求和测量

CISPR 11 工业、科学和医疗(ISM)射频设备 骚扰特性 限值和测量方法(Industrial, scientific and medical equipment—Radio-frequency disturbancecharacteristics—Limits and methods of measurement)

CISPR 32:2015 多媒体设备的电磁兼容 发射要求(Electromagnetic compatibility of multimedia equipment—Emission requirements)

IEC 61000-4-3 电磁兼容 试验和测量技术射频电磁场辐射抗扰度试验(Electromagnetic compatibility (EMC)—Part 4-3:Testing and measurement techniques-radiated, radio-frequency, electromagnetic field immunity test)

3 术语和定义、缩略语

3.1 术语和定义

GB/T 4365、GB 4824—2013、GB/T 18487.1、GB/T 19596和GB/T 29317界定的以及下列术语和定义适用于本文件。

3.1.1

端口 port

设备与外界电磁环境的特定界面,非车载供电设备的端口的示例见图1。

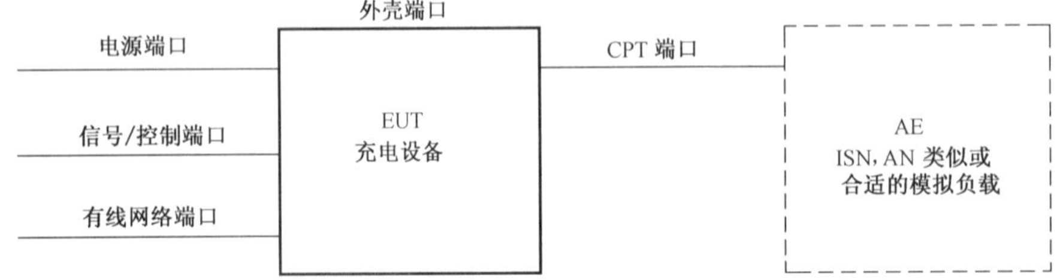

图1 非车载供电设备的端口的示例

3.1.2

外壳端口　enclosure port

电磁场可以通过它来辐射或入侵的物理边界。

3.1.3

电源端口(交流或直流)　power port(AC or DC)

为设备或相关设备提供电源而使其正常工作的导体或电缆的端口。

3.1.4

有线网络端口　wired network port

连接声音、数据和信号传递的端口,旨在直接连接单用户或多用户电信网使分散的系统相互连接(如 PSTN、ISDN、xDSL、LAN 和类似的网络)。

注:这些端口可以支持屏蔽或非屏蔽电缆,也可以承载电信规范中规定的交流或直流电源。

[CISPR 32]

3.1.5

信号/控制端口　signal/control port

符合相关功能说明(如用于连接电缆的最大长度)的 EUT 或 EUT 内部元件与本地 AE 连接的端口。

注:例如,RS-232、通用串行总线(USB)、高清晰度多媒体接口(HDMI)、符合 IEEE 1394("火线")和控制导向器。

[CISPR 32]

3.1.6

传导电能传输端口(CPT 端口)　conductive power transfer port (CPT port)

用于传导电能传输(CPT)的电动汽车供电设备的电力输出端口,该端口传输低压交流或直流电能到充电系统的次级装置(例如,电源充电给负载),并提供所必需的信号/控制和/或通讯功能。

3.2　缩略语

下列缩略语适用于本文件。

AE　辅助设备

AMN　人工电源网络

AN　人工网络

EMC　电磁兼容

EUT　受试设备

ISDN　综合业务数字网

ISN　阻抗稳定网络

CAN　控制器局域网络

LAN　局域网

PLC　电力线通信

PSTN　公共交换电话网络

PWM　脉冲宽度调制

RBW　分辨率带宽

WPT　无线电能传输

xDSL　各种类型数字用户线路的总称

4 供电设备配置

4.1 概述

本部分中试验项目的试验布置和试验条件在具体章节中给出。

4.2 传导电能传输(CPT)设备

所有试验应使用由制造商提供的典型的供电设备和通信电缆(在 CPT 端口)。若供电设备未提供电缆,试验应在电缆的典型长度下进行。

附录 A 给出了非车载直流供电设备在 CPT 端口进行传导骚扰测量的试验布置示例。具体的试验布置参考 GB 4824—2013 和 GB/T 6113.201。

充电模式 2 的缆上控制与保护盒(不含电缆)及装置(IC-CPD),应按照台式设备布置进行测试。

5 供电设备的试验负载条件

5.1 概述

具有通信功能(在供电设备和车辆之间)的供电设备的通信线应按附录 B 进行端接,通信信号应由各自的模拟器提供并经由适合的耦合装置馈入。

若供电设备具有大量类似端口或连接器的端口,则应选择足够数量的端口来模拟实际运行状况,并确保覆盖了所有不同类型的终端,如所有端口数量的 20%或至少四个端口。

注:需注意的是,这并不总是代表实际使用,因为当电池逐渐充满时功率将下降。

5.2 电动汽车的 CPT 供电设备

供电设备的 CPT 端口应连接到 AE,该 AE 包括由 AN 和/或 ISN 所形成的车辆模拟器,并与可调电阻负载相连。

6 测试过程中的操作条件

6.1 概述

试验在本部分规定的模式下进行。试验应在第 5 章规定的负载条件下进行。

试验计划中应规定 EUT 的配置和运行模式,且试验报告中应准确记录试验时的实际条件。

应对以下两种运行模式进行评估:

a) 待机模式:模拟供电设备正常供电,其车辆插头插入车辆插座,此时供电设备处于未充电状态(例如,当车辆电池已充满电或等待电网决定何时充电);

b) 充电模式:试验过程中,供电设备的输出电流处于产生最高发射情况的功率。

注:当没有负载连接时无需进行评估,在待机模式中已充分考虑。

若供电设备和车辆之间(如:充电控制)使用非控制导引方式或其他信号(例如 PLC)方式的通信,则试验应在最恶劣的信号情况下进行,如选择制造商规定的最大通信速率的信号。

试验应在供电设备规定的工作范围和额定输入电压下实施,除非相关基础标准另有规定。

缆上控制与保护装置(IC-CPD)应按照充电模式 3 进行试验。

6.2 试验说明

供电设备应同时符合本部分规定的抗扰度和发射要求。

本部分涉及的供电设备要求是基于逐个端口给出的。表1～表4规定了抗扰度要求，表5～表13规定了发射要求。

本部分规定的所有测试项目可按照任何顺序进行试验。

试验应调节阻性负载，使得供电设备在额定输出电压情况下，发射测量在功率分别为额定功率的20%，50%和80%状态下进行。抗扰度测量在额定功率的50%下进行。

所有类型端口都应按本部分要求进行抗扰度测试。

试验仪器、试验方法和试验布置见表1～表6。

6.3 环境条件/限制

本部分已考虑了在正常的EMC环境中的所有供电设备。供电设备可在多种场所安装使用。本部分覆盖所有安装于室内或室外的供电设备，安装使用环境包括工业环境(见GB/T 17799.2和GB 17799.4)和非工业环境(包括住宅、商业、轻工业环境，见GB/T 17799.1和GB 17799.3)。当供电设备制造商未规定供电设备的预期使用的环境时，应实施最严格的发射和抗扰度试验，即采用最低的发射限值和最高的抗扰度试验等级。

7 抗扰度要求

7.1 性能判据

7.1.1 概述

供电设备应维持在一种安全状态，作为本部分中规定的试验实施结果。进一步指导信息见标准GB/T 18487.1。

基于供电设备的充电模式有不同的性能判据，尤其是对于充电模式3和充电模式4。

在交流或直流电源输入端口上实施浪涌(GB/T 17626.5)和电快速瞬变/脉冲群(GB/T 17626.4)时，应使用合适的仪器进行测量，该仪器可测量直流输出端口上相关的瞬态幅值。这种测量应按照附录C所描述的布置进行。应满足附录C的要求。

当受试设备有计量和计费功能时，相应的性能判据应按照适用的产品标准进行定义，例如GB/T 17215.321。

供电设备制造商应提供EMC试验过程中或试验后的功能描述和性能判据定义。

7.1.2 性能判据A

试验实施的过程中或试验后，供电设备应在供电设备制造商所定义的容许范围内，按照预期继续运行。其运行状态不允许改变(即充电模式下继续保持充电，待机模式下保持闲置状态)。

注：对于充电模式2和充电模式3，状态的改变包括PWM信号的变化，对于充电模式4，状态的改变包括充电电流的任意变化(超过制造商定义的容许范围)。

7.1.3 性能判据B

试验完成后，供电设备应在供电设备制造商所定义的容许范围内，按照预期继续运行。此外，在试验实施过程中，应保持供电设备的主要功能(在供电设备制造商所定义的容许范围内)。次要功能(包括显示等)在试验过程中允许性能降级，但应在试验后恢复到初始状态。

试验实施后，供电设备应不改变其运行状态(即充电模式下继续保持充电，待机模式下保持闲置状态)。

注1：对于充电模式2和充电模式3，状态的改变包括PWM信号的变化，对于充电模式4，状态的改变包括充电电流的任意变化(超过制造商定义的容许范围)。

注 2：对于电压暂降和短时中断抗扰度测试，如果进行了充电流程中规定的人工操作，如刷卡或者充电启动等，可视为符合性能判据 B。

7.1.4 性能判据 C

试验实施的过程中和试验后，供电设备变化到故障保护状态。如已符合 GB/T 18487.1 中定义的安全要求，这种状态需要用户干预以重启充电或自动恢复充电。

7.2 试验要求

根据供电设备类型和其预期使用的环境，测试要求见表 1～表 4。

所有缆上控制与保护装置应满足表 1。

当供电设备制造商限制了产品使用场所，抗扰度要求见表 2。

后续表中所有提及的“信号/控制端口”均指供电设备的电源输入侧的端口。供电设备电源输出和负载侧无浪涌抗扰度要求，除非制造商说明书中规定的典型充电电缆超过 30 m。

直流供电设备的浪涌和电快速瞬变脉冲群的试验布置见附录 C。

表 1 交流充电抗扰度要求(除住宅环境外)

端口	受试设备的工作模式	试验项目	基础标准	试验要求	单位	性能判据
外壳	待机和充电模式	静电放电抗扰度	GB/T 17626.2	±6(接触) ±8(空气)	kV kV	B
		射频电磁场辐射抗扰度	GB/T 17626.3	10 (80 MHz～1 000 MHz)	V/m [d]	A
			GB/T 17626.3	10 (1.4 GHz～2 GHz)	V/m [d]	A
			IEC 61000-4-3	10 (2 GHz～2.7 GHz)	V/m [d]	A
		工频磁场抗扰度[c]	GB/T 17626.8	30(32 A 以下系统) 100(32 A 以上系统)	A/m A/m	A
交流电源输入(和直接连接到电源端口的信号/控制端口)	待机和充电模式	电快速瞬变脉冲群抗扰度	GB/T 17626.4	±4 5/50 100	kV Tr/Th，ns 重复频率，kHz	B
		浪涌抗扰度	GB/T 17626.5	1.2/50 (8/20) ±4[a] ±2[b]	μs kV kV	B
		射频场感应的传导骚扰抗扰度	GB/T 17626.6	10 (0.15 ～80 MHz)	V (rms)	A
		电压暂降和短时中断抗扰度	GB/T 17626.11 (≤16 A) GB/T 17626.34 (>16 A)	40%，持续 10 周期 70%，持续 25 周期 80%，持续 250 周期 0%，持续 250 周期		B B B C

表 1 (续)

端口	受试设备的工作模式	试验项目	基础标准	试验要求	单位	性能判据
有线网络和信号/控制	待机和充电模式	电快速瞬变脉冲群抗扰度[f]	GB/T 17626.4	±2 5/50 100	kV Tr/Th, ns 重复频率 kHz	B
		浪涌抗扰度[e]	GB/T 17626.5	1.2/50 (8/20) ±2[a] ±1[b]	μs kV kV	B
				10/700(5/320)[g] ±2	μs kV	B
		射频场感应的传导骚扰抗扰度[e]	GB/T 17626.6	10 (0.15 MHz~80 MHz)	V (rms)	A
CPT	待机模式	电快速瞬变脉冲群抗扰度	GB/T 17626.4	±2 5/50 100	kV Tr/Th, ns 重复频率,kHz	B
		浪涌抗扰度[e]	GB/T 17626.5	1.2/50 (8/20) ±2[a] ±1[b]	μs kV kV	B
	待机和充电模式	射频场感应的传导骚扰抗扰度	GB/T 17626.6	10 (0.15 MHz~80 MHz)	V (rms)	A

[a] 线对地(地线),电压逐级施加。

[b] 线对线,电压逐级施加。

[c] 仅适用于包含对磁场敏感装置的设备。

[d] 规定的未调制载波值试验等级为有效值。

[e] 仅适用于连接线缆总长超过 30 m(依据供应商的功能规范)的端口。

[f] 仅适用于连接线缆总长超过 3 m(依据供应商的功能规范)的端口。

[g] 适用于屏蔽接地(地线),此试验不适用于信号/控制端口。

表 2 交流充电抗扰度要求(住宅环境)

端口	受试设备的工作模式	试验项目	基础标准	试验要求	单位	性能判据
外壳	待机和充电模式	静电放电抗扰度	GB/T 17626.2	±6(接触) ±8(空气)	kV kV	B
		射频电磁场辐射抗扰度	GB/T 17626.3	3 (80 MHz~1 000 MHz)	V/m [d]	A
			GB/T 17626.3	3 (1.4 GHz~2 GHz)	V/m [d]	A
			IEC 61000-4-3	3 (2 GHz~2.7 GHz)	V/m [d]	A

表 2（续）

端口	受试设备的工作模式	试验项目	基础标准	试验要求	单位	性能判据
外壳	待机和充电模式	工频磁场抗扰度[c]	GB/T 17626.8	30(32 A 以下系统) 100(32 A 以上系统)	A/m A/m	A
交流电源输入(和直接连接到电源端口的信号/控制端口)	待机和充电模式	电快速瞬变脉冲群抗扰度	GB/T 17626.4	±2 5/50 100	kV Tr/Th，ns 重复频率，kHz	B
		浪涌抗扰度	GB/T 17626.5	1.2/50 (8/20) ±2 [a] ±1 [b]	μs kV kV	B
		射频场感应的传导骚扰抗扰度	GB/T 17626.6	3 (0.15 MHz～80 MHz)	V (rms)	A
		电压暂降和短时中断抗扰度	GB/T 17626.11 (≤16 A) GB/T 17626.34 (>16 A)	40%，持续 10 周期 70%，持续 25 周期 80%，持续 250 周期 0%，持续 250 周期		B B B C
有线网络和信号/控制	待机和充电模式	电快速瞬变脉冲群抗扰度[f]	GB/T 17626.4	±1 5/50 100	kV Tr/Th，ns 重复频率，kHz	B
		浪涌抗扰度[e]	GB/T 17626.5	1.2/50 (8/20) ±2 [a] ±1 [b]	μs kV kV	B
		射频场感应的传导骚扰抗扰度[e]	GB/T 17626.6	3 (0.15 MHz～80 MHz)	V (rms)	A
CPT[e)]	待机模式	电快速瞬变脉冲群抗扰度	GB/T 17626.4	±2 5/50 100	kV Tr/Th，ns 重复频率，kHz	B
	待机和充电模式	射频场感应的传导骚扰抗扰度	GB/T 17626.6	3 (0.15 MHz～80 MHz)	V (rms)	A

[a] 线对地(地线)，电压逐级施加。

[b] 线对线，电压逐级施加。

[c] 仅适用于包含对磁场敏感装置的设备。

[d] 规定的未调制载波值试验等级为有效值。

[e] 仅适用于连接线缆总长超过 30 m(依据供应商的功能规范)的端口。

[f] 仅适用于连接线缆总长超过 3 m(依据供应商的功能规范)的端口。

表 3　直流充电抗扰度要求(除住宅环境外)

端口	受试设备的工作模式	试验项目	基础标准	试验要求	单位	性能判据
外壳	待机和充电模式	静电放电抗扰度	GB/T 17626.2	±6 (接触) ±8 (空气)	kV kV	B
		射频电磁场辐射抗扰度	GB/T 17626.3	10 (80 MHz～1 000 MHz)	V/m [d]	A
			GB/T 17626.3	10 (1.4 GHz～2 GHz)	V/m [d]	A
			IEC 61000-4-3	10 (2 GHz～2.7 GHz)	V/m [d]	A
		工频磁场抗扰度[c]	GB/T 17626.8	30(32 A 以下系统) 100(32 A 以上系统)	A/m A/m	A
交流电源输入(和直接连接到电源端口的信号/控制端口)	待机和充电模式	电快速瞬变脉冲群抗扰度	GB/T 17626.4	±4 5/50 100	kV Tr/Th, ns 重复频率,kHz	B
		浪涌抗扰度	GB/T 17626.5	1.2/50 (8/20) ±4 [a] ±2 [b]	μs kV kV	B
		射频场感应的传导骚扰抗扰度	GB/T 17626.6	10 (0.15 MHz～80 MHz)	V (rms)	A
		电压暂降和短时中断抗扰度	GB/T 17626.11 (≤16 A) GB/T 17626.34 (>16 A)	40%,持续 10 周期 70%,持续 25 周期 80%,持续 250 周期 0%,持续 250 周期		B B B C
直流电源输入(和直接连接到电源输入端的 I/O 端口)	待机和充电模式	电快速瞬变脉冲群抗扰度	GB/T 17626.4	±2 5/50 100	kV Tr/Th, ns 重复频率 kHz	B
		浪涌抗扰度	GB/T 17626.5	1.2/50 (8/20) ±2 [a] ±1 [b]	μs kV kV	B
		射频场感应的传导骚扰抗扰度	GB/T 17626.6	10 (0.15 MHz～80 MHz)	V (rms)	A
		电压暂降和短时中断抗扰度	GB/T 17626.29	40%和 70% [g] 80%和 120% [g] 0% [g]		B B B
有线网络和信号/控制	待机和充电模式	电快速瞬变脉冲群抗扰度[f]	GB/T 17626.4	±2 5/50 100	kV Tr/Th, ns 重复频率 kHz	B
		浪涌抗扰度[e]	GB/T 17626.5	1.2/50 (8/20) ±2 [a] ±1 [b]	μs kV kV	B

表 3（续）

端口	受试设备的工作模式	试验项目	基础标准	试验要求	单位	性能判据
有线网络和信号/控制	待机和充电模式	射频场感应的传导骚扰抗扰度[c]	GB/T 17626.6	10 (0.15 MHz～80 MHz)	V (rms)	A
CPT [e)]	待机模式	电快速瞬变脉冲群抗扰度	GB/T 17626.4	±2 5/50 100	kV Tr/Th，ns 重复频率，kHz	B
	待机和充电模式	射频场感应的传导骚扰抗扰度	GB/T 17626.6	10 (0.15 MHz～80 MHz)	V (rms)	A

[a] 线对地(地线)，电压逐级施加。

[b] 线对线，电压逐级施加。

[c] 仅适用于包含对磁场敏感装置的设备。

[d] 规定的未调制载波值试验等级为有效值。

[e] 仅适用于连接线缆总长超过 30 m(依据供应商的功能规范)的端口。

[f] 仅适用于连接线缆总长超过 3 m(依据供应商的功能规范)的端口。

[g] 持续时间参见 GB/T 17626.29 中表 1 及对应的注释。

表 4　直流充电抗扰度要求(住宅环境)

端口	受试设备的工作模式	试验项目	基础标准	试验要求	单位	性能判据
外壳	待机和充电模式	静电放电抗扰度	GB/T 17626.2	±6(接触) ±8 (空气)	kV kV	B
		射频电磁场辐射抗扰度	GB/T 17626.3	3 (80 MHz～1 000 MHz)	V/m [d]	A
			GB/T 17626.3	3 (1.4 GHz～2 GHz)	V/m [d]	A
			IEC 61000-4-3	3 (2 GHz～2.7 GHz)	V/m [d]	A
		工频磁场抗扰度[c]	GB/T 17626.8	30(32 A 以下系统) 100(32 A 以上系统)	A/m A/m	A
交流电源输入(和直接连接到电源端口的信号/控制端口)	待机和充电模式	电快速瞬变脉冲群抗扰度	GB/T 17626.4	±2 5/50 100	kV Tr/Th，ns 重复频率，kHz	B
		浪涌抗扰度	GB/T 17626.5	1.2/50 (8/20) ±2 [a] ±1 [b]	μs kV kV	B
		射频场感应的传导骚扰抗扰度	GB/T 17626.6	3 (0.15 MHz～80 MHz)	V (rms)	A

表 4（续）

端口	受试设备的工作模式	试验项目	基础标准	试验要求	单位	性能判据
交流电源输入（和直接连接到电源端口的信号/控制端口）	待机和充电模式	电压暂降和短时中断抗扰度	GB/T 17626.11（≤16 A） GB/T 17626.34（>16 A）	40%，持续 10 周期 70%，持续 25 周期 80%，持续 250 周期 0%，持续 250 周期		B B B C
直流电源输入（直接连接到电源输入端的 I/O 端口）	待机和充电模式	电快速瞬变脉冲群抗扰度	GB/T 17626.4	±2 5/50 100	kV Tr/Th，ns 重复频率，kHz	B
		浪涌抗扰度	GB/T 17626.5	1.2/50 (8/20) ±2 [a] ±1 [b]	μs kV kV	B
		射频场感应的传导骚扰抗扰度	GB/T 17626.6	3 (0.15 MHz～80 MHz)	V (rms)	A
		电压暂降和短时中断抗扰度	GB/T 17626.29	40%和 70% [g] 80%和 120% [g] 0%[g]		B B B
有线网络和信号/控制	待机和充电模式	电快速瞬变脉冲群抗扰度[f]	GB/T 17626.4	±2 5/50 100	kV Tr/Th，ns 重复频率，kHz	B
		浪涌抗扰度[e]	GB/T 17626.5	1.2/50 (8/20) ±2 [a] ±1 [b]	μs kV kV	B
		射频场感应的传导骚扰抗扰度[e]	GB/T 17626.6	3 (0.15 MHz～80 MHz)	V (rms)	A
CPT [e]	待机模式	电快速瞬变/脉冲群	GB/T 17626.4	±2 5/50 100	kV Tr/Th，ns 重复频率，kHz	B
	待机和充电模式	射频场感应的传导骚扰抗扰度	GB/T 17626.6	3 (0.15 MHz～80 MHz)	V (rms)	A

[a] 线对地（地线），电压逐级施加。
[b] 线对线，电压逐级施加。
[b] 仅适用于包含对磁场敏感装置的设备。
[d] 规定的未调制载波值试验等级为有效值。
[e] 仅适用于连接线缆总长超过 30 m（依据供应商的功能规范）的端口。
[f] 仅适用于连接线缆总长超过 3 m（依据供应商的功能规范）的端口。
[g] 持续时间见 GB/T 17626.29 中表 1 及对应的注释。

8 发射要求

8.1 概述

应在明确的、可复现的条件下对每种类型的骚扰进行测量。

表 5 和表 6 给出了试验描述，试验方法和试验布置。

8.2 低频骚扰的限值和试验条件

8.2.1 综述

表 5 给出了低频骚扰现象评估的要求。

表 5 低频现象评估的要求

端口	试验项目	参考标准	本部分中的参考章条
交流电源端口	谐波电流[a]	GB 17625.1(每相额定电流≤16 A) GB/T 17625.8(每相额定电流>16 A 且≤75 A)	8.2.2
	电压波动和闪烁[a]	GB/T 17625.2(每相额定电流≤16 A) GB/T 17625.7(每相额定电流>16 A 且≤75 A)[b]	8.2.3
注：充电模式 2 和充电模式 3 的供电设备需在待机模式下测试。			
[a] 适用于 GB 17625.1,GB/T 17625.2,GB/T 17625.7 和 GB/T 17625.8 范围内的供电设备。 [b] 满足 GB/T 17625.2 要求的设备，不适用于 GB/T 17625.7。			

8.2.2 谐波电流

谐波电流仅适用于下列类别中的供电设备：

——额定电压 220 V，单相，三线；

——额定电压 380 V，三相，五线；

——额定频率 50 Hz。

每相输入电流小于或等于 16 A 且连接到公共低压交流配电系统的供电设备应符合 GB 17625.1，所有供电设备为 A 类设备。

注：上述 A 类设备的定义不同于 GB 4824—2013 中 8.1.2 详细说明的环境分类。

每相输入电流大于 16 A，小于或等于 75 A 且连接到公共低压交流配电系统的供电设备应符合 GB/T 17625.8。

对于每相输入电流大于 75 A 的供电设备，由于限值和测量方法尚在考虑中，其测量建议在每相输入电流不大于 75 A 的最大模块数量配置下进行。

对于充电模式 2 和充电模式 3，无需进行谐波电流测量。

8.2.3 电压波动和闪烁

供电设备产生的电压波动和闪烁发射要求详见 GB/T 17625.2 和 GB/T 17625.7。

对于充电模式 3,采用机电式开关的供电设备电源输入端口无需进行电压波动和闪烁试验。

8.3 射频骚扰的限值和试验条件

8.3.1 限值要求

基于本部分的目的,供电设备按照其应用环境进行分类。这些定义详见 GB 4824—2013 第 5 章并汇总如下:

——A 类供电设备是非家用和不直接连接到住宅低压供电网设施中使用的设备。

——A 类设备应满足 A 类限值。

对于 A 类供电设备,产品附带的使用说明书应包含以下警告:

警告——此设备不能应用于居住环境,在这类环境中可能无法对无线电通信提供充分的保护。

B 类供电设备是家用设备和直接连接到住宅低压供电网设施中使用的设备。

B 类设备应满足 B 类限值。

表 6 给出了射频评估的要求。

表 6 射频骚扰评估的要求

端口类型	试验项目	参考标准	本部分中的参考章条
电源输入端 (低压交流或直流)	传导骚扰 (150 kHz～30 MHz)	GB 4824—2013[a]	8.3.2
CPT (低压交流或直流)	传导骚扰 (150 kHz～30 MHz)	附录 A,附录 B	8.3.3
有线网络和信号/控制端口	传导骚扰 (150 kHz～30 MHz)	CISPR 32:2015[b]	8.3.4
外壳	辐射骚扰 (保护车辆无钥匙进入系统的要求)	附录 D	8.3.5.1
外壳	辐射骚扰 (150 kHz～1 000 MHz)	GB 4824—2013[a]	8.3.5.2

[a] A 类和 B 类限值应用见 GB 4824—2013。

[b] 单独连接到 CAN 总线的网络端口无需进行符合性验证。

8.3.2 电源输入端口(150 kHz～30 MHz)

供电设备的电源输入端口应按照 GB 4824—2013 进行测试,使用 GB 4824—2013 中规定的试验仪器。

对于任何 A 类或 B 类供电设备骚扰电压限值见 GB 4824—2013 中的表 2 或表 3。

如确定 EUT 在 GB 4824—2013 所描述试验布置的型式试验中满足各自的限值,即符合本部分的发射要求。

8.3.3 CPT 端口(150 kHz～30 MHz)

8.3.3.1 CPT 端口的骚扰电压测量

按照附录 A 使用 GB/T 6113.201 中规定的测试设备进行测量。测量时,传导电能传输端口(CPT 端口)应通过适当的 AN 和/或 ISN 端接到接地平面,如附录 A 中图 A.1 所示。骚扰电压应使用连接到 EUT 的 CPT 端口低压交流或直流电源终端 AN 的测量端口进行测量。

对于供电设备和包含交流/交流或交流/直流功率变换器(提供三相低压交流供电电源)的设备,进行 CPT 端口骚扰电压测量时,供电设备直流输出端口应在 CPT 端口的每相使用一个 5 μH/50 Ω AN (参考 GB/T 18655),见图 A.1。这些 AN 的 AE 端口应端接适合的阻性可调负载。

注:不推荐使用 GB/T 6113.102—2008 的 4.3 规定的常规三相 50 μH/50 ΩV 型 AMN。

供电设备交流输出端口的测试布置见 GB 4824—2013 或参考 GB/T 6113.102—2008。

若被测 CPT 交流供电设备不包含任何电子功率变换器件或类似器件,仅有开关和隔离器件时,则只需在其低压交流电源输入端口测量骚扰电压,见 8.3.2。

表 7 或表 8 的骚扰电压限值适用于交流 CPT 端口,表 9 和表 10 适合骚扰电压限值适用于直流 CPT 端口

注:上面提到的 AN,也可用于单相低压交流供电电源的 CPT 电源线端口。

表 7 A 类供电设备 CPT 端口(交流)的骚扰电压限值

频率范围 MHz	额定功率 ≤20 kVA[a]		额定功率>20 kVA, ≤75 kVA[a,b]		额定功率 >75 kVA[a,b]	
	电压限值		电压限值		电压限值	
	准峰值 dB(μV)	平均值 dB(μV)	准峰值 dB(μV)	平均值 dB(μV)	准峰值 dB(μV)	平均值 dB(μV)
0.15～0.50	79	66	100	90	130	120
0.50～5	73	60	86	76	125	115
5～30	73	60	90～73	80～60	115	105

[a] 应基于制造商规定的额定交流功率选择适当的限值。限值在一定频率范围内随频率的对数增加而线性下降。

[b] 这些限值适用于额定功率>20 kVA 且由专业人士安装的设备。制造商和/或供应商应在产品的使用手册中提供缓解措施,以减少设备的发射并阻止 30 m 安装距离内对无线电接收有害的干扰。特别应当指出,这种设备可以配备额外的滤波且物理上距离住宅环境大于 30 m。安装人员可依据 GB 4824—2013 现场测量确认减缓措施。

表 8 B 类供电设备 CPT 端口(交流)的骚扰电压限值

频率范围 MHz	准峰值 dB(μV)	平均值 dB(μV)
0.15～0.50	66～56[a]	56～46[a]
0.50～5	56	46
5～30	60	50

[a] 随着频率的对数增加而线性下降。

表 9 A 类供电设备 CPT 端口(直流)的骚扰电压限值

频率范围 MHz	额定功率 ≤20 kVA[a]		额定功率>20 kVA, ≤75 kVA[a,b]		额定功率 >75 kVA[a,b]	
	电压限值		电压限值		电压限值	
	准峰值 dB(μV)	平均值 dB(μV)	准峰值 dB(μV)	平均值 dB(μV)	准峰值 dB(μV)	平均值 dB(μV)
0.15~5	97~89	84~76	116~106	106~96	132~122	122~112
5~30	89	76	106~89	96~76	122~105	112~92

[a] 应基于制造商规定的额定交流功率选择适当的限值。限值在一定频率范围内随频率的对数增加而线性下降。

[b] 这些限值适用于额定功率>20 kVA 且由专业人士安装的设备。制造商和/或供应商应在产品的使用手册中提供缓解措施,以减少设备的发射并阻止 30 m 安装距离内对无线电接收有害的干扰。特别应当指出,这种设备可以配备额外的滤波且物理上距离住宅环境大于 30 m。安装人员可依据 GB 4824—2013 现场测量确认减缓措施。

表 10 B 类供电设备 CPT 端口(直流)的骚扰电压限值

频率范围 MHz	准峰值 dB(μV)	平均值 dB(μV)
0.15~0.50	84~74[a]	74~64[a]
0.50~30	74	64

[a] 随着频率的对数增加而线性下降。

8.3.3.2 CPT 端口中用于电动汽车信号/控制和/或通信功能端口的骚扰电压测量(150 kHz~30 MHz)

测量应按照 CISPR 32:2015 进行,使用 CISPR 32:2015 中规定的试验仪器。测量时,CPT 端口应通过适当的 AN 和/或 ISN 端接到接地平面,如图 A.1 所示。CPT 端口中用于电动汽车信号/控制和/或通信功能端口应端接 ISN,如附录 B 中图 B.1 所示。骚扰电压的测量应使用这种 ISN 的测量端口。

A 类供电设备的限值见 CISPR 32:2015 表 A.11,B 类供电设备的限值见 CISPR 32:2015 表 A.12。

若 EUT 按照上述测量布置进行型式试验满足限值,即证实其符合本部分的发射要求。

8.3.4 有线网络端口或信号/控制端口(150 kHz~30 MHz)

本部分范围内供电设备的有线网络端口,如它们将连接到公共交换电话网络(PSTN)的物理用户线,需要进行测量。

本部分范围内设备的信号/控制端口,若它们将连接到本地监督或电力调度系统,旨在通过多个本地供电设备进行电源传输管理,需要进行测量。

测量应按照 CISPR 32:2015 进行,使用 CISPR 32:2015 中规定的试验仪器。

A 类供电设备的限值见 CISPR 32:2015 表 A.11,B 类供电设备的限值见 CISPR 32:2015 表 A.12。

若 EUT 在 CISPR 32:2015 所描述测量布置的型式试验中,满足各自的限值,即符合本部分的发射要求。

8.3.5 外壳端口

8.3.5.1 辐射骚扰,保护无钥匙进入系统的要求(20 kHz～185 kHz)

被测供电设备在频率 20 kHz～185 kHz 产生的电磁辐射骚扰不应超过表 11 规定的限值。

测试方法和测试设备见附录 D。

表 11 辐射骚扰限值(20 kHz ～185 kHz)

频率范围 kHz	峰值限值 dB(μA/m)
20～10	62～60[a]
10～30	60
30～75	60～95[b]
75～120	95～55[a]
120～140	55
140～185	55～95[b]

[a] 限值随着频率线性递减。

[b] 限值随着频率线性增加。

8.3.5.2 辐射骚扰(30 MHz～1 000 MHz)

测量应按照 GB 4824—2013 进行,使用 GB 4824—2013 中规定的试验仪器。

对于任何类型(A 类或 B 类)CPT 供电设备,辐射骚扰限值(30 MHz～1 000 MHz)分别见 GB 4824—2013 中的表 4 或表 5。

9 试验结果和试验报告

试验报告应包括可以保证试验能复现的全部信息。

试验报告至少包含以下内容:

——充电设备的描述;

——测试计划;

——测试数据和结果;

——测试设备和布置。

附 录 A
(规范性附录)
直流供电 CPT 端口的传导骚扰电压测试布置示例

A.1 布置要求

供电设备应按照图 A.1 布置。

壁挂式供电设备应视作台式设备参照 GB/T 6113.201 布置(如,放在一个 0.8 m 高的桌子上)。

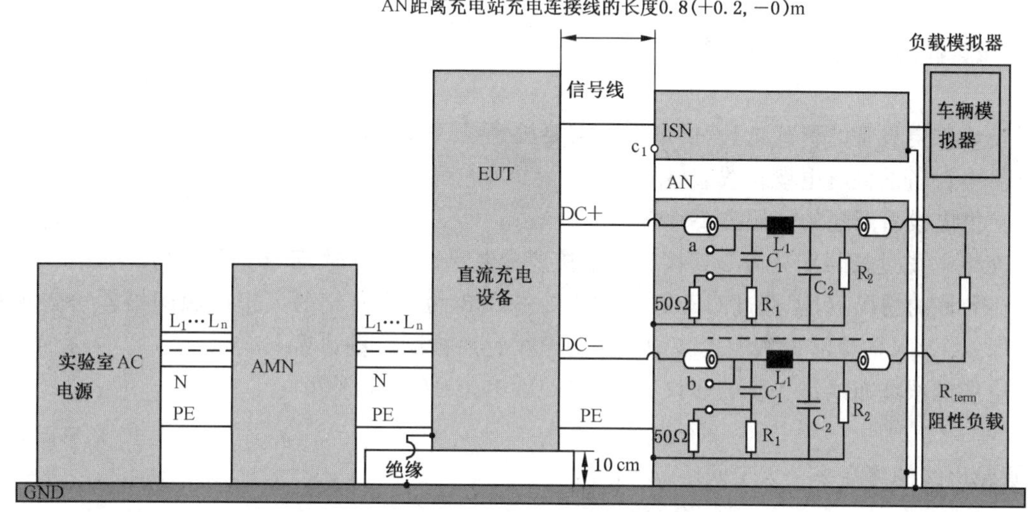

图 A.1 用于电动汽车的非车载直流供电设备 CPT 端口的传导骚扰电压测试布置示例

图 A.1 中的 AN 包含两个 GB/T 18655 规定的 AN 并且连接到一个合适的电阻性终端 R,R 的作用是消耗被测供电设备传递的电能,R 的数值大约为最大负载的 25%。汽车模拟器被包含在负载模拟器当中,确保供电设备正常运转。

对于 CPT 端口的电源线的终端,可使用其他适合的人工网络,如 GB/T 6113.102—2008 的 4.6 规定的 150 Ω△型 AMN 或 CISPR 11 的 X 规定的 150 Ω 的 DC-AN。在这种情况下,应采用修订的限值,见表 9 和表 10。

以上所述的任何人工网络也可适用于 CPT 端口电源线终端。

对于提供三相低压交流电电源的 CPT 端口的输电线终端,尤其供电设备装备有一个 AC/AC 或 AC/DC 的功率转换器,推荐使用符合 GB/T 18655 的三个 ISN。

应使用 GB/T 6113.102—2008 定义的电流探测器,在整个频率范围(150 kHz~30 MHz)内执行测量。电流探测器应夹在被测充电线距离充电站 30 cm 处。

附　录　B
（规范性附录）
CPT 端口的负载条件

B.1　概述

本附录描述作为交流或直流供电设备充电电源线上终端的适当 AN，和作为对称信号传输线（如，CAN 总线）和不对称信号传输线（如 PLC 方式的控制导引功能）用来管理通信和数据传输终端的适当 ISN。充电电缆中主要的线和充电电缆的插头构成了 CPT 端口。

B.2　供电设备和连接到实验室电源

传导传输供电设备的形式试验，供电设备需要放置在试验区域。

被测供电设备的供电电缆布线应做到：

a)　在供电设备到地的一侧需要垂直垂下；

b)　充电电缆过长的部分需要直接放置在接地参考平面（需要时，Z 字型折叠）；

c)　在允许的情况下，需通过 GB/T 6113.102—2008 的 4.3 介绍的人工电源网络连接到实验室电源。AMN 的最靠近被测设备的面需要至少远离被测设备边界 0.8 m。

充电电缆的线缆布线进一步的建议见 CISPR 11 和 GB/T 6113.201。

B.3　电源输出线的终端——人工网络（AN）

交流输出端应通过 GB/T 18655 规定的 2 个～4 个 5 μH / 50 Ω 的 AN 的组合端接模拟负载（也就是替代电动车）。每相线的终端应采用一个 AN 连接到实验室公共地。如果有中性线的话，中性线应端接另外一个 AN。

不推荐使用通常的单相或三相 50 μH / 50 Ω 人工网络（见 GB/T 6113.102—2008 的 4.3），端接供电设备 CPT 端口输电线，这些设备通过交流/交流或者直流/交流电源转换器充电。

直流输出端需要通过 5 μH / 50 Ω 的人工网络（见 GB/T 18655）端接负载模拟器（替换电动车）。其他适当的 AN 如 150 Ω △型 AMN（见 GB/T 6113.102—2008 的 4.6 ）或者 150 Ω AN（DC-AN）也可以被使用。

AN 需直接安装在接地平面上。AN 的接地需要低阻抗搭接到接地平面。

未与测量设备相连的 AN 的测量端口应连接 50 Ω 负载。

被测充电电缆的终端 AN 和 ISN 到被测充电设备的距离需 0.8（+0.2，−0）m，如图 A.1 所示。

B.4　通信线的终端——ISN

B.4.1　概述

当前充电设备和电动车之间的通信应用不同类型的通讯系统和通信电缆。因此，一些特殊的电缆/操作方式的区分是有必要的。

ISN 需直接安装在接地平面上，并需要低阻抗搭接到接地平面。

测量中 ISN 没有用到的端口需要端接匹配电阻(ISN 同轴输出 50 Ω,如图 B.1 所示)。

被测通讯电缆的终端 ISN 到被测供电设备的距离需 0.8(+0.2,−0)m,如图 A.1 中所示。

B.4.2 对称的通信线(如 CAN)

连接在模拟负载(替换电动车或典型的通信模拟装置)和充电设备之间 ISN 参照 CISPR32,见图 B.1。ISN 的共模阻抗为 150 Ω。阻抗 Z_{cat} 调整布线的对称性和连接外围,通常表示为纵向转换损耗。纵向转换损耗值应通过测量确定或由供电设备/充电电缆制造商定义。纵向转换损耗值和来源需要在报告中阐明。

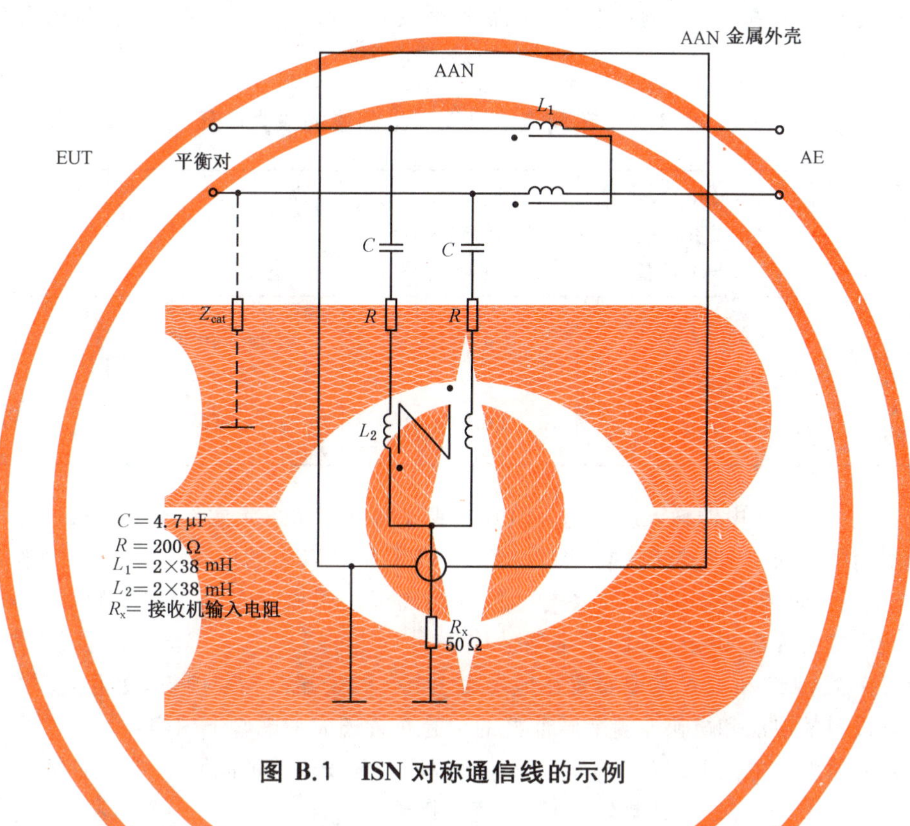

图 B.1 ISN 对称通信线的示例

B.5 供电设备桩体和通信电缆

被测供电设备的桩体和通信电缆及 AE 需布置在一条直线上(见图 B.1),AE 包含车辆的充电插座和 AN/ ISN。水平电缆的长度应为 0.8(+0.2;−0)m。如果充电电缆的长度超过 1 m,则多余的长度应"Z 字型折叠"或捆绑,并且宽度小于 0.5 m。

如果被测供电设备 CPT 端口连接到一辆典型的电动汽车,那么充电和通信电缆需垂直悬挂距汽车底盘 0.1(+0.2/−0)m。

在任何情况下,充电电缆应布置在距离地面(100±25)mm 非导电的低介电常数 ε_r 的材料上($\varepsilon_r \leqslant 1.4$)。

被测供电设备连接线的插头应插到相应 AE 箱的插槽中,见图 A.1 所示的终端设备(AN 和 ISN)。另外该插头应插到代表供电设备 CPT 端口 AE 的电动汽车的充电和通信插座。

附 录 C
（规范性附录）
直流供电设备的浪涌和电快速瞬变脉冲群的试验布置

CPT端口车辆耦合端子上浪涌(GB/T 17626.5)和电快速瞬变脉冲群(GB/T 17626.4)的测量，需使用合适的仪器在测量相关联幅度的瞬变。高阻抗差分电压探头(AC耦合)需和适用的示波器(如附录E所描述的最低要求)一起使用。示波器应是电池供电或浮地。

在直流或交流电源输入端口测量浪涌和电快速瞬变脉冲群时，CPT端口上测量的交流耦合电压不应超过表C.1的要求。

表C.1 在直流输出端口上测量的最大电压

测试项目	DC＋(a)和DC－(b)之间的交流耦合电压峰-峰值	DC＋(a)和大地之间的交流耦合电压峰-峰值	DC－(b)和大地之间的交流耦合电压峰-峰值	CPT端口信号线和大地之间的交流耦合电压峰-峰值
浪涌(GB/T 17626.5)	500 V(p-p)	500 V(p-p)	500 V(p-p)	500 V(p-p)
电快速瞬变脉冲群(GB/T 17626.4)	—	500 V(p-p)	500 V(p-p)	500 V(p-p)

测试设置见图A.1。电源输入电缆的长度应参照GB/T 17626.4或GB/T 17626.5。在CPT端口应使用由制造商提供的典型电缆(包括DC＋，DC－，PE和CPT－的信号线)。如果制造商提供不同长度的电缆，应使用最短的电缆。供电设备与AN的距离以及供电设备与ISN之间的距离见图A.1所示。多余的长度应折叠成40 cm长的Z字型。

与附录B一致，AN和ISN需要布置在地平面之上。测量端口要端接50 Ω阻抗。

直流供电设备的浪涌和电快速瞬变脉冲群的试验布置还应考虑以下内容：

a) 如果浪涌测试中波形符合GB/T 17626.5规定，PE(PE有可能有额外电感存在某些CDN中，这不在GB/T 17626.5的规定中)线可直接接地。

b) EUT手册中应指示EUT机箱接地点。

c) 脉冲群/浪涌发生器，CDN、AN和ISN需要低阻抗接地线搭接地平面。

附 录 D
（规范性附录）
无钥匙进入系统的辐射骚扰

D.1 介绍

本试验是模拟磁场辐射对于车辆的无钥匙进入系统的影响。按照 GJB 151B—2013 的测试方法和程序，但测试距离调整为 1 m。

D.2 测试方法

测量布置如图 D.1 和图 D.2 所示，供电设备应连接到能提供 100%最大负荷量的电阻负载，并根据以下程序进行测量：

a) 启动供电设备，留出足够的稳定时间；
b) 将环形天线置于供电设备表面前 1 m。将环传感器平面调整平行于供电设备表面，并平行于环形天线连接器的轴线；
c) 在可适用的频率范围内扫描测量接收机来定位最大辐射频率，带宽和最小的测试时间应根据 GJB 151B—2013；
d) 调整测量接收机至步骤 c)中的一个频率或频带；
e) 在 EUT 表面前移动环形天线（保持 1 m 的间隔），并监测测量接收器的输出。记录步骤 d)中的每个频率的最大辐射值；
f) 使用最大辐射点的频率，调整环形天线至垂直平面，使测量接收机给出最大读数，并记录数值；
g) 重复步骤 d)到步骤 f)的程序，在小于 200 Hz 频率范围每个倍频至少两个最大辐射点和大于 200 Hz 频率范围每个倍频至少三个最大辐射点；
h) 对于 EUT 的每个平面重复步骤 b)到步骤 g)。

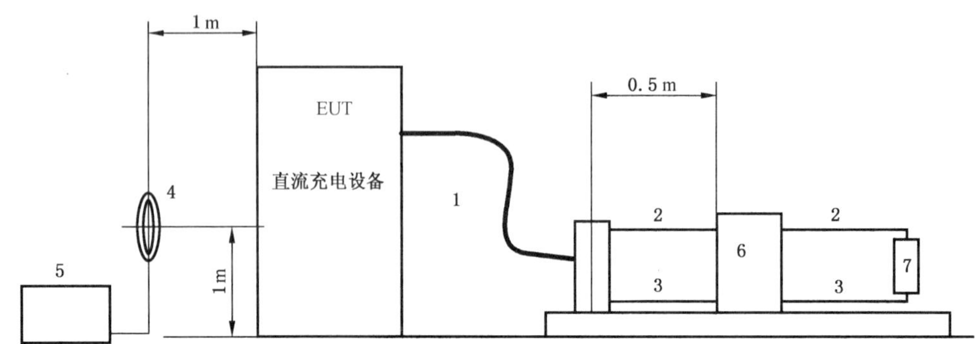

说明：

1——充电线；

2——直流电源线(正极)；

3——直流电源线(负极)；

4——环形天线；

5——EMI 测量接收机，200 Hz 的 RBW；

6——人工网络(AN)；

7——直流电源线的终端，可变电阻负载 R。

图 D.1 保护无钥匙进入系统测量布置的辐射骚扰测量实例

推荐使用 GJB 151B—2013 规定的环形传感器，但其他类型的线圈也可使用。GJB 151B—2013 的环形传感器具有以下特征：

a) 直径：13.3 cm；

b) 圈数：36；

c) 线：7-41 绞合线；

d) 屏蔽：静电式；

e) 校正因子：请参见制造商提供的数据因子，测量接收机读数转换为 dB(μA)。

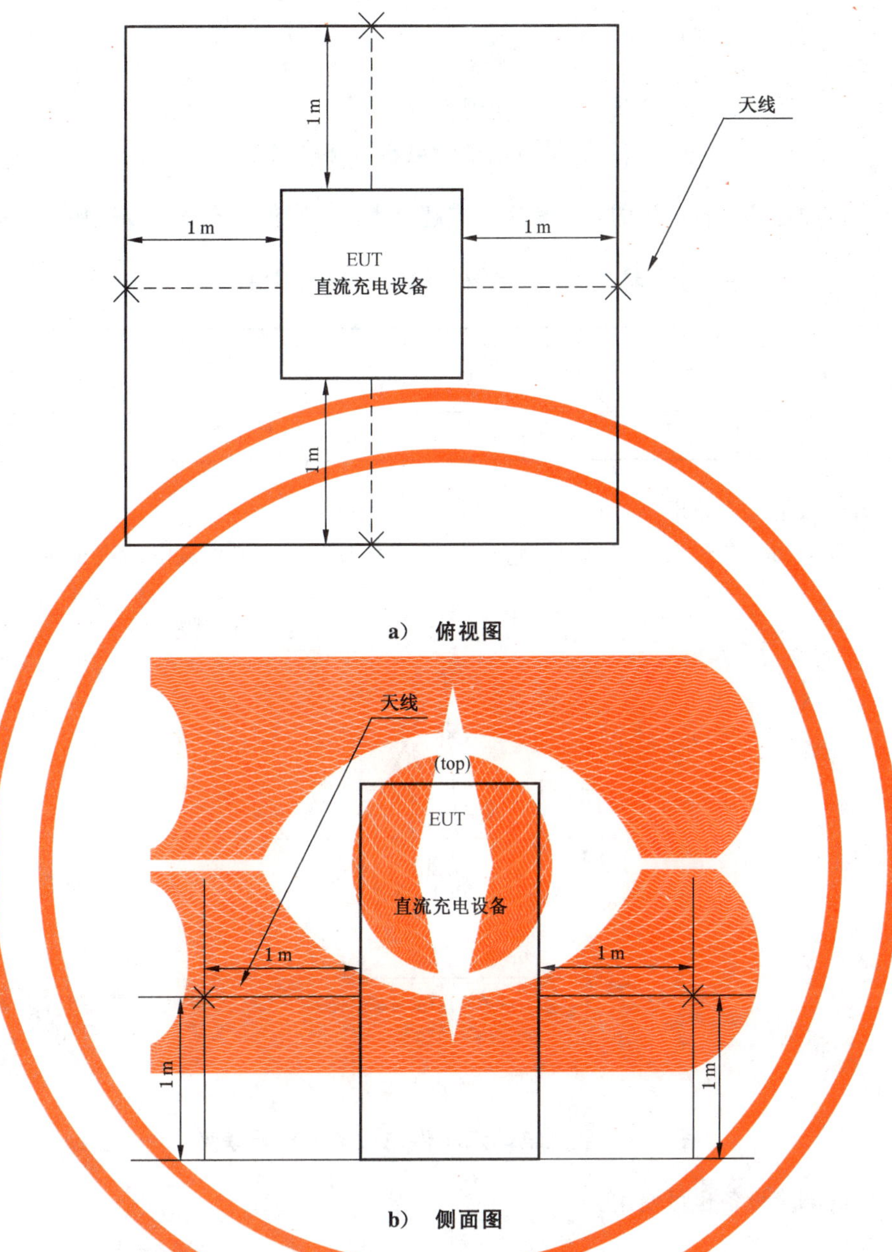

图 D.2 无钥匙进入辐射骚扰测量设置(环形传感器的布局和间距)的测量实例

附 录 E
（资料性附录）
直流供电设备的电压瞬态骚扰

供电设备中电力电子设备产生的电压瞬变不宜超过表 E.1 限值。本试验仅适用于直流供电设备。

表 E.1 供电设备的电压瞬变限值

测量点	正极(+)和负极(−)之间	正极(+)和地之间	负极(+)和地之间
限值/ dU(+) dU(−)	50 V	50 V	50 V

型式试验需要满足以下要求。

推荐在最大额定功率和最大额定电流下进行测量。图 E.1 描述了直流电动汽车供电设备的电压瞬变的说明和定义。

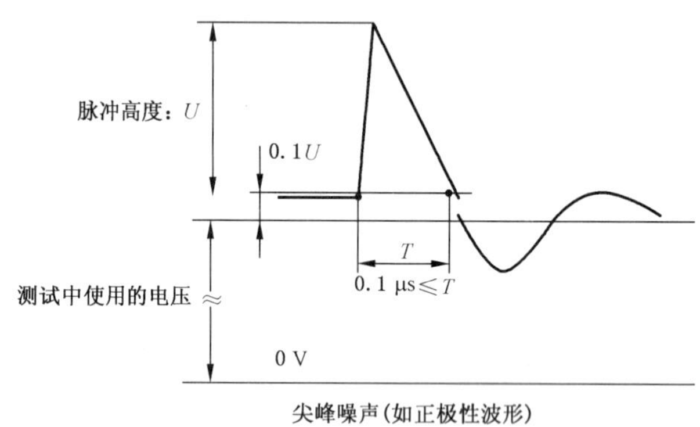

图 E.1 直流电动汽车供电设备的电压瞬变

图 E.2 所示的测量设备也可使用。

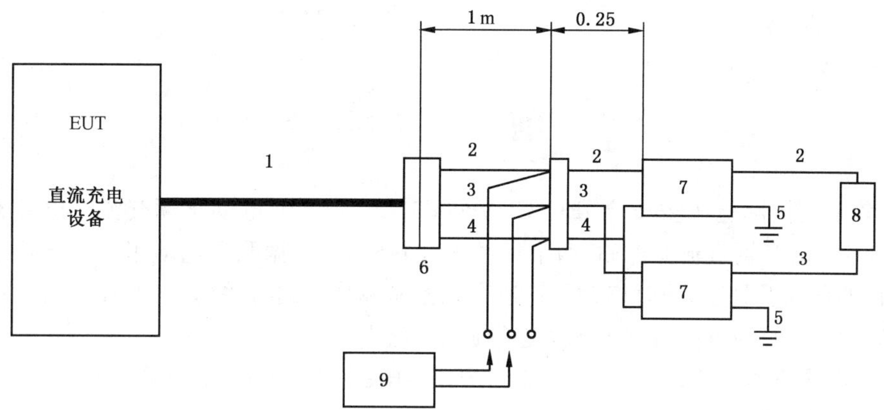

说明：

1——CPT 充电线；

2——直流电源线(正极)；

3——直流电源线(负极)；

4——接地线；

5——大地；

6——车辆耦合器(用于充电电缆插头的插座)；

7——人工网络(见 GB/T 18655 或 CISPR 11 规定的 150 Ω DC-AN)；

8——可变电阻负载 R；

9——示波器(直流到 400 MHz，每秒 2 G 个采样点)。

CPT 电缆应采用由制造商指定给最终用户电缆的最短长度，如图中 1 所指定的电缆。

图 E.2　电压瞬变测量设备布置

前　　言

本标准等效采用国际电工委员会 IEC/CDV 61851-2-2:1999《电动车辆交流充电站》和 IEC/CDV 61851-2-3:1999《电动车辆直流充电站》两个标准内容，补充了根据我国电动车辆充电技术研究和充电设备生产、运行的成果及经验，同时修改了不适合我国实际情况的有关内容，例如与已发布的国家标准不一致、相矛盾的内容，对指标、过严要求也进行适当调整。

本标准也参考了日本 JEVS G101—1993 标准和美国的 SAE-J 1772—1996 标准。

本标准的附录 A、附录 B 为提示的附录。

本标准由国家机械工业局提出。

本标准由全国汽车标准化技术委员会归口。

本标准负责起草单位：清华大学。

本标准参加起草单位：北方交通大学、北京兆维集团、信息产业部电子第十八研究所、保定金风帆蓄电池有限公司。

本标准主要起草人：齐国光、刘中仁、孙晓民、周希德、王长青、曲晓红、许长洪等。

IEC 前言

1）国际电工委员会(IEC)是一个由所有国家的电工委员会(IEC 国家委员会)组成的国际性标准化组织。IEC 的目标是为了促进电气和电子领域中与标准化有关的所有问题的国际合作。为此目的，除了开展一些其他活动外，IEC 出版了许多国际标准。这些标准委托有关技术委员会进行编制，对所涉及主题感兴趣的任何 IEC 国家委员会都可以参加其准备工作。与 IEC 有联系的国际性组织、政府和非政府组织也可以参加编制工作。IEC 与国际标准化组织(ISO)按照两个组织之间协议所确定的条件，密切地进行合作。

2）IEC 有关技术问题的正式决议或协议，是由代表对这些问题十分关切的所有国家委员会的技术委员会作出的。这些决议或协议尽可能地表达了对所涉及问题在国际上的一致意见。

3）这些决议或协议以标准、技术报告或导则的形式出版，以推荐的形式供国际上使用，并在此意义上为各国家委员会所接受。

4）为了促进国际上的统一，IEC 国家委员会应尽最大可能地采用 IEC 国际标准作为他们的国家标准或地区标准。IEC 标准和相应的国家标准或地区标准之间的任何差异都应该在国家或地区标准中明确地指出。

5）IEC 并未制定表明其认可的标记程序，任何设备宣称其符合 IEC 某项标准，IEC 将不承担责任。

6）要注意本国际标准的某些成分可能是专利保护的对象，但 IEC 没有责任去识别任何或所有这样的专利权。

国际标准 IEC 61851-2-2 和 IEC 61851-2-3 是由 IEC 的 7B 技术委员会提出的。

本标准 IEC 61851-2-2 和 IEC 61851-2-3 是系列标准 IEC 61851 中第二部分的第 2 分部分及第 3 分部分。

已发布的这个系列标准在结构上划分成下列几个部分：

第一部分：电动车辆(EV)传导充电系统的一般性要求。

第二部分：电动车辆传导耦合所用设备的结构、电气及性能要求。

第二部分进一步细分成以下几个部分(这些部分已作为国际标准发布)：

——部分 2-1：电动车辆与交流/直流电源的连接要求。

——部分 2-2：电动车辆交流充电站。

——部分 2-3：电动车辆直流充电站。

第三部分：电动车辆充电站和电动车辆之间的通信协议。

中华人民共和国国家标准

电动车辆传导充电系统 电动车辆交流/直流充电机(站)

GB/T 18487.3—2001

Electric vehicle conductive charging system
A.C./D.C. Electric vehicle charging station

1 范围

本标准与GB/T 18487.1结合,给出传导连接到电动车辆的交流/直流充电机(站)(按GB 156—1993,交流电压最大值为660 V,直流电压最大值为1 000 V)的具体要求。

对于交流充电站,本标准不包括不具有充电控制功能的盒式装置,它配有给电动车辆提供能源的插座。

根据GB/T 18487.1规定,电动车辆直流充电机(站)充电模式为模式4。

本标准不包括与维护有关的其它安全要求。

2 引用标准

下列标准所包含的条文,通过在本标准中引用而构成为本标准的条文。本标准出版时,所示版本均为有效。所有标准都会被修订,使用本标准的各方应探讨使用下列标准最新版本的可能性。

GB 156—1993 标准电压

GB/T 2423.1—1989 电工电子产品基本环境试验规程 试验A:低温试验方法(eqv IEC 60068-2-1:1974)

GB/T 2423.2—1989 电工电子产品基本环境试验规程 试验B:高温试验方法(eqv IEC 60068-2-2:1974)

GB/T 2423.3—1993 电工电子产品基本环境试验规程 试验Ca:恒定湿热试验方法(eqv IEC 60068-2-3:1984)

GB/T 2423.4—1993 电工电子产品基本环境试验规程 试验Db:交变湿热试验方法(eqv IEC 60068-2-30:1980)

GB/T 2423.18—1985 电工电子产品基本环境试验规程 试验Kb:交变盐雾试验方法(氯化钠溶液)(idt IEC 60068-2-52:1996)

GB/T 2423.22—1987 电工电子产品基本环境试验规程 试验N:温度变化试验方法(eqv IEC 60068-2-14:1984)

GB/T 2423.24—1995 电工电子产品环境试验 第二部分:试验方法 试验Sa:模拟地面上的太阳辐射(idt IEC 60068-2-5:1975)

GB 4208—1993 外壳防护等级(IP代码)(eqv IEC 60529:1989)

GB/T 6113.1—1995 无线电骚扰和抗扰度测量设备规范(eqv CISPR 16-1:1993)

GB/T 6113.2—1998 无线电骚扰和抗扰度测量方法(eqv CISPR 16-2:1996)

GB 7251.1—1997 低压成套开关设备和控制设备 第一部分:型式试验和部分型式试验成套设

中华人民共和国国家质量监督检验检疫总局2001-11-02批准 2002-05-01实施

备(idt IEC 60439-1:1992)

GB 9254—1998 信息技术设备的无线电骚扰限制和测量方法(idt CISPR 22:1997)

GB 16895.5—2000 建筑物电气装置 第4部分:安全防护 第43章:过电流保护(idt IEC 60364-4-43:1990)

GB/T 16935.1—1997 低压系统内设备的绝缘配合:第1部分:原理、要求和试验(idt IEC 60664-1:1992)

GB 17478—1998 低压直流电源设备的特性和安全要求(eqv IEC 61204:1993)

GB 17625.1—1998 低压电气及电子设备发出的谐波电流限值(设备每相输入电流≤16 A)(eqv IEC 61000-3-2:1995)

GB/T 17626.1—1998 电磁兼容 试验和测量技术 抗扰度试验总论(idt IEC 61000-4-1:1995)

GB/T 17626.2—1998 电磁兼容 试验和测量技术 静电放电抗扰度试验(idt IEC 61000-4-2:1995)

GB/T 17626.3—1998 电磁兼容 试验和测量技术 射频电磁场辐射抗扰度试验(idt IEC 61000-4-3:1995)

GB/T 17626.4—1998 电磁兼容 试验和测量技术 电快速瞬变脉冲群抗扰度试验(idt IEC 61000-4-4:1995)

GB/T 17626.5—1999 电磁兼容 试验和测量技术 浪涌(冲击)抗扰度试验(idt IEC 61000-4-5:1995)

GB/T 17626.11—1999 电磁兼容 试验和测量技术 电压暂降、短时中断和电压变化的抗扰度试验(idt IEC 61000-4-11:1994)

GB/T 17627.1—1998 低压电气设备的高电压试验技术 第一部分:定义和试验要求(eqv IEC 61180-1:1992)

GB/T 18487.1—2001 电动车辆传导充电系统 一般要求(eqv IEC 61851-1:2001)

IEC 60364-4-443:1995 建筑物电气装置 第4部分:安全防护 第44章:过压保护 第443节:防大气放电或由开关切换引起的过电压的保护

IEC 61000-2-2:1990 电磁兼容 第2部分:环境 第2章:公共低压供电系统中低频传导骚扰和信号传输的兼容性

IEC 61036:1990 交流电流静态有效能量瓦-时表(1级和2级)

3 定义

本标准采用GB/T 18487.1定义及下列定义。

车辆充电控制单元 vehicle charging control unit (VCCU)

嵌入在电动车辆中用来控制非车载充电机充电参数的系统。

4 总则

4.1 交流充电机(站)

电动车辆交流充电机(站)指具有特殊控制充电功能、用来给电动车辆交流供电的所有设备,它们都安装在一个壳体之中。

电动车辆交流充电机(站)和电动车辆之间可采用三种不同的连接方式:

——方式A:供电电缆和插头永久性固定于电动车辆(EV)上;

——方式B:使用带有电动车辆连接器和电源连接器的独立活动电缆;

——方式C:供电电缆和连接器永久性固定于充电机(站)上。

电动车辆交流充电机(站)可有一个或多个插头-插座/连接器。

4.2 直流充电机(站)

用电源线和连接器同电动车辆连接,电源线和连接器永久地固定在充电机(站)上GB/T 18487.1—2001 中的连接方式 C)。

总之,对于交流/直流充电机(站),不论室内或室外,电动车辆交流/直流充电机(站)应连接到电动车辆上,在正常条件下充电功能的操作应保证安全,在室内或室外即使正常使用中的误操作,也不应危害人身或周围环境。

通过履行本标准中规定的有关要求,并且按照所有相关测试要求进行测试,来检查符合性。电动车辆充电机(站)总体要求也可以参考 GB 7251.1。

5 实际使用操作和安装的标准条件

交流电源电压的额定电压值最大为 660 V(参见 GB 156),允许电压波动范围为标称电压±10%,额定频率为 50 Hz±1 Hz。

环境温度在-20℃~+50℃之间时设备应可以正常运行(严寒地区-30℃。在此温度范围之外,充电机(站)的使用应在厂家和用户之间进行协商)。

相对湿度在 5%~93%之间。

6 交流输入和直流输出电压及电流的额定值

6.1 交流电压/电流输入

推荐的额定电压和额定电流值应以国家标准为依据。

首选输出电压额定值和电流额定值见表 1,也可以使用较低的电流值。

表 1

输出方式	交流电压及电流
A	单相 220 V,16 A
B	单相/三相 220/380 V,32 A
C	三相 380 V,最大 250 A

6.2 直流电压/电流输出

输出额定电压和额定电流最大允许值为 1 000 V,400 A。

7 总体测试要求

7.1 在本标准中所有测试为型式试验。

7.2 除非另作声明,只对由厂商交付和说明确认的一个单个抽样产品进行测试。

7.3 除非另作声明,应按本标准的条文和子条文顺序进行测试。

7.4 在正常使用时,应只对样品进行测试,或者对它的任何可移动部分放在可能出现的最不利的位置进行测试。

7.5 测试应在通风、空旷处进行。除非另作说明,环境温度一般为 20℃±5℃。

7.6 测试用 50 Hz 交流电压的参数应与 GB/T 17627.1 的要求一致。

8 功能和要求

8.1 控制功能

对采用充电模式 3 的充电机(站)应提供 GB/T 18487.1—2001 中 6.2 所列举的功能。

对采用充电模式 4 充电的电动车辆直流充电机(站)应提供 GB/T 18487.1—2001 中 6.2 所列举的

功能。

8.2 安全连接检查

连续检查接地连接，只有在电动车辆连接完好无误的情况下才允许进行充电。

8.3 紧急处理

应安装一个紧急断开设备用以将电动车辆交流或直流充电机(站)与交流电网隔离开，以防电击、起火或爆炸。断开设备应有一定的保护装置，以防偶然断开。

8.4 允许温度

在40℃环境温度下，电动车辆交流/直流充电机(站)可用手接触部分允许最高温度应是：

——金属部分，50℃；

——非金属部分，60℃。

可以用手接触但不必紧握的部分，在同样条件下允许的最高温度应为：

——金属部分，60℃；

——非金属部分，85℃。

8.5 充电机(站)防护等级(IP)

8.5.1 当插座(如果需要)被锁定后，根据GB 4208，不论充电机(站)处于工作或非工作状态时充电机(站)的防护等级都应符合IP44的要求。

8.5.2 电动车辆直流充电机(站)应遵守IP32(在室内)或IP54(在室外)，充电机(站)必要时按照GB 4208的规定确定是否提高防护等级。连接方式的保护级别应符合GB/T 18487.1有关条目。

8.6 连接器放置的位置

在连接方式A或连接方式B插头-插座安装中，要求其中较低部分与地面距离在0.4 m～1.5 m左右。

在连接方式C中，应提供连接器套。当充电完成后连接器的安放位置也应满足前面的要求。电动车辆直流充电机(站)应提供一种方式表明在断开连接后连接器放置是否正常。

8.7 电动车辆交流/直流充电机(站)电缆的放置

电动车辆交流/直流充电机(站)应提供一种方式确保电缆在断开连接后能妥善存放。

8.8 扩展电缆

使用扩展电缆是为了禁止在电动车辆和电动车辆充电机(站)之间使用任何不安全(有过载危险，缺少保护性导体的)的连接部件。

8.9 计量

如果有需要应对充电机定期计量，相关的测试按IEC 61036进行。

8.10 直流电压/电流输出

对于直流充电机(站)有关直流输出所有值的分条目应当是直流充电机(站)、电动车辆可接受的综合值。有关参考可以在GB 17478中找到。

8.10.1 额定输出和最大输出功率

直流充电机(站)应能够在[允许的]电压范围、[允许的]电流范围内，在40℃环境温度时最大功率条件下给电动车辆输送直流电压。

8.10.2 输出电压和电流误差

直流充电机(站)输出的直流电压和电流与电动车辆发送的设定电压、电流值相比，电压误差不应大于1%，电流误差不大于5%。

8.10.3 周期和随机偏差

直流充电机(站)在允许的最小、最大电流的范围内，输出电流的周期和随机偏差不能大于实际电流峰-峰值的10%。

8.10.4 接通冲击电流(交流或直流侧)

开关接通时冲击电流的峰值应限制在充电机(站)额定电流最大值的10%以内。

8.10.5 关断电压的过渡过程

开关断开时电压的峰值不应超过实际工作电压的140%。

8.10.6 对电动车辆发送设定值的响应时间

对由电动车辆送来的一个阶跃电压信号(在设定点10%~90%之间的上升时间),直流充电机(站)输出的上升时间应小于5 s,超调量应小于10%,在接收到关机命令后,直流充电机(站)电流降到0 A的时间应小于50 ms。

8.10.7 输出的过电压保护

应提供带有20 ms延迟的过电压保护命令,使电动车辆在考虑全局参数而设定的允许的最大电池电压时关断直流充电机(站)。

8.10.8 输出的过流保护

应提供带有1 s延迟的过电流保护命令,使电动车辆在考虑全局参数而设定的最大电池电流时关断充电机(站)。

9 电气安全

一般的电气安全要求应符合在国家标准GB/T 18487.1的规定,另外应满足包括下列要求。

9.1 故障情况(非接触式)下的电击防护

漏电保护装置(RCD)不应自动复位。手动复位装置要便于用户操作。其他人身保护设备的自动复位要遵照有关国家规定。

9.2 接地电极在电动车辆直流充电机(站)外露部分和接地电路之间的连接

对Ⅰ级充电机(站)接地电极和电动车辆直流充电机(站)接地的测试应遵循GB/T 18487.1和接地安全要求。

对充电机(站)外露导电部分和接地电路之间的电气连接测试应使用16 A直流电流源。

对Ⅱ级充电机(站),应有一个统一的保护导体。

9.3 电动车辆保护导体的电气连锁检查

在充电模式3下,如果充电机(站)在对电动车辆用保护导体的电气连锁检测失败,提供给车辆的电源应立即关闭输出。

如果充电机(站)用保护导体的电气连锁检测失败,应立即关闭输送给车辆的电源。

10 电介质绝缘测试

10.1 电介质承受特性

10.1.1 介电强度

在50 Hz电源持续1 min时,电介质耐压要求如下:

a) 对Ⅰ级充电机(站)

在共模和差模下为2 000 V_{rms}。

b) 对Ⅱ级充电机(站)

共模下为4 000 V_{rms}(所有与外露导电部分有关的电路)。

差模下为2 000 V_{rms}的差模电压(在每个电气独立电路和所有其他与电路有关的外露导电部分之间)。

c) 对Ⅰ级和Ⅱ级充电机(站)

在电源电路和甚低压安全电路之间电压为4 000 V_{rms}。

测试应按GB/T 17627.1的要求进行。

10.1.2 电介质脉冲耐压(1.2/50 μs)

在脉冲电压下，电源电路电介质按照如下进行检查：

——共模状态下 8 000 V(根据 GB/T 16935.1 安装图)。

——差模状态下 4 000 V(根据 GB/T 16935.1 安装图)。

测试应按 GB/T 17627.1 的要求进行(从属地考虑见 GB 7251.1)。

10.1.3 绝缘电阻

当 500 V 直流电压加载到所有连接在一起的输入/输出(包括电源)端和车体之间绝缘电阻应为：

a) Ⅰ级充电机(站)：$R \geqslant 1\ M\Omega$；

b) Ⅱ级充电机(站)：$R \geqslant 7\ M\Omega$；

测量绝缘电阻应在测试电压加载 1 min 后进行测试，并且在进行湿热测试后马上进行(见 11.1.4)。

10.2 漏电流

漏电流测量(见图 1 和图 2)在湿热试验(见 11.1.4)后，用 1.1 倍标称电压测试。

漏电流不应超过表 2 中的值。

表 2

	第Ⅰ级	第Ⅱ级
任一网络电极和彼此通过包裹绝缘外层部分的金属箔，互联的可接触的金属部分之间	3.5 mA	0.25 mA
任一网络电极和通常不激活的、不可接触的金属部分之间(在双重绝缘条件下)	没用到	3.5 mA
彼此通过包裹绝缘外层部分(附加绝缘)的金属箔互联的可接触和不可接触的部分之间	没用到	0.5 mA

本测试应在充电机(站)接有阻抗负载，在输出额定功率情况下进行。

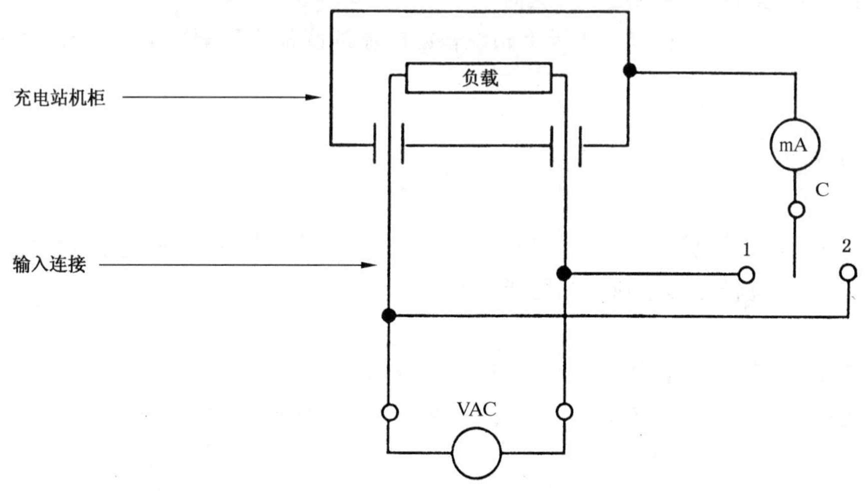

图 1 Ⅰ级单相设备漏电流的测量原理图

10.3 保护措施

过流和过压保护措施应遵照 GB 16895.5 和 IEC 60634-4-443 要求。

充电机(站)过流保护、短路保护设备应与所在供电网协调一致。

10.4 电气间隙和爬电距离

在充电机(站)内安装的电子设备电气间隙和爬电距离应与相关标准中所指定的要求一致。对外露活动导体和终端设备(例如汇流条,设备之间的连接机构…),电气间隙和爬电距离应根据 GB/T 16935.1进行选择。

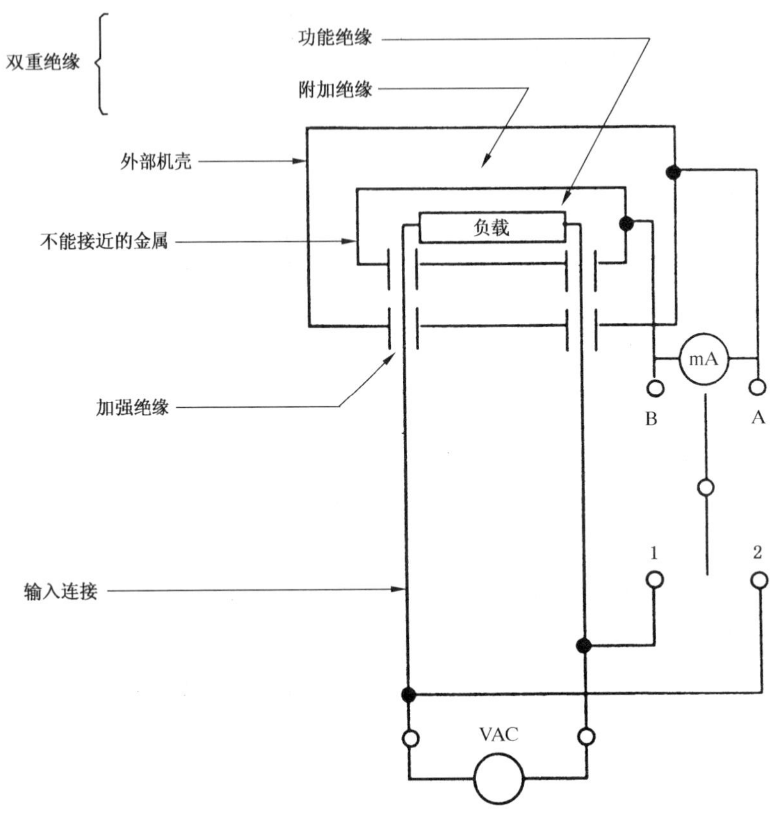

注:在测试前,应将通过固定电阻或参考点接地的电路断开。设备通过隔离变压器供电或者将设备与地面隔离放置。测量电路电阻应在 2 000 Ω±50 Ω之间。

图 2 Ⅱ级单相设备漏电流的测量原理图

11 环境测试

11.1 气候环境测试

11.1.1 概述

在下面测试中,交流/直流电动车辆充电机(站)应工作在输入标称电压、最大功率输出和最大电流状态下,在每次测试后应仍能够达到原有性能要求。

11.1.2 环境温度

电动车辆交流/直流充电机(站)设计的工作温度范围是在-20℃～+50℃。

这些测试应按 GB/T 2423.22 中 Nb 测试"在指定变化率内改变温度"进行。本测试的有关参考正在制定之中。

11.1.3 干热处理

本测试应与 GB/T 2423.2 中 Bc 或 Bd 测试一致。针对测试样品的干热处理,在温度慢速或快速变化时,所消耗的能量正在考虑之中。

11.1.4 环境湿度

直流电动车辆充电机(站)应设计工作在相对湿度为 5%～90%的环境下,应通过以下两种测试之一:

a) 湿热连续测试(damp heat continues test)

本测试应按照 GB/T 2423.3 的测试 Ca 进行,在温度 40℃±2℃,相对湿度为 85%环境下连续

48 h。

b）潮湿发热周期测试

本测试按照 GB/T 2423.4 的测试 Db 进行，在 40℃下连续六个循环。

11.1.5 低温测试

本测试应按照 GB/T 2423.1 的测试 Ab 进行，在温度－30℃±3℃环境下连续 16 h。

11.1.6 环境气压

电动车辆交流/直流充电机(站)设计工作在 86 kPa～106 kPa 气压下。

11.1.7 太阳辐射(可选)

本测试应按 GB/T 2423.24 的 S1 测试 Sa 过程 B 进行(只对室外)。

11.1.8 盐碱雾(可选)

本测试应按 GB/T 2423.18 的 S1 Kb 测试标准严格测试。

11.2 机械环境测试

11.2.1 概述

经过以下的测试后，性能不能降低。

测试后应确保没有影响防护等级及门锁的操纵性；应确保电器设备得到满意地清理。如果直流充电站带有金属外壳，应确保外壳不会因永久或暂时变形而接触到里面的部分。如果直流充电站带有绝缘外壳，当不存在会破坏直流充电站可用性的相关缺陷，而且基本满足条件，那么外壳表面轻微的凹陷、爆裂或剥落可以不予考虑。

11.2.2 机械冲击

充电机(站)主体应能承受机械冲击。

根据 GB/T 2423.2 的测试过程检查，剧烈冲击能量为 20 J。(5 kg，在 0.4 m)。

11.2.3 稳定性

应根据厂家安装说明安装电动车辆直流充电机(站)，从四个不同角度的每一个或最坏情况下沿水平方向用 500 N 力拉电动车辆直流充电机(站)的顶部持续 5 min。电动车辆直流充电机(站)应能正常工作，并且顶部变形不能大于：

——带载荷应用时　50 mm；

——不带载荷应用时　10 mm。

11.3 电磁环境测试

11.3.1 抗电磁骚扰

11.3.1.1 概述

按本标准进行测试后，电动车辆充电机(站)不应有危害或不安全。

制造商应提供在 EMC 测试期间或测试结果中性能判据定义的功能说明，并且测试结果按下面判据记录在测试报告里。

性能判据 A：仪器应能连续正常工作。在正常工作时，不允许性能降低和性能丧失低于厂商指定性能级别。在某些情况下，性能级别可以由一个允许丧失的性能所替代。如果厂商没有说明最低性能等级或允许性能丧失，那么上述内容应在产品描述或有关材料中体现出来。

性能判据 B：仪表在测试后应能正常工作。在正常工作时，不允许性能降低和性能丧失低于厂商指定性能级别。在某些情况下，性能等级可以由某一可以允许的功能失效代替。在测试过程中，允许出现性能丧失。不允许改变操作状态或存储的数据。如果厂商没有说明最低性能等级或允许性能丧失情况。那么上述内容应在产品描述或有关材料(包括产品宣传和广告)中得到。

性能标准 C：如果所丧失的功能在控制下能恢复，允许功能暂时失效。

在任何情况下，安全功能和测量应工作正常(A 级)。

11.3.1.2 静电放电抗扰度

电动车辆充电机(站)应抗静电放电:

最低要求(GB/T 17626.2):8 kV(空气放电)或者 4 kV(接触放电)。

性能判据:B。

依据 GB/T 17626.2 测试符合性。在 GB/T 17626.2 中,接触放电方法是强制性的。测试应在电动车辆充电机(站)接电阻性负载、输出额定功率情况下进行。

11.3.1.3 低频传导骚扰抗扰度

测试应在电动车辆充电机(站)接电阻性负载,输出额定功率情况下进行。

a)电源电压谐波

交流电网供电的电动车辆充电机(站)应具有承受电网中 50 Hz～2 000 Hz 范围内电压谐波的能力,通常该谐波由于电网中接入其他的非线性负载引起。

最低要求:与 IEC 61000-2-2 电磁兼容电平乘上系数 1.7。

性能判据:A 作为充电功能要求。

按上述试验条件(GB/T 17625.1)进行测试,检验电磁兼容的符合性。

b)电源电压暂降和中断

交流电网供电的电动车辆充电机(站)应能承受电网故障导致电源电压跳变和中断。

最低要求:电压下降到标称电压 70%,持续时间达 10 ms。

性能判据:B 作为充电功能要求。

最低要求:电压下降到标称电压 50%,持续时间达 100 ms。

性能判据:B 作为充电功能要求。

最低要求:电压下降到标称电压 95%,持续时间达 5 s。

性能判据:B 作为充电功能要求。

通过模拟上面条件(见 GB/T 17625.11)检查电磁兼容符合性。

c)电压不平衡抗扰度

三相交流电网供电的电动车辆充电机(站)应能承受电源相电压的不平衡。

最低要求和性能判据:制定之中。

d)直流分量

交流电网供电的电动车辆充电机(站)应能承受因电网中负载不对称引起的直流分量。

最低要求和性能判据:制定之中。

11.3.1.4 高频传导骚扰抗扰度

测试应在电动车辆充电机(站)接电阻性负载、额定输出功率情况下进行。

a)快速瞬变脉冲群

交流电网供电的电动车辆充电机(站)应能承受 GB/T 17626.4 规定级别的共模骚扰。该共模干扰一般由小电感性负载切换、继电接触器抖动、高压开关装置切换引起。

最低要求(GB/T 17626.4):电压为 2 kV,5 kHz 脉冲重复率,持续 1 min 以上。

性能判据:B 作为充电功能要求。

依据 GB/T 17626.4 进行测试,来检验符合性。

对所有电源电缆、输入/输出信号线和控制电缆(如果有的话)应进行测试,在充电期间把它们接到电动车辆充电机(站)。对输入/输出信号和控制电缆的电平级别应减半。

b)电压冲击

交流电网供电的电动车辆充电机(站)应能承受电压冲击。浪涌电压一般由于电网换接的转换,故障或闪电(间接电击)引起。

最低要求:1.2/50 μs 冲击,共模状态下 2 kV,差模状态下为 1 kV。

性能准则:C 做为充电功能要求

依据 GB/T 17626.5 进行测试,来检验符合性。

对所有电力电缆进行此项测试。

测试应在电动车辆充电机(站)接电阻性负载,额定输出功率情况下进行。

11.3.1.5 幅射电磁场抗扰度

充电机(站)应能承受射频电磁干扰。

最低要求:GB/T 17626.3,3 V/m 在 80 MHz~1 000 MHz 频率范围内。

性能准则:A

最低要求:GB/T 17626.3,10 V/m 在 80 MHz~1 000 MHz 频率范围内。

性能准则:B

依据 GB/T 17626.3 进行测试,来检验符合性。

测试应在电动车辆充电机(站)接电阻性负载,额定输出功率情况下进行。

11.3.2 产生的电磁骚扰

11.3.2.1 低频传导骚扰

电动车辆充电机(站)输入电流失真或漂移不能超过规定值。

在未接负载时,电动车辆充电机(站)输入电流谐波极限应与 GB 17625.1 的要求一致。

根据 GB 17625.1 进行测试。

11.3.2.2 高频传导骚扰

a) 交流输入连接端

在电动车辆充电机(站)接电阻性负载和额定输出功率下,输入端对外发射的传导骚扰幅值应小于图 3 中所规定的级别。根据 GB 9254、GB 6113.1 和 GB 6113.2 检验其符合性。

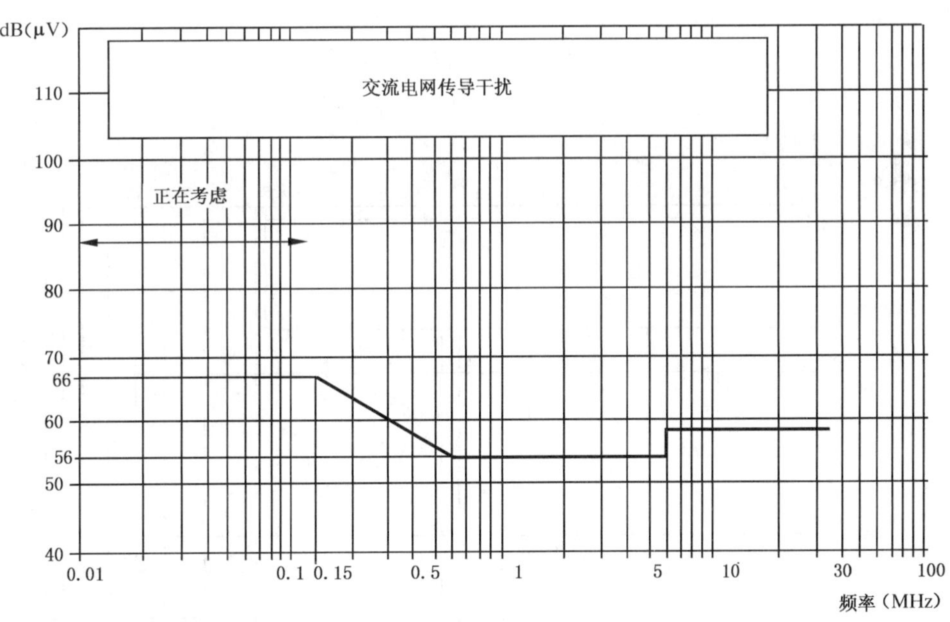

注:对平均值限值为准峰值限值减去 10 dB。

图 3 传导发射的限值(交流输入端)

b) 信号输入/输出端和控制连接端

对于充电机(站)信号和控制端发射的传导性骚扰,如果有的话,其幅值应小于图 4 所规定的水平,图 4 中的幅值是使用峰值检测器检测而得。

根据 GB 9254 和 GB 6113 检验其符合性。

11.3.2.3 射频电磁场干扰

磁场(150 kHz~30 MHz);

电场(30 MHz～1 000 MHz)。

在接电阻性负载和额定输出功率下，电动车辆直流充电机(站)的辐射的射频干扰在 10 m 处的强度不能超过图 5 所规定的值。图 5 采用准峰值检测器。根据 GB 9254 和 GB 6113 检验符合性。

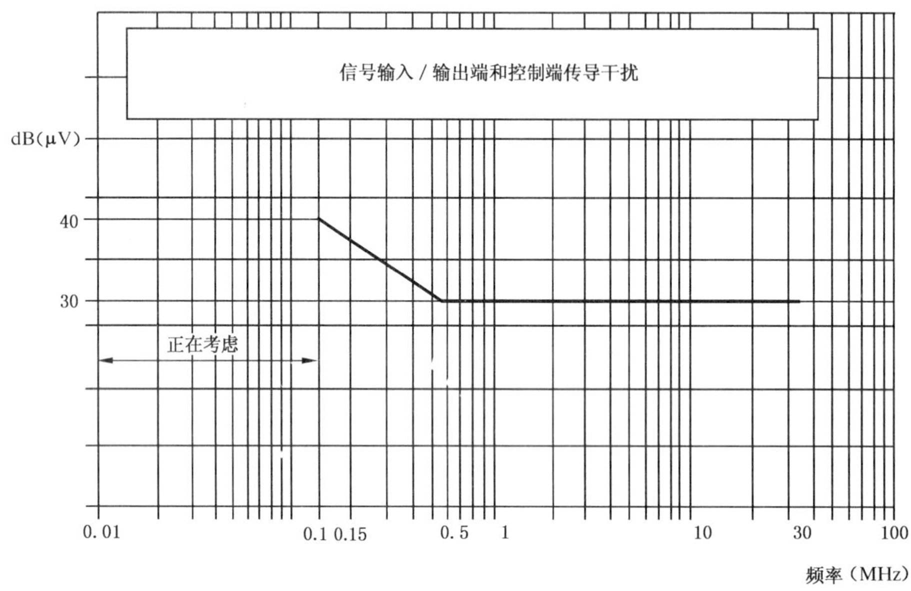

注：对平均值限值为准峰值限值减去 10 dB。

图 4　传导发射的限值(信号输入/输出端和控制端)

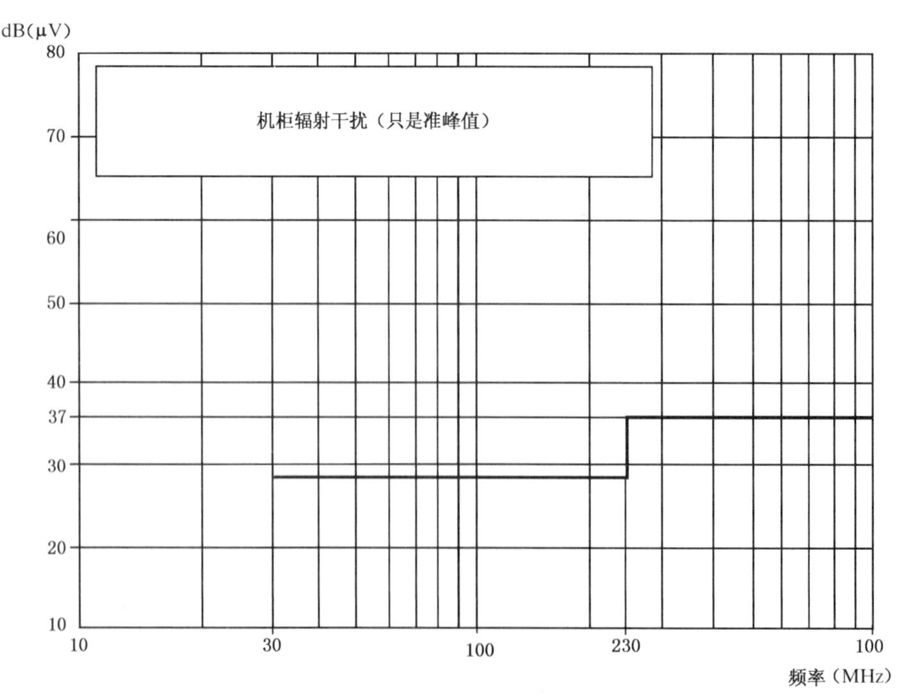

图 5　辐射发射的限值

12 连接器要求

参见GB/T 18487.1。

13 电动车辆和直流充电机(站)之间的通讯

13.1 概述

电动车辆配备的电池类型不同、电压不同,对充电电流要求也不一样,为了避免充电过程中的任何错误以及保证通用直流充电机(站)能对所有类型的电能存储系统充电,充电过程由被充电的电动车辆来管理。

任何准备连接到通用直流充电机(站)的车辆应装有一个车辆充电控制单元(VCCU),该单元管理充电过程。

通用直流充电机(站)应提供一种途径,允许车辆控制充电过程。

通讯通过耦合器的信号引脚10,11,12进行。

13.2 充电处理

直流充电机(站)应能给车辆电池提供受控的直流电压或电流。

起码直流充电机(站)应能测量充电电流值和充电电压值。

如果车辆充电控制单元也能进行测量,一个全冗余充电系统可以获得很高安全性。

充电参数应由车辆充电控制单元确定,并且作为参数设定点提供给直流充电机(站)。

充电测量值应由直流充电机(站)馈送给车辆充电的控制单元。

13.3 安全处理

应允许由直流充电机(站)和车辆充电控制单元两者启动充电过程。

直流充电机(站)或车辆控制单元可在任意时间终止充电过程;在通讯失效时应立即停止充电。

13.4 通讯协议

电动车辆和直流充电机(站)之间的通讯协议应遵照另外制定的有关国家标准。

14 分类

交流/直流充电机(站)不论是室内还是室外,可以分为Ⅰ级或Ⅱ级。

15 标识和说明书

15.1 连接说明书

电动车辆交流/直流充电机(站)连接说明书应和用户手册及电动车辆交流/直流充电机(站)一起随电动车辆配套提供。

15.2 清晰度

本标准要求标识应保证正确、标识耐久性长且在使用期间清晰可见。

用水浸泡过的布擦拭15 s,再用汽油酸浸泡的布擦拭15 s,检验其效果。

经本标准的所有试验完成后,标识应清晰可见,牢固且没有卷边现象。

15.3 电动车辆交流/直流充电机(站)标识

充电机(站)应在醒目地方明确提供以下信息:

生产厂家全名或首字母缩写;

设备操作手册;

生产序列号;

生产日期;

额定输入和输出电压(V);

额定频率(Hz);

额定电流(A);

相数;

IP 级别。

对Ⅱ级充电机(站),应在铭牌中明确给出其符号。

某些简短附加信息(电话号码、联系地址),也可以标注在充电机(站)上。

通过测试和目视检查是否符合要求。

15.4 室内用设备的标志

对只限于室内使用的设备,在安装后应清楚地提供“只限室内使用”的标志。

附 录 A
（提示的附录）
充电机(站)其他要求

本附录是对充电机(站)标准的补充。

A1 充电要求与控制方式

——充电机(站)的充电方式遵照用户与厂家间的协议，为防止过充电或欠充电，保证高效、高质量的充满电，必须设置自动充电控制功能及提高充电机的智能水平；
——建议采用多段恒流和定压方式充电及其他优化充电方式，充电期间应尽量减少对电池的伤害；
——充电过程中要监测电池的温度，不能超过允许最大值，否则会损害电池和减少电池的使用寿命；
——充电启动和停止充电均为自动进行，同时也能手动操作；
——定期进行自动均衡充电或修复式充电，同时也能手动操作。

A2 电气安全要求

——工作时间允许长时间连续工作(超快速大功率充电是：连续运行 5 min～30 min)；
——充电站应有防御雨、雪、沙的设施；
——充电站电网侧的谐波电流值应符合 GB/T 17625.1 的规定；
——监测充电机机箱内温度，超过最高限值时应报警，必要时自动切断充电主回路；
——快速充电时，必须多点监测电池温度，不能超过允许值，必要时采取减少充电电流或其他措施。

A3 功能

1）保护功能
——蓄电池电压过低保护；
——蓄电池温度异常保护；
——充电机内高温自动防火保护。
2）指示功能
——状态指示，电池电压不足、正在充电、充电结束；
——电量指示，一次充电的安时数；
——故障指示
a）充电机异常：直流输出侧过电压及欠电压，温度异常，主断路器断开；
b）蓄电池异常：蓄电池温度异常，断路器断开。
3）记录功能
——交流输入，对公用充电机记录输入电力的(kW·h)一次充电值和日累计值；
——温度，充电时电池温度、充电机温度和环境温度；
——故障记录，直流输出侧过电压及欠电压，电池或充电机温度异常，断路器断开等。
4）自动计费功能
——充电机(站)能自动计费，并显示及打印计费结果或直接使用 IC 卡结算。

附 录 B
（提示的附录）
参 考 标 准

GB 4343—1995 家用和类似用途电动、电热器具，电动工具以及类似电器的无线电干扰特性测量方法和允许值(eqv CISPR 14:1993)

GB 4824—1996 工业、科学和医疗(ISM)射频设备电磁骚扰特性的限值和测量方法(eqv CISPR 11:1990)

GB/T 11918—1989 工业用插头、插座和耦合器 一般要求(eqv IEC 60309-1:1983)

GB/T 16895.3—1997 建筑物电气装置 第5部分:电气设备的选择与安装 第54章:接地配置和保护导体(idt IEC 60364-4-54:1980)

ICS 43.040.99
T 35

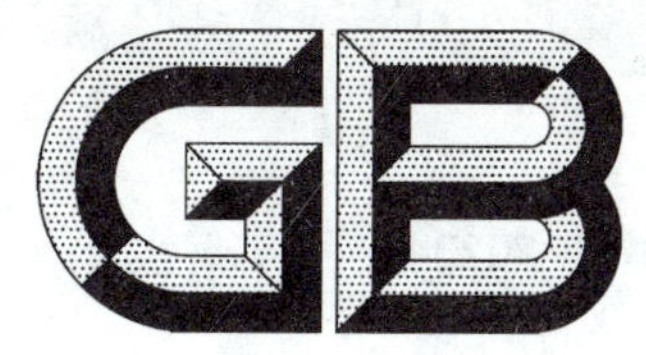

中华人民共和国国家标准

GB/T 20234.1—2015
代替 GB/T 20234.1—2011

电动汽车传导充电用连接装置 第1部分:通用要求

Connection set for conductive charging of electric vehicles—Part 1:General requirements

2015-12-28 发布　　2016-01-01 实施

中华人民共和国国家质量监督检验检疫总局
中国国家标准化管理委员会　发布

前　言

GB/T 20234《电动汽车传导充电用连接装置》分为3个部分：

——第1部分：通用要求；

——第2部分：交流充电接口；

——第3部分：直流充电接口。

本部分为GB/T 20234的第1部分。

本部分按照GB/T 1.1—2009给出的规则起草。

本部分代替GB/T 20234.1—2011《电动汽车传导充电用连接装置　第1部分：通用要求》，与GB/T 20234.1—2011相比，主要技术变化如下：

——增加了额定工作电压（优选值）1 000 V（DC）以及额定工作电流（优选值）10 A（AC）、80 A（DC）和200 A（DC），对应修改相关章节（见第5章和第7章）；

——删除了额定工作电流超过16 A（不含16 A）的充电连接装置应具备控制导引电路的要求（见2011年版的6.1.5）；

——修改了供电接口和车辆接口的防护要求（见6.2.1和6.9.1）；

——明确了直流充电接口的车辆插头上应安装电子锁止装置（见6.3.3）；

——删除了额定电流大于250 A的端子应使用不可拆线方式的要求（见2011年版的6.7.2）；

——修改了试验方法中部分测试参数（见表2、表3、表4、表5、表6和表7）。

本部分参考了IEC 62196-1:2014《电动汽车传导充电用插头插座、车辆插头和车辆插座　第1部分：通用要求》，并根据我国实际情况制定。

本部分由中华人民共和国工业和信息化部提出。

本部分由全国汽车标准化技术委员会（SAC/TC 114）归口。

本部分负责起草单位：中国汽车技术研究中心、中国电力企业联合会、中国电器科学研究院有限公司。

本部分参加起草单位：国家电网公司、比亚迪汽车工业有限公司、中国第一汽车股份有限公司技术中心、上海汽车集团股份有限公司技术中心、南京南瑞集团公司、许继集团有限公司、中国电力科学研究院、北京新能源汽车股份有限公司、东风汽车有限公司东风日产乘用车公司、天津清源电动车辆有限责任公司、苏州智绿环保科技有限公司、普天新能源有限责任公司、深圳奥特迅电力设备股份有限公司。

本部分主要起草人：吴志新、蔡军、倪峰、周荣、孟祥峰、刘永东、黄炘、刘波、严辉、王洪军、邵浙海、吕国伟、徐枭、刘嘉梁、陆珂伟、刘强、李志刚、彭博、周光荣、董新生、马建伟、白健。

本部分所代替标准的历次版本发布情况为：

——GB/T 20234—2006、GB/T 20234.1—2011。

电动汽车传导充电用连接装置 第1部分:通用要求

1 范围

GB/T 20234 的本部分规定了电动汽车传导充电用连接装置的定义、要求、试验方法和检验规则。

本部分适用于电动汽车传导式充电用的充电连接装置,其:

——交流额定电压不超过 690 V,频率 50 Hz,额定电流不超过 250 A;

——直流额定电压不超过 1 000 V,额定电流不超过 400 A。

如果充电连接装置的供电接口使用了符合 GB 2099.1 和 GB 1002 的标准化插头插座,则本部分不适用于这些插头插座。

注:本部分中的车辆是指可外接充电的电动汽车。

2 规范性引用文件

下列文件对于本文件的应用是必不可少的。凡是注日期的引用文件,仅注日期的版本适用于本文件。凡是不注日期的引用文件,其最新版本(包括所有的修改单)适用于本文件。

GB 1002 家用和类似用途单相插头插座 型式、基本参数和尺寸

GB 2099.1 家用和类似用途插头插座 第1部分:通用要求

GB/T 3956 电缆的导体

GB 4208 外壳防护等级(IP 代码)

GB/T 5013.4 额定电压 450/750 V 及以下橡皮绝缘电缆 第4部分:软线和软电缆

GB/T 5023(所有部分) 额定电压 450/750 V 及以下聚氯乙烯绝缘电缆

GB/T 11918.1—2014 工业用插头插座和耦合器 第1部分:通用要求

GB/T 18487.1 电动汽车传导充电系统 第1部分:通用要求

GB/T 19596 电动汽车术语

3 术语和定义

GB/T 19596、GB/T 18487.1 和 GB/T 11918.1—2014 界定的以及下列术语和定义适用于本文件。

3.1

充电连接装置 connection set for charging

电动汽车充电时,连接电动汽车和电动汽车供电设备的组件,除电缆外,还可能包括供电接口、车辆接口、缆上控制保护装置和帽盖等部件。充电连接装置示意图见图1。

注:本部分所指的充电连接装置所适用的充电模式和连接方式参见附录 A。

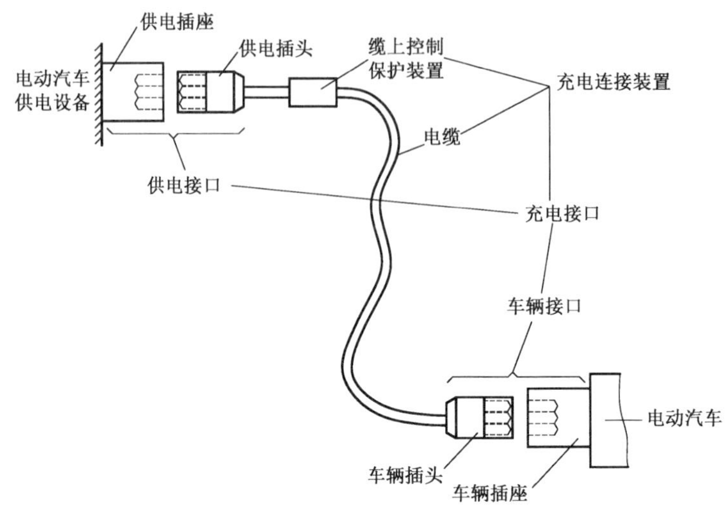

图 1 电动汽车传导充电用连接装置示意图

3.2

充电接口 charging coupler

充电连接装置中,除电缆、缆上控制保护装置(如果有)之外的部件,包括供电接口和车辆接口。

3.3

供电接口 plug and socket-outlet

能将电缆连接到电源或电动汽车供电设备的器件,由供电插头和供电插座组成。对应于 GB/T 11918.1—2014 中的插头和插座。

3.3.1

供电插座 socket-outlet

插座 socket-outlet

供电接口中和电源供电线缆或供电设备连接在一起且固定安装的部分。对应于 GB/T 11918.1—2014 中的插座。

3.3.2

供电插头 plug

插头 plug

供电接口中和充电线缆连接且可以移动的部分。对应于 GB/T 11918.1—2014 中的插头。

3.4

车辆接口 vehicle coupler

车辆耦合器 vehicle coupler

能将电缆连接到电动汽车的器件,由车辆插头和车辆插座组成。对应于 GB/T 11918.1—2014 中的器具耦合器。

3.4.1

车辆插座 vehicle inlet

车辆输入插座 vehicle inlet

车辆接口中固定安装在电动汽车上,并通过电缆和车载充电机或车载动力蓄电池相互连接的部分。对应于 GB/T 11918.1—2014 中的器具输入插座。

3.4.2

车辆插头 vehicle connector

车辆连接器 vehicle connector

车辆接口中和充电线缆连接且可以移动的部分。对应于 GB/T 11918.1—2014 中的连接器。

3.5

缆上控制保护装置　in-cable control and protection device; IC-CPD

集成在充电模式 2 的线缆组件中，具备控制功能和安全功能的装置。

注：缆上控制保护装置位于可拆卸电缆组件或非固定安装部分的插头中。

4　符号和缩略语

下列符号和缩略语适用于本文件。

A	安[培]
V	伏[特]
Hz	赫[兹]
～或 AC	交流电
⎓或 DC	直流电
L1、L2、L3	交流电源相线
N	中线
⏚	保护接地(PE)
DC+	直流电源正或电池正极
DC−	直流电源负或电池负极
CP	控制导引
CC	充电连接确认
S+	充电通信 1
S−	充电通信 2
A+	低压辅助电源正(如:12 V+)
A−	低压辅助电源负(如:12 V−)
IPXX(有关数字)	IP 代码(GB 4208 规定的防护等级)

5　充电连接装置的额定值

5.1　额定电压(优选值)

250 V(AC)

440 V(AC)

690 V(AC)

400 V(DC)

750 V(DC)

1 000 V(DC)

0 V～30 V(DC)(用于信号、控制或低压辅助电源)

5.2　额定电流(优选值)

10 A(AC)

16 A(AC)

32 A(AC)

63 A(AC)

125 A(AC)

250 A(AC)
80 A(DC)
125 A(DC)
200 A(DC)
250 A(DC)
400 A(DC)
2 A (DC)(只用于信号或控制)
20 A (DC)(只用于低压辅助电源)

6 要求

6.1 一般要求

6.1.1 充电连接装置在正常使用时应性能可靠,对使用者和周围环境没有危害。

6.1.2 充电连接装置的使用环境温度为−30 ℃～+50 ℃。

6.1.3 充电连接装置易触及的表面应无毛刺、飞边及类似尖锐边缘。

6.1.4 供电插头、供电插座、车辆插头和车辆插座的外壳上应标有制造商的名称或商标、产品型号、额定电压和额定电流等信息。

6.1.5 采用连接方式 B 时,供电接口和车辆接口应有清晰可见的不同标识以进行区分。

6.2 结构要求

6.2.1 供电插头、供电插座、车辆插头和车辆插座应有配属的防护装置,以确保插头和插座未插合时满足 6.9 的要求。该防护装置可以为独立的保护盖,也可以和供电设备或电动汽车集成在一起。

6.2.2 供电插头、供电插座、车辆插头和车辆插座应包括接地端子和触头,且在连接和断开过程中,接地触头应最先接通和最后断开。

6.2.3 供电插头和车辆插头的外壳应将端子和充电电缆的端部完全封闭。

6.2.4 供电插头和车辆插头的部件(如端子、插销、壳体等)应可靠固定,正常使用时不应松脱,且不使用工具时应不能从供电插头或车辆插头上拆卸。

6.2.5 充电接口应保证使用者不能改变接地触头或者中性触头(如果有)的位置。

6.2.6 供电插头和供电插座之间,车辆插头和车辆插座之间应按唯一的相对位置进行插合,从而避免由于误插入引起插头和插座中不同功能的插销和插套的导电部分接触。

6.2.7 供电插头和车辆插头的电缆入口应便于电缆导管或电缆保护层进入,并给电缆提供完善的机械保护。

6.2.8 绝缘衬垫、绝缘隔层及类似部件等应具有足够的机械强度,并应固定到外壳或本体中,且应做到:

——如果不将其严重损坏,则无法拆除,或
——设计成无法将其置于不正确的位置。

6.3 锁止装置

6.3.1 充电接口应有锁止功能,用于防止充电过程中的意外断开。

6.3.2 在锁止状态下,施加 200 N 的拔出外力时,连接不应断开,且锁止装置不得损坏。

6.3.3 对于直流充电的车辆接口,应在车辆插头上安装电子锁止装置,防止车辆接口带载分断。

6.4 插拔力

供电插头插入和拔出供电插座、车辆插头插入和拔出车辆插座的全过程的力均应满足：

——对于交流充电接口，小于100 N；

——对于直流充电接口，小于140 N。

充电接口可以使用助力装置，如果使用助力装置，则进行插入和拔出操作时，助力装置的操作力应满足上述条件。

6.5 防触电保护

6.5.1 供电插头、供电插座、车辆插头、车辆插座的防触电保护应满足GB/T 11918.1—2014中第9章的要求。

注：车辆插头和车辆插座的中性端子和控制导引端子视作带电部件，信号传输触点和接地端子不视为带电部件。

6.5.2 当插入供电插头或车辆插头时：

——接地端子应最先连接；

——控制导引端子应晚于相线端子及中性端子连接。

6.5.3 当拔出供电插头或车辆插头时：

——接地端子应最后断开；

——控制导引端子应先于相线端子及中性端子断开。

6.6 接地措施

6.6.1 电动汽车充电连接装置的接地保护应满足GB/T 11918.1—2014中第10章的要求。

6.6.2 电动汽车充电连接装置的接地保护按照7.6进行短时耐大电流测试，接地电路中的部件不应熔化、断开或破损。

6.6.3 和接地端子相连的导线用绿-黄双色予以标识。接地导线和中线(如果有)的横截面积至少应等于相线导线横截面积，或者满足表2的要求。

6.7 端子

电动汽车充电接口的端子应满足GB/T 11918.1—2014中第11章的要求。

6.8 橡胶和热塑性材料的耐老化

电动汽车充电接口中所采用的橡胶和热塑性材料的耐老化性能应满足GB/T 11918.1—2014中第13章的要求。

6.9 防护等级

6.9.1 在与配属的保护装置连接后，供电插头、供电插座、车辆插头和车辆插座的防护等级应分别达到IP54。

6.9.2 供电插头和供电插座、车辆插头和车辆插座插合后，其防护等级应分别达到IP55。

6.10 绝缘电阻和介电强度

电动汽车充电接口的绝缘电阻和介电强度应满足GB/T 11918.1—2014中第19章的要求。

6.11 分断能力

6.11.1 对于有控制导引且在其正常工作时能避免带载分断的充电接口，按照7.11进行试验期间，不得有引起着火或触电的危险;试验结束后,不要求充电接口保持原有功能。

6.11.2 对于没有控制导引功能或者控制导引电路不能避免带载分断的充电连接装置,按照 7.11 进行试验,试验结束后,试样不应出现不利于继续使用的损坏。

6.12 使用寿命(正常操作)

供电插头和供电插座、车辆插头和车辆插座按 7.12 进行插拔寿命试验。试验结束后,应满足:

——附件或锁止装置应能继续使用;

——无外壳或隔板的劣化;

——插销上的绝缘帽无松脱;

——无电气连接或机械连接松脱;

——无密封胶渗漏;

——保持触点之间信号传输的连续性;

——介电强度性能复试满足 6.10 的相关要求。

6.13 表面温度和端子温升

充电连接装置按照 7.13 的试验方法进行试验,应满足如下要求:

a) 供电插头和车辆插头的抓握部位,其允许的最高温度不应超过:

——金属部件 50 ℃;

——非金属部件 60 ℃。

b) 供电插头和车辆插头可以接触的非抓握部位允许温度不应超过:

——金属部件 60 ℃;

——非金属部件 85 ℃。

c) 端子的温升不超过 50 K。

6.14 电缆及其连接

充电连接装置的电缆及其连接应满足 GB/T 11918.1—2014 中第 23 章的要求,部分试验方法及线缆位移的要求见 7.14。

6.15 机械强度

充电连接装置的机械强度应满足 GB/T 11918.1—2014 中第 24 章的要求。

6.16 螺钉、载流部件和连接

充电接口的螺钉、载流部件和连接应满足 GB/T 11918.1—2014 中第 25 章的要求。

6.17 爬电距离、电气间隙和穿透密封胶距离

充电接口的爬电距离、电气间隙和穿透密封胶距离应满足 GB/T 11918.1—2014 中第 26 章的要求。

6.18 耐热、耐燃和耐电痕化

充电接口的耐热、耐燃和耐电痕化应满足 GB/T 11918.1—2014 中第 27 章的要求。

6.19 耐腐蚀与防锈

充电接口的耐腐蚀和防锈应满足 GB/T 11918.1—2014 中第 28 章的要求。

6.20 限制短路电流耐受试验

充电接口的限制短路和电流耐受试验应满足 GB/T 11918.1—2014 中第 29 章的要求。

6.21 车辆碾压

供电插头和车辆插头,按照 7.21 的方法进行车辆碾压试验后,不应出现如下现象:

——防护等级不满足 6.9 的要求;

——爬电距离、电气间隙和穿透密封胶距离不满足 6.17 的要求;

——其他可能会增加着火或电击事件的可能性的损坏迹象;

——不能满足 6.10 的介电强度要求。

7 试验方法

7.1 一般规定

7.1.1 试样应以(20±5)℃的环境温度,按交货状态下进行试验,除非另有规定。

7.1.2 所有测试仪表、设备应具有足够的精度,其精度应高于被测指标精度至少一个数量级或误差小于被测参数允许误差的三分之一。

7.1.3 本部分规定的试验均为型式试验,如果充电连接装置的一部分已经在某一给定严酷程度的试验中合格,且有关型式试验的严酷程度没有超过已进行的试验,则不再重复这些型式试验。

7.1.4 试验应按本部分试验项目的顺序进行。

7.1.5 应采用 3 个试样进行全部试验,但必要时,需用附加试样进行 7.19 的试验。

7.1.6 当试验需要用导线进行时,所用导线采用制造商提供的导线,或者采用满足 GB/T 5023(所有部分)、GB/T 3956 或 GB/T 5013.4 的铜导线。

7.2 外观和结构

通过观察和手动试验对充电连接装置的外观和结构进行检查。

7.3 锁止装置

插合供电插头和供电插座、车辆插头和车辆插座,并施加 200 N 的拔出外力,检验锁止装置的功能。

7.4 插拔力

通过仪器(如弹簧秤、砝码等)测试供电插头和供电插座、车辆插头和车辆插座之间插拔力。

7.5 防触电保护

参照 GB/T 11918.1—2014 中第 9 章进行试验。

注:本部分车辆插头的插销和车辆插座的插套与 GB/T 11918 的型式可以不同。

7.6 接地措施

7.6.1 按照 GB/T 11918.1—2014 中第 10 章进行试验。

7.6.2 按照如下步骤进行短时耐大电流试验:

a) 模拟实际使用状态,将供电插头、供电插座、车辆插头和车辆插座进行安装;

b) 将长度不小于 0.6 m 的满足表 1 尺寸的导线按照制造商规定的紧固条件连接到保护接地端子:供电插座和车辆插座连接所允许最小尺寸的铜导体电缆,供电插头和车辆插头连接和额定

电流相匹配的电缆,允许直接使用已经连接好的组件;

c) 按照表1所示的电流和时间进行试验;

d) 试验结束后用欧姆表或类似设备检查接地导体间连接的连续性。

表1 接地端子短时耐大电流测试参数

充电接口额定电流 A	接地导体(铜)的最小尺寸 mm^2	时间 s	测试电流 A
10	2.5	4	300
16、20	4	4	470
32	6	4	750
63	10	4	1 180
80	10	4	1 180
125	16	6	1 530
200	16	6	1 530
250	25	6	2 450
400	35	6	3 100

7.7 端子

按照GB/T 11918.1—2014中第11章进行试验,其中GB/T 11918.1—2014中的表3用本部分的表2代替。

表2 端子应能连接的导线的横截面积

触头电流额定值 A	供电插头、车辆插头和车辆插座用电缆的横截面积 mm^2		供电插座用的电缆横截面积 mm^2	
	非接地导线	接地导线	非接地导线	接地导线
2	0.5	—	0.5	—
10	1.0~1.5	2.5	1.0~1.5	2.5
16、20	1.0~2.5	2.5	1.5~4	4
32	2.5~6	6	2.5~10	10
63	6~16	16	6~25	25
80	10~25	25	16~35	25
125	25~70	25	35~95	50
200	70~150	25	70~185	95
250	70~150	25	70~185	95
400	240	120	300	150

7.8 橡胶和热塑性材料的耐老化

按照GB/T 11918.1—2014中第13章进行试验。

7.9 防护等级

按 GB 4208 的规定进行防护等级试验。

7.10 绝缘电阻和介电强度

按照 GB/T 11918.1—2014 中第 19 章进行试验。

7.11 分断能力

按 GB/T 11918.1—2014 第 20 章的规定进行分断能力试验。对于有控制导引电路的充电接口，应使其控制导引电路处于非工作状态，并按表 3(代替 GB/T 11918.1—2014 的表 9)的参数进行分断能力测试。直流接口用等值的交流电流进行试验。

表 3 分断能力测试参数

触头额定电流 A	测试电流 A(AC)	测试电压 V(AC)	cos$\Phi\pm$0.05	分断循环次数
16、20	20	1.1×额定值	0.8	3
32	40	1.1×额定值	0.8	3
63	70	1.1×额定值	0.8	1
>63(直流)	额定电流	1.1×额定值	0.8	1

7.12 使用寿命(正常操作)

将固定部件(供电插座或车辆插座)固定，使活动部件(供电插头或车辆插头)往复运动，进行空载带电(额定电压、无电流)插拔循环 10 000 次。试验结束后，按 7.10 进行介电强度试验，但对于额定电压超过 50 V 的附件，试验电压在 GB/T 11918.1—2014 表 8 的基础上应降低 500 V。

注：试验设备、试样安装方式、插拔速度(率)等和 7.11 相同。

7.13 温升

温升试验在(25±5)℃环境温度下进行，按 GB/T 11918.1—2014 第 22 章规定的方法进行试验，测试电流使用交流电，具体电流值见表 4(代替 GB/T 11918.1—2014 的表 11)。试验时，推荐使用制造商提供的带有电缆的充电连接装置，若制造商未提供电缆，则使用表 4 规定的横截面积的电缆。测试时，应在达到温度稳定状态后，读取温升数值。

注：在间隔时间不少于 10 min 的连续 3 次读数的温升值低于 2 K，则可以认为达到了温度稳定状态。

表 4 温升试验的测试电流

触头额定电流 A	测试电流 A(AC)	导线横截面积 mm^2	
		供电插头、车辆插头	供电插座、车辆插座
2	2	0.5	0.5
10	13	1.5	2.5
16、20	22	2.5	4
32	42	6	10

表 4（续）

触头额定电流 A	测试电流 A(AC)	导线横截面积 mm^2	
		供电插头、车辆插头	供电插座、车辆插座
63	额定电流	16	25
80		25	35
125		50	70
200		150	150
250		150	185
400		240	300

7.14 电缆及其连接

按 GB/T 11918.1—2014 第 23 章规定的方法进行试验，部分内容用下述内容代替：

——对于不可拆线供电插头、供电插座、车辆插头和车辆插座，应配有制造商所要求的和额定工作值相适应的电缆，且作为电缆组件进行试验。

——经受的拉力和力矩值，以及试验后电缆的位移最大允许值见表 5（代替 GB/T 11918.1—2014 的表 14）。电缆经受拉力试验 100 次，拉力每次施加 1 s。随即使电缆经受力矩试验 1 min。

表 5　电缆固定件的拉力、扭矩测试值和电缆允许最大位移值

触头额定电流 A	拉力 N	扭矩 N·m	最大位移 mm
10～20	160	0.6	2
32	200	0.7	2
63	240	1.2	2
80	240	1.2	2
125	240	1.5	2
200	250	2.3	2
250	500	11.0	5
400	500	11.0	5

7.15 机械强度

充电接口按 GB/T 11918.1—2014 第 24 章规定的方法进行试验，其中冲击试验中摆球冲击能量、弯曲试验中重物施加的力等具体参数分别见表 6 和表 7（分别代替 GB/T 11918.1—2014 中的表 15 和表 16）。

表 6　摆球冲击试验的冲击能量

充电接口额定电流值 I A	能量/J	
	车辆插座	供电插座
$I \leqslant 32$	1	1
$32 < I \leqslant 100$	2	2
$100 < I \leqslant 150$	3	3
$150 < I \leqslant 400$	4	4

表 7　弯曲试验重物施加的力

额定电流 I A	力 N
$I \leqslant 20$	20
$20 < I \leqslant 32$	25
$32 < I \leqslant 70$	50
$70 < I \leqslant 250$	75
$250 < I \leqslant 400$	100

7.16　螺钉、载流部件和连接

按 GB/T 11918.1—2014 第 25 章规定的方法进行试验。

7.17　爬电距离、电气间隙和穿透密封胶距离

按 GB/T 11918.1—2014 第 26 章规定的方法进行试验。

7.18　耐热、耐燃和耐电痕化

按 GB/T 11918.1—2014 第 27 章规定的方法进行试验。

7.19　耐腐蚀与防锈

按 GB/T 11918.1—2014 第 28 章规定的方法进行试验。

7.20　限制短路电流耐受试验

按 GB/T 11918.1—2014 第 29 章规定的方法进行试验。

7.21　车辆碾压

将带有制造商推荐的电缆的供电插头和车辆插头随意地放在水泥地上。用规格为 P225/75R15 或同等负载的传统汽车轮胎以(5 000±250)N 的压力，以(8±2)km/h 的速度压过供电插头或车辆插头(轮胎充气压力 220 kPa±10 kPa)。当车轮从试件压过之前，每一个试件均应随意地以正常方式放在地上。测试中的试件应无明显移动。被施加压力的试件不应放置在突出物上。

8 检验规则

如果所有试样在全部试验中都合格，试样视作符合本部分的要求。如果有一个试样在某一项试验中不合格，该项试验及对其试验结果可能已发生影响的前项或前几项试验应在另一组 3 个试样上重复进行，复试时，所有这 3 个试样均应试验合格。

附 录 A
(资料性附录)
电动汽车充电模式与连接方式

A.1 电动汽车充电模式

A.1.1 充电模式1:将电动汽车连接到交流电网(电源)时,在电源侧使用了符合GB 2099.1和GB 1002要求的插头插座,在电源侧使用了相线、中性线和接地保护的导体。

A.1.2 充电模式2:将电动汽车连接到交流电网(电源)时,在电源侧使用了符合GB 2099.1和GB 1002要求的插头插座,在电源侧使用了相线、中性线和接地保护的导体,并且在充电连接电缆上安装了缆上控制保护装置(IC-CPD)。

A.1.3 充电模式3:将电动汽车连接到交流电网(电源)时,使用了专用供电设备,将电动汽车与交流电网直接连接,并且在专用供电设备上安装了控制导引装置。

A.1.4 充电模式4:将电动汽车连接到交流电网或直流电网时,使用了带控制导引功能的直流供电设备。

A.2 电动汽车的连接方式

A.2.1 连接方式A:将电动汽车和交流电网连接时,使用和电动汽车永久连接在一起的充电电缆和供电插头。

A.2.2 连接方式B:将电动汽车和交流电网连接时,使用带有车辆插头和供电插头的独立的活动电缆组件。

A.2.3 连接方式C:将电动汽车和交流电网连接时,使用和供电设备永久连接在一起的充电电缆和车辆插头。

ICS 43.040.99
T 35

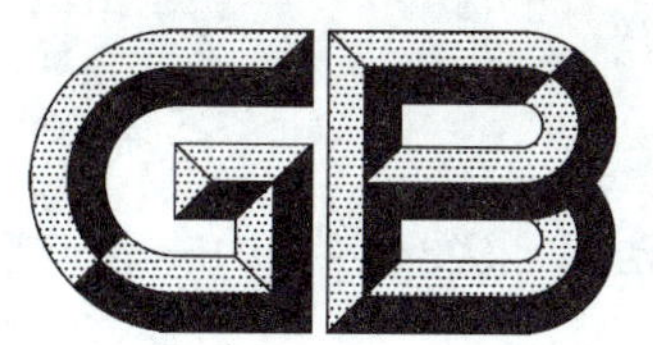

中华人民共和国国家标准

GB/T 20234.2—2015
代替 GB/T 20234.2—2011

电动汽车传导充电用连接装置 第2部分:交流充电接口

Connection set for conductive charging of electric vehicles—Part 2: AC charging coupler

2015-12-28 发布

2016-01-01 实施

中华人民共和国国家质量监督检验检疫总局
中国国家标准化管理委员会 发布

前 言

GB/T 20234《电动汽车传导充电用连接装置》分为3个部分：

——第1部分：通用要求；

——第2部分：交流充电接口；

——第3部分：直流充电接口。

本部分为GB/T 20234的第2部分。

本部分按照GB/T 1.1—2009给出的规则起草。

本部分代替GB/T 20234.2—2011《电动汽车传导充电用连接装置　第2部分：交流充电接口》，与GB/T 20234.2—2011相比，主要技术变化如下：

——额定电流从不超过32 A修改为不超过63 A(见第1章)；

——充电接口的额定电流值增加10 A和63 A(见表1)；

——备用触头扩展为三相充电功能(见表2)；

——增加了R4电阻(见图3)；

——删除了控制导引电路与控制原理(见2011年版的附录A)；

——修改了充电接口控制导引触头和机械锁的部分尺寸，增加了插座内的排水孔(可选)，密封圈修改为可选(见附录A)；

——修改了插头空间尺寸要求，并调整为规范性附录(见附录C)。

本部分由中华人民共和国工业和信息化部提出。

本部分由全国汽车标准化技术委员会(SAC/TC 114)归口。

本部分负责起草单位：中国汽车技术研究中心、国家电网公司、中国电器科学研究院有限公司。

本部分参加起草单位：中国电力企业联合会、南京南瑞集团公司、比亚迪汽车工业有限公司、上海汽车集团股份有限公司技术中心、许继集团有限公司、中国电力科学研究院、比亚迪戴姆勒新技术有限公司、苏州智绿环保科技有限公司、中国第一汽车股份有限公司技术中心、重庆长安新能源汽车有限公司、安费诺精密连接器(深圳)有限公司、南京菲尼克斯电气有限公司、普天新能源有限责任公司、安徽江淮汽车股份有限公司。

本部分主要起草人：廉玉波、周荣、武斌、王洪军、朱道平、赵翔、尹家彤、黄伟、刘永东、邵浙海、孟祥峰、张天强、史双龙、吕国伟、袁昌荣、王治成、徐枭、周光荣、帅强军、陈凌、唐雾婺、李晓强、陈晓楠、赵久志、吴志强。

本部分所代替标准的历次版本发布情况为：

——GB/T 20234.2—2011。

电动汽车传导充电用连接装置 第2部分:交流充电接口

1 范围

GB/T 20234 的本部分规定了电动汽车传导充电用交流充电接口的通用要求、功能定义、型式结构、参数和尺寸。

本部分适用于电动汽车传导充电用的交流充电接口,其额定电压不超过 440 V(AC),频率 50 Hz,额定电流不超过 63 A(AC)。

注:如果交流充电接口的供电接口使用了符合 GB 2099.1 和 GB 1002 的标准化插头插座,则本部分不适用于这些插头插座。

2 规范性引用文件

下列文件对于本文件的应用是必不可少的。凡是注日期的引用文件,仅注日期的版本适用于本文件。凡是不注日期的引用文件,其最新版本(包括所有的修改单)适用于本文件。

GB/T 18487.1 电动汽车传导充电系统 第1部分:通用要求

GB/T 20234.1 电动汽车传导充电用连接装置 第1部分:通用要求

3 术语和定义

GB/T 20234.1 界定的术语和定义适用于本文件。

4 通用要求

交流充电接口的技术要求和试验方法应满足 GB/T 20234.1 的要求。

5 交流充电接口的额定值

交流充电接口的额定值见表1。

表1 交流充电接口的额定值

额定电压 V	额定电流 A
250	10/16/32
440	16/32/63

6 充电接口的功能

6.1 电气参数值及功能

车辆接口和充电模式3的供电接口分别包含7对触头,其电气参数值及功能定义见表2。

表 2　触头电气参数值及功能定义

触头编号/标识	额定电压和额定电流	功能定义
1——(L1)	250 V 10 A/16 A/32 A	交流电源(单相)
	440 V 16 A/32 A/63 A	交流电源(三相)
2——(L2)	440 V 16 A/32 A/63 A	交流电源(三相)
3——(L3)	440 V 16 A/32 A/63 A	交流电源(三相)
4——(N)	250 V 10 A/16 A/32 A	中线(单相)
	440 V 16 A/32 A/63 A	中线(三相)
5——(⏚)	—	保护接地(PE),连接供电设备地线和车辆电平台
6——(CC)	0 V～30 V 2 A	充电连接确认
7——(CP)	0 V～30 V 2 A	控制导引

6.2　触头布置方式

车辆接口和充电模式 3 的供电接口的触头布置方式如图 1 和图 2 所示。

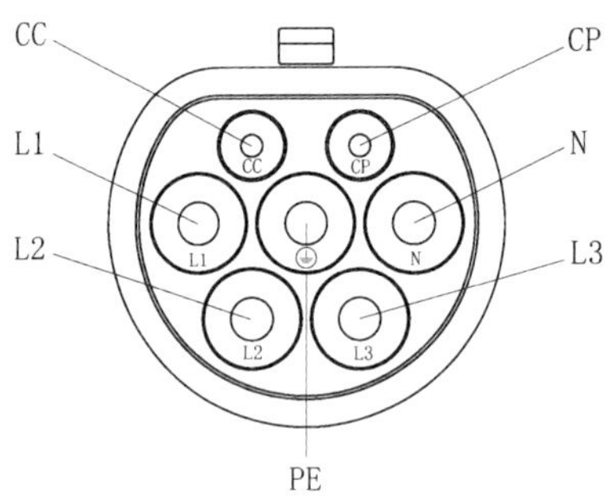

图 1　车辆/供电插头触头布置图

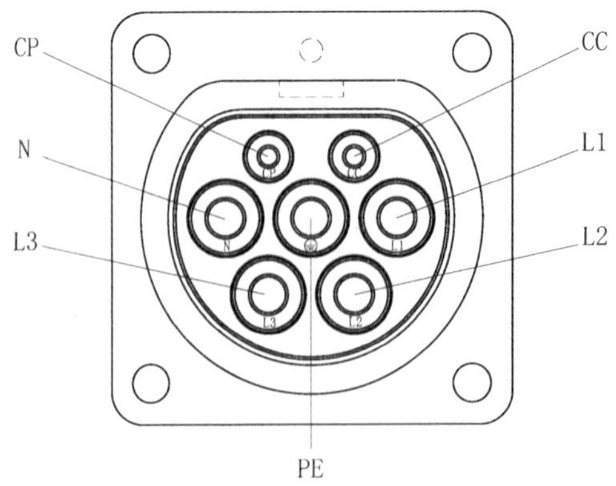

图 2　车辆/供电插座触头布置图

6.3 充电连接界面

在充电连接过程中，首先接通保护接地触头，最后接通控制导引触头与充电连接确认触头。在脱开的过程中，首先断开控制导引触头与充电连接确认触头，最后断开保护接地触头。车辆接口的电气连接界面如图 3 所示，充电模式 3 的供电接口的电气连接界面如图 4 所示。交流充电控制导引电路与控制原理见 GB/T 18487.1。

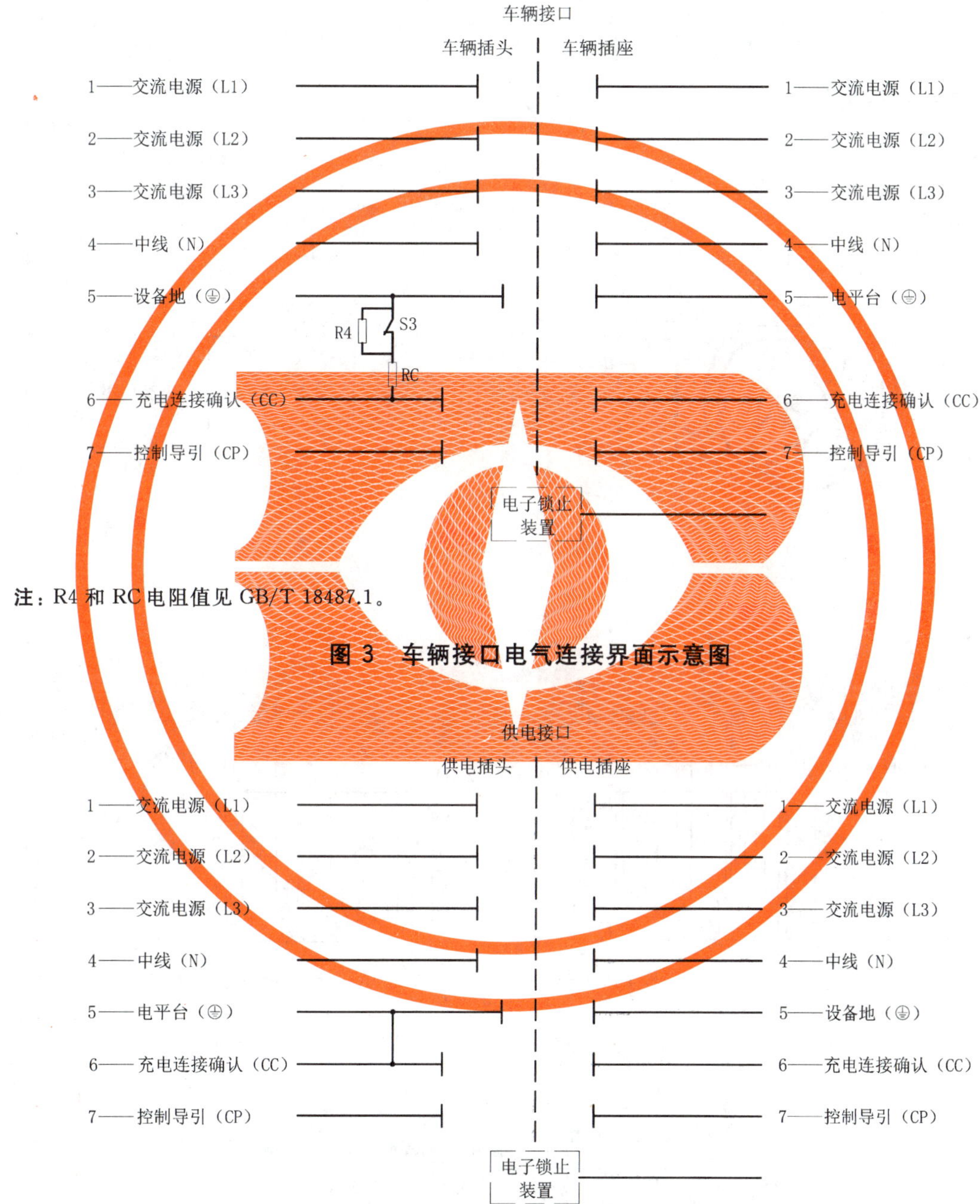

注：R4 和 RC 电阻值见 GB/T 18487.1。

图 3 车辆接口电气连接界面示意图

图 4 充电模式 3 的供电接口电气连接界面示意图

7 尺寸

交流充电接口的结构尺寸应符合附录 A 的规定，安装尺寸参见附录 B，插头空间尺寸应符合附录 C。

附　录　A
（规范性附录）
充电接口结构尺寸

A.1　车辆接口结构尺寸

车辆插头结构尺寸见图 A.1。

单位为毫米

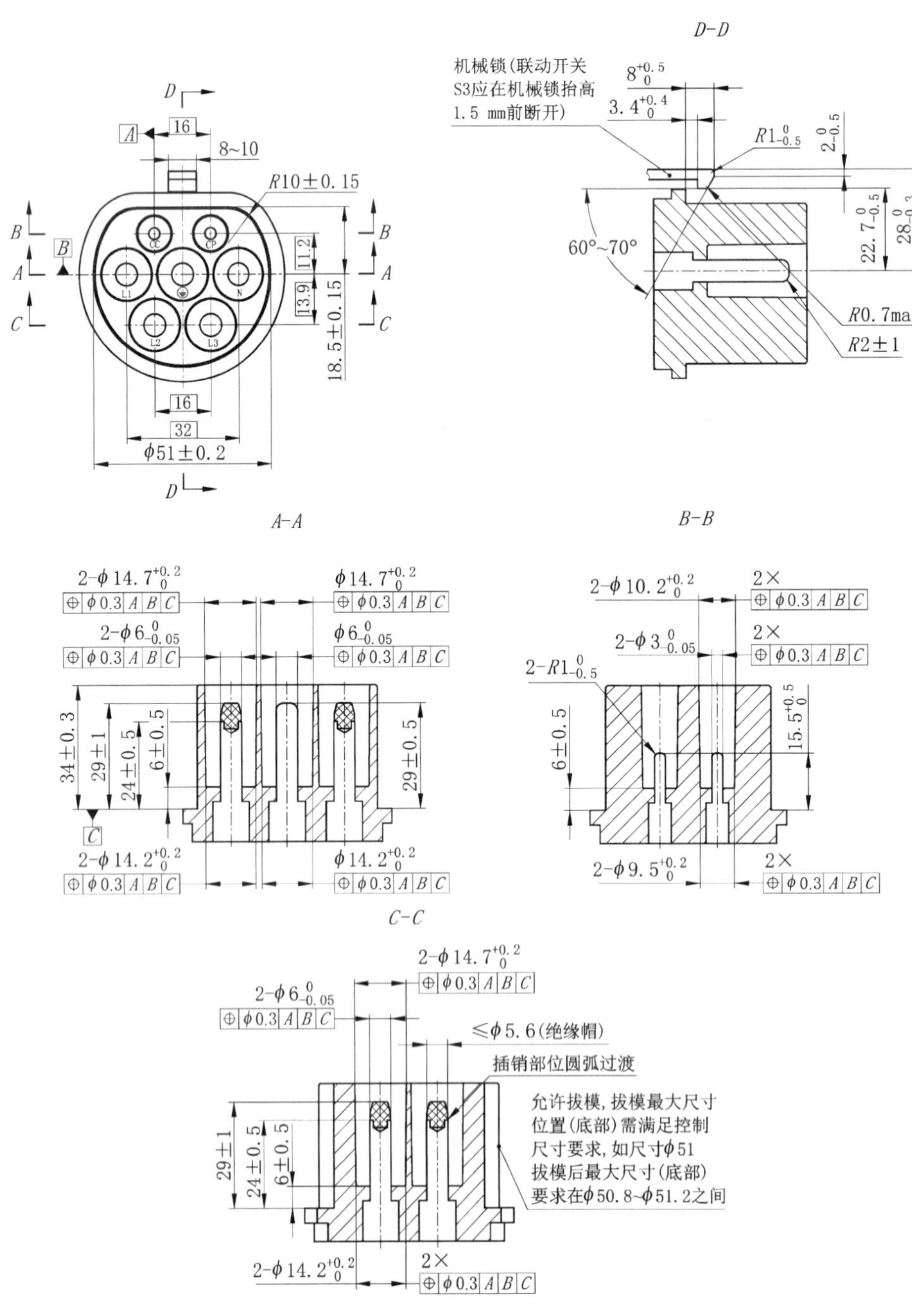

图 A.1　车辆插头结构尺寸

车辆插座结构尺寸见图 A.2。

单位为毫米

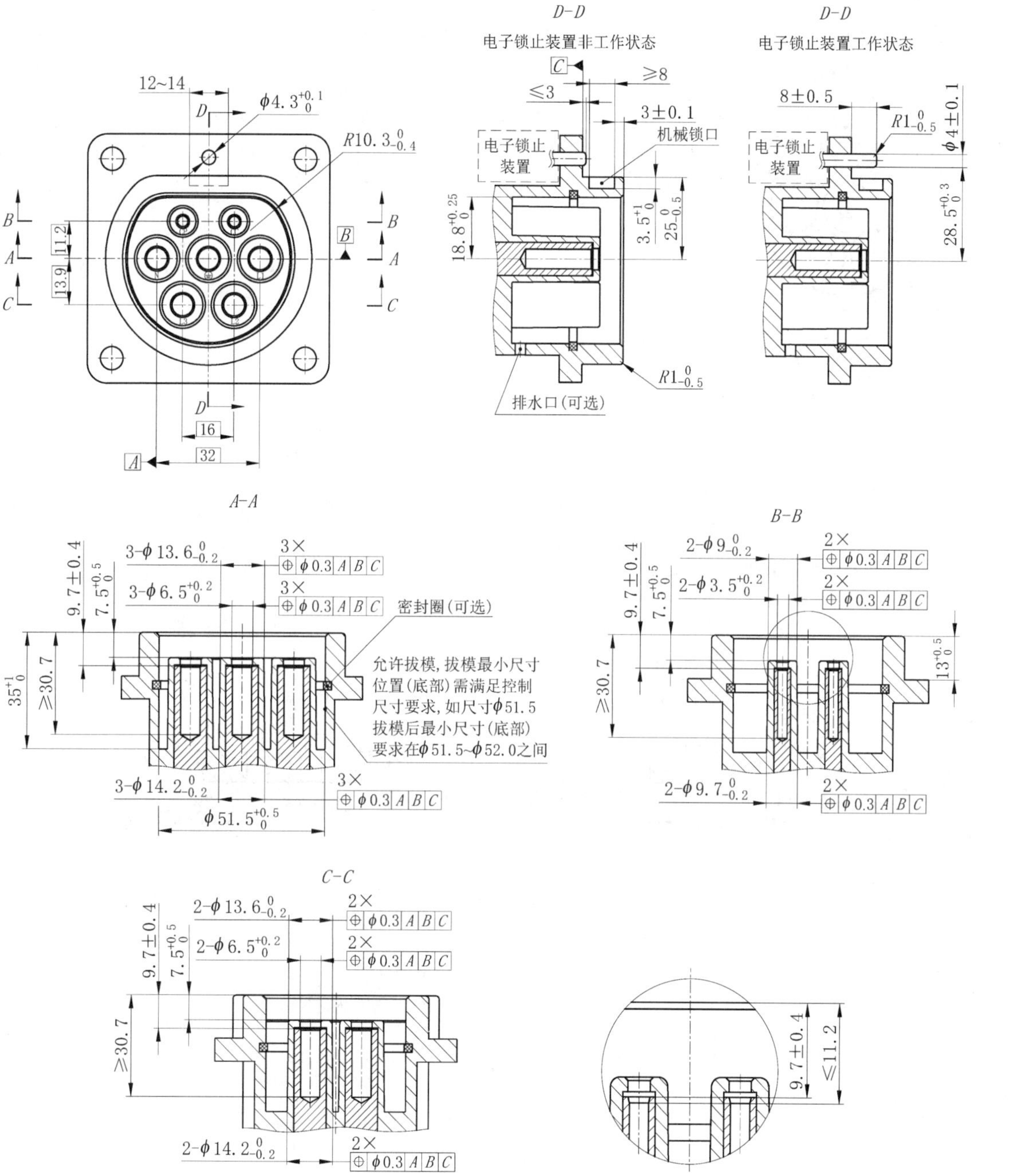

图 A.2 车辆插座结构尺寸

A.2 充电模式 3 的供电接口结构尺寸

充电模式 3 的供电插头结构尺寸见图 A.3。

单位为毫米

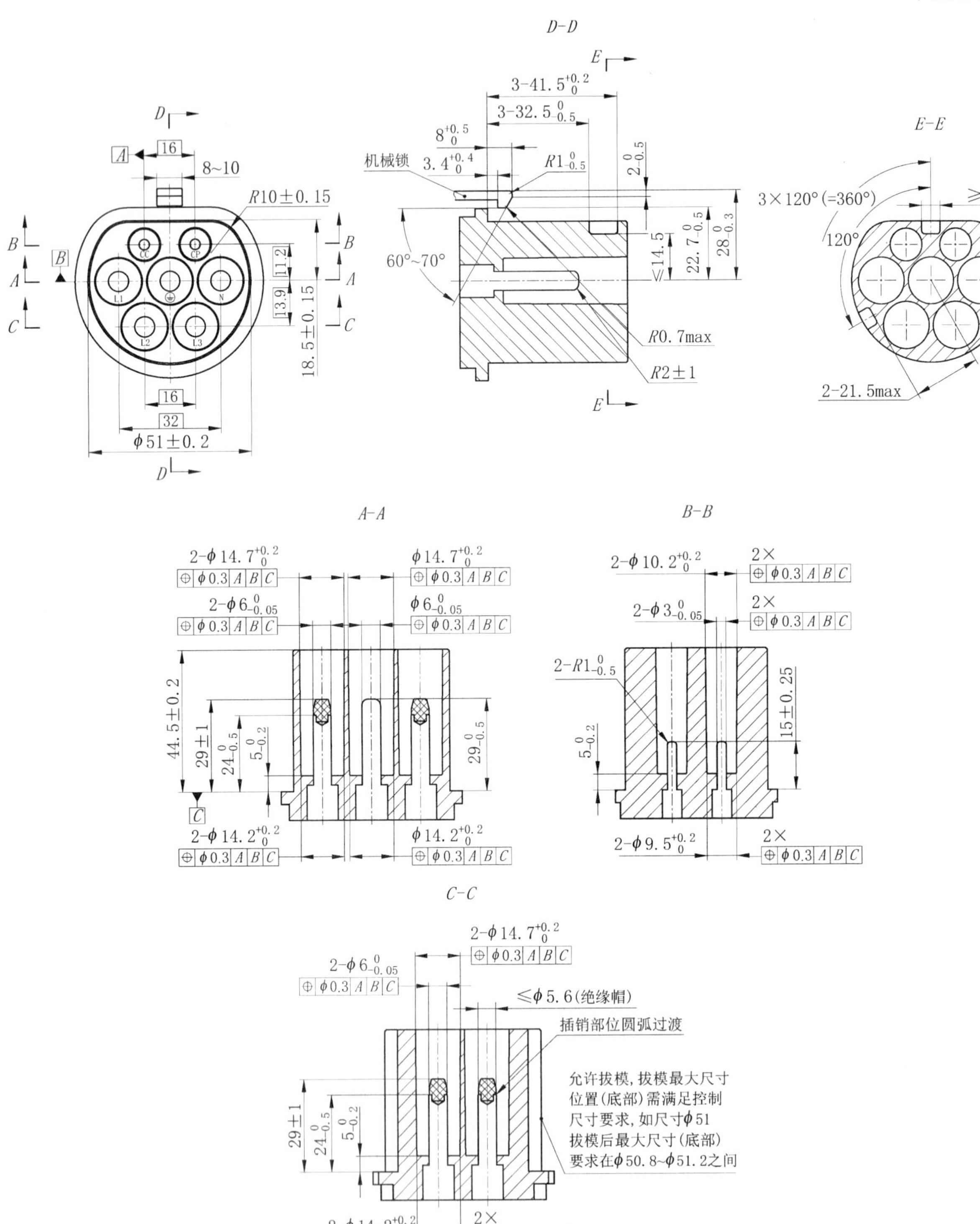

图 A.3　充电模式 3 的供电插头结构尺寸

充电模式3的供电插座结构尺寸见图A.4。

单位为毫米

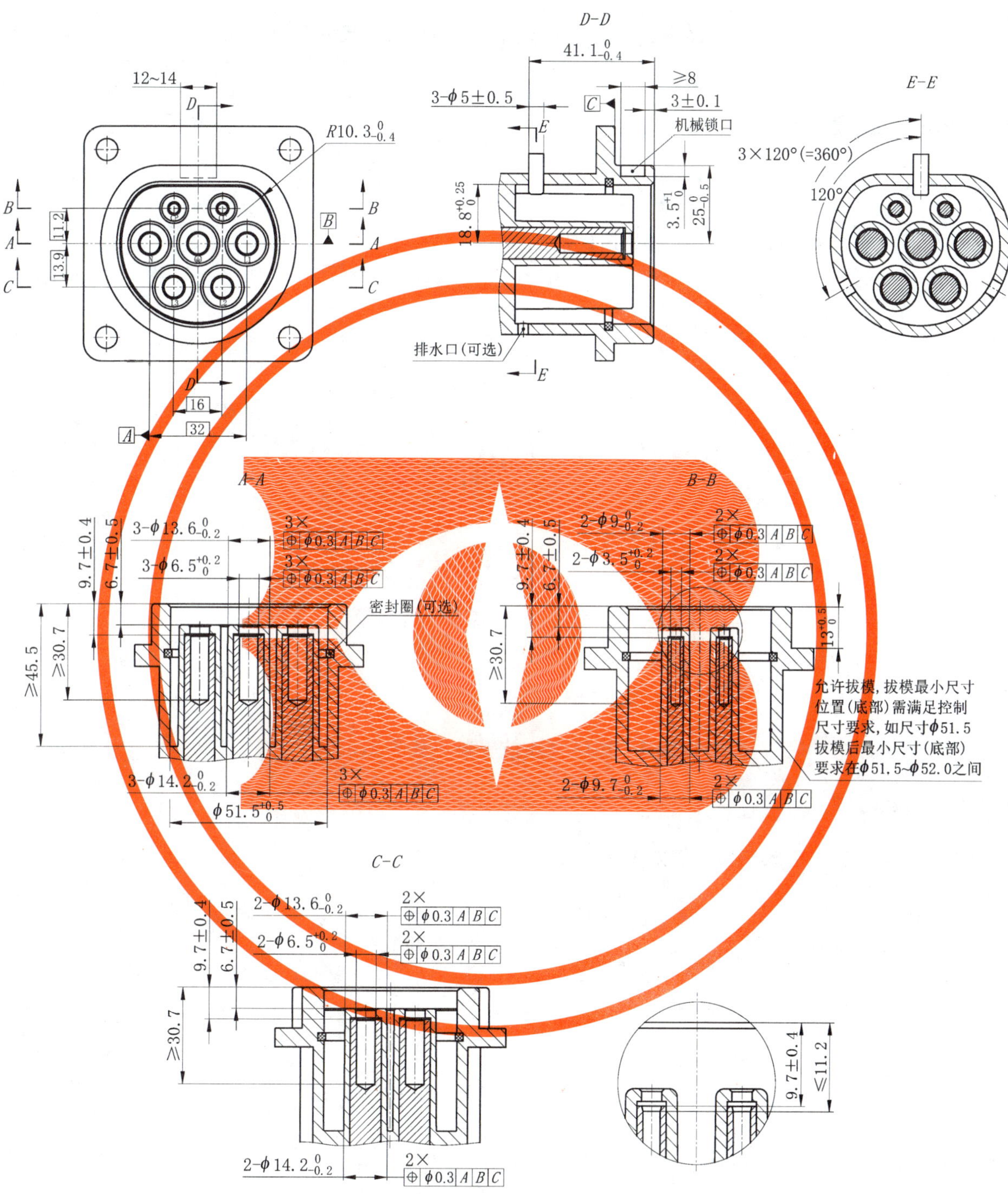

图A.4　充电模式3的供电插座结构尺寸

附　录　B
（资料性附录）
车辆插座及充电模式3的供电插座安装尺寸示例

B.1　车辆插座安装示例

B.1.1　前安装方式

车辆插座前安装方式安装示例如图B.1所示。

单位为毫米

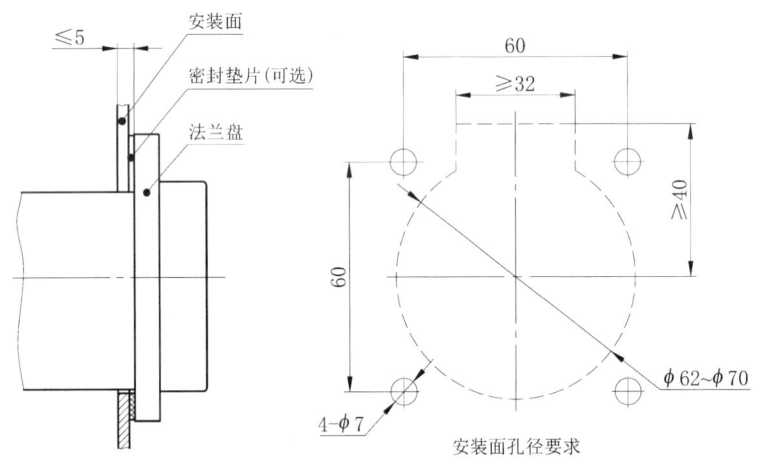

图 B.1　车辆插座前安装方式安装示例

B.1.2　后安装方式

车辆插座后安装方式安装示例如图B.2所示。

单位为毫米

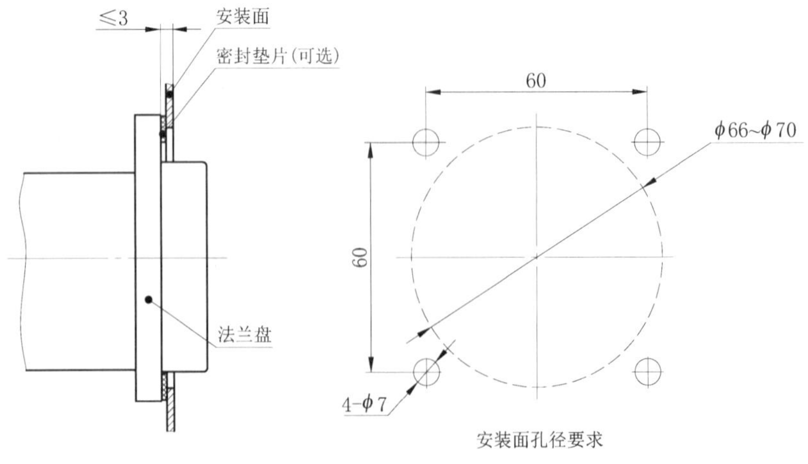

图 B.2　车辆插座后安装方式安装示例

B.2 充电模式 3 的供电插座安装示例

B.2.1 前安装方式

充电模式 3 的供电插座前安装方式安装示例如图 B.3 所示。

单位为毫米

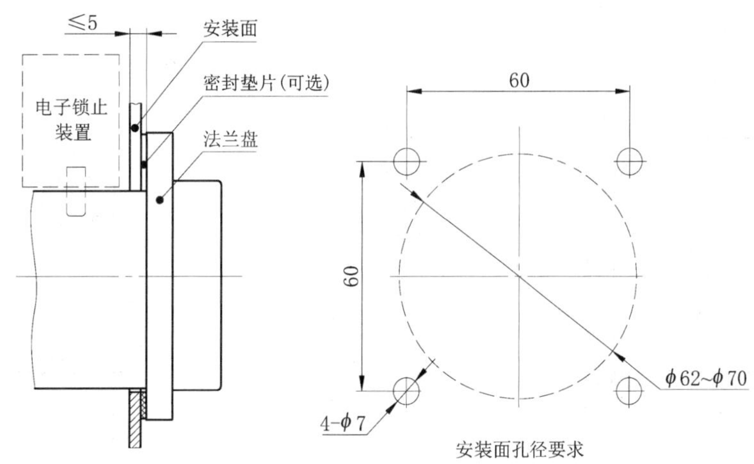

图 B.3 充电模式 3 的供电插座前安装方式安装示例

B.2.2 后安装方式

充电模式 3 的供电插座后安装方式安装示例如图 B.4 所示。

单位为毫米

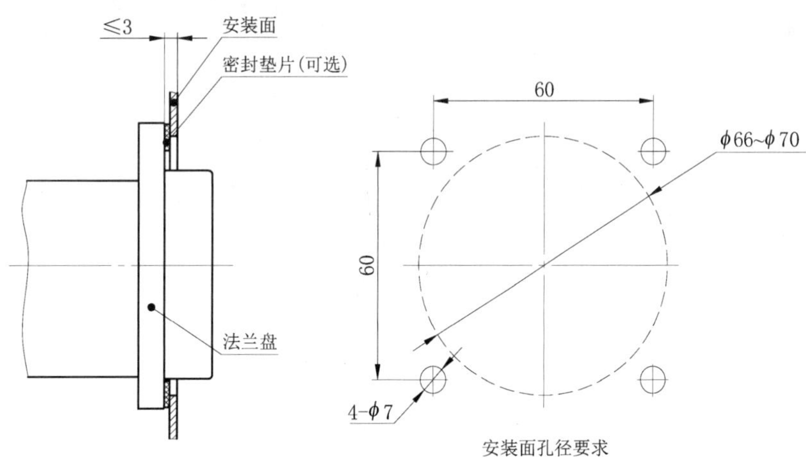

图 B.4 充电模式 3 的供电插座后安装方式安装示例

附 录 C
（规范性附录）
车辆插头及充电模式 3 的供电插头空间尺寸要求

车辆插头及充电模式 3 的供电插头空间尺寸要求见图 C.1。

单位为毫米

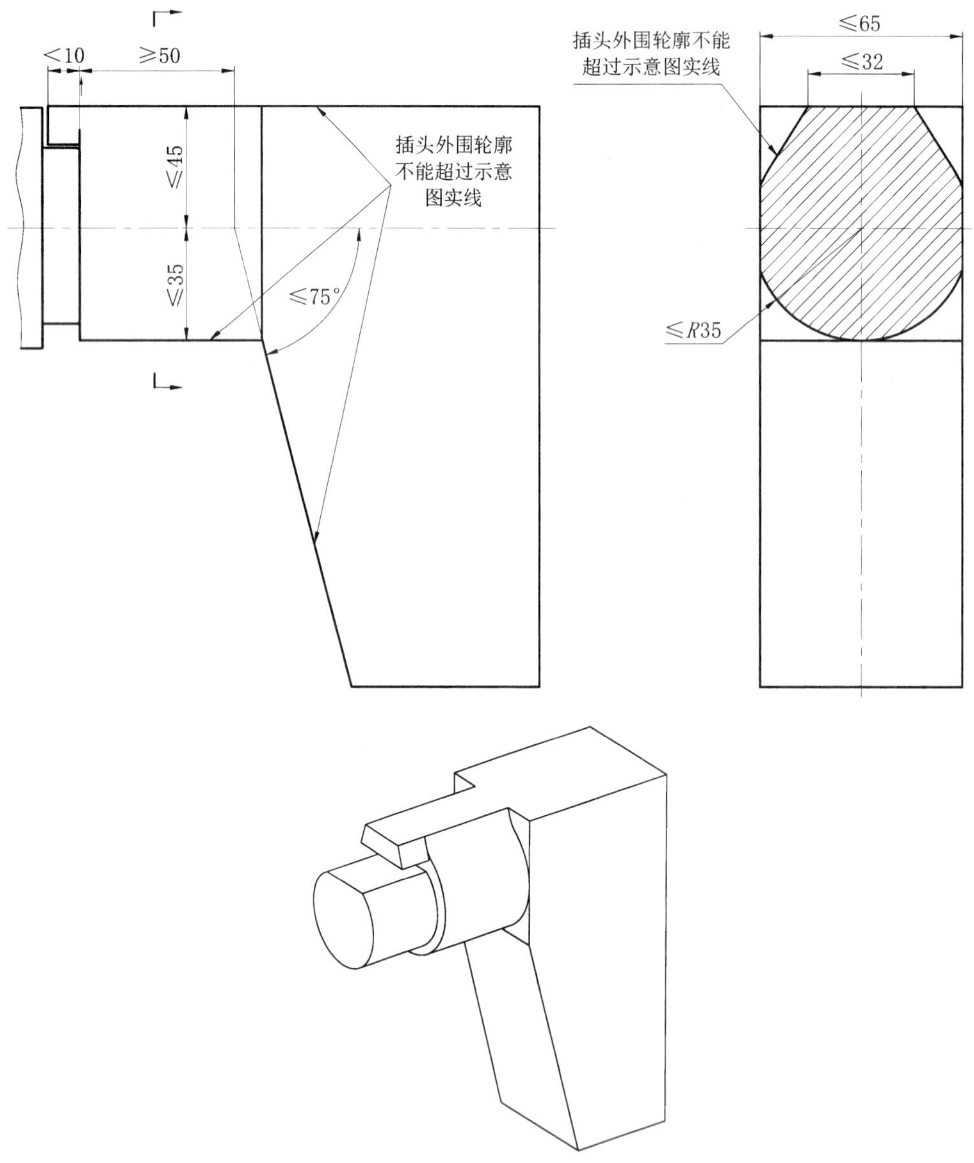

注：本图仅表示车辆插头或充电模式 3 的供电插头的空间尺寸范围，不表示具体产品的外形结构。

图 C.1 车辆插头及充电模式 3 的供电插头空间尺寸要求

参 考 文 献

[1] GB 1002 家用和类似用途单相插头插座 型式、基本参数和尺寸
[2] GB 2099.1 家用和类似用途插头插座 第1部分:通用要求

ICS 43.040.99
T 35

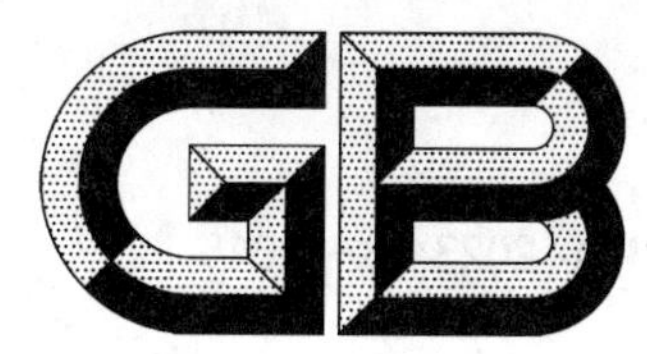

中华人民共和国国家标准

GB/T 20234.3—2015
代替 GB/T 20234.3—2011

电动汽车传导充电用连接装置 第3部分:直流充电接口

Connection set for conductive charging of electric vehicles—Part 3:DC charging coupler

2015-12-28 发布

2016-01-01 实施

中华人民共和国国家质量监督检验检疫总局
中国国家标准化管理委员会
发布

前　言

GB/T 20234《电动汽车传导充电用连接装置》分为3个部分：

——第1部分：通用要求；

——第2部分：交流充电接口；

——第3部分：直流充电接口。

本部分为GB/T 20234的第3部分。

本部分按照GB/T 1.1—2009给出的规则起草。

本部分代替GB/T 20234.3—2011《电动汽车传导充电用连接装置　第3部分：直流充电接口》，与GB/T 20234.3—2011相比，主要技术变化如下：

——修改了充电接口最高额定电压(见第1章)；

——增加了充电接口额定电流80 A和200 A(见表1)；

——调整了充电连接过程中触头耦合顺序，在连接界面示意图中增加了电子锁止装置(见6.3)；

——删除了充电模式4的直流充电控制导引电路与控制原理(见2011年版的附录A)；

——修改了充电接口控制导引触头和机械锁的部分尺寸(见附录A)；

——修改了插头空间尺寸要求，并调整为规范性附录(见附录C)。

本部分由中华人民共和国工业和信息化部提出。

本部分由全国汽车标准化技术委员会(SAC/TC 114)归口。

本部分负责起草单位：中国汽车技术研究中心、国家电网公司、中国电器科学研究院有限公司。

本部分参加起草单位：中国电力企业联合会、南京南瑞集团公司、许继集团有限公司、普天新能源有限责任公司、比亚迪汽车工业有限公司、中国电力科学研究院、上海汽车集团股份有限公司技术中心、比亚迪戴姆勒新技术有限公司、郑州宇通客车股份有限公司、安徽安凯汽车股份有限公司、北京新能源汽车股份有限公司、中国第一汽车股份有限公司技术中心、重庆长安新能源汽车有限公司、苏州智绿环保科技有限公司、深圳奥特迅电力设备股份有限公司、安费诺精密连接器(深圳)有限公司、南京菲尼克斯电气有限公司。

本部分主要起草人：苏胜新、周荣、刘永东、孟祥峰、倪峰、邵浙海、于文斌、蔡军、王洪军、窦汝振、李索宇、朱道平、黄伟、张天强、李志刚、周能辉、朱光海、丁传记、袁昌荣、白健、黄健、尹家彤、周光荣、史双龙、帅强军、陈凌。

本部分所代替标准的历次版本发布情况为：

——GB/T 20234.3—2011。

电动汽车传导充电用连接装置 第3部分:直流充电接口

1 范围

GB/T 20234 的本部分规定了电动汽车传导充电用直流充电接口的通用要求、功能定义、型式结构、参数和尺寸。

本部分适用于充电模式4及连接方式C的车辆接口,其额定电压不超过1 000 V(DC)、额定电流不超过250 A(DC)。

2 规范性引用文件

下列文件对于本文件的应用是必不可少的。凡是注日期的引用文件,仅注日期的版本适用于本文件。凡是不注日期的引用文件,其最新版本(包括所有的修改单)适用于本文件。

GB/T 18487.1 电动汽车传导充电系统 第1部分:通用要求

GB/T 20234.1 电动汽车传导充电用连接装置 第1部分:通用要求

3 术语和定义

GB/T 20234.1 界定的术语和定义适用于本文件。

4 通用要求

直流充电接口的技术要求和试验方法应满足 GB/T 20234.1 的要求。

5 直流充电接口的额定值

直流充电接口的额定值见表1。

表1 直流充电接口的额定值

额定电压 V	额定电流 A
750/1 000	80
	125
	200
	250

6 车辆接口的功能

6.1 电气参数值及功能

车辆插头和车辆插座分别包含9对触头，其电气参数值及功能定义见表2。

表2 触头电气参数值及功能定义

触头编号/标识	额定电压和额定电流	功能定义
1——(DC+)	750 V/1 000 V 80 A/125 A/200 A/250 A	直流电源正，连接直流电源正与电池正极
2——(DC−)	750 V/1 000 V 80 A/125 A/200 A/250 A	直流电源负，连接直流电源负与电池负极
3——(⏚)	—	保护接地(PE)，连接供电设备地线和车辆电平台
4——(S+)	0 V～30 V 2 A	充电通信CAN_H，连接非车载充电机与电动汽车的通信线
5——(S−)	0 V～30 V 2 A	充电通信CAN_L，连接非车载充电机与电动汽车的通信线
6——(CC1)	0 V～30 V 2 A	充电连接确认
7——(CC2)	0 V～30 V 2 A	充电连接确认
8——(A+)	0 V～30 V 20 A	低压辅助电源正，连接非车载充电机为电动汽车提供的低压辅助电源
9——(A−)	0 V～30 V 20 A	低压辅助电源负，连接非车载充电机为电动汽车提供的低压辅助电源

6.2 触头布置方式

车辆插头和车辆插座的触头布置方式如图1和图2所示。

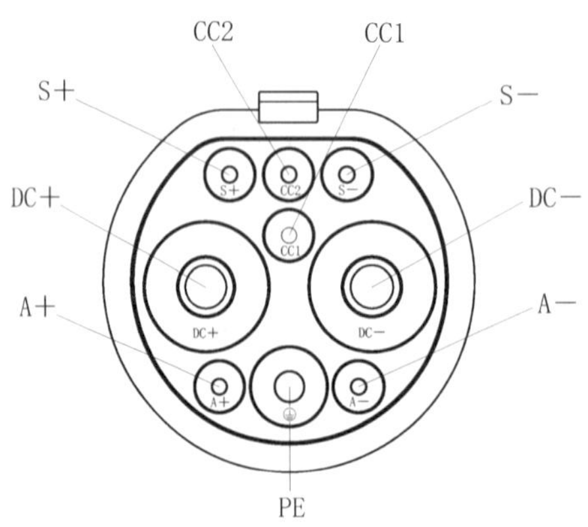

图1 车辆插头触头布置图

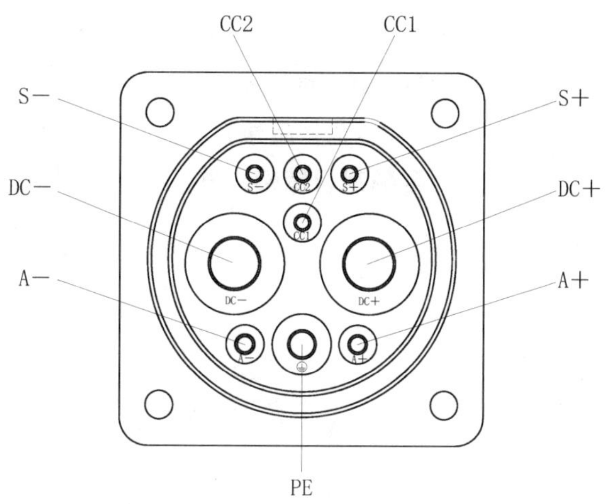

图 2 车辆插座触头布置图

6.3 充电连接界面

车辆插头和车辆插座在连接过程中触头耦合的顺序为:保护接地,充电连接确认(CC2),直流电源正与直流电源负,低压辅助电源正与低压辅助电源负,充电通信,充电连接确认(CC1);在脱开的过程中则顺序相反。直流充电接口的连接界面如图 3 所示。直流充电控制导引电路与控制原理见 GB/T 18487.1。

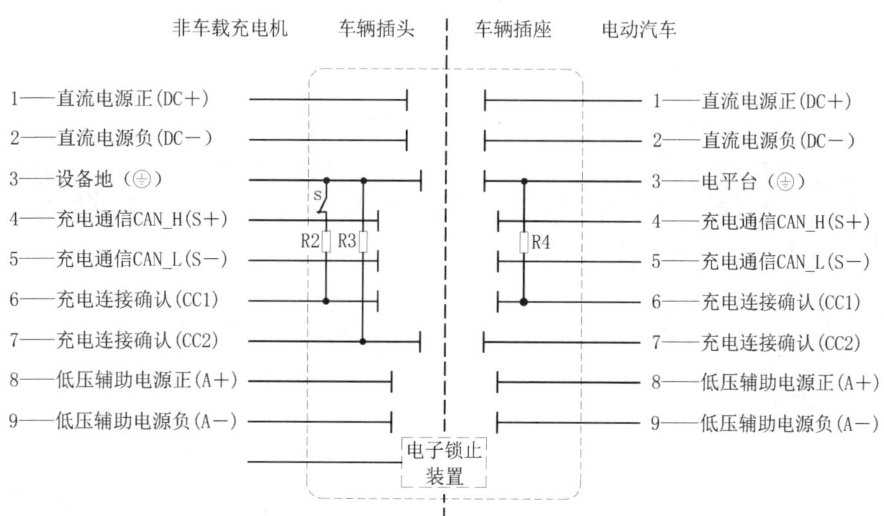

注:R2、R3 和 R4 电阻值见 GB/T 18487.1。

图 3 充电连接界面示意图

7 尺寸

车辆接口的结构尺寸应符合附录 A 的规定,安装尺寸参见附录 B,插头空间尺寸应符合附录 C。

附　录　A
（规范性附录）
车辆接口结构尺寸

车辆插头结构尺寸见图 A.1。

单位为毫米

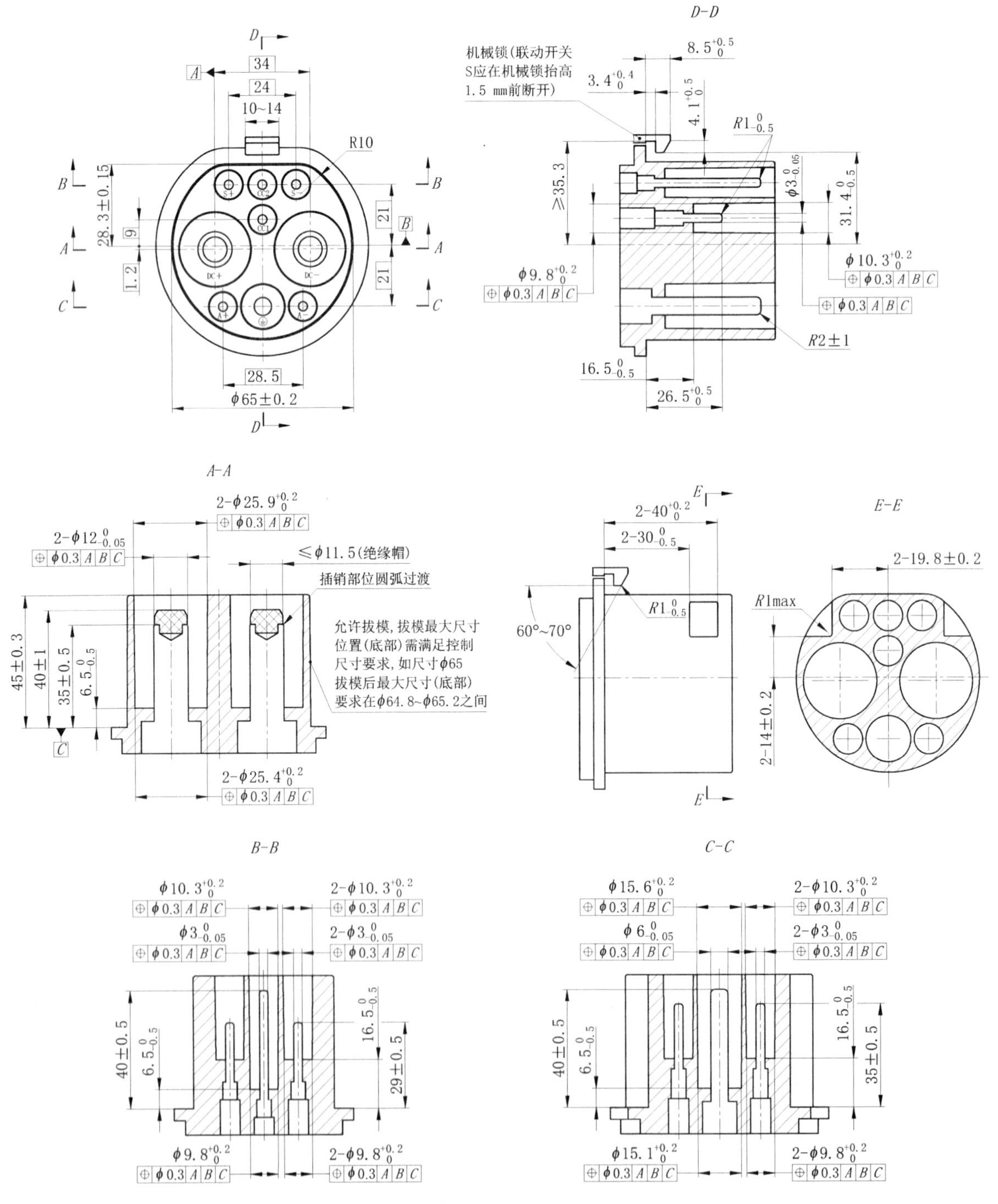

图 A.1　车辆插头结构尺寸

车辆插座结构尺寸见图 A.2。

单位为毫米

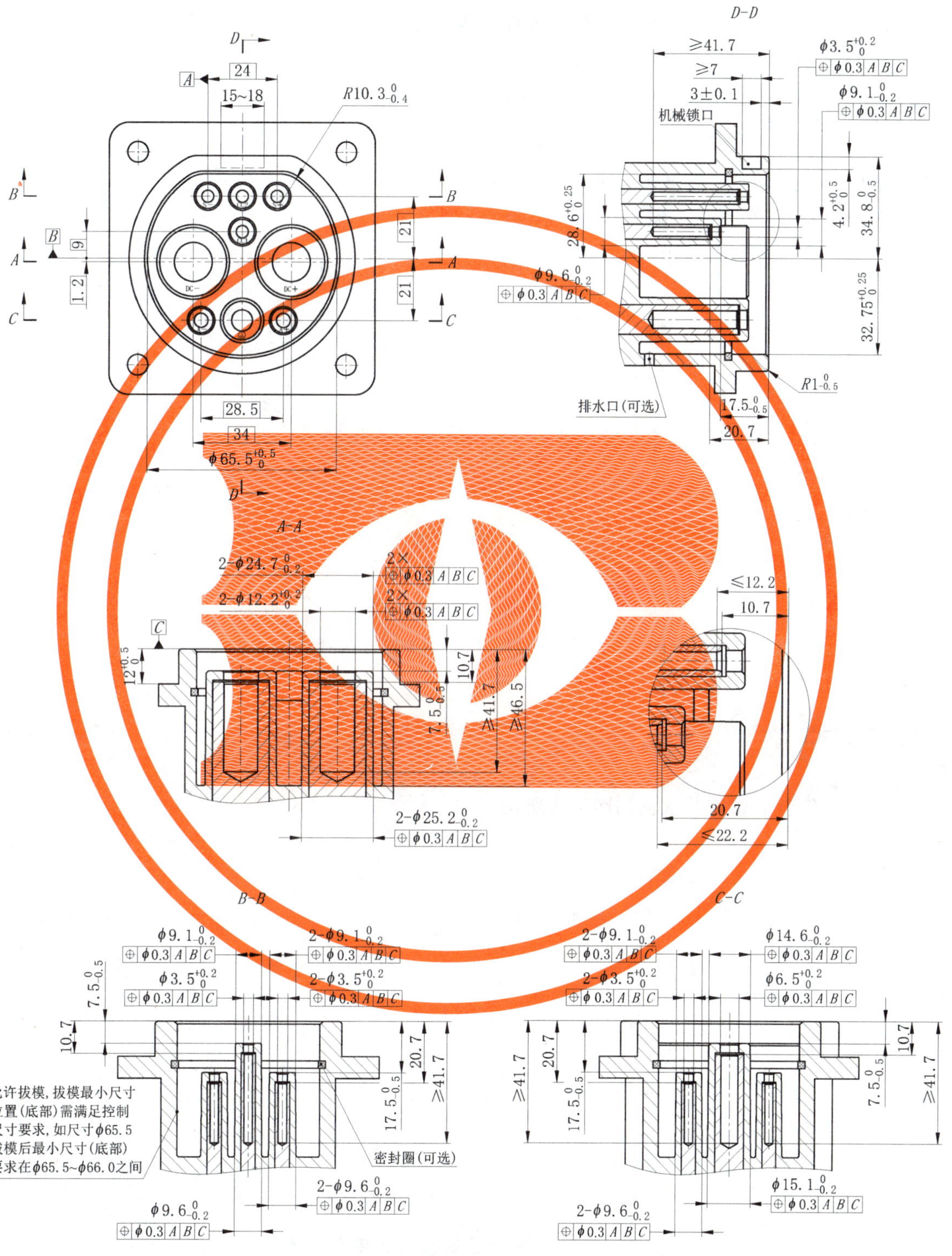

图 A.2　车辆插座结构尺寸

附 录 B
（资料性附录）
车辆插座安装尺寸示例

B.1 前安装方式

车辆插座前安装方式安装示例如图 B.1 所示。

单位为毫米

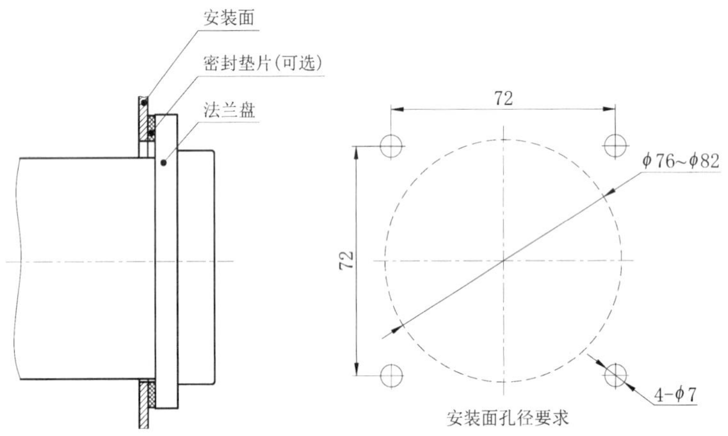

图 B.1 车辆插座前安装方式安装示例

B.2 后安装方式

车辆插座后安装方式安装示例如图 B.2 所示。

单位为毫米

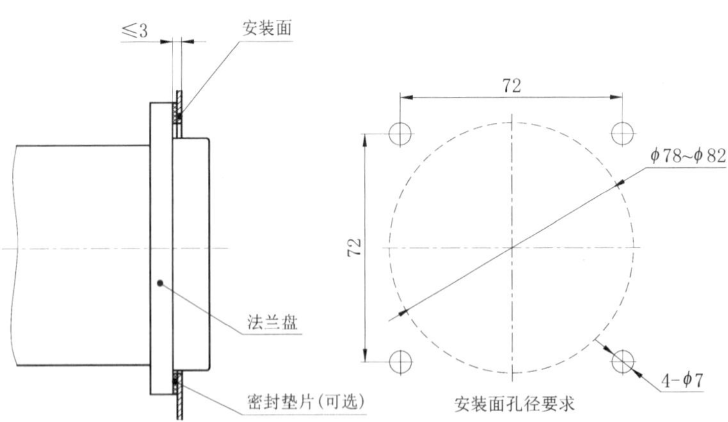

图 B.2 车辆插座后安装方式安装示例

附 录 C
（规范性附录）
车辆插头空间尺寸要求

车辆插头空间尺寸要求见图 C.1。

单位为毫米

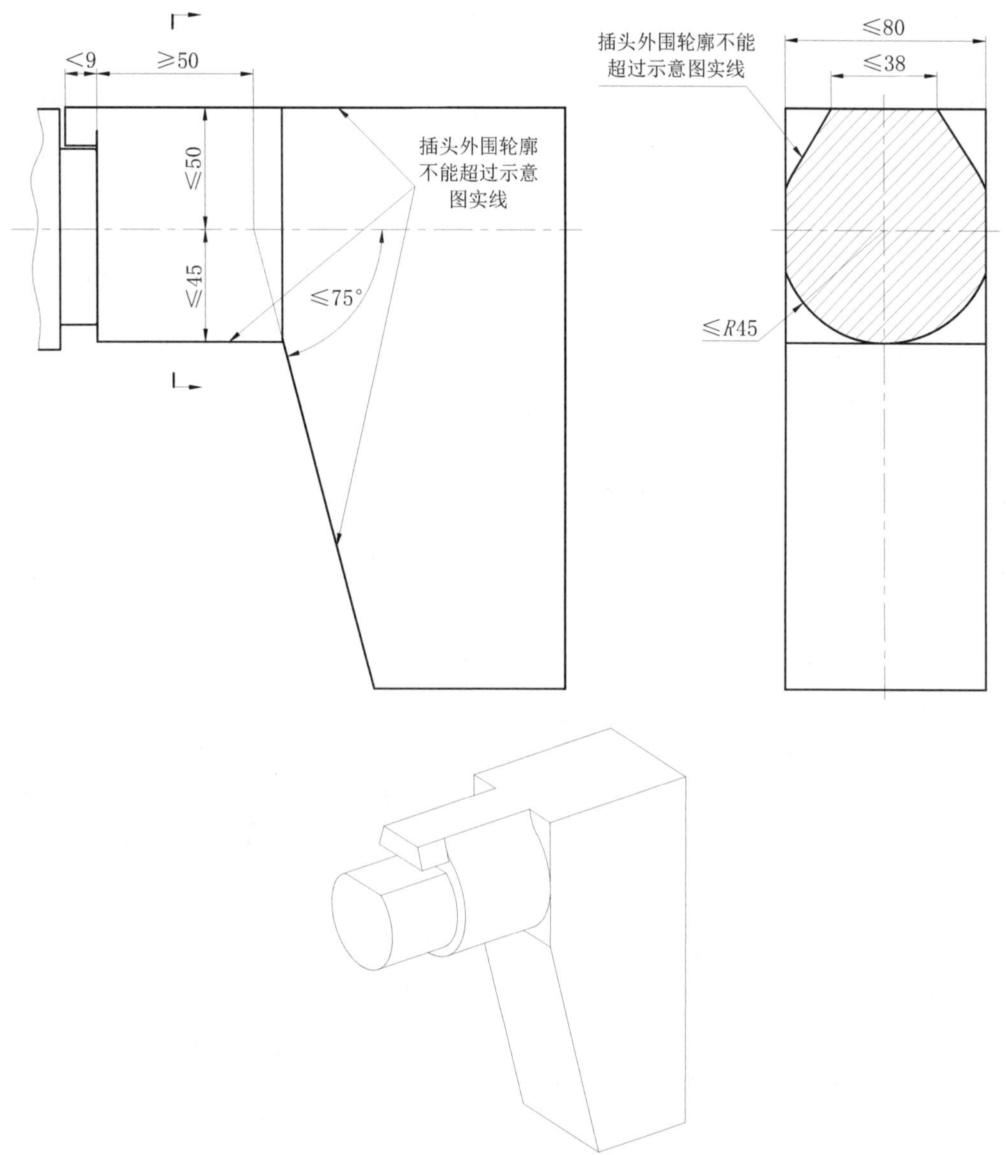

注：本图仅表示车辆插头的空间尺寸范围，不表示具体产品的外形结构。

图 C.1 车辆插头空间尺寸要求

ICS 29.200
K 81

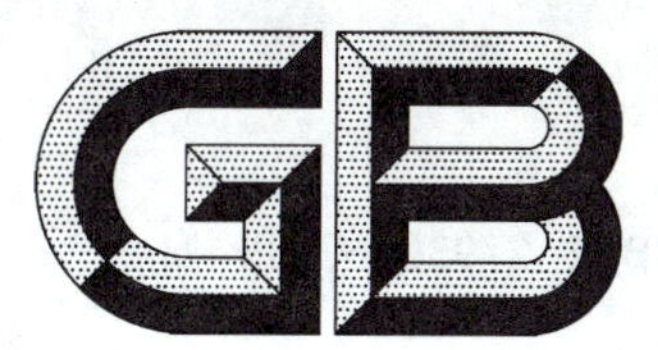

中华人民共和国国家标准

GB/T 27930—2015
代替 GB/T 27930—2011

电动汽车非车载传导式充电机与电池管理系统之间的通信协议

Communication protocols between off-board conductive charger and battery management system for electric vehicle

2015-12-28 发布　　2016-01-01 实施

中华人民共和国国家质量监督检验检疫总局
中国国家标准化管理委员会　发布

前　言

本标准按照 GB/T 1.1—2009 给出的规则起草。

本标准代替 GB/T 27930—2011《电动汽车非车载传导式充电机与电池管理系统之间的通信协议》。与 GB/T 27930—2011 相比，除编辑性修改外主要技术变化如下：

——规定了“执行本标准的充电机和 BMS 宜具备向前兼容性”见 4.6；

——通信环境恶劣的情况增加 50 kbit/s 的通信速率(见第 5 章)；

——规定了“可选项所有位按照本标准规定格式发送或填充 1，本标准未规定的无效位或字段填充 1”(见 7.9)；

——修改了总体流程图(见第 8 章)；

——增加通信握手报文 BHM 和 CHM(见 9.1)；

——BRM 增加 8 个字节用于预留(见 10.1.4)；

——CML 增加最小充电电流字段(见 10.2.3)；

——CCS 增加充电暂停字段(见 10.3.3)；

——增加 BMS 中止充电故障原因(见 10.3.8)；

——增加充电时序流程图(见 A.2)；

——增加充电过程故障处理方式(见附录 C)；

——增加报文开始发送条件和中止发送条件(见附录 D)。

本标准由中国电力企业联合会提出并归口。

本标准负责起草单位：国家电网公司、中国能源建设集团广东省电力设计研究院有限公司、南京南瑞集团公司、中国汽车技术研究中心。

本标准参加起草单位：中国电力企业联合会、许继集团有限公司、中国电力科学研究院、深圳奥特迅电力设备股份有限公司、比亚迪汽车工业有限公司、比亚迪戴姆勒新技术有限公司、上海汽车集团股份有限公司、普天新能源有限责任公司、中国电器科学研究院、上海电器科学研究院。

本标准主要起草人：沈建新、刘永东、武斌、吾喻明、张雪焱、孟祥峰、倪峰、董新生、李志刚、史双龙、周荣、王洪军、王治成、邓晓光、徐枭、吕国伟、李新强、耿群锋、戴敏、邵浙海、李晓强、马建伟、李彩生、孟凡提、夏露。

本标准所代替标准的历次版本发布情况为：

——GB/T 27930—2011。

电动汽车非车载传导式充电机与电池管理系统之间的通信协议

1 范围

本标准规定了电动汽车非车载传导式充电机(以下简称充电机)与电池管理系统(Battery Management System,以下简称 BMS)之间基于控制器局域网(Control Area Network,以下简称 CAN)的通信物理层、数据链路层及应用层的定义。

本标准适用于采用 GB/T 18487.1 规定的充电模式 4 的充电机与 BMS 之间的通信,也适用于充电机与具有充电控制功能的车辆控制单元之间的通信。

2 规范性引用文件

下列文件对于本文件的应用是必不可少的。凡是注日期的引用文件,仅注日期的版本适用于本文件。凡是不注日期的引用文件,其最新版本(包括所有的修改单)适用于本文件。

GB/T 19596 电动汽车术语

GB/T 18487.1 电动车辆传导充电系统一般要求

ISO 11898-1:2003 道路车辆控制器局域网络 第 1 部分:数据链路层和物理信令[Road vehicle—Control area network (CAN) Part 1: Data link layer and physical signaling]

SAE J1939-11:2006 商用车控制系统局域网 CAN 通信协议 第 11 部分:物理层,250 K 比特/秒,屏蔽双绞线(Recommented practice for serial control and communication vehicle network—Part 11: Physical layer—250 K bits/s, twisted shielded pair)

SAE J1939-21:2006 商用车控制系统局域网 CAN 通信协议 第 21 部分:数据链路层(Recommented practice for serial control and communication vehicle network—Part 21: Data link layer)

SAE J1939-73:2006 商用车控制系统局域网 CAN 通信协议 第 73 部分:应用层 诊断(Recommented practice for serial control and communication vehicle network—Part 73: Application Layer—Diagnostics)

3 术语和定义

GB/T 19596、SAE J1939 界定的以及下列术语和定义适用于本文件。

3.1

帧 frame

组成一个完整信息的一系列数据位。

3.2

CAN 数据帧 CAN data frame

用于传输数据的 CAN 协议所必需的有序位域,以帧起始(SOF)开始,帧结束(EOF)结尾。

3.3

报文　messages

一个或多个具有相同参数组编号的“CAN 数据帧”。

3.4

标识符　identifier

CAN 仲裁域的标识部分。

3.5

标准帧　standard frame

CAN2.0B 规范中定义的使用 11 位标识符的 CAN 数据帧。

3.6

扩展帧　extended frame

CAN2.0B 规范中定义的使用 29 位标识符的 CAN 数据帧。

3.7

优先权　priority

在标识符中一个 3 位的域，设置传输过程的仲裁优先级，最高优先权为 0 级，最低优先权为 7 级。

3.8

参数组　parameter group；PG

在一报文中传送参数的集合。

3.9

参数组编号　parameter group number；PGN

用于唯一标识一个参数组的一个 24 位值。参数组编号包括：保留位、数据页、PDU 格式域(8 位)、PDU 特定域(8 位)。

3.10

可疑参数编号　suspect parameter number；SPN

应用层通过参数描述信号，给每个参数分配的一个 19 位值。

3.11

协议数据单元　protocol data unit；PDU

一种特定的 CAN 数据帧格式。

3.12

传输协议　transport protocol

数据链路层的一部分，为传送数据 9～1 785 字节的 PGN 提供的一种机制。

3.13

电子控制单元　electronic control unit；ECU

电子控制单元，即车载电脑，由微控制器和外围电路组成。

3.14

诊断故障代码　diagnostic trouble code；DTC

一种用于识别故障类型、相关故障模式以及发生次数的 4 字节数值。

4　总则

4.1　充电机与 BMS 之间通信网络采用 CAN2.0B 通信协议。**充电流程参见附录 A。**

4.2　在充电过程中，充电机和 BMS 监测电压、电流和温度等参数，同时 BMS 管理整个充电过程。

4.3　充电机与 BMS 之间的 CAN 通信网络应由充电机和 BMS 两个节点组成。

4.4 数据信息传输采用低字节先发送的格式。

4.5 正的电流值代表放电,负的电流值代表充电。

4.6 执行本标准的充电机和 BMS 宜具备向前兼容性。

5 物理层

采用本标准的物理层应符合 ISO 11898-1:2003、SAE J1939-11:2006 中关于物理层的规定。本标准充电机与 BMS 的通信应使用独立于动力总成控制系统之外的 CAN 接口。充电机与 BMS 之间的通信速率采用 250 kbit/s。

注:在通信环境恶劣的专用场合(如通信距离较长的商用车充电站),经供电设备制造商和电动汽车制造商协商一致,可采用 50 kbit/s 通信速率。

6 数据链路层

6.1 帧格式

采用本标准的设备应使用 CAN 扩展帧的 29 位标识符,具体每个位分配的相应定义应符合 SAE J1939-21:2006 中的相关规定。

6.2 协议数据单元(PDU)

每个 CAN 数据帧包含一个单一的协议数据单元(PDU),见表 1。协议数据单元由七部分组成,分别是优先权、保留位、数据页、PDU 格式、PDU 特定、源地址和数据域。

表 1 协议数据单元(PDU)

P	R	DP	PF	PS	SA	DATA
3	1	1	8	8	8	0~64

数据格式要求:

1. P 为优先权:从最高 0 设置到最低 7。
2. R 为保留位:备今后开发使用,本标准设为 0。
3. DP 为数据页:用来选择参数组描述的辅助页,本标准设为 0。
4. PF 为 PDU 格式:用来确定 PDU 的格式,以及数据域对应的参数组编号。
5. PS 为 PDU 特定格式:PS 值取决于 PDU 格式。在本标准中采用 PDU1 格式,PS 值为目标地址。
6. SA 为源地址:发送此报文的源地址。
7. DATA 为数据域:若给定参数组数据长度≤8 字节,按照第 9 章规定的报文长度进行传输。若给定参数组数据长度为 9~1 785 字节时,数据传输需多个 CAN 数据帧,通过传输协议功能的连接管理能力来建立和关闭多包参数组的通信,详见 6.5 的规定。
8. 本表第三行表示位数。

6.3 协议数据单元(PDU)格式

选用 SAE J1939-21:2006 中定义的 PDU1 格式。

6.4 参数组编号(PGN)

PGN 的第二个字节为 PDU 格式(PF)值,高字节和低字节位均为 00H。

6.5 传输协议功能

BMS与充电机之间传输9～1 785字节的数据使用传输协议功能。连接初始化、数据传输、连接关闭应遵循SAE J1939-21:2006中5.4.7和5.10消息传输的规定。对于多帧报文,报文周期为整个数据包的发送周期。

6.6 地址的分配

网络地址用于保证信息标识符的唯一性以及表明信息的来源。充电机和BMS定义为不可配置地址,即该地址固定在ECU的程序代码中,包括服务工具在内的任何手段都不能改变其源地址。充电机和BMS分配的地址如表2所示。

表2 充电机和BMS地址分配

装置	首选地址
充电机	86(56H)
BMS	244(F4H)

6.7 信息类型

CAN总线技术规范支持五种类型的信息,分别为命令、请求、广播/响应、确认和组功能。具体定义应遵循SAE J1939-21:2006中5.4信息类型的规定。

7 应用层

7.1 应用层采用参数和参数组定义的形式。

7.2 采用PGN对参数组进行编号,各个节点根据PGN来识别数据包的内容。

7.3 使用“请求PGN”来主动获取其他节点的参数组。

7.4 采用周期发送和事件驱动的方式来发送数据。

7.5 如果需发送多个PGN数据来实现一个功能的,需同时收到该定义的多个PGN报文才判断此功能发送成功。

7.6 定义新的参数组时,尽量将相同功能的参数、相同或相近刷新频率的参数和属于同一个子系统内的参数放在同一个参数中;同时,新的参数组既要充分利用8个字节的数据宽度,尽量将相关的参数放在同一个组内,又要考虑扩展性,预留一部分字节或位,以便将来进行修改。

7.7 修改第9章已定义的参数组时,不应对已定义的字节或位的定义进行修改;新增加的参数要与参数组中原有的参数相关,不应为节省PGN的数量而将不相关的参数加入到已定义的PGN中。

7.8 充电过程中充电机和BMS各种故障诊断定义应遵循SAE J1939-73:2006的5.1中CAN总线诊断系统的要求,附录B给出了故障诊断报文定义规范。

7.9 报文选项分为必须项和可选项,对于同一帧报文中全部内容为可选项的,该报文可以选择不发送,对于同一帧报文中部分内容为可选项的,可选项所有位按照本标准规定格式发送或填充1,本标准未规定的无效位或字段填充1。本标准未规定的位或预留位填充1。

7.10 报文的长度和必须项内容及格式需按照第10章中规定发送。

8 充电总体流程

整个充电过程包括六个阶段：物理连接完成、低压辅助上电、充电握手阶段、充电参数配置阶段、充电阶段和充电结束阶段。在各个阶段，充电机和 BMS 如果在规定的时间内没有收到对方报文或没有收到正确报文，即判定为超时（超时指在规定时间内没有收到对方的完整数据包或正确数据包），超时时间除特殊规定外，均为 5 s。当出现超时后，BMS 或充电机发送 9.5 规定的错误报文，并进入错误处理状态。在对故障处理的过程中，根据故障的类别，分别进行不同的处理（参见附录 C）。在充电结束阶段中，如果出现了故障，直接结束充电流程。报文的开始发送条件和中止发送条件参见附录 D。充电总体流程见图 1。

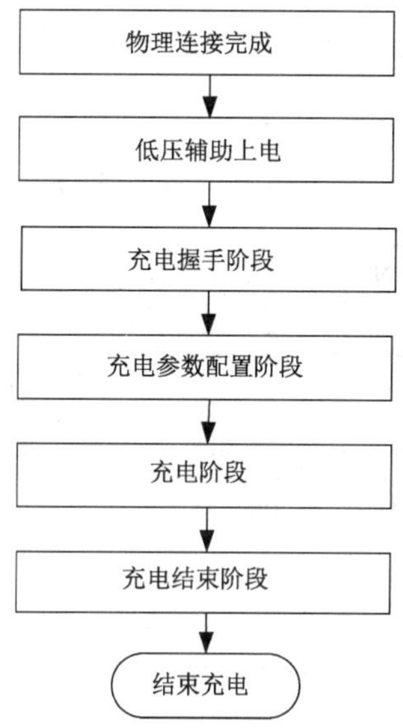

图 1 充电总体流程图

9 报文分类

9.1 低压辅助上电及充电握手阶段

充电握手阶段分为握手启动阶段和握手辨识阶段，当充电机和 BMS 物理连接完成并上电后，开启低压辅助电源，进入握手启动阶段发送握手报文，再进行绝缘监测。绝缘监测结束后进入握手辨识阶段，双方发送辨识报文，确定电池和充电机的必要信息。CHM 报文和 BHM 报文是为产品兼容的新增报文，用于在握手启动阶段充电机和 BMS 判断双方使用的标准版本。典型的充电工作状态转换参见图 A.1 和图 A.2，充电时序详见 GB/T 18487.1。充电握手阶段报文应符合表 3 的要求。

表 3 充电握手阶段报文分类

报文代号	报文描述	PGN (Dec)	PGN (Hex)	优先权	数据长度 byte	报文周期 ms	源地址-目的地址
CHM	充电机握手	9728	002600H	6	3	250	充电机-BMS
BHM	车辆握手	9984	002700H	6	2	250	BMS-充电机

表 3（续）

报文代号	报文描述	PGN (Dec)	PGN (Hex)	优先权	数据长度 byte	报文周期 ms	源地址-目的地址
CRM	充电机辨识	256	000100H	6	8	250	充电机-BMS
BRM	BMS 和车辆辨识报文	512	000200H	7	41	250	BMS-充电机

9.2 充电参数配置阶段

充电握手阶段完成后，充电机和 BMS 进入充电参数配置阶段。在此阶段，充电机向 BMS 发送充电机最大输出能力的报文，BMS 根据充电机最大输出能力判断是否能够进行充电。典型的充电工作状态转换参见图 A.3。充电参数配置阶段报文应符合表 4 的要求。

表 4　充电参数配置阶段报文分类

报文代号	报文描述	PGN (Dec)	PGN (Hex)	优先权	数据长度 byte	报文周期 ms	源地址-目的地址
BCP	动力蓄电池充电参数	1536	000600H	7	13	500	BMS-充电机
CTS	充电机发送时间同步信息	1792	000700H	6	7	500	充电机-BMS
CML	充电机最大输出能力	2048	000800H	6	8	250	充电机-BMS
BRO	电池充电准备就绪状态	2304	000900H	4	1	250	BMS-充电机
CRO	充电机输出准备就绪状态	2560	000A00H	4	1	250	充电机-BMS

9.3 充电阶段

充电配置阶段完成后，充电机和 BMS 进入充电阶段。在整个充电阶段，BMS 实时向充电机发送电池充电需求，充电机根据电池充电需求来调整充电电压和充电电流以保证充电过程正常进行。在充电过程中，充电机和 BMS 相互发送各自的充电状态。除此之外，BMS 根据要求向充电机发送动力蓄电池具体状态信息及电压、温度等信息。BMV，BMT，BSP 为可选报告，充电机不对其进行报文超时判定。

BMS 根据充电过程是否正常、电池状态是否达到 BMS 自身设定的充电结束条件以及是否收到充电机中止充电报文（包括具体中止原因、报文参数值全为 0 和不可信状态）来判断是否结束充电；充电机根据是否收到停止充电指令、充电过程是否正常、是否达到人为设定的充电参数值，或者是否收到 BMS 中止充电报文（包括具体中止原因、报文参数值全为 0 和不可信状态）来判断是否结束充电。典型的充电工作状态转换参见图 A.4。充电阶段报文应符合表 5 的要求。

表 5　充电阶段报文分类

报文代号	报文描述	PGN (Dec)	PGN (Hex)	优先权	数据字节 byte	报文周期	源地址-目的地址
BCL	电池充电需求	4096	001000H	6	5	50 ms	BMS-充电机
BCS	电池充电总状态	4352	001100H	7	9	250 ms	BMS-充电机
CCS	充电机充电状态	4608	001200H	6	8	50 ms	充电机-BMS
BSM	动力蓄电池状态信息	4864	001300H	6	7	250 ms	BMS-充电机

表 5（续）

报文代号	报文描述	PGN (Dec)	PGN (Hex)	优先权	数据字节 byte	报文周期	源地址-目的地址
BMV	单体动力蓄电池电压	5376	001500H	7	不定	10 s	BMS-充电机
BMT	动力蓄电池温度	5632	001600H	7	不定	10 s	BMS-充电机
BSP	动力蓄电池预留报文	5888	001700H	7	不定	10 s	BMS-充电机
BST	BMS 中止充电	6400	001900H	4	4	10 ms	BMS-充电机
CST	充电机中止充电	6656	001A00H	4	4	10 ms	充电机-BMS

9.4 充电结束阶段

当充电机和 BMS 停止充电后，双方进入充电结束阶段。在此阶段 BMS 向充电机发送整个充电过程中的充电统计数据，包括：初始 SOC、终了 SOC、电池最低电压和最高电压；充电机收到 BMS 的充电统计数据后，向 BMS 发送整个充电过程中的输出电量、累计充电时间等信息，最后停止低压辅助电源的输出。典型的充电工作状态转换参见图 A.5。充电结束阶段报文应符合表 6 的要求。

表 6 充电结束阶段报文分类

报文代号	报文描述	PGN (Dec)	PGN (Hex)	优先权	数据字节 byte	报文周期 ms	源地址-目的地址
BSD	BMS 统计数据	7168	001C00H	6	7	250	BMS-充电机
CSD	充电机统计数据	7424	001D00H	6	8	250	充电机-BMS

9.5 错误报文

在整个充电阶段，当 BMS 或充电机检测到存在错误时，发送错误报文。错误报文应符合表 7 的要求。

表 7 错误报文分类

报文代号	报文描述	PGN (Dec)	PGN (Hex)	优先权	数据字节 byte	报文周期 ms	源地址-目的地址
BEM	BMS 错误报文	7680	001E00H	2	4	250	BMS-充电机
CEM	充电机错误报文	7936	001F00H	2	4	250	充电机-BMS

10 报文格式和内容

10.1 低压辅助上电及充电握手阶段报文

10.1.1 PGN9728 充电机握手报文(CHM)

报文功能：当充电机和电动汽车物理连接并完成上电，且电压检测正常后，由充电机向 BMS 每隔 250 ms 发送一次充电机握手报文，用于确定双方是否握手正常。PGN9728 报文格式见表 8。

表 8　PGN9728 报文格式

起始字节或位	长度	SPN	SPN 定义	发送选项
1	3 字节	2600	充电机通信协议版本号，本标准规定当前版本为 V1.1，表示为：byte3，byte2—0001H；byte1—01H	必须项

10.1.2　PGN9984 BMS 握手报文(BHM)

报文功能：当 BMS 收到 PGN9728 充电机握手报文后，向充电机每隔 250 ms 返回 BMS 握手报文，提供 BMS 最高允许充电总电压。PGN9984 报文格式见表 9。

表 9　PGN9984 报文格式

起始字节或位	长度	SPN	SPN 定义	发送选项
1	2 字节	2601	最高允许充电总电压	必须项

其中：

SPN2601 最高输出电压(V)：

数据分辨率：0.1 V /位，0 V 偏移量。

10.1.3　PGN256 充电机辨识报文(CRM)

报文功能：当充电机通过握手确认，并确定绝缘检测正常后，向 BMS 每隔 250 ms 发送一次充电机辨识报文，用于确认充电机和 BMS 之间通信链路正确。在收到 BMS 辨识报文前，确认码＝0x00；在收到 BMS 辨识报文后，确认码＝0xAA。PGN256 报文格式见表 10。

表 10　PGN256 报文格式

起始字节或位	长度	SPN	SPN 定义	发送选项
1	1 字节	2560	辨识结果，(<0x00>：＝BMS 不能辨识；<0xAA >：＝BMS 能辨识)	必须项
2	4 字节	2561	充电机编号，1/位，0 偏移量，数据范围：0～0xFFFFFFFF	必须项
6	3 字节	2562	充电机/充电站所在区域编码，标准 ASCII 码	可选项

10.1.4　PGN512 BMS 和车辆辨识报文(BRM)

报文功能：充电握手阶段向充电机提供 BMS 和车辆辨识信息。当 BMS 收到 SPN2560＝0x00 的充电机辨识报文后向充电机每隔 250 ms 发送一次，数据域长度超出 8 字节时，需使用传输协议功能传输，格式详见 6.5 的规定，帧与帧间发送间隔为 10 ms，直到在 5 s 内收到 SPN2560＝0xAA 的充电机辨识报文为止。PGN512 报文格式见表 11。

表 11　PGN512 报文格式

起始字节或位	长度	SPN	SPN 定义	发送选项
1	3 字节	2565	BMS 通信协议版本号,本标准规定当前版本为 V1.1,表示为:byte3,byte2—0001H;byte1—01H	必须项
4	1 字节	2566	电池类型,01H:铅酸电池;02H:镍氢电池;03H:磷酸铁锂电池;04H:锰酸锂电池;05H:钴酸锂电池;06H:三元材料电池;07H:聚合物锂离子电池;08H:钛酸锂电池;FFH:其他电池	必须项
5	2 字节	2567	整车动力蓄电池系统额定容量/Ah,0.1 Ah/位,0 Ah 偏移量	必须项
7	2 字节	2568	整车动力蓄电池系统额定总电压/V,0.1 V/位,0 V 偏移量	必须项
9	4 字节	2569	电池生产厂商名称,标准 ASCII 码	可选项
13	4 字节	2570	电池组序号,预留,由厂商自行定义	可选项
17	1 字节	2571	电池组生产日期:年,1 年/位,1985 年偏移量,数据范围:1985～2235 年	可选项
18	1 字节		电池组生产日期:月,1 月/位,0 月偏移量,数据范围:1～12 月	可选项
19	1 字节		电池组生产日期:日,1 日/位,0 日偏移量,数据范围:1～31 日	可选项
20	3 字节	2572	电池组充电次数,1 次/位,0 次偏移量,以 BMS 统计为准	可选项
23	1 字节	2573	电池组产权标识(＜0＞:＝租赁;＜1＞:＝车自有)	可选项
24	1 字节	2574	预留	可选项
25	17 字节	2575	车辆识别码(VIN)	可选项
42	8 字节	2576	BMS 软件版本号 8 字节表示当前 BMS 版本信息,按照 16 进制编码确定。其中: Byte8、byte7、byte6—000001H ～ FFFFFEH, 预留, 填 FFFFFFH; Byte5-byte2 作为 BMS 软件版本编译时间信息标记, Byte5,byte4—0001H～FFFEH 表示“年”(例如 2015 年:填写 Byte5—DFH, byte4—07H); Byte3—01H～0CH 表示“月”(例如 11 月:填写 Byte3—0BH); Byte2—01H～1FH 表示“日”(例如 10 日:填写 Byte2—0AH); Byte1—01H～FEH 表示版本流水号(例如 16:填写 Byte1—10H)。 (如上数值表示:BMS 当前使用 2015 年 11 月 10 日第 16 次编译版本,未填写认证授权码)	可选项

10.2 参数配置阶段报文

10.2.1 PGN1536 动力蓄电池充电参数报文(BCP)

报文功能:充电参数配置阶段 BMS 发送给充电机的动力蓄电池充电参数。如果充电机在 5 s 内没有收到该报文,即为超时错误,充电机应立即结束充电。PGN1536 报文格式见表 12。

表 12 PGN1536 报文格式

起始字节或位	长度	SPN	SPN 定义	发送选项
1	2 字节	2816	单体动力蓄电池最高允许充电电压	必须项
3	2 字节	2817	最高允许充电电流	必须项
5	2 字节	2818	动力蓄电池标称总能量	必须项
7	2 字节	2819	最高允许充电总电压	必须项
9	1 字节	2820	最高允许温度	必须项
10	2 字节	2821	整车动力蓄电池荷电状态	必须项
12	2 字节	2822	整车动力蓄电池当前电池电压	必须项

其中:

1) SPN2816 单体动力蓄电池最高允许充电电压

数据分辨率:0.01 V/位,0 V 偏移量;数据范围:0～24 V;

2) SPN2817 最高允许充电电流

数据分辨率:0.1 A/位,−400 A 偏移量;

3) SPN2818 动力蓄电池标称总能量

数据分辨率:0.1 kW·h/位,0 kW·h 偏移量;数据范围:0～1 000 kW·h;

4) SPN2819 最高允许充电总电压

数据分辨率:0.1 V/位,0 V 偏移量;

5) SPN2820 最高允许动力蓄电池温度

数据分辨率:1 ℃/位,−50 ℃偏移量;数据范围:−50 ℃ ～+200 ℃;

6) SPN2821 整车动力蓄电池荷电状态(SOC)

数据分辨率:0.1%/位,0%偏移量;数据范围:0～100%;

7) SPN2822 整车动力蓄电池当前电池电压

数据分辨率:0.1 V/位,0 V 偏移量。

10.2.2 PGN1792 充电机发送时间同步信息报文(CTS)

报文功能:充电参数配置阶段充电机发送给 BMS 的时间同步信息。PGN1792 报文格式见表 13。

表 13 PGN1792 报文格式

起始字节或位	长度	SPN	SPN 定义	发送选项
1	7 字节	2823	年/月/日/时/分/秒	可选项

其中,SPN2823 日期/时间

第 1 字节:秒(压缩 BCD 码);第 2 字节:分(压缩 BCD 码);

第 3 字节:时(压缩 BCD 码);第 4 字节:日(压缩 BCD 码);

第 5 字节:月(压缩 BCD 码);第 6~7 字节:年(压缩 BCD 码)。

10.2.3 PGN2048 充电机最大输出能力报文(CML)

报文功能:充电机发送给 BMS 充电机最大输出能力,以便估算剩余充电时间。PGN2048 报文格式见表 14。

表 14 PGN2048 报文格式

起始字节或位	长度	SPN	SPN 定义	发送选项
1	2 字节	2824	最高输出电压(V)	必须项
3	2 字节	2825	最低输出电压(V)	必须项
5	2 字节	2826	最大输出电流(A)	必须项
7	2 字节	2827	最小输出电流(A)	必须项

其中:

1) SPN2824 最高输出电压(V)

数据分辨率:0.1 V /位,0 V 偏移量;

2) SPN2825 最低输出电压(V)

数据分辨率:0.1 V /位,0 V 偏移量;

3) SPN2826 最大输出电流(A)

数据分辨率:0.1 A/位,−400 A 偏移量;

4) SPN2827 最小输出电流(A)

数据分辨率:0.1 A/位,−400 A 偏移量。

10.2.4 PGN2304 BMS 充电准备就绪报文(BRO)

报文功能:BMS 发送给充电机电池充电准备就绪报文,让充电机确认 BMS 已经准备充电。BMS 在 60 s 内未准备好,则充电机进行等待;否则,参见 C.1 进行处理。PGN2304 报文格式见表 15。

表 15 PGN2304 报文格式

起始字节或位	长度	SPN	SPN 定义	发送选项
1	1 字节	2829	BMS 是否充电准备好(<0x00 >:=BMS 未做好充电准备);<0xAA >:=BMS 完成充电准备;<0xFF>:=无效)	必须项

10.2.5 PGN2560 充电机输出准备就绪报文(CRO)

报文功能:充电机发送给 BMS 充电机输出准备就绪报文,让 BMS 确认充电机已经准备输出。充电机在 60 s 内未准备好,则 BMS 进行等待;否则,参见附录 C.1 进行处理。PGN2560 报文格式见表 16。

表 16 PGN2560 报文格式

起始字节或位	长度	SPN	SPN 定义	发送选项
1	1 字节	2830	充电机是否充电准备好(<0x00>:=充电机未完成充电准备;<0xAA>:=充电机完成充电准备;<0xFF>:=无效)	必须项

10.3 充电阶段报文

10.3.1 PGN4096 电池充电需求报文(BCL)

报文功能:让充电机根据电池充电需求来调整充电电压和充电电流,确保充电过程正常进行。如果充电机在 1 s 内没有收到该报文,即为超时错误,充电机应立即结束充电。

在恒压充电模式下,充电机的输出的电压应满足电压需求值,输出的电流不能超过电流需求值;在恒流充电模式下,充电机输出的电流应满足电流需求值,输出的电压不能超过电压需求值。当 BCL 报文中充电电流请求大于 CML 报文中最大输出电流时,充电机按最大输出能力输出;当 BCL 报文中充电电流请求小于等于 CML 报文中最大输出电流时,充电机按请求电流输出;当电压需求或电流需求为 0 时,充电机按最小输出能力输出。PGN4096 报文格式见表 17。

表 17 PGN4096 报文格式

起始字节或位	长度	SPN	SPN 定义	发送选项
1	2 字节	3072	电压需求(V)	必须项
3	2 字节	3073	电流需求(A)	必须项
5	1 字节	3074	充电模式(0x01:恒压充电;0x02:恒流充电)	必须项

其中:

1) SPN3072 电压需求

数据分辨率:0.1 V/位,0 V 偏移量;

2) SPN3073 电流需求

数据分辨率:0.1 A/位,−400 A 偏移量。

10.3.2 PGN4352 电池充电总状态报文(BCS)

报文功能:让充电机监视充电过程中电池组充电电压、充电电流等充电状态。如果充电机在 5 s 内没有收到该报文,即为超时错误,充电机应立即结束充电。PGN4352 报文格式见表 18。

表 18 PGN4352 报文格式

起始字节或位	长度	SPN	SPN 定义	发送选项
1	2 字节	3075	充电电压测量值(V)	必须项
3	2 字节	3076	充电电流测量值(A)	必须项
5	2 字节	3077	最高单体动力蓄电池电压及其组号	必须项
7	1 字节	3078	当前荷电状态 SOC(%)	必须项
8	2 字节	3079	估算剩余充电时间(min)	必须项

其中：

1) SPN3075 充电电压测量值

数据分辨率:0.1 V/位,0 V 偏移量;

2) SPN3076 充电电流测量值

数据分辨率:0.1 A/位,−400 A 偏移量;

3) SPN3077 最高单体动力蓄电池电压及其组号

1—12 位:最高单体动力蓄电池电压,数据分辨率:0.01 V/位,0 V 偏移量;数据范围:0～24 V;

13—16 位:最高单体动力蓄电池电压所在组号,数据分辨率:1/位,0 偏移量;数据范围:0～15;

4) SPN3078 当前荷电状态 SOC

数据分辨率:1%/位,0%偏移量;数据范围:0～100%;

5) SPN3079 估算剩余充电时间,当 BMS 以实际电流为准进行测算的剩余时间超过 600 min 时,按 600 min 发送。

数据分辨率:1 min/位,0 min 偏移量;数据范围:0～600 min。

10.3.3 PGN4608 充电机充电状态报文(CCS)

报文功能:让 BMS 监视充电机当前输出的充电电流、电压值等信息。如果 BMS 在 1 s 内没有收到该报文,即为超时错误,BMS 应立即结束充电。PGN4608 报文格式见表 19。

表 19 PGN4608 报文格式

起始字节或位	长度	SPN	SPN 定义	发送选项
1	2 字节	3081	电压输出值(V)	必须项
3	2 字节	3082	电流输出值(A)	必须项
5	2 字节	3083	累计充电时间(min)	必须项
7.1	2 位	3929	充电允许(<00>:=暂停;<01>:=允许)	必须项

注:当收到 CCS 中 SPN3929 为 0 时表示充电机将停止输出,收到 SPN3929 为 1 时表示充电机将继续开始充电。

其中:

1) SPN3081 电压输出值(V)

数据分辨率:0.1 V/位,0 V 偏移量;

2) SPN3082 电流输出值(A)

数据分辨率:0.1 A/位,−400 A 偏移量;

3) SPN3083 累计充电时间(min)

数据分辨率:1 min/位,0 min 偏移量;数据范围:0～600 min。

10.3.4 PGN4864 BMS 发送动力蓄电池状态信息报文(BSM)

报文功能:充电阶段 BMS 发送给充电机的动力蓄电池状态信息。PGN4864 报文格式见表 20。

表 20 PGN4864 报文格式

起始字节或位	长度	SPN	SPN 定义	发送选项
1	1 字节	3085	最高单体动力蓄电池电压所在编号	必须项
2	1 字节	3086	最高动力蓄电池温度	必须项
3	1 字节	3087	最高温度检测点编号	必须项
4	1 字节	3088	最低动力蓄电池温度	必须项
5	1 字节	3089	最低动力蓄电池温度检测点编号	必须项
6.1	2 位	3090	单体动力蓄电池电压过高/过低(＜00＞:＝正常;＜01＞:＝过高;＜10＞:＝过低)	必须项
6.3	2 位	3091	整车动力蓄电池荷电状态 SOC 过高/过低(＜00＞:＝正常;＜01＞:＝过高;＜10＞:＝过低)	必须项
6.5	2 位	3092	动力蓄电池充电过电流(＜00＞:＝正常;＜01＞:＝过流;＜10＞:＝不可信状态)	必须项
6.7	2 位	3093	动力蓄电池温度过高(＜00＞:＝正常;＜01＞:＝过高;＜10＞:＝不可信状态)	必须项
7.1	2 位	3094	动力蓄电池绝缘状态(＜00＞:＝正常;＜01＞:＝不正常;＜10＞:＝不可信状态)	必须项
7.3	2 位	3095	动力蓄电池组输出连接器连接状态(＜00＞:＝正常;＜01＞:＝不正常;＜10＞:＝不可信状态)	必须项
7.5	2 位	3096	充电允许(＜00＞:＝禁止;＜01＞:＝允许)	必须项

其中:

1) SPN3085 最高单体动力蓄电池电压所在编号

数据分辨率:1/位,1 偏移量;数据范围:1～256;

2) SPN3086 最高动力蓄电池温度

数据分辨率:1 ℃/位,－50 ℃偏移量;数据范围:－50 ℃ ～＋200 ℃;

3) SPN3087 最高温度检测点编号

数据分辨率:1/位,1 偏移量;数据范围:1～128;

4) SPN3088 最低动力蓄电池温度

数据分辨率:1 ℃/位,－50 ℃偏移量;数据范围:－50 ℃ ～＋200 ℃;

5) SPN3089 最低温度检测点编号

数据分辨率:1/位,1 偏移量;数据范围:1～128。

注:当接收到 BSM 报文中 SPN3090——SPN3095 均为 00(电池状态正常),且 SPN3096 为 00(禁止充电)时,充电机暂停充电输出;当接收到 BSM 报文中 SPN3090——SPN3095 均为 00(电池状态正常),且 SPN3096 为 01(允许充电)时,充电机恢复充电且冲击电流应满足 GB/T 18487.1 中 9.7 要求。当接收到 BSM 报文中 SPN3090——SPN3095(电池状态)中有一项为异常状态,充电机应停止充电。

10.3.5 PGN5376 单体动力蓄电池电压报文(BMV)

报文功能:各个单体动力蓄电池电压值。由于 PGN5376 的数据域的最大长度超出 8 字节,需使用传输协议功能传输,详见 6.5 的规定。PGN5376 报文格式见表 21。

表 21 PGN5376 报文格式

起始字节或位	长度	SPN	SPN 定义	发送选项
1	2 字节	3101	#1 单体动力蓄电池电压	可选项
3	2 字节	3102	#2 单体动力蓄电池电压	可选项
5	2 字节	3103	#3 单体动力蓄电池电压	可选项
7	2 字节	3104	#4 单体动力蓄电池电压	可选项
9	2 字节	3105	#5 单体动力蓄电池电压	可选项
11	2 字节	3106	#6 单体动力蓄电池电压	可选项
			…………	可选项
509	2 字节	3355	#255 单体动力蓄电池电压	可选项
511	2 字节	3356	#256 单体动力蓄电池电压	可选项

其中：

SPN3101～SPN3356 分别对应#1～#256 单体动力蓄电池电压：

1—12 位：单体动力蓄电池电压，数据分辨率：0.01 V/位，0 V 偏移量；数据范围：0～24 V；

13—16 位：电池分组号，数据分辨率：1/位，0 偏移量；数据范围：0～15。

注：若车内电池有分组号，按照实际的分组号进行发送；若无分组号，则按照 256 个单体电池为一组进行发送。

10.3.6 PGN5632 动力蓄电池温度报文(BMT)

报文功能：动力蓄电池温度。数据长度超出 8 字节时，需使用传输协议功能传输，格式详见 6.5 的规定。PGN5632 报文格式见表 22。

表 22 PGN5632 报文格式

起始字节或位	长度	SPN	SPN 定义	发送选项
1	1 字节	3361	动力蓄电池温度 1	可选项
2	1 字节	3362	动力蓄电池温度 2	可选项
3	1 字节	3363	动力蓄电池温度 3	可选项
4	1 字节	3364	动力蓄电池温度 4	可选项
5	1 字节	3365	动力蓄电池温度 5	可选项
6	1 字节	3366	动力蓄电池温度 6	可选项
			…………	可选项
127	1 字节	3487	动力蓄电池温度 127	可选项
128	1 字节	3488	动力蓄电池温度 128	可选项

其中：

SPN3361～SPN3488 分别对应动力蓄电池 1～128 采样点的温度：

数据分辨率：1 ℃/位，－50 ℃偏移量；数据范围：－50 ℃ ～＋200 ℃。

10.3.7 PGN5888 动力蓄电池预留报文(BSP)

报文功能:动力蓄电池预留报文。数据域长度超出 8 字节时,需使用传输协议功能传输,格式详见 6.5 的规定。PGN5888 报文格式见表 23。

表 23 PGN5888 报文格式

起始字节或位	长度	SPN	SPN 定义	发送选项
1	1 字节	3491	动力蓄电池预留字段 1	可选项
2	1 字节	3492	动力蓄电池预留字段 2	可选项
3	1 字节	3493	动力蓄电池预留字段 3	可选项
4	1 字节	3494	动力蓄电池预留字段 4	可选项
			…………	可选项
16	1 字节	3506	动力蓄电池预留字段 16	可选项

10.3.8 PGN6400 BMS 中止充电报文(BST)

报文功能:让充电机确认 BMS 将发送中止充电报文以令充电机结束充电过程以及结束充电原因。PGN6400 报文格式见表 24。

表 24 PGN6400 报文格式

起始字节或位	长度	SPN	SPN 定义	发送选项
1	1 字节	3511	BMS 中止充电原因	必须项
2	2 字节	3512	BMS 中止充电故障原因	必须项
4	1 字节	3513	BMS 中止充电错误原因	必须项

其中:

1) SPN3511 BMS 中止充电原因

第 1~2 位:达到所需求的 SOC 目标值

<00>:=未达到所需 SOC 目标值;<01>:=达到所需 SOC 目标值;<10>:=不可信状态;

第 3~4 位:达到总电压的设定值

<00>:=未达到总电压设定值;<01>:=达到总电压设定值;<10>:=不可信状态;

第 5~6 位:达到单体电压的设定值

<00>:=未达到单体电压设定值;<01>:=达到单体电压设定值;<10>:=不可信状态;

第 7~8 位:充电机主动中止

<00>:=正常;<01>:=充电机中止(收到 CST 帧);<10>:=不可信状态。

2) SPN3512 BMS 中止充电故障原因

第 1~2 位:绝缘故障

<00>:=正常;<01>:=故障;<10>:=不可信状态;

第3～4位：输出连接器过温故障

＜00＞：＝正常；＜01＞：＝故障；＜10＞：＝不可信状态；

第5～6位：BMS元件、输出连接器过温

＜00＞：＝正常；＜01＞：＝故障；＜10＞：＝不可信状态；

第7～8位：充电连接器故障

＜00＞：＝充电连接器正常；＜01＞：＝充电连接器故障；＜10＞：＝不可信状态；

第9～10位：电池组温度过高故障

＜00＞：＝电池组温度正常；＜01＞：＝电池组温度过高；＜10＞：＝不可信状态；

第11～12位：高压继电器故障

＜00＞：＝正常；＜01＞：＝故障；＜10＞：＝不可信状态；

第13～14位：检测点2电压检测故障

＜00＞：＝正常；＜01＞：＝故障；＜10＞：＝不可信状态；

第15～16位：其他故障

＜00＞：＝正常；＜01＞：＝故障；＜10＞：＝不可信状态。

3) SPN3513 BMS中止充电错误原因

第1～2位：电流过大

＜00＞：＝电流正常；＜01＞：＝电流超过需求值；＜10＞：＝不可信状态；

第3～4位：电压异常

＜00＞：＝正常；＜01＞：＝电压异常；＜10＞：＝不可信状态。

10.3.9 PGN6656 充电机中止充电报文(CST)

报文功能：让BMS确认充电机即将结束充电以及结束充电原因。PGN6656报文格式见表25。

表25 PGN6656报文格式

起始字节或位	长度	SPN	SPN定义	发送选项
1	1字节	3521	充电机中止充电原因	必须项
2	2字节	3522	充电机中止充电故障原因	必须项
4	1字节	3523	充电机中止充电错误原因	必须项

其中：

1) SPN3521 充电机中止充电原因

第1～2位：达到充电机设定的条件中止

＜00＞：＝正常；＜01＞：＝达到充电机设定条件中止；＜10＞：＝不可信状态；

第3～4位：人工中止

＜00＞：＝正常；＜01＞：＝人工中止；＜10＞：＝不可信状态；

第5～6位：故障中止

＜00＞：＝正常；＜01＞：＝故障中止；＜10＞：＝不可信状态；

第7～8位：BMS主动中止

＜00＞：＝正常；＜01＞：＝BMS中止(收到BST帧)；＜10＞：＝不可信状态。

2) SPN3522 充电机中止充电故障原因

第1～2位：充电机过温故障

＜00＞：＝充电机温度正常；＜01＞：＝充电机过温；＜10＞：＝不可信状态；

第3～4位：充电连接器故障

＜00＞：＝充电连接器正常；＜01＞：＝充电连接器故障；＜10＞：＝不可信状态；

第5～6位：充电机内部过温故障

＜00＞：＝充电机内部温度正常；＜01＞：＝充电机内部过温；＜10＞：＝不可信状态；

第7～8位：所需电量不能传送

＜00：＝电量传送正常；＜01＞：电量不能传送；＜10＞：＝不可信状态；

第9～10位：充电机急停故障

＜00＞：＝正常；＜01＞：＝充电机急停；＜10＞：＝不可信状态；

第11～12位：其他故障

＜00＞：＝正常；＜01＞：＝故障；＜10＞：＝不可信状态。

3) SPN3523 充电机中止充电错误原因

第1～2位：电流不匹配

＜00＞：＝电流匹配；＜01＞：＝电流不匹配；＜10＞：＝不可信状态；

第3～4位：电压异常

＜00＞：＝正常；＜01＞：＝电压异常；＜10＞：＝不可信状态。

10.4 充电结束阶段报文

10.4.1 PGN7168 BMS 统计数据报文(BSD)

报文功能：让充电机确认 BMS 对于本次充电过程的充电统计数据。PGN7168 报文格式见表 26。

表 26 PGN7168 报文格式

起始字节或位	长度	SPN	SPN 定义	发送选项
1	1字节	3601	中止荷电状态 SOC(%)	必须项
2	2字节	3602	动力蓄电池单体最低电压(V)	必须项
4	2字节	3603	动力蓄电池单体最高电压(V)	必须项
6	1字节	3604	动力蓄电池最低温度(℃)	必须项
7	1字节	3605	动力蓄电池最高温度(℃)	必须项

其中：

1) SPN3601 中止荷电状态 SOC

数据分辨率：1%/位，0%偏移量；数据范围：0～100%；

2) SPN3602 动力蓄电池单体最低电压

数据分辨率：0.01 V/位，0 V 偏移量；数据范围：0 ～24 V；

3) SPN3603 动力蓄电池单体最高电压

数据分辨率：0.01 V/位，0 V 偏移量；数据范围：0 ～24 V；

4) SPN3604 动力蓄电池最低温度

数据分辨率：1 ℃/位，－50 ℃偏移量；数据范围：－50 ℃ ～＋200 ℃；

5) SPN3605 动力蓄电池最高温度

数据分辨率：1 ℃/位，－50 ℃偏移量；数据范围：－50 ℃ ～＋200 ℃。

10.4.2 PGN7424 充电机统计数据报文(CSD)

报文功能:确认充电机本次充电过程的充电统计数据。PGN7424 报文格式见表 27。

表 27 PGN7424 报文格式

起始字节或位	长度	SPN	SPN 定义	发送选项
1	2 字节	3611	累计充电时间(min)	必须项
3	2 字节	3612	输出能量(kW·h)	必须项
5	4 字节	3613	充电机编号,1/位,1 偏移量,数据范围:0～0xFFFFFFFF	必须项

其中:

1) SPN3611 累计充电时间

数据分辨率:1 min/位,0 min 偏移量;数据范围:0～600 min;

2) SPN3612 输出能量

数据分辨率:0.1 kW·h/位,0 kW·h 偏移量;数据范围:0～1 000 kW·h。

10.5 错误报文

10.5.1 PGN7680 BMS 错误报文(BEM)

报文功能:当 BMS 检测到错误时,发送给充电机充电错误报文,直到 BMS 收到充电机发送的充电机辨识报文(CRM)或拔掉充电插头为止。PGN7680 报文格式见表 28。

表 28 PGN7680 报文格式

起始字节或位	长度	SPN	SPN 定义	发送选项
1.1	2 位	3901	接收 SPN2560=0x00 的充电机辨识报文超时(<00>:=正常;<01>:=超时;<10>:=不可信状态)	必须项
1.3	2 位	3902	接收 SPN2560=0xAA 的充电机辨识报文超时(<00>:=正常;<01>:=超时;<10>:=不可信状态)	必须项
2.1	2 位	3903	接收充电机的时间同步和充电机最大输出能力报文超时(<00>:=正常;<01>:=超时;<10>:=不可信状态)	必须项
2.3	2 位	3904	接收充电机完成充电准备报文超时(<00>:=正常;<01>:=超时;<10>:=不可信状态)	必须项
3.1	2 位	3905	接收充电机充电状态报文超时(<00>:=正常;<01>:=超时;<10>:=不可信状态)	必须项
3.3	2 位	3906	接收充电机中止充电报文超时(<00>:=正常;<01>:=超时;<10>:=不可信状态)	必须项
4.1	2 位	3907	接收充电机充电统计报文超时(<00>:=正常;<01>:=超时;<10>:=不可信状态)	必须项
4.3	6 位		其他	可选项

10.5.2 PGN7936 充电机错误报文(CEM)

报文功能：当充电机检测到错误时，发送给 BMS 充电错误报文，直到充电机接收到 BMS 发送的 BRM 报文或拔掉充电插头为止。PGN7936 报文格式见表 29。

表 29 PGN7936 报文格式

起始字节或位	长度	SPN	SPN 定义	发送选项
1.1	2 位	3921	接收 BMS 和车辆的辨识报文超时(＜00＞：＝正常；＜01＞：＝超时；＜10＞：＝不可信状态)	必须项
2.1	2 位	3922	接收电池充电参数报文超时(＜00＞：＝正常；＜01＞：＝超时；＜10＞：＝不可信状态)	必须项
2.3	2 位	3923	接收 BMS 完成充电准备报文超时(＜00＞：＝正常；＜01＞：＝超时；＜10＞：＝不可信状态)	必须项
3.1	2 位	3924	接收电池充电总状态报文超时(＜00＞：＝正常；＜01＞：＝超时；＜10＞：＝不可信状态)	必须项
3.3	2 位	3925	接收电池充电要求报文超时(＜00＞：＝正常；＜01＞：＝超时；＜10＞：＝不可信状态)	必须项
3.5	2 位	3926	接收 BMS 中止充电报文超时(＜00＞：＝正常；＜01＞：＝超时；＜10＞：＝不可信状态)	必须项
4.1	2 位	3927	接收 BMS 充电统计报文超时(＜00＞：＝正常；＜01＞：＝超时；＜10＞：＝不可信状态)	必须项
4.3	6 位		其他	可选项

附 录 A
(资料性附录)
充电流程

A.1 充电工作状态转换

当BMS和充电机物理连接完成并上电后,BMS和充电机的状态转换,是相互协调工作的互操作约定。典型的充电工作状态转换如图A.1～图A.5所示。

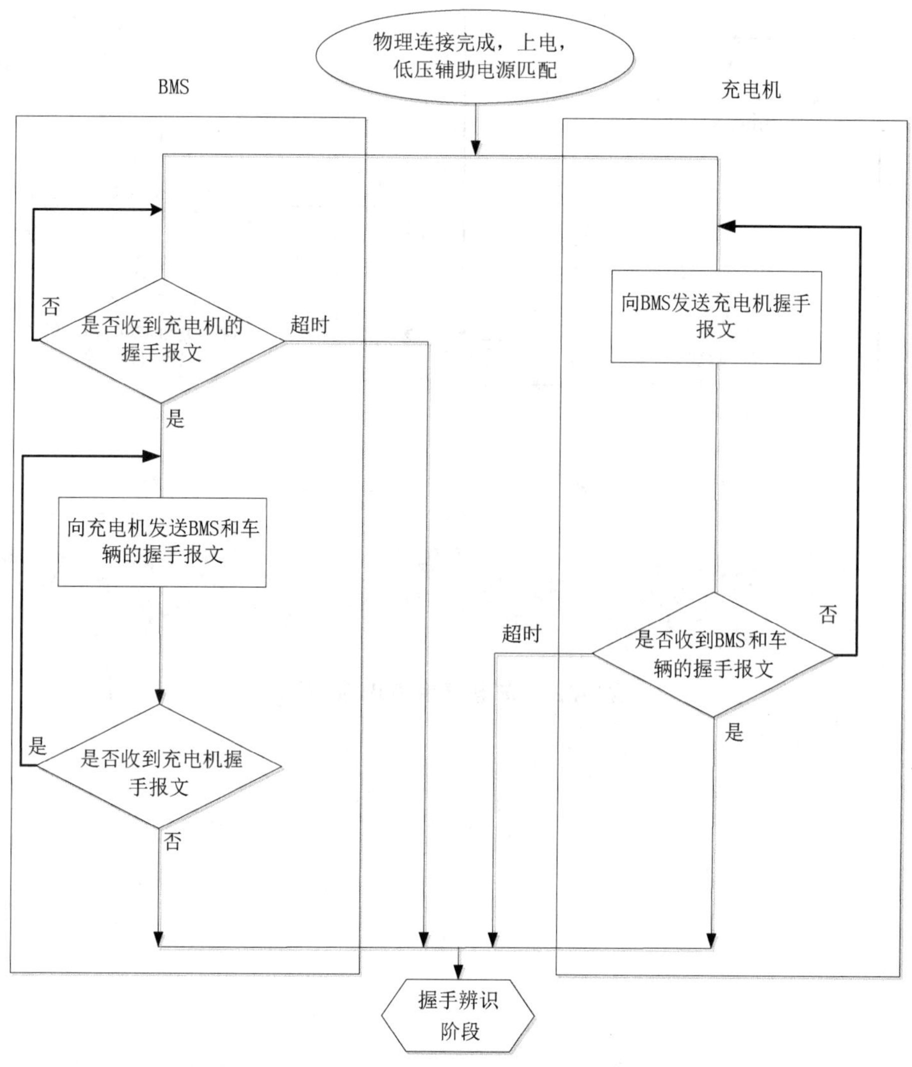

图 A.1 充电握手启动流程图

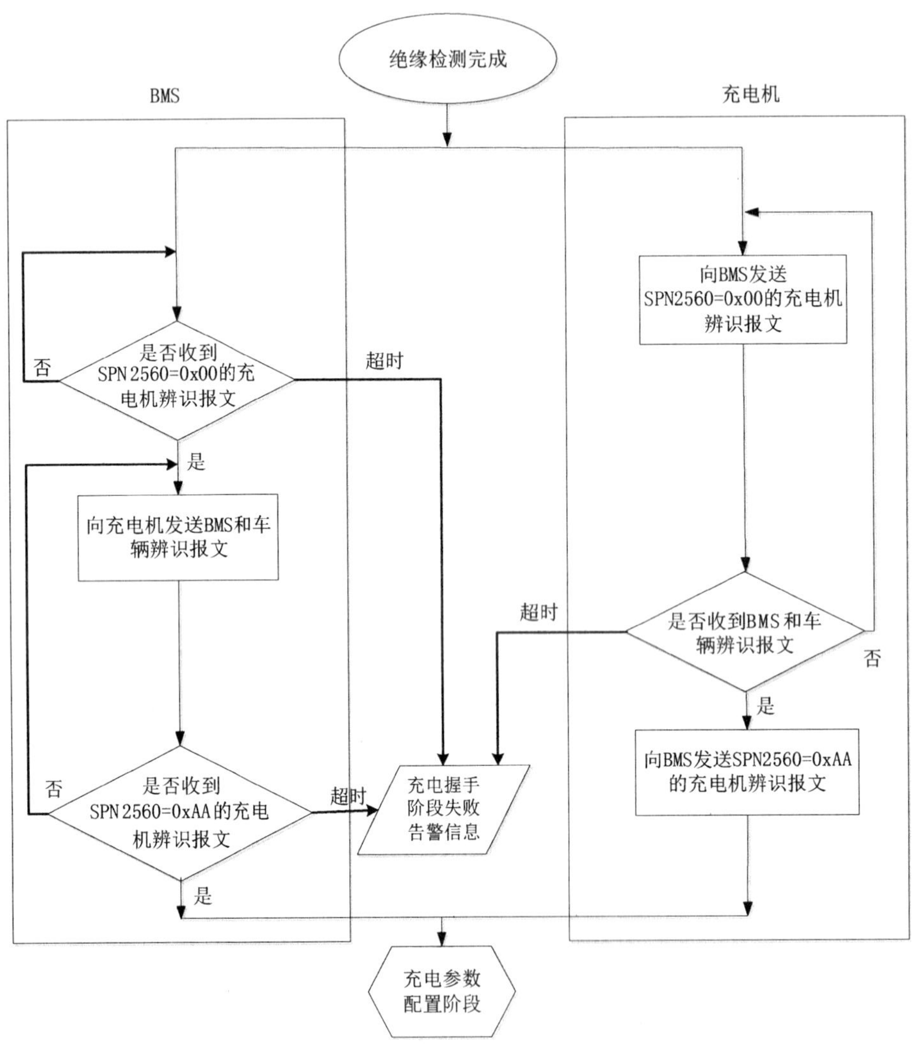

图 A.2 充电握手辨识流程图

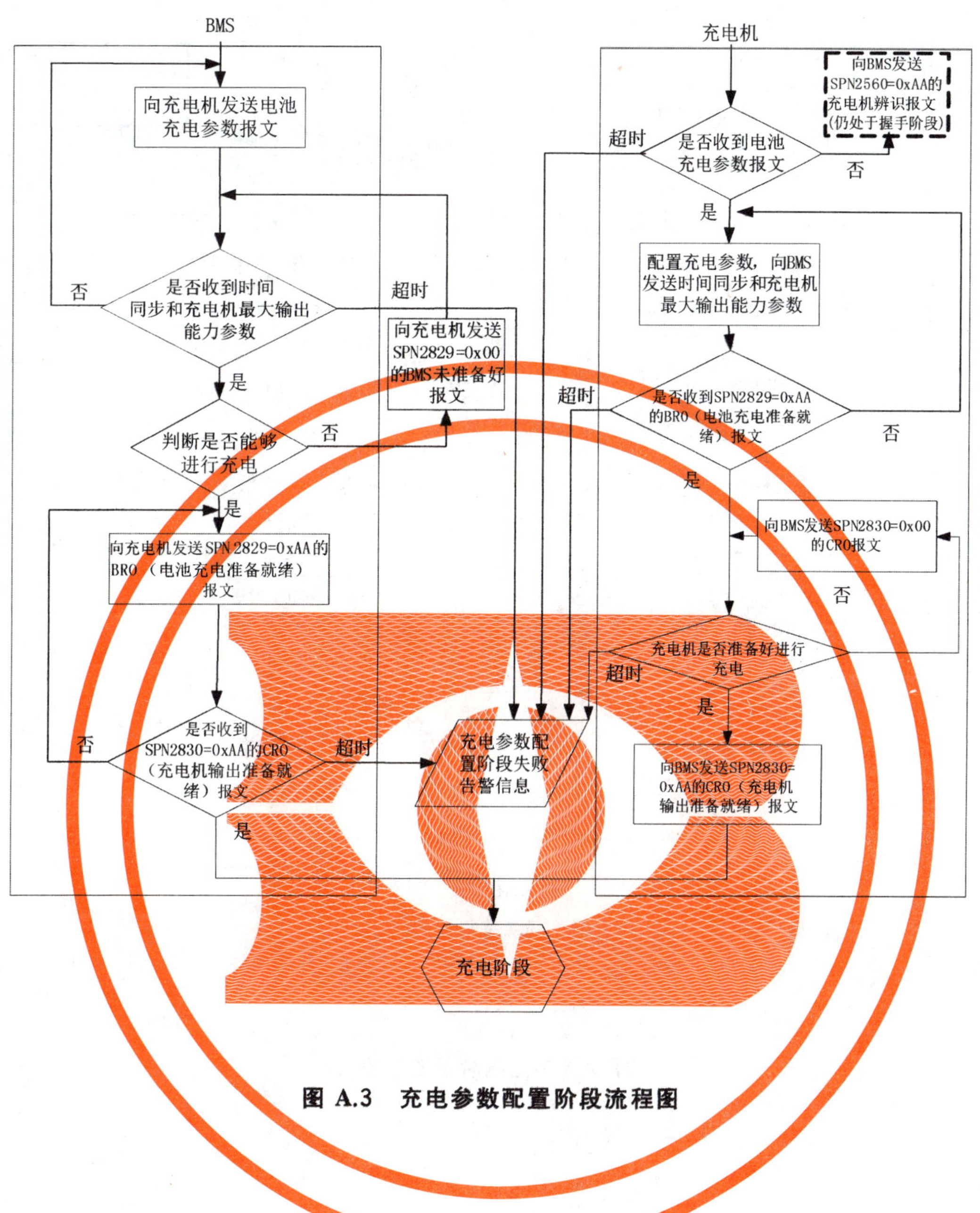

图 A.3　充电参数配置阶段流程图

BMS
充电机
向充电机发送电池充电总状态和电池充电需求报文
接收充电机充电状态报文是否超时
是
否
向充电机发送电池充电总状态和蓄电池状态信息
向充电机发送电压、温度、SOC信息
判断充电是否结束,或是否收到充电机中止充电报文
否
是
向充电机发送BMS中止充电报文
是否收到充电机中止充电报文
否
超时
是
充电机向BMS发送充电机充电准备报文（仍处于配置阶段）
是否收到电池充电总状态和电池充电需求报文
超时
否
是
向BMS发送充电机充电状态
充电机接收电池充电需求报文、电池充电总状态、蓄电池状态信息是否超时
是
否
判断充电是否结束,或是否收到BMS中止充电报文
否
是
向BMS发送充电机中止充电报文
是否收到BMS中止充电报文
超时
否
是
充电阶段失败告警信息
充电结束阶段

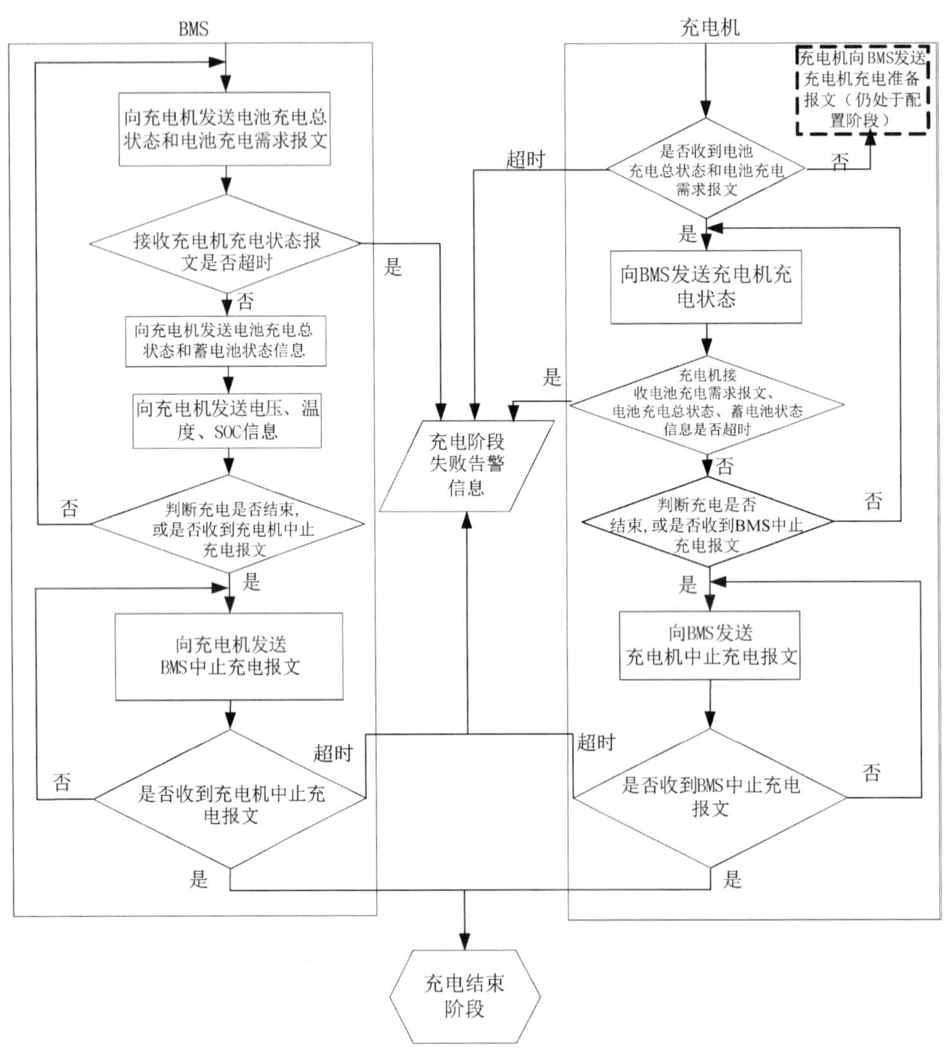

图 A.4　充电阶段流程图

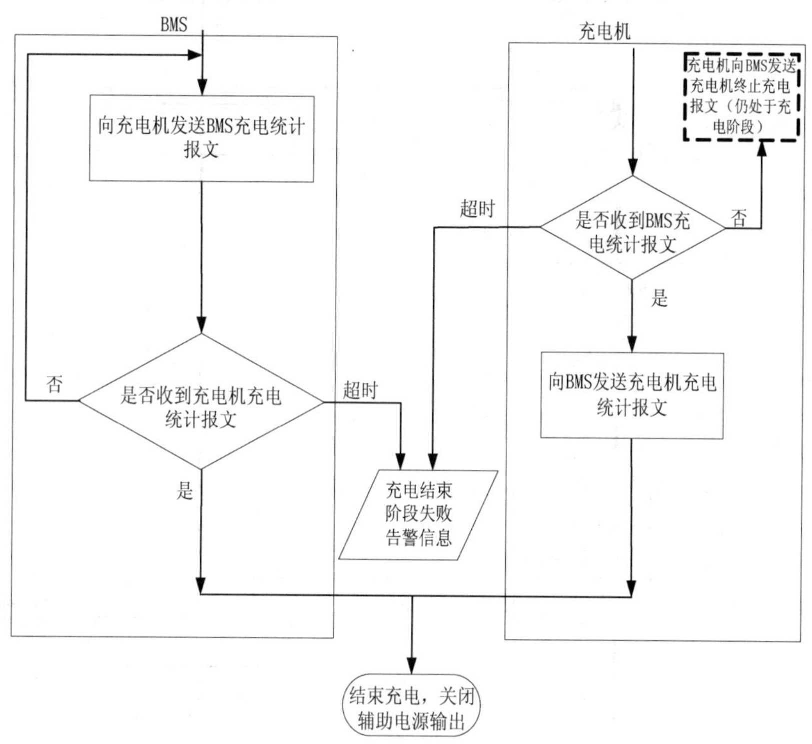

图 A.5 充电结束阶段流程图

A.2 充电时序流程图

详细的充电时序流程图如图 A.6～图 A.12 所示。

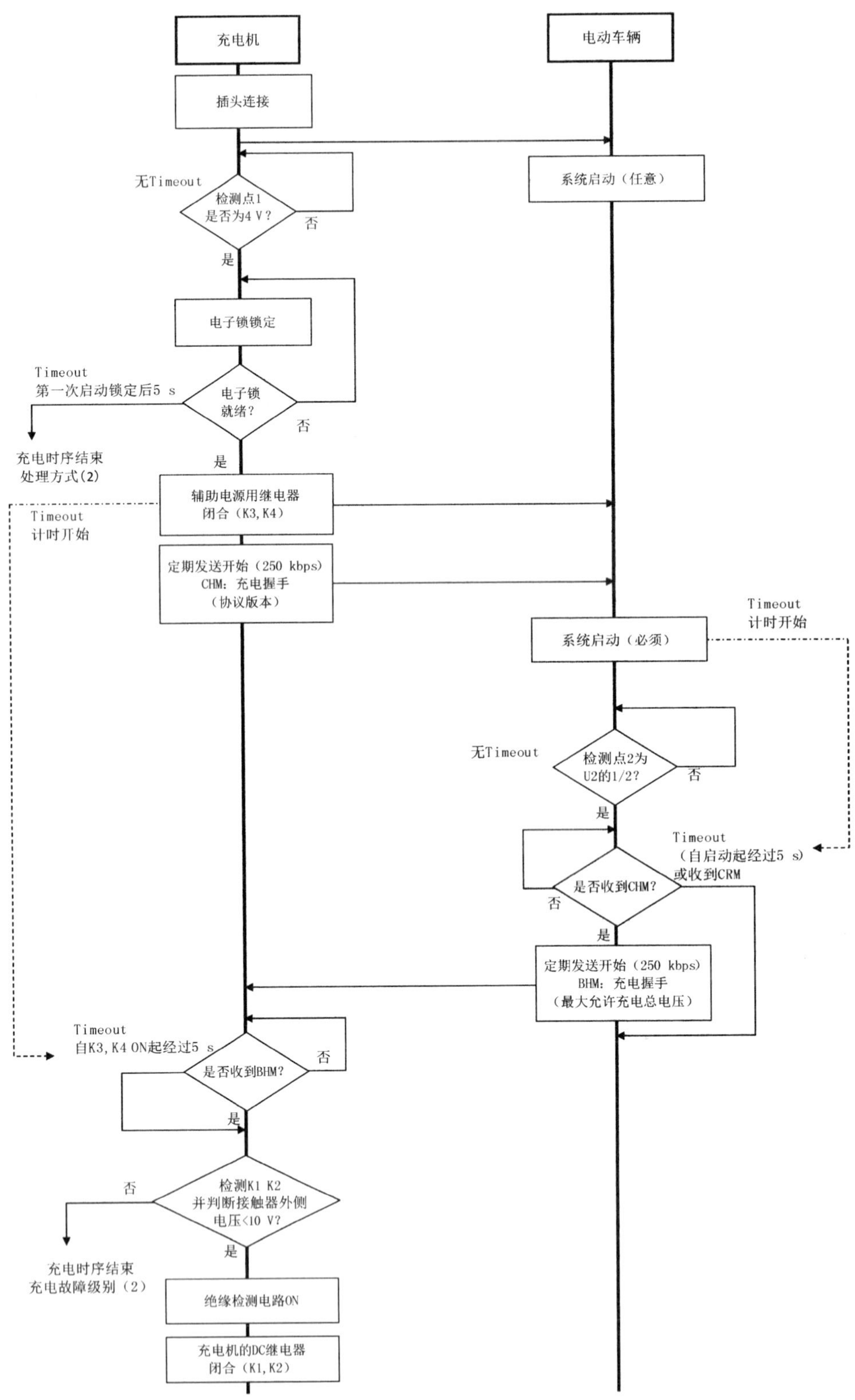

图 A.6 正常充电时序流程图

绝缘校验用电压输出
实施绝缘检测处理
电压输出停止
绝缘检测电路OFF
※1 泄放电路动作
泄放电路ON
Timeout
自放电电路ON起5 s
DC继电器外侧电压是否为60 V以下?
否
是
放电电路OFF
充电时序结束
充电故障级别(1)
充电桩的DC继电器断开(K1,K2)
CHM发送停止;
定期发送开始
CRM:充电机辨识(充电机编号等)
Timeout
自收到CHM起30 s
或者系统启动(必须)60 s
是否收到CRM?
否
是
充电时序结束
充电故障级别(3)
BHM发送停止
定期发送开始
BRM:车辆辨识(协议版本、电池类型、容量、电池电压、VIN代码等)
Timeout
自初次发送CRM起5 s
是否收到BRM?
否
是
充电时序结束
充电故障级别(3)
发送数据变更
CRM:充电机辨识
识别出CRM(SPN2560 =0xAA)
Timeout
自初次发送BRM起5 s
是否收到0xAA的CRM?
否
是
充电时序结束
充电故障级别(3)
BRM发送停止

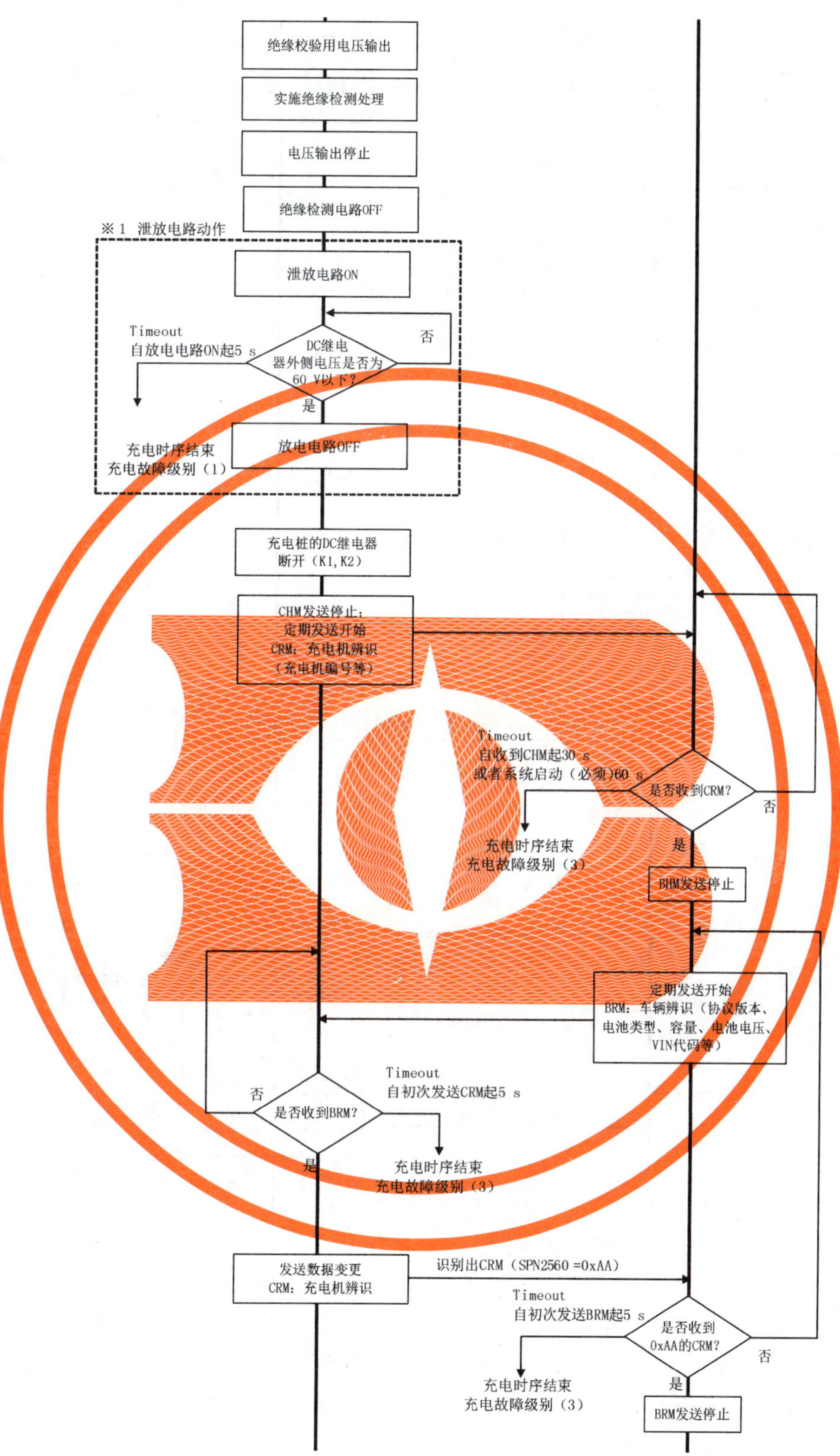

图 A.6(续)

定期发送开始
BCP：充电参数
（最高电压、最高电流、允许温度、SOC等）
Timeout
自发送0xAA的CRM起5 s
否
是否收到BCP？
是
充电时序结束
充电故障级别（3）
CRM发送停止
否
车辆参数
是否适合？
是
充电时序结束
充电故障级别（3）
定期发送（可选）开始
CTS：与充电机发送时间同步
（年月日时分秒）
定期发送开始
CML：充电机最大输出能力
（最高输出电压、最低输出电流、最高输出电流）
停止发送BCP；
定期发送开始
BRO：车辆充电准备未就绪
（0x00）
BRO（SPN2829=0x00）准备未就绪
时间同步处理
（可选）
充电桩参数
是否适合？
否
是
充电时序结束
充电故障级别（3）
车辆的DC继电器
闭合（K5,K6）
车辆绝缘校验开启
发送
BRO：车辆充电准备就绪状态
BRO（SPN2829=0xAA）准备就绪
Timeout
自开始发送CTS,CML,CRO起5 s未收到BRO报文
或60 s未收到BRO(SPN2829=0x AA)
否
是否收到车辆
充电准备就绪报文？
是
充电时序结束
充电故障级别（3）
停止发送CTS、CML
定期发送开始
CRO：充电机准备未就绪
（0x00）
CRO（SPN2830=0x00）准备未就绪
确认DC继电器外侧的电压

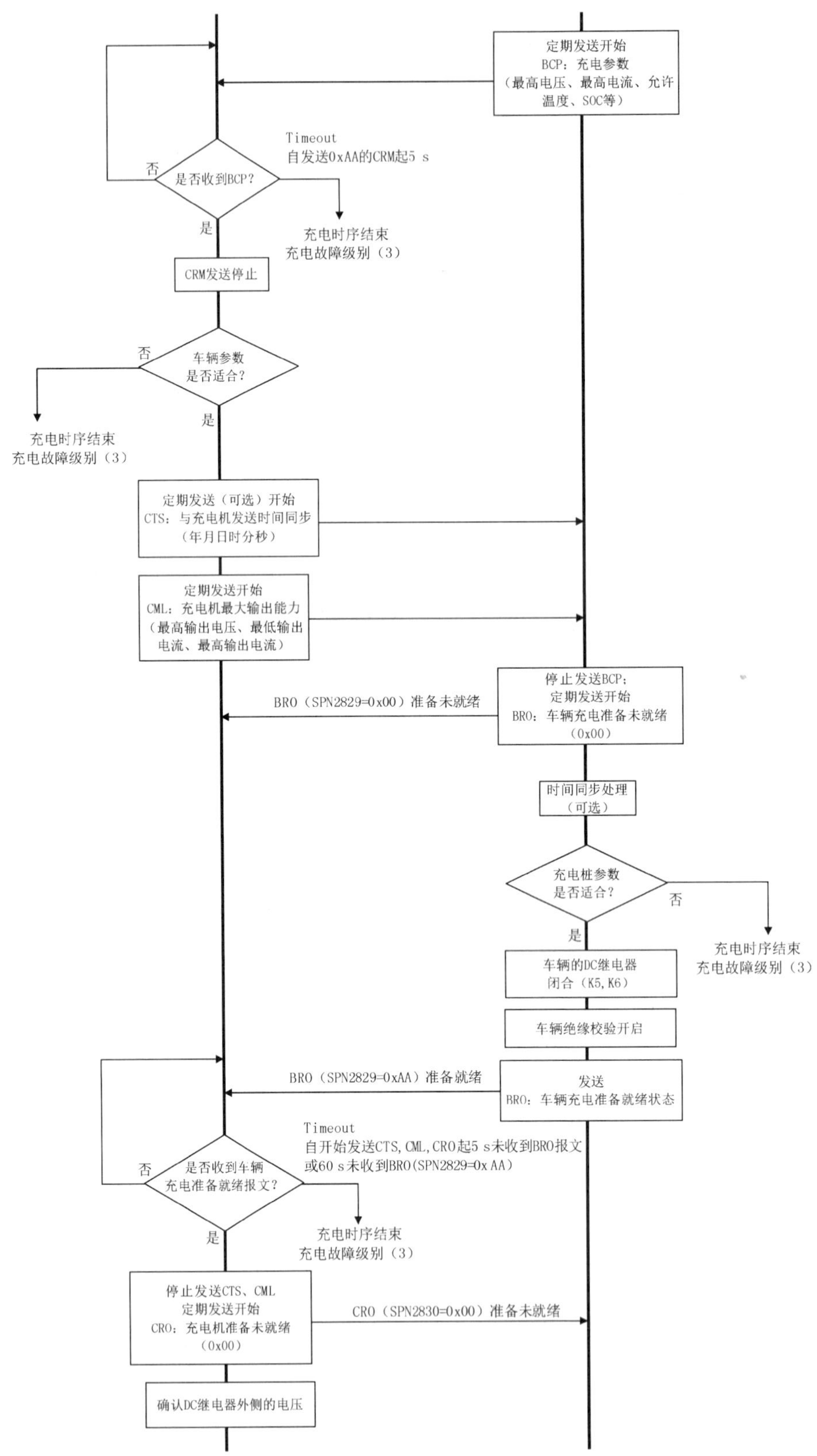

图 A.6（续）

否
电压是否正常?
电压正常判据:
1.与通信报文电池电压相差≤±5%
2.在充电机的最大最小输出电压之间
充电时序结束
充电故障级别(2)
是
预充
充电机输出电压调整
否
输出电压
是否为电池电压
-(1 V~10 V)?
是
充电机的DC继电器
闭合(K1,K2)
发送数据变更
CRO:充电机准备就绪
(0xAA)
CRO(SPN2830=0xAA)准备就绪
Timeout
自发送0xAA的BRO起5 s未收到CRO报文
或60 s未收到CRO(SPN2830=0xAA)
是否收到
充电桩充电准备就
绪报文?
否
是
充电时序结束
充电故障级别(3)
BRO
发送停止
定期发送开始
BCL:电池充电需要
(要求电压、要求电流)
定期发送开始
BCS:电池充电总状态
(电压、电流、SOC等)
自上次收到报文起
Timeout为1 s
是
是否BCL
接收超时?
充电时序结束
充电故障级别(3)
自上次收到报文起
Timeout为5 s
是
是否BCS
接收超时?
充电时序结束
充电故障级别(3)
否
CRO停止发送
定期发送开始
CCS:充电机充电状态
(输出电压、输出电流等)
充电用电压、电流输出
电能传输
充电开始
自上次收到报文起
Timeout为1 s
是否为CCS接收超时?
是
否
充电时序结束
充电故障级别(3)

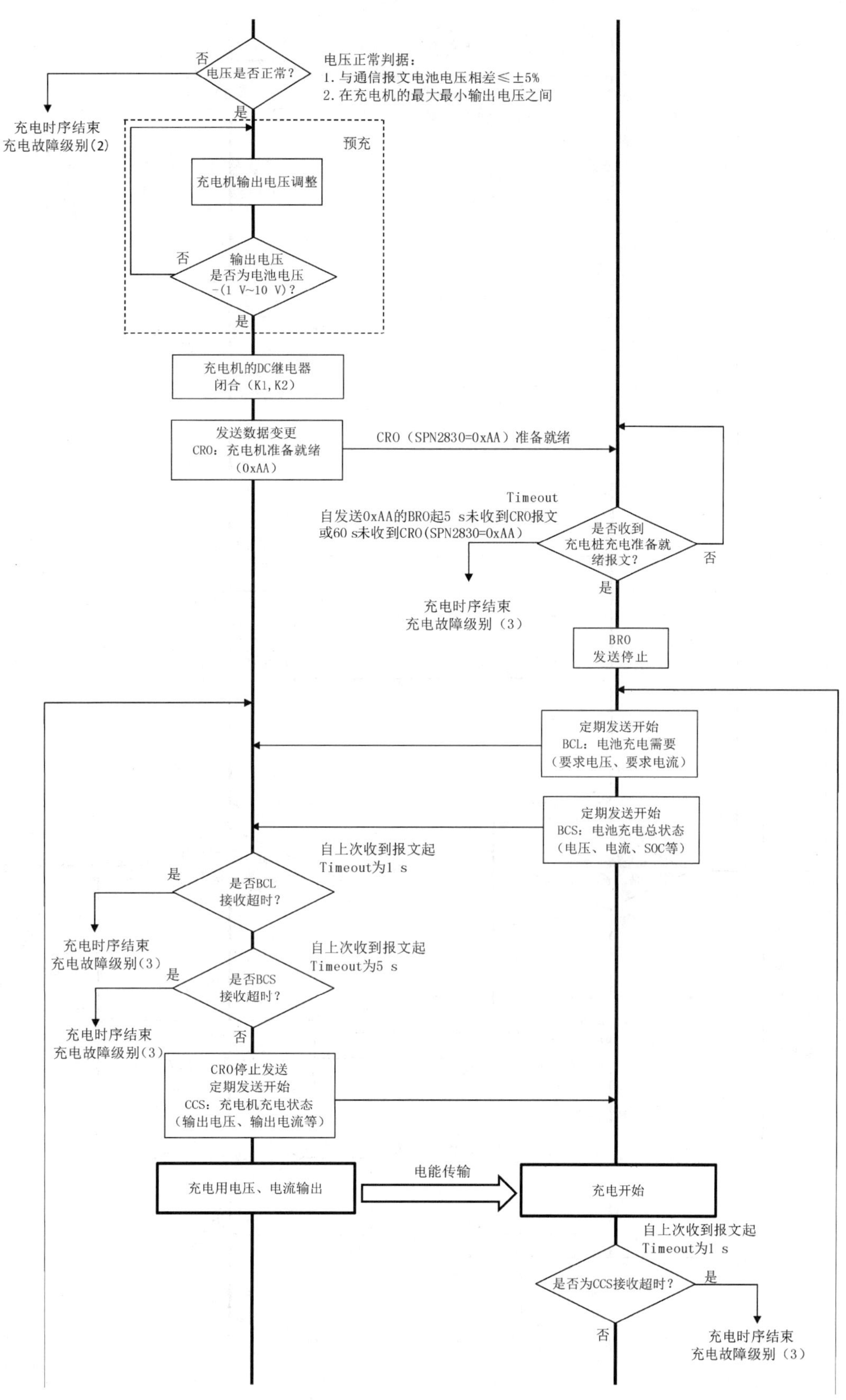

图 A.6(续)

定期发送开始
BSM：蓄电池状态信息
电池状态
是否正常？
BSM报文内的标签
是否全部正常？
否
是
SPN3096
=0x00？
充电禁止
标志ON？
否
是
充电暂停
定期发送(可选)开始
BMV：各单体电压
定期发送(可选)开始
BMT：各单体温度
定期发送(可选)开始
BSP：预备
充电结束条件
是否成立？
否
是
充电结束条件
是否成立？
否
是
【结束条件】
·收到车辆的充电停止报文
·预先设定的条件成立（时间等？）
·操作者做出停止处理(按下按钮等？)
·充电时序结束条件成立时
【结束条件】
· 收到充电桩的充电停止报文
· 电池满电
· 充电时序结束条件成立时
发送开始
CST：充电中止报文
发送开始
BST：充电中止报文
timeout
发送CST后的5 s
是否收到BST？
否
是
timeout
发送BST后的5 s
是否收到CST？
否
是
电力输出停止处理

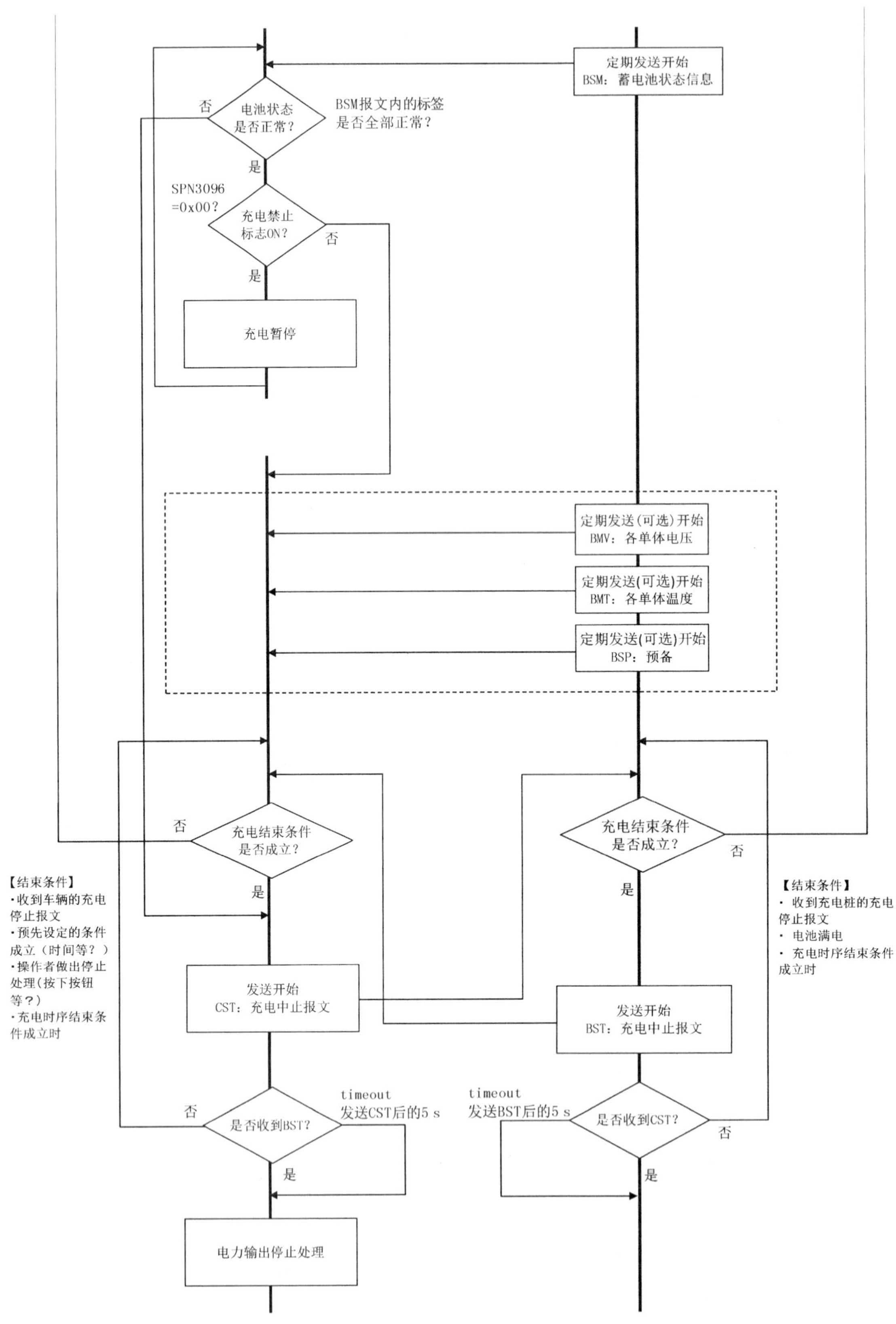

图 A.6（续）

停止发送BST
发送开始
BSD：统计数据
停止发送CST
发送开始
CSD：统计数据
自发送CST起
Timeout时间为100 ms
或GB/T 18487.1中
B.3.7规定
电流值是否为
5 A以下？
否
是
否
电流值是否为
5 A以下？
是
自发送BST起
Timeout时间10 s
充电时序结束
充电故障级别（1）
充电机的DC继电器
断开（K1,K2）
车辆的DC继电器
断开（K5,K6）
泄放电路动作 ※1
自发送CST起
Timeout时间为10 s
是否收到BSD？
否
是
充电时序结束
充电故障级别（1）
否
是否收到CSD？
是
自发送BST起
Timeout时间10 s
充电时序结束
充电故障级别（1）
辅助电源用继电器
断开（K3,K4）
系统休眠
电子锁解锁

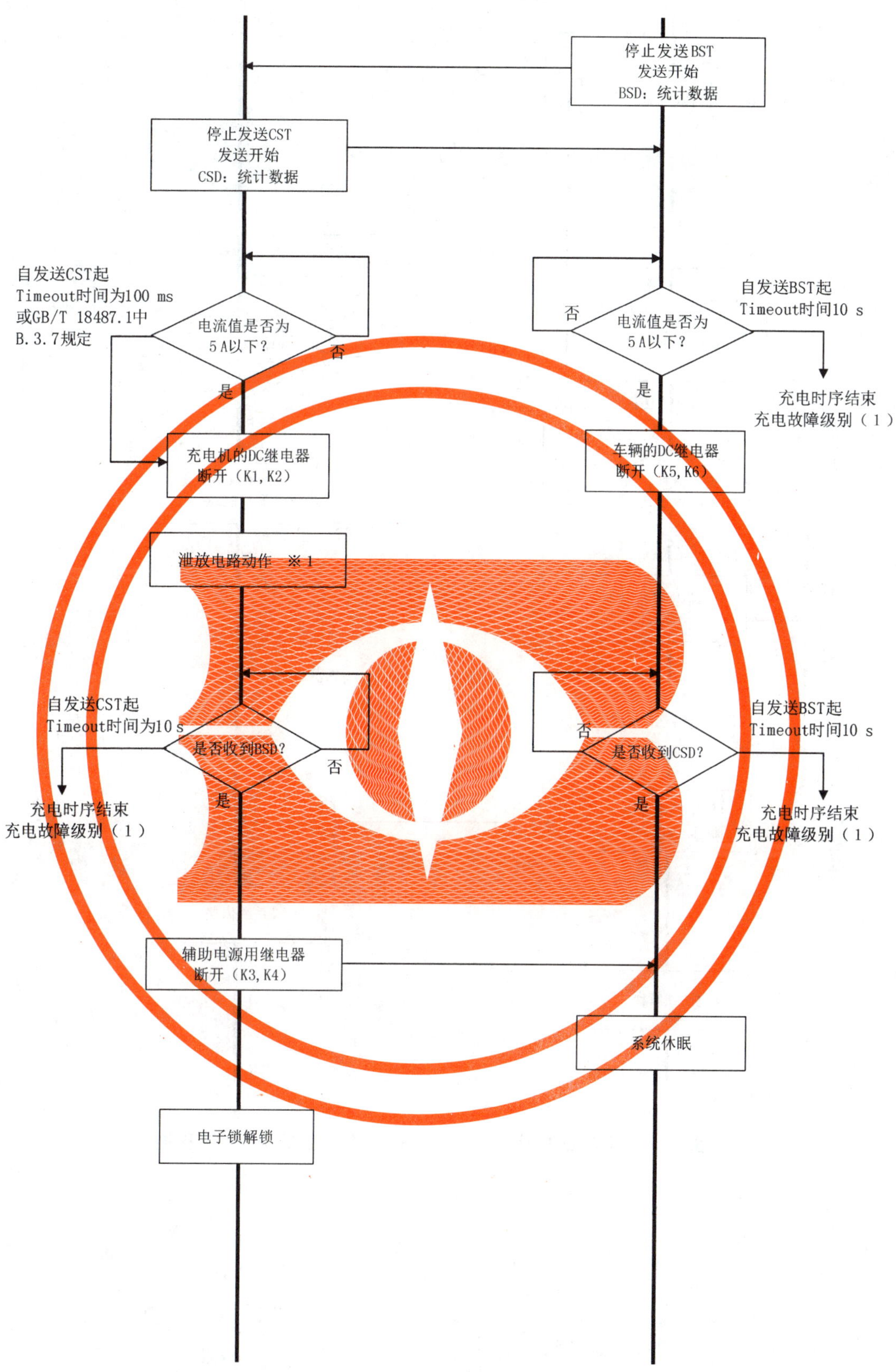

图 A.6（续）

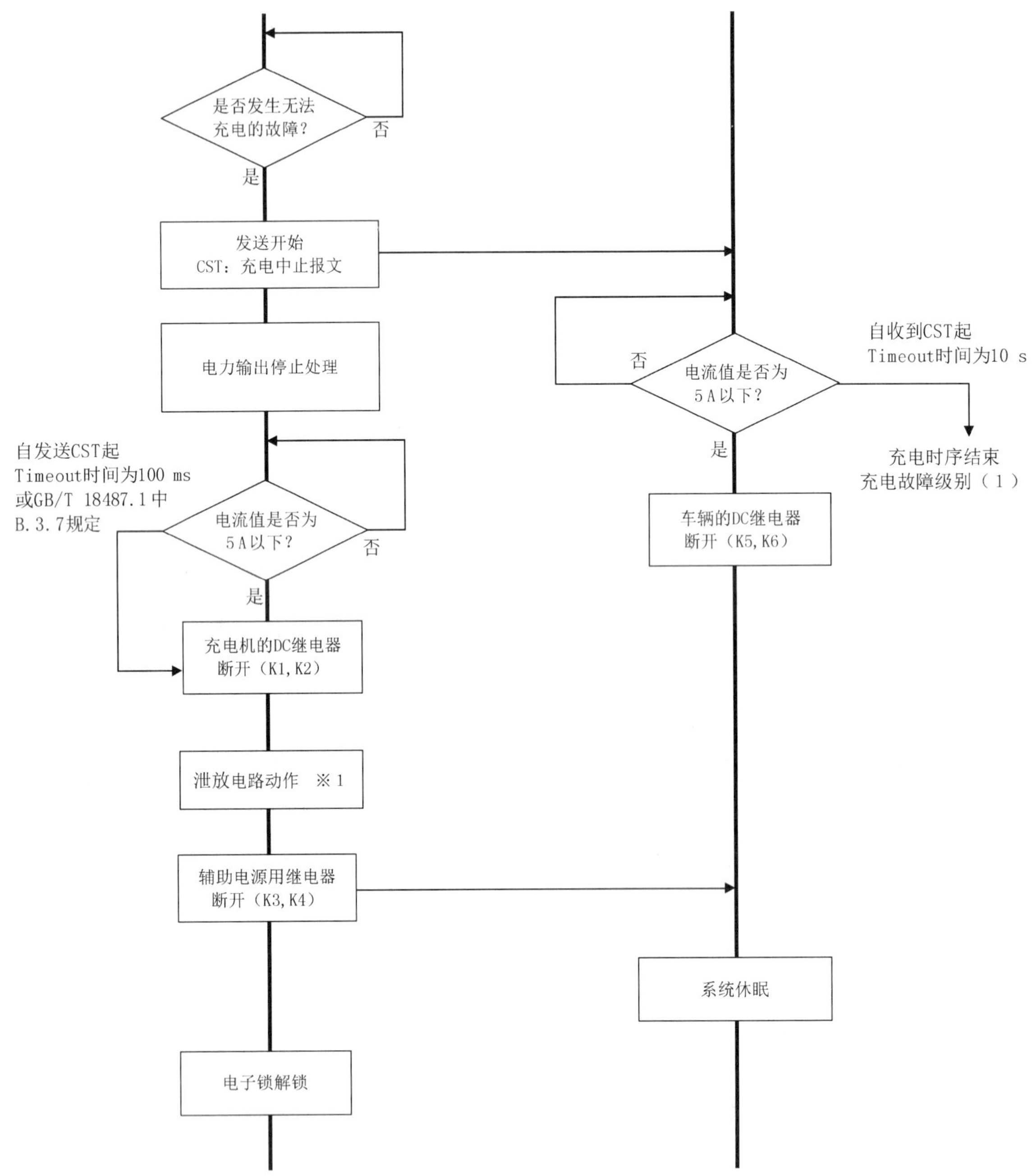

图 A.7 在非正常状态下停止(充电机方面的原因)流程图

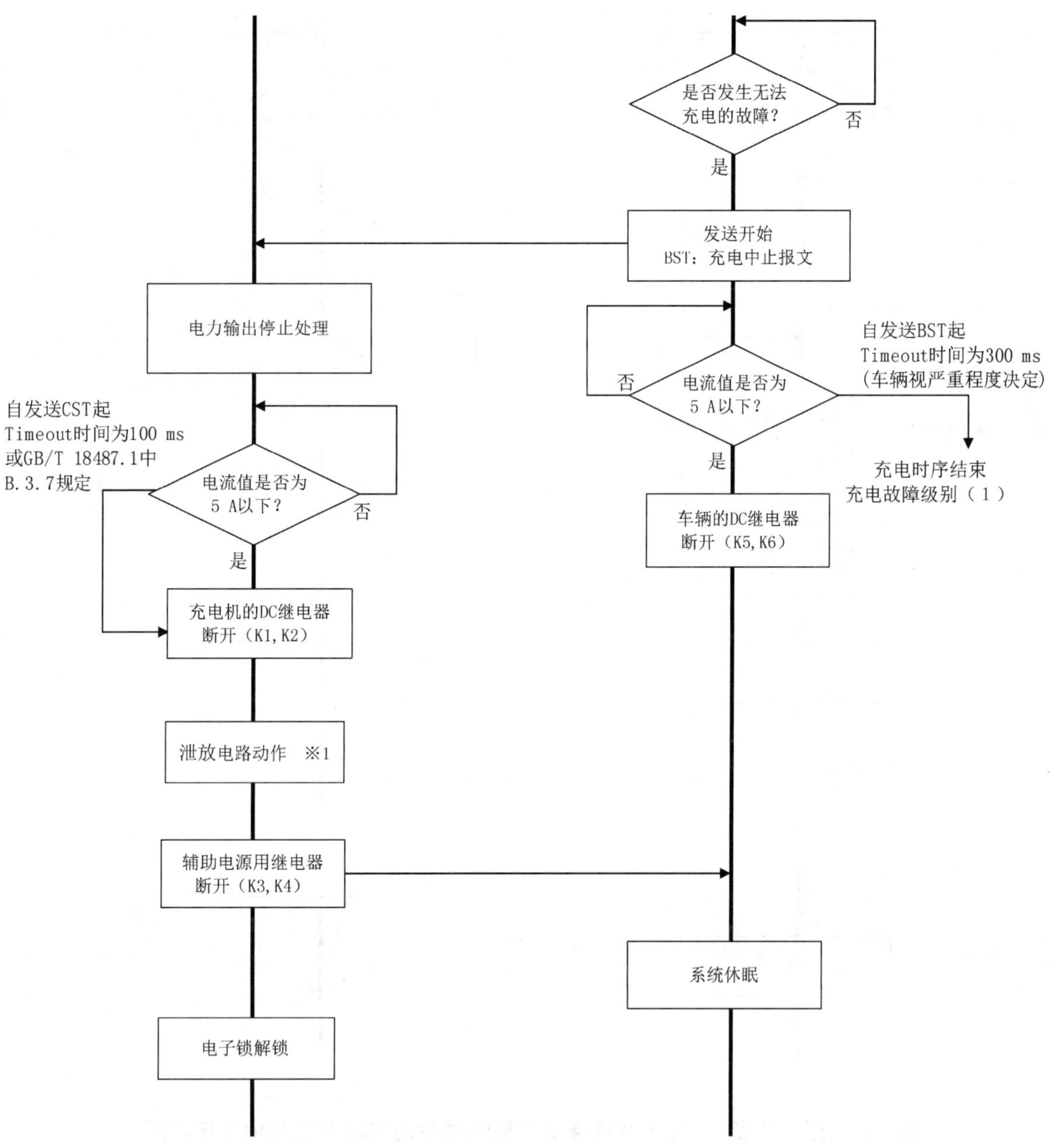

图 A.8 在非正常状态下停止(车辆方面的原因)流程图

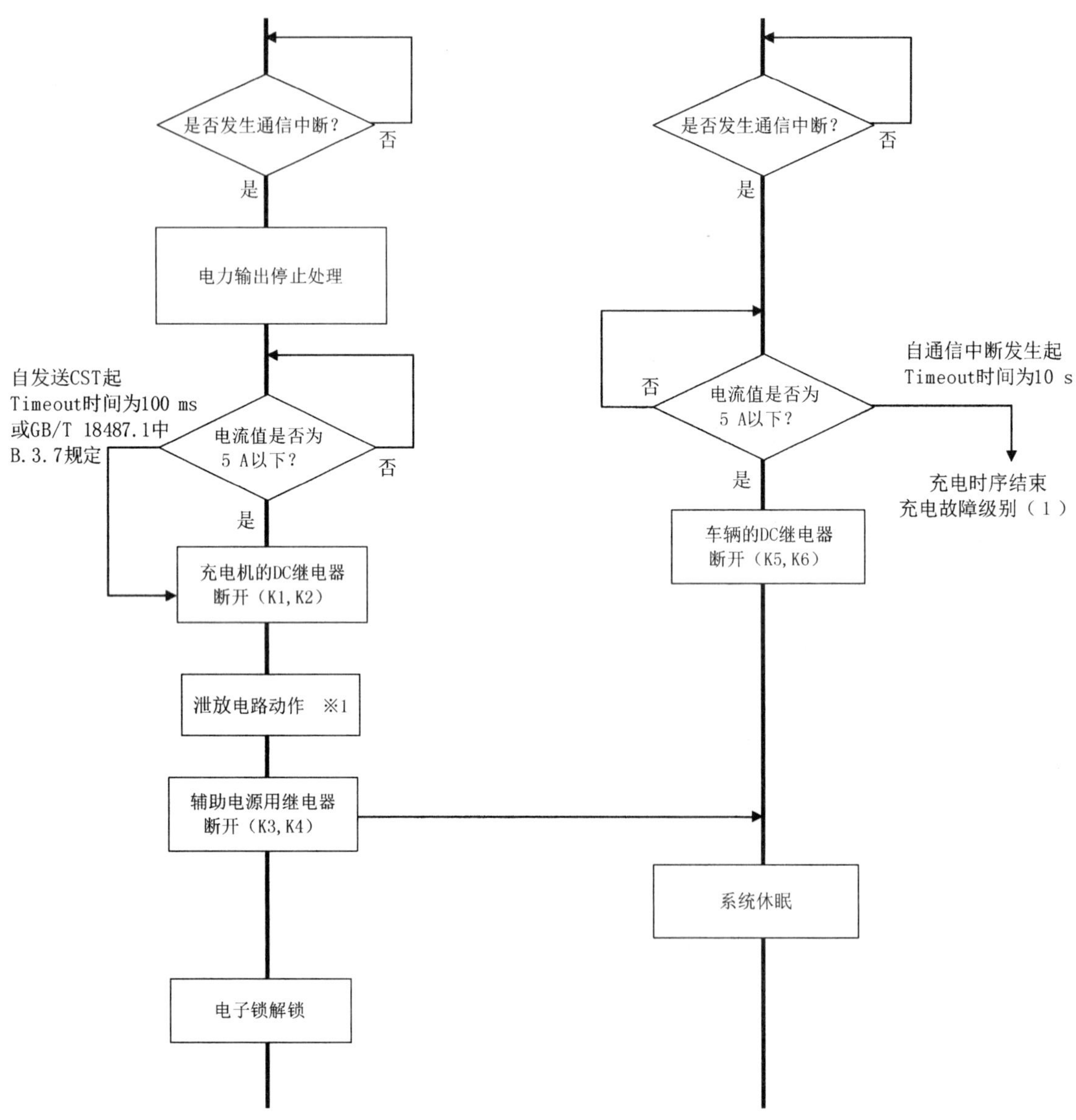

图 A.9 通信中断：通信超时重连 3 次后仍发生通信超时通信中止流程图

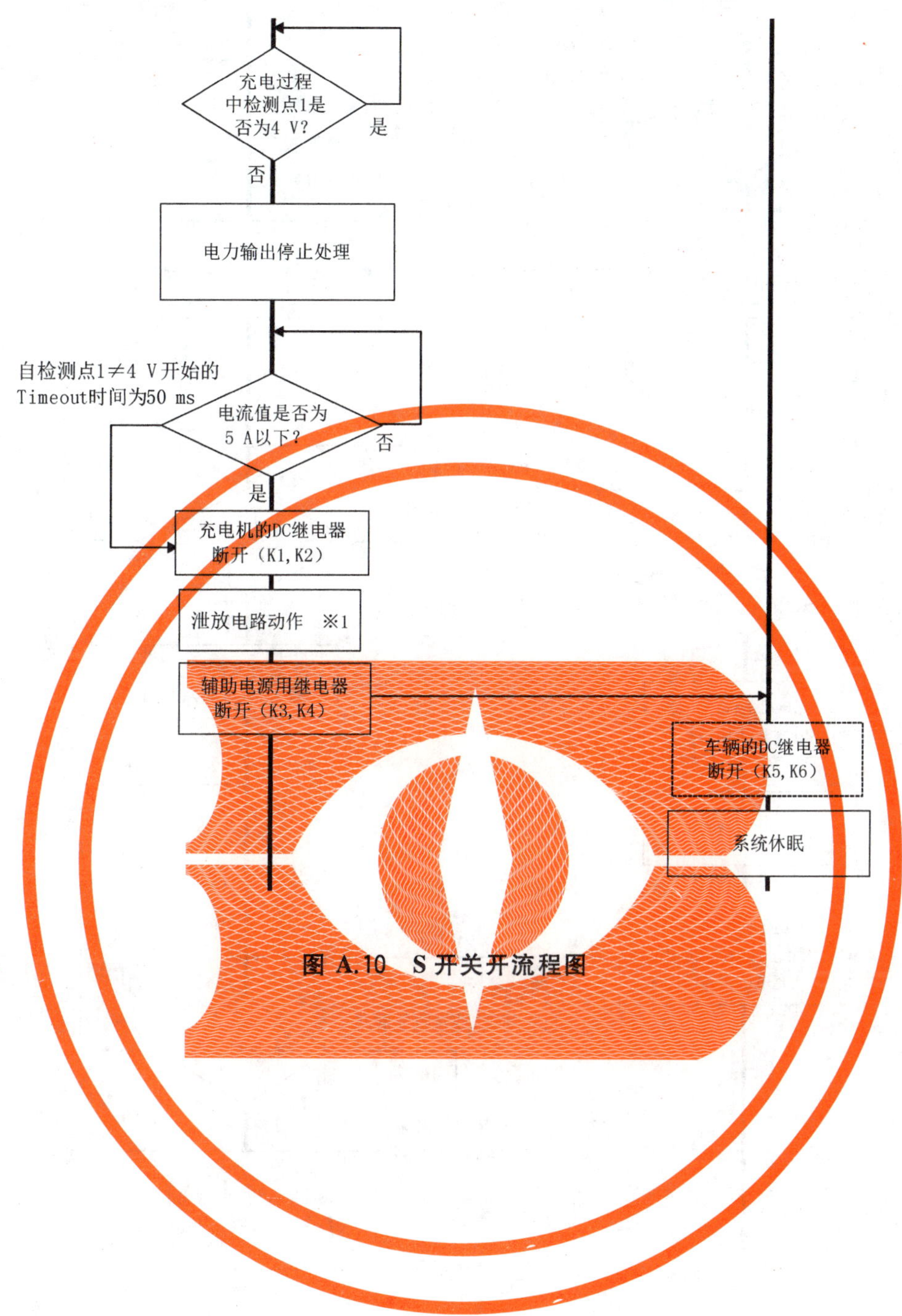

图 A.10 S开关开流程图

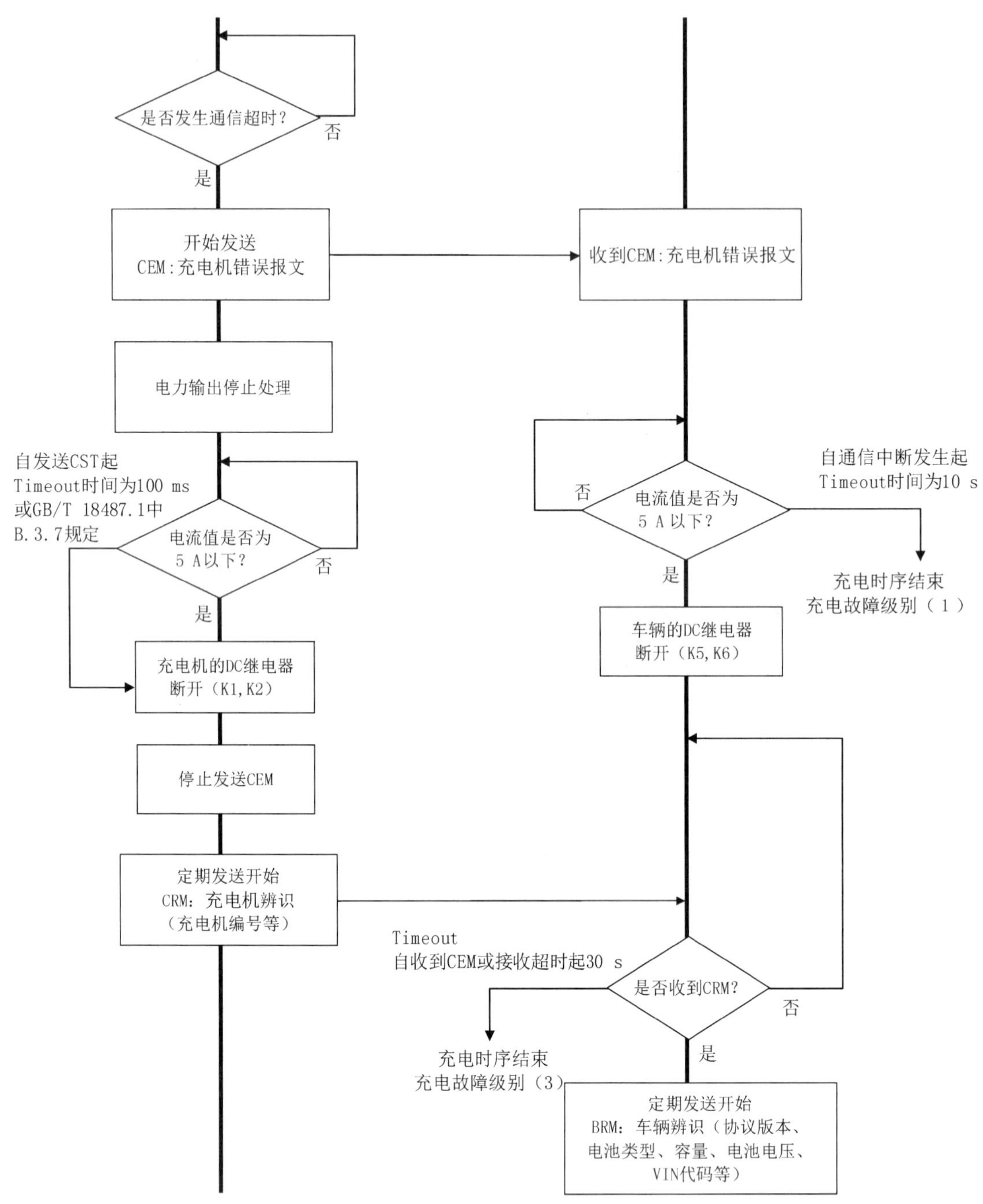

图 A.11　充电机接收 BMS 通信超时流程图

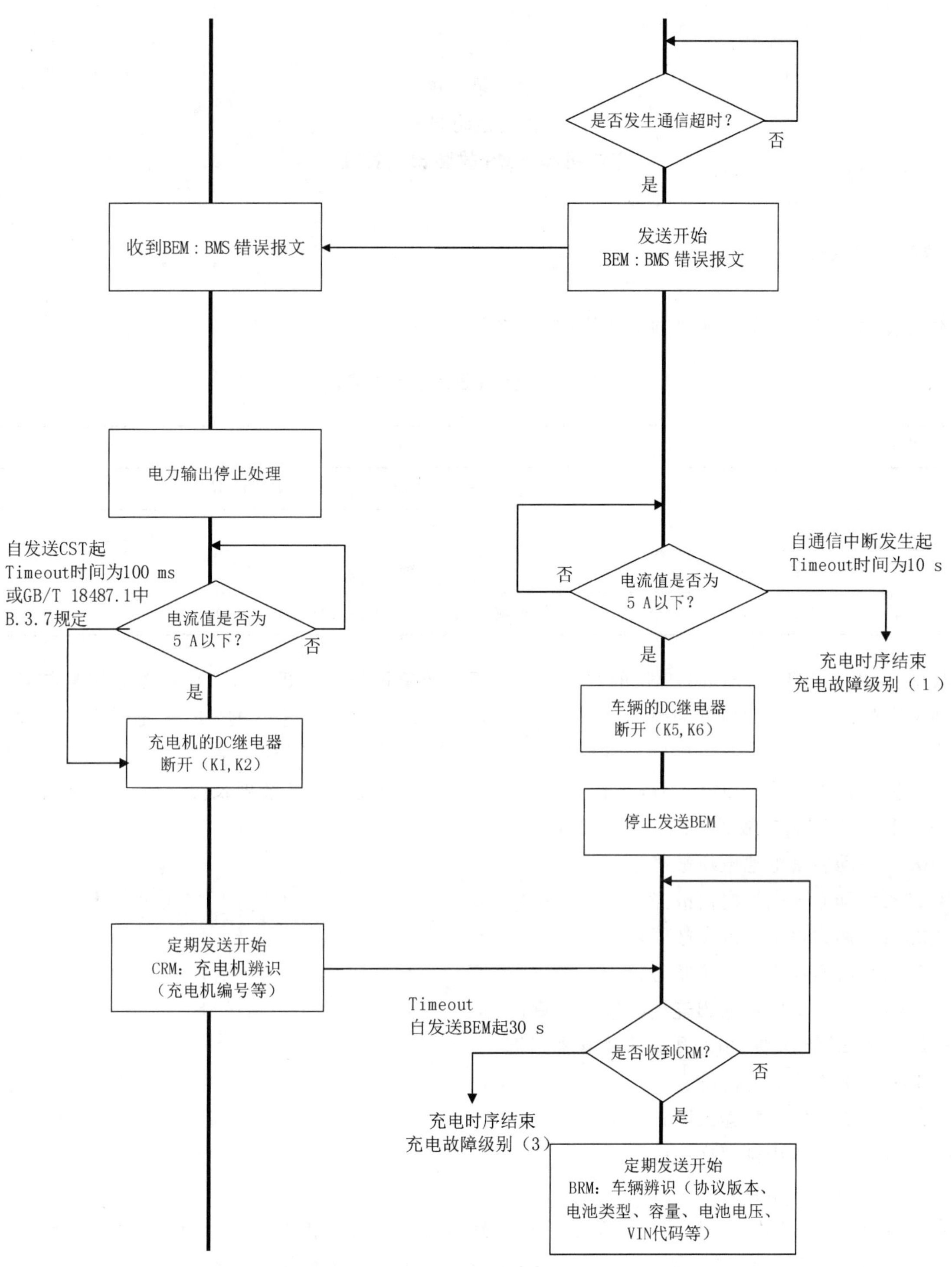

图 A.12　BMS 接收充电机通信超时流程图

附 录 B
（资料性附录）
充电机和 BMS 故障诊断报文

B.1 故障诊断代码

诊断故障代码（DTC）由 4 个独立域构成，这 4 个部分见表 B.1：

表 B.1 诊断故障代码（DTC）

序号	独立域
1	发生故障的可疑参数的编号（SPN）（19 位）
2	故障模式标志（FMI）（5 位）
3	发生次数（OC）（7 位）
4	可疑参数编号的转化方式（CM）（1 位）

其中：可疑参数编号（SPN）19 位的数字是用于识别故障报告的诊断项目。可疑参数编号与发送故障诊断信息的控制模块的地址编码无关。SPN 编号为第 10.3 节中已定义的 BMS、充电机发生硬件故障的信息，如 SPN3090～SPN3095、SPN3511～SPN3513、SPN3521～SPN3523 等。

故障模式标识符（FMI）定义 BMS 和充电机中发现的故障类型。其数据长度 5 位，数据状态为 0～31 共 32 种，目前定义的故障模式标识符如下：

＜0＞：＝动力蓄电池电压故障；

＜1＞：＝动力蓄电池电流故障；

＜2＞：＝动力蓄电池温度故障；

＜3＞：＝动力蓄电池绝缘状态；

＜4＞：＝动力蓄电池输出连接器过温故障；

＜5＞：＝ BMS 元件、电池组输出连接器过温；

＜6＞：＝充电机温度故障；

＜7＞：＝充电机连接器故障；

＜8＞：＝充电机内部温度故障；

＜9～31＞：＝预留备用。

发生次数（OC）定义一个故障从先前激活状态到激活状态的变化次数，最大值为 126，计数向上溢出时，该计数器值保留为 126。假如发生次数未知，则该域所有位的数值均设为 1。

可疑参数编号的转化方式（CM）置 0，表示 SPN 位均采用英特尔格式。

B.2 故障诊断报文分类

故障诊断报文分类见表 B.2。

表 B.2 故障诊断报文分类

报文代号	报文描述	PGN	PGN (Hex)	优先权	数据长度	报文周期
DM1	当前故障码	8192	002000H	6	不定	事件响应
DM2	历史故障码	8448	002100H	6	不定	事件响应
DM3	诊断准备就绪	8704	002200H	6	2 字节	事件响应
DM4	当前故障码的清除/复位	8960	002300H	6	0	事件响应
DM5	历史故障码的清除/复位	9216	002400H	6	0	事件响应
DM6	停帧参数	9472	002500H	6	不定	事件响应

B.3 故障诊断报文格式和内容

故障诊断报文和内容包括：

a) PGN8192 诊断信息 1，当前故障码报文(DM1)

报文功能：发生故障时，发送当前的故障代码。每个故障代码 4 字节。数据段多余 8 字节采用传输协议功能传输，格式详见 6.5 的规定。PGN8192 报文格式见表 B.3。

表 B.3 PGN8192 报文格式

起始字节或位	长度	定义
1	1 字节	第一个当前故障码 SPN 的低 8 位有效位
2	1 字节	第一个当前故障码 SPN 的第 2 个字节
3.1	3 位	第一个当前故障码 SPN 的高 3 位
3.4	5 位	故障模式标志，定义详见 B.1
4.1	7 位	发生次数
4.8	1 位	可疑参数编号的转化方式，置为 0
……………		

b) PGN8448 诊断信息 2，历史故障码报文(DM2)

报文功能：该数据包括了一系列诊断代码以及历史故障码的发生次数。每个故障代码 4 字节。数据段多余 8 字节采用传输协议功能传输，格式详见 6.5 的规定。PGN8448 报文格式见表 B.4。

表 B.4 PGN8448 报文格式

起始字节或位	长度	定义
1	1 字节	第一个历史故障码 SPN 的低 8 位有效位
2	1 字节	第一个历史故障码 SPN 的第 2 个字节
3.1	3 位	第一个历史故障码 SPN 的高 3 位
3.4	5 位	故障模式标志，定义详见 B.1

表 B.4（续）

起始字节或位	长度	定义
4.1	7 位	发生次数
4.8	1 位	可疑参数编号的转化方式，置为 0
…………		

c) PGN8704 诊断信息 3，诊断准备就绪报文(DM3)

报文功能：报告有关诊断已准备就绪的诊断信息。PGN8704 报文格式见表 B.5。

表 B.5 PGN8704 报文格式

起始字节或位	长度	定义
1	1 字节	当前故障码个数
2	1 字节	历史故障码个数

d) PGN8960 诊断信息 4，当前故障码的清除/复位报文(DM4)

报文功能：所有关于当前故障码的诊断信息都应该清除。当需要清除当前故障码相关的诊断信息、以及问题得到纠正时发送此请求指令。该操作完成时或被请求控制模块内没有故障码，要求控制模块发送一个肯定应答。如由于某种原因，控制模块不能执行要求的操作，就必须发送否定-应答。所有与当前故障码相关的信息包括：当前故障码个数及诊断就绪状态信息和当前故障码。

e) PGN9216 诊断信息 5，历史故障码的清除/复位报文(DM5)

报文功能：当某个控制模块接收到这一参数组的请求指令时，所有有关历史故障码的诊断信息都应该清除，与当前故障码有关的诊断数据将不受影响。若无历史故障码，必须发送肯定应答。如由于某种原因，控制模块不能执行这一参数组的请求指令的要求，那么就必须发送否定应答。所有与历史故障码相关的信息包括：历史故障码个数及诊断就绪状态信息和历史故障码。

f) PGN9472 诊断信息 6，停帧参数报文(DM6)

报文功能：当接收到诊断故障代码时，已记录的一系列参数。每个故障代码 4 字节。数据段多余 8 字节采用传输协议功能传输，格式详见 6.5 的规定。PGN9472 报文格式见表 B.6。

表 B.6 PGN9472 报文格式

起始字节或位	长度	定义
1	1 字节	第一个故障诊断码的停帧长度
2	1 字节	第一个故障诊断码 SPN 的低 8 位有效位
3	1 字节	第一个故障诊断码 SPN 的第 2 个字节
4.1	3 位	第一个故障诊断码 SPN 的高 3 位
4.4	5 位	故障模式标志，定义详见 B.1
5.1	7 位	发生次数
5.8	1 位	可疑参数编号的转化方式，置为 0
…………		

附　录　C
（资料性附录）
充电过程故障处理方式

C.1　故障处理方式

故障处理方式包括：

方式 a)——充电机立即停机停用(等待专业维护人员维修)；

方式 b)——停止本次充电，并做好故障记录(需重新插拔充电电缆后，才能进行下一次充电)；

方式 c)——中止充电，待故障现象排除后自动恢复充电(检测到故障状态解除后，重新通信握手开始充电)。

C.2　充电故障分类及处理方式

充电故障分类及处理方式见表 C.1。

表 C.1　充电故障分类及处理方式

故障级别	故障分类以及处理方式
1	人身安全级别故障分类及处理方式： 1）　绝缘故障： 处理方式 a)。 2）　漏电故障： 处理方式 a)。 3）　急停故障： 处理方式 a)
2	设备安全级别故障分类及处理方式： 1）　连接器故障(导引电路检测到故障)： 处理方式 b)。 2）　BMS 元件、输出连接器过温： 处理方式 b)。 3）　电池组温度过高： 处理方式 b)。 4）　电池单体电压过低、单体电压过高： 处理方式 b)。 5）　BMS 检测到充电电流过大，或充电电压异常： 处理方式 b)。 6）　充电机检测到充电电流不匹配，或充电电压异常： 处理方式 c)。 7）　充电机内部过温： 处理方式 c)。 8）　充电机电量不能传送： 处理方式 c)。 9）　车辆接触器粘连： 处理方式 b)

表 C.1（续）

故障级别	故障分类以及处理方式
3	告警提示级别故障分类及处理方式： 1） 充电握手阶段、配置阶段的超时、充电过程超时 处理方式 c)。 2） 充电结束超时 直接结束

注 1：BMS 检测到故障后，根据故障程度，选择在 BSM(动力蓄电池状态信息)报文或 BST(BMS 中止充电)报文中提供停止充电信息，使充电机停机，进入处理方式 b)；或是将 BSM 报文中 SPN3090～SPN3095 均置为 00(电池状态正常)，且 SPN3096 置为 00(禁止充电)，使充电机暂停输出电流，此时 BMS 和充电机进行正常通信，直到等待 BMS 发送的 BSM 报文中 SPN3096 为 01(允许充电)后，重新允许充电机电流输出，如果等待时间超过 10 min，充电机中止充电，并保存中止充电原因。

注 2：当充电机检测到充电故障时，立即发送 CST(充电机中止充电)命令，同时充电机停机，停止 CAN 通信，切断 K1、K2、K3、K4 等开关，根据故障类型进入相应的处理方式。在处理方式 c)下，当充电机自检到故障消除时，重新由充电机发起握手辨识阶段的连接，进行充电。如果重新连接 3 次仍未成功，则按照处理方式 b)，需操作人员查看当前状况并重新插拔充电连接器，尝试再次充电。

注 3：当充电过程中发生电网停电故障，即使一段时间后供电自动恢复，也需要人工干预(处理方式 b)后，再进行重新充电。

C.3 不可信状态处理方式

当收到不可信状态时，接收方保持上一状态，数据包不做处理。

附　录　D
（资料性附录）
报文开始发送条件和中止发送条件

各类报文的开始发送条件和中止发送条件见表 D.1。

表 D.1　报文开始发送条件和中止发送条件

报文代号	报文开始发送条件	报文中止发送条件
CHM	低压辅助上电	绝缘检测完成准备发送 CRM
BHM	收到 CHM 报文	收到 CRM 报文
CRM	绝缘校验结束	收到 BCP 报文
BRM	收到 CRM 报文	收到 SPN2560＝0xAA 的 CRM 报文
BCP	收到 SPN2560＝0xAA 的 CRM 报文	收到 CML 报文
BRO	收到 CML 报文	发送 SPN2829＝0xAA 的 BRO 报文，且收到 SPN2830＝0xAA 的 CRO 报文
CTS	收到 BCP 报文	收到 SPN2829＝0xAA 的 BRO 报文
CML		
CRO	收到 SPN2829＝0xAA 的 BRO 报文	收到 BCL 和 BCS 报文
BCL	收到 SPN2830＝0xAA 的 CRO 报文	收到 CST 报文（充电机主动中止充电） 或者发送 BST 报文（BMS 主动中止充电）
BCS		
CCS	收到 BCL 和 BCS 报文	收到 BST 报文（BMS 主动中止充电） 或者发送 CST 报文（充电机主动中止充电）
BSM	收到 CCS 报文	收到 CST 报文（充电机主动中止充电） 或者发送 BST 报文（BMS 主动中止充电）
BMV		
BMT		
BSP		
BST	当 BMS 需要中止充电时（BMS 主动中止充电） 或者收到 CST 时（充电机主动中止充电）	收到 CST 报文（BMS 主动中止充电） 或者发送 BSD 报文的同时（充电机主动中止充电）
CST	当充电机需要中止充电时（充电机主动中止充电）； 或者收到 BST 时（BMS 主动中止充电）	收到 BSD 报文
BSD	收到 CST 报文	1）　BMS 收到充电机发送的充电机辨识报文（CRM） 2）　或检测不到辅助电源输出
CSD	收到 BSD 报文	1）　重新开始握手发送 CRM 帧 2）　或关闭辅助电源

表 D.1（续）

报文代号	报文开始发送条件	报文中止发送条件
BEM	当 BMS 检测到该报文所包含的错误时	1） BMS 收到充电机发送的充电机辨识报文（CRM） 2） 或检测不到辅助电源输出
CEM	当充电机检测到该报文所包含的错误时	1） 重新开始握手发送 CRM 帧 2） 或关闭辅助电源

ICS 29.200
K 81

中华人民共和国国家标准

GB/T 28569—2012

电动汽车交流充电桩电能计量

Electric energy metering for electric vehicle AC charging spot

2012-06-29 发布 2012-11-01 实施

中华人民共和国国家质量监督检验检疫总局
中国国家标准化管理委员会 发布

前　言

本标准按照 GB/T 1.1—2009 给出的规则起草。

本标准由中华人民共和国国家能源局、中华人民共和国工业和信息化部提出。

本标准由中国电力企业联合会归口。

本标准起草单位:国家电网公司、中国电力科学研究院、国网电力科学研究院、中国计量科学研究院、云南电力试验研究院、许继集团有限公司、华北电网有限公司、辽宁省电力公司。

本标准主要起草人:苏胜新、胡江溢、贾俊国、杜新纲、武斌、彭楚宁、曾海鸥、徐英辉、姜洪浪、刘剑欣、王磊、曹敏、于文斌、叶辛、马晓奇、郜波、陈诚、连湛伟、周丽霞、郝新。

电动汽车交流充电桩电能计量

1 范围

本标准规定了电动汽车交流充电桩电能计量的技术要求及电能计量装置的配置安装要求、试验方法和检验规则。

本标准适用于交流充电桩的电能计量。

2 规范性引用文件

下列文件对于本文件的应用是必不可少的。凡是注日期的引用文件,仅注日期的版本适用于本文件。凡是不注日期的引用文件,其最新版本(包括所有的修改单)适用于本文件。

GB/T 15284 多费率电能表 特殊要求

GB/T 17215.211—2006 交流电测量设备 通用要求、试验和试验条件 第11部分:测量设备(IEC 62052-11:2003)

GB/T 17215.321—2008 交流电测量设备 特殊要求 第21部分:静止式有功电能表(1级和2级)(IEC 62053-21:2003)

GB/T 17215.421—2008 交流测量 费率和负荷控制 第21部分:时间开关的特殊要求(IEC 62054-21:2004)

DL/T 645 多功能电能表通信协议

NB/T 33002 电动汽车交流充电桩技术条件

3 术语和定义

GB/T 17215.211—2006 界定的术语和定义适用于本文件。

4 配置要求及安装位置

a) 交流充电桩的充电计量装置应选用静止式交流多费率有功电能表(以下简称电能表),电能表采用直接接入式,其电气和技术参数如下:
   - ——参比电压(U_n):220 V;
   - ——基本电流(I_b):10 A;
   - ——最大电流(I_{max}):大于或等于4倍基本电流;
   - ——参比频率:50 Hz;
   - ——准确度等级:2.0。

b) 交流充电桩具备多个可同时充电接口时,每个接口应单独配备电能表。

c) 电能表宜安装在交流充电桩内部,位于交流输出端与车载充电机之间,电能表与车载充电机之间不应接入其他与计量无关的设备。

5 技术要求

5.1 电能表要求

5.1.1 准确度要求

电能表由电流改变引起的误差极限、起动、潜动、仪表常数、由其他影响量引起的误差极限和准确度试验条件件应满足 GB/T 17215.321—2008 第 8 章的要求。

5.1.2 机械要求

电能表的机械要求应符合 GB/T 17215.211—2006 第 5 章的规定。

5.1.3 气候条件

电能表的气候条件应符合 GB/T 17215.211—2006 第 6 章的规定。

5.1.4 电气要求

电能表的电气要求应符合 GB/T 17215.211—2006 第 7 章和 GB/T 17215.321—2008 第 7 章的规定。

5.1.5 功能要求

5.1.5.1 电能计量

电能表应计量有功总电能和各费率有功电能。

5.1.5.2 存储功能

存储功能应符合以下要求：

a) 电能表至少能存储前两个月或前两个结算周期的总电能和各费率电能数据，数据转存分界时间的默认值为每月的最后一日的 24 时或设定每月 1 日～28 日的任意时刻；
b) 电能表电源失电后，所存储的数据应保存至少 1 年；
c) 电能量等关键充电信息应存入表计内置的安全模块中，防止关键数据被篡改。

5.1.5.3 时钟、费率时段

时钟、费率时段应符合以下要求：

a) 采用具有温度补偿功能的内置硬件时钟电路，具有日历、计时和闰年自动切换功能。在参比温度下，时钟准确度≤±0.5 s/d。时钟准确度随温度的改变量每 24 h 应小于 0.15 s/℃。时钟可在编程状态进行校时，在非编程状态进行广播校时，广播校时的时钟误差不得大于 5 min，每天只允许校时一次。
b) 至少具有两套费率时段，可通过预先设置时间实现两套费率时段的自动切换。每套费率时段全年至少可设置 2 个时区，24 h 内至少可以设置 8 个时段，时段最小间隔为 15 min，时段可跨越零点设置。
c) 电能表应具备一路多功能信号输出接口，默认输出为秒信号，可通过软件设置为时段投切信号输出。

5.1.5.4 事件记录

事件记录应符合以下要求：

a) 记录编程总次数，最近10次编程的时刻、操作者代码和编程项；

b) 记录校时总次数(不包含广播校时)，最近10次校时前、后的时间。

5.1.5.5 测量及监测

能测量电压、电流、功率、功率因数等运行参数。测量误差(引用误差)不超过±1%。

5.1.5.6 通信功能

电能表应具有一路调制型红外通信接口和至少一路RS485通信接口，RS485通信接口初始速率为2 400 bit/s，可通过软件设置为1 200 bit/s、4 800 bit/s、9 600 bit/s，调制型红外接口通信速率为1 200 bit/s。通信协议应符合DL/T 645。

5.1.5.7 显示功能

显示功能应符合以下要求：

a) 电能表显示屏应具备背光功能，可通过按键、红外等触发方式点亮背光，2个自动轮显周期后关闭背光；

b) 电能表应具备自动循环和按键两种轮显方式；

c) 电能表应能显示累计电能量、电压、电流、功率、时间、报警等信息；

d) 电能量显示位数为8位，默认2位小数，计量单位：kWh，小数位数可通过编程设置。

5.2 交流充电桩要求

a) 交流充电桩应满足NB/T 33002的要求，同时应能采集电能表数据，计算充电电量，显示充电时间、充电电量及充电费用等信息；

b) 交流充电桩应显示本次充电电量，并可对该项进行清零；

c) 交流充电桩应至少记录100次充电行为，记录内容包括充电起始时刻、起始时刻电量值、结束时刻、结束时刻电量值和充电电量；

d) 交流充电桩从电能表采集的数据应与其对应显示内容保持一致。

6 试验方法

6.1 常规试验

电能表的常规试验项目和方法应按照GB/T 17215.211—2006和GB/T 17215.321—2008执行。

6.2 功能检查

电能表通电后，通过目视、按键轮显、软件抄读等方式检查电能表功能是否符合5.1.5的规定。

6.3 费率时段电能示值误差

按照GB/T 15284规定的试验进行。

6.4 计度器总电能示值组合误差

按照GB/T 15284规定的试验进行。

6.5 日计时误差

按照 GB/T 17215.421—2008,7.5.2.3 的规定进行试验。

6.6 环境温度对日计时误差的影响

按照 GB/T 17215.421—2008,7.5.2.3 的规定进行试验。

6.7 通信协议一致性

按照 DL/T 645 的规定检查电能表的通信帧格式、延时时间、数据标识、验证方式等。

6.8 测量误差试验

在参比电压 I_{max}、I_b、10% I_b,功率因数分别为 1.0 和 0.5 L 时,读取电能表电压、电流、功率因数、有功功率的数值,计算测量参数的引用误差,应满足 5.1.5.5 的要求。

6.9 数据安全检测

通过软件抄读检测存储在安全模块中的数据是否与电能表显示一致。

6.10 数据一致性比对

对交流充电桩采集并显示的计量相关信息与电能表相应显示内容进行比对,判断其是否一致。

7 检验规则

7.1 电能表检验

7.1.1 出厂检验

每个电能表按照本标准的试验方法进行检验,检验合格后应施加出厂封印,并出具质量合格证明,试验项目见表 1。

7.1.2 型式检验

新产品定型或电能表结构、工艺、主要材料(元器件)以及软件发生重大改变时,应进行型式试验,试验项目见表 1。

表 1 电能表试验项目

序号	试验项目		条款	出厂检验	型式检验
1	常规试验	脉冲电压	6.1		√
2		交流电压		√	√
3		基本误差		√	√
4		起动试验		√	√
5		潜动试验		√	√
6		电能表常数		√	√
7		影响量试验			√
8		功率消耗			√

表 1（续）

序号	试验项目		条款	出厂检验	型式检验
9	常规试验	电源电压影响	6.1		√
10		短时过电流试验			√
11		自热试验			√
12		温升试验			√
13		无线电干扰抑制			√
14		快速瞬变脉冲群抗扰度			√
15		衰减振荡波抗扰度			√
16		射频电磁场抗扰度			√
17		射频场感应的传导骚扰抗扰度			√
18		静电放电抗扰度			√
19		浪涌抗扰度			√
20		高温试验			√
21		低温试验			√
22		交变湿热试验			√
23		阳光辐射防护试验			√
24		振动试验			√
25		冲击试验			√
26		弹簧锤试验			√
27		防尘和防水			√
28		耐热阻燃试验			√
29	功能检查		6.2	√	√
30	费率时段电能示值误差		6.3		√
31	计度器总电能示值组合误差		6.4		√
32	日计时误差		6.5	√	√
33	环境温度对日计时误差的影响		6.6		√
34	通信协议一致性		6.7		√
35	测量误差试验		6.8		√
36	数据安全检测		6.9		√

7.2 交流充电桩计量检验

7.2.1 数据一致性检验

交流充电桩在出厂检验和型式检验时，应进行数据一致性比对。

ICS 43.040.99
T 35

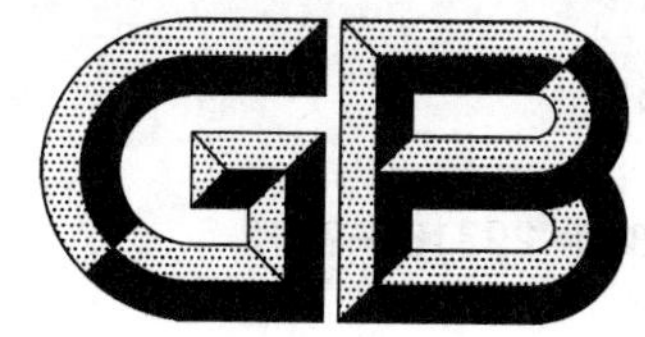

中华人民共和国国家标准

GB/T 29316—2012

电动汽车充换电设施电能质量技术要求

Power quality requirements for electric vehicle charging/battery swap infrastructure

2012-12-31 发布　　2013-06-01 实施

中华人民共和国国家质量监督检验检疫总局
中国国家标准化管理委员会　发布

前　言

本标准按照GB/T 1.1—2009给出的规则起草。

本标准由中国电力企业联合会提出并归口。

本标准起草单位：中国南方电网有限责任公司、南方电网科学研究院、国网电力科学研究院、中国电力科学研究院、广东电网公司电力科学研究院、广东省电力设计研究院、深圳供电规划设计院有限公司。

本标准主要起草人：王晓毛、蒋浩、吴俊阳、朱金大、吴尚洁、薛武、陈良亮、崔宇、严辉、李涛、赵伟、陈辉、孙卫明、余南华、周钰、董旭柱、胡玉峰。

电动汽车充换电设施电能质量技术要求

1 范围

本标准规定了电动汽车充换电设施电能质量相关标准及检测的要求。

本标准适用于电动汽车充换电设施,包括交流充电桩,充、换电站。

2 规范性引用文件

下列文件对于本文件的应用是必不可少的。凡是注日期的引用文件,仅注日期的版本适用于本文件。凡是不注日期的引用文件,其最新版本(包括所有的修改单)适用于本文件。

GB/T 12325 电能质量 供电电压偏差

GB/T 14549 电能质量 公用电网谐波

GB/T 15543 电能质量 三相电压不平衡

GB/T 19862 电能质量监测设备通用要求

GB/T 29317 电动汽车充换电设施术语

GB/T 29772 电动汽车电池更换站通用技术要求

3 术语及定义

GB/T 12325、GB/T 14549、GB/T 15543、GB/T 19862、GB/T 29317、GB/T 29772 界定的术语和定义适用于本文件。

4 供电电压偏差

4.1 电动汽车充换电设施的供电电压偏差应符合表 1 要求。

表 1 电动汽车充换电设施的供电电压偏差要求

充电站及换电站电压等级	供电电压正、负偏差
35 kV 及以上	供电电压正、负偏差绝对值之和不超过标称电压的 10%
10(20) kV	供电电压正、负偏差范围:-7%~+7%
380 V	供电电压正、负偏差范围:-7%~+7%
220 V	供电电压正、负偏差范围:-10%~+7%

5 电压不平衡

5.1 电动汽车充换电设施接入公共电网,电网正常运行时,公共连接点负序电压不平衡度不应超过 2%,短时不得超过 4%。

5.2 电动汽车充换电设施接入公共电网连接点引起负序电压不平衡度允许值一般为1.3%,短时不得超过2.6%。

6 谐波限值

6.1 电动汽车充换电设施接入公共电网连接点谐波电压的限值(相电压)要求应符合GB/T 14549规定。

6.2 电动汽车充换电设施注入公共电网连接点的谐波电流允许值应符合GB/T 14549规定。

6.3 电动汽车非车载充电机额定功率输出时,按输入侧的谐波电流和功率因数分为A级设备和B级设备,见表2的规定。对A级设备,可不对谐波和无功电流进行补偿。对于B级设备,应对谐波和无功电流进行补偿,补偿后注入公共电网连接点的谐波电流允许值应符合6.1~6.2的要求。

表2 输入侧谐波电流含有率和输入功率因数

参数	分级	
	A级设备	B级设备
输入功率因数	大于等于0.95	大于等于0.90
输入谐波电流含量	电流总谐波畸变率小于等于8%	各次谐波含有率小于等于30%
注:A级设备指带有源功率因数校正的非车载充电机。B级设备指不带有源功率因数校正的非车载充电机。		

6.4 接入交流充电桩的车载充电机在额定功率输出时,交流输入侧电流总谐波畸变率应小于等于8%,功率因数应大于等于0.95。

7 电能质量检测

7.1 充换电设施电能质量检测点宜取自电源进线,监测仪器宜采用符合GB/T 14549规定的A级仪器。

7.2 电能质量检测参数应包含电压偏差、三相不平衡度、谐波电压、谐波电流等。

ICS 43.040.99
T 35

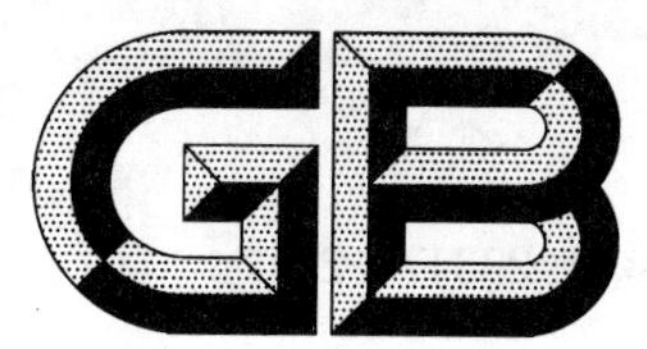

中华人民共和国国家标准

GB/T 29317—2012

电动汽车充换电设施术语

Terminology of electric vehicle charging/battery swap infrastructure

2012-12-31 发布　　2013-06-01 实施

中华人民共和国国家质量监督检验检疫总局
中国国家标准化管理委员会　发布

前　言

本标准按照 GB/T 1.1—2009 给出的规则起草。

本标准由中国电力企业联合会提出。

本标准由中国电力企业联合会归口。

本标准起草单位：国家电网公司、中国电力科学研究院、南方电网科学研究院、国网电力科学研究院、许继集团有限公司、浙江省电力公司、天津市电力公司、广东电网公司电力科学研究院、天津清源电动车辆有限责任公司。

本标准主要起草人：苏胜新、魏琦、贾俊国、李武峰、吴尚洁、罗小英、陈晰、吴俊阳、朱金大、陈良亮、董新生、陈枫、聂亮、曲巍、孙卫明、赵伟、罗敏、周能辉、荀毅彤。

电动汽车充换电设施术语

1 范围

本标准规定了与电动汽车充换电设施相关的术语及其定义。

本标准适用于采用传导充电方式的电动汽车充换电设施。

2 充换电设施

2.1

充换电设施　charging/battery swap infrastructure

为电动汽车提供电能的相关设施的总称，一般包括充电站、电池更换站、电池配送中心、集中或分散布置的交流充电桩等。

3 充换电模式

3.1

整车充电模式　vehicle charge mode

将电动汽车直接与充电设备相连接进行充电的方式。

3.1.1

直流充电　DC charge

采用直流电源为电动汽车提供电能的方式。

3.1.2

交流充电　AC charge

采用交流电源为电动汽车提供电能的方式。

3.2

电池更换模式　battery swap mode

通过更换动力蓄电池为电动汽车提供电能的方式。

3.2.1

侧向换电　side-swapping of battery pack

电池箱安装在车体两侧时的电池箱更换方式。

3.2.2

底部换电　bottom-swapping of battery pack

电池箱安装在车体底部时的电池箱更换方式。

3.2.3

端部换电　front/rear-swapping of battery pack

电池箱安装在车体前后舱时的电池箱更换方式。

4 充电设备

4.1

充电设备　charging equipment

与电动汽车或动力蓄电池相连接，并为其提供电能的设备，一般包括非车载充电机、车载充电机、交流充电桩等。

4.2

非车载充电机　off-board charger

安装在电动汽车车体外，将交流电能变换为直流电能，采用传导方式为电动汽车动力蓄电池充电的专用装置。

4.3

车载充电机　on-board charger

固定安装在电动汽车上运行，将交流电能变换为直流电能，采用传导方式为电动汽车动力蓄电池充电的专用装置。

4.4

交流充电桩　AC charging spot

采用传导方式为具有车载充电装置的电动汽车提供交流电源的专用供电装置。

4.5

充电连接装置　connection set for charging

电动汽车充电时，连接电动汽车和电动汽车供电设备的组件，除电缆外，还可能包括供电接口、车辆接口、线上控制盒和帽盖等部件。

[GB/T 20234.1—2011，定义 3.1]

5　充电站/电池更换站

5.1

充电站　charging station

采用整车充电模式为电动汽车提供电能的场所，主要由三台及以上电动汽车充电设备，至少有一台非车载充电机，以及相关的供电设备、监控设备等组成。

5.2

电池更换站(换电站)　battery swap station

采用电池更换模式为电动汽车提供电能的场所。

5.3

充换电站　charging and battery swap station

同时可为电动汽车提供整车充电服务和电池更换服务的场所。

5.4

电池配送中心　battery dispatch center

对动力蓄电池集中进行充电，并为电池更换站提供电池配送服务的场所。也可称为电池集中充电站。

6　站内系统

6.1

供电系统　power-supply system

为充电站/电池更换站提供电源的电力设备和配电线路组成的系统。

6.2

充电系统　charging system

由充电站/电池更换站内的所有充电设备、电缆及相关辅助设备组成的系统。

6.3

电池更换系统　battery swap system

实现电动汽车动力蓄电池更换的机械设备和电气设备组成的系统。

6.3.1

动力蓄电池箱　power battery pack

由若干单体蓄电池或动力蓄电池模块、箱体、电池信息采集单元及相关电气、机械附件等构成的装置，简称电池箱。

6.3.2

电池箱连接器　battery pack coupler

实现电池箱与电动汽车、电池箱与充电架之间传导式连接的专用电连接器。

6.3.3

充电架　charging rack

由机械、电气、通信等装置构成，用以连接非车载充电机和电池箱，完成充电过程的电池箱承载设备。

6.3.4

电池箱存储架　battery pack storage rack

用于集中承载电池箱的设备。

6.3.5

电池箱更换设备　battery pack swap equipment

用于卸载、搬运和装载电池箱的专用设备。

6.3.6

电池箱转运设备　battery pack transfer equipment

用于将电池箱搬运至规定位置的专用设备。

6.3.7

车辆导引系统　vehicle pilot system

实现导引电动汽车至规定位置以便进行电池箱更换的系统。

6.3.8

电池箱更换时间　battery pack swap time

电动汽车从就位后至完成电池箱更换(电动汽车自身具备行驶条件)所需的时间。

6.4

监控系统　monitoring system

应用信息、网络及通信技术，对充电站/电池更换站内设备运行状态和环境进行监视、控制和管理的系统。

6.5

计量计费系统　metering and billing system

用于实现充电站/电池更换站与电网之间、充电站/电池更换站与电动汽车用户之间的电能结算的全套计量和计费装置。

7　运营管理系统

7.1

运营管理系统　operation and management system

实现电动汽车充电和电池更换相关业务的数据采集、数据存储、统计分析、运行决策、营业服务以及调度管理的系统。

参 考 文 献

[1] GB/T 20234.1—2011 电动汽车传导充电用连接装置 第1部分:通用要求

索　引

汉语拼音索引

C

D

F

G

J

英文对应词索引

ICS 43.040.99
T 35

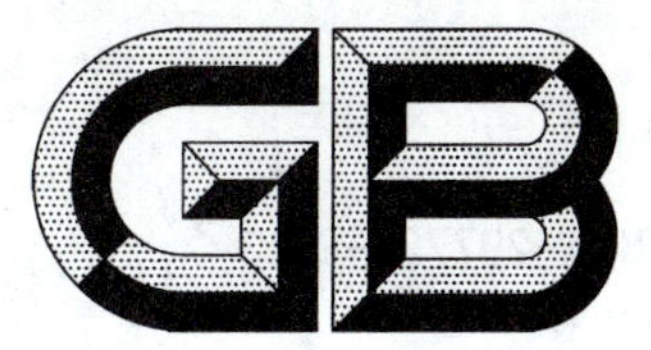

中华人民共和国国家标准

GB/T 29772—2013

电动汽车电池更换站通用技术要求

General requirements of electric vehicle battery swap station

2013-10-10 发布　　2014-02-01 实施

中华人民共和国国家质量监督检验检疫总局
中国国家标准化管理委员会　发布

前　言

本标准按照GB/T 1.1—2009给出的规则起草。

本标准由国家能源局提出。

本标准由中国电力企业联合会归口。

本标准起草单位：国家电网公司、中国电力科学研究院、南方电网科学研究院、国网电力科学研究院、许继集团有限公司、浙江省电力公司、上海电巴新能源科技有限公司、深圳供电规划设计院有限公司、天津清源电动车辆有限责任公司。

本标准主要起草人：苏胜新、魏琦、贾俊国、武斌、严辉、吴尚洁、罗小英、姚国元、李雪男、杨亮、吴俊阳、张浩、赵明宇、董新生、聂亮、张帆、张建平、蒋浩、赵春明、郑广州。

电动汽车电池更换站通用技术要求

1 范围

本标准规定了电动汽车电池更换站的建设类型、选址、供电系统、充电与电池更换系统、监控系统、行车道和停车位、土建、安全和消防、标志和标识等。

本标准适用于电动汽车电池更换站，电动汽车电池配送中心也可参照本标准执行。

2 规范性引用文件

下列文件对于本文件的应用是必不可少的。凡是注日期的引用文件，仅注日期的版本适用于本文件。凡是不注日期的引用文件，其最新版本(包括所有的修改单)适用于本文件。

GB/T 14549 电能质量 公用电网谐波

GB/T 29317 电动汽车充换电设施术语

GB 50016 建筑设计防火规范

GB 50034 建筑照明设计标准

GB 50052 供配电系统设计规范

GB 50053 10 kV及以下变电所设计规范

GB 50054 低压配电设计规范

GB 50057 建筑物防雷设计规范

GB 50140 建筑灭火器配置设计规范

DL/T 448 电能计量装置技术管理规程

DL/T 621 交流电气装置的接地

DL/T 814 配电自动化系统功能规范

DL 5027 电力设备典型消防规程

NB/T 33001 电动汽车非车载传导式充电机技术条件

3 术语和定义

GB/T 29317中界定的术语和定义适用于本文件。

4 总则

4.1 电池更换站应为电动汽车用户提供安全的电池更换场所，电池箱更换和充电的过程应始终处于被监控的状态。

4.2 电池更换站内可包括：充电设备、电池箱更换设备、电池箱存储设备、电池箱转运设备、车辆导引系统、电池检测与维护设备、监控室、配电室、安全防护设施、行车道、停车位、营业室以及其他辅助设施。

4.3 电池更换站的布置应便于电动汽车的驶入、驶出和电池箱更换设备的操作。

5 建设类型

5.1 按服务车型划分,电池更换站一般分为以下三种类型:

a) 综合型电池更换站:为电动商用车和电动乘用车提供服务的电池更换站。

b) 商用车电池更换站:为电动商用车提供服务的电池更换站。

c) 乘用车电池更换站:为电动乘用车提供服务的电池更换站。

5.2 按功能划分,电池更换站分为A类和B类:

a) A类电池更换站:同时具备为电池箱充电的能力和为电动汽车用户进行电池箱更换的能力。

b) B类电池更换站:具备为电动汽车用户提供电池箱更换能力,电池箱在电池配送中心完成充电。

5.3 电池配送中心是电池更换模式下的特殊建设模式,一般与变电站结合建设。电池配送中心对电池箱进行集中充电,与B类电池更换站配合为电动汽车提供电池更换服务。

6 选址

6.1 电池更换站宜充分利用就近的供电、交通、消防、给排水及防排洪等公用设施,并对站区、电源进出线走廊、给排水设施、防排洪设施、进出站道路等进行合理布局、统筹安排。

6.2 电池更换站宜靠近城市道路,不宜选在城市干道的交叉路口和交通繁忙路段附近。

6.3 电池更换站的选址应符合防火安全的要求,不应设在有爆炸危险环境场所的正上方或正下方,远离易燃、易爆等危险源。

6.4 电池更换站不宜设在多尘或有腐蚀性气体的场所,当无法远离时,不应设在污染源盛行风向的下风侧。

6.5 电池更换站不应设在有剧烈振动或高温的场所。

6.6 电池更换站不应设在地势低洼和可能积水的场所。

7 供电系统

7.1 供电系统的布置应考虑供电电源进线、出线方便。

7.2 供电系统设计应符合GB 50052、GB 50053和GB 50054的相关规定

7.3 应根据电池更换站的规模、容量和重要性选择外电源电压等级和供电方式。

7.4 供电容量应满足站内充电、电池箱更换、动力、监控、照明等用电的要求,并留有一定裕度。

7.5 充电机和电池箱更换设备宜采用独立回路供电。

7.6 供配电设备应配备配电自动化接口,符合DL/T 814的相关要求。

7.7 电池更换站向公共电网连接点注入的谐波电流不应超过GB/T 14549规定的允许值。

7.8 供电系统电能计量装置的配置应符合DL/T 448的要求。

8 充电与电池更换系统

8.1 充电机

8.1.1 充电机输出技术参数应满足所充电电池箱的充电要求。

8.1.2 充电机与充电架之间的电缆连接应采用固定方式。

8.1.3 充电机应具备待机、充电、充满等状态指示,宜具备输出电压、输出电流等运行参数显示。

8.1.4 充电机应具备必要的保护功能以保证电池箱充电安全。

8.1.5 充电机应具备与监控系统通信及与电池管理系统通信的功能。

8.1.6 充电机在站内应合理布置,以利于通风和散热。

8.1.7 充电机的功能和技术指标应参照 NB/T 33001 的相关要求。

8.2 电池箱

8.2.1 电池箱应具备与充电架、电动汽车准确对接的接口,并能保证连接安全可靠和更换便捷。

8.2.2 电池箱应具备与充电机、电动汽车控制单元进行通信的功能。

8.2.3 电池箱应具备温度调节功能。

8.2.4 电池箱应具备必要的机械强度和防护等级。

8.2.5 电池箱的内部安装结构件应保证单体电池间的可靠串并联。

8.3 电池箱连接器

8.3.1 电池箱连接器宜采用强电与弱电分离的结构,并具有防误插的功能。

8.3.2 电池箱连接器应包含正极、负极、接地极、通信、导引、辅助电源等端子。

8.3.3 电池箱连接器应具备必要的位置修正功能,以确保端子准确可靠联接。

8.3.4 电池箱连接器应采用必要的措施,以确保使用过程中电气连接安全可靠。

8.3.5 电池箱连接器正常使用情况下的使用寿命应不小于 10 000 次。

8.4 充电架

8.4.1 充电架应与电池箱相匹配,宜采用框架组合。

8.4.2 充电架的机械强度应满足电池箱承载要求。

8.4.3 充电架应具备对电池箱的导向功能,并带有电池箱限位、锁止装置。

8.4.4 充电架应具备电池箱就位、充电和充满等状态显示功能。

8.4.5 充电架宜配置相应的装置,与电池箱配合实现对电池温度调节功能。

8.4.6 充电架应具备必要的安全报警功能。

8.5 电池箱存储架

8.5.1 电池箱存储架应与电池箱相匹配,宜采用框架组合。

8.5.2 电池箱存储架的机械强度应满足电池箱承载要求。

8.5.3 电池箱存储架应带有电池箱限位、锁止装置,宜具备对电池箱的导向功能。

8.6 电池箱更换设备

8.6.1 乘用车电池箱更换时间不宜大于 300 s,商用车电池更换时间不宜大于 600 s。

8.6.2 电池箱更换设备应具备最大功率限制和防倾倒等功能。

8.6.3 自动或半自动电池箱更换设备应具备手动操作及紧急停机功能。

8.6.4 在装载、搬运和卸载电池箱过程中,电池箱更换设备应保证操作人员、车辆和设备的安全。

8.7 电池箱转运设备

8.7.1 电池箱转运设备应具有安全、快捷转移和运输电池箱的能力。

8.7.2 在转运电池箱的过程中,应保证操作人员和设备的安全。

8.8 车辆导引系统

8.8.1 电池更换站宜配备车辆导引系统。

8.8.2 车辆导引系统应具有车辆导引和定位功能。

8.8.3 车辆导引系统可由机械构件、传感设备和控制设备等组成。

8.9 电池箱检测与维护设备

8.9.1 电池箱检测与维护设备应具备电池箱总体电压及各个单体电压、电池箱内部电芯温度、电池箱容量的检测功能。

8.9.2 电池箱检测与维护设备应具备电池箱绝缘性能检测功能，应能检测各单体蓄电池或蓄电池模块绝缘性能。

8.9.3 电池箱检测与维护设备宜具备电池箱内阻检测功能，应能检测各单体电池内阻。

8.9.4 电池箱检测与维护设备应具备电池均衡功能。

9 监控系统

9.1 监控系统一般包括供电监控系统、充电监控系统、电池箱更换监控系统和安防监控系统等。

a) 供电监控系统应具备对供电状况、电能质量、开关状态、设备运行参数等进行监测和控制的功能。

b) 充电监控系统应具备对充电设备运行状态和充电过程进行监测和控制以及事故情况下的紧急处理、数据的存储、显示和统计等功能。

c) 电池箱更换监控系统应具备对电池箱充电状态、电池箱更换设备运行状态、电池箱更换过程进行监测和控制的功能。

d) 安防监控系统应具有视频安防监控、入侵报警、出入口控制等功能。

9.2 监控系统的实时性和可靠性应以满足现场设备的安全运行要求为原则。

9.3 监控通信网络应具备良好的扩展性，新设备的接入不应造成网络性能明显下降。

9.4 监控系统应具备与上级监控管理系统进行通信的功能。

9.5 站内监控通信网络宜采用以太网。

9.6 监控系统与站外相关系统通信宜采用专用光纤通信方式。

9.7 监控系统的关键部件应采用冗余设计。

9.8 监控系统与其他信息系统互联时，应采用可靠的安全隔离设施。

9.9 监控系统应配备不间断电源。

10 行车道和停车位

10.1 依据电池更换站的规模和设备的布置，行车道可采用单向或双向车道，单车道宽度不应小于3.5 m，双车道宽度不应小于6 m。

10.2 站内的道路转弯半径按服务车型确定，且不宜小于9 m。

10.3 站内宜设置适当数量的临时停车位。

10.4 电动汽车在进行电池箱更换时，不应妨碍其他车辆的正常通行或停放。

11 土建

11.1 电池更换站应包括综合建筑、站内外行车道、临时停车场地等。应按照工艺要求和建设规模，结合地形及交通条件进行总平面布置。

11.2 场地竖向布置宜采用平坡式，并保证场地排水路径顺畅。

11.3 站区供水优先采用市政用水。站区污水经处理达标后排至市政管网或用于站内绿化，室外电缆沟积水就近排入站内雨水管网。

11.4 采暖通风应满足电池箱充电和存储的温度控制要求。

11.5 充电区域和电池箱更换区域应具备通风条件。

11.6 电气照明应符合 GB 50034 的相关要求。

12 安全和消防

12.1 电池更换站应符合 GB 50016、GB 50140 和 DL 5027 的相关要求。

12.2 电池更换站与各类厂房、库房、堆场、储罐及其他民用建(构)筑物之间的防火间距应符合 GB 50016 中丁类厂房的规定。

12.3 站内建筑物和电气装置防雷要求应符合 GB 50057 的有关规定。

12.4 站内电气设备接地应符合 DL/T 621 的有关规定。

12.5 站内应设置事故电池隔离措施；电池存储区应设有事故电池紧急运送通道。

12.6 对监控室、配电室、充换电区域及主要室内通道等应设置事故应急照明，各空间、场地及疏散通道应设置疏散照明，疏散通道及出入口应设置疏散指示标志灯。

12.7 应采取有效措施，保证运行人员、站内设备、车辆和电池箱的安全。

13 标志和标识

13.1 电池更换站应在醒目位置设置设备标识、导引标志、安全警告标识等。

13.2 充电设备和电池箱更换设备应在醒目位置标明必要的参数和操作说明。

13.3 电池箱更换区应设置工作区域警示线。

ICS 43.020
T 47

中华人民共和国国家标准

GB/T 29781—2013

电动汽车充电站通用要求

General requirements for electric vehicle charging station

2013-10-10 发布　　2014-02-01 实施

中华人民共和国国家质量监督检验检疫总局
中国国家标准化管理委员会　发布

前　言

本标准按照GB/T 1.1—2009给出的规则起草。

本标准由国家能源局、中华人民共和国工业和信息化部提出。

本标准由中国电力企业联合会归口。

本标准起草单位:国家电网公司、中国电力科学研究院、国网电力科学研究院、中国汽车技术研究中心、深圳市比亚迪汽车有限公司、北京理工大学、北京交通大学、哈尔滨光宇电源股份有限公司。

本标准主要起草人:贾俊国、武斌、吴尚洁、朱金大、倪峰、孟祥峰、张建华、王震坡、姜久春。

电动汽车充电站通用要求

1 范围

本标准规定了电动汽车充电站(以下简称充电站)的选址原则、供电系统、充电系统、监控系统、电能计量、行车道、停车位、安全要求、标志和标识。

本标准适用于采用整车充电方式为电动汽车动力蓄电池进行传导式充电的充电站。

2 规范性引用文件

下列文件对于本文件的应用是必不可少的。凡是注日期的引用文件,仅注日期的版本适用于本文件。凡是不注日期的引用文件,其最新版本(包括所有的修改单)适用于本文件。

GB/T 14549—1993 电能质量 公用电网谐波

GB/T 18487.1 电动车辆传导充电系统 一般要求

GB 50016—2006 建筑设计防火规范

GB 50052 供配电系统设计规范

GB 50053 10 kV 及以下变电所设计规范

GB 50054 低压配电设计规范

GB 50057 建筑物防雷设计规范

GB 50058 爆炸和火灾危险环境电力装置设计规范

GB 50140 建筑灭火器配置设计规范

GB 50219 水喷雾灭火系统设计规范

GB 50229—2006 火力发电厂与变电站设计防火规范

DL/T 620 交流电气装置的过电压保护和绝缘配合

DL 5027 电力设备典型消防规程

3 术语和定义

GB/T 18487.1 中界定的以及下列术语和定义适用于本文件。

3.1

交流充电桩 AC charging spot

交流供电装置 AC charging spot

采用传导方式为具有车载充电机的电动汽车提供交流电能的专用装置。

3.2

非车载充电机 off-board charger

固定安装在地面,将电网交流电能变换为直流电能,采用传导方式为电动汽车动力蓄电池充电的专用装置。

3.3

充电设备 charging equipment

为电动汽车动力蓄电池提供电能的专用设备,包括交流充电桩、非车载充电机等。

3.4

充电站　EV charging station

由三台及以上电动汽车充电设备(至少有一台非车载充电机)组成,为电动汽车进行充电,并能够在充电过程中对充电设备进行状态监控的场所。

3.5

充电系统　EV charging system

由充电站内的所有充电设备、充电电缆及相关辅助设备组成,实现安全充电的系统。

3.6

供电系统　EV power-supply system

为充电站的运行提供电源的电力设备和配电线路总称。

3.7

监控系统　EV supervisor system

对充电站的供电状况、充电设备运行状态、环境监视及报警等信息进行采集,应用计算机及网络通信技术,实现站内设备的监视、控制和管理的系统。

4　总则

4.1　充电站应为电动汽车动力蓄电池提供安全的充电场所,在充电过程中监控充电设备及被充电的动力蓄电池,以保证电能安全传输给动力蓄电池。即使在正常使用中有疏忽,也不应给周围的人员和环境带来重大危险。

4.2　充电站的基本功能包括:充电、监控、计量等。充电站内应包括:行车道、停车位、充电设备、监控室、供电设施及休息室、卫生间等必要的辅助服务设施。充电站的布置和设计应便于被充电车辆的进入、驶出以及停放。

5　环境要求

5.1　充电站的总体规划应与当地区域总体规划和城乡规划相协调,并应符合环境保护和防火安全的要求。

5.2　充电站的规划宜充分利用就近的供电、交通、消防、给排水及防排洪等公用设施,并对站区、电源进出线走廊、给排水设施、防排洪设施、进出站道路等进行合理布局、统筹安排。

5.3　城区内的充电站,宜靠近城市道路,不宜选在城市干道的交叉路口和交通繁忙路段附近。

5.4　充电站与党政机关办公楼、中小学校、幼儿园、医院门诊楼和住院楼、大型图书馆、文物古迹、博物馆、大型体育馆、影剧院等重要或人员密集的公共建筑应具有合理的安全距离。

5.5　充电站不应靠近有潜在危险的地方,当与有爆炸或火灾危险的建筑物毗连时,应符合GB 50058的有关规定。

5.6　充电站不宜设在多尘或有腐蚀性气体的场所,当无法远离时,不应设在污染源盛行风向的下风侧。

5.7　充电站不应设在有剧烈振动或高温的场所。

5.8　充电站不应设在地势低洼和可能积水的场所。

5.9　充电区域应具备一定的通风条件。

5.10　某些有可能发生严重潮湿天气的区域,应具有对空气湿度的监测和处理的设备和手段。

6　供电系统

6.1　布置要求

充电站内变压器室、配电室、配电箱的布置应考虑以下因素:

a) 不应妨碍充电站的发展,要考虑扩建的可能性。
b) 应位于充电站内偏向供电电源进线的一侧。
c) 供电电源进线、出线方便。
d) 设备运输方便。

6.2 技术要求

6.2.1 根据充电站的规模、容量和重要性,可选择采用不同的供电方式:
a) 配电容量大于等于 500 kVA 的充电站,宜采用双路 10 kV 电源供电方式。
b) 配电容量大于等于 100 kVA、小于 500 kVA 的充电站,宜采用双路电源供电方式,根据具体情况可采用 10 kV 或 0.4 kV。
c) 配电容量小于 100 kVA 的充电站,宜采用 0.4 kV 供电方式。

6.2.2 供电系统的容量应满足充电站内充电、照明、监控、办公等用电的要求,并留有一定裕度。

6.2.3 充电站供电系统应符合 GB 50052 的要求;变压器室、配电室应符合 GB 50053 的要求;低压配电部分应符合 GB 50054 的要求。

6.2.4 用于充电站的配电变压器宜采用 Dyn11 联结方式。

6.2.5 充电站在公用电网接入点的电能质量应符合以下规定:
a) 功率因数应达到 0.9 以上。
b) 谐波电压限值不应超过 GB/T 14549—1993 中第 4 章规定的允许值。
c) 谐波电流允许值不应超过 GB/T 14549—1993 中 5.1、5.2 的规定。

7 充电系统

7.1 充电设备要求

7.1.1 非车载充电机和交流充电桩的功能要求和技术指标应符合国家相关标准的规定。

7.1.2 非车载充电机和交流充电桩的充电接口及连接电缆应符合国家相关标准的规定。

7.2 安装和布置要求

7.2.1 充电设备的布置应便于充电车辆停放和充电人员操作。

7.2.2 在多车同时充电时,各充电机及车辆应不影响其他充电机、车辆的充电。

7.2.3 充电设备安装在室外时,应安装防雨、雪的顶棚。

7.2.4 充电设备安装在室内时,为防止温度过高,宜安装通风设施。

7.2.5 充电设备宜安装在距地面一定高度的地方,满足防雨、防积水要求。

7.2.6 充电设备的布置宜尽量缩短充电电缆长度,以节约材料和能耗。

8 监控系统

8.1 组成

充电站监控系统包括充电监控系统、供电监控系统和安防监控系统。

8.2 充电监控系统

8.2.1 基本功能

8.2.1.1 充电监控系统实现对充电设备运行和充电过程的监视、保护、控制、管理和事故情况下的紧急处理,以及数据的存储、显示和统计。

8.2.1.2 电动汽车充电站充电监控系统由监控主站、监控终端及通信网络构成。

8.2.1.3 监控主站实现充电设备相关信息的收集和实时显示，充电设备的远方控制，以及数据的存储、查询和统计等。

8.2.1.4 监控终端(在本标准中特指非车载充电机和交流充电桩)采集充电设备状态及充电运行数据，上传至监控主站，并接收和执行监控主站的控制命令。

8.2.2 技术要求

8.2.2.1 充电监控系统的实时性和可靠性应以满足现场充电设备和动力蓄电池的安全要求为原则。

8.2.2.2 系统硬件、软件的配置应满足系统基本功能要求和性能指标，保障系统运行的实时性、可靠性、稳定性和安全性，并充分考虑可维护性、可扩性要求。

8.2.2.3 充电监控系统的局域网与其他信息系统互联时，应采用可靠的安全隔离设施，保证系统网络安全。

8.2.2.4 系统的每一个操作功能应设置独立权限，并建立严格的密码管理，确保操作的安全性；系统应具有操作日志，记录所有受控操作发生的时间、对象、操作员、操作参数等信息。

8.2.2.5 系统运行的关键部件应采用冗余设计。

8.2.3 监控室的布置

8.2.3.1 监控室宜单独设置。当组成综合建筑物时，监控室宜设在一层平面，并且应为相对独立的单元。

8.2.3.2 监控室宜与充电场所毗邻布置。

8.2.3.3 监控室不宜与高压配电室毗邻布置，如与高压配电室相邻，应采取电磁屏蔽措施。

8.2.3.4 监控室应采取防静电措施。

8.2.3.5 监控室门的位置和数目应考虑操作员的人数以及与监控室外的功能区域的联系，并满足国家有关安全规范(如消防)的要求。

8.2.3.6 窗户设置应在操作员的视野之内，窗户的尺寸大小或视频监视设备的配置应能使监控室的操作者对充电场所的环境一目了然。

8.3 供电监控系统

供电监控系统应实时采集和记录供电系统运行信息，对供电状况、电能质量、开关状态、设备运行参数等进行监视和控制。

8.4 安防监控系统

安防监控系统包括充电站环境监控、设备安全监控、防火、防盗及视频监控等。应在发生危及安全的事件时发出声光告警，并能显示、记录、回放事件前后的监控信息，信息保存时间应满足相关管理要求。

9 电能计量

9.1 组成

充电站的电能计量包括两部分：充电站和电网之间的计量、充电设备和电动汽车之间的计量。

9.2 充电站和电网之间的计量

充电站与电网之间的电能计量由供电单位按照国家标准实施。

9.3 充电设备和电动汽车之间的计量

9.3.1 交流充电桩应选用符合国家计量标准的交流电能表计量，安装在交流充电桩和电动汽车之间。

9.3.2 非车载充电机宜选用符合国家计量标准的直流电能表计量，安装在非车载充电机直流输出端和电动汽车之间。

10 行车道和停车位

10.1 依据充电站规模和充电设备的布置，行驶道可按单向或双向考虑。

10.2 充电站内单车道宽度不应小于 3.5 m，双车道宽度不应小于 6 m。

10.3 站内的道路转弯半径按行驶车型确定，且不宜小于 9 m；道路坡度不应大于 6%，且宜坡向站外。

10.4 停车位布置原则：电动汽车在停车位充电时不应妨碍其他车辆的通行。

10.5 应考虑设置适当数量的临时停车位。

11 安全要求

11.1 防火

11.1.1 建(构)筑物的防火

11.1.1.1 充电站建(构)筑物构件的燃烧性能、耐火极限、站内的建(构)筑物与站外的民用建(构)筑物及各类厂房、库房、堆场、储罐之间的防火间距应符合 GB 50016—2006 第 3 章的规定。

11.1.1.2 变压器室、配电室、蓄电池室的门应向疏散方向开启；当门外为公共走道或其他房间时，应采用乙级防火门；中间隔墙上的门应采用由不燃材料制作的双向弹簧门。

11.1.1.3 监控室、办公室、休息室的门应采用不燃材料，向外开启；门应通向无爆炸、无火灾危险的场所；非抗爆结构设计的窗应朝无爆炸、无火灾危险的方向设置。

11.1.1.4 电缆从室外进入室内的入口处、电缆竖井的出入口处、电缆接头处、监控室与电缆夹层之间以及长度超过 100 m 的电缆沟或电缆隧道，均应采取防止电缆火灾蔓延的阻燃或分隔措施，并应根据充电站的规模及重要性采取下列一种或数种措施：

a) 采用防火隔墙或隔板，并用防火材料封堵电缆通过的孔洞；

b) 电缆局部涂防火涂料或局部采用防火带、防火槽盒。

11.1.2 电力设备的防火

11.1.2.1 变压器室、配电室、户外电力设备的耐火等级、与其他建(构)筑物和设备之间的防火间距应符合 GB 50229—2006 第 11 章的规定。

11.1.2.2 电力设备的消防安全要求应符合 DL 5027 的有关规定。

11.1.2.3 电力电缆不应和热力管道、输送易燃、易爆及可燃气体管道或液体管道敷设在同一管沟内。

11.1.2.4 对于带电设备，应配置干粉灭火器、卤代烷灭火器或二氧化碳灭火器，但不得配置装有金属喇叭喷筒的二氧化碳灭火器。

11.1.2.5 根据不同的储能装置，应配置专用灭火器；如没有专用灭火器，应根据起火物质特性配备用于隔离的措施(如干砂覆盖)。

11.1.3 消防设施及警报装置

11.1.3.1 充电站应配置必要的消防设施，并不得移作他用。

11.1.3.2 消防设施放置或装设地点的环境条件应符合其生产厂的规定和要求。

11.1.3.3 灭火器的配置应符合 GB 50140 的要求。

11.1.3.4 消防用砂应保持充足和干燥。消防砂箱、消防桶和消防铲、斧把上应涂红色。

11.1.3.5 灭火剂的选用应以提高灭火有效性、降低对设备和人体影响为原则。

11.1.3.6 充电站应设置火灾自动报警系统，当发生火灾或受到火灾威胁时，应立即切断电源。

11.1.3.7 室内可能出现可燃气体或有毒气体时，应设置相应的检测报警器。

11.1.4 消防给水

11.1.4.1 消防给水管道和消火栓应符合 GB 50016—2006 的有关规定。

11.1.4.2 水喷雾灭火系统应符合 GB 50219 的有关规定。

11.1.5 消防供电及照明

11.1.5.1 消防水泵、火灾探测报警与灭火系统、火灾应急照明应按Ⅱ级负荷供电。

11.1.5.2 消防用电设备应采用单独的供电回路，当发生火灾切断生产、生活用电时，仍应保证消防用电，其配电设备应设置明显标志。

11.1.5.3 消防用电设备的配电线路应满足火灾时连续供电的需要。

11.1.5.4 控制室、配电室、消防水泵房和疏散通道应设置火灾应急照明。

11.1.5.5 人员疏散用的应急照明的水平照度不应低于 0.5lx，继续工作应急照明不应低于正常照明照度值的 10%。

11.1.5.6 火灾应急照明的备用电源连续供电时间不应少于 30 min。

11.2 防雷

11.2.1 充电站的防雷要求应符合 GB 50057、DL/T 620 的有关规定。

11.2.2 充电站配置专用电力变压器时，电力线宜采用具有金属护套或绝缘护套电缆穿钢管埋地引入充电站，电力电缆金属护套或钢管两端应就近可靠接地。

11.2.3 信号电缆应由地下进出充电站，电缆内芯线在进站处应加装相应的信号避雷器，避雷器和电缆内的空线对均应作保护接地，站区内不应布放架空缆线。

11.2.4 充电站供电设备的正常不带电的金属部分、避雷器的接地端均应做保护接地，不应做接零保护。

11.2.5 电气设备内部防雷地线应和机壳就近连接。

11.3 其他

11.3.1 充电站应设有便于监控室、办公室、休息室及充电区工作人员安全撤离的通道。

11.3.2 应尽可能提高充电站设施以及充电操作过程中对充电车辆、动力蓄电池和操作人员的安全性。

11.3.3 应采取有效的隔离措施并设置醒目的警示标志，防止无关人员进入充电站。

12 标志和标识

充电站应在醒目位置明确提供以下信息：导引标志、安全警告标识等。
